함께 시리즈

나훔과 함께

(나훔서 원전연구 및 주해)

조 휘

With Series

With Nahum

나훔과 함께

2013년 9월 5일 초 판 1쇄 인쇄
2013년 9월 10일 초 판 1쇄 발행

저 자 • 조 휘
발행인 • 조 경 혜
발행처 • 도서출판 그리심
156-763 서울시 동작구 사당5동 196인정 B동(B01)

등록번호 • 제 7-258호(1998. 4. 23)
출 판 사 • 전화 523-7589 팩스 523-7590
홈페이지 • http://grisim.biz
전자우편 • grisimcho@hanmail.net

값: 표지 뒷면에

ISBN 978-89-5799-337-8 (93230)

삶을 통해 성도의 모습을 친히 보여주신

사랑하는 부모님, 고 조봉준 장로님과 성의자 권사님

그리고 아내를 통해 소중한 부모님이 되어주신

권영구님과 정선해님께 이 책을 드립니다.

차 례

제 2 장 나훔서의 구조

제3장 전사이신 여호와에 대한 노래(1:1, 2–8)

제4장 대적의 멸절과 유다의 구원

서 문

출애굽기 18장에서 모세는 장인 이드로의 조언에 따라 백성들 중에서 지도자를 세운다. 지도자가 해야 할 일은 모세를 도와 백성들의 사건을 재판하고, 율례와 법도를 가르치며, 마땅히 갈 길과 할 일을 보이는 것이다(출 18:19-20). 이 일을 맡을 지도자의 자질이 언급되는데, "하나님을 두려워하며 진실하며 불의한 이익을 미워하는 자" 이다(21절). 먼저, 올바른 판단과 해야 할 바를 가르치기 위해서 하나님을 경외함으로 그를 판단의 기준과 행동의 원리로 삼는 사람이어야 한다. 또한 지도자는 진실하고 정의와 공의를 온전히 실행할 수 있어야 한다. 달리 말하면, 영성과 인품을 겸비한 사람이어야 한다는 것이다. 그런데, 이드로는 이러한 자질을 갖춘 사람을 "능력 있는 사람" 으로 표현하고 있다: "온 백성 가운데서 능력 있는 사람들 곧 하나님을 두려워하며 진실하며 불의한 이익을 미워하는 자를 살펴서 백성 위에 세워"(21절). 지도자에게는 단지 영성과 인품만이 요구되는 것이 아니라 주어진 사역을 감당할 수 있는 능력도 요구되어진다. 이 능력은, 사건을 공정하게 판단할 수 있는 능력, 율례와 법도를 가르쳐서 마땅히 해야 할 일을 보여줄 수 있는 능력을 의미한다. 모세가 세운 지도자를 오늘날의 관점으로 표현하면 목회자, 또는 말씀 사역자가 될 것이다. 그렇다면 말씀 사역자는 성경을 올바로 읽고 해석하고 적용하는 능력이 있어야 한다. 신약에서 바울 역시 디모데에게 말씀 사역자로서의 능력과 영성을 권면하고 있다: "너는 진리의 말씀을 옳게 분별하며(ὀρθοτομοῦντα) 부끄러울 것이 없는 일꾼으로 인정된 자로 자신을 하나님 앞에 드리기를 힘쓰라"(딤후 2:15). 진리의 말씀을 옳게 분별한다는 것은 성경을 올바로 읽고 해석하는 것, 즉 정확하게 다룰 수 있는 것을 의미한다. 역사서를 역사서로 읽고 해석할 수 있어야 하며 선지서는 선지서로 읽는 방법을 알아야 한다. 이러한 맥락에서 본서는 말씀 사역자들이 나훔서를 올바로 다루는 것에 도움을 주고자 저술하였다. 해석적 이론과 절차를 구체적으로 설명하지 않지만 나훔서 히브리어원전의 구문을 분석하고 신탁의 문학적, 신학적 특징에 근거하여 본문을 주해하여 나훔서 해석과 이해를 돕고자 한다. 해석자의 근본적인 의무는 본문에서 자신이 원하는 의미를 창출하는 것이 아니라 저자가 의도한 의미를 발견하는 것이다. 즉, "나훔과 함께" 본문을 읽으면서 그의 인도에 따라 그의 의미를 찾는 것이다. 본문의 단어 및 구문, 문학적 기법, 나훔서 전체의 배열과 구성은 선지자 나훔이 어떻게 그의 의미로 독자들을 인도하고 있는지를 보여준다. 따라서 본서는 히브리어원전에 남긴 저자의 인도를 확인하고 저자의 의도에 충실하게 본문을 해석하고자 하였다.

이를 위하여 본서는 첫째, 원문분석과 원문주해에 집중하고 있다. 히브리어원전 연구에 관심이 있는 독자는 원문분석 단락을 주의 깊게 살피면 히브리어 구문분석과 본문비평, 언어적, 구조적, 문학적 분석을 연구할 수 있는 기회를 얻을 수 있다. 히브리어에 대한 기본적인 이해가 부족하다면 원문주해 단락과 이어지는 단락을 중심으로 나훔서의 의미를 살필 수 있다. 둘째, 각 단락의 핵심 메시지를 찾고 해당 단락이 나훔서 전체에서 갖는 위치와 역할, 주제적 연결성을 제시한다. 셋째, 선지자 나훔이 성도의 삶을 향해 선포하고 있는 메시지를 현재적 적용 단락에서 미흡하나마 다루고 있다. 설교자는 나훔서의 의미를 파악한 후 각자의 정황에 따라 그 의미를 정확하고 효과적으로 적용하는 일에 충분하고 신중한 고민을 해야 한다. 본서의 현재적 적용 작업이 이러한 고민에 필요한 도움이 되길 바란다. 본서는 나훔서를 훌륭하게 연구한 이전 연구가들의 노고와 공헌 위에 세워져 있음을 고백한다. 본서가 이러한 공헌을 이어가는 작은 부분이 되기를 소망하고 본서보다 더 훌륭한 연구서가 출판되어 한국교회의 성경연구에 의미 있는 진전이 있기를 간절히 기도한다.

본서를 출판하기까지 귀한 도움을 주신 분들에게 감사를 표하고자 한다. 무엇보다 먼저, 2011년 1학기부터 2012년 2학기까지 1년간의 안식년을 허락해 주고 연구비를 지원해준 아세아연합신학대학교(ACTS)에 진심어린 감사를 드린다. 안식년 동안 본서의 저술을 위한 주요 작업과 연구를 마무리할 수 있었고 아세아연합신학대학교 일반대학원 구약전공 석박사과정(2012년 2학기)과 ACTS International Graduate School의 OT major ThM/PhD과정(2013년 1학기)에서 "나훔서 원전연구" 수업을 하면서 연구내용을 재검토하고 확인할 수 있었다. 수업에서 함께 토론하고 연구한 구약전공 원우들에게 감사의 마음을 전한다. 특히 본서의 원고를 읽고 교정하는 작업을 성심껏 해주신 정희경 사모님(에스라 성경대학원대학교 박사과정)과 김재혁 조교에게 감사의 마음을 전한다. 본서가 담고 있는 내용적, 표현적 문제점은 전적으로 필자의 책임이다. 아모스원전연구 주해서를 출판한 후에 또 다시 쉽지 않은 결정을 해 주신 그리심 출판사의 조경혜 사장님과 편집으로 수고해주신 장종길 편집장님께 고마움을 전한다. 끝으로 사랑하는 아내, 정림과 주님이 허락하신 소중한 선물 예린, 예나에게 진실한 사랑과 고마움을 전한다. 본서의 모든 작업 가운데 필자의 연약함을 도우시고 인도하신 하나님의 은혜에 가장 귀한 감사를 드린다. 하나님께 영광을!

2013년 5월

조 휘

약어표

AJSLL	*American Journal of Semitic Languages and Literature*
ASV	American Standard Version
AYB	Anchor Yale Bible
BBR	*Bulletin for Biblical Research*
BHS	*Biblia Hebraica Stuttgartensia*
BS	*Bibliotheca Sacra*
CBQ	*Catholic Biblical Quarterly*
CBC	The Cambridge Bible Commentary
EBC	The Expositor's Bible Commentary
EQ	*The Evangelical Quarterly*
GTJ	*Grace Theological Journal*
HBI	*Hebrew Bible Insert: A Student's Guide to the Syntax of Biblical Hebrew*
HCOT	Historical Commentary on the Old Testament
HALOT	*The Hebrew and Aramaic Lexicon of the Old Testament*
ICC	International Critical Commentary
ITC	International Theological Commentary
JBL	*Journal of Biblical Literature*
JBQ	*Jewish Bible Quarterly*
JETS	*Journal of the Evangelical Theological Society*
JHS	*The Journal of Hebrew Scriptures*
JSOT	*Journal for the Study of the Old Testament*
JSOTSup	Journal for the Study of the Old Testament Supplement Series
KJV	King James Version
MT	Masoretic Text
NAC	New American Commentary
NIDOTTE	*New International Dictionary of Old Testament Theology and Exegesis*

NIV	New International Version
NIVAC	The NIV Application Commentary
NJP	The New Jerusalem Bible
OTL	Old Testament Library
OTS	*Oudtestamentische Studiën*
RQ	*Restoration Quarterly*
VT	*Vetus Testamentum*
WBC	Word Biblical Commentary
ZAW	*Zeitschrift für die alttestamentaliche Wissenschaft*

표

일러두기

1. 성경본문 인용은 특별한 표기가 없는 한 개역개정 번역을 사용하였다.

2. 히브리어를 한글로 음역을 할 때, 중자음(dagesh forte)의 경우 한글표현이 어색하더라도 중자음을 반영하기 위해 그대로 표기하였다.

   (예, צַפֶּה 짭페, שִׁקֻּצִים 쉭쿠찜)

3. 나훔서의 장절구분은 한글성경의 장절구분을 기본적으로 따른다. 맛소라 본문의 장절구분을 따를 경우에는 MT로 표기하여 구분하였다(예, 2:1 [MT]).

4. 나훔서의 장절을 가리키는 경우에는 약어표기 "나"를 생략하고 장과 절만 표기하였다.

5. BHS가 제시하는 본문비평 논의는 주로 해당 각주에서 다루고 있으며 필요한 경우 본서의 본문에서 논의하였다.

나훔과 함께

(나훔서 원전연구 및 주해)

제1장

서 론

나훔서는 3장으로 구분되며 총 47절로 구성된 선지서이다. 나훔은 니느웨를 향한 심판의 신탁을 선포하는 것에 집중한다. 질투하시며 보복하시는 여호와의 속성을 시작으로 서술되는 분노와 진노, 진쟁의 장면은 하나님의 사랑과 자비에 익숙한 현대 독자들에게 호감을 주지 못한다. 또한 구약의 선지서 연구에 있어서 일반적으로 나훔서가 주요 위치를 차지하지 못했을 뿐만 아니라 다른 선지서와 비교해 볼 때 나훔서 자체의 연구 결과물도 풍부하지 않다. 더 나아가 구약의 선지서 연구에 있어서 나훔서가 의도적으로 도외시되었다고 말하기도 한다. 악트마이어(Achtemeier)는 이러한 현상을 다음과 같이 서술하고 있다.

> 우리는 말로만 성경의 권위를 시인하지 실제로는 그 권위에서 나훔서를 제외하고 있다. 솔직히 우리는 나훔서가 정경에 들어 있지 않기를 바라곤 한다. 그래서 이 책은 현대교회에서 거의 완전히 무시되어 왔다. 이 책에서 따 온 교회력에 따른 성구집은 없으며, "하나님은 신비스러운 방법으로 이동하신다"("여호와의 길은 회리바람과 광풍에 있고," 나 1:3c 참조)라는 주악에 맞춘 윌리엄 카우퍼(William Cowper)의 시(詩) 한 행을 제외하면 어떤 찬송가도 이 책의 구절들을 전혀 담고 있지 않다.[1]

1) 엘리자베스 악트마이어, 『나훔-말라기』 현대성서주석 (서울: 한국장로교출판사, 2002), 31.

악트마이어의 서술은 다소 과장된 면이 있지만 교회역사와 구약연구사에서 나훔서가 비중 있게 다루어지지 않는 것은 사실이다. 주석가들과 선지서 연구가들은 이러한 현상에 대한 이유를 주로 나훔서의 민족주의적 성향과 나훔서가 특정한 이방 나라에 대한 심판선언에 집중하고 있기 때문이라고 지적한다. 하지만 이러한 사실들이 나훔서의 중요성을 축소시키지는 못한다. 왜냐하면 나훔서는 구약 정경의 한 부분을 차지하고 있으며 여전히 하나님의 말씀이기 때문이다.[2] 나훔서가 역사적 상황 속에서 특정한 성읍에 대한 하나님의 신탁을 서술하고 있지만 그 의미를 면밀히 확인한 후 나훔서가 정경으로 후대에 남겨진 이유를 찾는 것이 중요하다. 더욱이 현대 그리스도인들에게 어떻게 적용할 것인지를 고민할 필요가 있다.

나훔서를 해석하기 위해서는 구약의 신탁에 대한 전반적인 이해가 필요할 뿐만 아니라 히브리 시에 대한 이해가 요구된다.[3] 왜냐하면 나훔서 전체가 시 형식으로 서술되어 있기 때문이다.[4] 시(詩)는 간결성의 특징을 가지고 있기 때문에 자연스럽게 나훔서의 해석에 대한 다양한 견해들이 제시되고 있다. 그러므로 다양하

---

2) 사해사본들 중에 단편적인 나훔서 사본들과 주석서(4QpNah)가 있다. 쿰란 주석서는 나훔 2장 11-13절을 주해함에 있어서 주전 2세기 안디옥의 지도자, 안티오쿠스 4세 에피파네스 [Antiochus IV Epiphanes, 175-163년])를 언급하고 있다(G. Vermes, *The Dead Sea Scrolls in English: Revised and Extended Fourth Edition* [London: Penguin Religion, 1995], 231-32).

3) 히브리 시에 대한 구체적인 논의를 연구하려면 James Kugel, *The Idea of Biblical Poetry* (New Haven: Yale University Press, 1981); W. E. Watson, *Classical Hebrew Poetry*, JSOTSup. 26 (Sheffield; JSOT Press, 1984); Robert Alter, *The Art of Biblical Poetry* (New York: Basic Books, 1985); Meir Sternberg, *The Poetics of Biblical Narrative: Ideological Literature and the Drama of Reading* (Bloomington: Indiana University Press, 1987); Luis Alonso Schökel, *A Manual of Hebrew Poetics* (Roma: Editrice Pontificio Instituto Biblico, 1988); Adele Berlin, *The Dynamics of Biblical Parallelism* (Indiana University Press, 1992); David L. Petersen and Kent H. Richards, *Interpreting Hebrew Poetry* (Minneapolis; Fortress, 1992) 등을 참조하라. 구약의 예언에 대한 논의를 보려면 W. 반게메렌, 『예언서연구』김의원, 이명철 역 (서울: 엠마오, 1993), 19-167; E. J. Young, *My Servants the Prophets* (Grand Rapids: Eerdmans, 1952)를 참조하라.

4) BHS의 본문 구성형식에 따르면 소선지서들 중에 요엘, 미가, 나훔, 하박국, 스바냐의 전체 본문이 시로 제시되고 있다. 호세아서의 경우, 3장을 제외하고 나머지 장들은 모두 시 형식을 취하고 있다.

게 제시된 해석과 견해들을 함께 고려하는 것은 나훔서를 이해하는 중요한 작업들 중의 하나이다. 나훔서는 니느웨의 멸망에 관한 신탁에 집중하는 반면에 유다의 문제는 상대적으로 심도 있게 다루지 않는다. 따라서 유다의 문제를 다루고 있는 동시대의 선지자들이 남긴 하박국서, 스바냐서, 예레미야서를 함께 살피는 것도 유익하다.

다른 선지서들과 비교해 볼 때 나훔서의 특징은 다음과 같다. 첫째, 나훔서는 문서로 기록된 점을 분명하게 전하고 있다(cf. "엘고스 사람 나훔의 묵시의 글이라," 1:1). 일반적인 견해에 따르면 선지자들은 설교자들로서 그들의 신탁을 전달한 후 나중에 그들이 선포한 신탁들을 글로 남긴 것으로 보인다. 하지만 선지자 나훔은 그의 신탁을 글로 전달하는 것을 우선시한다. 그러나 이것은 나훔서의 신탁이 글로만 전해졌다는 것을 의미하지 않는다. 둘째, 나훔서는 다루고 있는 화제(topic)에 있어서 요나서와 유사성을 가지고 있지만 신탁의 내용에 있어서는 극명한 대조를 이룬다. 칠십인경(LXX)의 소선지서 배열에 따르면 나훔서는 요나서 다음에 등장한다. 이러한 배열은 요나서와 나훔서가 다루고 있는 화제가 니느웨이기 때문인 것으로 보인다. 두 권 모두 동일한 화제에 집중하지만 요나서는 회개하고 악한 길에서 돌이킨 니느웨를 향한 하나님의 자비를 전하고 있는 반면에 나훔서는 니느웨를 향한 피할 수 없는 하나님의 심판을 말하고 있다. 흥미로운 것은 구약의 선지서 중에서 수사적 질문으로 책을 마무리하고 있는 것은 요나서와 나훔서뿐이라는 것이다. 셋째, 일반적으로 선지서들이 이방나라들에 대한 심판과 더불어 이스라엘과 유다를 향한 하나님의 심판을 담고 있는 것과는 달리 나훔서는 이방나라를 향한 심판만을 기록하고 있다. 이면에 있어서 오바댜와 같은 특징을 갖는다. 하지만 심판의 대상에 있어서 차이점이 나타난다. 오바댜가 선포하는 심판의 대상은 에돔인 반면에 나훔이 선포하는 심판의 대상은 니느웨이다. 물론 각 권의 실제 독자는 남유다 백성들이다. 넷째, 이스라엘의 심판과 구원에 집중하면서 이방나라에 대해 다루지 않는 호세아서와는 반대로 나훔서는 니느웨에 집중하면서 유다에 대해서는 구원의 신탁만을 전한다(cf. 1:12-13, 15). 다섯째, 나훔서의 표제에 연대를 가늠해 볼 수 있는 왕에 대한 언급이 없다는 점에서 나훔서는 요엘서, 오바댜서, 요나서, 하박국서, 말라기서와 유사하다. 이러한 특징은 선지서의 메시지가 특정한 시대를 넘어 모든 시대에 적용될 수 있게 하려는 의도를 반영한다. 따라서 나훔의 신탁이 특정한 시대에 특정한 나라에 집중하지만 그 의미는 모든 시대에 적용될 수 있다고 말할 수 있다. 여섯째, 유다의 구원에 대한 선언과 더불어 메시아적 인물을 언급하는 이사야서, 호세아서, 에스겔서, 학개서 등과는 달리 나훔은 유다의 구원을 서술할 때 메시아적 인물에 대해 언급하지 않는다.[5] 다른 선지서들과 비교하여 나훔서가 가지고 있는 유사성과 차이점에 대한 인식은 나훔서 해석에 도움이 된다. 하지만 보다 중요한 것은 나훔서 자체에 집중하여 저자의 의도와 의미를 찾는 것이다. 이를 위해 이어지는 단락에서 나훔서에 대한 일반적인 정보를 먼저 소개하고자 한다.

I. 나훔서에 대한 일반적인 소개

1. 선지자 나훔

"나훔"(נַחוּם나훔)이라는 이름의 의미는 "위로받다"인데, 그의 메시지는 신탁의 대상인 니느웨에게는 결코 위로가 되지 못하지만 나훔서의 실제 독자들인 유다 백성들에게는 이 이름이 의미 있게 다가온다. 왜냐하면 니느웨의 멸망은 유다의 해방과 회복에 대한 기대로 연결되기 때문이다. 선지자 나훔에 대한 정보는 나훔서를 제외하고는 구약성경이 제공하는 바가 없다. 나훔 1장 1절은 나훔이 엘고스 출신이라고 말하는데, 실제 엘고스의 위치나 이 지역에 대한 정보가 정확하지 않기에 선지자 나훔의 개인적 정보는 거의 전무한 편이다. 엘고스가 니느웨에서 약

---

5) 김희보는 나훔서 1장 15절에 관해 "…여기의 이 기쁜 소식은 멀리 메시야의 구원을 바라보는 예표적인 기쁨이기도 하다"라고 주해한다(김희보, 『요나, 나훔, 오바댜 주해』[서울: 총신대학출판부, 1988], 218-19; C. F. Keil, *The Twelve Minor Prophets*, vol 2, trans. James Martin [Edinburgh: T. and T. Clark, 1878], 17). 왜냐하면 그리스도가 화평을 전하시고 이루시는 분이시며 그 분 자신이 화평이기 때문이라는 것이다. 하지만 나훔서 1장 15절이 미래적 (또는 종말론적) 회복을 예언하는 의미에서 메시아적 본문(messianic text)으로 간주될 수는 있지만 메시아가 언급되고 있는 의미에서의 메시아적 본문은 아니다. Martin Luther는 1장 15절의 "화평의 소식을 전하는 자의 발"을 그리스도와 연관하여 해석하지만 사도 바울은 동일한 표현을 그리스도가 아닌 복음을 전하는 자들에게 적용하고 있다(cf. 롬 10:15).

32km 떨어진 곳에 위치한 지역으로 제시되거나 갈릴리 남쪽의 작은 도시로 소개되기도 하지만 정확하지 않다. 일반적으로 학자들 안에 나훔서의 시적, 문체적 우월성은 인정된 바이다.[6] 그러므로 나훔서의 저자인 나훔이 시인으로서의 상당한 능력과 자질을 가졌던 것으로 볼 수 있다.

2. 저작연대

나훔서는 호세아서나 아모스서 등과는 달리 정확한 역사적 배경에 대한 정보를 제시하지 않는다. 따라서 본문 안에 서술된 내용에 근거하여 가능한 저작연도를 추정하게 된다. 주로 두 가지 사실에 근거하여 나훔서의 저작연대의 상한선(가장 빠른 시기, *terminus post quem*)과 하한선(가장 늦은 시기, *terminus ante quem*)을 제시할 수 있다. 첫 번째 사실은 나훔 3장 8절이 기록하고 있는 노아몬(테베)의 멸망사건이며 이것은 상한선을 제시한다. 즉 이집트의 수도 노아몬(테베)의 멸망은 앗시리아 왕 앗술바니팔(주전 668-627년)에 의해 주전 663년에 일어난 사건이다. 따라서 3장 8절이 이미 발생한 사건을 서술하는 것으로 본다면 나훔서의 기록은 주전 663년 이후가 될 수밖에 없다.[7]

---

6) 성경해석에 있어서 문학적 분석의 중요성을 논증하기 위해 R. Patterson과 M. Travers는 탁월한 문학적 특성을 담고 있는 구약성경의 예로 나훔서를 제시한다(R. D. Patterson and M. E. Travers, "Nahum: Poet Laureate of the Minor Prophets," *JETS* 33 [1990]: 437-444). 또한 소선지서의 저자들 중에서 나훔을 가장 뛰어난 시인으로 평가한다. 나훔이 활용하고 있는 구체적인 문학적 기교에 대한 논의를 보려면, O. T. Allis, "Nahum, Nineveh, Elkosh," *EQ* 27 (1955): 67-80을 참조하라.

7) 이러한 해석에 대한 Coggins의 견해는 흥미롭다. Coggins는, 3:8이 노아몬의 멸망에 대한 역사적 사건을 서술하는 것을 의심할 이유가 없지만 권력의 파멸에 대한 상징일 뿐이라고 강조한다: "Though there is no good reason for doubting that the original inspiration for these verses [3:8-10] was the destruction of Thebes, the actual allusion says little of the event itself. Rather, it is couched in the standard imagery of such accounts, and thus in its own way provides additional evidence for the predominance of literary allusions in the book of Nahum"(R. Coggins, *Israel among the Nations: A Commentary on the Books of Nahum and Obadiah and Esther*, ITC [Grand Rapids: Eerdmans, 1985], 8, cf. 51). 따라서 Coggins는 3장 8절에 근거하여 저작연대를 규정하는 것은 문제가 될 수 있다고 말한다(ibid., 51). 반면에 Chisholm은 나훔 3장 8-10절이 테베가 멸망당

두 번째 사실은 나훔서가 니느웨의 멸망을 예고하고 있다는 것이며 이것은 하한선을 제공한다. 즉 나훔서의 예언적 속성을 인정한다면 나훔서의 기록이 니느웨가 멸망한 주전 612년 이후가 될 수 없다는 것이다.[8)] 따라서 이 두 가지 사실을 고려할 때 나훔서의 저작연도는 주전 663년 이후와 612년 이전의 한 시기가 된다.9) 하지만 나훔서 연구가들은 여기서 더 나아가 나훔서의 저작연도를 좀 더 구체화하여 보다 정확한 연도를 제안한다. 그들의 제안은 주로 (1) 신탁선포의 목적, (2) 본문의 해석, 및 (3) 역사적 정황에 근거하고 있다.

2.1. 신탁선포의 목적

먼저 신탁선포의 목적이 니느웨의 멸망이 다가오는 상황에서 니느웨의 멸망을 확언해 주고 유다백성들에게 위로를 주려는 것이라고 보는 경우, 나훔서가 니느웨의 멸망 직전(주전 612년) 또는 그 해에 선포된 것으로 간주된다(Mihelic; Newsome; Achtemeier; Smith; Craigie; Sweeney).[10)] 크레이기(Craigie)는 나훔서가

한 역사적 사건을 서술하고 있음을 지적하면서 나훔서가 주전 663년 이후에 기록된 것으로 본다(로버트 치즈홀름, 『예언서 개론』강성열 역 [고양: 크리스찬다이제스트, 2006], 652).

8) 나훔서가 니느웨의 멸망을 예고하는 것이 아니라 니느웨가 멸망한 후 의식에 사용할 목적으로 미래적 사실로 서술된 것이라고 보는 견해가 있는데, 이 견해를 따를 경우 두 번째 사실이 결정적으로 저작연도의 하한선을 제공하는 것이 아닐 수 있다. 이 견해의 가능성여부에 대해서는 다른 단락에서 논하게 될 것이다. Bullock은 니느웨를 향한 나훔서의 심판선언이 히브리어 문법, 예언적 완료(prophetic perfect)를 사용하고 있는 것을 지적하면서 신탁의 예언적 속성을 고려한다. 여기서 더 나아가 Bullock은 니느웨의 멸망이 미래적 사건이지만 이미 성취된 사건인 것처럼 서술하고 있기에 "예언적 현재"(prophetic present)라는 표현을 사용한다(C. Hassell Bullock, 『구약 선지서 개론』 류근상 역 [서울: 크리스챤 출판사, 2001], 304).

9) Cf. 김희보, 『요나, 나훔, 오바댜 주해』169.

10) J. L. Mihelic, "The Concept of God in the Book of Nahum," *Interpretation* 2 (1948): 200; J. D. Newsome, Jr., *The Hebrew Prophets* (Atlanta: John Knox Press, 1984), 89; 악트마이어, 『나훔-말라기』34; M. A. Sweeney, "Concerning the Structure and Generic Character of the Book of Nahum," *ZAW* 104 (1992): 375. 나훔서의 저작을 니느웨의 멸망 직전과 연결시키는 것은 1장 13절("이제 네게 지운 그의 멍에를 내가 깨

주전 612년 몇 해 전에 기록되었을 가능성을 언급한다.11) 소긴(Soggin)의 경우, 메데의 군대가 니느웨를 포위하여 공격한 주전 625년을 제안하기도 한다.12) 이러한 제안들은 니느웨의 멸망에 즈음하여 여러 정치적 변화가 있게 되자 선지자가 니느웨의 멸망을 확신하고 신탁을 선포한 것으로 추정한다. 하지만 이에 대해 불락(Bullock)의 말에 주의를 기울일 필요가 있다.

> 그러나 우리는 나훔이 단순히 자기 시대의 정치적 사건들을 잘 해석하여 확실하다고 생각한 것들을 예언하였다고 생각해서는 안 된다. 시기와 관계없이 그는 성령의 영감을 통해 니느웨의 함락을 내다보았다. 확실히 그는 정치적 사건들에 대한 예리한 관찰가였으며 이것은 다른 선지자들도 마찬가지이다. 그러나 이러한 관찰력은 간접적인 것이며 선시자가 미래를 내다볼 수 있는 직접적인 통로는 여호와 하나님의 말씀이다.13)

신탁선포의 목적을 요시야(주전 640-609년)의 종교개혁을 격려하기 위한 것으로 보는 학자들은 나훔서의 저작연대로 자연스럽게 요시야의 종교개혁 시기를 제안한다(Watts; Kaiser; Bailey). 예를 들면, 왓츠(Watts)는 나훔이 요시야의 개혁과 함께 절기와 축제 의식이 회복되는 가운데 유다 백성들에게 위로와 확신을 주기 위해 그의 신탁을 전하였다고 설명한다.14) 베일리(Bailey)는 앗술바니팔(Ashurbanipal)이 죽은 주전 627년에 요시야 왕의 종교개혁이 본격화되는 정황에서 나훔이 사역을 하였으며 그의 메시지가 예루살렘에서 개혁의 과정을 주도한 이들을 격려했을

뜨리고 네 결박을 끊으리라")이 임박한 니느웨의 멸망을 예고하고 있는 것으로 해석하기 때문이다.

11) P. C. Craigie, *Twelve Prophets* (Louisville: Westminster John Knox Press, 1985), 59. R. Smith는 앗시리아의 강력한 세력을 목격한 나훔이 이 제국이 쇠퇴하기 시작한 주전 627년과 612년 사이에 신탁을 선포한 것으로 설명한다(R. L. Smith, *Micah-Malachi*, WBC [Waco: Word Books, 1984], 65).

12) J. A. Soggin, *Introduction to the Old Testament*, 3d ed. (Philadelphia: Westminster, 1980) 326.

13) Bullock, 『구약 선지서 개론』, 307.

14) J. D. Watts, *The Books of Joel, Obadiah, Jonah, Nahum, Habakkuk, and Zephaniah*, CBC (Cambridge: Cambridge University Press, 1975), 5-8.

것으로 본다.[15] 나훔서에 유다의 죄악이 언급되지 않는 것은 요시야의 개혁으로 인해 유다의 모습이 일시적이나마 새롭게 되었기 때문이라고 지적되기도 한다.[16] 일반적으로 요시야의 종교개혁이 가능했던 정치적 정황으로 앗시리아 왕 앗술바니팔의 죽음(주전 627년)을 거론한다.[17] 포러(Fohrer)는, 나훔 1장 15절의 "악인이 진멸되었으니 그가 다시는 네 가운데로 통행하지 아니하리로다" 라는 선언이 앗시리아의 패망의 단초를 제공한 장본인이었던 앗술바니팔의 죽음을 가리키는 것으로 해석하면서 주전 626년을 나훔서의 저작시기로 언급한다.[18] 해리슨(Harrison) 역시 주전 663년부터 612년을 각각 저작연대의 상한선과 하한선으로 언급하면서도 앗술바니팔이 죽은 627년이 나훔서의 직접적인 배경이었을 것으로 설명한다.[19]

2.2. 본문의 해석

나훔 1:12; 3:1-4, 16-17이 암시하고 있는 앗시리아의 모습이 쇠퇴기 이전의 모습이라는 해석에 근거하여 나훔서의 저작시기를 주전 660년-654년(Maier, Johnson, Patterson), 652년-626년(Armerding, Dillard, Longman), 또는 640년-630

15) W. Bailey, "Nahum," in *Micah, Nahum, Habakkuk, Zephaniah*, NAC 20 (Nashville: Broadman & Holman, 1999), 141; cf. W. C. Kaiser, Jr., *A History of Israel* (Nashville: Broadman & Holman, 1998), 232.

16) Cf. O. P. Robertson, *The Books of Nahum, Habakkuk, and Zephaniah* (Grand Rapids: Eerdmans, 1990), 31. Robertson은 이러한 현상이 므낫세 통치 말기에 대한 것일 수도 있다는 가능성을 언급한다.

17) 역대하 34장 3절의 기록에 따르면, 요시야 왕 12년에 산당들과 아세라 목상들과 우상들을 제거하여 유다와 예루살렘을 비로소 정결하게 되었다고 하는데, 요시야 왕 12년이 바로 앗술바니팔이 죽은 주전 627년이다. 요시야 왕 18년(주전 621년)에 성전에서 율법책이 발견되면서 요시야의 종교개혁이 보다 추진력을 얻게 된다.

18) G. Fohrer, *Introduction to the Old Testament*, trans. D. Green (London: SPCK, 1970), 448; cf. Bailey, "Nahum," 139. Fohrer는 앗술바니팔이 죽은 해를 주전 626년으로 본다.

19) "이 선지서의 직접적인 배경은 BC 627년, 앗수르의 마지막 위대한 지도자였던 앗수르바니팔이 죽은 결과 생긴 사건들과 관련이 있다" (롤란드 해리슨, 『구약서론 II』 류호준, 박철현, 노항규 역 [서울: 크리스챤 다이제스트, 1994], 515).

년(Baker, Roberts, McConville)으로 제안하기도 한다.[20] 학자들 간에 차이가 나타나는 것은 쇠퇴기의 시작에 대한 이견 때문이다. 예를 들면, 마이어(Maier)는 앗술바니팔이 죽은 이후(주전 626년)부터 니느웨의 멸망(주전 612년)까지를 앗시리아의 쇠퇴기로 보고 있으며 나훔서의 기록이 이 시기와 맞지 않는다고 주장한다.[21] 특히 나훔 3장 8절에 언급된 테베가 주전 654년에 다시 회복되는데, 이 시기 이후라면 8절의 수사적 질문의 효과가 없기 때문에 저작시기를 654년 이전으로 확정하여 제시한다. 나훔이 니느웨의 멸망에 대해 말할 때 주전 645년의 메데나 주전 626년의 바벨론에 대해 언급하지 않는 것 역시 나훔서의 정황이 645년 이전 시기임을 보여준다고 말한다. 또한 마이어는 나훔 1:13, 15; 2:1, 3이 서술하고 있는 잇시리아의 억압이 유다 왕 므낫세(주전 697-642년)의 통치시기에 더 적합하다고 본다.

3장 8절의 노아몬(3:8)에 대한 언급이 생생하기 때문에 니느웨의 멸망이 성취된 주전 612년보다는 663년을 나훔서의 저작연대로 보아야 한다는 주장이 있는데, 딜라드(Dillard)와 롱맨(Longman)은 이 주장을 시의 속성에 근거하여 반박한다.[22] 즉, 시는 과거의 사건도 마지 현새 빌어지는 것처럼 생생하게 묘사할 수 있다는 것이다. 딜라드와 롱맨은, 나훔 1:12이 강력한 앗시리아를 묘사하고 있다는 해석에 근거하여 나훔서의 저작시기가 앗시리아의 쇠퇴하기 전, 즉 주전 630년 이전이어야 한다는 견해를 더 선호하면서도 나훔서의 저작연대를 앗시리아의 내

---

20) Cf. W. A. Maier, *The Book of Nahum: A Commentary* (St. Louis: Concordia, 1959); 엘리옷 E. 존슨, "나훔,"『아모스, 오바댜, 요나, 미가, 나훔』두란노 강해 주석시리즈 7 (서울: 두란노, 1991); R. D. Patterson, *Nahum, Habakkuk, Zephaniah* (Chicago: Moody, 1991); C. E. Armerding, "Nahum," in *EBC* 7 (Grand Rapids: Zondervan, 1985); R. B. Dillard and T. Longman, III., *An Introduction to the Old Testament* (Grand Rapids: Zondervan, 1994); D. W. Baker, *Nahum, Habakkuk, Zephaniah*, TOTC (Downers Grove: InterVarsity, 1988); J. M. Roberts, *Nahum, Habakkuk, and Zephaniah: A Commentary*, OTL (Louisville: Westminster/John Knox, 1991); G. McConville, *Exploring the Old Testament: A Guide to the Prophets* (Downers Grove: InterVarsity Press, 2002).

21) Maier, *The Book of Nahum*, 30-31, 34-37; cf. Patterson, *Nahum*, 6-7. Maier의 주장에 대한 간략한 요약을 보려면, 존슨, "나훔," 230-33을 참조하라.

22) Dillard and Longman, *An Introduction*, 404-5.

전이 시작된 주전 652년과 626년 사이로 제한할 수 있다고 본다.[23] 알멀딩(Armerding)의 경우, 나훔서가 강력한 앗시리아를 묘사하고 있기 때문에 당연히 주전 626년 이전에 나훔서가 저작된 것으로 보아야한다고 주장한다.[24]

2.3. 역사적 정황

베이커(Baker)와 로벗츠(Roberts)는 나훔의 사역시기와 나훔서의 저작시기를 구분한다. 베이커는, 나훔 2장 2절이 앞으로 성취될 일에 대한 신탁(실제 성취가 요시야 때에 있었다고 봄)이면 므낫세 왕 때에 선포된 것을 의미하고 이미 성취된 일에 대한 서술이라면 요시야 왕 때에 기록된 것으로 설명한다.[25] 더불어 나훔서에 서술된 앗시리아의 멸망에 대한 확신은 므낫세의 반역(주전 652-648년)을 고무하였을 것이라는 견해를 지지한다(cf. 대하 33:14-16). 따라서 베이커는 저작연대를 특정하지는 않지만 나훔의 사역시기는 므낫세 왕의 통치기간으로 본다. 로벗츠(Roberts)는, 바벨론을 통치하던 앗술바니팔의 형제인 샤마스슘우킨(Shamash-shum-ukin, 주전 652-648년)이 갈대아인들과 함께 반란을 일으킨 이후에 앗시리아 제국이 쇠퇴하기 시작한 것으로 설명한다.[26] 이러한 정황에서 유다 왕 므낫세가 앗시리아의 영향력에서 벗어나려고 했었고 이때 나훔이 사역을 했다면 적극적으로 므낫세를 격려했을 것으로 본다(cf. 대하 33:11). 로벗츠는 나훔의 사역은 므낫세 시대이지만, 나훔서의 기록은 므낫세 이후 암몬의 통치기간(642-640년)이나 요시야의 통치 초기(640-609년)에 이루어졌을 가능성이 있다고 말한다. 따라서 640년과 630년 사이에 기록되었을 것으로 추정한다.[27] 맥콘빌(McConville)은, 나훔이 앗시리아를 향한 심판신탁을 선포하게 된 결정적인 계기를 역대하 33:10-13에 근거하여 므낫세 왕(주전 687-642년) 때 앗시리아가 예루살렘을 공격한 사건 또는

23) Ibid., 405.
24) Armerding, "Nahum," 453.
25) Baker, *Nahum*, 20.
26) Roberts는 주전 635년에 앗술바니팔이 권력을 이양한 이후부터 앗시리아가 절대적인 권력을 행사하지 못하였다고 서술한다(Roberts, *Nahum,* 38).
27) Ibid., 39.

주전 639-637년에 행한 앗시리아의 서방원정으로 설명한다.[28] 앗시리아가 막강한 권력을 행사하는 상황에서 나훔이 이 제국의 멸망을 선포하였다고 보는 견해들은 나훔서의 예언적 속성을 분명하게 인정하는 측면이 있다.

나훔서의 저작연대에 대해 크리스텐센(Christensen)은 흥미로운 주장을 한다. 크리스텐센은 나훔서의 역사적 배경이 주전 7세기인 것을 인정하면서도 소선지서 전체의 구조 및 연관성에 근거하여 나훔서의 저작이 바벨론 포로기나 그 직후에 이루어진 것으로 제안한다.[29] 즉 소선지서의 편집자를 현재 나훔서의 저자로 보아야 한다는 것이다. 더 나아가 소선지서의 정경화 과정에서 역사적 선지자 나훔이 사라졌다고 설명한다. 다음은 크리스텐센의 설명이다.

> Though the traditional approach to dating the composition of Nahum remains useful in terms of explaining the historical setting against which the book is to be read, it fails to adequately deal with its literary composition as a numerical and musical composition within its present context in the Latter Prophets. The book of Nahum was ultimately written as a numerical composition in the context of the Babylonian Exile or shortly thereafter, for it is an integral part of the Book of the Twelve Prophets in matters of compositional detail. In one sense, then, the redactor of that larger work became the "author" of the book of Nahum, as we have now it, and the historical prophet was lost within the canonical process itself.[30]

렌트트로프(Rendtroff)는 나훔서가 다른 선지서의 경우와 같이 포로기 이전에 저술된 것으로 보기 어렵다는 견해를 제시한다.[31] 칼빈(Calvin)과 카일(Keil)은 나

---

28) McConville, *Exploring*, 205. 므낫세의 통치연대가 696-642년으로 표기되기도 하는데, 696-687년에는 섭정통치를 하였고 687년/686년부터는 단독으로 통치를 하였기 때문이다.

29) Duane L. Christensen, *Nahum: A New Translation with Introduction and Commentary*, AYB (New Haven: Yale University Press, 2009), 56. 소선지서의 전체 구성과 배열에 대해서는 여전히 많은 논쟁이 되고 있기에 전체 소선지서의 "저자"들 논하기는 무리가 있으며 각 권의 저자에 대한 고려는 해석적 과정에서 절대적이다.

30) Ibid.

31) R. Rendtorff, *The Old Testament An Introduction*, trans. John Bowden (Philadelphia:

훔서의 저작시기를 히스기야 왕의 통치시기로 제시한다.[32] 칼빈은 시리아 에브라임 전쟁 당시 앗시리아가 북이스라엘을 파괴할 때 나훔이 하나님이 그의 백성을 돌보심을 보이기 위해 신탁을 전한 것으로 언급하면서도 아하스가 죽고 난 후 히스기야 때에 신탁을 전한 것이 확실하다고 설명한다.[33] 카일(Keil)은 나훔 1장 9, 15절과 2장 2절에 언급된 압제를 산헤립의 원정과 연관을 시키면서 나훔서의 저작연대를 산헤립이 예루살렘에서 패한 사건 직후(주전 701년)로 제시한다.[34] 2장 13절의 "네 파견자의 목소리가 다시 들리지 아니하리라"는 선언이 산헤립이 보낸 사신들에게 적용된다고 보면서 히스기야 왕의 통치시기를 나훔서의 역사적 정황으로 간주한다.[35] 3장 8절에 언급된 노아몬의 파괴가 사르곤의 원정 때에 이루어진 것으로 설명하기에 이러한 견해가 가능하다.[36] 하지만 노아몬의 파괴가 주전 663년에 앗술바니팔에 의한 것이라는 일반적인 해석을 따르면 히스기야 시대를 나훔서의 저작시기로 보기는 어렵다.

나훔서를 니느웨의 멸망을 기념하기 위한 제의문서로 보는 견해는 주전 612년 이후의 저작에 관한 주장과 연계되어 있다. 예를 들면 하우프트(Paul Haupt)는 나훔서를 네 개의 제의시로 분류하고 처음 두 개는 마카비 시대에 저술되었다고 주장한다.[37] 제의문서로 보는 견해는 나훔서의 논쟁적 이슈들을 다루는 단락에서 보다 구체적으로 언급될 것이다.

이상의 다양한 주장들이 보여주는 바와 같이 나훔서의 저작연대를 특정한 사건이나 시기로 제한하는 것은 논의의 여지가 있으며 쉽지 않다. 하지만 역사적 정황, 앗시리아에 대한 나훔서의 정서, 본문의 해석과 예언적 속성 등을 고려할 때 반게메런(VanGemeren)의 결론이 적절해 보인다.

Fortress Press, 1985), 232.

32) J. Calvin, *Commentaries on the Twelve Minor Prophets*, trans. John Owen (Grand Rapids: Baker, 1981); Keil, *The Twelve*, 5.

33) Calvin, *Commentaries*, 413-14.

34) Keil, *The Twelve*, 5.

35) Ibid., 6.

36) Cf. Ibid., 34.

37) Cf. 해리슨, 『구약서론 II』 518.

나는 나훔이 앗술바니팔이 죽기 직전(약 630 B.C.)에 예언하였고, 그가 요시야의 개혁을 격려하였으며, 요시야 세대가 니느웨의 멸망에서(612 B.C.) 하나님의 말씀이 입증되는 것을 목격하였다고 결론짓는다.[38)]

나훔서의 저작시기를 확정하기는 어렵지만 전반적으로 주전 7세기의 앗시리아와 관련된 정황을 고려하는 것은 나훔서의 신탁을 이해하는데 중요하다. 따라서 앗시리아 제국의 역사, 니느웨에 대한 정보, 앗시리아와 북이스라엘 및 유다와의 관계를 간략하게 살피고자 한다.

3. 나훔서의 역사적 배경

(1) 앗시리아 제국의 간략한 역사[39)]

앗시리아인들은 메소포타미아의 북단에 거주하던 셈족 계열의 민족이다.[40)] 초기 왕조는 앗수르(Ashur) 신의 이름을 따라 지은 성읍, 앗수르에 거주하였으며 이 도시의 이름을 따라 "앗시리아"라는 국명을 갖게 된다. 앗시리아는 앗수르를 포함하여 네 개의 도시를 중심으로 나라를 형성하는데, 네 도시 중의 하나가 니느웨(Nineveh)이다. 다른 두 성읍의 이름은 아르벨라(Arbela)와 님루드(Nimrud/또는 칼라, Calah)이다. 남부 메소포타미아에서 함무라비(Hammurabi)가 강력한 왕권을 행

38) 반게메런, 『예언서연구』 280-81.

39) 앗시리아의 역사에 대한 연구를 보려면 R. W. Rogers, *A History of Babylonia and Assyria*, 3rd ed. vol. II (New York: Eaton & Mains, 1900); G. S. Goodspeed, *A History of the Babylonians and Assyrians*, 2nd ed. (New York: Charles Scribner's Sons, 1904); Morris Jastrow, Jr., *The Civilization of Babylonia and Assyria: Its Remains, Language, History, Religion, Commerce, Law, Art, and Literature* (Philadelphia: J. B. Lippincott Company, 1915); A. T. E. Olmstead, *Assyrian Historiography* (Columbia: University of Missouri, 1916); C. C. Smith, "Some Observations on the Assyrians and History," *Encounter* 30 (1969): 340-54; D. Nichols, "The Ancient Near East 853-745 B.C.," *JETS* 18 (1975): 243-53을 참조하라.

40) 창세기 10장 22절은 셈의 아들로 엘람과 앗수르와 아르박삿과 룻과 아람을 언급한다.

사하고 있을 때 북부에서는 삼시-아다드(Shamshi-Adad, 주전 1813-1780년)가 잔혹한 전쟁과 정책으로 앗시리아의 영토를 지중해 연안까지 확장시킨다. 하지만 그의 후계자 이스메-다간 1세(Ishme-Dagan I, 주전 1780-1760년)가 주전 1760년에 바벨론 왕 함무라비에게 패하면서 앗시리아는 바벨론의 속국이 된다. 그 후 앗시리아는 여러 민족의 통치 하에 있다가 주전 14세기에 앗수르-우발릿트 1세(Ashur-uballit I, 주전 1364-1328년)에 의해 미탄니(Mitanni) 제국의 통제에서 벗어나 독자적인 권력을 갖게 된다.

주전 1300-1200년에 앗시리아는 영토를 확장하면서 강력한 국가를 형성하다가 디글랏빌레셀 1세(Tiglathpileser I, 주전 1115-1076년)의 통치 하에 제국의 면모를 갖추게 된다. 주전 745년에 디글랏빌레셀 3세(Tiglathpileser III, 747-727년)가 니느웨에서 왕이 된 후 그의 뛰어난 통치력 하에 앗시리아는 비로소 중흥의 시기를 맞이하게 된다.[41] 앗시리아의 중흥은 그의 뒤를 이은 왕들, 살만에셀 5세(Shalmaneser V, 주전 726-722년), 사르곤 2세(Sargon II, 주전 721-705년), 산헤립(Sennacherib, 주전 704-681년[705-686년]), 에살핫돈(Esarhaddon, 주전 680-669년[686-668년])에 의해 계속 이어지다가 앗술바니팔(Assurbanipal, 주전 668-627년) 때에 절정에 이르게 된다. 하지만 바벨론을 통치하던 앗술바니팔의 형제 샤마스숨우킨(Shamash-shum-ukin)이 주전 652년에 갈대아인들과 함께 앗술바니팔에게 반란을 일으키게 된다. 앗술바니팔이 이 반란군을 제압하지만 이후로 앗시리아는 쇠퇴의 길에 들어서게 된다. 앗술바니팔의 두 아들이 권력을 두고 싸움을 하던 중 앗술바니팔은 하란으로 쫓겨나서 그곳에서 627년까지 서부지역만을 통치하였던 것으로 보인다. 앗술바니팔의 아들, 앗수르에틸일라니(Ashur-Etil-Ilani)가 주전 633년부터

---

41) 주전 745-727년에 앗시리아를 통치한 디글랏빌레셀을 3세, 4세로 표기하기도 한다. W. Kaiser와 P. Smith는 2세로 표기한다(W. Kaiser, *Mastering the Old Testament: Micah, Nahum, Habakkuk, Zephaniah, Haggai, Zechariah, Malachi* [Dallas: Word, 1992], 99; cf. P. Smith, *The Student's Ancient History* [London: William Clowes and Sons, 1871], 266-73). 일반적으로 주전 1115-1076년에 앗시리아를 통치한 디글랏빌레셀은 1세로, 967-935년에 통치한 디글랏빌레셀은 2세로, 745-727년에 통치한 디글랏빌레셀은 3세로 표기한다. 왕하 16:7, 10; 15:29 대상 5:6; 28:20에 표기된 디글랏빌레셀은 디글랏빌레셀 3세를 가리키는 것이며 왕하 15:19과 대하 5:26은 디글랏빌레셀(3세)을 불(Pul)로 표기하기도 한다.

왕권을 가지게 되지만 얼마가지 않아 그의 군대장관 신슘리셀(Sin-Shum-Lisher)이 반역을 하여 왕권을 차지한다. 주전 626년에 바벨론의 통치자가 되어 신바벨론 제국을 주도한 나보폴라살(Nabopolassar)이 앗시리아와 수년간 전쟁을 하면서 앗시리아는 본격적으로 몰락하기 시작한다. 그러던 중 주전 614년에 바벨론의 연합군 메데의 왕 싸이어자레스(Cyaxares)에 의해 앗수르 성이 함락되고, 612년에는 바벨론, 메데, 스구디아(Scythians) 연합군에 의해 수도 니느웨가 멸망하게 된다. 실제로는 메데(Medes)에 의해 니느웨가 파괴되지만 바벨론이 니느웨를 점령하고 통치권을 행사하게 된 것으로 보인다. 바벨론의 군대를 피해 도주한 자들이 하란의 서북쪽에 정부를 수립하지만 주전 610년에 메데인의 지원을 받은 바벨론의 나보폴라살에 의해 하란이 정복을 당하게 된다.[42] 주전 609년에 앗시리아 제국은 이집트의 도움으로 바벨론의 압제에서 벗어나려고 하지만 결국 주전 605년에 갈그미스(Carchemish) 전투를 마지막으로 완전히 멸망하여 역사에서 사라진다. 이후 바벨론이 국제정세를 장악하는 세력으로 등장한다.

역사적 기록들은 앗시리아가 잔혹하고 잔인한 나라였음을 분명하게 보여준다. 앗시리아 왕들은 정복기사를 서술함에 있어서 자신들의 잔인함을 드러내는데 주저하지 않았다.[43] 왜냐하면 잔인함을 통해 피지배 민족들에게 두려움을 주면 보다 쉽게 통제할 수 있었기 때문이다. 결국 이러한 잔인함에 대한 증오와 반감은 앗시리아가 속국의 반란과 내전에 의해 멸망하게 되는 원인으로 작용한다.[44]

(2) 니느웨[45]

창세기 10장 8-12절은 구스의 아들이며 세상의 "첫 용사"(הֵחֵל לִהְיוֹת גִּבֹּר 헤헬 리흐요트 깁보르, 문자적 의미: "용사가 되기 시작하다")인 니므롯이 메소포타미아의

42) Cf. 에드윈 M. 야마우찌, 『페르시아와 성경』 박응규, 이한영, 조용성 역 (서울: CLC, 2010), 64-65.

43) Cf. 존슨, "나훔," 228-29.

44) Newsome, *The Hebrew Prophets*, 88.

45) 니느웨에 대한 보다 자세한 역사적, 고고학적 정보를 보려면 Maier, *The Book of Nahum*, 87-139을 참조하라.

남부 지역인 시날 땅에 바벨, 에렉, 악갓, 갈레를 건축하여 나라를 시작한 후 앗수르로 가서 니느웨를 건축하였다고 기록하고 있다. 니느웨는 티그리스 강 동편에 위치한 고대 성읍으로 신앗시리아 제국의 수도이다. 현대 이라크의 모술(Mosul)이 니느웨의 위치이다. 니느웨는 지중해와 인도해를 연결하는 대로의 중심에 위치하여 동서 무역의 주요한 역할을 감당하는 도시로 경제적 풍요를 누릴 수 있었다. 성의 크기는 약 1,730에이커에 달하였으며, 둘레가 7.5 마일인 벽돌성벽에는 성문이 15개였고, 18개의 수로를 통해 성 안에 물이 공급되었다.[46] 코셔 강(the Khosher River)이 니느웨 성을 동서로 가로질러 흐르면서 니느웨는 북쪽의 쿠연지크(Kuyunjik)와 남쪽의 텔 네비 유누스(Tell Nebi Yunus)로 나뉜다. 니느웨는 디글랏빌레셀 1세(주전 1115-1071년), 앗수르나실팔 2세(Asshurnazirpal II, 주전 883-859년), 살만에셀 3세(주전 859-824년), 사르곤 2세(주전 722-705년)와 관련하여 그들의 왕궁이 위치하였거나 군사적 기지로서 중요한 성읍이었다고 언급된다. 니느웨를 확장하여 견고하게 하고 앗수르(Ashur)를 대신하여 수도로 삼은 왕은 주전 8세기의 산헤립(주전 704-681년)이다. 그 이후 니느웨는 앗시리아 제국을 상징하는 표현이 된다. 따라서 니느웨를 향한 나훔서의 심판선언은 앗시리아 제국의 멸망을 예고하는 것이다.

(3) 앗시리아와 이스라엘과의 역사적 관계

주전 853년에 살만에셀 3세(주전 859-824년)의 군사에 맞서 시리아와 팔레스타인의 나라들이 연합군을 형성하는데, 이 연합군의 핵심 세력(하맛, 다메섹, 이스라엘)으로 이스라엘 왕 아합의 군대가 언급되고 있다. 살만에셀은 이스라엘 왕 아합의 2000대의 병거와 10,000명의 군사가 전쟁에 참여한 것으로 그의 정복기록에 서술하고 있다.[47] 이 연합군은 살만에셀의 공격을 어느 정도 막아내고 자국의 권익을 유지할 수 있었다. 하지만 아람(시리아)의 벤하닷(Ben-Hadad II)과 이스라엘 왕 아합이 죽고 난 후 주전 842년에 살만에셀이 다시 침공을 했을 때에는 연합군

46) Cf. C. Halton, "How Big Was Nineveh? Literal versus Figurative Interpretation of City Size," *BBR* 18 (2008): 193-207.

47) Rogers, *A History*, 75-80.

의 결속력이 와해된다. 그러자 두로와 시돈을 비롯한 이스라엘 왕 예후는 자발적으로 살만에셀에게 조공을 바치면서 앗시리아의 도움으로 아람의 정치적 영향력에서 벗어나려고 하였다.[48] 이스라엘 왕 예후의 이러한 대처 이후로 북이스라엘은 앗시리아의 통치 아래 있게 된다. 아다드니라리 3세(Adad-nirari III, 주전 810-782년)는, 서방원정에 대한 자세한 기록을 남기진 않았지만 그가 헷 족속의 땅과 두로, 시돈, 오므리의 땅, 에돔과 블레셋으로부터 조공을 받았다는 간단한 기록을 남기고 있다.[49] 오므리의 땅은 앗시리아가 북이스라엘을 가리킬 때 사용한 일반적인 표현이다. 이는 북이스라엘의 오므리 왕이 주변 나라들에 강력한 인상을 남겼기 때문이다.

로저스(Rogers)는, 앗시리아에 조공을 바치는 것을 거부하고자 시리아와 팔레스타인 지역에 연합적 움직임이 있었을 때 유다 왕 웃시야(아사랴, 주전 791-767년)가 실제적인 주도자는 아니더라도 중요한 역할을 한 것으로 설명한다.[50] 디글랏

---

48) Ibid., 81-82; cf. 존슨, "나훔," 227. 살만에셀 3세의 전쟁업적을 기록하고 있는 오벨리스크 비문에 부조형식으로 예후가 살만에셀에게 절을 하며 조공을 바치는 그림이 있다. Black Obelisk 비문은 살만에셀 3세(주전 858-824년)가 즉위년에서부터 통치 31년까지 행한 군사적 업적을 사면에 기록한 것이다. 이 비문에는 조공을 바치는 다섯 개의 광경이 위에서부터 아래로 그려져 있는데(각 광경은 네 개의 장면으로 각 사면에 하나씩 그려져 있음), 위에서부터 두 번째 광경이 북이스라엘의 예후가 조공을 바치는 모습(약 주전 841년)이다. 이 부조의 위쪽에 예후의 조공에 대한 다음과 같은 기록이 있다: "589. I. Tribute of Iaua (Jehu), son of Omri (*mâr Humrî*). Silver, gold, a golden bowl, a golden beaker, golden goblets, pitchers of gold, lead, staves for the hand of the king, javelins, I received from him" (D. D. Luckenbill, *Ancient Records of Assyria and Babylonia* [Chicago: University of Chicago Press, 1926], 211). 이 비문은 1846년에 고고학자 Austen Henry Layard에 의해 님루드(Nimrûd; Calah)의 중앙 건물에서 발견되어 현재 영국박물관에 보관 중이다. 주전 825년에 앗시리아의 내전 중에 고대 수도인 님루드에 세워진 것으로 본다.

49) 님루드(Nimrud; 칼라[Calah])에서 발견된 석판의 비문(the Nimrud slab inscriptions)에 다음과 같은 기록이 있다: "… from above the Euphrates,-Hatti, Amurru, in its totality, Tyre, Sidon, Humrî(Omriland, Israel), Edom, Palastu, up to the great sea of the setting sun,-I[Adad-nirari] brought (these lands) in submission to my feet. Tribute and tex I imposed upon them"(ibid., 262-63); cf. Rogers, *A History*, 96.

50) Ibid., 119-20. 역대하 26장 1-23절의 기록에 따르면 웃시야가 강력한 군사력을 주변 나라들에 행사하였던 것을 볼 수 있다. 웃시야 시대에서 므낫세 시대까지의 앗시리아와 유다

빌레셀에게 조공을 바친 나라들의 목록에 유다 왕 웃시야가 언급되지 않는 것을 볼 때 웃시야는 그 당시 앗시리아에 어느 정도 대항하였던 것으로 보인다.[51] 주전 739년에 디글랏빌레셀 3세(주전 745-727년)가 정벌을 위해 팔레스타인으로 진군했을 때 이스라엘 왕 므나헴(주전 752-742년)이 은 천 달란트를 조공으로 바치며 복종을 약속하고 앗시리아의 도움을 받아 자신의 왕권을 강화하고자 한다(cf. 왕하 15:17-22).[52]

주전 733년에 디글랏빌레셀은 북이스라엘을 공격하여 여러 성읍을 점령하고 백성들을 포로로 잡아간다(cf. 왕하 15:29). 유다 왕 요담 때부터 북이스라엘의 베가(Pekah)와 다메섹의 르신(Rezin)이 연합하여 유다와 적대적 관계를 갖게 되는데(왕하 15:37), 요담의 뒤를 이어 아하스(주전 732-715년)가 왕이 되었을 때 베가와 르신은 앗시리아의 영향에서 벗어나려고 남유다의 동조를 요구한다. 그러나 아하스가 동조하지 않자 예루살렘으로 올라와 유다와 전쟁을 하게 된다(the Syro-ephraimite war, 약 주전 733-732년). 이때 유다 왕 아하스는 조공과 함께 디글랏빌레셀에게 도움을 청하고 결국 그의 도움으로 이 전쟁에서 승리하게 된다(왕하 16:5-10; cf. 대하 28:16-27; 사 7:1-2).[53] 하지만 아하스는 예루살렘 성전과 왕궁의 은금을 내어주었을 뿐만 아니라 앗시리아의 정치적, 종교적 영향력 하에 있게 된다.[54] 엘라의 아들 호세아가 베가를 죽이고 대신해서 왕이 되면서 북이스라엘은

와의 관계에 대한 글을 보려면, S. Dalley, "Recent Evidence from Assyrian Sources for Judaean History from Uzziah to Manasseh," *JSOT* 28 (2004): 387-401을 참조하라.

51) Cf. Rogers, A History, 121-22.

52) 왕하 15:17-22의 "앗수르 왕 불"은 디글랏빌레셀 3세를 가리킨다.

53) 역대기의 저자는 동일한 사건에 대해 "앗수르 왕 디글랏빌레셀이 그에게 이르렀으나 돕지 아니하고 도리어 그를 공격하였더라 아하스가 여호와의 전과 왕궁과 방백들의 집에서 재물을 가져다가 앗수르 왕에게 주었으나 그에게 유익이 없었더라"(대하 28:20-21)고 서술하고 있다. 이것은 유다가 디글랏빌레셀의 도움으로 에돔과 블레셋에 의해 점령당한 지역들에서 에돔과 블레셋을 물리칠 수는 있었지만 결국 앗시리아의 점령을 당하게 된 것을 묘사하는 것이다. 이사야 선지자는 아하스에게 하나님이 베가와 르신을 물리치실 것이라는 사실을 전하면서 하나님께 한 징조를 구하라고 말한다(사 7:1-9, 10-11). 하지만 아하스는 징조를 구하지 않고 오히려 디글랏빌레셀에게 예물을 바치면서 멸망의 위기를 벗어나려고 한다. 결과적으로 아하스는 베가와 르신의 위협으로부터는 벗어나지만 보다 가혹하고 강력한 앗시리아의 압제 하에 놓이게 된다(사 7:18-25).

당장 멸망을 면하지만 앗시리아의 통제 하에 있게 된다. 주전 732년에 다메섹을 비롯한 주변 나라들이 점령을 당하면서 앗시리아는 시리아와 팔레스타인에서 정치적 패권을 장악하게 된다.

북이스라엘 왕 호세아가 앗시리아에 조공을 보내지 않고 친이집트 정책을 펴자 앗시리아 왕 살만에셀 5세(주전 727-722년)는 사마리아를 3년간 포위하면서 이스라엘을 압박한다(cf. 왕하 17:1-5; 18:9). 하지만 살만에셀은 사마리아를 완전히 점령하지 못하고 주전 722년 테벳 월(the month of Tebet)에 사망한다. 같은 달에 사르곤 2세(주전 721-705년)가 뒤를 이어 왕위에 오른 후 같은 해(호세아 통치 9년)에 북이스라엘을 완전히 멸망시킨다(cf. 왕하 17:6; 18:9-12).[55]

아하스의 뒤를 이은 유다 왕 히스기야는 반-앗시리아 정책을 택한다(cf. 왕하 18:7). 그러자 히스기야 제 14년(주전 701년)에 앗시리아의 왕 산헤립(주전 704-681년)이 유다의 성읍들을 점령하고 히스기야에게 조공을 요구한다(cf. 왕하 18:13-16). 산헤립은 히스기야로부터 조공을 받았음에도 불구하고 예루살렘을 완전히 점령하려고 한다. 하지만 하나님의 도움으로 산헤립의 군사 185,000명이 죽임을 당하고 예루살렘은 멸망을 면하게 된다(cf. 왕하 18:17-19:37). 그러나 앗시리아의 압제는 히스기야를 이어 왕이 된 므낫세의 시대에도 여전히 이어진다. 앗시리아의 기록에 따르면, 남유다 왕 므낫세(주전 696-641년)는 산헤립의 뒤를 이은 에살핫돈(주전 681-669년)의 건축사업에 자재를 제공할 것을 요구받은 21명의 왕들 중에 언급되고 있으며 에살핫돈의 후계자인 앗술바니팔(주전 669-627년)의 이집트 정벌전쟁에

54) 시리아-에브라임 전쟁과 관련된 기록이 담긴 Kalah Palace Summary Inscription은 디글랏빌레셀이 유다의 여호아하스(*Ia-u-ha-zi*)로부터 조공을 받았다고 기록하고 있다(Summary Inscription No. 7).

55) 열왕기하 17장 1-6절과 18장 9-11절에 따르면 살만에셀 왕이 사마리아를 3년간 포위한 후 멸망시킨 것으로 이해된다. 하지만 살만에셀의 후계자인 사르곤 2세는 자신이 사마리아를 멸망시켰다고 주장한다. 이러한 차이에 대해 대략 세 가지 설명이 제시되고 있다. 첫째, 사마리아가 주전 722년에 점령을 당할 당시 사르곤이 살만에셀의 뒤를 이어 왕이 된 것을 알지 못했기 때문인 것으로 설명한다(cf. Rogers, *A History*, 151). 둘째, 살만에셀이 죽기 전까지 사르곤이 섭정통치를 하였고 이러한 상황 속에서 주전 722년에 사마리아가 앗시리아 군대에 의해 점령을 당하고 멸망했기 때문이라고 설명한다. 셋째, 살만에셀 왕이 사마리아 점령 당시 그곳에 없었고 군대 장관이었던 사르곤이 직접 그 성읍을 점령하였기에 사르곤이 자신이 한 일로 말하고 있다고 설명한다.

참여한 봉신들 중의 한 왕으로 언급되기도 한다(cf. 대하 33:10-11).[56] 역대하 33장 11절은 므낫세가 앗수르 왕의 군대 지휘관들에 의해 포로로 잡혀 바벨론으로 끌려간 것을 기록하고 있다.[57]

역대하 34장 3절은 요시야(주전 640-609년)가 왕위에 오른 지 12년이 되었을 때 비로소 유다와 예루살렘을 정결하게 할 수 있었다고 기록하고 있다. 바로 이때가 앗시리아 왕 앗술바니팔이 죽은 주전 627년이다.[58] 앗술바니팔의 죽음은 요시야가 종교개혁을 실제로 실행할 수 있는 기회가 되었을 것으로 본다. 주전 612년에 니느웨가 멸망하면서 남유다는 앗시리아의 통치권에서 벗어나게 된다. 하지만 대신에 바벨론의 영향력 하에 놓이게 된다.

II. 나훔서의 내용개요

나훔서의 중심 화제(話題, topic)는 하나님의 백성인 유다를 포함하여 여러 민족들을 압제하고 악행을 행한 니느웨를 향한 하나님의 심판을 선언하는 것이다.[59] 하지만 니느웨는 하나님의 심판의 대상이 되는 세상 나라의 상징에 불과하다. 나훔서의 핵심 주제(主題, theme)는 우주적 주권을 가지신 하나님이 궁극적으로 그의 대적을 심판하시고 악을 제거하시는 것을 선언하는 것이다.[60] 이 주제는 하나

---

56) Cf. E. A. Budge, *The History of Esarhaddon (Son of Sennacherib) King of Assyria, B.C. 681-668* (London: Trübner & Co., 1880), 103.

57) 므낫세를 포로로 잡아간 왕은 에살핫돈이며 역대하 33장 13절에 언급된 귀향은 앗술바니팔에 의해 이루어진 것으로 추정한다.

58) 앗술바니팔의 죽음 이후 앗시리아의 영향력이 약화된 주전 625년에 나보폴라살(Nabopolassar, 주전 625-605년)은 바벨론에서 친 앗시리아 정책을 취하고 있던 성읍들을 점령한 후 바벨론의 왕으로 등극한다. 그후 주전 616년에 바벨론은 앗시리아의 영향력에서 완전히 독립하게 되고 앗시리아의 멸망에 핵심적인 역할을 감당한다.

59) 화제와 주제를 구분할 필요가 있다. 화제는 집중적으로 다루어지고 있는 내용이며 주제는 이 내용을 통하여 전달하고자 하는 메시지이다. 나훔서의 경우, 화제는 니느웨의 멸망선언이며 주제는 범죄한 나라에 대한 하나님의 공의와 심판선언이다. 이 주제는 하나님의 백성의 구원이라는 주제로 연결된다.

60) Cf. R. D. Patterson and M. E. Travers, "Literary Analysis and the Unity of Nahum," *GTJ* 9 (1988): 46-47.

님이 통치하시는 이 땅 위에 악인들이 번성함이 불가사의한 것임에도 불구하고 그의 백성들로 하여금 여전히 그의 공의와 주권을 신뢰하며 그가 그의 나라를 친히 이루실 것을 소망하도록 격려한다. 악인들에 대한 심판은 여호와께 신실한 자들의 구원과 맞물려 있다. 이것은 그들에게 "아름다운 소식"이 된다(cf. 1:15). 따라서 나훔서는 역사적 관점과 종말론적 관점의 이중적 측면에서 해석되고 적용되어야 한다.

선지자 나훔은 그의 핵심 주제를 전달하기 위해 죄 지은 자를 심판하시는 하나님의 성품과 이에 근거한 심판선언으로 그의 책을 시작한다(나훔 1장).[61] 여호와 하나님을 대항하여 악을 꾀하고 사특한 것을 권하는 자는 심판의 대상이 되며 심판의 결과는 멸절이다. 니느웨는 직접 언급되지 않다가 심판신탁이 전개되면서 점진적으로 심판의 대상으로 드러나게 된다(cf. 2:8). 하나님의 백성을 괴롭힌 니느웨는 그의 대적이기에 하나님은 이 대적을 제거하심으로 그의 백성들을 위한 구원을 이루신다(cf. 1:15; 2:2). 나훔은 앞으로 벌어질 니느웨의 멸망을 마치 현재 전개되고 있는 듯 전투의 흐름에 따라 생생하게 묘사하면서 심판의 확실성을 전달한다(나훔 2장). 나훔은 3장에서 화신탁(Woe oracle)을 통해 니느웨가 심판을 받는 이유를 명확하게 서술한 후 심판의 비참한 결과를 선언하면서 그의 핵심 주제를 분명하게 전달한다. 니느웨의 과오를 지적하는 표현들은 거짓, 약탈, 우상숭배의 강요이며, 심판의 결과에 대한 표현은 멸절과 수치이다.

나훔서를 읽는 요령 중의 하나는 화자와 청자의 전환에 주목하는 것이다. 신탁을 선언하는 화자가 나훔 선지자에서 여호와로 갑작스럽게 전환될 뿐만 아니라 신탁의 대상 역시 특별한 표기 없이 동일한 인칭 대명사로 혼용되어 등장하기 때문이다. 따라서 화자와 신탁 대상을 명확하게 구분하여 내용을 살필 때 혼란을 피할 수 있다. 또한 신탁의 대상인 대적의 정체에 점진적으로 접근하는 긴장감 및 상황의 묘사에 대한 생동감을 유지하는 가운데 읽는 것이 중요하다.

---

61) 나훔서는 여호와의 대적에 대한 신적 보복을 노래하는 시로 시작하여 곧 니느웨라는 특정의 성읍에 대한 심판신탁으로 전환한다.

III. 신학적 주제

1. 여호와의 우주적 주권

나훔서에서 여호와는 단지 이스라엘의 민족적 신으로 제한되는 것이 아니라 열방을 심판하시고 주관하시는 우주적 신으로 제시된다.[62] 나훔이 이스라엘의 하나님 여호와를 전 세계를 통치하시는 우주적 신으로 제시하고 있다고 말할 수 있는 근거는 다음과 같다. 첫째, 이스라엘과 언약을 맺으신 여호와의 진노는 이스라엘의 지경 안에만 제한되지 않는다(cf. 1:4-5). 나훔은 죄에 대한 여호와의 진노로 인해 바다와 모든 강이 메마르게 되고, 산은 녹아내리며, 세상과 그 안에 있는 모든 것이 파괴될 수 있음을 선포한다. 이는 여호와가 우주를 주관하시는 하나님이심을 전제로 한다.[63] 세상의 모든 것들이 그의 주권과 통치 하에 있기에 그의 진노에 영향을 받게 된다는 것이다.

둘째, 이스라엘의 하나님 여호와는 그의 백성의 죄과뿐만 아니라 이방인의 죄과도 물으시는 분이시다(cf. 1:9-12, 14; 3:1, 4, 18-19). 이는 모든 인간이 여호와의 공의를 존중하고 준수해야 할 책임이 있다는 사실에 근거한다. 이방인의 악행은 여호와와 무관한 것이 아니라 여호와의 정의와 공의를 파괴하는 행위이며 그를 대적하는 행위이다. 하나님은 그의 백성에게 뿐만 아니라 그의 피조물이며 그의 주권 하에 있는 민족들을 잔혹하게 압제한 앗시리아에게 죄과를 물으신다.[64] 여호와는 앗시리아가 이방민족들에게 악을 행한 것을 자신에게 악을 행한 것으로 간주하신다(cf. 1:11). 따라서 자신을 대항하여 악한 것을 도모하는 자를 결코 용서하지 않으신다. 하나님은 그의 백성의 범죄에 대해 심판을 하실 수 있는 것처럼 이방 나라의 악에 대해서도 심판하실 수 있다(cf. 암 1:3-2:3; 9:8).[65] 이러한 사실은

---

62) Cf. Craigie, *Twelve Prophets*, 61; Smith, *Micah-Malachi*, 68; Baker, *Nahum*, 23-24; Bailey, "Nahum," 153-54; Bullock, 『구약 선지서 개론』 317; Patterson and Travers, "Literary Analysis," 47.

63) Cf. Mihelic, "The Concept," 201.

64) Cf. Ibid.

65) Cf. Armerding, "Nahum," 456.

이스라엘의 하나님이 단지 국가적 신이 아니라 우주적 신, 곧 우주적 여호와이신 것을 확언해 준다.[66]

셋째, 이스라엘의 하나님 여호와는 이방민족을 그의 역사를 위한 도구로 사용하실 수 있는 분이시다(cf. 2:1-5). 하나님은 북이스라엘의 죄를 벌하시기 위해 앗시리아를 심판의 도구로 사용하셨다(cf. 사 10:5; 암 6:14). 앗시리아 역시 하나님의 질서와 공의를 파괴하여 심판의 대상이 되었을 때 하나님은 그 죄과를 묻기 위해 바벨론, 메데, 스그디안 연합군을 "파괴하는 자" (מֵפִיץ 메피쯔)로 세우시고 앗시리아를 멸하신다(cf. 2:1).

넷째, 여호와만이 세상의 유일하신 참 신이시다. 앗시리아는 자신들의 신을 앞세우고 주변 나라들을 잔혹하게 정복해 나간다. 따라서 이것은 단지 정치적 정복뿐만 아니라 종교적 정복을 의미한다. 유다가 앗시리아의 압제 하에 있다는 것은 상대적으로 이스라엘의 하나님 여호와가 앗시리아의 신 앗수르에 비해 무능력하다는 것을 의미하게 된다. 랍사게가 예루살렘을 공격할 때 히스기야에게 앗시리아 왕의 말을 전하면서 조롱한 것은 이러한 이해를 그대로 반영한다.

> 민족의 신들 중에 어느 한 신이 그의 땅을 앗수르 왕의 손에서 건진 자가 있느냐 하맛과 아르밧의 신들이 어디 있으며 스발와임과 헤나와 아와의 신들이 어디 있느냐 그들이 사마리아를 내 손에서 건졌느냐 민족의 모든 신들 중에 누가 그의 땅을 내 손에서 건졌기에 여호와가 예루살렘을 내 손에서 건지겠느냐 하셨느니라(왕하 18:33-35).

그러므로 하나님이 그의 백성을 압제한 앗시리아의 죄악을 심판으로 보응하시는 것은 자신의 백성을 보호하고 구원하시는 것뿐만 아니라 그가 참 신이시며 우주적 주권을 가지신 분이심을 보이시는 것이다.[67] 하나님은 그의 주권을 통해 그의 백성을 보호하시고 생존하게 하신다. 궁극적으로는 우주적 주권을 가지신 하나님 자신이 그의 백성들에게 "아름다운 소식"과 "화평"(cf. מְבַשֵּׂר מַשְׁמִיעַ שָׁלוֹם 메밧세르 마쉬미아 샬롬, 나 1:15)이 되신다.

---

66) Cf. McConville, *Exploring*, 207; Coggins, *Israel among the Nations*, 13.

67) Cf. Armerding, "*Nahum*," 456-57

2. 하나님의 정의, 신정론(theodicy)

인간의 죄악과 사회적 부조리가 관영하고, 오히려 악하고 잔혹한 자들이 더 번영을 누리는 것을 경험할 때 하나님의 정의에 대한 질문을 하게 된다. 선지자 하박국은 이러한 질문으로 그의 신탁을 시작하고 있다: "여호와여 내가 부르짖어도 주께서 듣지 아니하시니 어느 때까지리이까 내가 강포로 말미암아 외쳐도 주께서 구원하지 아니하시나이다"(합 1:2). 구약성경 배열에서 나훔서 다음에 하박국서가 등장하는 것은 이러한 맥락에서 자연스러워 보인다. 하박국은 이러한 문제에 대한 답변을 하나님과의 질의응답 형식으로 찾아가지만 나훔서는 사변적인 논의나 논리를 제시하는 것이 아니라 하나님이 악을 반드시 심판하신다는 사실을 선포할 뿐이다. 즉 욥기나 하박국서가 신정론에 대해 논의를 한다면 나훔서는 결국 악을 심판하시는 하나님의 정의를 선포함으로 신정론을 다룬다. 하나님은 인간의 악과 범죄를 심판하심으로 그의 우주적 정의를 선언하신다. 왓츠(Watts)는 니느웨가 단순히 악을 행한 역사적 성읍으로만 제시되는 것이 아니라 하나님의 목적과 백성을 좌절시키고 억압하는 악의 상징이라는 점을 강조한다.[68] 따라서 니느웨를 향한 하나님의 심판은 궁극적으로 악을 제거하시는 그의 정의를 드러낸다는 것이다.

나훔서의 표현에 따른 신정론은 "선"(토브)하신 여호와(טוֹב יְהוָה 토브 아도나이, 1:7)가 그에게 "악"(라아)을 꾀하는 자를 제거하시고(חֹשֵׁב עַל־יְהוָה רָעָה 호세브 알 아도나이 라아, 1:11), 그에게 피하는 자에게 산성(מָעוֹז 마오즈)이 되어주시는 것이다. 하나님의 선택된 백성의 악과 범죄가 그의 공의와 정의에 따라 심판을 받아야 하는 것처럼 이방 나라들의 죄악도 우주적 주권을 가지신 하나님의 정의 앞에서 결코 예외가 될 수 없다. 나훔이 니느웨의 멸망을 선언하는 것은 그의 인간적 혐오와 반감에서 비롯된 것이 아니라 하나님의 정의에 근거한 것이다. 앗시리아가 범한 거짓과 착취, 잔혹함은 하나님의 정의로운 성품을 범하고 거부하는 것이다.[69] 하나님은 앗시리아를 그의 백성을 심판하는 도구로 사용하셨지만 범죄한 앗시리아를 심판하심으로 그의 정의를 드러내신다. 따라서 김희보는 나훔서가 영적 교훈과 윤리적 권면에는 적은 분량을 할애하지만 "하나님의 도덕적 질서"를

---

68) Watts, *The Books of Joel*, 120.
69) Cf. Mihelic, "The Concept," 206.

분명히 보여주고 있다고 설명한다.[70] 크레이기(Craigie)는 나훔서가 하나님의 정의의 온전한 완결을 공표한다고 말한다.[71] 같은 맥락에서 차일즈(Childs)는 나훔서가 모든 대적들에 대한 하나님의 최종적이며 종말론적인 승리를 보여주는 극적인 예를 제시하는 면에서 정경적 역할을 한다고 서술한다.[72]

나훔서의 신정론은 논의가 되고 있는 저작시기에 따라 유다 백성들에게는 다르게 적용되었을 것이다. 나훔이, 앗시리아가 자신의 권력이 최고점에 있을 때 악을 심판하시는 하나님이 앗시리아를 심판하실 것임을 선포하였다면 이 선언은 하나님에 대한 더 많은 믿음과 신뢰를 요구하게 된다. 왜냐하면 상황적으로는 하나님의 신정론을 의심할 수밖에 없기 때문이다. 하지만 앗시리아가 쇠퇴의 길에 들어섰을 때 나훔이 이 선언을 하였다면 하나님의 신정론에 대한 확신을 할 만한 증거가 있기에 그의 정의에 대한 기대와 소망이 더욱 실제로 다가오게 된다. 어떤 시기에 어떻게 적용되었던 간에 나훔서의 신정론은 분명하게 전달된다. 같은 맥락에서 뉴섬(Newsome)은 나훔의 신탁에는 정의로운 하나님이 인간의 악을 판결하시고 멸하신다는 기본적인 신학적 사고가 있다고 말한다.[73] 악을 행한 민족에 대한 여호와의 보복과 조롱은 그의 정의에 대한 확실한 선언이다. 나훔은 니느웨의 멸망에 대한 그의 신탁을 통해 악을 심은 자는 반드시 그 심은 것에 대한 비극적인 결과를 거두게 될 것임을 선언하고 있다. "벌 받을 자를 결코 내버려두지 아니하시느니라"는 나훔의 선언(1:3)은 여호와의 정의에 대한 확실한 보증이 된다(cf. 출 34:6; 민 14:18). 나아가 이 선언은 여호와께 신실하고 경건한 자들의 믿음을 더욱 굳건하게 하는 희망의 메시지가 된다. 노하기를 더디 하시는 하나님의 인내는 결코 그의 정의를 부정하는 것이 아니다.

---

70) 김희보, 『요나, 나훔, 오바댜』 171-72.

71) "Thus Nahum celebrates the full completion, as it were, of the divine justice; all nations that pursued evil and cruelty would reap the harvest they had sown for themselves" (Craigie, *Twelve Prophets*, 66).

72) B. Childs, *Introduction to the Old Testament as Scripture* (Philadelphia: Fortress Press, 1979), 445.

73) "There is only one basic theological postulate in the prophecy of Nahum and that is that *a righteous God stands in judgment upon and will destroy human evil*" (Newsome, *The Hebrew Prophets*, 90[원본의 이탤릭]).

3. 자신의 백성을 지키는 전사이신 여호와

나훔은 1장 2-8절의 시에서 이스라엘의 하나님 여호와를 대적과 친히 전투를 벌이시는 전사로 묘사한다.[74] 하나님은 그의 백성을 압제하고 괴롭히는 대적에 대해 분노하시고 친히 거룩한 전사가 되어 대적을 멸하고 그의 백성을 보호하신다(cf. 슥 13:3).[75] 하나님이 거룩한 전사가 되시는 것은 언약 백성에 대한 그의 "열정/질투"(קִנְאָה 킨아)에 근거한다.[76] 여호와의 킨아는 그의 백성과의 언약적 관계 및 축복을 파괴하는 대적에게는 분노와 보복을 행하시는 그의 "질투"로 적용된다. 반면에 이 킨아가 자신의 백성에게는 보호하시고 돌보시는 그의 "열정"으로 적용된다. 그러므로 그는 자신의 백성을 위해 대적을 멸하시는 전사가 되어 주신다. 전사이신 여호와의 전투함성은 바다와 강을 마르게 하고 산을 진동시키고 언덕을 녹아내리게 한다(cf. 1:4-5). 여호와의 길이 회오리바람과 광풍에 있다는 표현은 하늘에서 구름을 타고 전쟁터로 달려오는 전사의 모습을 연상케 한다(cf. 시 18:8-16). 또한 대적을 맹렬히 추격하여 어둠 속으로 몰아넣으시는 전사의 모습을 볼 수 있다(cf. 1:8). 그의 전투는 확실하기에 그 어떤 대적도 대항할 수 없고 완전한 파멸에서 벗어날 수 없다(cf. 1:8; 2:10-11; 3:18-19). 나훔서가 여호와를 대적하는 자들에게는 잔혹한 책이지만 그를 신뢰하고 그에게 피하는 자들에게는 위로와 소망의 책이 된다(cf. 1:7, 15; 2:2). 강력한 권력을 행사하는 앗시리아 제국의 멸망에 대한 나훔의 생생한 예언이 역사적으로 그대로 성취된 사실은 여호와의 주권과 능력에 대한 확실한 증거이다.

4. 심판과 구원

앞에 언급된 주제들을 함께 아우르는 주제는 심판과 구원이다. 결국 나훔은 그

---

74) Cf. Kevin Cathcart, "The Divine Warrior and the War of Yahweh in Nahum," in *Biblical Studies in Contemporary Thought*, ed. Miriam Ward (Burlington: Trinity College Biblical Institute, 1975), 68-76; Duane L. Christensen, "The Acrostic of Nahum Reconsidered," *ZAW* 87 (1975): 23.

75) 반게메런, 『예언서연구』 284.

76) Dillard and Longman, *An Introduction*, 408.

의 책을 통해 여호와가 이루시는 심판과 구원을 전달한다. 나훔서는 신적 전사이신 여호와의 등장을 노래하는 찬양을 통해 그의 대적을 멸하시는 심판(1:2-6)과 그에게 피하는 자들을 위한 구원(1:7-8)의 주제로 시작된다. 이 찬양시에서는 대적과 구원을 받는 자들의 정체가 분명하게 언급되지 않는다. 하지만 대상의 속성은 분명하게 구분된다. 이어지는 단락(1:9-15)에서 심판과 구원의 주제가 혼용되어 등장할 뿐만 아니라 15절에서 유다가 언급되기 전까지는 여전히 대상의 정체를 알 수 없게 하여 긴장감을 유지한다. 2장 이후로는 심판선언에 집중하는데, 8절에서 심판의 대상이 니느웨인 것이 분명하게 언급된다. 니느웨는 찬양시(1:2-8)에서 언급된 "대적"이며 이 대적은 1장 11절에서 "여호와를 대항하여 악한 것을 도모하는 자"(חֹשֵׁב עַל־יְהוָה רָעָה 호세브 알 아도나이 라아)와 "사악한 것을 권하는 자"(יֹעֵץ בְּלִיָּעַל 요에쯔 벨리아알)로 규정된다. 대적이 도모하는 사악한 것의 내용이 3장 1절과 4절에 구체적으로 서술된다. 바로 거짓과 약탈, 우상숭배의 강요이다. 결국 하나님의 정의와 질서를 파괴하고 그를 거부하는 자는 심판의 대상이 되어 여호와의 진노를 경험하게 될 것이며 그 결과는 멸절, 약탈, 황폐함, 수치이다.

구원의 대상은 유다로 규정되는데, 여호와의 보호와 돌보심을 경험하는 실제 대상은 단순히 혈통적인 유다 백성들이 아니라 여호와가 환난 날에 진정한 피난처가 되심을 신뢰하고 그에게 피하는 자들이다(1:7). 자기 백성을 지키시는 전사이신 여호와가 구원의 유일한 방편이 되신다.[77] 하나님은 그에게 피하는 자들을 아시고 그들의 피난처와 구원자가 되어주신다. 이전에 멍에와 굴레 아래 있었고 약탈을 당하던 자들이 대적을 멸하시는 여호와의 구원을 통해 영광을 회복하게 된다(1:12-13; 2:2). 하나님이 구원을 받는 자들에게 요구하시는 것은 절기를 지키고 서원을 갚는 것이다(1:15). 따라서 나훔서를 신중하게 읽는 당대의 독자들은

---

77) Longman은 전사로서의 하나님의 모습을 신약에서 종종 전사로 그려지고 있는 예수 그리스도와 연결한다(T. Longman III, "Nahum," in *The Minor Prophets: An Exegetical and Expository Commentary*, ed. T. McComiskey [Grand Rapids: Baker, 1993], 777; cf. Dillard and Longman, *An Introduction*, 408). 그의 설명에 따르면 그리스도의 전투는 혈과 육에 속한 것이 아니라 궁극적인 대적인 사단을 멸하는 거룩한 전투이며 이 전투의 승리가 십자가 사건과 부활, 승천에서 확정되어졌다. 하지만 이 전투는 마지막 때까지 계속될 것이며 그리스도의 재림을 통해 승리가 완성될 것이다(cf. 계 19:11-21).

그들의 적국인 앗시리아의 멸망에 대한 신탁을 확인하고 해방을 기대하였을 뿐만 아니라 과연 자신이 구원의 대상이 될 수 있는지도 진진하게 고려하였을 것이다. 또한 구원에 대한 확신과 함께 여호와가 요구하시는 삶을 결단하였을 것이다.

IV. 논쟁적 이슈들

1. 나훔서는 제의문서인가? 아니면 예언서인가?

폴 하우프트(Paul Haupt, 1907년)는 나훔서가 예언서가 아니라 네 개의 시로 구성된 제의문서모음집(a liturgical compilation)이라고 주장한다.[78] 처음 두 개의 시는 "마카비가(家) 사람"의 것이고 나머지 두 개의 시는 주전 606년에 니느웨의 멸망을 목격한 히브리인이 저작한 것으로 설명한다.[79] 나훔서가 주전 161년, 아달월 13일에 니카노르(Nicanor)를 이긴 승리를 기념하기 위한 제의에 사용된 것으로 간주한다. 나훔 2장 1절의 "파괴하는 자"는 유다스 마카비우스(Judas Maccabeus)를, 1장 11절의 "여호와께 악을 꾀하는 자"는 니카노르(Nicanor)를 가리키는 것으로 해석한다. 같은 맥락에서 니느웨는 셀루키드 왕국(the Seleucidan Kingdom)을 지칭하는 시적 호칭으로 설명하고 3장 1절의 "피의 성읍"은 이 왕국의 수도인 안디옥(Antioch)를 가리키는 것으로 본다.[80] 하우프트의 주장은 나훔서의 예언적 속성을 인정하지 않을 뿐만 아니라 나훔의 저작권도 부인한다. 더 나아가 나훔서의 해석적 정황 역시 주전 7세기에서 2세기로 바뀐 것을 볼 수 있다. 하우프트는 자신의 견해를 뒷받침하기 위해 나훔서의 본문을 전면적으로 재배열하

---

78) P. Haupt, "The Book of Nahum," *JBL* 26 (1907): 1.

79) Haupt는 나훔서의 본문을 재배열하여 네 개의 시를 제시한다: (1) 1:2a, 3b, 4-8, 9b, 9a, 3a, 2b, 10; (2) 3:1, 4, 5, 6, 7; 1:11, 14; 2:1; 1:12, 15; 2:2; (3) 1:1a; 3:8-11, 14, 15b, 15a, 12, 13b, 13a, 18-19; (4) 1:1b; 3:2-3; 2:3a, 5, 8b, 6, 8a, 7, 9, 10, 11, 12, 13. Haupt는 첫 번째 시를 이합체시의 형식에 맞추기 위해 3절의 후반절과 2절의 상반절을 9절의 상반절 다음에 배열하고 9절의 하반절을 상반절 앞에 배열한다. Haupt의 견해에 따르면 본래 총 22개의 절로 구성된 이합체시가 있었는데, ע아인이후의 절들은 유다스 마카비우스의 승리를 기념하는 제의와 맞지 않기 때문에 생략하였다는 것이다.

80) Ibid., 2, 10.

81) 해리슨, 『구약서론 II』 518.

고 있는데, 그렇다면 나훔서를 제의에 사용하기 위해 시들을 모은 본래의 수집가가 왜 그가 재배열한 형태의 본문으로 처음부터 구성을 하지 않았는지에 대한 의문은 하우프트의 견해를 지지하기 어렵게 한다. 해리슨(Harrison)은 하우프트의 주장이 불가능한 결론이라고 말하며 거부한다.[81] 하지만 이 견해는 훔버트(Humbert, 1926년)에 의해 지지를 받았을 뿐만 아니라 포러(Fohrer)는 나훔서에 세 개의 제의문이 있다고 제안하며 이 제의문이 니느웨가 멸망한 주전 612년의 신년 축제에서 앗시리아의 멸망을 기념하는 의식에 처음 사용되었다고 주장한다.[82]

할더(Halder, 1947년)는 지중해와 우가릿 종교의 신화적 요소를 차용하여 앗시리아 제국을 저주하는 제의에 사용한 것으로 주장한다.[83] 할더는 제의적 측면보다는 정치적 측면에 더 무게를 둔다. 할더의 주장에 대해 불락(Bullock)은 그가 나훔서와 다른 종교와의 유사성을 지나치게 연결시킨 문제점을 지적할 뿐만 아니라 나훔서에는 신화적 요소보다는 시적인 요소가 있음을 강조한다.[84] 왓츠(Watts, 1975년)는 나훔서뿐만 아니라 오바댜서와 하박국서가 제의문서에 이방나라를 향한 신탁으로 추가된 것이며, 나훔서가 시온축제에서 기념히는 여호와의 날을 다루는 문서들의 한 부분이었을 것이라고 주장한다.[85] 왓츠의 견해를 따르게 되면 나훔서의 해석적 정황은 시온축제가 된다. 벤트젠(Aage Bentzen)은 나훔 1:2-8의 시의 정황이 어떤 것이던 간에 현재 형태의 나훔서 전체가 앗시리아의 멸망을 기념하는 제의에 사용할 목적으로 구성되었다고 주장하는데, 디 브리스(De Vries, 1966년)는 이 주장을 강력히 옹호하면서 나훔서가 앗시리아의 멸망을 기념하는 제의

82) Fohrer가 제시하는 세 개의 제의문은 다음과 같다: (1) 1:12-13, 15; 2:2; (2) 1:10-11, 14; 2:1; 3:13; (3) 3:1-7(Fohrer, *Introduction*, 449-51). Cf. Smith, *Micah-Malachi*, 65; Bullock, 『구약 선지서 개론』 311; 해리슨, 『구약서론 II』 518. Maier는 예루살렘에서 이러한 축제를 기념했는지의 여부에 대한 증거가 없음을 지적하며 제의와 관련된 견해는 근거가 없는 주장이라고 반박한다(Maier, *The Book of Nahum*, 45).

83) Cf. Fohrer, *Introduction*, 450; Smith, *Micah-Malachi*, 66; Bullock, 『구약 선지서 개론』 311.

84) Ibid., 312.

85) Watts, *The Books of Joel*, 5-8.

86) S. J. de Vries, "The Acrostic of Nahum in the Jerusalem Liturgy," *VT* 16 (1966):

에 사용할 목적으로 기록했다는 견해를 견지한다.[86] 더 나아가 이 견해는 나훔서가 현재 형태로 형성되는 과정과 예언서의 정경으로 포함된 결정적인 이유를 설명해 준다고 말한다.[87] 크리스텐센(Christensen, 1989년)은 나훔서 전체를 운율에 따라 분석한 후 나훔서가 뛰어난 운율 구조로 되어있는 것에 근거하여 나훔서가 제의를 위해 저작된 것이라고 주장한다.[88] 뿐만 아니라 본래의 제의적 정황으로

476.

87) "This[Bentzen's claim] is a point of view which the present writer strongly endorses and which he considers essential for an understanding, not only of how the book got into its present form, but also of how it gained its place in the canon of Hebrew prophecy" (ibid.).

88) "The rather elegant metrical structure of the book of Nahum revealed in this study argues strongly for the musical performance of this text within the cultic life of ancient Israel, much like the Song of Songs. In short, the book is indeed a liturgical composition" (D. L. Christensen, "The Book of Nahum as a Liturgical Composition: A Prosodic Analysis," *JETS* 32 [1989]: 168). Christensen은 나훔서가 다른 구약의 본문들에 비해 상대적으로 잘 보존된 이유를 아가서의 경우와 같이 나훔서의 문학적 탁월성에 있다고 본다. Christensen이 나훔서의 운율을 분석할 때 음절을 계산하는 모라(mora) 계수방식을 취하는데, 이에 대하여 Freedman은 부정적인 견해를 다음과 같이 피력한다: "A serious attempt at quantifying and weighting the syllable count of Hebrew poetry has been undertaken by Duane Christensen in his revival of the old system of counting 'morae,' and due credit should be given to him for this laborious effort. Nevertheless, and even though the results so far achieved seem to confirm the less precise systems being used here, whether of stresses or syllables generally, even when carried out with minute precision, the morae system remains questionable, if it is not actually defective. In his usage, the system depends entirely upon the Massoretic vocalization of the text, itself a valiant effort on the part of the scribes to preserve and reproduce the exact quality and quantity of the vowels (not to speak of the consonants) of the Hebrew Bible. While they may have succeeded to a considerable degree in identifying and isolating the different vowel sounds and also their length or duration, at the same time their efforts, which were intended to elucidate and expand the vowel-letter system which had been incorporated into the text, occasionally if not more frequently, had the effect of disturbing and distorting the older system"(D. N. Freedman, "Acrostic Poems in the Hebrew Bible: Alphabetic and Otherwise," *CBQ* 48 [1986]: 413). Freedman은 모라(mora) 계수방식의 정확성에 대한 근본적인 의문을 제기한다. 이 방식에 근거한 분석을 기반으로 하고 있는

여호와의 날을 제시한다. 하지만 나훔서가 보여주고 있는 시적 운율의 탁월성 자체가 나훔서가 제의에 사용되기 위해 저작된 것이라는 결론으로 반드시 인도하지는 않는다. 시에 운율을 사용하는 것은 암기하고 보존하기 쉽게 하려는 것이다. 인쇄 기술이 발달하지 않는 고대의 정황을 고려할 때 나훔이 그의 메시지를 간결하고 뛰어난 시로 전달하여 하나님의 백성들로 하여금 여호와가 그를 대적하는 자들을 심판하시고 그의 백성을 보호하신다는 진리를 쉽게 기억하고 기원하게 하는 가장 효과적이고 현명한 선택을 한 것은 아닌가?

나훔서를 제의와 연결시키는 본문의 증거는 1장 2-8절의 시와 1장 15절의 권고("유다야, 네 절기를 지키고 네 서원을 갚을지어다")이다. 이 견해의 핵심은 1장의 시가 이합체(離合體) 시이며 나훔의 저작이 아니라 후대의 삽입이라는 주장이다.[89] 하지만 본래 이합체시를 복원하기 위해서는 상당한 본문의 수정 작업과 본문 재배열이 수반되기 때문에 1장의 시를 전형적인 이합체시로 보는 것에는 무리가 있다.[90] 또한 동일한 내용의 이합체시가 서술된 독립적 사본이나 번역본이 존재하지 않는 것도 이러한 견해를 견지하는데 어려움을 준다. 해리슨(Harrison)은 나훔서가 제의적 사용을 목적으로 수집되었다는 주장에 대해 다음과 같이 반박한다.

> "유다에게 '절기를 지키라'(1:15)는 권고를 하고 있기는 하지만, 이 선지서는 특별히 제의적인 요소를 갖고 있지 않으며, 이 책이 제의적인 배경 속에서 편찬되

Christensen의 주장은 근본적으로 문제가 될 수도 있다.

89) 이합체 시(the acrostic psalm)란 히브리어의 알파벳의 순서에 따라 각 알파벳의 철자로 시작되는 단어로 각 행을 구성하는 시를 말한다. 답관체 시로 번역하기도 한다. 대표적인 예가 시편 119편과 애가 3장이다(cf. 시 25, 34, 37, 111, 112편; 잠 31:10-31). 나훔 1장 1-8절의 현재 본문을 획기적으로 수정을 하거나 본문을 재배열을 하지 않는 한 전형적인 이합체시를 복원해 내는 것은 불가능하다. Bullock은 나훔서 1장에 이합체시의 존재 자체를 부정한다(Bullock, 『구약 선지서 개론』309-10).

90) Christensen은 1장의 시가 완전하지는 않지만 이합체시의 형식을 따르고 있고 시와 신탁의 언어적 연관성에 근거하여 나훔의 저작 가능성을 완전히 부인하지 않는 듯하다(Christensen, "The Acrostic," 23). Cf. 글리아슨 L. 아처, 『구약총론』 김정우 역 (서울: 기독교문서선교회, 1985), 406; Baker, *Nahum*, 22.

91) 해리슨, 『구약서론 II』 519.

었다는 가정을 지지할 만한 근거는 전혀 없다."[91]

해리슨의 반박이 타당하다면 나훔서를 제의적 정황에서 해석하는 시도 또한 거부되어야 한다. 코긴스(Coggins)는 나훔서에 제의적 용어의 흔적이 있을 수는 있지만, 이것으로 그 이상의 결론, 즉 제의에 사용할 목적으로 저술되었거나 편집되었다는 결론을 내리는 것은 거부한다.[92] 불락(Bullock)은 2장에 제의적 요소가 등장하기는 하지만 제의문의 전형적인 형식인 "응답적 요소"가 없다는 것을 지적하며 반박한다.[93] 베일리(Bailey) 역시 동일한 문제점을 지적한다.[94] 보다 중요한 반박은 나훔 1장 1절은 나훔의 기록을 "경고"(מַשָּׂא 맛사)와 "묵시의 글"(סֵפֶר חֲזוֹן 세페르 하존)로 규정하며 예언적 성격을 제시하고 있다는 사실이다. 따라서 신탁의 예언적 속성을 거부하지 않는다면 나훔서를 사건이 일어난 후에 제의를 위해 수집된 책으로 보기는 어렵다.[95] 나훔서가 본래 제의를 위해 저술된 것은 아니지만 후대에 제의와 함께 사용되었을 가능성은 있을 수 있다.[96] 하지만 이러한 제의적 정황(*Sitz im Leben*)이 나훔서의 해석적 정황이 될 수는 없다.[97]

2. 나훔의 저작인가? 아니면 후대에 편집된 것인가?

구약성경 연구에 비평적 접근이 시도된 이후로 구약의 본문의 후대삽입 논의

---

92) Coggins, *Israel among the Nations*, 13.

93) Bullock, 『구약 선지서 개론』 311.

94) Bailey, "Nahum," 145.

95) Cf. 존슨, "나훔," 234.

96) 룻기, 아가, 전도서, 애가, 에스더서가 절기에 사용된 점은 이러한 가능성을 고려하게 하지만 나훔서와 관련하여서는 객관적 증거가 없다는 것이 문제이다. Childs는 나훔 1장 1절이 제시하고 있는 나훔서의 예언적 속성을 간과하는 것은 구약성서 안에서 나훔서가 가지고 있는 정경적 기능을 신중하게 고려하지 않는 것으로 평가한다(Childs, *Introduction*, 443).

97) Cf. Craigie, *Twelve Prophets*, 60. 제의적 정황이 나훔서의 해석적 정황이 될 수 없다는 것은 전도서가 장막절을 기념하는 의식에 낭독이 되지만 이 제의가 전도서의 해석적 정황이 되지 않는 것과 같다.

98) 이 시에 대한 연구는 주로 이합체시인지의 여부와 이합체시의 범위를 규정하는 것이다.

는 끊임없이 지속되어왔다. 나훔서는 3장의 짧은 책이지만 나훔서 연구에서도 후대삽입 논의가 제기되었다. 나훔서 중에서 후대삽입 논의의 중심에 있는 본문은 1장 2-8절의 시이다.[98] 19세기 말에 이 시가 이합체의 형식을 취하고 있다는 점이 언급되기 시작한 이후로 본래 형태의 이합체를 복원하려는 연구가 시도되었다. 왜냐하면 현재 형태의 본문은 히브리어 알파벳 스물 두자를 모두 사용하지 않을 뿐만 아니라 사용된 알파벳도 순서에 따라 등장하지 않기 때문이다. 이 시의 이합체 형식을 복원하려는 노력은 본문의 훼손을 전제로 하고 있다.[99] 즉 이 시가 나훔의 저작이든 아니면 다른 손길에 의한 것이든 본래의 본문이 그대로 보존되지 않았다는 것이다. 테일러(Taylor)의 말은 이러한 전제를 잘 보여준다.

> …a seriously corrupt text in Ch. 1; but for Chs 2-3, although editors have made some twenty minor additions, and although in the course of centuries numerous mistakes in copying have occurred, fortunately the original poem in the main is recoverable."[100]

따라서 이합체 형식을 복원하려는 학자들은 본문의 수정이나 재배열을 자유롭게 행하면서 현재 형태의 본문에 주의를 기울이지 않는 경향이 있다.[101] 하지만

이 연구에 대한 구체적인 논의를 보려면 Maier, *The Book of Nahum*, 52-70; de Vries, "The Acrostic," 476-81; Christensen, "The Acrostic," 17-30을 참조하라. 1867년에 Delitzsch는 그의 시편 주석에서 Württemberg의 G. Frohnmeyer 목사가 나훔 1:3-7에 불완전한 이합체시가 있음을 지적했다고 소개한다(cf. Smith, *Micah-Malachi*, 65).

99) Taylor는 12 소선지서의 편집자가 기존의 이합체시에 다른 시의 행으로 대체하는 등 과오를 범했을 뿐만 아니라 전승과정에서 심각한 오류와 재배열 및 보충이 있었다고 주장한다(C. L. Taylor, Jr., "The Book of Nahum: Introduction and Exegesis," in *The Interpreter's Bible*, vol. 6, ed. G. A. Buttrick et al [Nashville: Abingdon, 1956], 954). J. M. P. Smith 역시 편집자가 1장의 이합체시의 진가를 충분히 알지 못한 채 나훔서의 도입으로 사용했을 것으로 추정하였다(J. M. P. Smith, *A Critical and Exegetical Commentary on the Books of Micah, Zephaniah, and Nahum*, ICC [Edinburgh: T & T Clark, 1911], 269).

100) Taylor, "The Book of Nahum," 954.

101) 악트마이어는 이러한 수정을 행하는 것으로 인해 나훔서의 신학을 잃게 된다고 지적한다 (악트마이어, 『나훔-말라기』 33).

현재 형태의 나훔서 본문 외에는 1장의 시의 온전한 이합체 형식을 보존하고 있는 그 어떤 사본이나 번역본이 없다는 점은 이합체시를 복원하려는 다양한 시도에 가장 큰 어려움을 준다. 그렇다고 나훔 1장 2-8절의 시가 전형적인 이합체 형식에서 벗어나면서도 부분적으로 이합체시의 요소를 가지고 있다는 사실을 확정적으로 완전히 부인할 수도 없다.[102] 그러므로 이러한 현재 형태의 본문을 존중할 때 타당하게 요구되는 질문은 왜 나훔은 이러한 형태의 시를 전달하고 있는가이다. 즉 저자의 의도를 질문하는 것이 중요하다. 이합체시의 형태를 복원하려는 노력이 문학적 형식에 중요할 뿐 본래 신탁의 의미나 내용에는 중요하지 않다는 베이커(Baker)의 말은 의미가 있다: "Whether the acrostic existed or not is of importance for literary form, but not for the meaning and content of the prophecy itself."[103]

내용과 형식에서 나훔서 1장의 시가 일반적인 예언적 신탁과 차이가 있음을 지적하며 후대 삽입의 가능성을 처음으로 제기한 학자는 양식비평의 대표적인 학자, 궁켈(Gunkel, 1898년)이다.[104] 궁켈은 포로후기의 편집자가 파손된 이합체시

---

102) Cf. Christensen, "The Acrostic," 24-25; Longman, "Nahum," 774-75. Allis는 J. D. Davis의 주장을 확장하여 나훔 1장 2-8절에서 이합체시의 요소를 강조하기 보다는 음성적 언어유희(paronomasia)를 강조하고 그 효과를 설명한다(Allis, "Nahum," 78). Allis의 주장에서 주목할 점은 음성적 언어유희의 기법이 나훔서 전체에 등장하고 있다는 견해이다. 그렇다면 해석자는 나훔서의 시적 특성에 주의를 기울여야 한다.

103) Baker, *Nahum*, 22. 나훔 1장 2-8절의 본래 이합체시를 복원하려는 노력의 결과에 대해 차일즈(Childs)는 다음과 같이 서술하고 있다: "Over the years a growing consensus has developed that the present hymn is only a fragment and that it is pointless to seek to reconstruct a full acrostic psalm"(Childs, *Introduction*, 441; cf. McConville, *Exploring*, 206). 같은 맥락에서 Hummel은 다음과 같이 말한다: "Efforts to recover the original form of the acrostic poem have proved entirely futile, and some deny the existence of such an underlying pattern altogether. However, it does appear that the letters of the Hebrew alphabet can be followed fairly accurately down to lamedh" (H. D. Hummel, *The Word Becoming Flesh* [St. Louis: Concordia, 1979], 339 [Patterson and Travers, "Literary Analysis," 56에서 재인용]).

104) Smith, *Micah-Malachi*, 65; Childs, *Introduction*, 441; H. Gunkel, "Nahum 1," *ZAW* 13 (1898): 223-44.

105) Smith, *Micah-Malachi*, 65.

를 나훔서에 삽입했다고 주장할 뿐만 아니라 이 시의 범위를 2장 3절까지 확장한다.[105] 또한 1장의 시는 신학적 개념을 전달하는 반면에 2장과 3장은 정치적 정황에 관련된 것이기에 논조와 문체가 서로 일치하지 않는다고 주장한다.[106] 아이스펠트(Eissfeldt)는 주로 선지서에 시가 후대에 이차적으로 삽입되었다는 견해 속에서 나훔서 1장의 이합체시 역시 후대의 손길에 의한 것이라고 설명한다.[107] 하지만 불락(Bullock)은 1장의 시를 나훔의 글에서 배제시킬 이유가 없을 뿐만 아니라 나훔서의 다른 부분과도 주제적으로 잘 조화를 이루고 있음을 주장한다.[108] 크리스텐센(Christensen)은, 운율의 관점에서 볼 때 나훔 1장 1-10절과 나훔서의 나머지 본문들이 놀라운 완성도를 가지고 있기 때문에 현재 형태의 나훔서가 편집자에 의한 것이 아니라 저자에 의한 것이라는 결론을 내린다.

> "The final text has remarkable integrity of its own from a metrical point of view. In short, the final hand that shaped the text of Nahum as we now have it must also be seen to be that of an author, rather than a mere redactor, of a rather sophisticated work of literary art."[109]

---

106) Cf. A. Pinker, "Nahum 1: Acrostic and Authorship," *JBQ* 34 (2006): 97

107) O. Eissfeldt, *The Old Testament: An Introduction*, trans. P. R. Ackroyd (New York: Harper & Row, 1965), 416. Eissfeldt는 1장 2-9절을 제외하고는 나훔의 저작권을 인정한다.

108) "본문[1장의 시]은 분명히 나훔서의 나머지 부분과도 조화를 이루고 있으며 주제와도 잘 부합한다" (Bullock, 『구약 선지서 개론』310-11)(원서의 서술에서 Bullock의 견해를 분명하게 볼 수 있다: "…certainly is in harmony with the tenor of the book, and it beautifully prepares the stage for the major theme" (C. H. Bullock, *Introduction to the Old Testament Prophetic Books* [Chicago: Moody Press, 1986], 220). De Vries는 시가 나훔의 저작이라고 확정할 수는 없지만 시와 니느웨에 대한 신탁 간에 언어적 유사성을 고려할 때 시에 대한 나훔의 저작권을 고려할 수 있다고 말한다(de Vries, "The Acrostic," 479). Floyd는 나훔 1:2-10이 그 당시의 역사적 정황에 대한 신학적 사고를 유도하는 기능에 주목하여 이 본문의 진정성을 논한다(M. H. Floyd, "The Chimerical Acrostic of Nahum 1:2-10," *JBL* 113 [1944]: 436-37).

109) D. L. Christensen, "The Book of Nahum: The Question of Authorship within the Canonical Process," *JETS* 31 (1988): 57. Christensen은 나훔서의 실질적인 부분에 있어서 선지자 나훔의 저작을 인정하면서도 12 소선지서의 전체 구조에 있어서는 본래 저자보다는 12 소선지서의 편집자의 손길에 무게를 둔다(cf. Christensen, *Nahum*, 56).

최종형태의 나훔서를 구성한 손길이 단순한 편집자가 아니라 저자에 가깝다고 보는 크리스텐센의 견해가 나훔의 저작권을 옹호하는 것은 아니지만 최종형태의 나훔서 전체가 보여주는 완결성은 나훔의 저작권을 완전히 배제할 수 없게 한다.

차일즈(Childs)는 예레미야스(Jörg Jeremias, 1970년)와 슐즈(H. Schulz, 1973년)의 편집 비평적 분석에 대해 부정적인 평가를 한다.[110] 차일즈는, 심판에 대한 위협이 본래 유다를 향한 것이었는데, 니느웨로 향하도록 편집되었다는 예레미야스의 주장이나 나훔서가 포로후기에 포로사건을 종말론적 용어로 재해석하도록 편집되었다는 슐즈의 주장이 지지를 받지 못할 뿐만 아니라 추리와 상상력에 근거한 것이라고 비판한다. 노갈스키(Norgalski, 1993년)는 소선지서 전체에 이루어진 편집적 작업을 분석하는 가운데, 나훔 1:2-8의 시가 미가 7장에 신현현(theophany)을 추가하기 위한 포로후기의 편집적 의도에 의해 첨부된 것으로 설명한다.[111] 하지만 노갈스키의 주장은 개별 선지서의 독립적 저작과 존재를 인정하지 않는 견해에서 출발하는 문제점을 가지고 있다.

1장 1절에 두 개의 제목이 서술되고 있는 점을 지적하며 "나훔의 묵시의 글"에 편집적 작업이 있었을 것이라는 전제에 근거하여 후대에 삽입된 본문을 찾으려고 시도하는데, 두 개의 제목 자체가 이러한 시도를 정당화하지는 않는다.[112] 해리슨(Harrison)은, 나훔 2:2-3:19 외에 나머지 부분은 편집되었거나 후대에 삽입된 것이라고 보는 파이퍼(Pfeiffer)의 견해를 소개하는데, 그의 견해는 전적으로 주관적이며 증명될 수 없다고 혹독하게 비평하며 거부한다.[113] J. M. P. 스미스(Smith)는 유다를 향한 구원신탁들(1:12-13, 15; 2:2)과 앗시리아 왕에 관한 신탁(3:18-19)이 나훔의 저작이 아니라는 견해를 제시하기도 한다.[114] 이러한 견해에

110) Childs, *Introduction*, 442.

111) J. Nogalski, *Redactional Processes in the Book of the Twelve*, BZAW 218 (New York: Walter de Gruyter, 1993), 105.

112) 나훔서는 두 개의 제목이 표제에 등장하는 유일한 선지서이다.

113) 해리슨, 『구약서론 II』 517.

114) Smith, *A Critical and Exegetical Commentary*, 269-70. 유사한 맥락에서 de Vries는 1장 2-8절의 이합체시, 2:1, 3-12; 3:1-4, 7b-12a, 15b-17이 나훔의 저작이며 나머지는 제의적 사용에 적합하도록 추가된 것으로 설명한다(de Vries, "The Acrostic," 480-81).

115) Patterson, *Nahum*, 12.

대해 패터슨(Patterson)은 희망적인 신탁을 본래 나훔의 저작이 아니라고 보는 것은 모든 선지서에서 희망의 메시지를 제거해야 할 정도로 가장 불확실한 전제에 근거한 주장이라고 반박한다.[115] 또한 책의 치밀한 구조가 본문의 진정성을 보여준다고 주장한다.[116]

일반적으로 나훔서 1장을 제외한 나머지 부분에서는 나훔의 저작권을 인정하는 편이다.[117] 나훔서의 통일성이 직접적으로 후대삽입의 가능성을 완전히 배제시키는 것은 아니지만 후대 삽입에 대한 주장을 간접적으로 반박할 수 있다.[118] 따라서 나훔서의 통일성에 대한 논의는 이러한 비평적 견해를 논함에 있어서 중요하다.[119] 아래 단락에서 나훔서의 구조를 다루면서 나훔서의 구조적 통일성을 언급할 것이며 후대삽입에 관한 논의는 해당 본문을 주해하면서 보다 구체적으로 다룰 것이다.

3. 엘고스는 어디인가?

나훔의 고향인 엘고스의 위치에 대해 크게 세 지역이 언급되고 있다. 첫 번째

---

116) Ibid., 9.

117) Cf. Bullock, 『구약 선지서 개론』310; Eissfeldt, *The Old Testament*, 416. Maier는 선지자 나훔의 저작이 아니라고 제시된 본문과 주장을 구체적으로 반박한 후 다음과 같은 결론을 내린다: "Significantly enough…the Book of Nahum, when read as preserved in the ⓜ [MT], presents a poem, in the Hebrew sense, which for vividness of presentation, order of development, and force of prophetic forecast stands unexcelled in all literature"(Maier, *The Book of Nahum*, 70).

118) 나훔서의 통일성을 단지 문학적, 주제적, 편집적 차원의 통일성으로 제한할 경우 일부 본문의 후대 삽입의 가능성을 완전히 배제하지 못하게 된다. 반면에 한 저자에 의한 저자적 통일성(authorial unity)은 후대삽입의 가능성을 배제할 수 있는 논의가 된다.

119) Armerding은 나훔서의 통일성을 논함에 있어서 주제적(thematic), 서술 형식적(stylistic) 측면에 집중하고 있는데, 이에 구조적 측면을 추가할 필요가 있다(cf. Armerding, "Nahum," 451-52). 달리 말하면 구조적 통일성(structural unity)은 주제적, 서술 형식적 통일성을 더욱 보강시켜줄 수 있다. Keil은 나훔서의 진정성에 대한 비판이 근거가 있는 논쟁이 아니라고 말한다: "The unity and integrity of the prophecy [the book of Nahum] are not open to any well-founded objection" (Keil, *The Twelve*, 4).

120) 엘고스의 위치에 대한 자세한 논의를 보려면 Maier, *The Book of Nahum*, 21-26을 참

는 앗시리아의 엘고스, 두 번째는 북이스라엘의 갈릴리 지역에 위치한 엘고스, 세 번째는 남유다의 엘고스이다.

첫 번째 견해를 따르면 나훔서는 앗시리아에 포로로 잡혀간 북이스라엘인 나훔이 약속의 땅에 있는 유다 백성들에게 보낸 것이 된다. 엘고스가 앗시리아에 위치한 지역이라고 보는 견해는 세 가지 요소에 근거한다.[120] 첫째, 현대의 모술(Mosul)에서 북부로 약 80km 떨어진 티그리스 강변에 위치했던 니느웨의 북쪽으로 약 38 km 떨어진 곳에 위치한 알쿠쉬(Al-Qush)와 히브리어 אֶלְקֹשִׁי 엘코쉬의 자음의 음성적 유사성이다. 둘째, 알쿠쉬에 나훔의 무덤이 있다고 말하는 민간전승이다. 셋째, 니느웨에 대한 나훔의 상세하고 정확한 기록이다. 이 견해를 따르면 나훔은 이 지역으로 사로잡혀간 북이스라엘 백성의 후손이 된다. 하지만 마이어(Maier)는 고고학적 연구가 자음의 유사성이 지역적 연관성에 대한 결정적 증거가 되지 않는다는 것을 증명해 주고 있는 점과 민간전승이 신빙성이 없음을 지적한다.[121] 또한 선지자 하박국이 갈대아인들에 대해 상세하게 기록하고 있는 것 자체가 그가 바벨론에 있었다는 결론을 유도하지 않는 것처럼 니느웨에 대한 나훔의 기록 역시 그가 앗시리아에 있었다는 결론으로 연결될 수 없음을 지적하며 이 견해를 반박한다. 해리슨(Harrison)은 이 전승이 16세기의 기독교 시대 이전에 나타나지 않는 점과 나훔서의 내적 증거가 빈약하다는 점을 근거로 이 견해를 거부한다.[122]

엘고스가 갈릴리 지역과 관련이 있다는 견해는 주로 제롬의 기록에 근거한다. "나훔서 서언"(Prologue to the prophet Nahum)에서 제롬은 나훔서 서언에서 갈릴리에서 남쪽으로 약 32km 거리에 위치한 헬케시(Helkesei)를 방문하고 이 지역이 나훔서의 엘고스라는 설명을 듣게 되었다고 기록하고 있다.[123] 현재의 베이트 야브린(beit-Jebrin)이 고대의 엘고스라고 추정한다. 갈릴리 바다 북쪽 해변에 위치

조하라.

121) Ibid., 21-22.

122) 해리슨, 『구약서론 II』 514.

123) "Helkesei is to the present day a little village in Galilee, small indeed and barely showing traces of the ruins of ancient buildings; but known to the Jews and pointed out to me also by the guide" (Maier, *The Book of Nahum*, 24에서 재인용). Calvin은 제롬의 글을 그대로 수용한다(Calvin, *Commentaries,* 418).

124) Maier, *The Book of Nahum*, 24. Maier는 주전 722년에 북이스라엘이 멸망한 후 이방

한 가버나움(Capernaum)이 "나훔의 마을"(villege of Nahum)을 의미하는 것으로 간주하여 이곳을 엘고스로 보기도 한다. 하지만 마이어(Maier)는, 나훔은 유대인들 사이에 흔한 이름이었고 가버나움이 엘고스로 불린 적이 없었다는 점을 언급하며 이 견해를 반박한다.[124] 카일(Keil)은 나훔과 이사야 사이의 유사성을 지적하면서 나훔서의 앗시리아 기원을 거부할 뿐만 아니라 나훔서에 기록된 니느웨에 대한 정보는 그 당시 팔레스타인에 살았던 유다인들이 일반적으로 알고 있었을 정보에 지나지 않는다고 말한다.[125]

엘고스의 위치를 남유다로 보는 견해는 나훔이 남유다인이라는 전제에 근거한다. 예를 들어 맥콘빌(McConville)은 나훔이 남유다 사람인 점을 고려하여 예루살렘의 남서쪽에 위치한 베이트 이브린(Beit Jibrin)을 엘고스의 위치로 추정한다.[126] 존슨(Johnson)은 나훔이 유다에 대한 관심(1:12, 15)과 나훔서의 독자가 유다인들이었다는 점에 근거하여 엘고스의 위치를 유다 남부로 생각하는 것이 가장 무난하다고 말한다.[127] 같은 맥락에서 마이어(Maier)도 남유다에 위치한 엘고스를 선호한다.[128]

앗시리아나 갈릴리의 엘고스를 주장하는 견해에 대한 마이어의 반박은 설득력이 있다. 또한 유다에 관한 나훔의 관심을 고려할 할 때, 나훔의 고향을 남유다의 한 지역으로 간주하는 것이 적절해 보인다. 하지만 실제 나훔의 고향이 어느 지역인지를 정확하게 규정하는 것이 나훔서를 해석하고 이해하는데 결정적인 요소가 되는 것은 아니다.[129]

인과 혼합된 백성들이 거주하였던 지역에 하나님의 선지자가 살았을 것이라는 점에 대해서도 의구심을 제기한다.

125) Keil, *The Twelve*, 3. Robertson은 바산, 갈멜, 레바논에 대한 언급과 관련하여 엘고스의 위치가 팔레스타인 북부였을 것으로 추정한다(Robertson, *The Books of Nahum*, 56).

126) cf. Baker, *Nahum,* 19; Craigie, *Twelve Prophets*, 59; McConville, *Exploring*, 206; Newsome, *The Hebrew Prophets,* 63; 해리슨, 『구약서론 II』 514-15; 김희보, 『요나, 나훔, 오바댜』 168; Bullock, 『구약 선지서 개론』 305.

127) 존슨, "나훔," 225.

128) Maier, *The Book of Nahum*, 26.

129) Cf. Longman, "Nahum," 766.

130) A. S. van der Woude, "The Book of Nahum: A Letter Written In Exile," *OTS* 20

4. 나훔서는 앗시리아 포로지에서 보낸 편지인가?

나훔서가 앗시리아 포로지에서 기원한 것이라는 주장은 나훔의 고향인 엘고스가 앗시리아의 한 지역이라는 견해를 전제로 한다. 이 주장을 견지하는 대표적인 학자는 반 데르 바우데(van der Woude, 1977년)이다.[130] 그는 자신의 소논문("The Book of Nahum: A Letter Written In Exile")에서 나훔서가 앗시리아 포로지에서 보낸 편지라는 주장을 한다. 바우데는 그의 주장을 논하기에 앞서 나훔서의 저작 시기를 규정하는데, 요시야의 종교개혁 시기를 전적으로 거부하고 앗시리아가 강력한 권력을 행사하였을 시기(주전 660-630년)를 나훔서의 역사적 배경으로 언급한다.[131] 바우데가 그의 견해를 개진하게 된 단초는 두 가지 의구심이다.[132] 첫째, 나훔이 유다인이었다면 강력한 앗시리아의 압제 하에서 목숨의 위협을 무릅쓰지 않는 한 어떻게 공개적으로 앗시리아의 멸망을 선포할 수 있었는지에 대한 의구심이다. 둘째, 나훔이 유다인이었다면 어떻게 남유다의 심각한 혼합종교와 배교의 문제에 대해 침묵할 수 있었는가에 대한 의구심이다. 바우데는, 나훔이 앗시리아의 포로지에 있었다는 점이 이 의구심들을 해결해 주는 적절한 답변이라고 주장한다.[133] 그의 주장에 따르면, 나훔서는 앗시리아에 끌려간 포로들 중에 있었던 나훔이 약속의 땅에서 낙담에 빠진 유다 백성들을 격려하기 위해 보낸 편지이다. 다음에 인용된 바우데의 글은 그의 주장과 견해를 잘 요약해 준다.

> In studying the writing of Nahum, we have not been able to find a single text which necessitates us to conclude that the prophet lived in Judah. On the contrary, we have discovered much data which strongly indicate that he did not preach in the kingdom of Manasseh but that he belonged to the exiles who lived in Assyria. His book consequently must be looked upon

---

(1977): 108-26. Woude가 제시하는 근거와 나훔의 유다 기원을 반박하는 그의 논증을 보려면 그의 논문 pp. 113-24를 참조하라.

131) Ibid., 109-12.

132) Ibid., 112.

133) Ibid., 124-25.

134) Ibid., 124.

as a letter written in exile in order to encourage the depressed branch of the Lord's people still dwelling in the promised land.[134)]

코긴스(Coggins)는 바우데의 주장이 문제를 해결한 것만큼이나 더 많은 새로운 문제를 야기한다고 말하며 그의 주장을 거부한다.[135)] 카일(Keil)은 나훔서에 나훔이 앗시리아 포로지에 살았다는 내적 증거가 없다고 주장한다: "Consequently there is no tenable ground whatever for the assumption that Nahum lived in exile, and uttered his prophecy in the neighbourhood of Nineveh."[136)]

바우데의 주장은 나훔서가 나훔의 저작이라는 진정성을 옹호하는 견해를 지지해 주는 공헌을 하지만 나훔서의 해석에 결정적인 요소들을 제공하는 것은 아니다.[137)] 즉 나훔서가 앗시리아의 포로지에서 보낸 편지이든 아니면 약속의 땅에 있던 나훔이 전달한 편지("글")이든지 간에 나훔이 전달하고자 하는 메시지에는 차이가 없다. 단지 나훔서의 저작정황과 관련된 부가적인 문제에 대한 가능한 답변을 제공해 줄 뿐이다.

5. 나훔은 거짓 선지자인가?

스미스(J. M. P. Smith)는 나훔이 정경 안에 자리를 잡은 고전적이고 편협하고 천박한 예언사상의 전형적인 예를 보여준다고 말하며 나훔의 관점을 거짓 선지자의 관점과 같은 차원에 놓는다.[138)] 그래함(Graham) 역시 나훔을 예레미야가 비난

---

135) Coggins, *Israel among the Nations*, 7.

136) Keil, *The Twelve*, 3.

137) Woude는 그의 논지가 나훔의 구원의 메시지를 이해하는 열쇠가 될 수 있다고 말하지만 그의 논지를 따르지 않을 경우 이러한 이해를 불가능하게 하지는 않는다: "It seems to us that the thesis that Nahum lived in exile is the key for understanding his message of redemption"(Woude, "The Book of Nahum," 126). 왜냐하면 예레미야는 포로지에 살지 않았음에도 구원의 신탁을 전하고 있기 때문이다.

138) "In Nahum, a representative of the old, narrow and shallow prophetism finds its place in the Canon of Scripture. His point of view is essentially one with that of such men as Hananiah (Je. 28), the four hundred prophets in opposition to Micaiah ben Imlah (1 K. 22), and the so-called 'false prophets' in general"(Smith, *A Critical*

한 거짓 선지자들과 연결 짓는다.[139] 나훔이 유다의 죄의 문제를 지적하지 않고 구원만을 선포하고 있다는 점이 이러한 주장의 결정적 단서이다. 같은 맥락에서 포러(Fohrer)는 나훔서가 제의적 요소에 지배적으로 나타나는 강한 국수주의적 감정과 함께 낙관적인 신탁을 전한 대표적인 예라고 이해한다.[140] 나훔에 대해 부정적인 견해를 가진 주석가들에게는 스바냐 역시 앗시리아의 멸망을 선포하지만 유다 백성의 패역을 지적하고 있다는 사실이 나훔을 더욱 거짓 선지자로 간주하게 하는 요소로 작용하기도 한다.

나훔이 유다의 죄에 대한 심판을 선포하지 않을 뿐만 아니라 구원에 대한 확신만을 주고 있기 때문에 거짓선지자로 간주될 수도 있겠지만 예언의 정황에 주목할 필요가 있다.[141] 다음의 사실들은 나훔에 대한 부정적인 견해를 재고하게 한다. 첫째, 나훔서의 신탁의 중요 대상이 남유다가 아니라 니느웨로 상징되는 앗시리아라는 점을 주목할 필요가 있다. 나훔은 유다에 집중하기 보다는 앗시리아에 집중한다. 유다의 대적에 대한 심판을 선언하는 것이 나훔서의 핵심 내용이다. 둘째, 나훔이 그의 신탁을 전하는 목적도 고려해 볼 필요가 있다. 수십 년 동안 앗수르 신을 섬기는 앗시리아 제국에 압제와 고통을 당하고 앗수르 신을 섬길 것을 강요당하는 일반적인 유다 백성들은 여호와 하나님의 주권과 능력에 대한 회의를 가졌을 것이다. 자신의 백성의 압제를 그냥 바라보는 신은 과연 어떤 신인가? 과연 그는 앗수르 신보다 능력이 있는 신인가? 이와 같은 질문과 함께 하나님에 대해 회의에 빠진 자들에게 여호와 하나님이 어떤 분인지를 알려주려는 것이 나훔서의 저술 목적이라면 유다의 죄의 문제는 주요 관심이 아닐 수 있다. 셋째, 나훔서는 악한 제국의 번영을 바라보며 하나님의 정의의 형평성에 회의적인 태도를

---

and Exegetical Commentary, 281). 나훔을 거짓 선지자로 보는 견해에 대한 반박을 보려면 Maier, *The Book of Nahum*, 74-77을 참조하라.

139) Cf. W. C. Graham, "The Interpretation of Nahum 1:9-2:3," *AJSLL* 44 (1927-28): 37-48. 예레미야 28장에서 하나님은 예레미야의 심판신탁을 거부하고 유다의 회복과 안일함을 선포하는 하나냐를 거짓 선지자로 규정하시고 그의 죽음을 선언하신다.

140) "He[Nahum] nevertheless belongs among the cult prophets, with whom Jeremiah had to struggle a few years later who came dangerously close to the boundary between true and false prophecy" (Fohrer, *Introduction*, 451).

141) Cf. McConville, *Exploring*, 207.

142) Cf. Kevin J. Cathcart, "Theology of Nahum," in *New International Dictionary of*

가졌을 유다 백성들에게 그의 정의에 대한 확실한 답변을 제공한다. 넷째, 나훔서를 마무리하는 수사적 질문은 나훔이 국수주의적이고 민족주의적 차원에서 니느웨의 멸망을 선포한 것이 아님을 보여준다: "네 소식을 듣는 자가 다 너를 보고 손뼉을 치나니 이는 그들이 항상 네게 행패를 당하였음이 아니더냐"(3:19).[142] 왜냐하면 니느웨의 멸망은 유다뿐만 아니라 앗시리아의 압제와 잔혹함에 시달린 민족들에게 해방과 기쁨이 되기 때문이다.

이상과 같이 나훔서의 주된 관심과 저술목적을 고려할 때 나훔이 유다의 죄에 대해 침묵하는 것은 그가 유다의 죄를 간과하거나 외면한 것을 의미하지 않는다.[143] 나훔이 유다의 죄를 직접적으로 언급하지는 않지만 1장 12절에서 볼 수 있는 바와 같이 여호와가 유다를 괴롭게 하셨다는 사실은 유다의 죄를 전제하고 있음을 알 수 있다.

V. 나훔서의 장르

나훔서의 기록 형식은 전형적인 시이다. BHS는 나훔서 맛소라 본문 전체를 시 형식으로 편집하고 있다.[144] 나훔서의 장르를 결정하는 요인은 두 가지이다. 하나는 나훔 1장 1절이 제시하고 있는 표제이며, 다른 하나는 나훔서의 내용과 서술형식이다.

Old Testament Theology and Exegesis, vol. 4 ed. W. VanGemeren (Grand Rapids: Zondervan, 1997), 965 (이후로 *NIDOTTE*로 표기).

143) Stonehouse는 나훔이 니느웨의 멸망을 선포할 당시 유다가 종교적 개혁을 시도하고 있던 상황이었기 때문에 유다의 죄를 지적하지 않은 것으로 설명하기도 한다(cf. Mihelic, "The Concept of God," 201). Bullock은 요시야의 종교개혁 당시 사역을 했던 예레미야가 유다의 죄를 지적한 사실을 언급하며 이러한 설명을 거부한다(Bullock, 『구약 선지서 개론』 316). 오히려 나훔서만이 아니라 하박국서 역시 유다의 죄를 지적하지 않고 있는 점을 거론하면서 나훔이 참 선지자의 사상적 흐름과 맥을 같이하고 있다고 주장한다.

144) 나훔서가 가지고 있는 시적 특성에 대한 논의를 보려면 Maier, *The Book of Nahum*, 46-50를 참조하라. 시 형식을 취하고 있는 나훔서의 문체는 힘차고 간결할 뿐만 아니라 회화적(pictorial)이고 비유적(tropological)이다. 특히 나훔서의 특징은 장면을 생동감 있게 묘사하고 전달하기 위해 음성적인 요소를 담고 있다는 것이다.

145) Longman, "Nahum," 786. מַשָּׂא 맛사는 "들어 올리다"라는 의미의 동사 afn에서 파생된

나훔 1장 1절에 언급된 מַשָּׂא맛사가 주로 “경고”로 번역되고 있는데, 롱맨(Longman)은 나우데(Naudé)의 주장에 따라 이 단어가 예언적 신탁의 시작을 표기하는 것으로 설명한다.[145] 이 단어가 주로 이방 나라에 대한 심판을 선포하는 신탁과 관련하여 사용되기 때문에 이러한 신탁을 가리키는 명칭으로 보기도 한다.[146] 대표적인 예로 이사야 13:1(מַשָּׂא בָּבֶל 맛사 바벨, “바벨론에 관한 경고”), 15:1(מַשָּׂא מוֹאָב맛사 모압, “모압에 관한 경고”), 17:1(מַשָּׂא דַּמָּשֶׂק맛사 담마세크, “다메섹에 관한 경고”), 19:1(מַשָּׂא מִצְרָיִם맛사 미쯔라임, “애굽에 관한 경고”) 등을 들 수 있는데, 이방나라를 향한 심판신탁을 서술하고 있는 단락에 집중적으로 사용되고 있는 것을 볼 수 있다. 말라기 1장 1절은 מַשָּׂא맛사라는 단어로 시작한다:

מַשָּׂא דְבַר־יְהוָה אֶל־יִשְׂרָאֵל맛사 데바르 아도나이 엘 이스라엘(“여호와께서 말라기를 통하여 이스라엘에게 말씀하신 경고라”).

“묵시의 글”(סֵפֶר חֲזוֹן세페르 하존)이라는 표현의 חֲזוֹן하존(“묵시”)은 선지서를 시작하는 표제에 서술되는 단어이다(cf. 사 1:1; 옵 1:1). 단어 자체는 환상이나 이상과 연관이 있지만 “계시의 말”(word of revelation)이라는 의미에서 신탁의 동의어로 이해할 수 있다(cf. 미 1:1). 하박국 1장 1절에 מַשָּׂא맛사 및 חֲזוֹן하존과 어근이 같은 동사(חזה)가 함께 서술되면서 하박국서가 시작된다:

הַמַּשָּׂא אֲשֶׁר חָזָה חֲבַקּוּק הַנָּבִיא함맛사 아쉐르 하자 하박쿡 한나비, “선지자 하박국이 묵시로 받은 경고라.”[147] 따라서 나훔 1장 1절은 나훔이 기록하는 글이 예언적 신탁인 것을 보여준다.

뿐만 아니라 나훔서의 여호와의 심판에 대한 묘사는 나훔의 글이 신탁인 것을

명사로 “짐”(burden)을 의미한다. 이 단어가 예언적 정황에 사용될 때는 은유적 의미에서 선포를 위해 목소리를 높이는 것, 즉 선언/신탁을 가리킨다(cf. 사 42:11). 열왕기하 9:25의 신탁에 서술된 이 단어는 “신탁”으로 번역할 수 있다(K. J. Cathcart, *Nahum in the Light of Northwest Semitic* [Rome: Biblical Institute, 1973], 36). 이 단어가 신탁을 의미할 때 반드시 심판신탁을 가리키는 것은 아니다(cf. 슥 9:1).

146) Dillard and Longman, *An Introduction*, 406.

147) 애가 2:14의 용례도 이 두 표현이 신탁과 관련이 있는 것을 보여준다:
וַיֶּחֱזוּ לָךְ מַשְׂאוֹת שָׁוְא וּמַדּוּחִים바예헤쭈 라크 마스오트 샤베 우만두힘(“그들이 거짓 경고와 미혹하게 할 것만 보았도다”).

148) Cf. 조휘, 『사자가 부르짖은 즉 누가 두려워하지 않겠느냐?: 아모스서 원전연구 및 주해』

보여준다. 즉 나훔서는 일반적으로 선지서에 등장하는 심판신탁이 담고 있는 내용을 공유하고 있다. 첫째, 심판하기 위해 하늘에서 강림하시는 여호와의 모습과 이에 수반되는 현상에 대한 나훔 1장 3-5절의 묘사는 심판신탁에 자주 등장하는 요소이다. 나훔은 하나님이 대적을 심판하시기 위해 노를 발하시며 하늘에서부터 내려오시면 산과 땅이 흔들리고 녹아내리게 된다고 묘사한다. 선지자 미가는 동일한 동사를 사용하지는 않지만 나훔의 묘사와 유사하게 심판하시는 여호와의 등장으로 인해 산과 골짜기들이 녹고 갈라지는 장면을 서술한다: "여호와께서 그의 처소에서 나오시고 강림하사 땅의 높은 곳을 밟으실 것이라 그 아래에서 산들이 녹고(נָמַסּוּ 나맛수) 골짜기들이 갈라지기를(יִתְבַּקָּעוּ 이트박카우) 불 앞의 밀초 같고 비탈로 쏟아지는 물 같을 것이니"(미 1:3-4). 하박국 3장 6절 역시 유사하게 표현한다: "그가 서신 즉 땅이 진동하며(יְמֹדֶד 예모데드)…산이 무너지며(יִתְפֹּצְצוּ 이트포쩨쭈) 무궁한 작은 산이 엎드러지나니(שַׁחוּ 샤후)." 이사야 42장 15절은 하나님의 심판행위를 땅을 황폐하게 하고 초목과 강을 메마르게 하시는 것으로 묘사하는데, 이는 나훔 1장 4절이 묘사하는 바와 유사하다(cf. 암 1:2). 이 두 단락에 동일하게 동사 brx와 vby가 사용되고 있다. 이사야서 50장 2절 역시 구원을 위해 심판하시는 하나님의 모습을 나훔 1장 4절과 유사하게 묘사하는 것은 주목할 만하다:

גּוֹעֵר בַּיָּם וַיַּבְּשֵׁהוּ 고에르 바얌 바얍베셰후(나 1:4, "그는 바다를 꾸짖어 그것을 말리시며")/ בְּגַעֲרָתִי אַחֲרִיב יָם 베가아라티 아하리브 얌(사 50:2, "내가 꾸짖어 바다를 마르게 하며."(cf. 사 51:10). 나훔 1장 5절의 הָרִים רָעֲשׁוּ מִמֶּנּוּ 하림 라아슈 밈메누("그로 말미암아 산들이 진동하며")는 동일한 동사가 사용되고 있는 예레미야 4장 24절의 רָאִיתִי הֶהָרִים וְהִנֵּה רֹעֲשִׁים 라이티 헤하림 베힌네 로아쉼("보라 내가 땅을 본즉 혼돈하고 [진동하고]")과 유사하다.

둘째, 심판을 묘사하는 전쟁장면이다(2:3-5, 13; 3:2-3, 5, 12-15). 선지자들은 전쟁 모티브를 통해 여호와의 심판을 선언하고 있다. 예를 들면, 예레미야 46장 2-12절은 애굽을 향한 심판신탁이다. 이 신탁에서 하나님은 그가 애굽을 치실 때를 대비하여 애굽과 연합군에게 군장을 갖추고 전쟁을 준비하라고 명하시며 그의 심판을 선언하신다(렘 46:3-4, 9). 예레미야는 블레셋을 향한 심판신탁을 선언하면서 "군마의 발굽 소리와 달리는 병거 바퀴가 진동하는 소리 때문에" 아버지가 자기의 자녀를 돌보지 못할 정도로 당황하고 기력을 잃게 될 것이라고 말한다(렘

47:3). 바벨론을 향한 심판을 선언하는 신탁에서 예레미야는 바벨론을 파괴하는 자들을 다음과 같이 서술하고 있다: "그들은 활과 투창을 가진 자라 잔인하여 불쌍히 여기지 아니하며 그들의 목소리는 바다가 설레임 같도다 딸 바벨론아 그들이 말을 타고 무사 같이 각기 네 앞에서 대열을 갖추었도다"(렘 50:42). 거침없이 파괴하는 군대의 모습을 그리고 있는 나훔 2장 3-5절의 표현과 유사하다. 두로를 심판하는 바벨론 군대를 묘사하는 에스겔의 신탁 역시 나훔서의 표현과 맥을 같이한다(겔 26:7-12). 칼과 불로 여호와의 심판을 묘사하는 렘 21:14; 50:37; 암 1:3-2:16; 겔 20:45-21:32; 합 2:13 등의 신탁에서처럼 나훔 2장 13절과 3장 13-15절 역시 칼과 불의 모티브를 사용한다. 나훔 3장 2-3절은 전쟁모티프를 청각과 시각을 자극하는 효과적인 표현으로 간결하게 서술하면서 니느웨를 향한 심판을 선언하고 있다. 하나님의 심판의 파괴력 때문에 당황하고 두려움에 사로잡힌 용사를 여인에 비유하는 나훔의 표현(3:13)은 다른 선지서와 공유하고 있는 내용이다(cf. 사 19:16; 렘 50:37; 51:30). 심판자의 모습을 담고 있는 나훔 2:13의 הִנְנִי אֵלַיִךְ 힌니 엘라이크("내가 네 대적이 되어"; "I am against you"[NIV])과 3:5의 הִנְנִי אֵלַיִךְ 힌니 엘라이크("보라 내가 네게 말하노니"; "Behold, I am against you"[NIV])은 심판을 선언하는 신탁에 등장하는 전형적인 표현이다(cf. 렘 21:13; 50:31; 51:25; 겔 5:8; 21:3; 26:3; 28:22; 29:3, 10; 34:10; 35:3; 38:3; 39:1).

셋째, 심판의 파괴적 결과를 피할 수 없음을 논증하는 수사적 질문의 사용이다(1:6; 2:11; 3:8). 선지자들은 독자의 동의를 유도하는 수사적 질문을 통해 심판의 확실한 파괴적 결과를 강조하는데, 나훔 역시 수사적 질문을 사용하여 심판의 파괴적 결과를 전달한다. 나훔 1장 6절의 "누가 능히 그의 분노 앞에 서며 누가 능히 그의 진노를 감당하랴"라는 수사적 질문은 요엘이 여호와의 날의 두려움 앞에 어느 누구도 견딜 수 없음을 수사적 질문으로 확인하는 것과 같다: "여호와께서 그의 군대 앞에서 소리를 지르시고 그의 진영은 심히 크고 그의 명령을 행하는 자는 강하니 여호와의 날이 크고 심히 두렵도다 당할자가 누구이랴"(욜 2:11). 나훔 2장 11절의 "이제 사자의 굴이 어디냐 젊은 사자가 먹을 곳이 어디냐"라는 수사적 질문은 악을 행하던 자들이 흔적도 없이 사라지게 될 것이라는 사실에 동의를 구하는 이사야의 질문과 맥을 같이 한다: "계산하던 자가 어디 있느냐 공세를 계량하던 자가 어디 있느냐 망대를 계수하던 자가 어디 있느냐"(사 33:17; cf.

36:19). 나훔 3장 8절의 "네가 어찌 노아몬보다 낫겠느냐"는 질문은 하나님의 심판을 감당해 낼 수 없는 미약한 존재임에 동의하게 하는 아모스의 질문과 같은 용례이다: "너희는 갈레로 건너가 보고 거기에서 큰 하맛으로 가고 또 블레셋 사람의 가드로 내려가라 너희가 이 나라들보다 나으냐 그 영토가 너희 영토보다 넓으냐"(암 6:2).[148)]

이러한 사실들과 더불어 심판선언의 서술형식은 나훔서가 신탁인 것을 보여준다. 첫째, 나훔이 선포하는 모든 신탁들이 그러한 것은 아니지만 선언단락에 신적 도입형식을 사용하여 신탁의 엄중성을 강조하고 있다(1:12, 14; 2:13; 3:5). 구약의 선지자들은 여호와께로부터 받은 신탁을 직접인용문의 형식으로 전달할 때 "여호와께서 말씀하시되"(כה אמר יהוה) 또는 "여호와의 말씀이 …에게 임하여 말씀하시되"(ויהי דבר יהוה אל…לאמר) 등의 도입형식이나 "여호와의 말씀이니라"(נאם יהוה)라는 형식을 사용한다.[149)] 나훔 역시 그의 신탁을 전달하는데 동일한 형식을 따르고 있다. 나훔 1장 12절(כֹּה אָמַר יְהוָה코 아마르 아도나이, "여호와께서 이같이 말씀하시기를"), 2장 13절(נְאֻם־יְהוָה צְבָאוֹת네움 아도나이 쩨바오트, "만군의 여호와의 말씀에"), 3장 5절(נְאֻם יְהוָה צְבָאוֹת네움 아도나이 쩨바오트, "만군의 여호와의 말씀에")이 그 예를 보여준다. 특히 נְאֻם יְהוָה네움 아도나이는 신탁의 확실성과 엄중성을 확언하기 위해 신탁에 흔히 사용되는 확언공식이다(cf. 사 14:23; 19:4; 22:25; 52:5; 렘 3:20; 17:24; 겔 11:21; 26;14; 호 2:18; 암 2:11, 16; 옵 1:4; 미 4:6; 습 2:9; 학 2:9; 슥 1:4; 말 1:2).

둘째, 나훔은 심판을 선언함에 있어서 예언적 완료형(prophetic perfect)을 사용하고 있다(1:12; 2:13; 3:5-19). 예언적 완료형이란 미래의 사건이지만 화자의 사고 속에서는 이미 벌어지고 마무리된 사건으로 간주할 때 사용하는 신탁의 서술형식이다.[150)] 즉 성취적 측면을 강조하는 서술기법이다. 나훔 1장 12절의 וְעָבָר베아바르

(서울: 그리심, 2011), 314-15.

149) Ibid., 35-36. "נְאֻם־יְהוָה("여호와의 말이니라")는 일반적으로 두 가지 기능을 가지고 있다. 첫째, 확언의 기능이다. 신탁의 중간에 등장하면서 선포된 선언이 여호와의 결정임을 확언해 준다. 둘째, 신탁을 마무리하는 기능이다. 즉 신탁도입형식(כה אמר)이 신탁을 열어준다면 נְאֻם־יְהוָה는 신탁을 닫아준다"(ibid., 108).

150) Cf. Kautzsch, E. *Gesenius' Hebrew Grammar*. 2d. English ed. trans. A. E. Cowley

(칼 완료형, 3인칭, 남성, 단수; "그들이. . . 반드시 멸절당하리니")는 예언적 완료형이다. 2장 13절에서 나훔은 신탁을 확언하는 נְאֻם יְהוָה 네움 아도나이와 함께 예언적 완료형, וְהִבְעַרְתִּי 베히브아르티(히필 완료, 1인칭, 공통, 단수; "[내가]. . . 불살라 [연기가] 되게 하고")와 וְהִכְרַתִּי 베히크라티(히필 완료, 1인칭, 공통, 단수; "내가. . . 끊으리니")를 사용하여 심판의 성취를 확언한다.[151] 나훔 3장 5-19절에서도 신탁 확언공식과 함께 וְגִלֵּיתִי 베길레티(피엘 완료, 1인칭, 공통, 단수; "[내가]. . . 걷어 올려") 등의 예언적 완료형 동사들이 사용된다.

셋째, 신탁의 일반적이고 기본적인 구성을 볼 수 있다. 신탁은 주로 상황에 대한 고소단락, 즉 심판을 행하는 원인을 지적하는 단락과 이에 근거한 신적 선언을 서술하는 단락으로 구성된다.[152] 나훔 1장 9-15절은 신적 선언단락에서 심판과 구원에 대한 선언이 혼용되기는 하지만 전체 흐름을 고려할 때, 고소단락과 선언단락의 구성을 볼 수 있다. 즉 9-11절은 "여호와께 악을 꾀하는 사람"이 심판을 받을 수밖에 없는 이유를 서술하는 고소단락이 되며 12-15절은 고소단락에 근거하여 악을 꾀하는 자에게는 심판을, 유다에게는 구원을 선포하는 신적 선언단락으로 구분할 수 있다. 나훔 3장 1-19절에서도 동일한 구성을 볼 수 있다: 1-4절(고소)//5-19절(신적 선언).[153]

(Oxford: Clarendon, 1910), 312 (§106n; 이후로 GKC로 표기). Cf. Bullock, 『구약 선지서 개론』 304.

151) 이 동사들은 접속사 바브(ו)와 완료형이 결합하여 바브-완료 연계형을 이루면서 미래 시제로 해석되기도 하는데, 동사형태만을 볼 때는 예언적 완료형으로 간주할 수 있다.

152) 선지서의 신탁형식에 논의를 보려면 다음의 자료들을 참고하라: Claus. Westermann, *Basic Forms of Prophetic Speech*, trans. H. C. White (Philadelphia: Westminster, 1966); K. Koch, *The Growth of the Biblical Tradition*, trans. S. M. Cupitt (New York: Charles Scribner's Sons, 1969); J. H. Hayes, ed., *Old Testament Form Criticism* (San Antonio: Trinity University Press, 1974); G. W. Ramsey, "Speech-forms in Hebrew Law and Prophetic Oracles," *JBL* 96 (1977): 45-58; G. Synder, "The Law and Covenant in Amos," *RQ* 25 (1982): 158-66; C. Westermann, *Prophetic Oracles of Salvation in the Old Testament*, trans. K. Crim (Louisville: John Knox, 1991); D. B. Sandy and R. L. Giese, eds., *Cracking Old Testament Codes* (Nashville, Tenn.: Broadman and Holman, 1995).

153) 고소단락(1-4절)에 고소와 선언이 혼용되기는 하지만 이 단락이 넓게는 고소와 선언의

넷째, 선지서에 흔히 사용되는 신탁형식 중의 하나인 선지자적 신탁(prophetic speech)이 등장한다(1:2-8, 9-11; 2:8-12; 3:1-4). 선지자적 신탁은 여호와의 선언을 선지자가 자신의 말로 선포한다는 면에서 여호와의 선언을 직접인용문 형식으로 선포하는 신적 선언(divine speech)과 구분된다. 따라서 선지자적 신탁을 선지자의 "설교"라고 표현하거나 "증언"(testimony)이라고 칭하기도 한다.[154] 선지자적 신탁에서는 선지자가 화자로 등장하여 여호와의 신탁을 자신의 말로 선포하거나 여호와의 신탁에 근거하여 논쟁하기도 한다. 또한 예언적 신탁은 "여호와"를 3인칭으로 표기하는 특징이 있다. 예언적 신탁의 요소를 갖춘 신탁을 나훔 1장과 2장에서 볼 수 있다.

다섯 째, 화신탁(Woe oracle)이 등장한다(3:1-4).[155] 나훔 3장 1절은 "화"(הוֹי호이, "화 있을진저") 선언과 함께 화의 대상(עִיר דָּמִים이르 다밈, "피의 성이여")을 언급한 후 화를 받게 되는 원인을 "그 안에는 거짓이 가득하고 포악이 가득하며 탈취가 떠나지 아니하는도다"라고 지적한다. 이사야서, 예레미야서, 에스겔서, 아모스서, 미가서, 하박국서, 스바냐서, 스가랴서에서 화신탁의 예를 쉽게 볼 수 있다.

결론적으로 스미스(Smith)가 2:11-13을 "소롱의 노래"(a taunt-song)로 규정하는 것과 베이커(Baker)가 3:8-17을 "풍자"(a satire)로 분석하는 것처럼 세부단락에 있어서 다양한 문학형식을 제시할 수 있지만, 앞에서와 같이 나훔서 전체의 내용과 서술형식을 고려할 때 나훔서의 장르를 시 형식을 취한 신탁모음집으로 규정

흐름을 따르고 있다고 말하는 것에는 무리가 없다.

154) Soggin은 예언적 신탁을 "증언"으로 칭한다(Soggin, *The Prophet Amos*, 14). 예언적 신탁의 대표적인 예로는 "들으라"(שִׁמְעוּ쉼우)로 시작되는 아모스 3:1-15; 4:1-13; 5:1-17; 8:4-14이다.

155) "심판신탁과 유사하게 "화" 신탁은 크게 원인과 결과의 단락으로 구분할 수 있는 일반적인 형식을 가지고 있다. 첫째, 신탁이 "화"(הוֹי)에 대한 언급으로 시작된다. 둘째, "화"를 당하게 되는 대상이 정관사 ה +분사(또는 형용사)의 형태로 나타난다. 분사는 주로 경멸과 조롱의 투로 "화" 신탁의 대상을 묘사한다. 셋째, 대상의 문제점을 지적하면서 "화" 신탁이 주어지게 된 직접적인 원인을 서술한다. 넷째, 원인에 따른 심판신인이 이어진다"(조휘, 『사자가 부르짖은 즉』 277). Baker는 "화" 신탁의 어조에 대해 다음과 같이 말한다: "Its[Woe] is that the punishment threatened is so certain that those addressed are as good as dead" (Baker, *Nahum*, 36).

156) Smith, *Micah-Malachi*, 83-84; Baker, *Nahum*, 37-38. Patterson과 Travers는 나훔서

할 수 있다.[156] 그렇다면 나훔서의 예언적 속성은 인정되어야 하며 니느웨가 멸망한 사건을 목격한 후 나훔서가 기록되었다는 견해는 거부되어야 한다.

VI. 쿰란 나훔서 주석(4QpNah)

나훔서의 본문은 다른 구약의 본문들에 비해 비교적 원문이 잘 보존되었다.[157] 1952년 8월에 쿰란의 4번 동굴에서 발견된 사해사본들 중에 나훔 주석서(4QpNah [동굴 4, 쿰란, 주석, 나훔]; Pesher Nahum)가 있다.[158] 이 사본은 주전 1세기 중반 경에 기록된 것으로 추정된다.[159] 4QpNah은 나훔서의 단편들(1:3b-6;

전체는 신탁적 성격을 가지고 있지만 세부적으로는 나훔서에 서사와 시의 장르가 있다고 말한다: "In Nahum, there are two literary genres, in addition to the orcular nature of the piece as a whole, that affect the presentation of the material of the book: the narrative and the poetic" (Patterson and Travers, "Literary Analysis," 50).

157) 4QpNah, Wadi Murabaat의 소선지서 히브리어 사본(Mur 88)과 맛소라 나훔 간에 심각한 차이가 없다는 견해가 일반적이다. Mur 88의 column 16과 17에 나훔서가 나오는데, 훼손된 부분을 제외하고 남아있는 본문은 맛소라 본문과 거의 일치하는 것을 볼 수 있다. Nahal Hever의 소선지서 헬라어 사본(8 Hev XIIgr)은 훼손된 부분이 많아 본문비평에 사용하는 데에는 한계가 있어 보인다. Klaas Spronk는 MT 나훔서가 잘 전승된 것에 대해 다음과 같이 서술하고 있다: "The Hebrew text, as edited in the *BHS* based on the *Codex Leningradensis* B19A, appears to have been transmitted accurately. With the exception of some minor details, it is supported by the oldest known textual witnesses: the scroll of the Twelve Prophets found in Wadi Marabba 'at (= Mur.) and the commentary on the book of Nahum found in Qumran (= 4QpNah). The Greek translation of the LXX differs in many places from the MT, but as a rule this can be explained as due to misunderstanding or very free rendition of the text" (Klaas Spronk, Nahum, HCOT [Kampen: Kok Pharos Publishing House, 1997], 2). Cf. Smith, *Micah-Malachi*, 67.

158) 이 사본은 4Q169로 표기되기도 한다. 4QpNah의 영문 번역본을 보려면 Vermes, The Complete, 473-77. 쿰란 나훔 주석서에 대한 자세한 논의를 보려면, Shani I. Berrin, *The Pesher Nahum Scroll* (Leiden: Brill, 2004)를 참조하라. Berrin은 4QpNah의 나훔서 본문을 MT와 비교할 때 여러 차이가 나타나지만 주로 철자에 관한 것이며 관심을 기울일 만한 것은 일부라고 말한다(ibid., 22).

159) Vermes, *The Complete*, 473.

2:11-13[12-14, MT]; 3:1-14)과 이에 대한 주석이 기록되어 있는데, 각 절을 적고 주석을 하는 형식(Continuous Pesharim)을 따르고 있다.160) 4QpNah은 나훔서 본문을 주해함에 있어서 쿰란 공동체의 다른 주석서들에서 볼 수 있는 것처럼 깃딤(Kittim)과 같은 암호(cryptogram)를 사용하기도 하지만 그리스 왕들의 실제 이름(Demetrious와 Antiochus)을 언급하는 4QpNah만의 특징도 가지고 있다.161)

---

160) Berrin은 Qumran pesher(쿰란 주석)에 대해 다음과 같이 정의한다: "a form of biblical interpretation peculiar to Qumran, in which biblical poetic/prophetic texts are applied to post-biblical historical/eschatological settings through various literary techniques in order to substantiate a theological conviction regarding divine reward and punishment" (Berrin, *The Pesher Nahum*, 9-10). 쿰란 공동체의 구약성경을 주석함에 있어서 구약본문을 인용하고 pesher("interpretation")라는 단어를 표기한 후 주석을 서술하는 일반적인 형식을 가지고 있는데, 이 형식을 보다 구체적으로 구분하면 주로 세 가지로 분류된다(R. Price, *Secrets of the Dead Sea Scrolls* [Eugene: World of the Bible Ministry, Inc., 1996], 90). 첫째, 연이은 주석(Continuous Pesharim)이다. 구약의 한 권을 선택하여 단락 또는 절별로 인용하고 주석을 하는 형식이다. 둘째, 주제적 주석(Thematic Pesharim)이다. 주제적 연관성이 있는 여러 질들을 구약의 다른 책들(또는 같은 책의 다른 단락들)에서 발췌하여 적고 주석을 하는 형식이다. 셋째, 단절된 주석(Isolated Pesharim)이다. 주석을 목적으로 하는 것이 아닌 작업, 예를 들면 "공동체 규율"(*Community Rule*)과 같은 작업 안에 구약 성구가 한 절 내지는 두 절 정도를 인용하고 주석하는 형식이다. 이 경우, 다루고 있는 논의에 근거를 제시하기 위해 성구를 인용하고 설명하는 것이다.

161) 나훔 2장 11절 주석에 Demetrius와 Antiochus가 언급된다: "[Interpreted, this concerns Deme]trius king of Greece who sought, on the counsel of those who seek smooth things, to enter Jerusalem. [But God did not permit the city to be delivered] into the hands of the kings of Greece, from the time of Antiochus until the coming of the rulers of the Kittim. But then she shall be trampled under their feet. . ."(Vermes, *The Complete*, 474). Allegro는, 여기에 언급된 "Demetrius King of Greece"가 하스모니안 통치자 Alexander Jannaeus와 대항하기 위해 수천 명의 유태인들을 모집하였던 셀루키드 왕조의 Demetrius III Eukerus(주전 95-88년)라고 주장할 뿐만 아니라 "the Lion of Wrath"를 Alexander Jannaeus와 연결시킨다(J. M. Allegro, "Further Light on the History of the Qumran Sect," *JBL* 75 [1956]: 92-93; cf. Coggins, *Israel among the Nations*, 14-15; Price, Secrets, 91; J. C. VanderKam, *The Dead Sea Scrolls Today* [Grand Rapids: Eerdmans, 1994], 49-50). Allego의 주장에 대한 반박을 보려면 H. H. Rowley, "4QpNahum and the Teacher of Righteousness," *JBL* 75 (1956): 188-93을 참조하라. Rowley는 Allegro의 주장이 확실한 근거가 없다

쿰란 공동체는 니느웨를 향한 나훔의 신탁을 "the seekers of smooth things" ("느슨한 해석을 추구하는 자들": דורשׁי חלקות도로셰 할라코트)이라고 칭하는 집단에 대한 적대적 태도에 대한 근거로 해석하고 적용한다. 일반적으로 이 집단이 그 당시의 바리새인들을 가리키는 것으로 본다.[162] 쿰란 공동체는 바리새인들을 거짓과 기만으로 에브라임을 타락하게 한 반역자들로 간주하였다. 나훔 3장 1절의 "피의 성"이 "에브라임의 성읍"을 가리키는 것으로 해석하고 4절이 에브라임을 타락하게 한 자들의 행위를 서술하는 것으로 이해한다. 4QpNah은 나훔서의 원문을 복원하는 작업인 본문비평에 중요한 자료로 사용될 수 있을 뿐만 아니라 제 2 성전기(중간기)의 나훔서 해석경향을 보여준다는 면에서 의의가 있다.

고 강하게 비난한다. Rowley은 마카비서의 기록에 근거하여 나훔 주석서의 해석적 정황이 Demetrius III 때가 아니라 그보다 약 1세기 정도 앞선 Antiochus IV Ephipanes의 시기라고 주장한다.

162) "The seekers of smooth things"에 관한 논의를 보려면 S. H. Hoenig, "Doroshé Halakot in the Pesher Nahum Scrolls," *JBL* 83 (1964):119-38을 참조하라. Hoenig은 דורשׁי חלקות도로쉐 할라코트가 랍비사상(Rabbanism)의 창시자들인 바리새파를 가리키는 표현으로 본다. 더 나아가 Hoenig는 나훔서가 구전전승을 따르는 바리새파에 대한 쿰란 공동체의 카라잇(karaitic) 반감을 이해하는 열쇠의 역할을 한다고 주장한다 (ibid., 138). 카라잇이라는 말은 구전전승을 거부하고 기록된 타낙크(TaNaK)만 율법적 권위를 가진 것으로 고집하는 성향을 말한다. 이 견해가 맞는다면 쿰란 공동체는 Rabbinic Judaism (Rabbanism)과 Karaite Judaism (Karaism)이 구분되는 역사적 배경이 될 수 있다.

제2장

나훔서의 구조

나훔서를 선지자 나훔의 의도에 따라 읽고 해석하기 위해서는 나훔서의 내용을 파악하는 것뿐만 아니라 나훔서 전체의 구조를 이해하는 작업이 중요하다.[1] 왜냐하면 나훔서의 소 단락들은 나훔의 의도에 따라 전체 구조를 형성하며 전체 구조는 각 단락의 의미와 역할을 살필 수 있는 해석적 정황이 되기 때문이다. 이러한 견해는 현재 형태의 나훔서가 선지자 나훔의 저작이라는 것과 나훔서의 전체 구조는 그에 의해 의도된 것이라는 사실을 전제로 한다. 결과적으로 이 전제는 선지자 나훔에 의해 의도되지 않은 후대 본문이 나훔의 글에 삽입되어 있다는 견해를 배제한다. 예를 들면, 나훔 1장 2-8절의 시가 나훔의 저작이 아니라 하더라도 이 시는 선지자 나훔에 의해 의도적으로 인용이 되었고 이 시는 그가 전하고자 하는 메시지와 직접적인 연관이 있다는 것이다. 나훔서 전체가 보여주는 통일성이 나훔의 저작권을 변호하는 결정적인 증거가 되지 않는다는 반박이 가능하다. 왜냐하면 본문의 통일성에는 문학적, 편집적, 주제적 통일성이 있기 때문이다. 이러한 통일성은 후대삽입이나 후대의 손길이 있더라도 가능하다. 하지만 한 저자의 서술특성을 반영하는 표층구조의 응집력 및 신학적 관점, 회제. 주

---

1) 구조이해의 중요성과 실제적인 분석과정에 대한 간략한 논의를 보려면, 조휘,『사자가 부르짖은 즉』 39-43을 참조하라.

제를 담고 있는 심층구조의 일관성에 의한 통일성이라면 나훔의 저작권에 대한 논의를 가능하게 한다. 나훔서의 세부 단락들을 주해하면서 표층구조의 응집력(cohesion; 언어적 특징, 문법적 의존성, 구문), 심층구조의 일관성(coherence), 주제적 발전(thematic progression), 및 일관된 서술형식 등을 분석하여 위에서 언급한 전제의 타당성을 제시할 것이다.[2] 본 장에서는 학자들이 제시하고 있는 나훔서의 구조를 선택적으로 비교, 평가한 후 나훔서의 서술형식에 따른 대안적 구조를 제시하고자 한다. 학자들의 구조분석을 비교, 평가하는 것은 의미가 있다. 왜냐하면 구조분석은 나훔서에 대한 해석자의 이해를 반영하고 있기 때문이다. 즉 구조분석을 살피는 것을 통해 해석적 경향을 파악할 수 있다. 이것은 나훔서를 해석하고 주해하는 데 중요한 도움이 된다.

1. 제시된 구조분석의 비교와 평가

나훔서에는 신탁들이 서술되고 있지만 신탁의 시작과 끝을 명확하게 제시하는 다른 선지서들과는 달리 단락을 구분할 수 있는 분명한 표기가 등장하지 않는 편이다.[3] 코긴스(Coggins)는, 그가 제시하고 있는 나훔서의 구조가 잠정적일 수밖에 없고 나훔의 메시지를 정연하고 독립적인 단락으로 구분하는 것이 불가능하다고까지 말한다[4] 결과적으로 학자들이 제시하고 있는 구조분석이 다양할 수밖에 없다. 하지만 나훔서의 구조에 대한 여러 분석들은 대략 네 가지 형태로 분류된다. 첫째, 나훔서를 크게 두 개의 주요 단락으로 구분하는 이중구조 분석이다(아처

---

2) Patterson과 Travers는 신탁의 주제와 발전, 기본적인 구조, 서술특징에 근거하여 나훔서가 단일 저자에 의한 것이라고 주장한다: "By focusing primarily on the literary aspects of Nahum's prophecy--its theme and development, its basic structure, and its stylistic features--it will be shown that Nahum is the work of a single author" (Patterson and Travers, "Literary Analysis," 46).

3) 신탁은 주로 "여호와께서 말씀하시길" 이나 "여호와의 말씀이 내게 임하여 이르시되" 등으로 시작되고 "여호와의 말씀이니라" 등의 결언으로 마무리된다. 나훔서의 신탁서술에는 이러한 시작과 끝이 명확하게 적시되지 않는다.

4) "We shall see in the Commentary that it is impossible to divide Nahum's message into neat and self-contained segments" (Coggins, *Israel among the Nations*, 6-7).

[Archer], Armerding, Newsome, Patterson, Travers). 학자들이 제시하는 이중구조는 2장 1-2절을 앞 단락에 포함시키는지의 여부에 따라 단락의 범위에 다소 차이가 나타나지만 주로 1장과 2-3장을 구분한 것이다. 예를 들어, 아처(Archer)는 첫 번째 단락의 범위를 1:1-2:2로 정한다.[5] 따라서 자연히 2:3-3:19이 두 번째 단락이 된다. 뉴섬(Newsome)은 나훔서가 시 형식으로 쓰인 특징을 반영하여 간단히 이합체시 단락(an acrostic poem)과 보다 긴 시 단락(a longer poem)으로 구분한다.[6] 뉴섬의 구조분석은 나훔서의 서술형식을 존중한 면은 있지만 나훔서의 구조를 지극히 단순화하였다.

〈표 1〉 Newsome의 이중구조

A. An acrostic poem: 1:1-9
B. A longer poem: 1:10-3:19

나훔서의 이중구조가 서로 구조적 평행관계를 이루고 있는 것으로 분석하기도 한다. 알멀딩(Armerding)은, 첫 번째 단락(1:1-15)이 하나님의 심판(Judgment; 2-11절), 심판에 기초한 선언과 선포(Sentence; 12-14절), 선언에 대한 화답(Response; 15절)의 흐름을 갖고 있는데, 두 번째 단락(2:1-3:19) 역시 이 흐름을 반복하고 있다고 분석한다.[7] 즉 나훔서에 다음과 같은 평행구조가 있다는 것이다.

---

5) Archer의 2중구조 분석은 다음과 같다(아처, 『구약총론』 405).

I. 하나님의 위엄에 대한 찬송 (1:1-2:2)
  A. 죄인에 대한 하나님의 보응과 그의 백성에 대한 그의 선하심 (1:2-11)
  B. 도래하는 유다의 회복 (1:12-2:2)
II. 니느웨의 멸망에 대한 예언 (2:3-3:19)
  A. 그 성의 포위와 멸망 (2:3-13)
  B. 니느웨의 멸망의 이유 (3:1-19)

아처는 나훔 3:1-19을 "니느웨의 멸망의 이유"라는 제목과 함께 두 번째 단락(2:3-3:19)의 두 번째 소단락으로 구분하고 있는데, 1장 9-11절이 니느웨를 직접적으로 언급하지는 않지만 니느웨의 죄에 대한 지적이기 때문에 단지 3장 1-19절에서만 니느웨가 멸망하게 되는 원인이 제시되는 것은 아니다.

6) Newsome, *The Hebrew Prophets*, 89.

7) Armerding, "Nahum," 453.

〈표 2. Armerding의 평행적 이중구조〉

Chapter 1	Chapters 2-3
Judgment (A)	Judgment (A')
Sentence (B)	Sentence (B')
Response (C)	Response (C')

알멀딩은 평행을 이루는 각 단락들의 어휘적, 어의적 상응을 이러한 분석의 근거로 제시한다. 하지만 알멀딩은 각 단락 간의 상응을 제시함에 있어서 나훔서의 절 배열을 따르지 않고 재배열하면서 상응을 설명한다. 예를 들면, Judgment (A) 단락에 열거된 절들의 순서는 1:11, 8, 6, 10, 7이며 이에 상응을 이루는 두 번째 단락의 Judgment (A')에 제시된 절들의 순서는 3:19, 2:6, 8; 2:4; 3:13, 15, 11; 2:2이다. 패터슨(Patterson)과 트래버스(Travers)의 구조분석은 기본적인 틀에 있어서 알멀딩(Armerding)의 대칭적 이중구조 분석과 유사하다.[8] 하지만 패터슨과 트래버스는 주제적 연관성을 강조하고 나훔서의 절 배열을 그대로 유지하고 있는 면에서 차이가 있다.[9]

〈표 3. Patterson과 Travers의 평행적 이중구조〉

Superscription 1:1

The Doom of Nineveh Declared (1:2-15)	The Demise of Nineveh Described (2:1-3:19)
Theme:	Theme:
God is a God of Justice who will punish the wicked and avenge his own (1:2)	God is a Just Governor of the nations who will punish wicked Nineveh and restore his own (2:1-2)

---

8) Patterson and Travers, “Literary Analysis,” 48-49. Patterson과 Travers는 Brownlee가 제시하고 있는 이열구조(bifid structure)의 구성기법 개념을 따르고 있다.

9) Cf. Ibid., 58.

1. A Hymn to the Sovereign and Just God (1:2-10)
   a. who defeats his foes (1:2-6)
   b. who destroys the plotters (1:7-10)
2. Application of the Hymn to Nineveh and Judah (1:11-15)

N.B. The messenger of Good News for Judah (1:15)

1. First description of Nineveh's demise (2:3-13)
   a. Rehearsal of the attack vs. Nineveh (2:3-10)
   b. Taunt Song: the discredited city (2:11-13)
2. Second description of Nineveh's demise (3:1-19)
   a. Reasons for the attack vs. Nineveh (3:1-7)
   b. Taunt Song: the defenseless citadel (3:8-19)

N.B. The message of Good News for all (3:18-19)

패터슨과 트래버스는 첫 번째 단락(시 형식의 신탁, oracle)은 니느웨의 멸망을 선포하고 있는 반면에 두 번째 단락(서사, narrative)은 니느웨의 멸망을 묘사하고 있는 것으로 분석한다.[10] 패터슨과 트래버스의 구조분석에 따르면, 각 단락은 주제를 제시하는 도입(1:2// 2:1-2)으로 시작되고 이 주제를 발전시키는 단락(1:2-10// 2:3-10; 3:1-7)과 적용을 보여주는 단락(1:11-15// 2:11-13; 3:8-19)이 이어진다. 또한 두 개의 주요 단락은 각각 동일하게 사자(使者)의 활동에 대한 서술로 마무리된다(1:15// 3:18-19). 패터슨과 트래버스의 구조분석은 나훔서의 흐름과 주제적 연결성을 파악하는 것을 용이하게 하는 장점을 가지고 있다. 하지만 <표 3>에 제시된 바와 같이 2장 1-2절이 2:1-3:19 전체의 주제를 제시하는 역할을 하는 것을 볼 경우, 3장 1-19절에서 "그의 소유를 회복시키는" 주제("restore his own")가 구체적으로 적용되지 않는 문제점이 있다. 그렇다면 3:1-19을 니느웨의 멸망에만 집중

---

10) Ibid., 49. Patterson과 Travers는 나훔서가 두 개의 주요 장르, 즉 시와 서사로 구성되었다고 본다(ibid., 50).

하는 단락으로 구분하는 것이 적절해 보인다. 뿐만 아니라 2장과 3장은 신탁의 속성을 담고 있기 때문에 단순히 서사적 서술로만 볼 수 없다.

둘째, 나훔서를 세 개의 주요 단락으로 구분하는 삼중구조 분석이다(Bailey, Bruckner, 불락[Bullock], Hailey, 존슨[Johnson], Kail, McConville, Robertson, Sweeney, Taylor, 김희보). 학자들의 삼중구조는 (1) 고대역본과 영어[한글]번역본의 장절 구분을 따르는 분석과 (2) 맛소라 본문(MT) 등의 히브리어 사본의 장절 구분을 따르는 분석으로 나뉜다.[11] 맛소라 본문의 구분을 따르는 경우, 첫 번째 단락은 1:1-14, 두 번째 단락은 2:1-14(한글성경, 1:15-2:13), 세 번째 단락은 3:1-19로 삼중구조를 이룬다. 반면에 번역본의 구분을 따르는 경우, 첫 번째 단락은 1:1-15(한글성경)까지 포함되고 두 번째 단락은 2:1-13(한글성경)이 된다. 대부분의 경우 전자의 구분에 따라 삼중구조로 분석하고 있는데, 카일(Kail)과 로벗슨(Robertson)은 후자의 구분에 따라 삼중구조를 제시한다. 로벗슨은 <표 4>에서와 같이 2장 1절(MT; 한글성경, 1:15)을 두 번째 단락의 도입으로 간주한다. 이는 두 번째 단락이 유다의 회복(2:1)을 선언한 후 그 결과로 니느웨의 멸망을 묘사하는 것으로 이해하는 관점을 반영하는 것이다.[12] 따라서 2장 1절(MT)을 두 번째 단락의 도입("Introduction")으로 표기한다. 로벗슨이 제시하고 있는 구조분석은 각 단락의 주제와 흐름을 일목요연하게 잘 정리하고 있는 면에서 장점이 있다.

〈표 4. Robertson의 삼중구조〉

Superscription, 1:1

I. Public Announcement of Nineveh's Judgment (1:2-14)

A. The awesome terror of God's judgment (1:2-6)

B. The Specific target of God's judmgent (1:7-11)

C. The imminent character of God's judgment (1:12-14)

II. Dramatic Depiction of Nineveh's Judgment (2:1-14 [Eng. 1:15-2:13])

---

11) 주로 표제(superscription)로 표기되는 1장 1절을 제외하거나 포함하여 삼중구조를 제시한다.

12) Robertson, *The Books of Nahum*, 55-132.

Introduction (2:1 [Eng. 1:15])
A. The city is taken (2:2-8 [Eng. 1-7])
C.[sic.] The city is plundered (2:9-11 [Eng. 8-10])
D.[sic.] The city is humbled (2:12-14 [Eng. 11-13])
III. The Surety of Nineveh's Judgment (3:1-19)
A. Sure because of their sin (3:1-7)
B. Sure just as No-Amon (Thebes) (3:8-13)
C. Sure despite their strength (3:14-19)

맥콘빌(McConville)의 삼중구조는 첫 번째 단락의 범위를 1:1-2:2로 정하는 면에서 다른 삼중구조분석과 다르다.[13] 테일러(Taylor) 역시 삼중구조를 말하지만, 본문을 자신의 해석적 이해에 맞게 재배열하고 있으며 각 단락의 구분에 차이가 있다.[14] 예를 들면, 1장 11절과 14절이 첫 번째 단락으로 분류되는 것이 아니라 2장 1-13절; 3장 1-19절과 함께 세 번째 단락으로 분류된다. 특별히 주목을 하게 되는 것은 테일러의 두 번째 단락은 하나의 의미론적 단위가 아니라 단지 단외 문장들을 모아 놓은 것에 불과하다는 것이다. 테일러가 최종형태의 나훔서를 따르지 않고 이와 같이 분석하는 이유는 편집자의 실수뿐만 아니라 전승과정에서의 재배열, 오류, 및 보충이 있었다고 보기 때문이다.[15]

---

13) McConville의 삼중구조는 다음과 같다(McConville, *Exploring*, 206).

1:1-2:2	God, jealous and faithful, will redeem his people
2:3-13	Nineveh overcome, its pretensions mocked
3:1-19	Judgment pronounced, and complete destruction

Bullock 역시 삼중구조를 제시하지만 장의 구분을 따르기보다는 주제적 흐름에 따라 첫 번째 단락의 범위를 1:2-8로 정하는 면에서 차이를 보인다: (I) 심판자 및 구원자로서의 하나님(1:2-8); (II) 니느웨에 대한 심판과 유다에 대한 긍휼(1:9-2:2); (III) 니느웨의 멸망에 나타난 하나님(2:3-3:19)(Bullock, 『구약 선지서 개론』 318-19).

14) Taylor, "The Book of Nahum," 956.

15) Ibid., 984.

〈표 5. Taylor의 삼중구조〉

I. The acrostic poem (1:1-9)
II. A series of marginal notes (1:10, 12, 13, 15; 2:2)
III. The long poem (1:11-3:19)
  A. Nineveh's crime and punishment (1:11, 14)
  B. The attack (2:1-5)
  C. Flight and capture (2:6-10)
  D. Nineveh's crimes (2:11-13)
  E. Woe to the bloody city (3:1-4)
  F. The fall (3:5-19)

스위니(Sweeney)는 논쟁화법("dispute speech")의 형식에 따라 나훔서을 세 개의 주요 단락으로 구분한다.[16] 그의 견해에 따르면 나훔서가 논쟁화법을 기본 서술형식으로 취하여 저술되었다는 것이다. 논쟁화법은 주로 사람들의 말을 인용하고 이에 대한 반박이 이어지는 형식을 취하는데, 나훔서에서는 여호와의 무능력에 대한 사람들의 견해가 암시적으로 전제가 된 상태에서 이에 대한 반론(counterthesis)으로 첫 번째 단락(1:2-10)이 서술된 후에 유다와 니느웨를 향한 두 개의 논쟁이 뒤따르는 것으로 분석한다(1:11-2:1[유다]과 2:2-3:19[니느웨]).[17] 결과

---

16) "…there is a coherent structure in the book, based in the disputation pattern in prophetic speech, and that its purpose is to address both Judah and Assyria in order to argue that the fall of Nineveh contradicts their previously held view of YHWH's importance in the face of the Assyrian empire. Rather, the fall of Nineveh is presented as an act of YHWH that demonstrates YHWH's mastery of world events"(Sweeney, "Concerning the Structure," 366). Sweeney의 삼중구조 분석은 아래와 같다(ibid., 374, 376-77).

1:2-10	Theopanic Hymn addressing Judah and Nineveh followed by a rhetorical question of their estimation of Yahweh's power
1:11-2:1	Address to Judah indicating reasons for a change in attitude since in ending Assyrian pressure Yahweh has shown his power
2:2-3:19	Address to Nineveh and the Assyrian king indicating reason for a change of attitude since Yahweh has demonstrated his power

적으로 스위니의 삼중구조의 범위는 다른 삼중구조의 범위와 차이가 있다. 스위니의 분석은 나훔서에서 수사적 질문들이 본문을 형성하는데 중요한 역할을 하고 있는 것에 주목한 것이다.

셋째, 나훔서를 네 개의 주요 단락으로 구분하는 사중구조 분석이다(Haupt, Maier, Roberts, J. M. P. Smith, VanGemeren). 반게메런(VanGemeren)이 제시하는 사중구조는 주제적인 면에서 근본적으로 아처(Archer)의 이중구조와 동일하다. 왜냐하면 두 번째, 세 번째, 네 번째 단락을 모두 "니느웨 멸망 예고"라는 동일한 제목 하에 구분하고 있기 때문이다.[18] 마이어(Maier)는 나훔서가 명확한 단락구분을 제시하지 않지만 편의를 위해 표제(1:1)를 제외하고 나훔서를 네 개의 단락으로 구분한다: (1) 도입송시(1:2-8); (2) 니느웨의 최후에 대한 예고(1:9-15[2:1, MT]); (3) 니느웨의 최후에 대한 긴박한 묘사(2:1-13[MT, 2:2-14]); (4) 니느웨에 대한 예언적 선언(3:1-19).[19] 로벗츠(Roberts)는 표제(1:1)를 제외하고 사중구조를 제시하는데, 3장 18-19절을 하나의 단락으로 구분하고 "앗시리아 왕을 향한 신탁"으로 분석한다.[20] 일반적으로 사중구조 분석은 내용을 보다 세분화하는 면이 있다. 하지만 나훔서를 축제나 의식을 위한 제의문으로 보는 학자들은 나훔서의 구조를 분석함에 있어서 제의문의 특성, 즉 질문과 답변을 하는 형식, 예배자의 말과 신의 말의 교환 등에 맞추어 나훔서를 재배열하고 수정한다. 예를 들면, J. M. P. Smith는 <표 6>과 같이 구조를 분석하고 이에 따라 주해를 한다.[21]

---

17) 사람들의 말을 인용하고 이에 대해 반박하는 전형적인 논쟁화법 형식이 등장하지 않지만, Sweeney는 수사적 질문의 사용에 집중하여 논쟁화법으로 나훔서를 분석한다. 전형적인 논쟁화법에 따라 저술된 선지서는 말라기서이다.

18) 반게메런, 『예언서연구』 282-83. VanGemeren의 사중구조를 간략히 정리하면 아래와 같다.

표제, 1:1
I. 하나님의 확정된 심판, 1:2-2:2
II. 니느웨의 멸망 예고, 2:3-13
III. 니느웨의 멸망 예고, 3:1-7[sic.]
IV. 니느웨의 멸망 예고, 3:12-19

19) Maier, *The Book of Nahum*, 14-16.

20) Roberts, *Nahum*, 37-38.

〈표 6. J. M.P. Smith의 사중구조〉

The Superscription (1:1)
The Avenging Wrath of Yahweh (1:2-10)
Words of Comfort to Judah (1:12, 13; 2:1, 3)
The Fall of Nineveh (1:11, 14; 2:2, 4-14)
The Imminent and Inevitable End (3:1-19)

하우프트(Haupt)는 나훔서를 네 개의 시로 구분하고 아래와 같이 재배열한다.22)

〈표 7. Haupt의 사중구조〉

I. (The Introductory Alphabetic Psalm)
1:2a, 3b, 4-8, 9b, 9a, 3a, 2b, 10
II. (The Overthrow of the Seleucidan Kingdom)
3:1, 4, 5, 6, 7; 1:11, 14; 2:1; 1:12, 15; 2:2;
III. The Utterance on Nineveh (1:1a)
3:8-11, 14, 15b, 15a, 12, 13b, 13a, 18-19
IV. The Vision of Nahum the Elkoshite (1:1b)
3:2-3; 2:3a, 5, 8b, 6, 8a, 7, 9, 10, 11, 12, 13

이들의 구조분석은 최종형태의 나훔서나 저자에 집중하기 보다는 나훔서를 제의

---

21) Cf. Smith, *A Critical and Exegetical Commentary*, 284-360.

22) Haupt, "The Book of Nahum," 8-17. Haupt의 구조에서, 첫 번째 이합체시는 히브리어 알파벳의 순서(알레프에서 카프까지)에 따라 재배열된다. 두 번째 시는 셀루키드 왕국의 멸망을 묘사하는 것으로 보며 시에 언급된 성읍(3:1)이 셀루키드 왕국의 수도인 안디옥(Antioch)을, 마술로 미혹하는 여인(3:4)은 헬라문화를 가리키는 것으로 해석한다. 세 번째 시는 주전 607년경에 북이스라엘의 시인인 나훔에 의해 기록된 것으로 본다. 하지만 3장 18-19절은 주전 161년 니카놀(Nicanor)의 날에 시리아인들이 멸망한 것을 암시하기 위해 마카비안 시인에 의한 부가적 기록으로 간주한다. 네 번째 시는 니느웨가 주전 606년에 멸망한 후에 기록된 것으로 간주한다. 네 번째 시의 마지막 부분인 2:13은 니카놀의 날

문 형식에 맞도록 자유롭게 재구성한다. 그렇다면 왜 현대인들보다 제의문에 정통했을 "편집자"(그들이 추정하는 "편집자")가 제의문 형식이 훼손된 현재 형태의 나훔서를 그대로 남겨놓았는지에 대한 심각한 질문에 직면하게 된다. 또한 유다공동체가 왜 현재 형태의 나훔서를 수정하지 않고 그대로 정경으로 받아들이고 그 권위를 부여하였는지에 대한 질문이 제기된다. 마이어(Maier)는 제의문 형식으로 나훔서를 재구성하는 작업이 균형을 잃고 독단적일 뿐만 아니라 근거가 없는 것이라고 반박한다.[23] 더 나아가 이러한 분석은 최종형태의 본문을 연구의 주요한 장(essential domain)으로 간주하여 분석하는 공시적 접근(syncrhonic approach)에 반하는 것이다.[24]

넷째, 나훔서를 여러 단락으로 구분하는 다중구조 분석이다(악트마이어[Achtemeier], Baker, 치즈홀름[Chisholm], Coggins, Dorsey, Longman, R. Smith). 다중구조 분석은 주로 나훔서가 서술하고 있는 다양한 내용과 주제를 그대로 반영하려는 시도이다. 학자들이 제시하는 다중구조는 두 가지 형태로 분류된다. 나선형의 다중구조(linear multifold structure)와 교차평행의 다중구조(chiastic multifold structure)이다. 베이커(Baker, 6중구조), 코긴스(Coggins, 7중구조), 롱맨(Longman, 7중구조), R. 스미스(Smith, 8중구조)의 구조가 전자에 속한다. 예를 들면, 스미스는 표제를 제외하고 나훔서를 여덟 개의 단락으로 구분하여 각 단락의 주제를 반영하는 제목과 함께 단락들을 <표 8>과 같이 열거한다. 스미스의 구조분석에서 주의를 끄는 것은 유다의 회복을 선언하는 2장 2절을 1장 15절과 함께 묶어 두 번째 단락의 세 번째 소단락으로 구분하고 "유다를 위한 구원신탁"(Salvation oracle for Judah)이라는 제목을 달고 있다는 점이다.

을 기념하기 위해 이 시들을 수집한 마카비안 시인이 셀루키드 왕국의 멸망을 상기시키기 위해 추가한 것으로 설명한다.

23) Maier, *The Book of Nahum*, 16, n. 1.

24) 구약연구와 분석이 통시적 접근에서 공시적 접근으로 전환한 패러다임전환(paradigm shift)에 대한 자세한 논의를 보려면 L. G. Perdue, *The Collapse of History* (Minneapolis: Fortress, 1994)를 참조하라.

〈표 8. R. Smith의 팔중구조〉

Superscription 1:1

1. A psalm in praise of Yahweh 1:2-8
    a. Yahweh-a jealous God 1:2-3a
    b. Yahweh-God of creation 1:3b-5
    c. Yahweh-God of love and judgment 1:6-8
2. Prophetic response 1:9-2:2
    a. Disputation speech and judgment oracle against Assyria 1:9-11
    b. Salvation oracle for Judah 1:12-13
    c. Judgment oracle against the king of Assyria 1:14
    d. Salvation oracle for Judah 2:1,3 (Eng 1:15, 2:2)
3. Mocking judgment in the battle for Nineveh 2:1, 2-10
4. Taunt song against Nineveh 2:11-13
5. Judgment oracle against Nineveh 3:1-7
6. The analogy of Thebes 3:8-13
7. Satirical warnings for Nineveh 3:14-17
8. Rejoicing over ultimate defeat 3:18-19

악트마이어(Achtemeier)는 대적의 악을 언급하고 있는 도입찬가(1:2-11)와 이 악이 제거되는 것을 노래하고 있는 3:14-19이 수미쌍관을 이루고 있고 이 두 단락들 사이에 네 개의 심판신탁이 서술되고 있는 것으로 분석한다.[25] 네 개의 신탁은 (1) 1:12-15, (2) 2:1-13, (3) 3:1-7, (4) 3:8-13이며 각 단락이 "볼지어다"로 시작되는 주의 말씀으로 끝맺고 있음을 지적한다(cf. 1:15; 2:13; 3:5; 3:13). 결과적으로 악트마이어는 6중구조를 제시하는 것인데, 이 구조가 전적으로 나열적이거나 교차평행적인 것은 아니다.

나훔서를 교차평행의 다중구조로 분석하는 학자는 치즈홀름(Chisholm)과 돌시(Dorsey)이다. 교차평행적 다중구조는 소단락 간의 주제적, 언어적 연관성에 근거

25) 악트마이어, 『나훔-말라기』 33.

한 것인데, 치즈홀름과 돌시의 구조는 교차평행의 다중구조라는 면에서는 유사하지만, 세부 단락의 범위나 평행을 이루는 단락들을 규정하는 데에는 분명한 차이를 보인다. 치즈홀름은 "하나님의 현현에 대한 찬양"(1:2-6)과 "심판예언"(1:7-11절)을 도입부로 제외하고 나머지는 재앙신탁(3:1-4)을 중심으로 하는 칠중구조의 교차평행을 제시하는데, 결국 나훔서 전체를 9개의 다중구조로 구분한다.[26] 치즈홀름은 단락의 내용, 서술형식, 동일한 구절 등에 주목하여 단락 간의 평행을 규정한다. 이는 교차평행 구조의 중심에 위치한 "재앙신탁"(3:1-4)에 주목하게 한다. 이 단락은 니느웨가 멸망하게 되는 원인에 대한 구체적인 서술(1, 4절)과 파괴하는 전쟁 상황에 대한 생생한 묘사(2-3절)가 집중된 본문이다. 이 단락이 1:12-3:19의 중심 역할을 하는 것으로 간주할 수 있다.

〈표 9. Chisholm의 교차평행 다중구조〉

[하나님의 현현에 대한 찬양, 1:2-6]
[심판예언, 1:7-11]
A 앗수르 왕이 조롱당함/ 유다에게는 경축할 것을 촉구함 (1:12-15)
  B 인상적인 경고의 외침 (2:1-10)
    C 조롱 (2:11-12)
      D 심판선고 (2:13)
        E 재앙 신탁 (3:1-4)
      D' 심판선고 (3:5-7)
    C' 조롱 (3:8-13)
  B' 인상적인 경고의 외침 (3:14-17)
A' 앗수르 왕은 조롱당하고 다른 이들은 경축함 (3:18-19)

돌시(Dorsey)는 나훔서를 2:11-13(니느웨를 향한 애가, 사자굴)을 중심으로 6개의 난락이 교차평행을 이루는 칠중구조로 <표 10>과 같이 분석한다.[27] a와

26) 치즈홀름, 『예언서 개론』 654.
27) D. A. Dorsey, 『구약의 문학적 구조: 창세기-말라기 주석』 류근상 역 (서울: 크리스챤 출

a', b와 b' 간의 교차평행이 명확하지는 않음을 인정하지만 d(2:11-13, 애가)를 중심으로 c와 c'이 서술형식과 어휘에 있어서 정확하게 교차평행을 이루는 것에 근거하여 나훔서 전체가 교차평행 형식으로 의도되었을 가능성이 있다고 말한다. 돌시는 이 애가(2:11-13) 앞의 전반부(1:2-2:10)는 니느웨의 멸망을 예고하고 애가 이후의 단락들(3:1-19)은 니느웨가 멸망한 후의 상황을 묘사하는 것으로 설명한다.[28] 따라서 죽음에 대한 애가는 니느웨의 멸망에 대한 예언과 이 예언의 성취적 측면을 모두 담아내기에 가장 적절한 형식이며 또한 위치적으로도 중심적 자리를 차지하고 있는 것으로 분석한다.

〈표 10. Dorsey의 교차평행 다중구조〉

a. 여호와께서는 자연의 무서운 힘과 같이 대적들을 보복할 것임 그러나 자기를 의뢰하는 자들은 구하실 것임(1:2-10)
  b. 여호와께서는 니느웨 상을 멸하실 것임 그러나 유다는 구하실 것임(1:11-15)
    c. 니느웨 성의 침공에 대한 생생한 묘사(2:1-10)
      d. 핵심부분: 니느웨 성의 함락에 대한 애가, 사자굴이 어디뇨(2:11-13)
    c'. 니느웨 성의 약탈에 대한 생생한 묘사(3:1-7)
  b'. 니느웨 성은 파괴될 것이다. 그것은 테베와 같이 취약함(3:8-13)
a'. 니느웨 성은 자연의 무서운 힘과 같이 파괴될 것임(3:14-19)

치즈홀름과 돌시가 제시하는 교차평행의 구조들이 서로 차이를 나타내지만, 이 구조들을 신중하게 살필 때 나훔서의 소단락들 간의 주제적 얼개(thematic network)와 주제적 발전(thematic progression) 등을 연구하는데 도움을 얻을 수 있다. 각 단락의 범위에 관하여도 결정적인 차이가 있는 것은 아니다. 예를 들면 치즈홀름이 E("재앙신탁," 3:14)와 D("심판선고," 3:5-7)로 구분한 것을 돌시는 c'("니느웨 성의 약탈에 대한 생생한 묘사," 3:1-7)으로 한 단락 안에 포함하고 있다.

판사, 2003), 481, 486.

28) Dorsey의 이러한 설명은 Patterson과 Travers가 나훔서를 니느웨의 멸망에 대한 예고와 니느웨의 멸망에 대한 서술로 구분하는 이중구조 분석과 유사하다.

이상 언급한 바와 같이 나훔서의 전체 구조에 대한 다양한 분석이 제시되고 있다. 나훔서의 구조를 분석함에 있어서 하나의 결정적이고 확정적인 구조를 제시하는 것은 불가능하다. 이는 나훔서 자체가 분명한 구분을 제시하지 않고 있기 때문이기도 하지만 해석자가 개입된 구조분석은 해석자의 해석적 이해를 완전히 배제할 수 없기 때문이다. 따라서 하나의 확정된 구조를 제시하려고 하기 보다는 가장 정확하고 적절하게 저자의 의도를 파악하고 반영하고 있는 구조분석을 선택할 필요가 있다. 본서에서 제시하고 있는 서술형식에 따른 구조분석 역시 "또 하나"의 대안적 구조일 뿐이다.

2. 나훔서의 서술형식에 따른 대안적 구조

나훔서의 신탁은 선지서에 기록된 신탁의 전형적인 형식을 따라 도입공식을 제시하거나 신탁을 마무리하는 결언을 서술하지 않는다.[29] 하지만 신탁이 일반적으로 취하고 있는 원인(고소)과 결과(선언)의 논리적 연결을 따르는 흐름을 가지고 있기 때문에 이에 따라 신탁의 구조를 파악하고 단락들을 구분할 수 있다. 원인과 결과의 서술적 흐름에 따라 나훔서를 구분하면 <표 11>과 같다.[30]

29) 심판신탁은 다음과 같은 구성요소와 흐름을 가지고 있다: (1) 도입형식(כה אמר): "여호와께서 말씀하시되"; (2) 사자 위임: 전달자를 부르심(commissioning of the messenger); (3) 상황에 대한 언급/고소 또는 비난(diatribe/criticism): יען; (4) 전환: "그러므로" (לכן: 도입형식[כה אמר]); (5) 재앙과 심판에 관한 하나님의 선언(divine prediction/statement); (6) 결언(the concluding remark)(cf. 겔 15:1-8; 25:1-17; 렘 23:23-32; 암 1:3-2:16, etc.). 이 구성요소들이 모든 신탁에 모두 등장하지는 않지만 대부분 포함되고 있는 것들이다. 신탁은 "도입형식"(1)으로 시작되고, "여호와의 말씀이니라" 또는 "나 여호와는 말하고 이루느니라" 등의 "결언"(5)으로 마무리된다. 이러한 요소들이 틀에 맞추어 등장하지 않더라도 원인을 지적하는 서술이 주어지고 이에 근거한 심판이 선언되고 있다면 충분히 심판신탁으로 간주할 수 있다. 구원신탁은 보다 간단한 형태를 취하고 있다. 즉 (1) 상황에 대한 언급과 (2) 구원에 대한 선언의 형태를 취한다. 심판신탁과 구원신탁을 구분하는 결정적인 요인은 선언의 내용이다.

30) 각 절의 표기는 각 절을 하나의 의미를 전달하는 최소단위의 문장들(kernel sentences)로 분절하여 순서에 따라 영어 알파벳 소문자를 붙인 것이다. 예를 들면 1장 1절은 두 개의 최소단위 문장으로 분절하였고 1a와 1b로 표기한다: (מַשָּׂא נִינְוֵה 맛사 니네베, 1a)와 (סֵפֶר חֲזוֹן נַחוּם הָאֶלְקֹשִׁי 세페르 하존 나훔 하엘코쉬, 1b). 본문을 주해하는 장에 제시된 히브리어 원문을 참조하면 각 절의 분절에 대한 정보를 얻을 수 있다.

〈표 11. 나훔서의 서술형식에 따른 대안적 구조〉

표제 1:1

I. 전사이신 여호와에 대한 노래, 1:2-8

II. 첫 번째 신탁: 대적의 멸절과 유다의 구원, 1:9-15

A. 원인: "여호와께 악을 꾀하는 한 사람," 9-11

B. 결과(I): 대적의 멸절, 12a-e

C. 결과(II): 유다의 구원, 12f-13

B'. 결과(III): "악을 꾀하는 자"의 멸절과 우상제거, 14

C.' 결과(IV): 유다의 구원, 15

III. 두 번째 신탁: 니느웨의 멸망. 2:1-13

A'. 원인: "파괴하는 자"와 이스라엘의 영광 회복, 1-2

B''. 결과: 니느웨를 향한 파괴전쟁, 3-13

IV. 세 번째 신탁: 니느웨의 멸망, 3:1-19

A''. 원인: 니느웨의 구체적인 범죄, 1-4

B'''. 결과: 니느웨의 멸망과 수치, 5-19

나훔서의 서술형식에 따른 구조분석은 "전사이신 여호와에 대한 노래"(I, 1:2-8)가 도입적 역할을 하는 첫 번째 단락을 이루고 세 개의 신탁이 이어지는 사중구조이다. 첫 번째 단락은 이어지는 신탁들에서 심판과 구원을 선언하는 근거가 된다. 각 신탁의 원인을 A, A', A''로 표기하고 결과를 B, B', B''으로 표기하는 것은 이 소단락들이 상응을 이루고 있음을 나타내는 것이다. 주목하게 되는 것은 첫 번째 신탁(II, 1:9-15)에서 결과가 B와 C, B'과 C'로 교체평행(alternate parallelism)을 이루며 반복되는 것이다. B와 B'은 여호와께 대항하여 악을 꾀하는 자의 멸망을 선언한다는 면에서 평행을 이룬다. 반면에 C와 C'은 유다의 구원을 선언한다는 면에서 평행을 이루고 있다. 달리 말하면, 첫 번째 신탁의 결과(선언)에서 악인을 향한 심판과 유다의 구원이 교체되면서 이중적으로 선언되고 있다는 것이다. 유다의 구원을 C와 C'로 표기할 때 두 번째와 세 번째 신탁에는 유다의 구원에 대한 선언이 등장하지 않고 "악을 꾀하는 자," 즉 니느웨를 향한 심판선언(B''과 B''')이 집중적으로 서술되고 있는 것을 분명하게 전달할 수 있다.

각 신탁의 원인으로 구분된 A(1:9-11), A'(2:1-2), A"(3:1-4)에 실제로는 원인에 대한 지적과 함께 선언적 서술이 등장한다. 하지만 이 단락들이 아래와 같이 원인이 강조되는 일정한 구성적 평행을 이루고 있기 때문에 원인단락들로 구분하고 있다. 원인단락이 보여주고 있는 구성적 평행은 나훔서 저자의 서술기법으로 볼 수도 있을 것이다.

A (1:9-11)

a. 원인: 9a ("너희는 여호와께 무엇을 꾀하느냐[תְּחַשְּׁבוּן 테핫세분]")

b. 선언: 9b-10 (일어나지 못하고 불타버림)

a'. 원인: 11 ("여호와께 악을 꾀하는[חֹשֵׁב 호셰브] 한 사람")

A' (2:1-2)

a. 원인: 1a ("파괴하는 자가 너를 치러 올라왔나니")

b. 선언: 1b-e (방어할 준비를 하라)

a'. 원인: 2 (여호와가 야곱의 영광을 회복시키실 것이기 때문)

A" (3:1-4)

a. 원인: 1 ("피의 성": 가득한 거짓, 포악, 탈취)

b. 선언: 2-3 (파괴적인 전쟁과 무수한 시체)

a'. 원인: 4 ("마술에 능숙한 미모의 음녀의 음행)

위에서 보는 바와 같이 A, A', A" 단락은 원인(a)-선언(b)-원인(a")이 서술되는 동일한 교차평행의 구성을 가지고 있다. 원인에 대한 언급이 a와 a"으로 반복되면서 강조된다. 또한 b, b', b"의 선언이 각각 결과를 서술하는 단락에서 구체적으로 묘사되는 서술적 흐름을 보여준다. 예를 들면, A 단락(1:9-11)의 b(1:9b-10)에 언급된 선언(멸절과 불에 태움)이 결과 단락(1:12-15)에서 "대적이 아무리 강하고 많을지라도 멸절을 당하고 사라지게 된다. 뿐만 아니라 쓸모없게 되어 무덤에 들어갈 수밖에 없게 된다" 등으로 서술된다. 이와 유사한 흐름을 두 번째와 세 번째 신탁에서도 볼 수 있다.

본서에 제시된 대안적 구조는 도입의 역할을 하는 찬양에 이어 세 개의 신탁이 열거되는 배열을 보여준다. 하지만 이 배열은, 신탁들의 단순한 열거나 반복이 아니라 주제적 원리와 심화적 원리에 따른 배열이다.[31)] 즉 동일한 주제를 다루고 있는 신탁들이 연속적으로 나열되고 있다. 뿐만 아니라 신탁들은 두 가지 측면에서 심화되고 있다. 하나는 동일한 주제의 반복에 의한 심화이고, 다른 하나는 갈수록 신탁의 분량이 늘어나면서 표현이 구체화되는 것을 통한 심화이다. 첫 번째 신탁(1:9-15)은 일곱 절을 할애하는 반면에 두 번째 신탁(2:1-13)은 열세 절, 세 번째 신탁은 열아홉 절(3:1-19)을 할애한다.[32)]

나훔서의 서술형식에 따른 사중구조 분석은 다음과 같은 주제적 얼개와 발전을 반영하고 있다. 앞에서 언급한 바와 같이 첫 번째 단락(I, 1:2-8)은 하나님이 악인을 심판하시고 그에게 피하는 자를 보호하신다는 주제를 명확하게 제시한다. 첫 번째 단락은 심판과 보호(구원)의 대상을 구체적으로 서술하지 않고 "대적"과 "자기에게 피하는 자"라는 일반적인 표현을 사용한다. 이 주제가 첫 번째 신탁(II, 1:9-15)에서 반복되면서 다시 등장하는데, 대적에 대해서는 정체를 알 수 없는 일반적인 서술을 이어가는 반면에 보호(구원)의 대상은 "유다"로 언급되면서 정체가 밝혀진다. 두 번째 신탁(III, 2:1-13)은 심판의 대상을 니느웨로 분명하게 적시하면서(2:8), 니느웨를 향한 심판선언에 집중한다. 세 번째 신탁(IV, 3:1-19) 역시 니느웨를 향한 심판선언에 집중하면서 나훔서의 핵심 화제가 니느웨의 멸망인 것을 보여준다. 세 번째 신탁에서 니느웨의 멸망에 대한 확언은 간접적으로 유다의 구원이라는 주제를 강화하는 효과를 갖는다. 왜냐하면 첫 번째 신탁에서 언급한 "여호와께 대항하여 악을 꾀하는 자"(1:11)의 정체가 세 번째 신탁에서 "앗수르 왕"이라고 분명하게 명시되고 있기 때문이다. 단락 간의 평행적 관계에 근거하여 보다 구체적인 주제적 얼개와 발전을 본문을 주해하는 작업과 함께 제시할 것이다.

---

31) 구체적인 배열의 원리들을 보려면, 조휘, 『사자가 부르짖은 즉』 42-43을 참조하라.

32) Christensen이 분석한 각 행의 음절을 계산하는 모라(mora)의 수를 보면, 원인을 서술하는 A단락(II. A, 1:9-11)에 18개, A'단락(III. A', 2:1-2)에 15개, A''단락(IV. A'', 3:14)에 29개가 있으며 결과를 서술하는 단락(II. B, C, B', C', 1:12-15)에 32개, B''단락(III. B'', 2:3-13)에 82개, B'''단락(IV. B''', 3:5-19)에 115개가 있다(Christensen, "The Book of Nahum," 162-66).

결론적으로 <표 11>에 제시된 사중구조는 다음과 같은 분석을 요구한다. 첫째, 나훔서를 시작하는 첫 번째 단락(1:2-8)이 나훔서의 전체 주제를 제시하고 있으므로 이 단락에서 심판의 원인과 결과를 지적하는 원리를 확인해야 한다. 그런 후 이 원리에 따라 이어지는 신탁들을 분석할 필요가 있다. 둘째, 니느웨가 심판을 받게 되는 구체적인 원인들을 확인하려면 A 단락들을 종합적으로 분석할 필요가 있다. 뿐만 아니라 심판의 원인을 서술함에 있어서 총체적인(일반적인) 표현에서 구체적인 표현으로 전환하는 흐름을 고려해야 한다. 셋째, 니느웨의 범죄에 대해 하나님이 행하시는 심판적 대응의 구체적인 내용을 파악하려면 B 단락들을 종합적으로 분석할 필요가 있다. 넷째, 대안적 사중구조는 선언단락의 구체적인 내용을 세세히 반영하지 못하고 일반화하는 경향이 있다. 따라서 나훔서를 주해함에 있어서 큰 틀에서는 대안적 구조를 따를 것이며 각 단락에서 주제적 얼개와 발전 등을 반영하는 보다 세부적인 구조분석을 제시할 것이다.

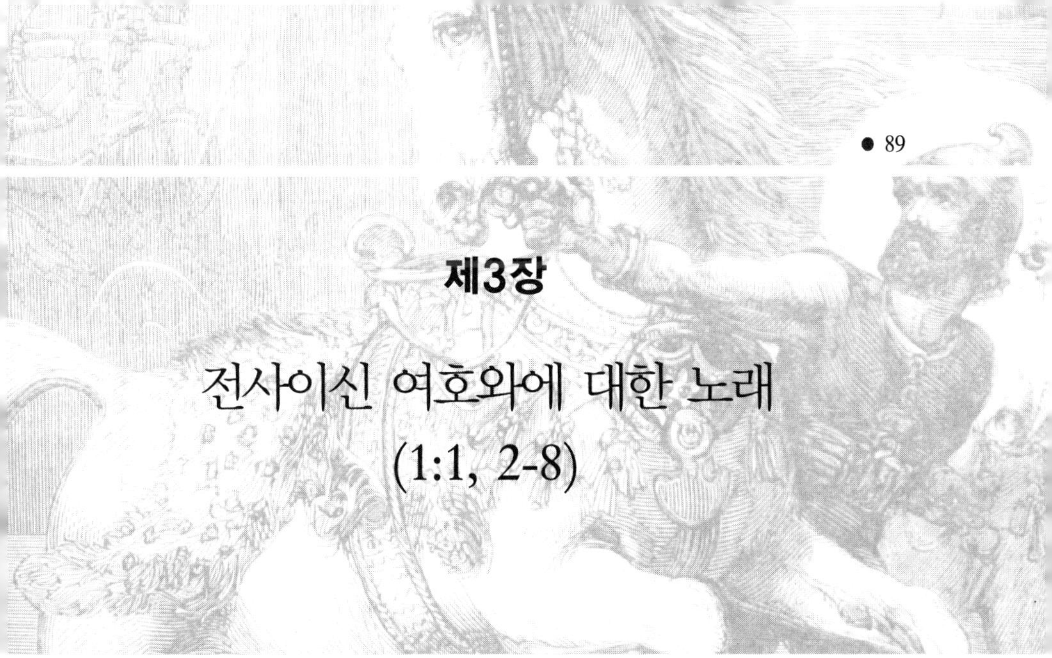

제3장

전사이신 여호와에 대한 노래 (1:1, 2-8)

본 장에서는 나훔서를 열어주고 있는 표제(1:1)와 첫 번째 단락(1:2-8), "전사이신 여호와에 대한 노래"를 다루고자 한다. 1장에 있는 시(詩)는 나훔서에서 가장 많은 연구가 이루어진 부분이다. 이 시에 대한 연구는 크게 세 가지 논의에 집중해왔다. 첫째는 이합체시의 존재여부이다. 불락(Bullock)은, BHS의 맛소라 본문의 행 배열에 따라 살필 때 1장에 이합체시가 등장하지 않는다고 주장한다: "…이합체라는 말의 본래의 의미를 망각하고 억지해석을 하지 않는 한(어떤 사람들이 주장했듯이) 본문을 이합체시로 보기에는 알파벳의 순서가 너무 혼돈되어 있다는 것이다."[1] 나훔 1장 2-5절의 BHS의 본문배열을 그대로 놓고 알파벳의 순서를 살피면(cf. <표 12>), 불락이 지적하는 바와 같이 알파벳의 순서가 일정하지 않은 것을 볼 수 있다.

〈표 12. BHS의 MT 나훔 1:2-5 배열〉

(א) 2a אֵל קַנּוֹא וְנֹקֵם יְהוָה נֹקֵם יְהוָה וּבַעַל חֵמָה

(נ) 2b נֹקֵם יְהוָה לְצָרָיו וְנוֹטֵר הוּא לְאֹיְבָיו

---

1) Bullock, 『구약 선지서 개론』 310; cf. 아처, 『구약총론』 406.

(י) 3a יְהוָה אֶרֶךְ אַפַּיִם וּגְדוֹל־כֹּחַ וְנַקֵּה לֹא יְנַקֶּה יְהוָה
(ב) 3b בְּסוּפָה וּבִשְׂעָרָה דַּרְכּוֹ וְעָנָן אֲבַק רַגְלָיו
(ג) 4a גּוֹעֵר בַּיָּם וַיַּבְּשֵׁהוּ וְכָל־הַנְּהָרוֹת הֶחֱרִיב
(א) 4b אֻמְלַל בָּשָׁן וְכַרְמֶל וּפֶרַח לְבָנוֹן אֻמְלָל
(ה) 5a הָרִים רָעֲשׁוּ מִמֶּנּוּ וְהַגְּבָעוֹת הִתְמֹגָגוּ
(ו) 5b וַתִּשָּׂא הָאָרֶץ מִפָּנָיו וְתֵבֵל וְכָל־יֹשְׁבֵי בָהּ

4QpNah에 인용된 나훔서 본문은 BHS의 배열과 차이가 있기 때문에 BHS의 배열이 원문의 배열을 그대로 반영하고 있다고 보기는 어렵다.[2] 따라서 불락의 설명이 결정적인 것은 아니다. 하지만 마이어(Maier) 역시 이합체시의 존재에 관한 주장들이 자의적이라고 반박을 하면서 이합체시의 존재 자체를 부인한다.[3] 로벗슨(Robertson)의 경우, 현재 형태의 나훔서에 확실한 평행구조가 있다는 점을 강조하면서 본래의 이합체시가 훼손된 상태로 나훔서 1장에 남아있다는 견해를 거부한다.[4] 플로이드(Floyd)은 언어학적 논쟁과 양식비평학적 관점에서 나훔서 1장에서 부분적인 이합체시의 형식을 찾는 것조차도 불가능하다고 주장한다.[5] 더 나아가 1:2-10가 찬양(hymn)의 전형적인 형식을 취하고 있지 않기 때문에 2-10절을 찬양의 시로 보는 견해 자체를 거부하며 2-10절을 "예언적 심문"(prophetic interrogation)이라고 규정한다.[6] 알리스(Allis)는 이합체시의 흐름이 나훔서 1장의

---

2) 4QpNah에 인용된 나훔서 본문배열을 보려면 Berrin, *The Pesher Nahum*, 33-38을 참조하라. 4QpNah에 인용된 본문배열이 원문의 배열을 반영한다고 주장하기도 어렵다.

3) 이합체시의 존재를 주장하는 견해들에 대한 Maier의 구체적인 반박을 보려면, Maier, *The Book of Nahum*, 52-60을 참조하라.

4) Robertson, *The Books of Nahum*, 58. Baker는 현재 형태의 나훔서를 수정하면서 본래의 이합체시를 복원하려는 시도는 단지 순환적 논리에 불과하다고 평가한다(Baker, *Nahum*, 22).

5) Floyd, "The Chimerical Acrostic," 421-37. Floyd는 나훔 1:2-8이 히브리어 알파벳의 순서에 따라 이합체시의 형식을 전혀 취하고 않을 뿐만 아니라 불규칙한 간격을 두고 이합체시 형식이 등장하는 것은 이합체시의 개념에도 부합하지 않는다는 점을 중요한 근거로 강조한다(ibid., 422). 또한 주로 1:2-10을 하나의 단락으로 구분하는데, 양식 비평학적 관점에서 볼 때 이합체시와 그렇지 않은 본문이 함께 묶어 하나의 단락을 이루는 형식이 없다는 점을 지적한다(ibid., 423-24).

구성에 일정부분 기여한 바가 있을 수도 있겠지만 그 역할이 극히 미비할 뿐만 아니라 완전히 상실되었기 때문에 나훔서 전체에 현저하게 드러난 시의 특성 자체에 집중하는 것이 중요하다는 견해를 피력한다.[7]

이들과는 달리 나훔서 1장에 이합체시의 존재를 강하게 주장하는 학자들이 있다. 이합체시의 존재에 관한 연구가 시작되면서 완전한 형태의 이합체시를 1장에서 또는 2장까지 확장해서 복원하려는 시도가 있어왔지만 이 시도가 불가능하다고 보는 것이 일반적인 경향이다.[8] 하지만 부분적인 형태의 이합체시의 존재를 인정하는 견해는 여전히 제시되고 있다. 예를 들면, 데 브리스(de Vries)는 나훔서 1장에 부분적인 이합체시의 존재에 대해 다음과 같이 확고하게 주장한다.

> Two things ought no longer be disputed: (1) Nahum 1 does indeed begin with an acrostic hymn, in spite of Haldar's argument to the contrary; (2) this hymn reproduces only half the alphabet, ending with the letter *kaph*, and it does this quite freely, without rigid conformance to the usual acrostic pattern.[9]

핑커(Pinker)는 MT 나훔서의 형태를 그대로 유지하는 가운데 부분적인 이합체시의 형식이 사용되고 있음을 인정해야 한다고 주장하면서 이 시가 세심하고 신중하게 구성된 것이라고 말한다.[10] 악트마이어의 경우, 나훔서 1장 2-11절에

---

6) Ibid., 436.

7) Allis, "Nahum," 78.

8) Gunkel은 히브리어 알파벳 스물 두자가 모두 사용된 이합체시를 복원하기 위하여 수정과 재배열 등을 할 뿐만 아니라 시의 범위를 2장 1절(1:2-2:1)까지 확장한다(A. Pinker, "Nahum 1: Acrostic and Authorship," *JBQ* 34 [2006]: 99). 하지만 1:10-2:1에 파격적인 수정들이 집중적으로 이루어지고 있는 점은 시의 범위가 과연 9절 이후까지 확장될 수 있는지에 대한 의구심을 갖게 한다.

9) de Vries, "The Acrostic," 477-78. 위의 인용문에 따르면, 이합체시의 존재에 대해 두 가지 사실을 부인할 수 없다는 것이다. 첫째, 나훔서 1장이 이합체시로 시작되고 있으며 둘째, 이 시가 이합체시의 전형적인 형식을 엄격히 따르지 않는 알파벳 카프까지만 포함하는 절반의 이합체 형식을 취하고 있다는 것이다.

10) "It seems best to leave this partial acrostic as it is in the MT, a careful and thoughtful creation in which form is overtaken by ardor, emotion, and tradition. Both artistic elements,

이합체시가 등장하고 있다는 견해를 따르지만 학자들이 나훔서 본문을 재배열하고, 수정과 삭제를 하면서 나훔서의 신학적 핵심을 잃고 있다고 지적한다.[11] 롱맨(Longman)은 현재 본문을 그대로 유지하는 가운데 부분적인 이합체시의 여부를 인정하는 것을 가장 적절한 접근이라고 제안한다.[12] 같은 맥락에서 패터슨(Patterson)과 트래버스(Travers)는 본래의 이합체시에서 상실된 부분을 정확하게 복원하는 것이 불가능하지만 이합체시의 특성 자체를 부인할 수 없다는 견해를 견지하면서 보수주의자 학자들에게 이합체시에 관한 견해를 거부하지 말라고 촉구한다.[13] 반면에 부분적인 이합체시의 존재를 인정하지만 재배열과 수정이 필요하다고 보는 학자들이 있다. 왜냐하면 실제 나훔서 1장에 이합체시가 있더라도 1장을 읽을 때 이 시의 형태가 눈에 띄게 드러나는 것은 아니기 때문이다.[14] 따라서 나훔서 1장에 이합체시의 형태가 있다고 보는 견해는 자연스럽게 두 번째와 세 번째 논의로 이어진다.

둘째, 나훔서 1장에 이합체시가 있다면 히브리어의 스물 두개 알파벳 중에 과연 몇 개가 사용되고 그 범위는 어디까지인지의 논의이다. 롱맨(Longman)은 이합체시의 범위를 2절에서 8절까지 제한하고 사용된 알파벳은 כ카프까지로 본다.[15] 아이스펠트(Eissfeldt)는 나훔서 1장 2-9절에 부분적인 이합체 시가 후대에 삽입되었다는 견해를 견지하고 있는데, 히브리 알파벳이 모두 등장하지 않는 이유에 대한 설명이 흥미롭다.[16] 그의 설명에 따르면 전체 시를 담기에는 두루마리의 공간

form and emotion, are dominant features of the entire book, and characterize Nahum's creative genius"(Pinker, "Nahum 1," 101).

11) 악트마이어, 『나훔-말라기』 33. 악트마이어는 선지자 나훔이 기존의 이합체시를 빌려와서 자신의 신학적 목적에 맞게 각색한 것으로 설명한다(ibid.).

12) Longman, "Nahum," 774.

13) Patterson and Travers, "Literary Analysis," 56.

14) 나훔서 1장에 이합체시의 형식이 있다고 주장되기 시작한 것은 19세기(1867년) 이후이다. 따라서 그 이전에는 이합체시의 형식을 주목하지 못했다는 것이다.

15) Longman, "Nahum," 773.

16) "A purely mechanical explanation would be that perhaps there was on the scroll in question only such a small amount of clear space as not to permit the incorporation of the whole psalm. Or perhaps it appeared to the redactor that the l-line (v. 9b) or the n-line (v. 2b) provided a good opening to the book of Nahum, and so he only

이 부족했었거나 전체 시 중에서 기록자의 의도에 맞는 l라메드나 n눈까지의 행만 인용했기 때문이라는 것이다. 하지만 아이스펠트의 설명은 그가 인정하는 바와 같이 추정에 불과하다. 스미스(J. M. P. Smith)는 부분적으로 심각하지 않은 수정을 할 때 완전한 형태는 아니지만 알파벳 k카프까지만 사용한 이합체시가 1:2-10에 확연하게 등장하기 때문에 의심할 수 없다고 말한다.[17)] 하우프트(Haupt)는 이합체시의 범위로 2절에서 10절까지 확장하고 사용된 알파벳은 א알레프에서 ס사멕까지(י요드는 생략됨)로 본다.[18)] 하지만 하우프트는 이러한 결론을 얻기 위하여 9절의 상반절(מ멤)과 하반절(ל라메드)을 뒤바꾸고 2절후반절(נ눈)을 9절 이후로 재배열하여 알파벳 순서를 복원한다.[19)] 뉴섬(Newsome)은 이합체시의 범위를 1-10절로, 알파벳의 처음 열 두자(א알레프에서 ל라메드)가 뒤섞여 사용된 것으로 제안을 하는데, 알파벳의 배열이 뒤섞인 것은 전승과정에서의 손상으로 인한 것이라고 설명한다.[20)] 돌시(Dorsey) 역시 이합체시의 범위를 2-10절로 규정하는데, 이는 8절 하반절에서 10절(8b-10)이 2절과 교차평행을 이루면서 시를 마무리한다는 그의 분석에 근거한 것이다.[21)] 악트마이어는 이합체시의 형태가 2-8절에 분명하게 드러나지만 나훔이 정상적인 알파벳의 흐름을 바꾸고 일부 삽입한 부분도 있으며 이합체시를 11절까지 확장했다고 주장한다.[22)] 사용된 알파벳은 א알레프에서 י요드까지라고 말한다.

스프롱크(Spronk)는 아주 흥미로운 설명과 함께 이합체시가 3절부터 시작되고 있다고 주장한다.[23)] 이합체시가 3절부터 시작된다고 보는 이유는 앞의 <표 12>

---

incorporated the psalm up to this point. We cannot get beyond a guess in this"(Eissfeldt, *The Old Testament*, 416).

17) Smith, *A Critical and Exegetical Commentary*, 295-96. Patterson과 Travers 역시 이합체시의 범위를 2-10절로 제안하며 k카프까지 등장하는 것으로 설명한다(Patterson and Travers, "Literary Analysis," 56).

18) Haupt, "The Book of Nahum," 8-9.

19) Taylor는 본문을 재배열하지 않지만 Haupt와 유사하게 이합체시의 범위를 2-9절로 보고 알파벳이 l라메드까지 사용된 것으로 제시한다(Taylor, "The Book of Nahum," 955).

20) Newsome, *The Hebrew Prophets*, 89.

21) Dorsey, 『구약의 문학적 구조』 481.

22) 악트마이어, 『나훔-말라기』 33.

23) K. Spronk, "The Line-acrostic in Nahum 1: New Evidence from Ancient Greek Manuscripts

에서 볼 수 있는 바와 같이 2a(אֵל의 א), 2b(נֹקֵם의 נ), 3a(יְהוָה의 י)의 첫 글자들이 신탁의 기원을 제시하는 1인칭 단수 대명사 אני아니(여호와)를 이루고 있으며 אני의 י요드가 3a의 첫 글자인 יְהוָה아도나이의 첫 자가 된다는 것이다. 뿐만 아니라 3a의 첫 글자 יְהוָה아도나이에 이어 두 개의 א알레프(אַפַּיִם אֶרֶךְ)가 등장하고 있으며 같은 맥락에서 3a의 끝에 있는 יְהוָה아도나이에 이어 두 개의 ב베트(בְּסוּפָה וּבִשְׂעָרָה 3b)가 등장하기 때문에 3절부터 이합체시가 시작되어 8절까지 이어지는 것으로 설명한다. 스프롱크는 그의 소논문을 통해 더 흥미로운 사실을 소개하는데, 아래와 같이 2절과 3절의 첫 철자들이 אני아니를 이루는 것에 상응하여 1절-3절의 각 행의 마지막 철자가 여호와의 이름인 יהוה아도나이를 이루고 있다는 것이다.[24] 나훔서를 "나훔의 묵시의 글"(סֵפֶר חֲזוֹן נַחוּם세페르 하존 나훔)로 규정하고 있는 표제(1:1)을 고려할 때 나훔이 그의 신탁을 글로 전달하면서 이러한 시각적 효과를 기대했을 수도 있다는 가정을 완전히 배제할 수는 없다.

1 מַשָּׂא נִינְוֵה סֵפֶר חֲזוֹן נַחוּם הָאֶלְקֹשִׁי
(א) 2a אֵל קַנּוֹא וְנֹקֵם יְהוָה נֹקֵם יְהוָה וּבַעַל חֵמָה
(נ) 2b נֹקֵם יְהוָה לְצָרָיו וְנוֹטֵר הוּא לְאֹיְבָיו
(י) 3a יְהוָה אֶרֶךְ אַפַּיִם וּגְדוֹל־כֹּחַ וְנַקֵּה לֹא יְנַקֶּה יְהוָה

결론적으로 나훔서 1장에 서술된 이합체시의 범위에 대하여 1-8절로 이합체시를 제한하는 것이 일반적인 견해이며 사용된 알파벳도 א알레프에서 כ카프까지로 본다.[25] 왜냐하면 9절 이후로 확장하여 이합체시의 형태를 찾으려면 상당히 파격적인 수정과 재배열이 필요하기 때문이다. 나훔서 1장에 부분적인 이합체시의 존재

---

and from the Literary Analysis of the Hebrew Text," in *Impact of Unit Delimitation on Exegesis*, eds. R. de Hoop, M. Korpel, and S. Porter (Leiden: Brill, 2009), 25-26.

24) Ibid., 29,

25) Cf. M. Floyd, "The Chimerical Acrostic of Nahum 1:2-10," *JBL* 113 (1994): 421; de Vries, "The Acrostic," 477-78; Watts, *The Books of Joel*, 101-6; Roberts, Nahum, 48; Sweeney, "Concerning the Structure," 369; Christensen, "The Acrostic," 25; Coggins, *Israel among the Nations*, 19; Childs, *Introduction*, 443; Smith, *Micah-Malachi*, 71-71. BHS의 구성 역시 이합체시의 형태를 2-8절로 제한하고 있다.

를 인정하더라도 과연 이 시가 누구의 손길에 의한 것인지에 대한 진정성의 문제는 여전히 남게 된다. 이것이 세 번째 논의이다.

셋째, 이합체시의 후대삽입에 대한 논의이다. 앞에서 언급한 바와 같이 나훔서를 제의문으로 보는 하우프트(Haupt)는 1장의 이합체시가 주전 2세기에 마카비 계열의 사람에 의해 저작되어 삽입되었다고 주장한다.[26] 스미스(J. M. P. Smith)는 나훔이 아닌 후대의 편집자가 1장의 이합체시의 진가를 충분히 알지 못한 채 나훔서의 도입으로 사용했을 것이라고 주장한다.[27] 같은 맥락에서 테일러(Taylor)는, 나훔서 1장의 시가 부분적으로 이합체시의 형태를 가지고 있는 것은 12 소선지서의 편집자가 기존의 나훔서의 주제와 동일한 주제를 노래하는 시를 기억하고 도입으로 첨가를 했기 때문인데, 그가 기존의 이합체시의 일부를 다른 시의 행으로 대체하는 등의 과오를 범했을 것이라고 본다. 뿐만 아니라 현재의 형태는 전승과정에서 심각한 오류와 재배열 및 보충이 반영된 결과라고 설명한다.[28] 더 나아가 이 이합체시가 주전 3세기나 2세기에 저작되었을 것으로 추측한다.

반면에 로벗츠(Roberts)는, 선지자 나훔이 그가 알고 있던 제의시들 중에서 이합체시의 일부를 사용한 것이라는 견해를 제시하면서 나훔이 이합체시의 저작자가 아니더라도 시의 주제가 나훔의 목적에 잘 부합하는 것이라고 설명한다.[29] 따라서 로벗츠는 이합체시가 후대삽입이라는 견해를 거부한다.[30] 스미스(R. Smith), 불락(Bullock), 핑커(Pinker), 마이어(Maier), 해리슨(Harrison) 역시 선지자 나훔을 이 시의 저작자로 확정할 수는 없지만 이 시와 나머지 나훔의 글들과의 주제적 연결성 및 주제적 발전에 근거하여 후대에 삽입된 것이라는 견해를 수용하지 않는다.[31]

---

26) Haupt, "The Book of Nahum," 8-17.

27) Smith, *A Critical and Exegetical Commentary*, 269.

28) Taylor, "The Book of Nahum," 954.

29) Roberts, *Nahum*, 48.

30) "It was casily adoptable as a compelling introduction to Nahum's announcement of judgment on Assyria, and that is the way in which the prophet appears to have used the acrostic. Contrary to the opinions expressed by some commentators, there is no reason to dismiss the acrostic as a secondary addition to the prophetic book"(Ibid., 48-49).

구약성경의 대표적인 이합체시인 시편 25, 34, 111, 112, 119, 145편, 애가 3장, 잠언 31:10-31절은 두 가지 특성을 보여준다. 첫째, 히브리어 알파벳 스물두 자가 각 행의 첫 단어에 등장하여 확연하게 드러난다는 것이다. 둘째, 알파벳의 순서나 등장에 규칙성이 있다는 것이다. 따라서 어떤 시에 이합체의 형식이 확연하고 규칙적으로 드러나지 않는다면 그 시를 이합체시라고 규정하기는 어렵다. 특히 현재의 시에 여러 수정을 해야 하는 상황이라면 과연 그 시를 저작한 사람이나 그 시를 인용한 사람이 이합체시를 의도했는지에 대한 의구심을 갖게 된다. 또한 이합체시를 사용하는 이유들 중 하나는 암기하기 용이하게 하여 메시지를 효과적으로 전달하려는 것인데, 이합체시의 규칙성이 파괴되면 오히려 암기하는 것을 어렵게 만든다는 점을 고려할 필요가 있다.[32] 물론 일부 학자들이 주장하는 것처럼 저작자나 인용자의 미숙함 내지는 필사자의 오류, 전승과정에서의 파손들을 인정한다면 이합체시의 존재에 대한 논의가 아주 불가능한 것은 아닐지 모른다. 하지만 이러한 확인되지 않는 가정에 근거하여 나훔서 1장에 이합체시가 있다는 주장을 하기에는 무리가 있다. 한편으론 저자나 인용자가 의도적으로 이합체시의 형식을 파괴적으로 사용했을 가능성이 있을 수 있다. 이 경우, 부분적으로는 이합체시의 형식이 감지되면서도 그 형식의 파괴가 현저하게 드러나게 된다. 그렇다면 본래 형식의 이합체시를 복원하려고 하기 보다는 그 의도를 파악하는 것이 우선된다. 저자나 인용자의 의도를 설득력 있게 제시할 수 있다면 그 가능성을 고려해 볼 수도 있을 것이다. 하지만 이것은 본래의 이합체시를 복원해 내는 것만큼이나 쉽지 않은 작업이다.

결론적으로 학자들 간에 논의가 다양하고 확정적인 결론이 없는 상황에서 나훔서 1장의 경우, 두 가지 추정과 그에 따른 적용을 생각해 볼 수 있다. 물론 나

---

31) Smith, *Micah-Malachi*, 67; Bullock, 『구약 선지서 개론』 311; Pinker, “Nahum 1,” 102; Maier, *The Book of Nahum*, 60-65; 해리슨, 『구약서론 II』 519.

32) Pinker는 이합체시를 사용하는 동기는 미학(aesthetics), 암기력(mnemonics), 구성력(organization), 완결성(completeness; idea of totality), 저자의 재주(author's prowess) 등이라고 말한다(Pinker, “Nahum 1,” 97). 하지만 문제는 나훔서 1장의 시에 히브리어 알파벳 스물두 자가 모두 등장하지 않는다는 것이다. 그렇다면 본래 이합체시가 의도하는 바를 이룰 수 없게 된다. 예를 들면, 파괴된 이합체시는 본문을 암기하는 것을 더 어렵게 만들 뿐만 아니라 완결성을 전달하지 못한다.

훔서 1장에 지나칠 정도의 단어와 배열의 수정을 필요로 하는 이합체시의 전형이 있다는 추정은 배제한다. 첫째, 나훔서 1장에 어떤 형태로든 이합체시가 의도되지 않았다는 것이다. 그렇다면 해석자는 본문을 분석함에 있어서 히브리 시의 특징들을 충분히 고려하는 가운데 전형적인 시분석을 시도해야 한다. 뿐만 아니라 전체 본문과의 연관성 속에서 언어적, 수사적, 구조적, 주제적 측면에 관심을 두고 시의 의미와 기능을 분석하는데 집중해야 한다. 둘째, 나훔서 1장에 이합체시가 있지만 부분적이거나 변형된 형태를 취하고 있다는 것이다. 이러한 문제가 저자의 실수나 필사자의 오류에 기인한 것이 아니라면 단어와 배열의 수정을 통해 이합체시의 형식을 복원하려는 노력을 하기 보다는 부분적이든 파괴된 형태이든 현재 형태의 이합체시가 사용된 의도를 파악하며 시를 분석하는데 집중해야 한다.[33] 또한 나훔서 1장에서 이합체시의 형태를 발견할 수 있는 범위를 2-8절로 제한하는 것이 타당해 보인다. 왜냐하면 그 이후로 확장할 경우 상당히 급진적인 본문수정이 불가피하기 때문이다. 사용된 알파벳은 א 알레프에서 כ 카프까지로 보는 것이 적절해 보인다. 전형적인 이합체시가 전달하는 구조적 의미는 "완결성"(completeness)과 "조화"(harmony)이다. 그렇다면 변형되있거나 부분적인 이합체시는 "비완결성" 내지는 "무질서"(조화의 파괴)를 의미하게 된다.[34] 이것은 선하신 여호와께(טוֹב יְהוָה 토브 아도나이, 7절) 악한 것을 도모하는 자(חֹשֵׁב עַל־יְהוָה רָעָה 호셰브 알-아도나이 라아, 11절)가 그의 질서를 파괴하는 것으로 그의 대적이 되어 진노와 질투의 대상이 된다는 메시지와 연관성을 갖게 된다. 더 나아가 이 대적을 제거하는 것이 1장 15절이 언급하는 바와 같이 완결성과 조화를 의미하는 "샬롬"의 소식(מַשְׁמִיעַ שָׁלוֹם 마스미아 샬롬, 15절)이 된다는 점을 미리 암시하는 효과를 가질 수 있다.

---

33) Christensen은 부분적인 이합체시가 등장하는 이유에 대해 다음과 같이 서술하고 있다: "if an entire acrostic conveys completeness, half an acrostic may well be a prophetic way of indicating completeness with still more to come. Assyria faces imminent judgment, but only half of what is eventually in store for her"(Christensen, "The Acrostic," 25).

34) Baily, "Nahum," 105; Christensen, "The Acrostic," 25. Baily와 Christensen은 이합체시 자체가 완결성의 의미를 전달한다고 보지만 부분적인 이합체시가 사용된 목적에 대해서는 필자와 다른 견해를 제시한다. Longman은 미완결의 이합체시가 여호와의 현현으로 인한 우주적 격변을 가리키는 것으로 설명한다(Longman, "Nahum," 775).

이 두 가지 추정 중 하나를 선택하기는 어렵다. 두 번째 추정을 따를 경우, 나훔서 1장 2-8절이 전체 나훔서가 전달하고자 하는 핵심 메시지를 미리 시각적으로 또한 의미적으로 전달하고 있다고 볼 수 있다. 하지만 이것은 해석자의 선택의 몫으로 남게 된다. 왜냐하면 어떤 추정을 따라 시를 분석하든 근본적인 의미가 획기적으로 바뀌는 것은 아니기 때문이다. 나훔서 1장에 부분적인 이합체시의 존재 여부에 대한 선택에 앞서 한 가지 부인할 수 없는 사실은 나훔서 1장이 선지자 나훔에 의해 기록이 되었고 나훔서 전체가 보여주는 언어적, 주제적, 구조적 연관성이 이것을 분명하게 증명해 주고 있다는 것이다. 이에 대한 논의는 나훔서의 본문들을 세부적으로 주해하는 과정에서 언급될 것이다.

나훔서 전체를 열어주는 표제(1:1) 다음에 등장하는 첫 번째 의미론적 단락은 1장 2-8절로 볼 수 있다. 표제(1:1) 이후에 등장하는 2절은 자연스럽게 다음 단락의 시작을 보여주기 때문에, 문제는 이 단락의 끝점을 정하는 것이다. 이 단락의 끝점을 8절로 보아 2-8절(단락 I: "전사이신 여호와에 대한 노래")을 하나의 단락으로 제시하는 이유는 다음과 같다. 첫째, 서술적 관점, 즉 인칭의 변화이다. 2절에서 시작된 3인칭 서술이 8절에서 마무리되고 9절에서부터 2인칭 서술이 시작된다.[35] 2-8절에서는 심판을 행하는 주체가 3인칭 יְהוָה아도나이("여호와")로, 심판의 대상은 צַר짜르("거스르는 자")와 אֹיֵב오예브("대적하는 자")로 표기된다. 반면에 9절 이후에서도 심판의 주체는 여전히 3인칭 יְהוָה아도나이("여호와")로 표기되지만 심판의 대상이 2인칭 복수형("너희는 [여호와께 무엇을] 꾀하느냐," תְּחַשְּׁבוּן테핫셰분)으로 바뀌는 것을 볼 수 있다.

둘째, 심판의 대상에 대한 표현의 변화이다. 2절은 심판의 대상을 צָרָיו짜라브("자기를 거스르는 자[들]")와 אֹיְבָיו오예바브("자기를 대적하는 자[들]")로 서술하는데, 후자의 표현이 8절에 서술되는 것을 마지막으로 다시 등장하지 않는다(אֹיְבָיו오예바브, "자기 대적들"["자기를 대적하는 자들"]).[36] 대신에 11절은 9절의 질문

35) Cf. Sweeney, "Concerning the Structure," 370; Baker, *Nahum*, 30.

36) Dorsey는 이합체시의 범위를 2-10절로 규정하는데, 8b-10절이 2절과 교차평행을 이루면서 시를 마무리하는 것으로 설명한다. Dorsey는 2절을 "Yahweh's vengeance (*nqm*) upon his enemies (*ʾōyŏbāyw*) and adversaries(*sārāyw*)" [a] 표기하고 동일하게 8b-10절을 "Yahweh's vengeance (*nqm*; cf. BHS) upon his enemies (*sārāyw*) and adversaries

(מַה־תְּחַשְּׁבוּן אֶל־יְהוָה마 테핫셰분 엘 아도나이, "너희가 여호와께 대하여 무엇을 꾀하느냐")을 이어서 심판의 대상을 חֹשֵׁב עַל־יְהוָה רָעָה호셰브 알- 아도나이 라아("여호와께 악을 꾀하는 자")로 표현한다. 9절과 11절에 동일한 동사어근(חשב)이 사용되고 있는 점에 주목할 필요가 있다.

셋째, 심판선언에 대한 결론적 표현이 8절에 등장한다. 스위니(Sweeney)가 지적하는 바와 같이, 시 전체에 담긴 멸망의 주제가 8절의 "완전한 멸망" (כָּלָה칼라)에 대한 언급과 함께 완결되는 것을 볼 수 있다.[37)]

넷째, 1장에 부분적인 이합체시가 있다는 견해를 따른다면, BHS가 제시하는 바와 같이 이 시가 8절까지 등장하는 것으로 볼 수 있다. 이러한 이유들을 고려할 때, 2-8절을 하나의 의미론적 단락으로 구분하고 <표 13>과 같이 세부적인 구조로 분석할 수 있다.

〈표 13〉 나훔 1:1, 2-8의 구조

표제, 1:1
- a. 대적을 향한 여호와의 질투와 보복, 2-3c
  - b. 대적을 멸하시는 여호와의 능력, 3d-6
    - c. 여호와께 피하는 자와 그를 대적하는 자의 운명, 7-8

나훔 1장 2-8절은 세 개의 세부 단락들로 구분되는데, 첫 번째 단락(1-3c)은 여

(*sārāyw*; cf. BHS)" [a']로 표기하면서 주제적 언어적 평행을 이루는 것으로 분석한다 (Dorsey, 『구약의 문학적 구조』 481-82). 그러나 2절의 אֹיְבָיו오예바브("his enemies")는 8b에 다시 등장하지만 MT 본문에 따르면 2절의 צָרָיו짜라브("his adversaries")는 8b-10절에 다시 등장하지 않는다. Dorsey는 9절의 צָרָה짜라를 צָרָיו짜라브로 읽어야 한다는 BHS의 제안을 따르고 있는데, BHS의 독법(צָרָיו)은 다른 사본이나 번역본의 지지를 받지 못하는 추정에 불과하다. 뿐만 아니라 여호와의 보복("Yahweh's vengeance")을 나타내는 2절의 נֹקֵם노켐 역시 8b-10절 어디에도 다시 등장하지 않는다. 따라서 Dorsey가 제시하는 언어적 교차평행은 성립이 되지 않는다. 오히려 MT 본문을 고려할 때, 2절에서 시작된 시가 8절로 마무리되는 것으로 보는 것이 적절하다.

37) Cf. Sweeney, "Concerning the Structure," 370; cf. Longman, "Nahum," 795.

호와가 대적을 심판하시는 이유를 설명하고, 두 번째 단락(3d-6)은 대적을 멸하실 수 있는 여호와의 능력을 서술하고, 세 번째 단락(7-8)은 두 부류, 즉 여호와의 선하심을 경험하는 자들과 그의 심판을 겪게 되는 자들의 운명을 구분한다.[38)]

세부 단락을 주해함에 있어서 먼저 BHS의 히브리어 원문을 최소단위문장(kernel sentence)으로 분절하여 제시할 것이다. 원문의 번역은 우선적으로 개역개정번역을 제시하는데, 필요에 따라 한글번역본들의 차이에 대해 각주나 본문에서 언급할 것이다. 또한 개역개정과 달리 번역하는 것이 원문의 구문, 서술적 기법 등을 효율적으로 반영할 수 있는 경우에는 사역을 제시할 것이다. 원문을 분석하는 단락에서는 히브리어 구문분석, 단어연구, 서술기교, 수사적 기법, 본문비평 등을 다룰 것이며 이 분석에 근거하여 원문을 주해할 것이다. 따라서 각 단락을 주해하는 순서는 다음과 같다: (1) 원문; (2) 개역개정; (3) 원문분석; (4) 원문주해.

I. 표제, 1:1

1. 원문[39)]

מַשָּׂא נִינְוֵה 1:1a
סֵפֶר חֲזוֹן נַחוּם הָאֶלְקֹשִׁי 1:1b

---

38) Maier는 1:2-8의 역할에 대해 다음과 같이 설명한다: “They[vv. 2-8] answer the three questions uppermost in the mind of those who are to read the announcement of the dire calamity: First: Why will God destroy Nineveh? Vv. 2 and 3 ascribe this to the inevitableness of divine, retributive justice. Second: Can God destroy powerful Nineveh? Vv. 4-6 declare the vast omnipotence of His divine power. Third: What will happen to God's Children when the consuming wrath flares high? V. 7 answers in assurance that God will prove Himself a Stronghold to those who trust Him. With these promises, the transition, vv. 8 and 9, easily leads over to the prophet's specific theme” (Maier, *The Book of Nahum*, 60-61).

39) 히브리어 원문은 BHS를 사용하였으며 각 절을 최소단위의 문장들(kernel sentences)로 잘라내어 표기하였다. 같은 절에 속한 문장들은 장과 절이 동일하게 표기되며 문장의 순서에 따라 영어 알파벳을 부여하였다(예, 1:1a, 1:1b, etc.). 들여쓰기는 문장들 간의 종속관계 또는 등위관계, 평행관계 등을 나타낸다. 같은 선상에 있는 문장(sentence)은 등위관계 또는 평행관계를 가지고 있음을 의미한다. 왼편으로 들여쓰기의 간격을 가지고 있는 문장

2. 번역(개역개정)

1:1　니느웨에 대한 경고 곧 엘고스 사람 나훔의 묵시의 글이라[40]

3. 원문분석

1:1. מַשָּׂא נִינְוֵה 맛사 니네베("니느웨에 대한 경고")는 연결형 명사 מַשָּׂא 맛사("경고")와 지명을 나타내는 명사 נִינְוֵה 니네베("니느웨")가 결합된 구문이다. נִינְוֵה 니네베는 앞의 연결형 명사가 무엇에 관한 것인지를 규정해 주는 화제적 속격(topical genitive)의 역할을 한다.[41] 즉 מַשָּׂא 맛사("경고")가 구체적으로 נִינְוֵה 니네베("니느웨")에 관한 것임을 보여준다. "경고"로 번역한 מַשָּׂא 맛사는 동사 נשׂא("들어 올리

들은 종속관계(주절과 종속절) 또는 바브-연계형(waw-consecutive)에 의한 점진적 관계를 가지고 있는 것을 의미한다. 특히 אמר 동사와 לאמר에 의해 소개되고 있는 말의 내용은 왼편으로 더 들여쓰기를 하여서 확연히 볼 수 있게 하였다. 구(句) 형태이지만 하나의 문장(sentence)으로 해석될 수 있을 경우 따로 구분하여 표기하였다. 들여쓰기를 통해 이러한 구와 종속되는 주절과의 관계를 나타낸다. 앞의 단어나 문장을 꾸며주는 종속절과 구(句)의 경우 꾸밈을 받은 표현 바로 밑에 위치하게 하여 종속적 관계 및 꾸밈관계를 표기하였다. 이유, 시간, 양보를 나타내는 부사절의 경우 주절 보다 훨씬 왼쪽으로 들여쓰기를 하여 구문적 연관성을 나타내었다.

40) "엘코스 사람 나훔이 니느웨가 받을 벌을 내다보고 적은 책"(공동번역); "이것은 엘고스 사람 나훔이 니느웨게 관해 받은 계시입니다"(쉬운성경); "니느웨에 관한 묵시입니다. 엘고스 사람 나훔이 본 환상을 기록한 책입니다"(우리말); "이것은 엘고스 사람 나훔이, 니느웨가 형벌을 받을 것을 내다보고 쓴 묵시록이다"(표준새번역). 한글 번역본들은 나훔서의 표제를 번역함에 있어서 나훔서의 예언적 속성을 분명하게 전달한다. 영어번역본인 ASV와 KJV은 מַשָּׂא 맛사를 "burden"("짐")으로 번역하고 있다. 헬라어번역본들은 주로 λῆμμα("anything received")로 번역하고 있다.

41) 기본적으로 이 구문에서 절대형의 속격 명사 נִינְוֵה 니네베는 수식어(the modifier; nomen rectum)가 되고 연결형 명사 מַשָּׂא 맛사는 피수식어(the modified; nomen regens)가 된다. 히브리어 구문론 연구서에는 이 관계가 피수식어-수식어, 피지배명사-지배명사, nŏmen regens-nomen rectum 등으로 표기된다. 속격의 기능에 대한 구문연구를 보려면 B. K. Waltke and M. O'Connor, *An Introduction to Biblical Hebrew Syntax* (Winona Lake: Eisenbrauns, 1990), 136-60 (§9.1-9.8; 이후로 WOC로 표기); cf. GKC §127; C. H. J. van der Merwe, J. A. Naud?, and Jan H. Kroeze, *A Biblical Hebrew Reference Grammar* (Sheffield: Sheffield Academic Press, 1999), 200, §25.4/6 (이후로 BHRG로 표기).

다" 또는 "나르다")와 연관된 명사로 우선적으로 "[무거운] 짐"을 의미하는데, 선지서에서 이 단어가 선지자들이 전하는 예언적 신탁을 소개하는 제목으로 사용되면서 "계시의 말" 또는 "신탁"을 가리키는 전형적인 용어로 사용되고 있다(cf. 사 13:1; 15:1).[42] 스가랴 9:1; 12:1; 말 1:1에서 מַשָּׂא דְבַר־יְהוָה 맛사 데바르 아도나이("여호와의 경고의 말씀")라는 표현이 등장하는 것을 볼 때, 이 단어가 신적 신탁과 연관이 있음을 분명하게 볼 수 있다.[43] 따라서 מַשָּׂא 맛사는 "경고" 또는 "신탁"으로 번역하는 것이 적절하다.

סֵפֶר חֲזוֹן נַחוּם 세페르 하존 나훔은 연결형 명사(סֵפֶר), 연결형 명사(חֲזוֹן), 절대형의 고유명사(נַחוּם)가 결합된 구문이다. סֵפֶר 세페르는 동사 ספר("기록하다, 쓰다")에서 파생된 명사로 "기록된 것," "두루마리," 또는 "글/편지" 등을 의미한다. חֲזוֹן 하존은 동사 חזה("보다")와 연관된 단어이다. 이는 단순한 환영이나 상상을 가리키는 것이 아니라 선지자가 하나님으로부터 신탁을 받는 방편을 가리키는 것으로 "이상" 또는 "계시의 말"을 의미한다.[44] 선지서의 표제나 개별 신탁을 시작하는 도입형식에 주로 사용된다.[45] 따라서 חֲזוֹן 하존을 "신탁"(oracle)으로 번역하기도

---

42) Cf. Longman, "Nahum," 786. Maier는 나훔이 니느웨를 향하여 선포하는 멸망이 니느웨가 감당하기에 부담이 되는 짐과 같은 것이기에 מַשָּׂא 맛사를 "burden"으로 번역하는 것을 선호한다(Maier, *The Book of Nahum*," 146-47; cf. Robertson, *The Books of Nahum*, 55). 더 나아가 이 단어가 가지고 있는 언어적, 문학적 효과가 감소할 수 있다는 점을 지적하면서 이 단어를 "신탁"이나 "선언" 등으로 번역하는 것을 반박한다. 이와는 달리 Cathcart는 מַשָּׂא 맛사의 배경이 되는 동사 נשא가 "목소리를 높이다" 또는 "말하다"(uttering)의 의미로 사용되는 예를 제시하면서 מַשָּׂא 맛사를 "신탁"으로 번역해야 할 것을 주장한다(Cathcart, *Nahum*, 36-37; cf. Patterson, *Nahum*, 19; Watts, *The Books of Joel*, 98; Baker, *Nahum*, 21).

43) 예레미야 23장 33-40절에서는 "짐"과 "엄중한 말씀"이라는 의미와 함께 함축되면서 מַשָּׂא 맛사는 하나님의 "엄중한 말씀"을 "짐"으로 여기는 백성들의 문제를 지적하는 언어유희를 볼 수 있다.

44) Coggins는 חָזוֹן 하존이라는 단어에 "보다"와 "말하다"를 구분하는 현대적 개념이 적용될 수 없음을 지적하면서 이 단어의 개념을 현대 영어식 표현의 "I see what you mean"로 적절하게 설명한다(Coggins, *Israel among the Nations*, 18). 동사 חזה("보다")에 대한 자세한 설명을 보려면, J. Naudé, "חזה," *NIDOTTE* 2:56-61을 참조하라. Naudé는 이 동사가 선지자와 관련하여 밤에 깊은 잠이 든 상태나 때론 감정적 흥분 상태에서 신적 계시를 받는 것을 가리키는 것으로 설명한다(ibid., 58).

한다.

סֵפֶר חֲזוֹן נַחוּם 세페르 하존 나훔의 중간에 서술된 חֲזוֹן 하존은 앞에 있는 סֵפֶר 세페르("글")가 무엇을 기록한 것인지를 밝혀주는 목적격 속격(objective genitive) 역할을 하는 연결형이다.[46] 즉 "묵시를 기록한 글"이라는 의미를 전달한다. 이와는 달리 חֲזוֹן 하존을 성격이나 속성을 서술하는 속격(attributive genitive)으로 보면 "묵시의 글" 또는 "묵시적 글"이라는 의미가 된다.[47] 마지막에 서술된 נַחוּם 나훔은 묵시의 글을 남긴 주체를 서술해 주는 주격 속격(subjective genitive)이다.[48] 이 표현을 풀어서 서술하면 "나훔이 기록한 묵시의 글"이 된다. סֵפֶר חֲזוֹן נַחוּם 세페르 하존 나훔은 바로 앞에 서술된 מַשָּׂא נִינְוֵה 맛사 니네베를 보다 구체적으로 설명하는 역할을 한다. 즉 설명적 동격(epexegetical apposition)으로 볼 수 있다. 따라서 이러한 동격의 관계는 "니느웨에 대한 경고, 즉 나훔이 기록한 묵시"라는 의미를 전달한다. 그렇다면 나훔서는 두 개의 다른 문서, 즉 신탁과 묵시가 편집된 글이라는 견해가 성립되지 않는다.

הָאֶלְקֹשִׁי 하엘코쉬는 נַחוּם 나훔과 동격을 이루면서 나훔에 추가적인 정보를 제공한다. 이 표현은 지역을 가리키는 고유명사 אֶלְקֹשׁ 엘코스에 정관사 הַ 하와 종족을 나타내는 접미사 ִי 이가(gentilic î)가 결합된 것으로 나훔이 그 지역 출신임을 설명해 준다.[49]

4. 원문주해

1:1. 본 절은 나훔서 전체를 열어주는 표제이다.[50] 즉 책의 제목과 같은 역할

45) Maier는 이 단어가 "계시"와 "영감"의 의미를 모두 함축하는 예언적 인지를 가리키는 것으로 설명한다(Maier, *The Book of Nahum*, 144).

46) Cf. WOC §9.5.3e: GKC §128h; BHRG §25.4/2; J. C. L. Gibson, *Davidson's Introductory Hebrew Grammar~Syntax*, 4th Ed. (Edinburgh: T & T Clark, 1994), 30 (이후로 Gibson으로 표기).

47) Cf. WOC §9.5.3.

48) Cf. GKC §128g; Gibson §33; WOC §9.5.1.

49) Cf. WOC §5.7c; GKC §86h.

50) 표제의 기록이 선지자 나훔이 아닌 다른 손길에 의한 것이라고 주장을 하기도 한다, J. M.

을 한다. 따라서 표제는 나훔서에 대한 네 가지 중요한 정보를 미리 제공하는 역할을 한다.[51] 첫째, 표제의 מַשָּׂא 맛사와 חֲזוֹן 하존은 나훔서의 성격을 규정해 준다. 즉 나훔이 남긴 글이 예언적 신탁이라는 것이다. 따라서 나훔서의 예언적 속성을 인정한다면, 나훔서가 니느웨의 멸망이 있고 난 후(주전 612년)에 기록되었다는 견해는 배제되어야 한다. 달리 말하면 표제는 독자가 나훔서를 예언적 속성을 따라 읽고 해석할 것을 요구한다. 나훔은 מַשָּׂא 맛사라는 단어를 사용하면서 니느웨의 멸망에 대한 "엄중한 말씀"이 선포되고 있음을 분명하게 보여준다. 특히 나훔서를 "이상" (חֲזוֹן 하존)으로 규정하는 것은 선지자 나훔이 니느웨의 멸망 장면을 마치 눈앞에서 벌어지는 것처럼 생생하게 묘사하는 것과 연관이 있다. 더 나아가 "이상" (חֲזוֹן 하존)이라는 표현은 나훔이 기록하는 글이 자신의 글이 아니라 여호와께로부터 받은 것임을 보여준다. 나훔은 여호와가 보여주시는 이상 중에 니느웨의 멸망 장면을 목격하였고 이를 글로 표현했다는 추정이 가능하다. 따라서 나훔서가 이러한 신적 기원을 가지고 있기에 신적 권위를 수반하게 된다.

둘째, "글" (סֵפֶר 세페르)이라는 표현을 통해 나훔은 그의 신탁을 우선적으로 기록으로 남긴 것을 알려 준다. "글"은 선지서의 표제에 유일하게 사용된 제목이다. 하지만 이것은 나훔이 그의 신탁을 말로는 선포하지 않고 글로만 남겼다는 것을 반드시 의미하지 않는다.[52] 이 표현은 선지자의 신탁이 선포되고 문서화된 다른 선지서들의 일반적 경향과는 달리 나훔서가 처음부터 문서로 신탁을 전했다는 정

P. Smith는 "The addition of superscriptions, as a matter of fact, seems to have been a favourite form of editorial exercise" (Smith, *A Critical and Exegetical Commentary*, 285; cf. Coggins, *Israel among the Nations*, 16). 하지만 나훔의 기록이 아니라는 결정적인 증거가 없는 상황에서 나훔에 의한 것임을 부정할 이유가 없다.

51) 나훔서의 표제의 특징은 두 개의 제목이 등장한다는 것이다. 하지만 앞의 구문분석에서 논한 바와 같이 이것은 나훔서가 두 개의 자료가 후대에 편집되었다는 것을 의미하지 않는다.

52) VanGemeren은 앗시리아의 압제 하에서 나훔이 그의 메시지를 공적으로 선포하기보다는 글로 기록만 하였을 수도 있다고 말한다(반게메런, 『예언서연구』 279). 하지만 예레미야 36장 2절에 따르면, 유다 백성들을 대면하여 여호와의 말씀을 선포하였던 예레미야가 그의 신탁을 "두루마리 책" (מְגִלַּת־סֵפֶר 메길라트 세페르)에 기록하여 전하기도 한 것을 볼 수 있다. 따라서 "글"이라는 표현 자체가 나훔이 그의 신탁을 선포하지 않았다는 결정적인 증거가 되지 못한다.

보를 제공한다. 따라서 나훔이 신탁을 시 형식을 취한 글로 전달하는 것을 의도하였다는 사실을 고려한다면, 사용된 단어나 문장의 시각적 효과에 대해서도 주의를 기울일 필요가 있다.

셋째, 표제는 나훔서의 저자와 그의 고향에 대한 정보를 제공한다. 나훔서의 저자는 선지자 나훔(נַחוּם 나훔)이다. 엘고스의 위치에 대해서는 여러 논의가 있지만 분명한 것은 그가 엘고스 출신이라는 사실이다.[53] 나훔의 출생지의 위치에 대한 정확한 정보가 나훔서를 읽고 해석하는데 결정적인 역할을 하는 것은 아니다. 나훔은 자신에 대한 정보를 자세히 서술하지 않음으로 니느웨를 향한 경고의 신탁이 자신의 배경이 아니라 여호와께 근거한 것임을 보다 분명하게 전달하는 듯하다.

넷째, 표제는 나훔서의 핵심 화제가 니느웨에 관한 것임을 알려준다. 이러한 사실은 전체 나훔서가 유다의 죄를 지적하거나 유다의 문제를 구체적으로 다루지 않고 니느웨를 향한 심판신탁에 집중하고 있는 특징을 설명해 준다. 예를 들면, 선지자 미가는 그의 표제(미 1:1)에 "모레셋 사람 미가에게 임한 여호와의 말씀 곧 사마리아와 예루살렘에 관한 묵시라"고 서술한 후, 북이스라엘과 남유다가 하나님의 심판을 받게 되는 이유와 결과를 모두 선포한다. 마찬가지로 나훔서가 제시하는 심판신탁의 주요 대상은 니느웨이다. 니느웨는 앗시리아 제국의 수도로 앗시리아 제국을 의미하는 제유의 역할을 한다.[54] 즉 니느웨를 향한 심판선언은 앗수르 제국을 향한 선언이다. 더 나아가 나훔서의 전체적인 흐름을 고려할 때 니느웨는 여호와를 대적하는 악의 세력에 대한 상징적 역할을 한다.[55]

나훔서의 표제(1:1)는 독자들로 하여금 나훔서의 장르(성격), 저자, 신탁의 기원, 핵심 화제 등에 대한 정보를 충분히 숙지한 가운데 나훔서를 읽을 것을 요구한다. 나훔이 표제에서 역사적 정황에 대한 특별한 정보를 언급하지 않는 것은 역사적 정황에 대한 이해가 나훔서를 읽는데 결정적인 역할을 하지 않음을 시사한다.

---

53) 엘고스의 위치에 대한 논의는 서론을 참조하라.

54) 니느웨에 대한 구체적인 정보를 보려면 서론을 참조하라.

55) 같은 맥락에서 VanGemeren은 "앗시리아는 거룩한 전사-왕이 날마다 자유와 권능으로 지배하는 열국과 권력 구조들의 모형이 된다"라고 서술하고 있다(ibid., 283).

II. 대적을 향한 여호와의 질투와 보복(a), 2-3c

1. 원문

1:2a אֵל קַנּוֹא וְנֹקֵם יְהוָה
1:2b נֹקֵם יְהוָה וּבַעַל חֵמָה
1:2c נֹקֵם יְהוָה לְצָרָיו
1:2d וְנוֹטֵר הוּא לְאֹיְבָיו
1:3a יְהוָה אֶרֶךְ אַפַּיִם
1:3b וּגְדוֹל־כֹּחַ
1:3c וְנַקֵּה לֹא יְנַקֶּה יְהוָה

2. 번역(개역개정)

1:2 여호와는 질투하시며 보복하시는 하나님이시니라 여호와는 보복하시며 진노하시되 자기를 거스르는 자에게 여호와는 보복하시며 자기를 대적하는 자에게 진노를 품으시며

1:3a-c 여호와는 노하기를 더디하시며 권능이 크시며 벌 받을 자를 결코 내버려두지 아니하시느니라

3. 원문분석

1:2. 본 절에는 네 개의 명사절이 등장한다. 주어를 규정하거나 속성을 서술하는 명사절의 일반적인 어순은 주어가 서술되고 술어가 뒤따르는 것이다.[56)] 하지만 술어를 강조하기 위해 어순을 바꾸어 술어를 주어 앞에 놓기도 한다.[57)] 2절에

---

56) 히브리어 명사절에 대한 논의를 보려면, GKC §141; Gibson §49; F. C. Putnam, *Hebrew Bible Insert: A Student's Guide to the Syntax of Biblical Hebrew* (Ridley Park: Stylus Publishing, 1996), 40-41(이후로는 HBI로 표기)를 참조하라.

57) BHRG §47.3. 명사절에서 주어가 한정(고유명사 또는 정관사가 사용됨)이고 술어가 부정(不定)일 때에는 술어가 먼저 서술되고 주어가 뒤따르는 것을 일반적인 어순으로 보기도

등장하는 명사절들은 모두 이 강조용법을 따르고 있다. 따라서 이 강조용법은 술어에 집중하게 한다. 명사절의 시제는 정황에 의해 결정되는데, 이 명사절들의 시제는 여호와의 지속적인 속성을 가리키는 시의 정황을 고려할 때, 현재 시제로 번역하는 것이 적절하다.

첫 번째 명사절(2a), אֵל קַנּוֹא וְנֹקֵם יְהוָה엘 칸노 베노켐 아도나이는 술어(אֵל קַנּוֹא וְנֹקֵם엘 칸노 베노켐)와 주어(יְהוָה아도나이)의 어순을 취하고 있다.[58] 술어의 명사 אֵל엘("하나님" 또는 "신")은 한정용법의 형용사 קַנּוֹא칸노와 형용사적 역할을 하는 분사 נֹקֵם노켐("보복하시는")의 꾸밈을 받는다. 따라서 אֵל קַנּוֹא וְנֹקֵם엘 칸노 베노켐은 "질투하시며 보복하시는 하나님(신)"이라는 의미가 된다. קַנּוֹא칸노는 "열심" 또는 "질투"로 번역되는데, 이 단어가 긍정적인 행동과 연관하여 사용될 때는 "열심"으로 번역이 되고 부정적인 행동과 연관하여 사용될 때는 "질투"로 번역이 된다. 본 절에서는 קַנּוֹא칸노가 대적을 향한 여호와의 질투를 가리키는 것으로 볼 수 있다. 따라서 술어 אֵל קַנּוֹא וְנֹקֵם엘 칸노 베노켐은 "질투하시며 보복하시는 하나님(신)"을 의미하며 주어인 יְהוָה아도나이의 속성에 질투와 보복이 있음을 보여준다.

두 번째 명사절(2b), נֹקֵם יְהוָה וּבַעַל חֵמָה노켐 아도나이 우바알 헤마는 앞 문장의 נֹקֵם יְהוָה노켐 아도나이를 반복하면서 앞 문장과의 연관성을 보여준다. BHS는 헬라어역 필사본들에 근거하여 נֹקֵם יְהוָה노켐 아도나이를 생략할 것을 제안하지만 히브리어 사본들이 이 독법을 유지하고 있기 때문에 필사자가 2a의 표현을 실수로 반복하여 필사한 것으로 보기에는 무리가 있다. 2a의 נֹקֵם노켐은 형용사적 역할을 하지만 2b의 נֹקֵם노켐은 동사적 역할을 한다. 일반 동사 대신에 분사를 사용하는 것은 여호와가 보복하시는 속성이 지속적이라는 개념을 전달하려는 것으로 보인다.[59] בַּעַל바알은 문자적으로 "주인"이나 "남편"을 의미하거나 우상 "바알"을 가

한다(cf. Gibson §49[b]). 이 경우 술어는 주어가 어떤 부류인지를 규정하거나 (classification), 속성을 묘사하는 역할을 한다(cf. 레 16:4; 신 32:4).

58) BHS는 נֹקֵם노켐이 יְהוָה아도나이 나음에 있어야 하는 것이 아니냐는 의구심을 제기하는데, 고대역본이나 히브리어 필사본들의 지지를 받지 못하고 있다. 따라서 MT독법을 그대로 유지하는 것이 적절하다.

59) Cf. Bailey, "Nahum," 167.

리키는 고유명사로 사용되는데, 은유적으로는 태도나 직업의 특징에 능숙한 달인 또는 명수를 의미하기도 한다. 따라서 בַּעַל חֵמָה바알 헤마를 진노의 특징을 다분히 가진 것을 묘사하는 의미에서 "심히 진노하시는 분" 등으로 번역하기도 한다(cf. 개역개정; 쉬운성경; "filled with wrath"[NIV]). 이 표현은 숙어적으로 "진노로 가득 찬" 또는 "심히 진노한"이라는 의미를 갖는다. 하지만 בַּעַל חֵמָה바알 헤마가 2a의 אֵל קַנּוֹא엘 칸노("질투의 하나님")와 짝을 이루는 것을 고려할 때, "진노의 주관자"로 번역하는 것이 더 적절해 보인다. וּבַעַל חֵמָה우바알 헤마의 접속사 ו바브는 두 가지 구문해석을 가능하게 한다. 첫째, 접속사 ו바브를 등위접속사("그리고")로 보아 נֹקֵם노켐과 בַּעַל חֵמָה바알 헤마를 연결하는 것으로 해석하는 것이다: "여호와는 보복하시는 분이시며 심히 진노하시는 분이시다." 이 경우 이 문장은 일반적인 어순(예를 들면, 2a)을 따르지 않는 것을 볼 수 있다. 이와 같은 어순을 취하는 것은 술어들 사이에 주어를 위치하게 하여 강조하려는 것으로 보인다.

וּבַעַל חֵמָה		יְהוָה		נֹקֵם	1:2b
a'[술어]	-	b [주어]	-	a [술어]	
"진노의 주관자"/		"여호와"/		"보복하시는 분"	

둘째, 접속사 ו바브를 설명적 ו바브(epexegetical ו)로 보아 앞 문장의 의미를 보충해 주는 표현을 유도하는 것으로 해석하는 것이다.[60] 이러한 구문해석을 반영하여 2b를 번역하면, "여호와는 보복하시는 분이다. 즉, 진노의 주관자이시다"가 된다. 달리 말하면 이 해석은, 여호와의 보복이 그의 진노를 통해 드러난다는 의미를 전달한다. 어떤 해석을 따르던 간에 분명한 것은 여호와의 진노와 보복이 연계되어 있다는 것이다.

2a와 2b는 동일한 표현을 반복하면서 음성적, 시각적 교차평행을 이루지만 의미에 있어서는 원인과 결과의 흐름을 갖는다. 즉 질투하시며 보복하시는 것이 여

60) Cf. WOC §39.2.4; BHRG §40.8/2. 접속사 ו바브가 유사한 용법으로 사용된 용례를 시 74:11; 슥 9:9; 암 3:11; 4:10 등에서 볼 수 있다. 설명적 ו바브(the explicative waw)의 용례와 가능에 대한 논의를 보려면, D. W. Baker, "Further Examples of the Waw Explicativum," *VT* 30 (1980): 129-36을 참조하라.

호와의 속성(2a)이기 때문에 그가 보복하시며 진노의 주관자(2b)가 되신다. 특히 언어적 반복과 교차평행은 여호와의 보복하시는 속성(נֹקֵם יְהוָה)에 집중하게 한다.

אֵל קַנּוֹא וְנֹקֵם יְהוָה	1:2a	[원인]
נֹקֵם יְהוָה וּבַעַל חֵמָה	1:2b	[결과]

세 번째 명사절(2c), נֹקֵם יְהוָה לְצָרָיו노켐 아도나이 레짜라브는 2b의 נֹקֵם יְהוָה노켐 아도나이를 반복하면서 글로 이 시를 읽는 독자로 하여금 앞 문장과의 시각적, 의미적 연관성에 주목하게 한다. לְצָרָיו레짜라브("자기를 거스르는 자에게")는 분사 נֹקֵם노켐 ("보복하다")의 행위가 미치는 대상을 유도하는 전치사 l.레, 복수 연결형 명사 צָרֵי짜레("거스르는 자들"), 목적격 역할을 하는 3인칭 남성 단수 대명사어미 ו("그를")가 결합된 부사구이다. 즉 여호와의 보복이 미치는 대상은 "그를 거스르는 자들[대적하는 자들]"이다. נֹקֵם יְהוָה노켐 아도나이가 세 번 반복되면서 보복하시는 여호와의 속성을 전달하는 핵심적 주제가 분명하게 전달된다.

네 번째 명사절(2d), וְנוֹטֵר הוּא לְאֹיְבָיו베노테르 후 레오예바브는 2c와 구문론적, 의미론적 평행을 이루면서 의미를 강화한다.

לְצָרָיו	יְהוָה	נֹקֵם	1:2c
c[부사구] -	b[주어] -	a[술어]	
לְאֹיְבָיו	הוּא	וְנוֹטֵר	1:2d
c'[부사구] -	b'[주어] -	a'[술어]	

이 구문론적 평행에서 נֹקֵם노켐과 짝을 이루는 נוֹטֵר노테르는 진노를 유지하는 상태를 가리킨다. 따라서 "진노를 품다"로 번역할 수 있다. 부사구 לְאֹיְבָיו레오예바브는 짝을 이루는 לְצָרָיו레짜라브와 동일한 구문을 취하고 있다: 전치사+연결형+대명사어미. 2d를 시작하는 וְנוֹטֵר베노테르의 접속사 ו바브는 설명적 ו바브의 역할을 하는 것으로 2c의 의미를 재설명하면서 강조한다.[61] 따라서 여호와가 그를 거스르

61) Waltke와 O'Connor는 설명적 ו바브가 강조적 기능을 한다고 설명한다(cf. WOC §39.2.1b).

는 자들에게 보복을 행하신다는 것은 그를 대적하는 자들에게 진노를 품으신다는 것을 의미한다. 또한 그가 그의 보복의 대상인 대적을 향한 진노를 결코 거두지 않으신다는 사실을 확언한다. 이와는 달리 그가 작정하신 때가 되기까지 그의 진노를 품고 계신다는 의미로 해석하기도 한다.[62]

BHS는 2c-d가 이합체시의 알파벳 흐름을 방해하는 것으로 간주하여 3a-c와 함께 생략할 것을 제한하는데, 나훔 1:2-8에 이합체시가 있더라도 현재 형태의 본문이 전형적인 형식을 따르지 않고 있기 때문에 이 문장들을 생략할 필요가 없다. 무엇보다도 히브리어 필사본들이나 고대 역본들이 BHS의 제안을 지지하지 않는다. 오히려 네 개의 명사절이 보여주고 있는 언어적, 의미론적, 구문론적 반복과 평행구조는 의미를 강화시킬 뿐만 아니라 독자의 시선을 집중하게 하는 효과가 있다.

1:3a-c. יְהוָה אֶרֶךְ אַפַּיִם 아도나이 에레크 앞파임은 주어(יְהוָה 아도나이)가 먼저 서술되고 술어(אֶרֶךְ אַפַּיִם 에레크 앞파임)가 뒤따르는 명사절이다. אֶרֶךְ 에레크("더딘" 또는 "느린"; 남성, 단수)는 주어를 꾸며주는 서술적 용법의 형용사로 주어와 성, 수에 있어서 일치한다. 이 형용사는 연결형으로 뒤따르는 אַפַּיִם 앞파임과 함께 주어(יְהוָה 아도나이)의 속성을 서술해준다. אַפַּיִם 앞파임은 "진노" 또는 "화"를 의미하는 명사 אַף 아프의 쌍수형으로 형용사 אֶרֶךְ 에레크를 꾸며주는 부사적 대격(adverbial accusative)의 역할을 하면서 여호와가 느린 영역이 무엇인지를 알려준다. 즉 진노에 있어서 여호와가 느리다는 것이다. 따라서 3a를 "여호와는 노하심에 있어서 느리시다"로 번역하여 의도된 의미를 전달할 수 있다. 즉 여호와는 쉽게 진노하시는 분이 아니라는 것이다.

3b는 두 가지 구문분석이 가능하다. 3b를 3a와 평행을 이루는 주어(יְהוָה 아도나이)가 생략된 명사절로 분석하거나 3a와 3b를 두 개의 술어가 접속사 ו 바브에 의해 연결된 한 문장으로 분석하는 것이다. 전자의 경우, 아래와 같은 구문론적 평행구문을 제시할 수 있다.

---

62) Cf. Baker, *Nahum*, 28; Calvin, *Commentaries*, 421.

1:3a	יְהוָֹה	אֶרֶךְ	אַפַּיִם
	a [주어]	b [서술용법의 형용사]	c[부사적 대격]
1:3b	וַיְהוָֹהע	גְּדוֹל־	כֹּחַ
	a' [주어]	b' [서술용법의 형용사]	c'[부사적 대격]

c[부사적 대격] - b [서술용법의 형용사] - a [주어]

c'[부사적 대격] - b' [서술용법의 형용사] - a' [주어]

어떤 구문분석을 따르던 간에, 의미의 변화는 없다. 중요한 것은 술부의 구문론적 평행에 주목하는 것과 접속사 ו바브의 역할을 적절하게 분석하는 것이다.[63] 술부의 구문론적 평행은 여호와의 속성을 다음과 같이 서술하고 있다: "여호와는 진노에 있어서 느리시다"(3a)/ "여호와는 능력에 있어서 크시다"(3b). 이 두 서술의 관계에 있어서, וּגְדוֹל우게돌의 접속사 ו바브를 등위접속사로 보면, "여호와는 진노에 있어서는 느리시다. 그리고 권능에 있어서는 크시다"로 번역이 되지만(cf. ASV, KJV, NIV), 접속사 ו바브를 반의접속사로 보면, "여호와는 진노에 있어서 느리시다.[64] 그러나 권능에 있어서는 크시다"로 번역이 된다(cf. NJP). 문맥의 흐름을 고려할 때, 반의접속사로 분석하는 것이 적절해 보인다. 이 경우 3a와 3b는, 여호와는 능력이 크시지만 노하기를 더디하신다는 의미를 전달한다. 즉, 여호와는 즉각적으로 그의 진노를 발하실 수 있는 권능이 있지만 그렇게 하지 않으신다는 것이다. כֹּחַ코아흐는 "권능," "힘," "능력" 등으로 번역될 수 있다(cf. 신 4:37; 렘 27:5). BHS는 MT독법의 כֹּחַ코아흐 대신에 חֶסֶד헤세드("인자")로 읽을 것을 제안하는데, 고대역본이나 히브리어 필사본들의 지지를 받지 못하고 있다.

וּגְדוֹל우게돌의 접속사 ו바브를 반의적 접속사로 보면, 3c를 시작하는 וְנַקֵּה베낙케의 접속사 ו바브는 자연스럽게 결과적 용법으로 해석이 된다.[65] 즉 3b와 3c를 "여호와는 능력이 크시다. 그러므로 그는 벌 받을 자를 결코 내버려두지 아니하신다"로 번역할 수 있다.[66] 주동사 יְנַקֶּה예낙케(נקה, 피엘 미완료, 3인칭, 남성, 단수)와 동

63) Cf. BHRG §40.8; WOC §39.2.1; ; GKC §154.

64) 한글번역본들은 주로 등위접속사("그리고")로 번역하고 있다.

65) Cf. BHRG §40.8/2.

66) "3. 주는 좀처럼 노하지 않으시고 권능도 한없이 많으시지만, 주는 절대로, 죄를 벌하지 않은 채 내버려 두지는 않으신다"(표준새번역); "3. 여호와께서는 진노하시는 데 더디시고 힘은 강하신 분이시다. 하지만 죄인들을 결코 그냥 내버려 두지 않으신다"(우리말). 표준

일한 동사의 피엘 부정사 절대형 נַקֵּה낙케가 주동사 앞에 서술되면서 동사의 의미가 강조된다. 이 부정사는 동사에 "반드시"라는 의미를 부여한다. 뿐만 아니라 이 구문은 진술의 진실성에 대한 화자의 확신을 반영한다.[67] 즉 나훔은 여호와가 반드시 벌하지 않은 채 내버려두지 않으신다는 사실을 확신 속에 전달하고 있는 것이다. 동사 נקה는 "벌하지 않은 채로 내버려두다"라는 의미인데, 부정어 לֹא로가 함께 쓰이면서 "여호와는 벌하지 않은 채로 내버려두지 않으신다"는 의미를 전달한다.[68] 여호와의 행위를 받은 대상, 즉 목적어가 서술되지 않지만 동사를 고려할 때, "죄" 또는 "죄인"이 암시되고 있음을 알 수 있다. 따라서 쉬운성경과 표준새번역은 각각 "죄인"과 "죄"를 목적어로 표기하고 있다.[69] 이와는 달리 문맥을 고려하여 2c와 2d에 언급된 "자기를 거스르는 자"와 "자기를 대적하는 자"를 의미상의 목적어로 볼 수도 있다. 하지만 원문의 표현 그대로 목적어를 표기하지 않고 해석하여 그 대상을 제한하지 않는 것도 적절하다.

3a를 시작하는 יְהוָה아도나이와 3c를 마무리하는 יְהוָה아도나이가 수미쌍관(inclusio)을 이루면서 3a-c의 문장들은 여호와가 노하심에 있어서 더디신 것이 결코 무능하시거나 죄에 대해 침묵하시기 때문이 아님을 명확하게 전달한다.

새번역과 우리말성경은 접속사를 반의접속사로 번역하고 있는데, 이 경우 앞 문장과 뒷 문장의 연결이 어색하고 어의전달이 불분명하다. 즉 "여호와는 능력이 있지만 죄인을 결코 그냥 내버려두지 않는다"라는 의미보다는 "여호와는 능력이 크시다. 그러므로 죄인을 결코 그냥 내버려두지 않는다"라는 의미가 더 적절해 보이다.

67) BHRG §20.2/1.

68) 레닌그라드 사본에 따르면 분리 강세 *athnah*(‸)이 יְנַקֶּה예낙케아래 있는데, BHS는 칠십인경을 참조하여 이 강세를 יְהוָה아도나이 아래로 옮길 것을 제안한다. 전자의 경우 יְהוָה아도나이는 다음 문장을 시작하는 단어가 되고, 후자의 경우 동사 יְנַקֶּה예낙케의 주어가 된다. 이 יְהוָה아도나이가 3절을 시작하는 יְהוָה아도나이와 수미쌍관을 이루면서 3a-c의 문장들을 완결하는 것으로 본다면 후자의 견해가 더 적절할 수 있다. Christensen은 운율분석에 근거하여 MT사본의 강세를 그대로 유지할 것을 제안한다(Christensen, Nahum, 180). יְהוָה아도나이가 3d에 연결된 것으로 보면, 이 단어는 불완전구문(casus pendens)으로 이어지는 문장, בְּסוּפָה וּבִשְׂעָרָה דַּרְכּוֹ베수파 우비스아라 다르코와 구문론적으로 연결되지 않는 문제가 있다.

69) "죄인을 심판하지 않은 채 내버려 두지 않으신다"(쉬운성경); "주는 절대로, 죄를 벌하지 않은 채 내버려 두지는 않으신다"(표준새번역).

4. 원문주해

1:2.본 절의 핵심은 보복하시는 여호와의 속성을 선언하는 것이다. 왜냐하면 "보복하시는 여호와"라는 표현이 반복되면서 본 절을 읽는 독자들이 이 표현에 주목하게 되기 때문이다. 나훔은 이스라엘의 전통적인 신앙고백에 근거하여 여호와의 속성을 언급한다(cf. 출 34:6; 민 14:18; 신 5:9). 하지만 나훔서의 고백에 있어서 한 가지 차이점은 여호와의 사랑에 대한 언급이 없다는 것이다. 이것은 여호와의 심판이 확정적이며 니느웨가 더 이상 사랑의 대상이 될 수 없고(요나의 때에는 여호와의 사랑을 경험하였지만) 진노의 대상이 됨을 암시한다. 보복의 동기는 그의 질투이다. 여호와의 질투는 근본적으로 이스라엘과의 언약적 관계에 근거하고 있다.[70] 이스라엘과의 언약적 관계에 있는 하나님을 지칭하는 전형적인 표현인 יְהוָה 아도나이("여호와")가 반복되는 것 또한 이러한 사실을 보여준다. 이 언약적 관계가 대적에 의해 위협을 받게 될 때 여호와의 질투는 보복과 진노로 나타난다. 대적을 향한 그의 질투는 그의 백성들에게 그들을 위한 열정을 의미한다. 나훔서가 니느웨를 향한 심판신탁임을 고려할 때, 여호와의 질투는 그의 백성에 대한 니느웨의 적대적 행위에 관한 것임을 알 수 있다. 그의 백성들을 향한 니느웨의 억압과 착취, 잔혹한 행패는 여호와의 질투를 유발하였고 그가 보복을 선언하는 결과를 낳게 하였다. 하지만 본 단락(1-8절)만을 본다면, 아직 질투의 원인과 내용은 구체적으로 알 수 없다. 단지 그 질투의 대상이 여호와의 심기를 건드린 것만은 분명하다. 왜냐하면 보복의 대상이 "자기를 거스르는 자"와 "자기를 대적하는 자"로 표기되고 있기 때문이다. 나훔서를 통해 이 표현들은 직접적으로는 니느웨를 지칭하며 간접적으로는 여호와를 대적하는 모든 사람들 또는 민족을 포함한다. "질투"로 번역된 히브리어 קַנּוֹא 칸노는 기본적으로 여호와가 그의 일을 행하심에 있어서 소극적이거나 방관하지 않고 적극적이고 열정적이시라는 의미를 전달한다. 하지만 이것은 다혈질적이라는 표현과는 구분된다. 왜냐하면 그의 열정은 통제되고 절제된 것이기 때문이다. 노하기를 더디하시는 여호와의 속성이 이러한 사실을

---

70) 구약성경에서 קַנּוֹא 칸노("질투")는 여호와의 속성을 가리킬 때 언약적 관계를 전제하는 정황에 사용되고 있다(cf. 출 6:7; 20:5; 신 4:24; 6:15; 수 24:19; 슥 8:2).

확인해 준다.

여호와의 질투로 인한 보복은 자연스럽게 그의 진노를 수반한다. 또한 그는 "진노의 주관자"로서 보복하기에 충분한 진노를 발하실 수 있다. 더 나아가 그는 그의 대적을 향한 진노를 보복을 다 이루시기까지 결코 멈추지 않으신다. 여호와가 대적을 향한 진노를 품으신다는 선언은 상대적으로 그의 백성을 향한 지속적인 열정과 사랑을 보여준다. "질투"와 "보복"은 신탁의 내용을 대변하는 단어들이다. 이 단어들이 현대인들에게 부정적인 개념을 전달하지만 악에 대한 심판의 정황에서 본다면 긍정적인 개념을 담고 있다.[71] 특히 여호와의 "질투"가 근본적으로 그의 거룩함(holiness)과 연계된 것이기에 더욱 그러하다(cf. 출 20:5; 수 24:19).

뉴섬(Newsome)을 포함한 일부 학자들은 앗시리아를 향한 선지자의 개인적인 증오가 신학적 확신 속에서 하나님에 의한 니느웨의 멸망을 선언하는 결과를 낳았다고 설명한다. 그러나 나훔서의 심판선언을 선지자의 개인적 증오와 연관하여 설명하는 것은 적절해 보이지 않는다.[72] 왜냐하면 개인적인 증오가 하나님의 계획을 유도하는 것은 아니기 때문이다. 나훔이 니느웨을 향한 심판신탁을 서술하기에 앞서 보복하시는 여호와의 속성을 시로 노래하는 것은 이에 대한 분명한 반론을 제공한다.[73] 나훔이 니느웨를 향한 심판신탁을 선포하는 것은 개인적인 증오 때문이 아니라 여호와가 그의 속성에 따라 심판을 계획하셨고 그것을 선포하길 명하셨기 때문이다. 혹시라도 나훔이 개인적인 증오를 품고 있었다면 하나님의 심판계획이 그의 증오를 풀어줄 수는 있었을 것이다.

그렇다면 자신을 대적하는 자들에게 보복을 행하시는 여호와의 속성이 정당한

---

71) Cf. Coggins, *Israel among the Nations*, 20. Smith는 נקם("보복")이라는 단어가 구약성경에 사용된 용례와 언약적 배경에 근거하여 נָקָם노켐을 단순한 "앙갚음"이 아니라 "심판"이라는 개념으로 이해할 것을 주장한다(cf. Smith, *Micah-Malachi*, 73).

72) Cf. J. D. Newsome, Jr., *The Hebrew Prophets* (Atlanta: John Knox Press, 1984), 90.

73) Newsome과는 달리 Smith는 다음과 같이 설명한다: "In the final analysis, the threat against Nineveh does not stem from personal hatred of the human author or some historical events in the seventh century B.C. but from the nature of God who is jealous for the right, wrathful toward his enemies, and claims the dominion over the world" (R. L. Smith, *Micah-Malachi*, WBC [Waco: Word Books, 1984], 68).

지 또한 그가 대적을 보복하실 만한 능력이 있는지에 대한 질문을 갖게 된다. 이어지는 3절상반절이 그 답변을 제공한다.

1:3a-c. 대적을 향한 여호와의 질투와 보복은 정당하다. 왜냐하면 여호와의 질투와 보복이 결코 조급하거나 경솔하게 결정된 것이 아니기 때문이다. 2a와 3a의 교차평행이 반의적 의미를 전달하면서 이러한 사실을 분명하게 드러낸다.

1:2a	אֵל קַנּוֹא וְנֹקֵם	יְהוָה
	a [술어] -	b [주어]
1:3a	יְהוָה	אֶרֶךְ אַפַּיִם
	b' [주어] -	a' [술어]

이러한 관계를 반영하여 2a와 3a를 함께 번역하면, "여호와는 질투하시며 보복하시는 하나님이시다(2a). *그러나* 여호와는 노하심에 있어서 느리시다(3a)"가 된다. 즉 3a의 선언은 여호와가 보복을 결정하시기까지 신중하시다는 것을 의미한다. 여호와는 쉽게 그의 심판을 결정하지 않으신다. 진노는 그가 즐겨 보여주시는 속성이 아니기 때문이다. 여호와는 "진노의 주관자"이시다(cf. 2절). 원하시면 진노를 마음대로 발하실 수 있다. 하지만 여호와는 노하심에 있어서 결코 성급하지 않으시다. 그러나 이것은 그가 진노하실 만한 능력이 없기 때문이 아니다. 여호와는 능력에 있어서 크시다. 그렇기 때문에 일단 그가 보복을 선언하시면 결코 이 보복에서 벗어날 수 없게 된다. 즉, 그가 진노를 행하시기로 결정한 때가 이르면 반드시 진노의 주관자로서 그의 보복을 이루신다는 것이다.[74] 이러한 원인과 결과의 관계가 3b와 3c의 구문론적 흐름에 담겨있다: "여호와는 능력이 크시다. 그러므로 그는 벌 받을 자를 결코 내버려두지 않으신다." 이 선언은 벌 받을 자를 결코 묵인하지 않으시는 여호와의 공의의 속성을 분명하게 밝혀준다.

2-3절에서 노래하고 있는 여호와의 속성은 다음과 같이 풀어서 설명할 수 있

74) Cf. Maier, *The Book of Nahum*, 151-52.

다. 질투하시는 여호와는 그를 대적하는 자들에게 보복하시며 진노하시는 하나님이시다. 하지만 현실에서 여호와의 진노가 즉각적으로 자기를 대적하는 자들에게 임하지 않는 것을 흔히 경험한다. 왜냐하면 여호와는 노하기를 더디하시기 때문이다. 불같이 노하시는 여호와의 이면에 담긴 자비하심을 볼 수 있다. 여호와는 노하기를 더디하시는데 이것은 그가 권능이 없기 때문이 아니며 또한 정의롭지 않기 때문도 아니다. 그는 권능이 크시며 죄인을 결코 사하지 아니하시는 정의로운 하나님이시다. 하지만 그의 결정은 신중하다. 따라서 일단 그의 결정이 선언되면 대적의 멸망은 확정적이고 결코 피할 수 없게 된다.

여호와의 보복과 진노가 정당한 것이 되기 위해서는 다음의 질문에 긍정적인 답변이 필요하다. 첫째, 자신을 대적하는 자들을 보복하실 만한 자격이 있는가? 이 자격에 대해 말하기 위해서 여호와는 그릇된 것을 지적하고 징계하실 만한 기준을 가지고 계셔야만 한다. 벌 받을 자를 결코 내버려 두지 않는 여호와의 공의가 그 기준이 된다. 또한 여호와가 선하시다는 사실은 이러한 자격을 가지고 계심을 충분하게 보여준다(cf. 7절).[75] 둘째, 악을 행하는 자들에게 상관할만한 권한이 있는가? 이것은 여호와의 주권의 문제이다. 여호와의 우주적 주권은 이스라엘을 포함한 모든 민족들의 문제에 관여하실 수 있는 권한뿐만 아니라 그의 기준에 따라 살 것을 요구할 권한이 있음을 보여준다. 더욱이 대적에 대한 여호와의 보복은 그의 백성들의 억압과 고통을 해결하고 그들을 신원하시는 것이기에 그에게 충분한 권한을 부여한다. 그러므로 여호와의 보복은 단순한 앙갚음이 아니라 공의로운 심판의 측면을 갖는다.[76] 셋째, 여호와의 보복은 신중하게 결정된 것인가? 여호와는 결코 성급하게 보복을 결정하지 않으신다. 왜냐하면 여호와는 그의 진노를 통제하실 수 있는 "진노의 주권자(주인)"이시기 때문이다. 진노에 사로잡혀 보복을 행하시는 것이 아니라 보복을 위해 그의 진노를 통제하신다.[77] 즉, 충분히 즉각적

---

75) 예레미야는 바벨론을 멸하시는 여호와의 보복을 그의 거룩하심과 연관하여 말하고 있다(렘 50:28-29).

76) Cf. Homer Hailey, *A Commentary on the Minor Prophets* (Grand Rapids: Baker, 1972), 253.

77) Cf. Robertson, *The Books of Nahum*, 62; James Bruckner, *Jonah, Nahum, Habakkuk, Zephaniah*, NIVAC (Grand Rapids: Zondervan, 2004), 147.

으로 진노하실 수도 있지만 노하기를 더디 하시면서 여호와는 보복을 결정하시고 실행하심에 있어서 신중하시다. 실제 역사적으로 여호와가 니느웨를 보복하심에 있어서 더디셨다. 주전 8세기 중반의 디글랏빌레셀 3세로부터 시작된 앗시리아의 억압과 착취가 백년이 넘게 지속된 후에 그의 보복과 진노가 실행되었기 때문이다.

III. 대적을 멸하시는 여호와의 능력(b), 3d-6

1. 원문

1:3d בְּסוּפָה וּבִשְׂעָרָה דַּרְכּוֹ
1:3e וְעָנָן אֲבַק רַגְלָיו
1:4a גּוֹעֵר בַּיָּם
1:4b וַיַּבְּשֵׁהוּ
1:4c וְכָל־הַנְּהָרוֹת הֶחֱרִיב
1:4d אֻמְלַל בָּשָׁן וְכַרְמֶל
1:4e וּפֶרַח לְבָנוֹן אֻמְלָל
1:5a הָרִים רָעֲשׁוּ מִמֶּנּוּ
1:5b וְהַגְּבָעוֹת הִתְמֹגָגוּ
1:5c וַתִּשָּׂא הָאָרֶץ מִפָּנָיו
1:5d [ ] וְתֵבֵל וְכָל־יֹשְׁבֵי בָהּ
1:6a לִפְנֵי זַעְמוֹ מִי יַעֲמוֹד
1:6b וּמִי יָקוּם בַּחֲרוֹן אַפּוֹ
1:6c חֲמָתוֹ נִתְּכָה כָאֵשׁ
1:6d וְהַצֻּרִים נִתְּצוּ מִמֶּנּוּ

2. 번역(개역개정)

1:3d-e 여호와의 길은 회오리바람과 광풍에 있고 구름은 그의 발의 티끌이라
1:4 그는 바다를 꾸짖어 그것을 말리시며 모든 강을 말리시나니 바산과 갈멜이 쇠하며 레바논의 꽃이 시드는도다

1:5 그로 말미암아 산들이 진동하며 작은 산들이 녹고 그 앞에서는 땅 곧
세계와 그 가운데 있는 모든 것들이 솟아오르는도다
1:6 누가 능히 그의 분노 앞에 서며 누가 능히 그의 진노를 감당하랴 그의
진노가 불처럼 쏟아지니 그로 말미암아 바위들이 깨지는도다

3. 원문분석

1:3d-e. בְּסוּפָה וּבִשְׂעָרָה דַּרְכּוֹ 베수파 우비스아라 다르코는 두 개의 부사구와 주어로 구성된 명사절이다. 부사구가 주어 앞에 서술되면서 강조된다. בְּסוּפָה 베수파("회오리바람에")와 בִשְׂעָרָה 비스아라("광풍에")의 부사구를 유도하는 בְּ 베는 장소나 위치를 나타내는 전치사로 주어(דַּרְכּוֹ 다르코, "그의 길")가 있는 위치를 알려준다. דַּרְכּוֹ 다르코의 3인칭 단수 대명사어미 וֹ 오의 선행사는 3c의 יְהוָה 아도나이("여호와")이다. דֶּרֶךְ 데레크는 "길," "행위," "방식" 등으로 번역이 가능한데, 여기서는 "길"로 번역하는 것이 적절하다. 이는 시(詩)가 보복을 행하시는 여호와의 행보를 그려주고 있기 때문이다. "광풍"을 의미하는 סוּפָה 수파와 "폭풍"을 의미하는 שְׂעָרָה 세아라는 여호와가 대적이나 죄를 범한 그의 백성을 멸하시는 전쟁장면에 주로 사용되면서 여호와의 파괴적인 위력을 묘사한다(cf. 시 83:15; 사 17:13; 29:6; 66:15; 렘 4:13; 23:19; 암 1:14).[78]

3e의 문장 역시 명사절이다. 명사절을 시작하는 주어 וְעָנָן 베아난("그리고 구름")의 접속사 וְ 바브는 등위접속사로 3d의 명사절과 3e의 명사절을 연결시킨다. 3d의 명사절은 술어-주어의 어순을 취하고 있는 반면에 3e의 명사절은 주어-술어의 어순을 취함으로 교차평행을 이룬다. 이 교차평행은 하늘로부터 오는 전사의 모습을 보다 명확하게 전달하는 효과를 갖는다.

דַּרְכּוֹ	בְּסוּפָה וּבִשְׂעָרָה	1:3d
b [주어] - a [술어]		
אֲבַק רַגְלָיו	וְעָנָן	1:3e
a' [술어] - b' [주어]		

78) Cf. Maier, *The Book of Nahum*, 157-58. שְׂעָרָה 세아라와 סְעָרָה 세아라는 동음으로 같은 의미를 전달한다. 사 29:6과 암 1:14에는 סוּפָה 수파와 סְעָרָה 세아라가 함께 서술된다.

וְעָנָן 베아난의 접속사 ו 바브가 3d를 보다 구체적으로 설명하고 강조하는 설명적 기능(the explicative waw)을 하는 것으로 볼 경우, 3d와 3e는, “광풍 속에 그리고 폭풍 속에 그의 길이 있습니다. 달리 말하면, 구름은 그의 발의 티끌에 불과합니다”로 의역하여 그 기능을 반영할 수 있다. אֲבַק 아바크(“티끌”)는 하찮은 존재를 가리키는 은유적 표현으로 자주 사용되는데(cf. 사 5:24; 29:5), 여기서는 구름이 하늘 위에 높이 떠 있지만 여호와의 위엄과 권능에 견주에 볼 때 그의 발에 있는 티끌에 불과하다는 의미를 전달한다.[79)]

1:4. 여호와의 속성을 묘사하는 명사절들(1:2-3)에 이어 그의 행위를 묘사하는 문장, גּוֹעֵר בַּיָּם 고에르 바얌(“[그] 바다를 꾸짖다”)이 서술된다. 남성, 단수, 칼형 분사 גּוֹעֵר 고에르의 의미상의 주어는 יְהוָה 아도나이(“여호와”)이다. “꾸짖어”로 번역한 분사의 원형동사 גער는 전쟁의 정황에서 사용될 때에는 적을 두렵게 만들고 위협하는 “함성”을 의미한다. 전쟁을 행하시는 여호와의 함성에 그 어떤 것도 본래의 형태와 기능을 유지할 수 없고 결코 견딜 수 없다. 전치사구 בַּיָּם 바얌(전치사 בְּ 베+ הַיָּם 하얌[“그 바다”])의 사용에 관하여 두 가지 구문해석이 가능하다. 첫째, 분사 גּוֹעֵר 고에르는 한정의 직접목적어를 유도하는 אֶת 에트와 함께 הַיָּם 하얌을 직접목적어로 취할 수 있는데(גּוֹעֵר אֶת־הַיָּם; cf. 시 9:6), 목적어가 전치사구로 서술되면서 동사의 행위에 집중하게 하는 것으로 분석하는 해석이다.[80)] 이 경우, 전치사구 בַּיָּם 바얌은 분사를 꾸며주는 부사적 보어(adverbial complement)의 역할을 하게 된다. 두 번째, בַּיָּם 바얌의 전치사 בְּ 베가 분사(גּוֹעֵר 고에르)와 분사의 행동이 미치는 대상을 분명하게 연결시키면서 분사의 목적어를 유도하는 기능에 주목하는 구문해석이다. 이 경우, 목적어에 주목하게 된다. 4b에 הַיָּם 하얌이 동사의 대명사어미로 접미되어 다시 등장하는 것(וַיַּבְּשֵׁהוּ 바얍베셰후)을 볼 때 두 번째 구문해석이 적절해 보인다. 특히 두 번째 구문해석은 하늘에서부터 바다에까지 미치는 여호와의 광범위한

79) Cf. 김희보, 『요나, 나훔, 오바댜 주해』 185. 일부 학자들은 3e의 표현이 여호와가 진노 중에 지나가시면서 그의 발이 일으키는 먼지를 연상시키는 것으로 설명하는데, 본 문맥에서는 여호와의 위엄을 가리키는 것으로 보는 것이 더 적절한 해석이다(cf. Maier, *The Book of Nahum*, 158).

80) Cf. GKC §119q.

주권과 능력을 묘사하는 점을 부각시킨다. 또한 이러한 해석은 모든 강, 바산과 갈멜, 및 레바논을 그의 파괴력이 미치는 대상으로 서술하고 있는 4d-e와 자연스럽게 연결된다. 어떤 구문해석을 따르던 전치사구 בַּיָּם바얌을 분사의 직접목적어("바다를")로 번역할 수 있다.

4b의 וַיַּבְּשֵׁהוּ바얍베셰후는 바브-미완료 연계형(*wayiqqtol*)으로 여호와가 바다를 꾸짖은 후에 순차적으로 이어지는 행동을 묘사한다: "여호와가 바다를 꾸짖으신 후, 그것을 마르게 하신다."[81] 또는 분사 גּוֹעֵר고에르와 וַיַּבְּשֵׁהוּ바얍베셰후를 중언법으로 보아 "꾸짖어 마르게 하신다"는 하나의 개념을 전달하는 것으로 볼 수도 있다. 피엘 동사(יבשׁ, "마르게 하다")에 접미된 3인칭 단수 대명사어미 הוּ후("그것")의 선행사는 앞 문장의 הַיָּם하얌("그 바다")이다.

וְכָל־הַנְּהָרוֹת베콜 한네하로트("그리고 모든 강," 4c)의 접속사 ו바브는 등위접속사의 기능을 하면서 여호와의 행위를 묘사하는 문장들을 나열시킨다. 즉 여호와가 바다를 꾸짖어 마르게 하실 뿐만 아니라 "모든 강"(כָּל־הַנְּהָרוֹת콜 한네하로트)을 메마르게 하신다. 4c의 문장은 주동사 הֶחֱרִיב헤헤리브("그가 말리신다") 앞에 목적어 כָּל־הַנְּהָרוֹת콜 한네하로트를 서술하면서 파괴의 대상을 강조한다. 즉 바다뿐만 아니라 "모든 강"도 여호와의 진노가 미치는 대상이다.

4d와 4e는 의미론적, 구문론적 교차평행을 이루면서 여호와의 파괴적인 행위의 결과를 효과적으로 그리고 명확하게 묘사한다: "메마르게 된다-바산과 갈멜이(4d)/ 레바논 꽃이-메마르게 된다(4e)."

אֻמְלַל בָּשָׁן וְכַרְמֶל 1:4d

b [주어] - a [동사]

וּפֶרַח לְבָנוֹן אֻמְלָל 1:4e

a' [동사] - b' [주어]

---

81) BHS는 וַיַּבְּשֵׁהוּ바얍베셰후가 전형적인 피엘형을 따르지 않기 때문에 히필 미완료 연계형 וַיֹּבִשֵׁהוּ바욥비세후("그가 그것을 마르게 하신다")로 읽을 것을 제안한다. 이에 대해 Maier는 GKC §69u의 설명에 근거하여 Pe-yod 동사의 경우 피엘형에서 י요드가 중략될 수 있음을 지적한다(Maier, *The Book of Nahum*, 165).

בָּשָׁן바샨("바산")과 כַּרְמֶל카르멜("갈멜")은 팔레스타인에서 화려하고 비옥한 장소의 대표적인 이름들이다. פֶּרַח לְבָנוֹן 페라흐 레바논("레바논의 꽃") 역시 같은 의미로 언급되고 있는데, 이러한 지역들이 메마르게 된다는 선언은 여호와의 진노에 따른 파괴적인 결과를 생생하게 그려준다. 또한 지역적으로 볼 때, 이스라엘을 중심으로 바산은 요단 강 건너 동쪽에, 갈멜은 서쪽에, 레바논은 북쪽에 위치하고 있다. 따라서 이 지역들이 총체적 의미를 전달하는 것으로 볼 수도 있다.[82] 특히 레바논의 경우, 산 정상에 있는 눈과 산에 있는 시내는 울창한 백향목 숲을 이루기에 충분한 물을 공급하였다. 하지만 이곳도 여호와가 진노를 발하시게 되면 꽃봉오리도 맺지 못하는 처참한 지경에 이르게 될 만큼 여호와의 진노는 파괴적이다. 개역개정, 공동번역, 쉬운성경, 표준새번역은 4d와 4e에 반복되고 있는 אֻמְלַל움랄("시들다")을 각기 달리 번역하고 있는데, 우리말성경에서처럼 동일하게 번역하여 원문에 같은 단어가 반복되면서 의미가 강조되는 것을 보여줄 필요가 있다: "그래서 바산과 갈멜이 시들고 레바논의 꽃봉오리가 시든다."

나훔서 1장에 이합체시의 형식이 있다는 견해를 견지하는 학자들과 BHS는 이 형식에 맞추기 위해 4d를 시삭하고 있는 אֻמְלַל움랄("그것이 쇠히다"["시들다"], 푸알 완료형, 3인칭, 단수)을 ד달렛으로 시작하는 동사로 수정하는 독법을 제안한다. 주로 제안이 되고 있는 동사는 דלל("마르다"/"줄어들다")과 דבא("시들다")이다. 칠십인경(LXX)의 번역을 이에 대한 근거로 제시하기도 한다.[83] 하지만 이 동사들은 히브리어 필사본에 등장하지 않으며 오히려 어려운 독법(*lectio difficlior*)을 선호하는 원리에 따라 MT 독법을 유지하는 것이 무난하다. 왜냐하면 후대에 시의 형식에

---

82) Maier는 이 세 지역이 동, 서, 북에 위치하고 있기에 총체적 의미를 전달하기보다는 단지 비옥하고 산림이 울창하고 수원이 풍부한 지역을 가리키기는 역할을 하는 것에 집중할 것을 주장한다(Maier, *The Book of Nahum*, 164). 하지만 총체적 의미를 전달하기 위해 언급되었을 가능성을 완전히 배제할 수 없다. 왜냐하면 나훔은 하늘과 바다, 산과 언덕, 평지(cf. 바산) 등을 함께 언급하면서 총체적 의미를 전달하고 있기 때문이다.

83) 이에 대해 J. M. P. Smith는 칠십인경의 번역은 두 번째 אֻמְלַל움랄에는 적용되지만 첫 번째에는 적용되지 않는다고 주장한다(Smith, *A Critical and Exsegetical Commentary*, 298). Roberts, Maier, R. Smith 등은 역본을 가지고 ד달렛으로 시작되는 단어를 찾는 어려움을 지적한다. 4QpNah에는 אֻמְלַל움랄이 두 번 서술된다. BHS는 דָּלְלוּ달렐루를 제안한다. Coggins는 이합체의 형식에 맞추기 위한 수정독법들이 단지 추정에 불과한 것으로 평가한다(Coggins, *Israel among the Nations*, 23).

맞추려는 노력이 있었다면 당연히 ד달렛으로 시작하는 동사로 אֻמְלַל움랄을 대치하였을 것이기 때문이다. 나훔이 동사 אֻמְלַל움랄을 사용하는 것은 처음부터 이합체시의 전형적인 형식을 따르려고 하지 않았거나 이합체시가 전혀 의도되지 않았기 때문일 것이다.

1:5. 심판을 행하시는 여호와의 파괴적 행위가 수반하는 결과를 서술하는 문장들이 이어진다. 5a의 문장은 주어 הָרִים하림("산들이")으로 시작되면서 주어가 강조된다.[84)] 뿐만 아니라 5a와 5b는 원인을 나타내는 전치사 מִן민이 유도하는 부사구 מִמֶּנּוּ밈메누("그로 말미암아")를 중심으로 의미론적, 구문론적 평행을 이루면서 파괴적인 결과의 주체가 여호와라는 사실을 강조한다.

1:5a	הָרִים רָעֲשׁוּ מִמֶּנּוּ	
	c [부사구] - b [동사] - a [주어]	
1:5b	וְהַגְּבָעוֹת הִתְמֹגָגוּ	
	b' [동사] - a' [주어] (c [부사구])	

이 평행구조에서 부사구 מִמֶּנּוּ밈메누는 5a와 5b에 모두 영향을 미치면서 산들이 진동하고 작은 산들이 녹는 이유가 바로 "여호와 때문"인 것을 강조한다. 남성 복수형 הָרִים하림("산들")과 여성복수형 הַגְּבָעוֹת학게바오트("작은 산들" 또는 "언덕들")가 함께 짝을 이루면서 총체적인 측면, 즉 "모든"이라는 의미를 형성한다. "산"과 "작은 산"("언덕")의 대조도 "전체"의 의미를 강화시킨다. 따라서 5a와 5b는 "크고 작은 모든 산들이 여호와로 인하여 진동하며 녹는다"는 의미를 전달한다. רָעֲשׁוּ라아슈는 요동을 치는 모습을 가리키는데, 여호와의 파괴적인 능력 이 수반하는 자연적인 결과이다(cf. 사 13:13). הִתְמֹגָגוּ히트모가구는 재귀용법의 히트파엘형으로 스스로 녹아내리는 모습을 가리키는데, 이 문장에서는 작은 산들이 여호와의

---

84) BHS는 Wadi Marabba 'at 사본, 칠십인역과 탈굼역에 근거하여 הָרִים하림을 정관사와 함께 הֶהָרִים헤하림으로 수정할 것을 제안하는데, Wadi Marabba 'at 사본 외에는 히브리어 필사본들이 MT의 독법을 유지하고 있을 뿐만 아니라 이 문맥에서 특별히 정관사가 요구되지 않기 때문에 MT 독법을 수정할 필요가 없다.

진노 앞에서 본래의 형태를 갖추지 못하고 파괴되는 장면을 은유적으로 서술하는 것이다. 하지만 동사 자체가 부정적 이미지를 전달한다고 말할 수는 없다. 왜냐하면 동일한 어근(מוג)의 동사가 언덕들이 녹아 비옥한 땅이 되는 축복을 선언하는 신탁에도 사용되고 있기 때문이다(cf. 암 9:13).[85]

5c-d는 앞 문장들과의 의미론적 흐름을 고려할 때 3d에서 5b까지 언급한 내용에 대한 결론적 서술을 제시하는 것으로 볼 수 있다. 즉 심판을 행하시기 위해 하늘에서 내려오시는 여호와의 진노로 말미암아 바다, 강들, 바산과 갈멜, 레바논의 꽃, 산들과 작은 산들이 파괴된다(3d-5b). 결론적으로 이것은 땅과 그 안에 있는 모든 것이 그로 인해 요동하게 된다는 것이다(5c-d). 동사 תִּשָּׂא 팃사의 주어인 הָאָרֶץ 하아레쯔("[그] 땅")는 앞에 언급된 대상들을 모두 포함하는 포괄적인 장소이다. 구문론적으로도 이러한 해석이 가능하다.[86] 왜냐하면 바브-미완료 연계형(*wayiqqtol*)은 결론적(요약적) 서술을 유도하는 기능을 하기도 하는데, 5c의 바브-미완료 연계형 וַתִּשָּׂא 밭팃사("[땅이] 솟아오르는도다")가 이러한 기능을 하는 것으로 볼 수 있기 때문이다.[87] 일반적으로 땅이 솟아오른다는 표현은 지진을 가리키는 것으로 해석된다. 코긴스(Coggins)의 경우, 동사 נשׂא가 "들어올리다"/"높이다"를 뜻하는 단어인 것에 근거하여 땅이 괴로움에 소리를 지르는(높이는) 것으로 해석하기도 한다: " 'the earth lifts up (its voice),' that is, in distress."[88] 부사구 מִפָּנָיו 밒파나브("그의 임재 앞에서")는 3d-e의 회오리바람과 광풍을 타고 내려오셔서 땅에 임하시는 여호와의 모습을 요약적으로 표현해 준다. 5c-d의 이러한 기능은, 어느 누구도 여호와의 진노 앞에 감히 설수 없다는 사실에 동의를 유도하는 6a와 6b의 수사적 질문이 등장하는 것을 자연스럽게 한다.

וְתֵבֵל 베테벨("그리고 세계," 5d)의 접속사 ו 바브에 대하여 두 가지 해석이 가능하다. 첫째, 설명적 ו 바브로 분석하여 תֵּבֵל 테벨이 앞 문장의 주어 הָאָרֶץ 하아레쯔("땅")

---

85) Cf, 김희보, 『요나, 나훔, 오바댜 주해』 187.

86) Cf. BHRG §21.2.3.

87) BHS는 וַתִּשָּׂא 밭팃사의 접속사 ו 바브를 시리아역과 라틴어역에 근거하여 등위접속사로 읽을 것을 제안하는데, 다른 필사본들의 지지가 없을 뿐만 아니라 5c가 의미상 결론적 역할을 하는 점을 고려할 때 연계형이 사용되는 것이 더 적절해 보인다.

88) Coggins, *Israel among the Nations*, 24.

또는 앞의 문장 전체에 대한 보다 구체적인 설명으로 해석하는 것이다. 전자의 경우, “그 앞에서는 땅 곧 세계와 그 가운데 있는 모든 것들이 솟아오르는도다”(개역개정)로 번역하게 된다(cf. 우리말). 후자의 경우, “땅은 그 앞에서 솟아오르게 된다. 즉 세상과 그 안에 거하는 모든 것이 솟아오르게 된다”로 번역할 수 있다. 이 경우 5d에 동사 תִּשָּׂא 팃사(“솟아오르다”)가 생략된 것으로 보게 된다. 둘째, 접속사 w바브를 등위접속사로 보아 두 개의 문장이 연결되는 것으로 해석하는 것이다: “그의 앞에서 땅은 뒤집히고, 세상과 그 안에 있는 모든 것은 곤두박질한다”(표준새번역; cf. 공동번역, 쉬운성경). 어떤 해석을 따르던 간에 의미에는 큰 차이가 없다. 하지만 5a와 5b가 부사구 מִמֶּנּוּ 밈메누(“그로 말미암아”)를 중심으로 평행을 이루는 것과 동일하게 5c와 5d가 부사구 מִפָּנָיו 밉파나브(“그 앞에서” 또는 “그의 임재로 인하여”) 중심으로 의미론적, 구문론적 평행을 이루는 것으로 본다면 두 번째의 구문 해석이 선호된다.

1:5c וַתִּשָּׂא הָאָרֶץ מִפָּנָיו
c [부사구]-b [주어]-a [동사]

1:5d [ ] וְתֵבֵל וְכָל־יֹשְׁבֵי בָהּ
b' [주어] (a [동사]) (c [부사구])

וְכָל־יֹשְׁבֵי בָהּ 베콜 요스베 바흐에 대해서도 두 가지 해석이 가능하다. 칼, 남성, 복수, 연결형 분사 יֹשְׁבֵי 요스베(“땅에 거하는 [모든] 것들”)를 사람과 동물로만 제한하여 해석하거나 사람과 동물을 비롯하여 무생물들(산과 바다 등)을 모두 포함하는 것으로 해석하는 것이다.[89] 공동번역과 우리말성경이 전자의 해석을 따르고 있고 표준새번역과 개역개정이 후자의 해석을 따른다.[90] 대적에 대한 언급과 더불어 산

89) BHS는 וְתֵבֵל וְכָל 베테벨 베콜에 관하여 두 가지 수정독법을 제안한다. 하나는 앞의 문장과 평행을 이루는 완료형 복수동사를 포함하는 וְאָבְלוּ כָּל 베아벨루 콜(“그리고 모든 . . . 이 애통해한다”)로 읽는 것이며 다른 하나는 미완료 연계형을 이어가는 וַיֶּאֶבְלוּ כָּל 바야아벨루 콜로 읽는 것이다. 하지만 이 수정독법들은 고대역본이나 히브리어 필사본들의 지지를 받지 못하는 제안이다.

90) “그의 앞에서 땅은 황무지가 되고 세상과 그 안에서 숨쉬는 모든 것이 꺼진다”(공동번역); “그분 앞에서 땅, 곧 세상과 그 안에 사는 모두가 뒤집어진다”(우리말); “그의 앞에서 땅

과 바다 등이 언급되고 있는 것을 고려할 때 후자의 해석이 더 적절해 보인다. 이 경우 그 어떤 것도 여호와의 진노를 피할 수 없다는 사실이 강조된다. בָּהּ바의 전치사 בְּ베는 연결형 분사 יֹשְׁבֵי요스베("거하다")의 행위가 이루어지는 위치를 나타내는 장소의 בְּ베이며 3인칭 단수 여성 대명사어미 H의 선행사는 여성 명사 הָאָרֶץ 하아레쯔("[그] 땅")이다.

1:6. 의문문을 유도하는 의문사 מִי미("누가")가 사용되면서 6a에 수사적 의문문이 서술되는데, 부사구 לִפְנֵי זַעְמוֹ리프네 자에모("그의 분노 앞에")가 문두에 놓이면서 강조된다. 즉 "감히 그의 진노 앞에서 누가 서 있을 수 있겠느냐?"는 질문의 어감을 갖는다. 뿐만 아니라 6a는 6b와 의미론적, 구문론적 교차평행을 이루면서 어느 누구도 감히 여호와의 진노를 감당할 수 없다는 사실을 확고하게 전달한다. "진노"와 "타오른 노"의 표현을 담고 있는 부사구 לִפְנֵי זַעְמוֹ리프네 자에모와 בַּחֲרוֹן אַפּוֹ바하론 압포가 수미쌍관을 이루면서 이 두 질문을 시작하고 마무리하고 있는 점에 주목할 필요가 있다. 특히 나훔은 수사적 질문을 통해 독자로 하여금 이 사실에 동의하도록 유도한다.

לִפְנֵי זַעְמוֹ מִי יַעֲמוֹד	1:6a
c [동사] - b [의문사] - a [부사구]	
וּמִי יָקוּם בַּחֲרוֹן אַפּוֹ	1:6b
a' [부사구] - c' [동사] - b' [의문사]	

롱맨(Longman)은, זַעְמוֹ자에모가 "그의 저주"로 번역될 수 있음을 지적하면서 법정적 장면을 이 선언의 배경으로 제시한다.[91] 이 정황에서 동사 יַעֲמוֹד야아모드 역시 법정적 의미를 갖게 되어 "(재판의 판결을) 감당하다"라는 의미를 갖는 것으로 설명한다. 롱맨은 동사 יַעֲמוֹד야아모드와 짝을 이루는 동사 יָקוּם야쿰의 경우에도

은 뒤집히고, 세상과 그 안에 있는 모든 것은 곤두박질한다"(표준새번역). 쉬운성경의 경우, 사람으로만 해석한다: "주께서 오시면 땅이 흔들리며 세계와 그 곳에 있는 모든 사람들이 두려워떤다."

91) Longman, "Nahum," 791.

동일한 이해를 적용하여 해석한다: "Before his curse who can stand? Who can rise up before his anger?"[92] 하지만 이 선언을 법정적 정황에 제한할 필요는 없다. 여호와의 심판이라는 보다 포괄적인 정황이 더 적절해 보인다.[93]

לִפְנֵי זַעְמוֹ 리프네 자에모의 전치사 לְ 레에 대하여 두 가지 구문해석이 가능하다.[94] 하나는 전치사 לְ 레가 연결형 פְּנֵי 페네와 함께 동사 יַעֲמוֹד 야아모드("[그가] 서다")를 꾸며주는 부사적 역할을 하는 것으로 분석하는 것이다. "그의 진노 앞에서"라는 의미로 해석할 수 있다. 다른 하나는 전치사 לְ 레가 동사의 목적어를 유도하는 것으로 분석하는 것이다. 이 경우, 6a는 "그의 분노의 임재를 누가 감히 견딜 수 있느냐?"라는 질문이 된다. 마찬가지로 בַּחֲרוֹן אַפּוֹ 바하론 앞포의 전치사 בְּ 베에 대하여도 여러 구문해석이 가능하다. 첫째, 전치사 בְּ 베가 원인을 나타내는 것으로 분석하는 것이다. 즉 "그의 타오르는 진노로 인하여 누가 일어설 수 있겠느냐?"는 질문이다. 둘째, 전치사 בְּ 베가 동사의 행위가 이루어지는 장소를 가리키는 것으로 분석하는 것이다. 이 경우, "그의 진노가 있는 곳에서"라는 의미를 전달한다(cf. ASV). 셋째, 전치사 בְּ 베가 동사의 목적어를 유도하는 것으로 분석하는 것이다. 이 경우, 6b는 "누가 그의 타오르는 분노를 감당할 수 있겠느냐?"라는 질문이 된다. 6a와 6b가 평행구문임을 고려할 때 이 부사구들을 일관성 있게 분석하고 번역하는 것이 필요하다.

וּמִי 우미의 접속사 ו 바브를 설명적 ו 바브로 볼 때 이 문장들이 전달하는 의미는 더욱 강화된다. 왜냐하면 "그의 분노를 누가 견딜 수 있느냐? 즉, 감히 누가 그의 타오르는 노를 감당할 수 있느냐?"로 번역이 되기 때문이다. 더욱이 짝을 이루는 앞 문장의 표현들이 두 번째 문장에서 보다 구체화되고 강화되는 것을 볼 수 있다. לִפְנֵי זַעְמוֹ 리프네 자에모("그의 분노")는 בַּחֲרוֹן אַפּוֹ 바하론 앞포("그의 타오르는 분노")로, יַעֲמוֹד 야아모드("견디다")는 יָקוּם 야쿰("감당하다")으로 구체화되면서 의미가

92) Ibid., 787.

93) Cf. Christensen, *Nahum*, 192.

94) BHS는 לִפְנֵי 리프네를 לְפָנָיו 래파나브로 수정하고 동사 יַעֲמוֹד 야아모드 다음에 놓아 6a를 이합체시의 ז 자인 행으로 만드는 것을 제안하는데, 히브리어 필사본이나 고대역본들의 지지를 받지 못하고 있다. 따라서 MT 독법을 그대로 유지할 수 있다. 특히 6b와의 평행관계를 고려할 때 더욱 그러하다.

강화된다.[95)]

6a와 6b에서 목적어로 등장하던 여호와의 진노에 대한 표현이 6c에서는 주어 חֲמָתוֹ 하마토("그의 진노가")로 등장하면서 그의 진노가 적극적으로 심판을 수행하는 모습이 전개된다. 주어 חֲמָתוֹ 하마토가 동사 נִתְּכָה 닡테카("[그것이] 쏟아지다") 앞에 위치하면서 강조된다. 즉 "바로 그의 진노가 불처럼 쏟아진다"라는 의미가 전달된다. 하지만 수동의 의미를 갖는 니팔 완료형 동사(נִתְּכָה 닡테카)가 사용되면서 심판의 주체가 여호와임이 알 수 있게 한다. כָאֵשׁ 카에쉬("불처럼")의 비분리전치사 כְּ 케는 비교를 위한 것이다. 나훔은 여호와의 진노를 "불"(אֵשׁ 에쉬)에 비교하면서, 그 진노의 위력을 생생하게 전달한다. אֵשׁ 에쉬에 정관사 הַ 하가 붙은 것은 특정의 불을 가리키는 것이 아니라 비교구문에 사용되는 정관사이다(cf. 시 1:4; 사 1:18; 34:4; 민 11:12).[96)]

וְהַצֻּרִים 베핫쭈림("그리고 바위들은," 6d)의 접속사 ו 바브가 결과를 유도하는 역할을 하면서 6c와 6d는 원인과 결과의 흐름을 갖게 된다(cf. 암 5:4, 14).[97)] 즉 "그의 진노가 불처럼 쏟아지기 때문에 그로 말미암아 바위들이 깨지게 된다"는 의미이다. 또한 וְהַצֻּרִים 베핫쭈림의 접속사 ו 바브가 상조의 역할을 하는 것으로 고려하면 6d는 그로 말미암아 "심지어" 바위들이 깨지게 된다는 의미를 갖는다. 이유를 나타내는 전치사 מִן 민이 유도하는 부사구 מִמֶּנּוּ 밈메누의 대명사어미가 3인칭, 남성, 단수형이므로 선행사는 앞 문장의 "불"(여성, 단수)이 아니라 "여호와"(יְהוָה 아도나이)이다: "그[여호와]로 말미암아." 따라서 이 부사구는 수동형 니팔 동사 נִתְּצוּ 닡테쭈("쪼개지다")의 의미상의 주어를 제공하면서 바위들이 쪼개지는 직접적인 원인이 여호와인 것을 분명하게 서술해 준다.[98)]

---

95) Cf. Longman, "Nahum," 791.

96) Cf. GKC §126o.

97) Cf. BHRG §40.8.2.

98) BHS는 여러 히브리어 필사본들에 근거하여 נִתְּצוּ 닡테쭈("쪼개지다") 대신에 נִצְּתוּ 닟쩨투("불에 타다," נצה의 니팔형)독법이 제안되어 왔음을 언급한다. 하지만 Maier가 지적하는 바와 같이, 바위가 불에 탄다는 개념은 자연스럽지 못하다(Maier, *The Book of Nahum*, 175).

4. 원문주해

1:3d-e. 나훔은 대적에게 보복을 행하실 수 있는 능력을 가지신 여호와를 위협적이고 강한 전사의 이미지로 노래한다. "여호와의 길"에 대한 묘사는 여호와가 회리바람과 광풍 사이를 누비시며 그의 대적을 향해 위협적으로 돌진하시는 장면을 그려볼 수 있다. 이 모습은 시편 18편에서 다윗이 그의 대적을 멸하시기 위해 등장하시는 여호와의 모습을 묘사하는 장면과 유사하다: "그가 또 하늘을 드리우시고 강림하시니 그의 발아래는 어두캄캄하도다 그룹을 타고 다니심이여 바람 날개를 타고 높이 솟아오르셨도다"(시 18:9-10). 회리바람과 광풍이 사람들에게 두려움과 공포를 자아내지만 여호와에게는 단지 그가 지나시는 길에 불과하다. 회리바람과 광풍은 여호와의 파괴적인 위력을 상징적으로 보여주는 은유적 표현이다. 같은 맥락에서 이사야는 여호와의 대적이 폭풍 앞에 떠도는 티끌과 같을 것이라고 말하고 있다(cf. 사 17:13; 렘 23:19). 또한 회리바람과 광풍은 여호와가 그의 대적을 멸하시는 수단이 되기도 한다(cf. 암 1:14). 따라서 3d-e의 선언은 여호와가 대적을 파괴하실 수 있는 우주적 주권과 능력을 가지고 계신 분임을 선포하는 것이다.[99] 구름은 그의 발의 티끌에 불과하다는 서술은 이러한 사실을 분명하게 전달한다.

1:4. 본 절은 위협적이고 강한 전사이신 여호와의 등장이 자아내는 파괴적인 장면들을 서술한다. 그의 움직임은 이제 하늘에서 땅과 바다로 이동한다. 먼저 "꾸짖다"라는 음성적 행위가 언급된다. 이 행위는 전쟁의 장면에서 함성으로 적들을 두렵게 만들고 위협하는 것을 연상시킨다. 하지만 원문의 구문은 바다가 여호와의 꾸짖음을 받는 대상이라는 것을 강조하면서 위협적인 행위뿐만 아니라 여호와의 우주적 주권과 능력에 주목하게 한다. 즉 바다 역시 여호와가 파괴할 것을 작정하시면 그 본래의 형태를 유지하지 못하게 된다는 것이다. 뿐만 아니라 "모든 강"도 여호와의 능력이 미치는 대상이다. 여호와가 바다를 말리시고 모든 강을 메마르게 하시어 생명의 근원을 끊어버리시기에 결과적으로 땅 위의 모든 화려하고

---

99) Cf. Smith, *Micah-Malachi*, 74.

비옥한 지역들은 시들어 초라하게 될 뿐이다. 바산과 갈멜, 레바논은 더 이상 그 풍요로움과 생산력을 자랑할 수 없게 된다. 여호와의 진노의 결과는 생명을 잃고 시들어 척박하게 되는 것이다. 여호와의 영향력 아래 있는 하늘과 바다, 땅이 언급되면서 그의 우주적 위엄과 주권이 분명하게 전달된다.[100)]

시편 106편 9절은 여호와가 홍해를 가르신 사건을 "홍해를 꾸짖으시니(וַיִּגְעַר 바이그아르) 곧 마르니(וַיֶּחֱרָב 바예헤라브) 그들을 인도하여 바다 건너가기를 마치 광야를 지나감" 같게 하셨다고 표현한다(cf. 시 66:6). 따라서 4절의 표현은 나훔 당시의 백성들에게 홍해를 건넌 사건을 연상할 수 있게 하였을 것이다. 이와 같이 나훔은 여호와의 능력에 대한 분명한 이미지를 전달한다. 나훔은 이러한 여호와의 능력이 과거에만 갇혀있는 것이 아니라 여전히 유효하며 그가 그 능력을 대적을 향해 다시 발휘하실 수 있음을 선포한다.

1:5. 바다나 강과 비교할 때 산은 보다 안정감을 주는 대상이다. 하지만 그 어떤 형태의 산들이던 간에 여호와의 진노를 감당할 수 없다. 여호와의 현현(theophany)에 따른 지형의 격변현상은 심판의 파괴적인 측면을 보여준다. 나훔은 단지 신의 현현에 수반된 현상을 서술하여 위협적인 여호와의 보복을 서술하는 것이 아니라 그의 우주적 주권 및 강력한 능력에 집중하게 한다.[101)] 왜냐하면 산이 진동하고 작은 산들이 녹아내리는 장면의 중심에는 보복의 심판을 행하시는 여호와가 있기 때문이다. 5a와 5b의 평행구조는 이러한 사실을 시각적으로도 확인해 준다.[102)]

바다와 강, 크고 작은 산들이 언급되는 것은 결국 이 모든 것들을 포함하는 땅이 뒤집혀서 그 형태가 파괴되는 것을 의미한다. 달리 말하면 "세상과 그 안에 있는 모든 것들"이 파괴되는 것이다. 여호와의 진노가 미치는 대상은 우주적이다. 이 세계에 속한 모든 것을 포함하고 있다. 이러한 우주적 파괴의 원인은 강한 용

---

100) Cf. Longman, "Nahum," 790; Coggins, *Israel among the Nations*, 23.

101) Cf. "The stress in these verses of adoration lies on the Almighty's absolute supremacy, in comparison with which the strongest forces of the entire world are puny and helpless"(Maier, *The Book of Nahum*, 169).

102) 5a-b의 원문분석을 참조하라.

사로 등장하시는 여호와의 임재 때문이다. 5c의 "그의 임재로 인하여"라는 표현이 이러한 사실을 확언해 준다. 더 나아가 5절하반절이 서술하고 있는 결론("세계와 그 가운데에 있는 모든 것들")은 여호와의 주권이 이방 민족인 앗시리아를 그의 보복과 진노의 대상에 포함시킬 수 있는 충분한 근거를 제시한다.

1:6. 여호와가 행하시는 심판의 파괴력과 범위를 인지할 때 본 절의 수사적 질문들이 등장하는 것은 자연스러운 흐름이다. 이 수사적 질문들의 원어구문은 교차평행을 이루어 그 의미를 분명히 전하고 있다: "그의 분노 앞에서 누가 능히 서겠는가? 즉, 누가 감히 견디겠는가, 그의 진노 앞에서?" 동일한 의미의 문장들이 반복되면서 어느 누구도 여호와의 진노의 대상이 되었을 때는 그의 진노를 감당할 수 없음이 강조되고 강화된다. 따라서 이 수사적 질문들은 독자들에게 그 어느 누구도 여호와의 진노를 감당할 수 없다는 결론을 유도한다. 나훔은 진노를 주어로 서술하면서 심판이 적극적으로 실행될 것임을 선언할 뿐만 아니라 그의 진노를 불에 비유하며 그 파괴력을 생생하게 그려준다. 그의 진노는 심지어 강함과 단단함의 대표적인 사물인 바위까지도 쪼개어버리는 강력한 파괴력을 가지고 있다. 이러한 파괴를 행하시는 분은 바로 여호와이다. 왜냐하면 여호와가 그의 진노를 발하시기에 그 대상은 쪼개짐을 당하여 그 본래 형태를 유지할 수 없게 되기 때문이다. 6절의 핵심 단어는 "진노"이다. "진노의 주관자"이신 여호와가 그의 보복을 진노를 통해 수행하시게 되면 그 어떤 것도 그에 맞서 대항할 수 없고 그 진노를 감당할 수 없게 된다. 피하거나 견디어 낼 수 있다는 생각은 착각에 불과하다.

IV. 여호와께 피하는 자와 그를 대적하는 자의 운명(c), 7-8

1. 원문

1:7a טוֹב יְהוָה
1:7b לְמָעוֹז בְּיוֹם צָרָה
1:7c וְיֹדֵעַ חֹסֵי בוֹ
1:8a וּבְשֶׁטֶף עֹבֵר כָּלָה יַעֲשֶׂה מְקוֹמָהּ
1:8b וְאֹיְבָיו יְרַדֶּף־חֹשֶׁךְ

2. 번역(개역개정)

1:7 여호와는 선하시며 환난 날에 산성이시라 그는 자기에게 피하는 자들을 아시느니라

1:8 그가 범람하는 물로 그 곳을 진멸하시고 자기 대적들을 흑암으로 쫓아내시리라

3. 원문분석

1:7. 명사절의 일반적인 어순은 주어가 언급되고 술어가 이어지는 것인데, 술어인 טוֹב 토브("선하다")가 먼저 서술되면서 강조된다. 여기서 טוֹב 토브는 단순히 윤리적인 의미에서의 선을 의미하는 것이 아니라 본질적인 면에서 여호와의 선하신 속성을 나타낸다. 주어의 속성을 서술해 주는 술어를 꾸며주는 부사구 לְמָעוֹז 레마오즈가 주어 יְהוָה 아도나이("여호와") 다음에 이어진다. 부사구 לְמָעוֹז 레마오즈는 전치사 לְ 레와 명사 מָעוֹז 마오즈("산성" 또는 "요새")가 결합한 형태인데, 7설의 MT독법을 따를 때 이 부사구의 구문분석이 쉽지 않다. 따라서 BHS는 לְמָעוֹז 레마오즈를 לְמְחַכֵּי־לוֹ מָעוֹז 림학케-로 마오즈("그를 기다리는 자들에게 요새이다")로 수정할 것을 제안한다. 칠십인경의 τοῖς ὑπομένουσιν αὐτὸν("그를 기다리는 자들에게")은 מָעוֹז 마오즈가 생략된 לְמְחַכֵּי־לוֹ 림학케-로 독법과 유사하다. 캐스카트(Cathcart)는 MT독법을 그대로 유지하지만 לְמָעוֹז 레마오즈의 전치사 לְ 레가 비교급의 의미를 갖는 것으로 분석하여 7a와 7b를 "Better is Yahweh than a fortress in the day of siege"로 번역하고 있다(cf. NJP).[103] 하지만 이와는 달리 전치사 לְ 레가 행위의 결과를 나타내는 역할을 하는 점을 고려할 때(cf. 창 2:7; 12:2), לְמָעוֹז 레마오즈를 טוֹב יְהוָה 토브 아도나이(7a)와 연관하여 분석하면 여호와의 선하심의 결과로 "요새가 되어주신다"는 의미를 전달하는 것으로 볼 수 있다. 이러한 해석을 따르면 MT독법을 그대로 유지할 수 있다.[104]

---

103) Cathcart, *Nahum*, 31, 55.

104) Bob Becking은 그의 소논문에서 לְמָעוֹז 레마오즈를 לְעַמּוֹ עֹז("그의 백성에게 힘이 되신

부사구 בְּיוֹם צָרָה 베욤 짜라는 시간을 나타내는 전치사 בְּ 베, 연결형 명사 יוֹם 욤("날"), 절대형 명사 צָרָה 짜라("환난," "곤경")가 결합된 형태이다. 이 부사구는 부사구 לְמָעוֹז 레마오즈를 꾸며주면서 여호와가 피난처가 되시는 때를 알려준다. 속격의 צָרָה 짜라는 피수식어 יוֹם 욤의 성격을 규정해 주는 역할을 한다. 따라서 "환난의 날" 또는 "곤고한 날" 등으로 번역할 수 있다. 이 표현은 주로 외부적 힘에 의해 고난이나 압제를 당하는 상황을 가리키는데 사용된다(cf. 렘 14:8; 16:19).

7b와 7c는 여호와의 선하신 속성의 결과를 서술해 주는 것으로 분석할 때, 여호와는 선하시므로 환난의 날에 산성이 되어주실 뿐만 아니라(7b) 그에게 피하는 자들을 알고 계신다(7c)는 해석이 가능하다. 남성, 단수, 칼형 분사 יֹדֵעַ 요데아(ידע, "알다")의 주어는 7a의 יְהוָה 아도나이("여호와")이다.[105] 여기서 "알다"는 인지적 차원의 앎을 말하는 것이 아니라 전인격적 차원에서의 앎과 그에 따른 돌봄을 의미한다. 분사구 חֹסֵי בוֹ 호세 보("그를 찾는 자들을")는 분사 יֹדֵעַ 요데아("알다")의 목적어 역할을 하면서 여호와가 아는 대상을 서술해 준다. 분사 חֹסֵי 호세를 꾸며주는 부사구 בוֹ 보의 전치사 בְּ 베는 분사의 목적어를 유도하는 역할을 한다: "그를 찾는 자들." 3인칭 남성 단수 대명사어미 וֹ 오의 선행사는 יְהוָה 아도나이("여호와")이다. 동사 חסה가 "피난처를 찾다"라는 의미가 있기 때문에, 부사구 בוֹ 보의 전치사 בְּ 베가 위치를 나타내는 것으로 간주하여 חֹסֵי בוֹ 호세 보를 "그[여호와] 안에서 피난처를 찾는 자들"로 번역할 수도 있다(cf. 삿 9:15; cf. 쉬운성경, TNK, KJV, ASV).

1:8. 부사구 וּבְשֶׁטֶף עֹבֵר 우베셰테프 오베르("범람하는 물로")의 בְּ 베는 수단을 나타

다")로 수정해야 한다는 Pinker의 주장을 반박한 후, 전치사 l.레를 강조용법으로 제안하면서 MT독법을 그대로 유지해야함을 주장한다: "God is good. Yes, He is a shelter on the day of anxiety"("여호와는 선하시다. 참으로 그는 환난의 날에 요새이시다")(Bob Becking, "Is God Good for His People?: Critical Remarks on a Recently Proposed Emendation of Nahum 1, 7," *ZAW* 117 [2005]: 621-23; cf. Christensen, *Nahum*, 194). Levenson은 7-8절에 관한 수정독법들이 실속이 없는 제안들인 것을 지적하면서 MT독법을 그대로 유지할 것을 주장한다(Jon Levenson, "Textual and Semantic Notes on Nah. I 7-8," *VT* 25 [1975]: 792-95).

105) BHS는 וְיֹדֵעַ 베요데아를 יְהוָה ידע("여호와가 아신다")로 수정하여 י 요드행을 만들 것을 제안하는데, 고대역본이나 히브리어 필사본의 지지를 받지 못하고 있다. 또한 이합체의 형식이 분명하지 않은 점을 고려할 때 이 수정독법보다는 MT 독법이 더 적절해 보인다.

내는 전치사(beth instrumenti)로 동사 יַעֲשֶׂה 야아세("만들다" 또는 "하다")의 행위가 이루어지는 방편을 서술해 준다.[106] 따라서 "범람하는 물"은 여호와가 진노의 보복을 행하시는 수단이다. 칼형 분사 עֹבֵר 오베르(עבר, "넘치는")는 한정용법으로 שֶׁטֶף 셰테프("물," "홍수")를 꾸며주는 형용사적 역할을 한다.[107] כָּלָה 칼라("전멸")는 동사의 행위가 어떻게 이루어지는 지를 서술해 주는 부사적 대격의 역할을 하기 때문에 동사와 함께 "그가 *완전히* 멸하다"라는 의미를 갖는다. מְקוֹמָהּ 메코마흐는 동사 יַעֲשֶׂה 야아세의 직접목적어로 진멸의 대상을 서술해 준다. מְקוֹמָהּ 메코마흐는 명사 מָקוֹם 마콤("자리")의 연결형에 3인칭 여성 단수 대명사어미 הּ 가 결합된 형태로 문자적으로는 "그녀의 자리"로 번역이 된다.[108] "자리"를 언급하는 것은 단지 그 위에 세워진 성읍이나 주민들의 멸망만을 가리키는 것이 아니라 니느웨가 다시는 거주지가 될 수 없다는 완전한 멸망을 암시적으로 전달하는 것으로 볼 수

---

106) 부사구 וּבְשֶׁטֶף עֹבֵר 우베쉐테프 오베르가 8절의 첫 문장에 속하는 것이 아니라 7a의 부사구 בְּיוֹם צָרָה 베욤 짜라와 짝을 이루면서 7b의 문장에 연결되는 것으로 분석하기도 한다(cf. 치즈홀름, 『예언서 개론』 654; Longman, "Nahum," 792-93).

107) BHS는 וּבְשֶׁטֶף עֹבֵר 우베쉐테프 오베르에 동사가 손실된 것으로 보아 יַעֲבִירֵם 야아비렘("그가 그들을 통과하게 하다")로 수정하여 읽을 것을 제안한다. 하지만 이 수정독법이 고대역본이나 히브리어 필사본의 지지를 받지 못하고 있을 뿐만 아니라 8a가 8b와 평행구조를 이루고 있기 때문에 MT 독법을 유지할 수 있다.

108) 헬라어 역본에 근거하여 BHS는 מְקוֹמָהּ 메코마흐를 대신하여 בְּקָמָיו 베카마브("그의 대적을 쳐서" ["against his foes"])라는 수정독법을 제안한다(cf. ESV). 8a와 8b의 교차평행구조를 고려할 때 이러한 독법의 가능성이 있지만 히브리어 필사본들이 MT독법을 따르고 있는 점과 어려운 독법을 우선하는 원리를 고려할 때, MT독법을 유지하는 것이 완전히 배제될 수 없다. 물론 제안된 독법이 MT독법의 무리한 수정을 요구하지 않는 점과 평행구문을 고려할 때, 수정독법이 선호될 수도 있다. Chisholm의 경우 이러한 이유에 근거하여 수정독법을 따른다(치즈홀름, 『예언서 개론』 656). Longman의 경우, מְקוֹמָהּ 메코마흐가 니느웨의 자리를 가리키면서도 אֹיְבָיו 오예바브와 의미론적으로 짝을 이루는 이중적 역할(Janus parallelism)인 한다는 Tsumura의 주장에 따라 "그들 대항하는 자들"("to those rise against him")로 번역한다(Longman, "Nahum," 793; cf. David Toshio Tsumura, "Janus Parallelism in Nah 1:8," *JBL* 102 [1983]:109-11). 하지만 4QpNah 사본이 MT 독법을 따르고 있다는 점을 고려할 필요가 있다. 특히 여호와가 제공하는 "피난처"와 "그[니느웨의] 자리"를 대조하기 위해 의도적으로 사용된 것이라면 MT독법은 유지되어야만 한다(cf. Christensen, *Nahum*, 200).

있다.[109] 이 대명사어미의 선행사가 될 수 있는 표현이 2-8절 안에는 없다. 이에 대해 두 가지 분석이 가능하다. 첫째, 1절에 언급된 **נִינְוֵה**니네베("니느웨")를 선행사로 보는 것이다. 이 경우, 의미상 **מְקוֹמָהּ**메코마흐는 "니느웨의 자리"를 직접적으로 가리키게 된다. 둘째, 여성 대명사어미의 선행사에 대한 언급을 의도적으로 보류하여 긴장감을 주는 것으로 분석할 수 있다. 이는 시(2-8절)에서 진노의 대상인 대적의 정체와 여호와의 선을 경험하게 될 자의 정체를 분명히 밝히지 않고 있다가 신탁이 진행되면서 그 정체가 드러나는 나훔서의 흐름에 따라 선행사를 유보하는 것이다. 하지만 8a와 8b가 구문론적 교차평행을 이루는 것을 고려할 때 이 선행사가 "여호와를 대적하는 자들"과 연관이 있음을 알 수 있다. 왜냐하면 이 평행구조에서 **מְקוֹמָהּ**메코마흐("그녀의 자리")가 **אֹיְבָיו**오예바브("그를 대적하는 자들")와 짝을 이루고 있기 때문이다. 나훔이 목적어 **אֹיְבָיו**오예바브를 동사 **יְרַדֶּף**예라데프 앞에 서술하면서 이러한 교차평행을 의도하였음을 알 수 있다.[110]

מְקוֹמָהּ　　יַעֲשֶׂה　　כָּלָה　　　　וּבְשֶׁטֶף עֹבֵר　　1:8a

d [직접목적어] - c [동사] - b [부사적 대격] - a[부사구]

חֹשֶׁךְ　　יְרַדֶּף־　　וְאֹיְבָיו　　　　[　　　]　　1:8b

b' [부사적 대격] - c' [동사] - d' [직접목적어]

8b의 **חֹשֶׁךְ**호셰크는 동사 **יְרַדֶּף**예라데프("그가 쫓아내다")의 행위가 미치는 방향을 나타내는 부사적 대격("흑암으로") 또는 방편을 나타내는 부사적 대격("흑암을 가지고")의 역할을 하는 것으로 분석할 수 있다.[111] 이 교차평행구조는 8a의 부사구 **וּבְשֶׁטֶף עֹבֵר**우베셰테프 오베르가 8b에도 적용되는 것으로 보게 한다. 즉 "여호와가 넘치는 홍수로 그녀의 자리를 진멸하실 뿐만 아니라 [넘치는 홍수로] 그의 대적을 흑암으로 쫓아내신다"로 번역할 수 있다. 흑암은 죽음을 상징한다(cf. 삼상 2:9; 시

109) Cf. Robertson, *The Books of Nahum*, 71-72; Keil, *The Twelve*, 12.

110) BHS는 **יְרַדֶּף**예라데프를 **יֶהְדֹּף**예흐도프(**נדף**, "그가 흩어버릴 것이다")로 수정하여 읽을 것을 제안하는데, 고대역본이나 히브리어 필사본의 지지를 받지 못하는 독법이다. 따라서 MT독법을 유지하는 것이 적절하다.

111) Cf. GKC §118d-g.

88:12). 따라서 대적을 흑암으로 쫓아내시리라는 선언은 멸절을 의미한다. 이와는 달리 8b의 חֹשֶׁךְ호셰크를 동사 יְרַדֶּף예라데프의 주어로 보아 "흑암이 그를 대적하는 자들을 뒤쫓는다"로 번역하기도 하는데, 8a와의 교차평행적 관계를 고려하면 여호와를 주어로 보는 것이 적절해 보인다. "흑암이 그의 대적들을 뒤쫓는다"고 분석할 경우, 그의 대적이 죽음을 결코 피할 수 없게 된다는 의미가 강조된다. 어떤 주어가 제시되던 אֹיְבָיו오예바브는 동사의 직접목적어의 역할을 하는 대격이다. 롱맨(Longman)은 אֹיְבָיו오예바브를 주어로 간주하여 "his enemies chase darkness" ("그의 대적들이 흑암을 뒤쫓는다")로 번역한다.[112] 그의 설명에 따르면 이 표현은 대적들이 번영을 추구한다고 생각하지만 실상은 "어둠"을 추구하는 어리석음을 나타낸다는 것이다. 또한 그들 스스로 심판을 자초하고 있다고 설명한다. 하지만 2-8절의 시가 대적을 향한 여호와의 적극적인 심판행위에 집중하고 있는 것에 주목할 필요가 있다. 8b의 히브리어 구문 자체는 이러한 분석을 모두 가능하게 한다.

8절을 시작하는 וּבְשֶׁטֶף우베셰테프의 접속사 ו바브는 앞 문장들의 의미를 고려하여 반의적 역할을 하는 것으로 간주하면 "그러나"로 번역할 수 있다. 이 경우, 7a-c와 8a는 "여호와가 신하심으로 그를 찾는 자에게는 피난처가 되어 주신다. 그러나 그의 원수들은 진멸을 당하게 된다"는 의미를 갖게 된다. 이와 더불어 하나님이 행하시는 심판의 수단을 보여주는 부사구 וּבְשֶׁטֶף עֹבֵר우베셰테프 오베르가 문두에 놓이면서 강조되는데, 이 표현은 7b의 מָעוֹז마오즈("피난처")와 대조를 이루는 점에 주목할 필요가 있다. שֶׁטֶף셰테프는 진노를 비유적으로 가리키는 표현으로 사용되기도 한다(cf. 잠 27:4). 이사야가 유다를 향한 앗시리아 왕의 진격을 묘사할 때 동일한 어근의 단어들을 사용한 점이 흥미롭다: שָׁטַף וְעָבַר샤타프 베아바르(사 8:8). 이것은 유다를 억압한 것처럼 앗시리아가 여호와의 보복을 당하게 될 것이라는 암시가 담겨있는 것으로 짐작해 볼 수 있다. 더 나아가 2-8절의 시가 일반적인 여호와의 속성을 노래하는 것이지만 니느웨의 멸망이 어떻게 이루어질 것인지에 대한 전조적 역할을 한다. 왜냐하면 2장 7절과 9절에서 나훔이 니느웨의 멸망을 강물과 연관하여 예고하기 때문이다. 실제 니느웨의 성벽이 티그리스강에서 끌어온 물의 범람으로 무너졌다는 고대의 기록과 고고학적 증거가 있다.

---

112) Longman, "Nahum," 787, 793.

4. 원문주해

1:7-8. 여호와의 파괴적인 행위를 서술하는 문장들에 바로 이어 갑자기 "여호와는 선하시다"라는 선언이 주어지는 것은 충격적이다. 독자들은 과연 어떤 의미에서 또한 누구에게 선하시다는 것인가라는 의문을 갖게 된다. 하지만 이 선언은 실상 충격적이지 않다. 왜냐하면 보복을 위한 여호와의 파괴적 진노는 결코 그의 선하심을 부인하는 것이 아니기 때문이다. 오히려 보복은 그의 선하심과 연관이 있다. 단지 진노의 대상과 선하심의 대상이 명확하게 구분될 뿐이다. 본질적인 그의 선하심은 세 가지 모습으로 나타난다. 첫째, 환난의 날에 산성이 되어주시는 것으로 드러난다. 달리 말하면 인간이 겪는 환난은 결코 여호와의 선하심을 부정하거나 왜곡시킬 수 없다. 왜냐하면 그가 피난처가 되어 주시기 때문이다. 하지만 그 대상은 제한적이다. 즉 자신을 피난처로 찾는 자들만이 그의 선하심을 경험하게 된다. 여호와를 피난처로 삼는다는 것은 그에 대한 전적인 신뢰에 근거한 것일 뿐만 아니라 그가 환난의 문제를 해결하실 수 있다는 확신을 수반한다. 환난의 내용이 구체적으로 서술되지는 않지만 여호와의 개입이 절대적으로 필요한 정황임을 알 수 있다. "환난의 날"이 주전 701년의 산헤립의 공격 등의 유다의 특정한 역사적 정황을 가리키는 것으로 설명을 하거나 종말론적 의미에서의 "여호와의 날"로 제한하여 해석하기도 한다. 점진적 성취의 예언적 속성을 고려할 때 종말론적 측면이 완전히 배제되는 것은 아니지만 앞에 언급된 내용과 연관하여 볼 때, 역사적 정황에서 어느 때나 있을 수 있는 여호와가 진노의 보복을 행하시는 날을 우선적으로 가리키는 것으로 해석하는 것이 적절하다.

둘째, 여호와의 선하심은 이러한 정황에서 그를 찾는 자들을 알고 계시는 것으로 나타난다. 여기서 "여호와가 알고 계신다"는 사실은 그의 적극적인 관여와 돌봄을 기대할 수 있게 한다. 왜냐하면 이 앎이 단지 인지적이나 인식적 차원의 정보가 아닌 전인격적 차원의 앎과 돌봄을 의미하기 때문이다. 여호와는 그를 신뢰하고 찾는 자들을 결코 낯선 자들로 취급하지 않으신다. 로벗슨(Robertson)은 ידע("알다")가 성경적 관점에서 극진한 돌봄을 수반하는 "사랑하다"를 의미하는 것으로 설명한다.[113]

셋째, 여호와의 선하심은 앞의 경우와 대조적으로 파괴적인 행위로 나타난다.

즉 그를 대적하는 자들을 진멸하심으로 그의 선하심을 보여주신다. 왜냐하면 여호와의 심판은 그의 선하심의 표현이기 때문이다. 달리 말하면 창조의 질서와 조화를 선하다(טוֹב토브)고 하신 여호와는 결코 그를 대적하여 그의 질서와 조화가 파괴되는 것을 묵인하지 않으시기 때문이다(cf. 창 1:31). 여호와의 선은 결코 악한 자들의 억압과 행패를 묵과하지 않으신다. 악한 자들이 행하는 횡포의 희생자들 입장에서 볼 때, 그들에게 행하시는 여호와의 보복은 그의 선하심의 필연적 표현이다. 같은 맥락에서 이사야는 여호와가 열방을 그의 진노로 심판하시는 것을 선포하면서 보복의 날과 신원의 날을 연계시키고 있다: "이것은 여호와께서 보복하시는 날(יוֹם נָקָם לַיהוָה욤 나캄 라도나이)이요 시온의 송사를 위하여 신원하시는 해라"(사 34:8).

회리바람과 광풍이 부는 환난의 날에 여호와의 선하심을 경험하는 대상과 그의 파괴적인 보복을 경험하는 대상이 구분된다. 이는 환난의 날에 피난처인 "산성"과 파괴의 수단인 "범람하는 물"이 대조를 이루는 것과 연계된다. 7-8절은 마치 노아 홍수사건의 그림을 보는 듯하다. 나훔은 2-8절의 시에서 선하심의 대상과 진노의 대상이 누구인지 구체적으로 밝히지 않는다. 왜냐하면 이 시에서는 일반적인 여호와의 속성과 이에 따른 행동방식을 언급하고 있기 때문이다. 하지만 이 대상들의 속성은 명확하게 서술된다. 전자는 여호와를 피난처로 찾는 자들이고 후자는 그를 대적하는 자들이다. 전사이신 여호와가 전자의 대상들에게는 구원자로 등장하시는 반면에 후자의 대상들에게는 심판자로 마주대하신다. 결과적으로 이러한 사실은 각 대상에게 각기 기쁨과 두려움을 안겨줄 것이다. 따라서 여호와가 대적을 멸하시는 것은 그를 의뢰하는 자들에게는 구원을 가져오게 된다. 환난의 날에 여호와께 피하여 그가 제공하는 "산성"(מָעוֹז마오즈)에 거하는 자들은 그의 구원과 선하심을 경험하지만 파괴의 자리인 "그[녀]의 자리"(מְקוֹמָהּ메코마흐)에 머물러 있는 자들은 그의 보복과 진노를 경험하게 될 것이다.

113) Robertson, *The Books of Nahum*, 70; cf. Smith, *A Critical and Exegetical Commentary*, 291.

V. 단락의 절정과 핵심주제

나훔서 1장 2-8절의 시를 읽을 때, 독자의 눈길을 사로잡는 부분을 시의 절정으로 고려할 수 있다. 왜냐하면 그 부분이 강조되고 있기 때문이다. 2-8절의 문장들이 모두 독자의 눈길을 사로잡기에 충분할 정도로 시적 기법과 서술적 기교가 뛰어나다. 하지만 그 중에서 보다 부각이 되는 부분이 있는데, 2절과 6절이다. 앞의 원문분석과 주해에서 언급한 바와 같이 2절은 "보복하시는 하나님"이라는 동일한 표현을 세 번 반복해서 서술하면서 이 표현에 집중하게 한다. 이 표현을 중심으로 "여호와의 질투"와 "그의 진노"가 서술되고 있다. 여호와의 질투는 보복의 동기를 서술해 주고 진노는 보복에 대한 표현이다. 따라서 2절의 의미는 질투의 속성을 가지신 여호와는 보복을 행하시는 분이시며 그의 진노로 보복이 수행된다는 것이다. 보복하시는 여호와가 강조된다.

이어지는 3-5절은 보복의 결정이 신중한 것이며 그가 보복을 행하시기에 충분한 능력을 가지신 분이라는 부가적인 설명을 제공한다. 아울러 그의 능력의 파괴력을 생생하게 서술한다. 그런 후 6절에서 그가 이와 같이 진노로 그의 보복을 행하실 때 누구도 견디고 감당해 낼 수 없다는 사실을 수사적 질문을 통해 명확하게 전달한다. 3-5절은 6절의 질문을 하기 위한 디딤돌과 같은 역할을 한다. 달리 말하면 이 시는 초두에 보복하시는 여호와의 속성을 선언한 후 그 보복을 어느 누구도 감당할 수 없다는 사실을 선언하는 것으로 나아간다. 6절의 수사적 질문들의 서술기법이나 강도는 절정으로서의 무게를 갖기에 충분하다. 6절에서 나훔은 동일한 의미의 수사적 질문을 반복할 뿐만 아니라 의미를 강화시키면서 독자로 하여금 긍정적인 답변을 하게 한다. 즉, 2-5절을 읽고 이해한 독자는 여호와의 진노 앞에 모두 죽을 수밖에 없다는 사실에 동의하게 된다. 보복의 양태를 나타내는 여호와의 진노를 가리키는 동의적 표현들이 6절에 집중된 것도 주목할 필요가 있다: זַעְמוֹ 자에모("그의 분노"), חֲרוֹן אַפּוֹ 하론 앞포("타오르는 노"), חֲמָתוֹ 하마토("그의 진노"). 결론적으로 2-8절의 핵심 메시지는 우주적 주권과 능력을 가지신 여호와가 진노로 무장한 전사로서 수행하시는 보복 앞에 어느 누구도 살아남을 수 없다는 것을 선언하는 것이다.

7절과 8절은 절정을 마무리하는 역할을 한다. 7절은 여호와가 그의 진노로 보복을 행하시는 그때에 어떤 구별도 없이 모두가 진멸을 당하는 것은 아니라는 사실을 전하면서 대상을 명확하게 구분해 준다. 그런 후 8절은 여호와를 대적하는 자들의 멸망을 확언하면서 시를 마무리한다. 7절과 8절이 이러한 역할을 한다고 해서 이 절들이 가지고 있는 신학적 의미나 무게가 감소되는 것은 아니다. 여호와의 보복의 파괴력에 동의한 독자는 7-8절을 통해 과연 어느 편, 즉 여호와의 편 아니면 대적의 편에 설 것인가에 대한 도전을 받게 된다.

VI. 나훔서 안에서의 "노래"(2-8절)의 역할

"전사이신 여호와에 대한 노래"(2-8절)는 여호와의 도움으로 승리를 이룬 후 부르는 전형적인 승전가에 속한다.[114] 나훔이 니느웨를 향한 심판을 본격적으로 선포하기 전에 이 승전가를 먼저 서술하는 것은 니느웨 멸망의 확실성을 전제로 하는 것이다. 나훔은 시를 통해 독자들로 하여금 여호와의 보복 앞에 어느 누구도 살아남을 수 없다는 것에 동의하게 한 후, 니느웨의 멸망을 선언하는 그의 신탁을 읽을 것을 의도한 것으로 볼 수 있다. 하지만 나훔은 2-8절의 시에서 보복하시는 여호와의 속성, 그 보복을 행하실 수 있는 그의 우주적 주권과 능력, 보복의 대상을 서술하기는 하지만 명시적으로 니느웨를 언급하지는 않는다. 이에 대해 두 가지 이유를 고려해 볼 수 있다. 첫째, 나훔서의 핵심 화제(topic)는 니느웨의 멸망이지만 핵심 주제(theme)은 어느 시대에나 적용될 수 있는 대적을 보복하시고 그의 백성을 보호하시는 여호와를 선포하는 것이기 때문이다. 이 주제를 선포함에 있어서 나훔은 니느웨의 멸망을 구체적인 예로 제시하고 있는 것이다. 이러한 의도는 나훔서의 정경적 기능을 강화시킨다. 달리 말하면 나훔서는 그 당시의 유다 백성들에게만 위로를 주는 것이 아니라 모든 시대의 신실한 자들로 하여금 대적을 멸하시는 여호와의 보복과 구원을 노래하고 기대하게 한다.[115] 둘째, 나훔이 니느웨의 멸망을 선포하는 것은 개인적 또는 민족적 차원의 적대감에 기인한 것이 아니라 여호와의 속성에 근거한 것이기 때문이다. 여호와는 그가 세우신 질서

114) Cf. Longman, "Nahum," 788.
115) Cf. Ibid., 795.

와 조화를 파괴하며 그를 대적하는 자를 결코 그대로 방치하지 않으신다. 니느웨는 그러한 대적들의 대표적인 예가 된다. 따라서 2-8절의 시는 나훔서 전체를 읽는 신학적 관점을 제공하는 기능을 한다.[116] 시가 제시되지 않았다면 나훔서의 신탁은 니느웨의 멸망과 심판에만 제한될 수 있지만 시로 인해 그 주제가 일반적 정황으로 확장된다.

차일즈(Childs)는 1장의 시가 나훔이 선포하는 니느웨의 멸망에 대한 나훔의 신탁을 마지막 때의 종말론적 예언으로 전환시키는 기능을 한다고 설명한다.[117] 점진적 성취의 예언적 속성을 고려할 때 종말론적 정황을 배제할 수는 없지만 나훔서의 당시 독자들은 나훔의 시와 신탁을 니느웨와 연관된 역사적 정황에 우선적으로 적용하였을 것이다. 그 이후의 독자들은 자신들이 처한 정황에서 대적을 멸하시고 그의 백성을 신원하시고 구원하시는 여호와를 기억하였을 것이다. 현대의 독자들은 이 독자들의 연장선 속에 있으며 나훔서의 신탁의 최종적인 성취와 완성은 마지막 때에 이루어질 것이다. 예수 그리스도의 사역은 이러한 사실에 대한 확실한 증거와 보증이 된다.

VII. 나훔 1:2-8의 현재적 적용

현대 독자들에게 여호와가 보복을 결정하시고 파괴적인 진노를 발하시는 것을

116) "Without doubt the psalm offers an interpretation of the book as a whole: YHWH is the penal and gracious God (1.2-3a); because he is Creator and Lord of the world (vv. 3b-5) no one can resist him (v. 6), and whereas he is a refuge for those who trust in him (v. 7), he is making and end for his adversaries (v. 8)"(R. Rendtorff, *The Old Testament An Introduction*, trans. John Bowden [Philadelphia: Fortress Press, 1985], 230; cf. Werner H. Schmidt, *Old Testament Introduction* [New York: Walter de Gruyter, 1995], 225). Childs와 Baker 역시 동일한 시의 기능을 주장한다(Childs, *Introduction*, 443-44; Baker, *Nahum*, 23). 시의 진정성에 대해서 의구심을 가지고 있는 학자들 역시 현재 형태의 나훔서에서 시의 기능에 대해서는 동일한 의견을 가지고 있다. 예를 들면, R. Smith: "Whether Nahum or a later redactor is responsible for the psalm in 1:2-8, it serves as an introduction to the following oracles concerning the destruction of Nineveh" (Smith, *Micah-Malachi,* 72).

117) Childs, *Introduction*, 444.

노래하는 이 시는 결코 호감을 주지 못하는 것이 사실이다. 왜냐하면 하나님의 사랑의 속성에만 너무 친숙해 있기 때문이다. 오히려 여호와의 보복이나 진노에 대해 더 이상 생각조차 하고 싶지 않기 때문일 수도 있다. 하지만 성경적 진리는 여호와의 보복과 진노는 단지 구약시대에만 갇혀있는 고어가 아니라 현대어가 되어야 한다는 것이다. 왜냐하면 창조의 질서와 조화를 회복하시길 원하시는 하나님은 그 질서와 조화가 파괴되고 혼돈과 어둠이 난무하고 있는 현재에도 그의 보복을 선언하시고 진노를 발하시는 분이시기 때문이다. 따라서 나훔서 1장 2-8절을 내용에 따라 세 개의 단락으로 구분하여 다음과 같은 현재적 적용을 고려해 볼 수 있다.

1. 불편한 진실(2-3절상반절)

   1) 질투하시는 하나님
   2) 보복하시는 하나님
   3) 진노하시는 하나님
   4) 보복의 정당성

사랑의 하나님이 또한 보복의 하나님이신 것은 불편하지만 진실이다. 하나님은 그의 백성을 향해 열정적이신 만큼 그의 뜻을 거부하고 파괴하는 자들에 대해서도 열정적으로 대처하신다. 하지만 후자의 열정은 파괴적이다. 왜냐하면 하나님이 그들의 행위에 상응하는 보복을 열정적으로 행하실 것이기 때문이다. 따라서 보복을 행하시는 하나님은 자애로운 모습이 아니라 진노하시는 모습을 보이신다. 자비하시고 사랑이 많으신 하나님의 모습에 익숙해 있는 현대 그리스도인들에게는 무척이나 불편한 모습이다. 하지만 하나님의 속성은 이 모습을 반드시 수반할 수밖에 없다. 이것은 참으로 불편한 진실이다.[118] 하나님의 보복은 성급하게 또는 신경질적으로 결정되지 않고 오래 참으시면서 신중하게 결정된 것이기 때문에 정당하다. 이러한 사실은 현대 그리스도인들을 더욱 불편하게 만든다. 왜냐하면 결정

---

118) Richard Nysse는 이 불편한 진실을 피하려는 현대의 해석적 과오를 비판하면서 열방을 향한 심판신탁을 읽을 때 자신을 쉽게 배제시키는 문제점을 지적한다(Richard Nysse, "Keeping Company with Nahum: Reading the Oracles against the Nations as Scripture," *Word & Word* 14 [1995]: 421-19).

에 있어서 신중하신 만큼 하나님의 진노와 보복은 말장난이 아니라 보다 실제적 사실로 다가오기 때문이다. 하지만 현대 그리스도인들은 이 불편한 진실을 여러 방편으로 피하려고 한다. 첫째, 보복의 대상인 "여호와를 대적하는 자들"의 무리에서 자신을 제외시키면서 이 불편한 진실을 피하려고 한다. 보복하시는 여호와를 연상할 때 쉽게 다른 대상에게는 적용하지만 자신은 그 무리에 속하지 않는다고 생각한다. 자신이 진노의 대상이 아니라고 생각할 때 보복하시는 하나님은 위로의 하나님으로 다가온다. 하지만 하나님의 진노를 경험하는 대상에 자신이 포함될 수 있음을 기억할 필요가 있다. 나훔이 선포하는 대적을 향한 하나님의 보복은 자신의 잇속만 차리는 진실이 아니다. 예레미야 선지자는 하나님이 그의 진노와 대노로 친히 유다 백성들을 치실 것이라는 신탁을 선포하였다(렘 21:5). 이사야 선지자 역시 유다 백성들이 반역하여 주의 성령을 근심하게 할 때 하나님이 돌이켜 그들의 대적이 되신다고 분명하게 선언하고 있다(사 63:10). 나훔의 선언이 자신에게도 적용될 수 있는 불편한 진실임을 기억할 때 나훔의 메시지는 보다 역동적으로 적용된다. 그렇게 할 때 하나님을 신뢰하고 그의 피난처에 거하는 기대뿐만 아니라 혹시라도 자신이 진노의 대상의 모습으로 살아가고 있는 것은 아닌지 보다 심각하게 고민하며 자신을 돌아볼 수 있다.

둘째, "너희 원수를 사랑하며 너희를 박해하는 자를 위하여 기도하라"(마 5:43)는 그리스도의 명령을 언급하며 하나님의 진노와 보복을 구약 안에만 가두어 놓으려고 한다. "원수를 사랑하라"는 명령은 원수를 향한 하나님의 진노를 부인하는 것이 아니라 그들 역시 구원의 대상으로 바라보시는 하나님의 마음을 깨우쳐 주시는 것이다. 탕자의 비유에 나오는 큰 아들과 같이 탕자의 회복을 못마땅하게 생각하며 분노하는 것이 아니라 탕자를 바라보는 아버지의 마음을 회복하라는 것이다. 원수가 심판에서 구원으로 옮겨지는 것은 심판에 대한 확실한 사실을 인지하면서부터 시작된다. 또한 "원수를 갚지 말라"는 명령은 하나님의 보복과 상충하는 명령이 아니다. 이 명령은 스스로 원수를 갚지 말고 하나님께 맡기라는 것이다(cf 신 32:35; 시 94:1; 롬 12:19-21). 여전히 하나님은 원수를 갚으시는 분임에는 변함이 없다.

셋째, 진노의 연기를 진노의 취소로 착각하는 것이다. 진노의 연기는 취소를 의미하지 않는다. 단지 하나님은 그의 보복을 행하실 때까지 진노를 품고 계실뿐이다. 진노의 연기는 아직 그 때가 이르지 않았음을 의미할 뿐이다. 왜냐하면 하나님은 결코 벌하지 않은 채 내버려 두지 않으시기 때문이다. 단지 그 때가 이르길 기다리신다. 착각과 망각은 결코 진노를 해결하는 방법이 아니다. 오히려 진노의 심각성을 직면할 때 해결할 방법을 찾게 된다. 그의 진노를 돌이키는 유일한 방법은 죄의 문제를 해결하고 그 악한 길에서 돌아서는 것이다. 이것은 요나 당시의 니느웨 성읍 백성들이 보여주었던 모습이다(cf. 욘 3:1-10).

2. 보복을 행하시는 하나님(3절하반절-6절)
   1) 전사이신 하나님
   2) 하나님의 우주적 주권과 능력
   3) 보복의 파괴력
   4) 감당할 수 없는 진노의 보복

하나님의 보복과 진노가 성급하게 결정된 것이 아닌 것이기에 더욱 두려움을 자아낸다. 우주적 주권과 능력으로 무장하신 하나님은 하늘에서부터 땅으로 위협적인 모습으로 돌격해 오신 후, 거침없이 성공적으로 그의 보복을 행하신다. 그의 보복은 모든 것을 뒤엎어 놓으신다. 보복의 대상은 그 형체를 알아볼 수 없을 정도로 완전히 파괴된다. 이와 같이 하나님의 진노와 보복은 피상적이지 않고 실제적이다. 하나님의 진노와 보복은 어느 누구도 결코 감당할 수 없다. 그 어떤 것도 그의 진노와 보복에서 인간을 구해줄 수 없다. 이 메시지는 두 가지 중요한 적용을 제시한다. 첫째, 악인들의 번성함이 이해하기 어려운 것임에도 불구하고 여전히 하나님의 주권과 능력을 신뢰하며 그가 그의 나라를 이루실 것을 소망하도록 격려한다. 이는 나훔이 확신 속에 선포하는 바와 같이 하나님의 보복이 확실하기 때문이다. 이 면에서 본 단락은 하박국서의 핵심 메시지와 맥을 같이 한다. 상황은 해결을 위한 어떤 답변도 주는 것 같지 않지만 해결의 때를 기다리고 계시는 하나님의 속성과 선언을 전적으로 신뢰해야 한다. 둘째, 하나님의 진노와 보복의 실제성은 반드시 선포되어야 한다. 교회에서 하나님의 진노와 보복을 선포할 때 어느 누구도 기뻐하지 않을 것이다. 하지만 그의 뜻을 거부하고 대적하는 자들에 대한 하나님의 진노와 보복의 파괴력을 분명하게 선포한다면 한국교회는 교회 안에서 또한 사회에서 자행되는 죄의 문제에 대해 보다 심각하게 대처할 것이다. 현대 교회는 단지 그리스도의 보혈로 죄를 무마해 주는 설교가 아니라 죄가 수반하는 심판의 심각성을 인식시키고 진정으로 죄 사함을 받은 그래서 죄를 멀리하는 제자의 삶을 사모하게 하는 설교가 필요하다. 심판의 두려움에 대한 올바른 인식은 성도를 공포로 위축시키는 것이 아니라 죄를 지을 때 불편해하게 만든다. 죄와 그 결과로 인해 심각하게 갈등하고 불편해하는 성도가 많은 교회는 세상의 빛과 소금으로 다가설 수 있게 된다.

3. 어느 편에 설 것인가? (7-8절)

1) 하나님 편
2) 대적의 편
3) 그릇된 선택의 결과

하나님의 보복은 "묻지 마" 식의 피의 보복이 아니다. 또한 하나님은 그의 보복을 구분 없이 막무가내로 행하시지 않는다. 오히려 선하신 하나님은 보복의 대상을 명확하게 구분하신다. 따라서 나훔은 누구의 편에 설 것인지를 도전한다. 그의 편에 서서 그를 신뢰하는 자들에게 하나님은 산성이 되어주시지만 대적의 편에 선다면 그의 보복을 피할 수 없게 된다.

하나님이 제공하시는 "산성"에서 안정과 보호를 누릴 것인가 아니면 자신이 만든 "자리"에서 스스로 안정과 보호를 추구할 것인가를 선택해야만 한다. 선택은 결과를 수반한다. 후자의 선택은 "산성"이 아닌 "범람하는 홍수"와 "어둠"을 경험하게 할 것이다. 자신의 산성을 세우고 안전하다고 확신하는 자들은 나훔의 선언에 귀를 기울여야 한다. 하나님이 제공하시는 산성 외에는 그 어떤 것도 영원한 안전과 보호를 보장할 수 없기 때문이다. 하나님의 편에 서기를 선택한 성도는 고난의 부재가 아닌 고난 속에서 하나님의 사랑과 돌보심을 경험하길 기대해야 한다. 왜냐하면 하나님은 고난의 부재를 약속하신 것이 아니라 그의 사랑과 돌보심을 약속하셨기 때문이다.

추가로, 나훔서 1장 2-8절의 시는 신정론의 문제와도 연관이 있다. 현실의 악과 부조리 속에서 과연 하나님의 공의와 정의가 여전히 그 역할을 하고 있는지 또한 그가 현실의 부정적인 문제를 해결하실 의지와 능력이 있는지에 대한 고민에 직접적인 답변을 제공한다. 하박국은 하나님과의 질의응답을 통해 신정론의 문제에 접근한 반면에 나훔은 악을 제거하시는 하나님의 공의에 대한 직접적인 선언으로 답변을 제공한다. 하나님의 선하심은 악의 문제를 해결하시고 그를 신뢰하는 자들을 보호하시고 신원하신다. 나훔의 선언은 앗시리아가 행하는 패역의 고통 속에서 이스라엘을 향한 하나님의 약속과 축복을 갈망하던 신실한 자들에게 위로의 메시지가 되었을 것이다. 따라서 나훔서 1장 2-8절의 시는 현실의 부정적인 상황 속에서 신자들에게 하나님의 공의와 선하심을 굳건히 붙들고 인내할 것을 권고하는 면에서 상황이 아닌 하나님을 전적으로 신뢰할 것을 권고하는 하박국의 고백과 맥을 같이 한다: "비록 무화과나무가 무성하지 못하며 포도나무에 열매가 없으며 감람나무에 소출이 없으며 밭에 먹을 것이 없으며 우리에 양이 없으며 외양간에 소가 없을지라도 나는 여호와로 말미암아 즐거워하며 나의 구원의 하나님으로 말미암아 기뻐하리로다 주 여호와는 나의 힘이시라 나의 발을 사슴과 같게 하사 나를 나의 높은 곳으로 다니게 하시리로다"(합 3:17-19).

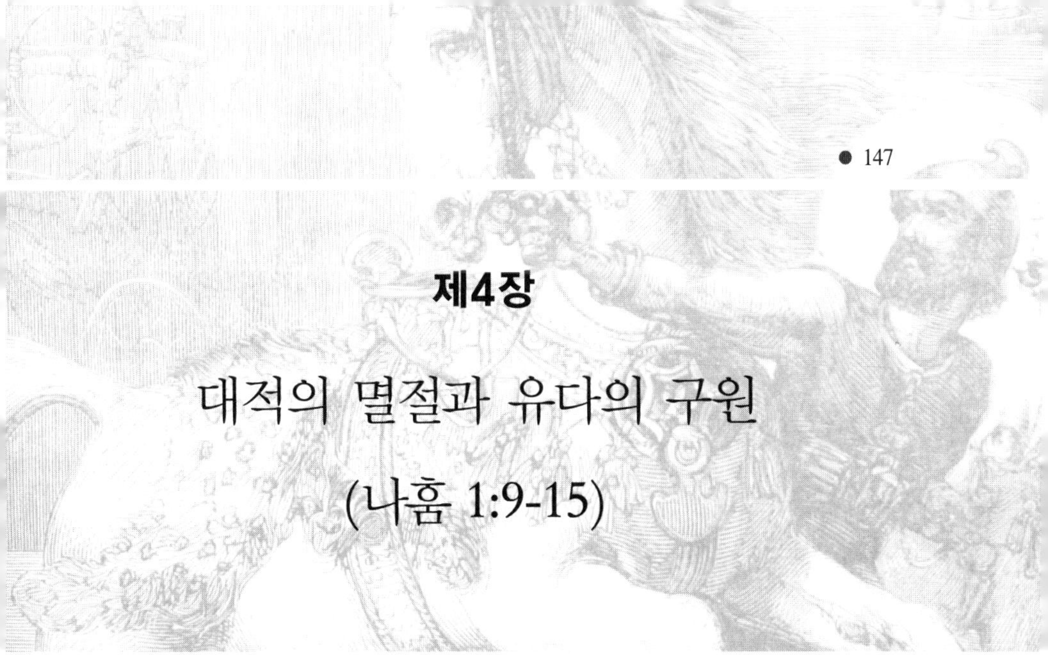

제4장

대적의 멸절과 유다의 구원 (나훔 1:9-15)

나훔은 1장 2-8절에서 자신을 거스르는 자들을 진노로 보복하시는 여호와의 일반적인 속성을 선언한 후, 보복대상의 특징과 보복의 구체적인 내용 및 그의 선하심이 구체적으로 누구에게 또한 어떻게 적용되는 지를 선언하는 신탁을 이어간다. 나훔서 1:9-15절은 여전히 서술형식에 있어서 시 문체를 사용하지만 내용에 있어서는 신탁선언의 특징을 가지고 있기 때문에 앞의 단락과는 구분이 된다. 따라서 9-15절을 나훔서의 첫 번째 신탁으로 규정하여 신탁의 형식과 특징에 따라 그 의미를 분석할 필요가 있다.

나훔서 1:9-15과 관련된 논쟁적 이슈는 이 단락의 범위에 관한 것이다. 앞 장에서 언급한 바와 같이 1장에 있는 이합체 시의 범위규정에 따라 첫 번째 신탁의 범위가 유동적으로 제시되고 있다. 본 단락과 관련된 학자들의 논의는 주로 MT 독법이 주고 있는 어려움을 해결하려는 본문비평에 집중되고 있다. 따라서 본 단락을 주해함에 있어서 본문비평과 관련된 해석적 차이가 제시되는 경우 원문분석이나 주해단락에서 언급할 것이며 대부분의 본문비평 논의는 각주에서 다룰 것이다.

나훔서 1:9-15을 하나의 의미론적 단락으로 구분할 수 있는 근거는 다음과 같다.[1] 첫째, 9절이 전형적인 신탁도입 형식(כֹּה אָמַר יְהוָה 코 아마르 아도나이, "여호와께서 이와 같이 말씀하시되")으로 전형적인 신탁의 시작이 제시되는 것은 아니지만

---

1) Longman은 1:9-2:2을 하나의 단락으로 간주한다(Longman, "Nahum," 778, 795).

앞 단락(2-8절)에서 언급한 바와 같이, 8절과 9절에 3인칭에서 2인칭 서술로 전환하는 것이 보인다. 이러한 인칭의 변화를 새로운 단락의 시작으로 볼 수 있다. 나훔이 그의 신탁을 시작할 때 전형적인 도입형식을 사용하지 않는 것은 두 번째 신탁(2:1-13)과 세 번째 신탁(3:1-19)의 도입에서도 발견된다. 반면에 심판선언 단락(12-15절)에서는 선언을 유도하는 전형적인 형식을 사용하고 있다. 둘째, 9절에서 시작된 신탁은 15절로 마무리된다.

선언단락이 12절의 선언도입형식 כֹּה אָמַר יְהוָה 코 아마르 아도나이("여호와가 이같이 말씀하시라")로 시작되고 14절의 선언을 확언하는 표현 וְצִוָּה עָלֶיךָ יְהוָה 베찌바 알레이카 아도나이("나 여호와가 네게 대하여 명령하였나니")와 함께 15절까지 이어진다. 물론 전형적인 신탁결언 형식인 נְאֻם יְהוָה 네움 아도나이("여호와의 말씀이니라") 등이 서술되면서 15절에서 선언단락의 결언이 명시적으로 표기되지는 않는다. 하지만 고소단락(9-11절)의 마지막 부분에 בְלִיָּעַל 벨리야알(11절)이 언급되는 것과 짝을 이루어 선언단락의 마지막 부분에 בְלִיָּעַל 벨리야알(15절)이 등장하는 것은 1장 9-15절을 하나의 단락을 볼 가능성을 제공한다.[2)] 셋째, 심판이라는 주제 하에 나훔서 1장 9-15절과 2장의 연속성을 언급할 수 있다. 하지만 2장 1절에서부터 "파괴하는 자"(מֵפִיץ 메피쯔)에 대한 언급과 함께 이 파괴하는 자에 의한 심판을 선언하는 것을 고려할 때 2장을 앞의 단락(1:9-15)과 구분하여 고려하는 것이 적절해 보인다.

위에 언급한 사실에 근거하여 9-15절을 심판을 선언하는 하나의 신탁으로 구분하여 분석할 수 있는데, 이 신탁은 세부적으로 <표 14>와 같은 흐름을 가지고 있다.

〈표 14〉 나훔 1:9-15의 구조

II. 첫 번째 신탁: 1:9-15
A. 원인: "여호와께 악을 꾀하는 한 사람," 9-11
  B. 결과(I): 대적의 멸절, 12a-e
    C. 결과(II): 유다의 구원, 12f-13
  B'. 결과(III): "악을 꾀하는 자"의 멸절과 우상제거, 14
    C.' 결과(IV): 유다의 구원, 15

2) 이러한 사실은 1장의 범위를 1-14절로 제한하고 있는 MT의 장절구분과는 차이가 있다.

일반적으로 심판신탁은 심판의 원인과 문제점을 지적하는 "고소단락"과 이에 따른 심판을 선언하는 "선언단락"의 흐름으로 구성된다. 즉 원인과 결과의 흐름이다.[3] 9-15절에 서술된 신탁의 경우, 넓게는 9-11절이 고소단락(원인)을 이루고 12-15절이 선언단락(결과)을 이룬다. 이 단락들을 보다 세부적으로 살피면, 고소단락(9-11절)은 아래와 같이 선언(b, 9b-10절)을 중심으로 원인을 지적하는 a(9a)와 a'(11)이 교차평행을 이루는 형식을 취하고 있다. a(9a)는 악을 꾀하는 것에 대한 책망이며 a'(11)은 여호와께 악을 꾀하는 자의 등장을 심판의 원인으로 제시한다. 고소단락의 이러한 구성은 본서의 2장에서 언급한 바와 같이 나훔서의 신탁에서 볼 수 있는 특징이다(cf. 나 2:1-2; 3:1-4).

A (1:9-11)

a. 원인: 9a ("너희는 여호와께 무엇을 꾀하느냐[תְּחַשְּׁבוּן 테핫셰분]")

  b. 선언: 9b-10 (일어나지 못하고 불타버림)

a'. 원인: 11 ("여호와께 악을 꾀하는[חֹשֵׁב 호셰브] 한 사람")

선언단락(12-15절)은 위의 <표 14>에서 보는 바와 같이 대적에 관한 심판선언과 유다에 관한 구원선언이 교체되면서 서술되고 있다. 이는 대적의 멸절과 유다의 구원이 서로 연관되어 있음을 내용적으로뿐만 아니라 시각적으로도 보여주는 구조이다. B'과 C'은 각각 B와 C를 보다 구체적으로 설명하면서 멸절과 구원의 상반된 결과를 명확하게 전달한다.

첫 번째 신탁의 원문을 분석하고 주해하기에 앞서 나훔서의 심판신탁이 보여주고 있는 특징을 언급하고자 한다. 다음은 심판신탁을 기술하는 나훔의 서술적 특징이다. 첫째, 나훔은 신탁을 서술함에 있어서 신탁도입형식을 사용하지 않고 곧바로 심판의 원인에 대한 고소로 신탁을 시작한다. 특히 나훔은 심판대상을 고소하는 단락을 서술함에 있어서 여호와께로부터 받은 신탁을 직접적으로 전달하는 것이 아니라 자신의 말로 심판의 원인이 되는 문제점을 지적한다. 둘째, 위에

3) 심판신탁의 구성에 대한 간략한 논의를 보려면, 조휘, 『사자가 부르짖은 즉』 34-36을 참조하라.

서 언급한 바와 같이 나훔은 자신의 말로 서술하는 심판신탁의 고소단락에 원인뿐만 아니라 간략하지만 선언을 포함하고 있다. 즉 원인–선언–원인의 흐름으로 고소단락을 구성한다. 나훔은 고소단락에 언급한 선언을 구체화하고 확대하여 각 신탁의 선언단락을 형성한다. 첫 번째 신탁(1:9-15)의 경우 나훔이 자신의 말로 고소를 할 때 그 근거는 1장 2-8절의 시에서 제시한 여호와의 속성이다.

셋째, 심판을 선언하는 단락에서는 선언형식, כֹּה אָמַר יְהוָה 코 아마르 아도나이("여호와가 이같이 말씀하시라"), נְאֻם יְהוָה 네움 아도나이("여호와의 말씀이니라") 등을 사용한다. 달리 말하면 나훔의 심판신탁은 선지자 자신의 말로 서술하는 고소단락과 직접적인 신탁을 전달하는 선언단락으로 구성되어 있다. 이것은 나훔서의 세 개의 신탁이 보여주는 일관된 현상이다. 첫 번째 신탁의 1:9-11, 두 번째 신탁의 2:1-2, 세 번째 신탁의 3:1-4은 나훔이 자신의 말로 서술하는 고소이며 첫 번째 신탁의 1:12-15, 두 번째 신탁의 2:3-13, 세 번째 신탁의 3:5-19은 여호와의 심판선언이다. 첫 번째 신탁과 두 번째 신탁의 경우, 고소단락에 "여호와"가 3인칭으로 언급되고 있기 때문에 나훔이 자신의 말로 고소하고 있는 것이 명확하다(1:11; 2:2). 1장 9절은 심판을 행하시는 자를 3인칭 동사를 사용하면서 "그"로 언급한다. 반면에 세 번째 신탁의 경우, 고소단락에 이러한 분명한 정보가 없기 때문에 세 번째 신탁의 고소단락은 여호와의 말일 가능성을 배제하지 않는다. 확정적일 수는 없지만 처음 두 신탁의 특징을 고려할 때 나훔의 말로 보는 것이 더 일관성이 있는 것으로 보인다. 한편으로는 세 번째 신탁의 고소단락에 있어서 여호와의 말과 나훔의 말에 대한 모호성을 의도한 것으로 볼 수 있다. 이러한 모호성을 통해 나훔은 그의 선지자적 권위가 신적 권위를 수반하고 있음을 보여주는 듯하다. 특히 바로 앞에 서술된 두 번째 신탁의 선언단락(2:3-13)은 나훔의 말로 서술된 심판선언(3-12절)과 여호와의 심판선언(13절)이 혼용된 것으로 볼 수 있기 때문이다. 이에 대한 구체적인 논의는 해당 단락을 주해하면서 언급할 것이다. 나훔이 다른 선지자들과 달리 특별히 다른 신탁서술 형식을 취하고 있는 것은 아니지만 그가 취하고 있는 서술적 특징을 고려하는 것은 신탁의 단락을 규정하고 의미를 파악하는데 도움이 된다. 각 선지자들이 신탁을 서술함에 있어서 상이한 서술형식을 취하지만 기본적으로 원인과 결과, 즉 고소와 선언의 흐름을 따라 신탁을 파악하는 것이 무엇보다 중요하다.

I. "여호와께 악을 꾀하는 한 사람" (A. 원인), 9-11

1. 원문

1:9a מַה־תְּחַשְּׁבוּן אֶל־יְהוָה
1:9b כָּלָה הוּא עֹשֶׂה
1:9c לֹא־תָקוּם פַּעֲמַיִם צָרָה
1:10a כִּי עַד־סִירִים סְבֻכִים
1:10b וּכְסָבְאָם סְבוּאִים
1:10c אֻכְּלוּ כְּקַשׁ יָבֵשׁ מָלֵא
1:11a מִמֵּךְ יָצָא חֹשֵׁב עַל־יְהוָה רָעָה
1:11b יֹעֵץ בְּלִיָּעַל

2. 번역(개역개정)

1:9 너희는 여호와께 대하여 무엇을 꾀하느냐 그가 온전히 멸하시리니 재난 이 다시 일어나지 아니하리라

1:10 가시덤불 같이 엉크러졌고 술을 마신 것 같이 취한 그들은 마른 지푸라기 같이 모두 탈 것이거늘

1:11 여호와께 악을 꾀하는 한 사람이 너희 중에서 나와서 사악한 것을 권하는도다

3. 원문분석

1:9. 피엘, 미완료, 2인칭 복수형 동사 תְּחַשְּׁבוּן테핫셰분("너희가 꾀하다," "너희가 도모[계획]하다")이 사용되면서 신탁은 신탁의 대상에게 보다 가깝게 다가간다. 하지만 "너희"가 누구인지, 즉 신탁의 대상의 정체는 아직 정확하게 언급되지 않고 유보된다. 표준새번역은 תְּחַשְּׁבוּן테핫셰분의 주어를 3인칭 복수대명사 "그들"로 번역하고 있는데, 신탁의 대상에게 보다 가깝게 접근하고 있는 본문의 흐름을 반영하여 "너희"로 번역하는 것이 보다 적절하다. 공동번역은 "원수들아"로 주어를

명확하게 제시하고 있다. 하지만 주어의 정체를 밝히지 않으면서 긴장감을 유도하고 있는 점을 고려할 때 원문의 표현을 그대로 반영하는 것이 필요하다. "너희"가 지시하는 대상에 대해 세 가지 견해가 있다. 첫째, 보복의 대상인 니느웨 또는 앗시리아의 백성들로 보는 견해이다.[4] 이 견해는 대상이 2-8절에 언급된 אֹיְבָיו 오예바브("자기[그의] 대적들")를 가리키는 것으로 이해한다. 따라서 공동번역에서처럼 "원수들아"라고 직접적으로 언급을 하기도 한다. 둘째, 마이어(Maier)가 주장하는 것처럼, "너희"의 대상을 유다백성으로 보는 견해이다.[5] 마이어는 9a의 의문문이 "유다야, 너희가 어찌하여 여호와의 능력을 의심하느냐?"라는 의미를 전달하는 것으로 해석한다: "Why do you, people of Judah, meditate, entertain doubt and uncertainty concerning God's ability to make an end to Assyria and to prove Himself on the day of affliction?" ("유다 백성들아, 어찌하여 너희는 앗시리아를 진멸하시고 환난의 날에 자신을 증명해 보이실 수 있는 하나님의 능력에 대해 의심과 불확실성을 생각하고 품고 있느냐?").[6] 그렇다면 이 의문문은 유다 백성의 의심을 책망하는 것이 된다. 그들의 의심을 책망한 후 10절은 이들의 확신을 독려하는 역할을 한다. 셋째, 니느웨와 유다가 모두 암시되어 있다고 보는 견해이다. 하일리(Hailey)는 9절이 니느웨의 패역한 행위와 유다의 불신을 지적하는 것으로 해석한다.[7] 스위니(Sweeney)는 9a의 질문이 니느웨와 유다 모두에게 여호와에 대해 어떻게 생각하는지를 묻고 9-15절이 이들의 생각에 대한 답변을 제시하는 것으로 분석한다.[8] 세 개의 견해 중 일반적으로 첫 번째 견해를 선택하는데, 두 번째 견해의 가

---

4) Cf. Christensen, *Nahum*, 201; Longman, "Nahum," 795-96; Smith, *A Critical and Exegetical Commentary*, 293; Smith, *Micah-Malachi*, 79; 존슨, "나훔," 247; Baker, *Nahum*, 30; 김희보, 『요나, 나훔, 오바댜 주해』 199-202.

5) Maier는 9a의 질문이 니느웨를 향한 것이 아니라 유다를 향한 것으로 주장한다(Maier, *The Book of Nahum*, 187-88; cf. Robertson, *The Books of Nahum*, 72-73; Keil, *The Twelve*, 12-13). Maier의 견해와 같은 맥락에서 Keil은 9a의 의미를 "Do ye think that Jehovah cannot or will not fulfill His threat upon Nineveh?"로 해석한다(ibid., 13).

6) Maier, *The Book of Nahum*, 187.

7) Hailey, *A Commentary*, 256.

8) Sweeney, "Concerning the Structure," 371-73. Sweeney의 분석에 따르면, 11절은 여호와에 대한 부정적인 생각("벨리알")이 유다 백성에게서 나오는 것을 지적하는 것이고 15절은 대적에 대한 여호와의 심판으로 인해 더 이상 이러한 생각("벨리알")이 이들에게 없

능성에 대하여 원문을 주해하는 단락에서 논할 것이다. 일단은 어떤 견해를 따르던 간에 9a의 의문문이 책망의 어조를 담고 있음을 기억해 둘 필요가 있다.

부사구 אֶל־יְהוָה 엘 아도나이("여호와께 대하여")의 전치사 אֶל 엘은 기본적으로 동사의 행위나 움직임이 미치는 대상("… 에게," "… 로")을 보여주는데, 문맥에 따라 적대적이고 부정적 어조를 담기도 한다. 즉 "대항하여" 또는 "거역하여" 등의 의미로 번역하기도 한다.[9] "너희"가 가리키는 대상을 보복의 대상으로 보는 견해는 자연스럽게 אֶל 엘을 부정적 의미로 해석한다. 하지만 전치사 자체가 적대적인 의미를 수반하는 것은 아니다. 전치사만을 고려한다면, אֶל 엘보다는 עַל 알이 부정적 어조를 담는 서술에 사용된다(cf. 나 1:12). 또한 동사 תְּחַשְּׁבוּן 테핫셰분 자체가 부정적 의미를 전달하는 것은 아니다.

의문사 מַה 마("무엇")의 역할에 대해 두 가지 해석이 가능하다. 하나는 양보절을 유도하는 의문사로 해석하는 것이며 다른 하나는 의문문을 유도하는 의문사로 해석하는 것이다. 전자의 경우, 9a의 문장은 "여호와를 대항하여 너희가 어떤 것을 꾀할지라도"라는 의미가 된다(cf. 우리말, 표준새번역, NIV).[10] 이 구문해석은 여호와를 대항하여 그 어떤 것도 꾀할 수 없다는 강한 부정적 의미를 전달한다. 후자의 경우, 9a의 문장은 여호와를 대항하여 꾀하는 바가 무엇인지를 묻는 것이 된다(cf. 개역개정, 공동번역, 쉬운성경, KJV, NJB). 하지만 이 의문문은 단순히 무엇을 꾀하는지를 묻는 것이 아니라 책망의 어조를 갖는다. 9a의 의문문 어조를 유지하지만 의문사 מַה 마가 이유를 묻는 것으로 간주하여 "어찌하여 너희가 여호와를 대항하여 도모하느냐?"로 번역하기도 한다(cf. TNK).[11] 이 번역은 책망의 어조를

을 것임을 선언하는 것으로 본다. Sweeney의 주장의 근거는 9-15절에서 2인칭 단수 여성 대명사어미가 지속적으로 "유다"를 가리키는 것으로 보는 것이다. 하지만 11절의 2인칭 단수 여성 대명사어미가 "니느웨"를 가리킬 가능성이 완전히 배제되는 것은 아니다.

9) Cf. BHRG §39.3/e. 표준새번역의 "주를 거역하여," 쉬운성경의 "여호와를 대적하여," 우리말성경의 "여호와께 대항해" 등의 번역은 전치사 אֶל 엘의 이러한 해석을 반영한 것이다. Maier는 אֶל 엘보다는 עַל 알이 부정적 어조를 갖는다고 설명한다(cf. Maier, *The Book of Nahum*, 187). 하지만 부정적 어감을 나타내는 2장 14절과 3장 5절에 전치사 אֶל 엘이 사용된 것을 볼 수 있다: הִנְנִי אֵלַיִךְ 힌니 엘라이크.

10) Cf. GKC §137c; WOC §18.3e.

11) "Why will you plot against the Lord?" (TNK); cf. Maier, *The Book of Nahum*, 184.

적절하게 반영하고 있다. "너희"의 대상이 누구이든 간에 이 의문문이 고소단락에 서술되고 있는 점을 고려할 때 부적절한 행위에 대한 책망을 담은 의문문으로 간주하는 것이 적절하다. 유다에게 던진 질문이라면 "너희가 여호와에 대하여 도대체 어떤 생각을 가지고 있느냐?"는 책망이다.

9b는 9a의 책망에 따른 선언을 서술한다. 즉 "그가 완전히 멸하신다"는 것이다. 부사적 대격의 역할을 하는 명사 כָּלָה칼라("완전히")가 문두에 서술되면서 강조된다. 또한 앞 문장의 "여호와"를 가리키는 주어 הוּא후("그가")가 동사의 역할을 하는 분사 עֹשֶׂה오세 앞에 놓여 강조된다. 따라서 이 강조용법을 반영하여 "그가 친히"로 번역할 수 있다. כָּלָה칼라("전부")와 עֹשֶׂה오세("하다," "만들다")가 함께 쓰이면서 "끝내다"라는 의미가 되는데, 끝내는 대상, 즉 목적어는 언급되지 않는다. 따라서 9a의 책망이 니느웨를 향한 것이라면 의미상의 목적어는 9a에 언급된 "여호와를 대항하여 도모하는 것"이 된다. 즉 니느웨가 여호와를 거스려 도모하는 모든 것들은 제거될 것이다. 한정동사 יַעֲשֶׂה야아세("그가 하다") 대신에 분사 עֹשֶׂה오세를 사용하는 것은 동사의 행위가 지속적으로 이루어지고 있음을 전달하기 위한 것이다. 따라서 여호와가 그를 대항하여 꾀하는 것을 언제든지 결코 허용하지 않는다는 의미가 강조된다. 반면에 9a의 "너희"가 유다 백성을 가리키는 것이라면, 제거의 대상은 유다를 압제하던 앗시리아 자체가 된다. 따라서 9b는 그들의 의심을 반박하는 확고한 선언이 된다. 즉 그들의 의심과는 달리 여호와가 앗시리아(니느웨)를 확실히 멸망시키실 것이라는 확언이다.[12)]

9c는 9b에 따른 결과를 서술해 준다. 즉 9b와 9c는 "여호와가 [그를 대항하여 도모하는 것을 또는 앗시리아] 완전히 멸하실 것이다. 그러므로 재난이 다시 일어나지 않을 것이다"라는 논리적 관계를 갖는다. 부정어 לֹא로와 함께 쓰인 동사 תָקוּם타쿰은 본래 "일어서다"를 의미하는데, "결과를 내다" 또는 "발생하다"의 의미를 갖기도 한다. 여기서는 후자의 의미로 번역된다. 칠십인경의 ἐκδικήσει("보복하다" = יִקּוֹם익콤)에 근거하여 BHS는 תָקוּם타쿰을 יְקוּמוּ예쿠무("그들이 보복할 것이다")로 수정하여 읽을 것을 제안한다. 또한 이 동사의 주어로 צָרָה짜라("재난"/"환난")

---

12) Maier는 8절에 이어 9b-c가 확언에 확언을 하는 것으로 설명한다: "The promise of v. 8 is thus repeated. Assurance is added to assurance" (ibid.).

를 수정하여 צָרָיו짜라브("그를 거스르는 자들")로 제안한다(cf. 공동번역, 쉬운성경).[13] 따라서 이 수정독법은 부정어 לֹא로와 함께 "그를 거스르는 자들이 보복을 행하지 못할 것이다"라는 의미를 전달한다. 하지만 이 수정독법들은 히브리어 필사본들의 지지를 받지 못하고 있다. 따라서 MT독법을 유지하는 것이 필요하다. 특히 7a에 צָרָה짜라가 언급되었던 점에 주목할 필요가 있다: בְּיוֹם צָרָה베욤 짜라("환난의 날에," 7a). 같은 맥락에서 9c의 צָרָה짜라를 "재난"으로 번역하기 보다는 "고통" 또는 "환난"으로 번역하는 것이 보다 적절하다. 쌍수형 명사 פְּעָמִים파아마임("두 번")이 동사구 לֹא־תָקוּם로 타쿰을 꾸며주는 부사적 대격으로 쓰이면서 "두 번 다시 일어나지 않을 것이다"라는 의미를 전달한다. 즉 결코 반복되지 않을 것이라는 의미이다. 정리하면 9절은 여호와가 그를 대항하여 도모하는 것을 이루지 못하게 하실 것이기 때문에 결코 재난이 일어나지 못하게 된다는 선언이다.

1:10. 본 절은 문법적, 구문론적 관점에서 해석이 어려운 구약 본문들 중의 하나이다.[14] 따라서 본 절과 관련하여 다양한 구문분석과 수정독법이 제시되고 있다.[15] 불변화사 כִּי키의 구문론적 역할에 대해 세 가지 분석이 가능하다.[16] 첫

13) 우리말성경은 צָרָה짜라를 "반항"으로 번역하고 있는데, 이 단어를 7a와 연관하여 고려할 때 이 번역은 적절하지 않다.

14) J. M. P. Smith는 10절의 MT독법으로는 전혀 의미를 알 수 없을 뿐만 아니라 원문을 재구성할 수도 없고 단지 추정에 따른 해석을 제시할 수 있을 뿐이라고 말한다(Smith, *A Critical and Exegetical Commentary*, 294). Smith의 말은 10절의 문법적, 구문론적 해석의 어려움을 단적으로 보여준다. 하지만 그의 말처럼 10절의 MT독법으로 의미를 전혀 파악할 수 없는 것은 아니다. 또한 문법적, 구문론적 해석이 전혀 불가능한 것도 아니다. Armerding은 10절의 단어들이 보여주고 있는 두운양식에 근거하여 수정이 불필요하다고 말한다(Armerding, "Nahum," 465-66).

15) Cathcart는 이 어려움을 다음과 같이 서술하고 있다: "This[1:10] must be one of the most difficult texts in the Old Testament. No satisfactory translation of the passage has been offered to date" (Cathcart, *Nahum*, 60; cf. Maier, *The Book of Nahum*, 190; Christensen, *Nahum*, 205; Smith, *A Critical and Exegetical Commentary*, 294). 하지만 이러한 어려움에도 불구하고 10절의 의미를 파악하는 것이 전혀 불가능하다는 것을 의미하지 않는다. BHS는 10절과 11절을 1장 2절, 또는 2장 4절 다음에 재배열할 수도 있다고 보지만 이는 근거가 빈약한 추정에 불과하다.

16) BHS는 MT의 כִּי עַד키 아드 독법에 대해서 3장 1절과 유사하게 הוֹי עִיר호이 이르("성읍

째, כִּי 키가 뒤이어 서술되는 말을 확언하거나 앞에 언급된 말에 대한 근거를 제시하는 불변화사로 분석하는 것이다.[17] 이 경우, 일반적으로 כִּי 키를 번역하지 않는다.[18] כִּי 키는 단지 선언이나 근거가 뒤따르고 있음을 나타내는 표기(marker)와 같은 역할을 할 뿐이다. 둘째, כִּי 키를 논의의 근거를 제시하는 양보절을 유도하는 종속접속사로 분석하는 것이다(cf. 사 16:12; 호 13:15; 시 21:12).[19] 이 경우, 11절이 주절이 된다. 개역개정의 번역이 이 분석을 따르고 있다: "가시덤불 같이 엉크러졌고…그들은 마른 지푸라기 같이 모두 탈 것이거늘[탈 것임에도 불구하고], 여호와께 악을 꾀하는 한 사람이…사악한 것을 권하는도다." 셋째, כִּי 키를 원인을 나타내는 부사절을 유도하는 접속사로 분석한다. 이 경우, 10절은 구문론적으로 9절과 연결이 된다.[20] 즉, 9c가 주절이 되고 접속사 כִּי 키가 유도하는 10a-b는 종속절이 되면서 재난이 다시 일어나지 않을 것에 대한 이유(또는 근거)를 서술하는 것이 된다. 따라서 10a-c 전체를 "왜냐하면. . . 때문이다"라는 의미로 번역할 수 있다. 10a-c는 "재난"("환난")이 다시 있지 않게 되는 것은 고통을 주던 자들이 완전히 소멸될 것이기 때문이라는 이유를 제시한다. כִּי 키의 구문론적 기능뿐만 아니라 9b가 "완전히"로 해석될 수 있는 כָּלָה 칼라로 시작되고 10c가 "완전히"로 해석될 수 있는 מָלֵא 말레로 마무리되고 있는 점은 10절을 11절보다는 9절에 연결시킨다. 첫 번째와 세 번째 구문해석은 실제 의미나 논리적 흐름에 있어서 큰 차이가 있는 것은 아니다. 하지만 9절의 선언과의 관계를 고려할 때 세 번째 구문해석이 선호

에 화있을진저")로 수정하거나 יִבָּעֲרוּ כְּ 이브아루 케("...처럼 그들이 불에 탈 것이다")로 수정하여 읽을 것을 제안한다. 하지만 고대역본이나 히브리어 필사본이 이 수정독법들을 지지하지 않는다. 따라서 MT독법을 유지하는 것이 적절하다.

17) Cf. GKC §159ee; HBI §3.3.5c; BHRG §40.9.2.

18) Christensen은 불변화사 כִּי 키가 나훔 1:1-10의 단락의 절정을 유도하는 수사적 역할을 하는 것으로 설명한다(Christensen, *Nahum*, 204). 영어번역본에서는 이러한 역할을 하는 כִּי 키를 주로 "for"로 번역하고 있다(cf. 민 21:34; 시 1:6).

19) Cf. HBI §3.3.5f; Roberts, *Nahum*, 42, 46). Maier는 불변화사 כִּי 키가 양보절을 유도하는 것으로 분석하면 오히려 기본적인 의미가 훼손될 수 있음을 언급하면서 양보절로 분석하는 것을 거부한다(Maier, *The Book of Nahum*, 192).

20) Maier는 כִּי 키의 용법에 대해 다음과 같이 서술하고 있다: "This is best explained as a causal particle, motivating the statement in the preceding verse that for Judah affliction will not rise a second time from the hands of the Assyrians" (ibid.).

된다.

불변화사 כִּי키와 마찬가지로 전치사 עַד아드에 대한 구문분석도 다양하다. 첫째, עַד아드를 비교를 위한 전치사("같이," "처럼")로 보는 분석이다. 둘째, עַד아드를 위치를 나타내는 전치사("곁에")로 보는 분석이다. 롱맨(Longman)은 עַד아드가 비교를 위한 용법으로 사용된 전례가 없는 것에 근거하여 위치를 나타내는 것으로 보는 것이 타당하다고 주장한다.[21] 셋째, 윌리암스(Williams)가 제시하는 바와 같이, עַד아드를 כִּי키와 함께 묶어 시간을 나타내는 부사절("... 때")을 유도하는 역할을 하는 것으로 분석하는 것이다.[22] 한글번역본들은 주로 첫 번째 분석을 따르고 있다. 10절의 구문론적 평행은 첫 번째 분석을 선호하게 한다. 보다 구체적인 설명은 아래에서 제시할 것이다.

סְבֻכִים세부킴의 문법적 형태는 칼, 남성, 복수형 분사인데, 이 분사의 원형 סבך가 의미하는 바가 무엇인지 정확하지 않다. 일반적으로 이 단어를 "엉키다" 또는 "휘감다" 등으로 해석한다. סִירִים시림(סִירָה시라, 남성형 복수어미를 취하는 여성형 복수)은 가시가 돋친 식물을 가리키는 것으로 주로 "가시덤불"로 해석된다. 이 명사가 이어지는 분사를 꾸며주는 부사적 내격의 역할을 하는 것으로 보면, סִירִים סְבֻכִים시림 세부킴은 "가시덤불로 휘감긴" 또는 "가시덤불처럼 뒤엉킨" 등으로 번역하게 된다(cf. 개역개정, 우리말, 표준새번역, KJV, NIV). 반면에 분사가 한정 용법으로 명사를 꾸며주는 형용사적 역할을 하는 것으로 보면 סִירִים סְבֻכִים시림 세부킴은 "엉켜버린 가시덤불," "엉클어진 가시덤불" 등으로 번역하게 된다(cf. 쉬운성경, TNK, ESV). 이 표현의 구체적인 의미는 원문주해 단락에서 언급할 것이다.

וּכְסָבְאָם우케소브암의 접속사 ו바브와 전치사 כְּ케에 대해서는 문법적 이견이 없다. 일반적으로 접속사 ו바브는 סִירִים סְבֻכִים시림 세부킴과 כְּסָבְאָם סְבוּאִים케소브암 세부임을 병치시키는 등위접속사("그리고")의 역할을 하는 것으로 그리고 전치사 כְּ케는 비교("...처럼")를 위한 것으로 해석한다. 하지만 סָבְאָם소브암의 형태에 대해서는 세 가지 해석이 제시되고 있다. 첫째, 연결형 명사 סֹבֶא소베("술")에 3인칭 남성 대

---

21) Longman, "Nahum," 796.

22) Cf. Christensen, *Nahum*, 205. KJV은 עַד아드 자체가 시간을 나타내는 절을 유도하는 것으로 번역하고 있다: "For while they be folden together as thorns..."

명사어미 םָ 이 결합된 형태로 보는 것이다. 이 경우, סָבְאָם소브암은 "그들의 술"로 번역이 된다. 3인칭 복수 대명사어미(םָ)의 선행사는 보복의 대상, 즉 여호와를 대적하는 자들로 볼 수 있다. 둘째, 칼, 연결형 부정사 סבא("마시다")와 3인칭 복수 대명사어미(םָ)가 결합된 형태로 보는 것이다. 대명사어미는 주어의 역할을 하게 된다. 즉 "그들이 마시다" 또는 "그들이 술에 취하다"를 의미하게 된다. 마이어(Maier)는 이와 같은 분석을 제안하고 כְּ케가 부정사와 함께 시간을 나타내는 부사절을 유도하는 것으로 간주하여 כְּסָבְאָם케소브암을 "when they carouse"("그들이 마시고 흥청댈 때")로 번역한다.[23] 셋째, סָבְאָם소브암의 מ 멤을 고어의 문법적 접사(the enclitic *mem*)로 간주하고 부정사가 실명사의 역할을 하는 것으로 보아 סָבְאָם소브암을 "술꾼"으로 해석하는 것이다.[24] 어떤 해석을 따르던 간에 סָבְאָם소브암은 심판을 받게 되는 대상을 술 취함과 연관을 지어 서술하고 있다는 것이다.[25] 술에 취한 모습은 올바른 판단과 행동으로 위기상황에 대처할 수 없는 상태를 묘사해 준다.

כְּסָבְאָם케소브암의 문법적, 구문론적 분석은 이어지는 칼, 수동형, 복수분사 סְבוּאִים세부임(סבא, "마시다," "술에 젖어 살다")과 연계되어 있다.[26] סְבוּאִים세부임이 한정적 용법으로 וּכְסָבְאָם우케소브암을 꾸며주는 형용사적 역할을 하는 것으로 해석하거나 서술적 용법으로 (생략된) 주어를 묘사하는 술어적 역할을 하는 것으로 해석할 수 있다. 이와 더불어 סָבְאָם소브암의 여러 구문해석들을 고려할 때 다양한 해석이 가능해진다. 하지만 10a와 10b가 아래와 같이 구문론적 평행을 이루는 점에 주목할 필요가 있다. 왜냐하면 이 평행구조가 구문분석을 결정할 수 있는 근

23) Maier, *The Book of Nahum*, 190, 194.

24) Cf. BHRG §28. 접사 מ 멤이 어떤 기능을 하는지 아직 밝혀진 바가 없다.

25) Cf. Cathcart, *Nahum*, 61.

26) BHS는 MT의 וּכְסָבְאָם סְבוּאִים우케소브암 세부임에 대하여 다음과 같은 수정독법을 제안한다. 두 번째 단어 또는 두 단어가 모두 중복필사(dittography)된 것으로 본다. 아니면 이 표현을 10c의 מָלֵא말레와 함께 מָלְאוּ לְבִיאִים말레우 레비임("그들이 사자들로 가득 차게 될 것이다")로 읽는 수정독법 또는 וּכְסָבְאָם סְבוּאִים우케소브암 세부임 자체를 생략할 것을 제안한다. 헬라어 역본이 이 표현을 반영하지 않고 있는 것을 생략의 근거로 보는 것 같다. 하지만 이 수정독법들은 히브리어 필사본의 지지를 받지 못하고 있다. 뿐만 아니라 Longman이 지적하는 바와 같이 의도적으로 술에 취한 자의 행태를 묘사하고 있는 것이라면 MT독법을 그대로 유지할 수 있다(Longman, "Nahum," 796).

거가 될 수 있기 때문이다. 따라서 어떤 구문해석을 따르던 간에 10a와 10b의 구문분석을 동일하게 할 필요가 있다.

1:10a כִּי עַד־ סִירִים סְבֻכִים
d [수동형 복수분사] - c [명사] - b [전치사] - a [접속사]
1:10b וּ כְ סָבְאָם סְבוּאִים
d' [수동형 복수분사] - c' [명사] - b' [전치사] - a' [접속사]

뿐만 아니라 10b의 כְסָבְאָם סְבוּאִים케소브암 세부임과 10c의 비교를 위한 전치사 כְּ케가 유도하는 부사구 כְּקַשׁ יָבֵשׁ מָלֵא케카쉬 야베쉬 말레가 10c의 주동사 אֻכְּלוּ욱켈루("삼킴을 당하다"/"타 버리다")를 중심으로 교차평행구조를 이루고 있는 것도 주목할 필요가 있다.[27] 이 평행구조에서 동사 אֻכְּלוּ욱켈루가 10a와 10b에도 적용될 수 있는 가능성을 보게 된다.

1:10b וּכְסָבְאָם סְבוּאִים
a [전치사 כ, 명사, 수동형분사]
1:10c אֻכְּלוּ כְּקַשׁ יָבֵשׁ מָלֵא
a' [전치사 כ , 명사, 형용사] - b [동사]

이러한 문법적, 구문론적 평행을 반영하고 위에서 언급한 구문분석의 다양한 견해들 중 선택을 하면 다음과 같다. 10a의 전치사 עַד아드는 10b와 10c의 비교를 위한 전치사 כְּ케와 같이 비교를 위한 것으로 볼 수 있다. סָבְאָם소브암이 10a의 "가시덤불"과 10c의 "지푸라기"와 짝을 이루고 있는 것을 고려하여 실명사의 역할을 하는 것으로 보아 "술꾼"으로 해석하는 것이 적절해 보인다. 10a의 분사 סְבֻכִים세부킴과 10b의 분사 סְבוּאִים세부임은 10c의 한정적 용법의 형용사 יָבֵשׁ야베쉬와 짝을 이루는 것에 근거하여 한정적 용법으로 각기 앞에 서술된 명사를 꾸며

27) A. Spreafico는 동사 אֻכְּלוּ욱켈루가 10b의 부사구 וּכְסָבְאָם סְבוּאִים우케소브암 세부임과 10c의 부사구 כְּקַשׁ יָבֵשׁ מָלֵא케카쉬 야베쉬 말레 중간에 위치하여 양자에 모두 적용되는 이중수식의 역할을 하는 것을 설명한다(Ambrogio Spreafico, "Nahum I 10 and Isaiah I 12-13: Double-duty Modifier," *VT* 48 [1998]: 104-10).

주는 것으로 보는 것이 선호된다. 이러한 선택들을 반영하면 10a와 10b는 "[이는] 뒤엉킨 가시덤불처럼, 그리고 술에 찌든 술꾼과 같이"로 번역이 된다. 이와는 달리 10a와 10b의 평행구조만을 고려하여 우리말성경("그들은 가시덤불처럼 엉클어져 있고 술꾼들처럼 취해 있다")이나 표준새번역("그들은 가시덤불처럼 엉클어지고, 술고래처럼 곯아떨어져서")처럼 번역할 수도 있다. 중요한 것은 평행구조에 따라 구문을 일관성이 있게 분석하고 번역하는 것이다.

10c의 주동사 אֻכְּלוּ 욱켈루(푸알 또는 칼 수동)의 문자적 의미는 "그들이 먹힘을 당할 것이다"인데, 명사 קַשׁ 카쉬("검불," "지푸라기")가 함께 쓰이면서 비유적으로 "그들이 [지푸라기처럼] 타버릴 것이다"라는 의미를 갖는다. אֻכְּלוּ 욱켈루는 미래의 일을 가리키는 예언적 완료이다. 따라서 미래시제로 번역한다. יָבֵשׁ 야베쉬는 명사 קַשׁ 카쉬를 꾸며주는 한정용법의 형용사이며 명사 와 함께 쓰인 전치사 כְּ 케는 비교를 위한 것이다. 따라서 כְּקַשׁ יָבֵשׁ 케카쉬 야베쉬는 "마른 지푸라기처럼"으로 번역이 된다.

מָלֵא 말레의 구문론적 역할에 대해 여러 견해가 제시되고 있다.[28] 첫째, 크리스텐센(Christensen)이 제시하는 바와 같이, מָלֵא 말레가 형용사로 כְּקַשׁ יָבֵשׁ 케카쉬 야베쉬를 꾸며주는 것으로 보는 것이다: "The term *mālē* ('fully, completely') functions as an adjective modifying the phrase *kə qaš yābēš* ('like fully dried stubble').[29] 크리스텐센은 형용사("an adjective")라고 말하지만 실제 문법적으로 מָלֵא 말레는 부사적 기능을 한다. 둘째, 캐스카트(Cathcart)가 제시하는 바와 같이, מָלֵא 말레가 형용사 יָבֵשׁ 야베쉬를 꾸며주는 부사로 보는 것이다(cf. TNK, KJV. ESV).[30] 이 경우, "완전히 마른"이라는 의미가 된다. 셋째, מָלֵא 말레를 동사 אֻכְּלוּ 욱켈루를 꾸며주는 부사로 보는 것이다(cf. 쉬운성경, 우리말성경, 표준새번역, NJB). 따라서 10c는 "그들이 마른 지푸라기처럼 *완전히* 타버릴 것이다"로 번역이 된다. 완전한 멸망을 강조

28) BHS는 מָלֵא 말레를 מָלְאוּ לְבִיאִים 말레우 레비임으로 수정하여 읽거나 11절에 연결하여 의문사와 부정어가 결합된 הֲלֹא 할로(의문문 유도 불변화사+부정어)로 수정하여 읽을 것을 제안한다. 히브리어 필사본들이 MT독법을 유지하고 있는 것을 고려할 때, 이 수정독법들은 적절하지 않다.

29) Christensen, *Nahum*, 208.

30) Cathcart, *Nahum*, 62.

하고 있는 8절과 9절을 고려하여 세 번째 해석을 선호하는 것으로 보인다. 하지만 8절과 9절의 구문에서 כָּלָה칼라가 동사나 주동사 역할을 하는 분사 앞에 위치하여 강조되고 있는 것을 볼 수 있다. 따라서 מָלֵא말레는 보다 가깝게 위치하고 있는 형용사 יָבֵשׁ야베쉬를 꾸미는 것으로 보는 것이 적절해 보인다.[31] 동사 אֻכְּלוּ욱켈루의 주어("그들")는 보복의 대상을 가리킨다. 결론적으로 위에 언급한 구문론적 논의를 반영하면 10절을 "이는 뒤엉킨 가시덤불처럼 그리고 술에 찌든 술꾼처럼, 완전히 말라버린 지푸라기처럼 그들이 먹힘을 당하게 될 것이다"로 번역하게 된다.[32]

1:11. מִמֵּךְ밈메크는 출처를 나타내는 전치사 מִן민("…로 부터," "… 에게서")과 2인칭 여성 단수 대명사어미 %가 결합된 부사구이다.[33] 이 부사구는 동사 יָצָא야짜("[그가] 나오다")를 꾸며주면서 주어가 나오는 출처를 보여준다. 부사구가 동사 앞에 놓이면서 강조되고 있다. "바로 네게서"라는 강조의 의미를 전달한다. 대명사어미의 선행사가 9-10절에 명시적으로 언급되지 않지만 1절의 표제를 고려할 때, 부복의 대상인 것을 알 수 있다. 또한 10절의 "그들"을 총체적으로 표현하는 것이다. 결국 구체적인 대상은 니느웨이지만 직접적인 언급은 보류되고 있다. 2인칭 단수, 여성어미를 사용하는 것은 구성원들의 집합체로서의 니느웨를 가리키는 것으로 보인다.[34] 궁극적으로 이 어미는 앗시리아 제국을 가리키게 된다. 왜냐하면 니느웨는 앗시리아를 가리키는 제유(synecdoche)이기 때문이다.

남성, 단수형 분사 חֹשֵׁב호셰브("생각하는 자," "도모하는 자")는 실명사로 동사

31) Keil은 מָלֵא말레가 동사를 꾸며주는 부사의 역할을 하지만 강조를 위해 문미에 놓인 것으로 설명한다(Keil, *The Twelve*, 14).

32) de Vries는 10절의 구문론적 평행에 대해 언급하지는 않지만 유사한 번역을 제시하고 있다: "for it will be like interlacing thorns and as intertwining brambles, devoured like completely dried-out chaff" (de Vries, "The Acrostic," 480). 물론 de Vries가 וּכְסָבְאָם סְבוּאִים우케소브암 세부임을 수정하여 읽고 있는 점("as intertwining brambles")에는 동의하지 않지만 10절의 평행구조를 반영한 번역이라는 점에서 언급한다.

33) 전치사 מִן민의 다양한 구문론적 용법을 보려면, BHRG §39.14를 참조하라. BHS는 מִמֵּךְ밈메크와 관련하여 한 단어, 즉 כִּי키 또는 여러 단어가 떨어져 나갔을 가능성이 있음을 제안한다, 하지만 필사본의 지지가 없기에 BHS의 제안은 단순한 추정에 불과하다.

34) Cf. Robertson, *Nahum*, 74.

יָצָא야짜의 주어 역할을 한다.[35] עַל־יְהוָה알 아도나이("여호와께")는 주어 역할을 하는 분사 חֹשֵׁב호셰브를 꾸며주는 부사구이며 명사 רָעָה라아("악")는 분사 חֹשֵׁב호셰브의 목적어 역할을 한다. 전치사 עַל알은 동사의 행위가 미치는 대상이나 영역을 유도하는데, 부정적 의미에서 "… 대항하여"라는 의미를 갖는다. 따라서 분사구 חֹשֵׁב עַל־יְהוָה רָעָה호셰브 알 아도나이 라아를 "여호와를 대항하여 악을 꾀하는 자"로 번역할 수 있다. 이것은 단순히 악을 행하는 정도를 넘어 적극적이고 의도적으로 악을 행하는 대적의 모습을 보여준다.

11b의 בְלִיָּעַל벨리야알의 어원에 있어서 여러 제안이 있다. 첫째, בְּלִי벨리("중지," "없다" [without])와 히필형 יַעַל야알("유익하다")이 결합된 것으로 간주하여 "유익의 부재"라는 의미로 해석한다. 이 의미에서 "헛된 것" 또는 "사악한 것"이라는 의미를 도출하여 번역한다. 둘째, בְּלִי벨리와 יַעַל야알(עלה, "올라가다" [성장])이 결합된 것으로 보면 "성장이 없는" 또는 "이루지 못하는"(unsuccessful)의 의미로 해석한다. 결과적으로 "유익이 없다"는 의미로 해석하는 첫 번째의 분석과 크게 다르지 않은 의미를 전달한다. 셋째, 혼돈을 가리키는 בָּלִיעַ발리아와 접미사 ל라메드(afformative ל)가 결합된 것으로 분석하여 "혼돈"의 의미로 이해한다. 넷째, 이 단어가 "삼키다"를 의미하는 בלע과 연관된 것으로 보아 "(삼켜버리는) 심연" 또는 "구렁텅이"라는 의미로 해석하기도 한다. 다섯째, 우가릿어 *B'l-ym*과 연관된 것으로 간주하여 "바다의 바알"(Baal of the sea)을 가리키는 것으로 분석한다. בְלִיָּעַל벨리야알은 외경과 위경, 신약에서 "사단"을 가리키는 고유명사로 사용되고 있는 점을 이 견해의 근거로 제시하기도 한다.[36] 하지만 후대의 용례를 본 절에

---

35) bvexo호셰브가 유도하는 분사구를 동사 יָצָא야짜의 주어로 해석하는 것과는 달리 Longman은 "여호와"를 3인칭 동사의 주어로 해석한다: "He departs from you" (Longman, "Nahum," 794). 그의 설명에 따르면, 10절은 종속절로 9절에 귀속되기 때문에 9절 문장의 주어인 여호와가 11절까지 연결될 수 있다는 것이다(ibid., 797). 이 경우, 여호와께서 니느웨를 심판하시기 위해 그 성읍을 떠나는 장면을 서술하는 것이 된다. חֹשֵׁב호셰브와 יֹעֵץ요에쯔가 유도하는 분사구들은 호격으로 מִמֵּךְ밈메크의 "너"를 꾸며주는 것으로 해석한다. Longman은 동사 יָצָא야짜가 여호와께서 예루살렘 성읍을 포기하시는 장면에 사용된 것에 근거하여 이러한 해석을 한다(ibid.; 애 1:6; 겔 10:18-19). 하지만 여호와가 예루살렘을 소유하심과 같이 니느웨를 소유하셨다는 개념이 없기 때문에 Longman의 설명은 설득력이 약하다.

36) *The Testimony of the Twelve Patriarchs, the Ascension of Isaiah, the Book of Jubilees,*

적용하는 것은 부적절하다. 또한 실바(M. Silva)가 지적하는 바와 같이, 어원론 연구는 단어의 역사를 보여주는 것이지 한 단어가 사용되고 있는 당시의 의미를 규정하는 결정적인 근거가 되지 못한다.[37] 결과적으로 어원에 근거한 의미규정은 위에서 보는 바와 같이 어떤 단어를 어원으로 보느냐에 따라 다양할 수밖에 없다. 그러므로 בְּלִיָּעַל벨리야알의 의미를 규정하는 가장 적절한 정황은 이 단어가 사용된 직접적인 본문이다. 그렇다면 בְּלִיָּעַל벨리야알이 11a의 רָעָה라아("악")와 짝을 이루고 있는 점과 잠언 6장 12절에서 אָדָם בְּלִיַּעַל아담 벨리야알이 אִישׁ אָוֶן이쉬 아벤("악한 자")과 동격인 것을 고려할 때, בְּלִיָּעַל벨리야알을 첫 번째 어원론 설명에 따라 "헛된 것" 또는 "사악한 것"으로 보는 것이 적절하다.[38] 따라서 בְּלִיָּעַל벨리야알은 윤리적인 성품이나 원칙이 전무하여 그 어떤 유익을 주지 못하는 것을 의미한다. 크리스텐센(Christensen)은 בְּלִיָּעַל벨리야알이 집합체로서의 앗시리아가 행하는 악을 의인화하는 표현이거나 앗시리아 왕을 칭하는 별명이라고 설명하기도 한다.[39]

יֹעֵץ בְּלִיָּעַל요에쯔 벨리야알은 실명사의 역할을 하는 연결형 분사 יֹעֵץ요에쯔와 속격의 명사 בְּלִיָּעַל벨리야알이 결합된 형태인데, 속격의 역할에 대하여 두 가지 구문 해석이 가능하다. 첫째, 실명사 יֹעֵץ요에쯔의 속성을 서술해 주는 형용사적 역할을 하는 속격으로 보는 것이다. 따라서 יֹעֵץ בְּלִיַּעַל요에쯔 벨리야알은 "사악한 조언자(wicked counselor)"로 번역이 된다(cf. 우리말성경, ESV, NAS). 둘째, בְּלִיָּעַל벨리야알을 목적격 속격으로 간주하여 분사의 목적어로 해석하는 것이다(cf. 공동번역, 표

고후 6:15 등에 בְּלִיָּעַל벨리야알이 "사단"을 가리키는 고유명사로 사용되고 있다.

37) "...etymology can be helpful for the rare words in use or not existing now, but for exegetical purpose etymology seldom has a role to play because most words, however, are widely attested and their meaning can be clearly established from the numerous contexts in which they appear" (M. Silva, *God, Language and Scripture: Reading the Bible in the Light of General Linguistics* [Grand Rapids: Zondervan, 1990], 246; cf. James Barr, *The Semantics of Biblical Language* [Oxford: Oxford University Press, 1961]).

38) 잠언 6장 12절: "불량하고 악한 자는 구부러진 말을 하고 다니며"(개역개정); "건달과 악인은 그릇된 말이나 하며 돌아다닌다"(표준새번역); "A worthless person, a man of iniquity, Is he that walketh with a perverse mouth" (ASV).

39) Christensen, *Nahum*, 235.

준새번역, NJB, TNK, KJV, NIV). 이 경우, “사악한 것을 권하는 자”로 번역이 된다. 어떤 구문해석을 따르던 יֹעֵץ 요에쯔의 부정적인 속성과 행위를 볼 수 있다.

11a의 분사구 חֹשֵׁב עַל־יְהוָה רָעָה 호셰브 알 아도나이 라아와 11b의 분사구 יֹעֵץ בְּלִיָּעַל 요에쯔 벨리야알의 관계에 대하여 두 가지 구문해석이 가능하다. 첫째, 분사 יֹעֵץ 요에쯔가 11a의 문장에 이어 주동사의 역할을 하는 것으로 간주하여 주어가 무엇을 하는지 순차적으로 서술하는 것으로 해석할 수 있다(cf. 개역개정, NIV). 이 경우, “네게서 여호와를 대항하여 악을 꾀하는 자가 나와서 사악한 것을 권한다”는 의미가 된다. 하지만 접속사 ו 바브가 서술되지 않고 있기에 단지 병치의 관계에서 이러한 구문론적 관계를 도출해야하는 어려움이 있다. 둘째, 분사구 יֹעֵץ בְּלִיָּעַל 요에쯔 벨리야알이 חֹשֵׁב עַל־יְהוָה רָעָה 호셰브 알 아도나이 라아와 병치되면서 동격의 역할을 하는 것으로 해석할 수 있다(cf. 공동번역, 우리말성경, 표준새번역). 즉 “여호와를 대항하여 악을 꾀하는 자”의 속성을 보다 구체적으로 서술하는 것으로 해석하는 것이다. 이 해석을 반영하여 번역하면, “네게서 여호와를 대항하여 악을 꾀하는 자, 곧 사악한 것을 권하는 자(또는 사악한 조언자)가 나왔다”가 된다.[40] 두 번째 구문해석이 구문론적 관점에서 보다 가능한 분석이다.

4. 원문주해

1:9. 나훔은 대적을 향한 심판을 선언함에 있어서 대적이 심판을 받을 수밖에 없는 원인을 자신의 말로 지적하고 고소한다. “너희는 여호와께 대하여 무엇을 꾀

---

40) Sweeney는 나훔서가 논쟁적 서술이라는 관점에서 11절과 관련하여 흥미로운 해석을 한다. 11절은 대적의 문제를 지적하는 것이 아니라 유다 백성들의 하나님에 대한 그릇된 사고를 반영하고 있다는 것이다. 즉 11절은 “유다 백성들에게서 여호와가 악하다, 즉 쓸모없는 조언자라는 사고가 나온다”라는 의미로 해석해야 한다는 것이다. 특히 בְּלִיָּעַל 벨리야알이 이스라엘과 여호와 사이의 언약이 붕괴되는 것을 묘사할 때 사용된 점을 근거로 제시한다: “When it is noted that *belîyāʿal* is employed in Biblical tradition to refer to the disruption of Israel's/Judah's covenant with YHWH, it becomes clear that Nah 1,11 refers to erroneous thinking about YHWH in the context of the covenant between YHWH and Israel/Judah and that the party addressed here is Judah, as in 1,12 and 2,1” (Sweeney, “Concerning the Structure,” 371-72).

하느냐?"는 "무엇"을 묻는 단순한 질문이 아니다. 이 의문문은 문제를 직접적으로 지적하는 평서문보다 강한 어조의 책망이다. 원문 분석에서 언급한 바와 같이 이 의문문의 "너희"가 가리키는 대상에 따라 책망의 내용이 다르게 된다. "너희"가 유다 백성을 가리키는 것이면 그들의 의심을 책망하는 것이 되는 반면에 보복의 대상, 즉 니느웨 백성을 가리키는 것이면 여호와를 대항하여 도모하는 그릇된 행위를 책망하는 것이다.41) 문제는 "너희"가 누구를 가리키는 것인지를 본문에 근거하여 규명하는 것이다. 일반적으로는 니느웨 백성을 가리키는 것으로 보는데, 마이어(Maier)가 주장하는 바와 같이, 유다 백성을 가리키는 것으로 해석하는 것이 더 적절해 보인다. 그 이유는 다음과 같다.

첫째, 9a의 구문이나 동사 자체가 니느웨를 가리킬 가능성을 제시하지 않는다. 물론 동일한 어근의 분사 חֹשֵׁב 호세브가 11a에 사용되면서 악을 도모하는 부정적 의미가 전달되는 것은 사실이다. 하지만 "도모하다"(חשב)라는 동사 자체는 부정적인 의미를 갖는 것이 아니라 중립적이다.42) 도모하는 내용에 따라 긍정적 또는 부정적 의미를 내포한다. 예를 들면, 미가서 2장 1절은 חֹשְׁבֵי־אָוֶן 호스베 아벤("악을 꾀히며[도모히며/계획히며]")이라는 표현으로 분명하게 אָוֶן 아벤("악")을 표기하면서 동사의 부정적 의미를 전달한다. 이에 대해 3절은 여호와가 "이 족속에게 재앙을 계획하니"(חֹשֵׁב עַל־הַמִּשְׁפָּחָה הַזֹּאת רָעָה 호세브 알 함미스파하 핮조트 라아)라고 말하며 악을 계획하는 것에 상응한 재앙의 계획을 선포한다. 반면에 예레미야 29:11은 동일한 어근의 단어와 동사를 사용하여 긍정적인 의미를 전달한다: "For I know the thoughts (הַמַּחֲשָׁבֹת) that I think (חֹשֵׁב) toward you, saith Jehovah, thoughts (מַחְשְׁבוֹת) of peace, and not of evil, to give you hope in your latter end (ASV)." 뿐만 아니라 전치사 אֶל 엘 자체가 부정적 의미("대항하여")를 전달하지 않는다. 9a의 구문이나 동사 자체가 니느웨를 가리킬 가능성을 제시하지 않는 것

41) Longman은 9a의 "너희"가 니느웨를 가리키는 것으로 간주할 뿐만 아니라 니느웨가 여호와를 대항하여 도모한 행위가 주전 701년에 앗시리아가 산헤립의 주도하에 유다를 침공한 것을 가리키는 것일 수도 있다고 설명한다(Longman, "Nahum," 796; cf. McConville, *Exploring*, 207).

42) "... but without such a complement, the verb simply means 'to meditate, reflect on, consider' (Pss. 73:16; 77:6[5])" (Roberts, *Nahum*, 46).

과 마찬가지로 유다 백성을 가리킬 가능성을 제시하는 것도 아니다. 표현 자체는 중립적이다. 하지만 "너희"가 니느웨를 가리키는 것으로 본다면 동일한 대상을 10절에서 "그들"로 표현하는 것이 쉽게 설명이 되지 않는다. 즉 9절과 10절에서 동일한 대상을 표현함에 있어서 2인칭 복수형("너희")에서 3인칭 복수("그들")로 전환하는 것에 대한 적절한 답변을 제시하기가 쉽지 않다.[43] 하지만 "너희"가 유다 백성을 가리키는 것으로 볼 경우, 보다 적절한 답변을 제시할 수 있다.

둘째, 9-15절에서 유다와 니느웨를 가리키는 인칭을 중심으로 그 변화에 주목하면 "너희"를 유다 백성으로 볼 수 있는 가능성을 찾을 수 있다.

고소단락(나훔의 말): 9-11절

[a] 2인칭 복수("너희" [유다]): 9a

[b] 3인칭 복수("그들" [니느웨]): 10a-c

[c] 2인칭 단수 ("네게서" [니느웨]): 11a-b

선언단락(여호와의 말): 12-15절

[b'] 3인칭 복수("그들" [니느웨]): 12b-e

[a'] 2인칭 단수("너를" [유다]): 12f-13b

[d] 3인칭 단수("그의" [니느웨]): 13a

[c'] 2인칭 단수("너의" [니느웨]): 14b-e

[a''] 15c-f.2인칭 단수("너의"/ "네 가운데로" [유다])

고소단란과 선언단락의 화자와 신탁대상에 따른 인칭의 변화를 아래와 같이 간략하게 나타낼 수 있다.

---

43) 비평적 접근은 인칭의 변화와 주제의 혼용(심판과 구원)을 서로 다른 자료의 편집 또는 후대의 추가로 간주한다. 하지만 이러한 변화가 반드시 자료의 상이성이나 후대의 삽입을 의미하지 않는다. 왜냐하면 이러한 변화가 한 저자에 의해 의도된 것일 수 있기 때문이다. 또한 나훔서의 본문 이외의 객관적 자료가 제시되지 않을 때에는 단지 가정에 불과할 뿐이다.

고소단락(9-11절)		**선언단락(12-15절)**	
나훔 →	유다("너희") [니느웨: "그들"]	여호와("내가") →	유다("너를") [니느웨: "그들," "그의"]
↘	**니느웨**("네게서")	↘	**니느웨**("너의") [유다: "네 가운데로"]

나훔이 화자로 등장하는 고소단락에서 나훔은 유다 백성을 "너희"로 표현하면서 그들을 향한 직접적인 언급을 한다. "너희"로 표현된 유다 백성들과 나훔의 입장에서 볼 때 유다 백성들을 압제하던 니느웨(앗시리아) 백성들은 "그들"이다. 따라서 10절에서 3인칭 복수형 "그들"로 표현된다. 나훔이 유다 백성을 대상으로 "너희"라고 말하면서 그들의 문제를 지적한 것과 마찬가지로 니느웨를 향하여 심판의 원인을 선언하기 때문에 11절에서 니느웨를 2인칭의 "네게서"라는 표현을 사용한다. 즉 나훔은 고소단락에서 마치 유다 백성과 니느웨를 직접 대면하여 말하고 있는 듯 이 두 대상의 문제를 지적할 때는 2인칭의 표현을 사용한다. 마찬가지로 여호와의 말을 직접 인용하는 선언단락에서도 유사한 현상을 볼 수 있다. 하지만 9b-c에서는 심판을 행하시는 주체인 여호와가 3인칭 단수("그가")로 서술된 반면에 12-15절에서는 1인칭 단수("내가")로 표현되는데, 이것은 화자에 따른 자연스러운 변화이다. 12b-13b는 여호와가 유다를 향하여 구원을 선언하시는 것이기 때문에 니느웨를 3인칭으로 표현한다. 즉 "내가 너를 더 이상 괴롭히지 않을 것이기 때문에(12f-13b), 그들[니느웨]을 완전히 파괴할 것이다(12b-e)"라는 선언이다. 14절은 여호와가 니느웨를 직접 대면하시면서 심판을 선언하는 것처럼 서술한다. 따라서 니느웨가 2인칭 표현 "너의" 또는 "네가"로 서술된다. 나훔이 고소단락에서 유다와 니느웨를 대면하듯 각각 2인칭으로 표현한 것과 짝을 이루어 15절에서는 유다와 니느웨가 각각 2인칭으로 표현된다. 인칭과 관련하여, 11절에서 니느웨를 가리키는 2인칭 표현("네게서")과 함께 "벨리알"이 언급되면서 고소단락이 마무리되는 것과 유사하게 15e-f에서 유다를 가리키는 2인칭 표현("네 가운데로")과 함께 "벨리알"이 언급되면서 선언단락이 마무리되는 것을 또한 주목하게 된다. 니느웨에서 나오는 "악을 꾀하는 자"(11절)는 "아름다운 소식을 전하러 유

다로 가는 자”(15절)와 대조를 이루는데, 모두 3인칭으로 표현되고 있다.

셋째, 나훔의 말로 서술되고 있는 고소단락에 유다에 대한 언급이 있을 때에 선언단락에서 유다의 구원이 등장하는 것이 자연스럽다.[44] 위에 제시된 바와 같이, 고소단락(9-11절)에 유다(9a)와 니느웨(9b-11b)가 언급된 것이라면 선언단락(12-15절)에서 볼 수 있는 니느웨(12b-e), 유다(12f-13b), 니느웨(14b-e), 유다(15a-f)의 흐름은 고소단락과 교차평행을 이루게 된다. 또한 이것은 니느웨의 멸망이 유다의 구원과 직결된 것임을 보여준다. 유다는 책망을 받기는 하지만 보복의 대상이 아닌 보호의 대상이다. 유다가 책망을 받지만 보호의 대상이 되는 것은 언약적 관계를 내포하고 있는 “여호와”라는 명칭에 있다. 유다는 여호와와의 언약적 약속에 의해 보호의 대상이 되는 반면에 유다와 언약적 관계를 갖고 있는 여호와께 악을 도모한 니느웨는 보복과 멸망의 대상이 된다. 9절과 11절에 동일하게 “여호와”라는 명칭이 사용되고 있는 것에 주목하게 된다: אֱל־יְהוָה 엘 아도나이(“여호와께 대하여,” 9a); עַל־יְהוָה 알 아도나이(“여호와께,” 11a). 특히 유다가 책망을 받는 부정적인 모습과 관련된 내용이 선언단락의 12절에서도 언급이 된다. 12절에 여호와와의 언약적 관계를 온전히 지키지 못한 유다를 여호와가 괴롭혔지만 다시는 괴롭히지 않겠다는 여호와의 선언이 있다.

앗시리아의 가혹한 압제에 오랜 시간을 보낸 유다 백성들의 생각 속에는 여호와에 대한 의심을 가질 수 있었을 것이다.[45] 이에 대해 나훔은 압제의 상황 속에서 여호와에 대해 부정적인 생각, 의심을 품고 있는 유다 백성들을 책망하면서 그들의 문제를 보게 한다. 뿐만 아니라 대적을 멸하시는 여호와의 확실한 능력을 선언하면서(cf. 10절), 그들로 하여금 여호와를 피난처로 삼아 그에게 피할 생각을

---

44) 이스라엘의 역사에서 포로기 전에 구원의 신탁이 주어지지 않았다고 보는 주석가들은 유다의 구원을 선언하는 12-13절, 15절이 본래 나훔의 저작이 아니라고 주장한다. 하지만 그들도 인정하는 11절이 유다를 책망하는 것이고 [책망을 들음에도 불구하고] 이것과 짝을 이루어 구원선언이 등장하는 것으로 본다면, 구원의 선언에 대한 나훔의 저작을 충분히 고려할 수 있다.

45) 일반적으로 해석하는 것처럼, 이 선언의 배경이 주전 701년에 산헤립이 유다를 침공한 사건이라면 유다 백성들은 랍사게가 여호와의 능력을 모욕하는 말을 듣고 또한 자신들이 처한 상황을 보았을 때 여호와의 능력에 대한 의심으로 갈등하였을 것이라고 충분히 추측할 수 있다(cf. 왕하 18장).

갖게 한다. 왜냐하면 "환난"(צָרָה짜라)이 다시 있지 않을 것이라는 9절의 선언은 "환난의 날"(בְּיוֹם צָרָה베욤 짜라)에 자신에게 피하는 자들에게 산성이 되어 주실 것이라는 7절을 상기시키기 때문이다. 달리 말하면 9절은 여호와가 어떻게 환난의 날에 그에게 피하는 자들에게 피난처가 되시는지에 대한 설명이다. 즉, 유다를 압제하던 자들을 완전히 제거하여 환난이 다시는 임하지 않게 하심으로 그에게 피하는 자의 피난처가 되어주신다. 환난이 다시 있지 않게 하시겠다는 선언은 결코 그에게 피하는 자에게 그 어떤 환난도 없을 것이라는 선언이 아니다. 나훔의 정황에서 설명하면, "환난"(צָרָה짜라)은 앗시리아로 인한 압제와 고통을 가리킨다. 따라서 여호와가 앗시리아를 제거하시면 앗시리아가 행한 동일한 압제나 고통이 다시는 있지 않을 것이라는 의미이다. 다시 제거할 필요가 없이 단번에 완전히 제거하신다는 것이다. 그러므로 9절의 선언은 "감히 누가 그의 불타는 진노 앞에 일어설 수 있겠느냐"는 6절의 선언과 같은 맥락에서 이해할 수 있다.

1:10. 본 절은 유다에게 재난의 고통이 다시는 일어나지 않을 것이라는 선언에 대한 중요한 근거를 제시하는 역할을 한다. 고통을 제공한 원인자가 제거될 것이라는 사실이 중요한 근거이다. 실제 이 신탁에서는 앗시리아가 직접적으로 언급되지 않지만 정황상 제거의 대상이 유다를 압제하던 앗시리아 제국인 것을 알 수 있다. 대상이 직접적으로 언급되지 않는 것은 이 선언을 어떤 정황에도 적용할 수 있음을 시사한다. 이 선언을 읽는 나훔의 본 독자들은 이 선언을 앗시리아로 인해 처한 상황에 적용할 뿐만 아니라 그 이후의 유사한 상황에도 적용하며 여호와의 지속적인 보호를 기대할 수 있게 된다. 나훔은 "뒤엉킨 가시덤불," "술에 찌든 술꾼," "완전히 말라버린 지푸라기"라는 비유적 표현으로 제거의 대상(니느웨)을 묘사한다. 마이어(Maier)는 "뒤엉킨 가시덤불"의 의미를 파악하기 위해서는 "가시덤불"보다는 "뒤엉킨"이라는 표현에 집중할 것을 제안하면서 "뒤엉킨"(סְבֻכִים세부킴)이 니느웨를 휩쓸고 가는 재난의 혼란스러움을 가리킨다고 설명한다.[46] 뿐만 아니라 "뒤엉킨 가시덤불"은 뒤얽혀 있어서 하나씩 떼어서 제거가 되지 않고 전체를 모두 불로 태워야 하는 상태를 가리킨다고 본다.[47] 하지만 이 문맥에서 "가시

---

46) Maier, *The Book of Nahum*, 191; cf. 존슨, "나훔," 248.

덤불"은 찌르는 가시와 같이 대적이 능력을 가지고 있지만 뒤엉켜있기 때문에 그 능력을 발휘할 수 없는 상태, 즉 가치가 없는 상태를 가리키는 것으로 해석하는 것이 더 적절해 보인다(cf. 사 10:17).[48] "술에 찌든 술꾼"은 위험한 상황에서 스스로 적절하게 대처할 수 없는 무능력한 상태를 묘사한다(cf. 렘 25:27; 사 19:14). 술에 취해 자신의 몸을 가누지 못하는 상대는 쉽게 제압이 될 수 있다. 이와는 달리 다가오는 위험을 무시한 채 지난 승리를 자축하며 술에 취해 있는 니느웨의 모습을 묘사하는 것으로 해석하기도 한다.[49] 역사가 디오도루스(Diodorus of Sicily)의 기록에 따르면 니느웨가 술을 마시며 흥청대고 있을 때 기습적인 적군의 공격을 받아 멸망하였다고 기록하고 있다.[50] "완전히 말라버린 지푸라기"라는 표현은 불에 닿기만 하면 쉽게 타버려 존재를 찾을 수 없는 완전한 파멸을 예견할 수 있게 하는 표현이다(cf. 출 15:7; 사 40:24; 47:14; 렘 13:24). 이 비유적 표현들은 논리적 흐름을 담고 있다. 즉 보복의 대상(니느웨)이 뒤엉킨 가시덤불과 술에 찌든 술꾼과 같기 때문에 완전히 말라버린 지푸라기처럼 손쉽게 그리고 완전히 제거된다는 것이다.

이 비유적 표현들은 여호와의 심판을 감당할 수 없는 무능한 대적의 모습과 완전히 제거될 수밖에 없는 상태를 효과적으로 보여준다.[51] 다른 나라들을 삼키던

---

47) "... that as thorns entwined form an inextricable mass which need not be destroyed one branch after another, but can be consigned en masse to the flames, so the Assyrian capital will fall in confusion, but with completeness" (Maier, *The Book of Nahum*, 191).

48) Cf. Roberts, *Nahum*, 46; Armerding, "Nahum," 466; Hailey, *A Commentary*, 256. Longman은 "가시덤불"이 구약에서 종종 심판을 가리키는 이미지로 사용된 점에 근거하여 10a가 심판을 선언하는 것으로 해석할 수도 있다고 말한다(Longman, "Nahum," 796; cf. 사 33:11-12). 물론 이 이미지가 심판의 측면을 완전히 배제하는 것은 아니지만 10절의 구문론적 평행을 고려할 때, 이것을 적절한 해석으로 보기는 어렵다. Robertson은 가시덤불이 여호와의 권위를 거부하는 앗시리아의 완고한 태도를 묘사하는 것으로 해석한다(Robertson, *Nahum*, 74).

49) Maier, *The Book of Nahum*, 192.

50) Cf. Christensen, *Nahum*, 218; Spronk, *Nahum*, 56.

51) Cf. Armerding, "Nahum," 466. Christensen은 이 비유적 표현들이 앗시리아가 술에 잠겨 뒤엉켜버린 가시덤불처럼 불에 탈 것 같지 않지만 마른 지푸라기처럼 여호와의 진노의 불에 완전히 타버릴 수밖에 없다는 의미를 전달하는 것으로 설명한다(Christensen,

대적이 삼킴을 당하게 된다. 이러한 심판을 행하시는 분은 여호와이다. 여호와의 심판으로 대적은 결코 살아남지 못하고 완벽하게(מָלֵא 말레, 10c) 파괴될 것이다. 이 것은 그가 완전히(כָּלָה 칼라, 9b) 끝장내실 것이라는 선언을 확증해 준다(cf. 1:8).

1:11. 본 절은 보복의 대상이 여호와의 심판을 받게 되는 직접적인 원인을 서술한다. 그 원인은 여호와를 대항하여 악을 도모하는 자가 보복의 대상(니느웨)에서 나왔다는 것이다. 보다 심각한 문제는 여호와를 대항하여 악을 도모할 뿐만 아니라 사악한 것을 권하는 것이다. 자신이 스스로 악을 도모하고 행하는 것뿐만 아니라 악을 부추기는 행위는 여호와의 진노를 유발한다. 여호와를 대항하여 악을 꾀한 것이기에 그의 심판의 대상이 되는 것은 분명하다. 첫 번째 신탁 안에서는 "여호와를 대항하여 악을 도모하는 자"의 정체가 명확하게 명시되지 않지만 선체 나훔서를 고려할 때, 앗시리아의 왕을 가리키는 것으로 볼 수 있다(cf. 3:18). 하지만 신탁 안에서 그 정체를 명시하지 않는 것은 10절의 경우와 같이 그 누가되었던 간에 여호와를 대항하여 악을 도모하고 사악한 것을 권하는 것은 심판의 원인이 된다는 일반적인 사실을 선언하기 위한 것이다. 따라서 여호와는 그를 대항하는 그 어떤 악도 허용하지 않으실 뿐만 아니라 그 악을 도모하고 권하는 자 역시 심판의 대상으로 삼으신다는 의미를 우선적으로 고려하는 것이 필요하다. 이러한 사실이 구체적으로 적용되는 예가 바로 앗시리아의 왕이다.[52] 11절이 우선적으로

Nahum, 209). Bruckner는 세 개의 비유가 전개되면서 점진적으로 상황이 악화되는 것이 묘사되는 것으로 분석한다(Bruckner, *Jonah*, 150). Patterson은 이 비유들이 완전한 멸절의 의미로 해석한다: "… the bush by its thorns, the drunkard by his drink, the stubble by fire" (Patterson, *Nahum*, 42).

52) Maier와 J. Smith는 "네게서"가 니느웨를 의미하고 니느웨를 나와서 여호와를 대항하여 악을 꾀하고 사악한 것을 권한 앗시리아의 왕이 주전 701년에 유다를 침공한 산헤립을 암시하는 것으로 해석한다(Maier, *The Book of Nahum*, 197-98; Smith, *A Critical and Exegetical Commentary*, 310-11; Smith, *Micah-Malachi*, 77; 김희보, 『요나, 나훔, 오바댜 주해』 202, 207-8). Armerding은 나훔의 선언이 이사야의 신탁과 유사한 점에 근거하여 11절이 산헤립의 침공을 암시하는 것으로 해석한다(Armerding, "Nahum," 466). 열왕기서의 저자는 랍사게의 모욕적인 언사를 인용하면서 산헤립의 공격이 실제로는 여호와를 대항하는 싸움이라는 관점에서 사건을 기술하고 있다(왕하 18:13-19:34). 하지만 11절이 대상을 적시하지 않는 일반적인 서술인 점을 고려할 때, 대상이 산헤립에게 제한되

일반적 사실을 선언하는 것이기에 "악" 역시 군사적 침공의 행위에만 제한되지 않는다. 따라서 심판의 원인으로 지적된 "악" (רָעָה라아)과 "사악함" (בְּלִיָּעַל벨리야알)이란 여호와의 뜻을 거스르는 것으로 그의 선함과 원리원칙을 거부하는 모든 행위를 포함한다.[53] 반대로 여호와를 대항하지 않고 그를 따르는 것은 선을 도모하는 것이다. 왜냐하면 1장 7절에서 선언하는 바와 같이 "여호와가 선하시기" (טוֹב יְהוָה토브 아도나이) 때문이다. 같은 맥락에서 아모스는 살기 위해서는 "악" (רָעָה라아)을 미워하고 "선" (טוֹב토브)을 사랑하라고 명한다(암 4:14). 여호와를 대항하여 악을 꾀하는 일을 반복하는 자는 결국 타인에게도 사악한 것을 권하는 "사악한 조언자"가 되는 악의 심각성과 심화를 보게 된다.[54] 11절의 내용을 가지고 15절을 읽게 되면 결국 악을 도모하고 "사악한 것" (בְּלִיָּעַל벨리야알)을 권하는 자는 자신이 실제로 "사악의 화신" (בְּלִיָּעַל벨리야알)이 된다는 사실을 알 수 있다. 이와는 달

는 것으로 보기는 어렵다(cf. Robertson, *Nahum*, 75).

53) בְּלִיָּעַל벨리야알이 신약에서는 사단을 가리키는 고유명사로 사용되면서 사단의 속성을 반영한다(cf. 요 8:44; 고후 6:15; 살후 2:3; 요일 3:4-12).

54) 여호와를 대항하여 꾀한 "악"과 조언한 "사악"이 종교적 측면을 포함하였을 것으로 볼 수 있다. 왜냐하면 심판선언(14절)에서 우상의 제거를 언급하고 있기 때문이다. 앗시리아의 압제 하에 있던 유다 왕 므낫세는 일월성신을 섬기고 아세라 목상을 성전에 세우는 등 앗시리아의 종교적 요소들을 수용하였다(왕하 21: 4-7). 이러한 행위의 원인이 앗시리아의 강압적 종교정책 때문이라는 견해에 대해 Mordechai Cogan은, 고대의 자료에 앗시리아가 정책적으로 강요한 증거가 없다는 사실에 근거하여 속국이 앗시리아의 종교적 행위를 수용한 것은 강압적 정책 때문이 아니라고 주장한다(M. Cogan, "Judah under Assyrian Hegemony: A Reexamination of Imperialism and Religion," *JBL* 112 [1993]: 403-14]). 더 나아가 Cogan은 유다가 앗시리아의 종교적 행위를 자발적으로 수용하였다는 결론을 제시한다. 강압적 정책에 의한 것이 아니라고 하더라도 앗시리아의 속국들은 앗시리아의 종교적 영향을 받았기 때문에 앗시리아가 속국이 앗시리아의 종교를 수용한 문제에서 완전히 자유로운 것은 아니다. "권하다" (יֹעֵץ요에쯔)라는 동사가 사용되고 있는 것을 같은 맥락에서 이해할 수 있다. 실제 열왕기서의 저자는 앗시리아의 강압적 요구가 있었는지에 대해 언급하지 않는다. 하지만 이는 유다 왕들의 적극적인 배교적 행위를 강조하기 위해 언급을 하지 않았을 수도 있다. Cogan이 제기한 문제에 대해 John Bright의 입장이 적절해 보인다: "though we are not told that Assyrian kings compelled their vassals to worship Assyria's gods, it is understandable that many a vassal should have felt it politic to do so"(ibid., 404에서 재인용). 나훔서 3장 4절 역시 앗시리아의 종교적 문제를 언급할 때 강압적 어조를 반영하는 단어를 사용하지 않는다. 나훔은 앗시리아의 종교에 속국이 매혹되고 미혹된 것으로 표현한다.

리 בְּלִיָּעַל 벨리야알이 "헛된 것"(worthlessness) 또는 "유익의 부재"를 의미하는 것으로 해석하면 여호와를 대항하여 악을 꾀하는 것은 결국 "헛된 것"을 권하는 것에 불과하다는 의미가 된다. 11절이 산헤립의 사건을 서술하는 것으로 해석하기에는 논의의 여지가 있지만 산헤립의 사건은 11절이 의미하는 바에 대한 좋은 예가 된다. 왜냐하면 산헤립은 팔레스타인 원정을 행하여 많은 노획물을 얻은 것 같았지만 결국 자신의 아들에 의해 살해를 당하는 헛된 인생으로 삶을 마무리하였기 때문이다.

II. 악인의 멸절 (B. 결과[I]), 12a-e

1. 원문

כֹּה אָמַר יְהוָה	1:12a
אִם־שְׁלֵמִים	1:12b
וְכֵן רַבִּים	1:12c
וְכֵן נָגֹזּוּ	1:12d
וְעָבָר	1:12e

2. 번역(개역개정)

1:12a-e 여호와께서 이같이 말씀하시기를 그들이 비록 강하고 많을지라도 반드시 멸절을 당하리니 그가 없어지리라

3. 원문분석

1:12a-e. כֹּה אָמַר יְהוָה 코 아마르 아도나이("여호와께서 이같이 말씀하시기를")는 신적 선언을 시작하는 도입공식이다. 부사 כֹּה 코는 앞의 서술에 대한 논리적 결론을 유도하는 "그러므로" 또는 뒤따르는 서술을 가리키는 "이와 같이"("이같이")로 해석할 수 있다. 전자는 앞의 선언과의 논리적 흐름에 집중하게 하는 반면에 후자는 뒤이어 서술되는 선언에 집중하게 한다. 하지만 보다 중요한 것은 이 표현이 이어지는 선언의 신적 기원과 권위를 분명하게 전하고 있다는 사실이다.

12b의 אִם־שְׁלֵמִים 임 셸레밈은 접속사 אִם 임과 술어적 역할을 하는 복수형의 형용사 שְׁלֵמִים 셸레밈으로 구성된 주어가 생략된 명사절이다.[55] 이 명사절이 종속된 주절인 12d의 동사 נָגֹזּוּ 나곶주("그들이 멸절을 당하다")와 연관하여 볼 때, 이 문장에서 생략된 주어는 "그들"이다. 접속사 אִם 임은 이 명사절을 양보절로 만들면서 의미를 강화시킨다.[56] 형용사 שְׁלֵמִים 셸레밈은 "손상을 입지 않은," "완벽한," "나뉘지 않은"(전부) 등을 의미하는데, 대적에 대한 묘사임을 감안하여 이 단어를 "강한"으로 번역하기도 한다.[57] 캐스카트(Cathcart)는 우가릿 동족어 *šlm*과 비교하여 "건장하다"는 의미에서의 "강한"이라는 의미를 도출한다.[58] 따라서 אִם־שְׁלֵמִים 임 셸레밈은 "비록 그들이 강할지라도" 또는 "비록 그들이 완벽할지라도"라는 의미가 되면서 여호와를 거스르는 자들의 상태를 묘사한다.

12c의 וְכֵן רַבִּים 베켄 랍빔은 접속사 ו 바브, 부사 כֵּן 켄, 복수형의 형용사 רַבִּים 랍빔

---

55) 12b-c의 אִם־שְׁלֵמִים וְכֵן רַבִּים 임 쉘레밈 베켄 랍빔을 12a와 다른 문장으로 배열하고 있는 MT독법과는 달리, 칠십인경(LXX)의 번역은 מֹשֵׁל מַיִם רַבִּים 모쉘 마임 라빔독법("많은 물을 다스리시는 [여호와]" 또는 "많은 물의 주권자")을 반영하고 있으며 시리아역본의 번역은 אֶל מֹשְׁלֵי מַיִם רַבִּים 엘 모셸레 마임 라빔("많은 물을 다스리는 자들에게") 독법을 반영하고 있다. 이러한 독법은 12b를 12a의 문장 안에 포함된 것으로 번역한 것이다. BHS는 אִם שַׁלְמִים רַבִּים 임 샬루밈 라빔("큰물이 쏟아질지라도") 독법이 제안되어 왔음을 언급한다. 또한BHS는 칠십인경과 시리아역본에 근거하여 MT의 שְׁלֵמִים 셸레밈 대신에 מֹשְׁלִים 모스림으로 수정하여 읽을 수 있는 가능성을 제시한다. 하지만 MT독법 자체가 문법적, 구문론적으로 문제가 되는 것이 아니며 또한 히브리어 필사본들이 MT독법을 따르고 있기 때문에 MT독법을 그대로 유지하는 것이 문제가 되지 않는다. 12b-c의 MT독법과 달리 다양한 수정독법들이 학자들에 의해 제시되어 왔는데, 이에 대한 예들을 보려면, Maier, *The Book of Nahum*, 203-4를 참조하라. 한 가지 흥미로운 사실은, Spronk가 제시하는 바와 같이 אִם־שְׁלֵמִים וְכֵן רַבִּים 임 셸레밈 베켄 랍빔의 네 글자의 첫 자들이 א, שׁ, ו, ר (אַשּׁוּר 앗슈르, 앗시리아)라는 단어를 만든다는 것이다(Spronk, *Nahum*, 72). 만약 이것이 저자에 의해 의도된 것이라면 MT독법은 유지되어야만 한다.

56) Cf. GKC §160; BHRG §40.5.2. 드물게 אִם 임이 의문문을 유도하기도 하는데(cf. 왕상 1:27; GKC §150f), Christensen은 이러한 용법을 고려하여 12b-c를 수사적 의문문으로 번역한다: "Are they not strong and ever so numerous?" (Christensen, *Nahum*, 225, 239). 이 경우, 12d의 כֵּן 켄("그렇다 할지라도")의 역할이 명확하게 드러나는 장점이 있다.

57) Armerding은 שְׁלֵמִים 셸레밈을 "동맹국들"("allies")로 번역하여 12b가 "그들이 동맹국들을 가지고 있을지라도"라는 의미를 전달하는 것으로 분석한다(Armerding, "Nahum," 467).

58) Cathcart, *Nahum*, 63.

이 결합된 명사절이다.[59] 접속사 ו바브는 등위접속사("그리고")의 역할을 하면서 양보절을 유도하는 앞 문장의 אִם임에 연결되는 문장을 이어간다. 형용사 רַבִּים랍빔([수에 있어서] "많은")은 12b와 구문론적 평행을 이루면서 대적에 대한 묘사를 이어간다. 부사 כֵּן켄은 앞의 내용이나 뒤에 이어지는 내용과 비교하는 "그와 같이," 비교의 정도가 강조되는 "더욱이," 또는 앞의 내용에 근거한 결과적 흐름을 반영하는 "그러므로" 등의 의미로 번역할 수 있다. 첫 번째의 경우, וְכֵן רַבִּים베켄 랍빔은 "그리고 그와 같이[강한 만큼] 그들이 많을지라도"라는 의미가 되고 두 번째의 경우, "[그들이 강할 뿐만 아니라] 더욱이 많을지라도"라는 의미를 전달한다. 롱맨(Longman)은 세 번째 의미를 따라 12b-c를 "비록 그들이 손상을 입지 않았기 때문에 [그러므로] 수가 많을지라도"로 해석하면서 12b와 12c에서 원인과 결과의 논리적 흐름을 반영한다.[60] 어떤 번역을 선택하던 간에 강력한 힘과 수를 자랑하는 대적의 상태를 묘사하는 것에는 큰 차이가 없다.

12d의 וְכֵן베켄에서 접속사 ו바브는 등위가 아닌 반의적 역할을 하면서 주절을 유도한다. 따라서 앞의 서술과 대조적인 내용을 전달하는 "그러나"의 의미를 갖는다. 주동사 נָגֹזּוּ나곶주의 원형 גזז가 칼형일 경우, 양털 등을 "깎나" 또는 "자르다"를 의미하는데, 수동의 의미를 갖는 니팔형일 경우에는 "잘리다" 또는 비유적으로 "멸절되다"의 의미를 전달한다.[61] 크리스텐센(Christensen)은, 앗시리아인들이 적군을 파괴하는 그들의 잔혹성을 자랑할 때 양의 이미지를 사용하였기에 보복의 대상의 멸절을 묘사함에 있어서 양의 이미지를 연상시키는 동사가 사용된 것은 적절하다고 설명하다.[62] 니팔 복수형 נָגֹזּוּ나곶주의 주어("그들")의 선행사가

59) 12b의 MT독법과는 달리 BHS는 12b의 문장에 주어를 서술하는 독법인 הֵם וְכֵן헴 베켄이나 12a와 동일하게 서술하는 וְאִם베임으로 수정하여 읽을 수 있음을 제안한다. 하지만 וְכֵן베켄의 접속사 ו바브가 등위접속사의 역할을 할 경우, אִם임을 반복할 필요가 없다. 또한 이러한 수정독법은 히브리어필사본이나 고대역본의 지지를 받지 못하는 추정에 불과하다.

60) "וְכֵן רַבִּים (and many): כֵּן introduces the result of the preceding statement: because the enemy has not suffered great losses ('intact'), they are many in number" (Longman, "Nahum," 798).

61) Maier는 גזז가 קָשַׁשׁ("보호하다")의 이중형태라고 주장하면서 נָגֹזּוּ나곶주를 "And so protected"로 번역한다(Maier, *The Book of Nahum*, 200, 205). Maier의 견해를 따르면, 12d는 대적의 멸망을 선언하는 것이 아니라 대적의 상태를 묘사하는 것이 된다.

62) Christensen, *Nahum*, 240. Christensen은 구체적인 예를 다음과 같이 인용하고 있다:

근접 문장에 분명하게 명시되지 않고 있지만, 전체 문맥을 고려할 때 심판의 대상인 8절의 אֹיְבָיו오예바브("자기 대적들")나 9절에 언급된 신탁의 대상, 즉 "그들"을 선행사로 볼 수 있다. 선언문에 사용된 완료형 נָגֹזּוּ나곳주는, 앞으로 일어날 일이지만 화자의 개념 속에서는 이미 일어난 일로 묘사하는 전형적인 "예언적 완료"(prophetic perfect)이다.[63] 따라서 성취의 확실성이 강조되는 것을 볼 수 있다. 부사 כֵּן켄은 12b-c에 언급된 내용에 동일하게 비교하는 역할을 하여 "그들이 강하고 수가 많을지라도, 그렇다고 할지라도"라는 의미를 전달한다. 따라서 כֵּן켄은 반의 접속사 ו바브와 함께 "그럼에도 불구하고"로 번역할 수 있다. 12b-d의 구문론적 요소들을 모두 고려하여 번역하면, "비록 그들이 강하고 그와 같이 수가 많을지라도 그럼에도 불구하고 그들은 멸절을 당하게 될 것이다"가 된다. 즉, 12b-d는 아무리 그들이 강할지라도 결국 멸망을 피할 수 없다는 확언을 하는 것이다.

12e의 완료형 עָבָר아바르("그가 지나가다," "그가 사라지다") 역시 예언적 완료이다.[64] 심판의 대상이 12b-d에서는 복수형(שְׁלֵמִים쉘레밈, רַבִּים랍빔, נָגֹזּוּ나곳주)으로 언급되는 반면에 12e에서는 단수형(עָבָר아바르)으로 언급되는 것에 대해 두 가지 설명이 가능하다. 어떤 설명을 선택하느냐에 따라 단수형 동사 עָבָר아바르의 주어 "그"의 선행사가 달리 제시된다. 첫째, 9절의 복수형 동사 אֻכְּלוּ욱켈루("그들이 먹힘을 당하게 될 것이다")가 언급된 후 11절에서 단수형 חֹשֵׁב호셰브("꾀하는 한 사람")가 언급된 것에 주목하는 것이다.[65] 심판의 원인을 촉발한 자들에 대한 언급이

"Thus Sennacherib brags: 'I cut their throats like lambs' (ARAB, 254). Tiglath-pileser III writes: 'I butchered their troops like sheep (Grayson 1987-90: 2:25, 37)"(ibid.).

63) Cf. WOC §30.5.1e; BHRG §19.2/5; GKC §106n. 예언적 완료는 성취의 확실성을 강조하기에 "확신의 완료"(perfective of confidence; perfectum confidentiae)로 칭하기도 한다.

64) Maier는 이 신탁의 정황이 산헤립이 유다를 침공한 과거의 사건인 것으로 고려하여 완료형 동사를 과거시제로 해석한다: "Even if [they were] complete and so numerous and so well protected, yet did they pass away" (Maier, *The Book of Nahum*, 202). 하지만 2-8절에 이어 나훔이 보복의 대상을 직접적으로 언급하지 않으면서 신탁을 서술하고 있는 점을 고려할 때 특정의 과거사건에 연결된 것으로 보기보다는 일반적인 선언으로 간주하는 것이 적절하다.

65) 9절의 복수형 동사 תְּחַשְּׁבוּן테핫셰분("너희가 꾀하다")의 주어가 니느웨 백성을 가리키는

복수("그들")에서 단수("한 사람")로 이어지는 흐름을 가지고 있는 것처럼 이와 짝을 이루어 심판의 대상 역시 복수형(נָגֹזּוּ나곶주, "그들" [12d])에서 단수형(עָבָר아바르, "그" [12e])으로 이어지는 흐름을 가지고 있는 것으로 볼 수 있다. 그렇다면 עָבָר아바르의 주어의 선행사는 11절의 חֹשֵׁב עַל־יְהוָה רָעָה호세브 알 아도나이 라아("여호와께 악을 꾀하는 한 사람")이 된다.[66] 둘째, 12b-d에 서술된 복수형 표현이 심판의 대상을 형성하는 구성원들(백성 또는 군인들)을 가리키는 반면에 12e의 단수형 표현은 이 구성원들을 하나의 집합체로 포괄하여 가리키는 것으로 해석하는 것이다.[67] 심판의 원인을 서술하는 문장들의 흐름(복수-단수)과 심판을 선언하는 문장들의 흐름(복수-단수)이 짝을 이룬다는 면에서 첫 번째 설명이 적절해 보인다.

וְעָבָר베아바르의 접속사 ו바브에 관하여 두 가지 해석이 가능하다. 하나는 등위접속사 ו바브로 보는 것이다. 이 경우, 등위접속사 ו바브("그리고")는 12d의 주절을 이어가면서 대적에게 임할 심판을 묘사하는 것이 된다.[68] 이와는 달리 흔한 용법은 아니지만 접속사 ו바브가 앞 문장의 사건 이후에 순차적으로 또는 결과적으로 발생하는 사건을 묘사하는 역할을 하는 것으로 분석하는 것이다.[69] 이 분석을 따르면, 12d-e는 그들이 멸절을 낭하게 된 후 그가 사라지게 된다는 의미를 전달한다.

것으로 본다면, 이 복수형이 12절의 복수형과 짝을 이루는 것으로 볼 수도 있다.

66) Robertson은, 동사 עבר가 애굽에서 심판을 행하시는 여호와의 모습을 묘사하는데 사용된 점을 고려하여" 여호와" 를 עָבָר아바르의 주어("그가")로 해석한다(Robertson, *Nahum*, 76).

67) Cf. Maier, *The Book of Nahum*, 207. Keil은 복수형에서 단수형으로 전환된 것을 강조를 위한 것으로 설명한다(Keil, *The Twelve*, 15).

68) BHS는 MT의 וְעָבָר וְעִנִּתִךְ베아바르 베인나티크 독법 대신에 ועברו עניתך로 읽을 것을 제안한다. 이는 두 번째 ו바브를 וְעָבָר베아바르에 붙여서 앞의 동사 נָגֹזּוּ나고쭈와 같이 복수형으로 만드는 것이다(cf. Christensen, *Nahum*, 240; Smith, *A Critical and Exgetical Commentary*, 307). 이 수정독법은 필사자의 오류를 추정하고 있는 것으로 보이는데, 히브리어 필사본들이 MT독법을 따르고 있기 때문에 수정독법은 설득력이 없다. 또한 10-11절에서와 같이 12절에서도 복수형에서 단수형의 흐름이 의도된 것이라면 더욱 그러하다.

69) 문장 간의 순차적/결과적 관계를 나타낼 때는 바브 연계형이 주로 사용된다. 12절의 경우 이러한 용법을 따른다면 미완료형이 서술되어야 한다. 완료형이 사용된 문장을 이어 접속사 ו바브와 함께 완료형이 서술되면서 순차적 관계를 나타내는 것은 흔한 용법은 아니지만 구문론적으로 불가능한 것은 아니다(cf. BHRG §40.8.1).

달리 말하면 그들의 멸절은 곧 그의 멸절로 이어지게 된다는 것이다. 특히 13절과 14절에서 심판의 대상이 단수형(מִשְּׁמְךָ모테후, "그의 명에" [13a]; עָלֶיךָ알레이카, "네게 대하여" [14a])으로 언급되면서 신탁이 이 대상에 집중하고 있는 점을 주목할 때, "그들"과 "그"를 구분할 필요가 있다.[70] 일반적으로 14절의 2인칭 남성 단수 대명사어미가 앗시리아의 왕을 가리키는 것으로 분석한다.

4. 원문주해

1:12a-e. 선언공식("여호와께서 이같이 말씀하시기를")은 12절에서부터 선언단락이 시작되고 있는 것을 보여준다. 즉, 고소단락에서 언급한 문제에 근거하여 여호와의 선언이 시작된다. 선언공식은 선언이 신적 기원과 권위에 근거한 것임을 분명하게 전달한다. 나훔은 고소단락에서와는 달리 여호와의 선언을 직접 인용하면서 선언의 확실성과 엄중성을 반영한다. 나훔서를 전체적으로 고려할 때, 나훔은 자신이 서술하는 선언이 반드시 성취될 것임을 강조하기 위해 주로 세 가지 기법을 사용하고 있다. 첫째, 선언단락에 예언적 완료형을 사용한다(cf. 1:10, 12, 14; 2:2). 둘째, 심판의 장면이 마치 눈앞에서 벌어지고 있는 것처럼 목격자적 관점에서 서술한다(cf. 2:3-10; 3:2-3, 13-19). 셋째, 선언도입공식을 사용하여 신적 신탁(divine speech)을 직접 인용한다(cf. 1:12, 14; 2:13; 3:5).

나훔은 여호와가 행하시는 보복을 받게 될 자들의 상태를 간략하지만 효과적으로 서술한다. 보복의 대상은 자신의 상태를 돌아볼 때 충분히 여호와의 보복을 감당할 수 있을 것이라고 생각할 만하다. 왜냐하면 강하고 완벽할 뿐만 아니라 그만큼 수에 있어서도 부족함이 없기 때문이다. 능력에 있어서 또한 물리적으로도 자신의 능력을 확신하고 자랑할 만하다. 하지만 "그럼에도 불구하고" (וְכֵן베켄, 12d) 털 깎는 자 앞의 양처럼 멸망을 피할 수 없다. 왜냐하면 전사이신 여호와가 그들의 멸망을 작정하셨고 선언하셨기 때문이다(cf. 1:2-6, 10).

더욱이 10절에 묘사된 바와 같이 여호와의 심판 앞에서 보복의 대상은, 찌르는

70) 14절의 2인칭 단수 대명사어미의 선행사를 "여호와께 악을 꾀하는 한 사람"으로 볼 수도 있지만 이 대명사어미가 단수지만 집합적 개념에서 니느웨의 구성원들을 모두 포함할 수도 있다.

가시처럼 능력이 있어도 정비되지 않은 채 뒤엉킨 가시덤불에 불과하고, 그 수가 많아도 적절하게 대처할 수 없는 술에 찌든 술꾼에 불과하며, 불만 당기면 재로 변하게 될 마른 지푸라기에 불과하기 때문이다. 결국 여호와가 보복과 심판을 결정하시면 그 대상은 그 어떤 힘과 수로도 그의 심판을 감당하지 못하고 멸망을 당하게 된다.

본문에는 보복의 대상이 구체적으로 누구인지 명시하지 않는다. 하지만 그 대상을 가리키는 표현에 주목할 필요가 있다. 12절에서 보복의 대상은 3인칭 복수형 "그들"과 3인칭 단수형 "그"로 표현된다. 여호와는 "그들"이 아무리 완벽하고 많을지라도 멸절을 당하게 되고 "그"가 사라지게 될 것이라고 선언한다. 수의 변화로 인해 원문을 수정하려는 시도가 있지만 복수형과 단수형이 사용되는 것은 의도적이다. 고소단락의 10절("그들")과 11절(3인칭 단수, "여호와를 대항하여 악을 꾀하는 자")의 변화와 짝을 이루고 있기 때문에 이러한 수의 변화는 자연스럽다. 그렇다면 12e의 "그"(עָבָר 아바르)의 선행사는 "여호와를 대항하여 악을 꾀하는 자"가 된다.

결국 12b-e는 10절의 심판("그들"의 멸망)을 확언하고 심판의 원인인 "여호와를 대항하여 악을 꾀하는 자"가 제거될 것임을 선언하는 것이다. 같은 맥락에서 11절이 구체적으로 앗시리아 왕을 가리키는 것이라면 12e의 "그리고 그가 사라질 것이다(וְעָבָר 베아바르)"라는 선언은 앗시리아 왕의 멸망을 선언하는 것이 된다. 핵심적인 지도자와 백성들의 멸망은 완전한 멸절을 반영하다. 12절에서 보복의 대상이 "그들"로 표기되고 유다를 가리키는 2인칭 여성 대명사어미(ךְ)가 사용되는 것을 볼 때, 12b-13b는 여호와("내가"[12g; 13b])가 유다("너를"[12f], "너의"[13a])에게 직접적으로 보복의 대상("그들이"[12b-d], "그가"[12e])이 멸망하게 될 것임을 선언하는 것이다.

고소단락(9-11절)에 근거한 첫 번째 선언(결과)은 자신의 능력과 수를 의지하고 여호와를 대항하여 악을 꾀한 자와 그의 백성의 멸망이다. 그들은 진노하시는 여호와의 보복을 그 어떤 방법으로도 결코 피할 수 없다.

III. 유다의 구원 (C. 결과[II]), 12f-13

1. 원문

וְעִנִּתִךְ 1:12f
לֹא אֲעַנֵּךְ עוֹד 1:12g
וְעַתָּה אֶשְׁבֹּר מֹטֵהוּ מֵעָלָיִךְ 1:13a
וּמוֹסְרֹתַיִךְ אֲנַתֵּק 1:13b

2. 번역(개역개정)

1:12f-g 내가 전에는 너를 괴롭혔으나 다시는 너를 괴롭히지 아니할 것이라
1:13 이제 네게 지운 그의 멍에를 내가 깨뜨리고 네 결박을 끊으리라

3. 원문분석

1:12f-g. **וְעִנִּתִךְ**베인니티크("내가 전에는 너를 괴롭혔으나")는 접속사 **ו**바브, **ענה**의 피엘 1인칭 완료형 동사("괴롭히다"), 2인칭 단수 여성 대명사어미 **ךְ**("너를")가 결합된 문장이다. 피엘 동사의 원형 **ענה**는 동음이의어로 "대답하다" 또는 "압제하다/괴롭히다"를 의미할 수 있다. 스프롱크(Spronk)는 칠십인경의 번역이 전자의 의미로 해석하고 있다는 것을 지적하는데, 문맥을 고려할 때 후자의 의미가 더 적절하다: **καὶ ἡ ἀκοή σου οὐκ ἐνακουσθήσεται ἔτι** ("and the report of thee shall not be heard any more")(LXX).[71]

접속사 **ו**바브의 구문론적 역할에 대한 논의는 동사의 목적어 역할을 하고 있는 2인칭 대명사어미("너")의 선행사를 누구로 규정하는지에 따라 세 가지 해석이 가능하다. 첫째, 대명사어미(**ךְ**)의 선행사를 나훔서의 독자, 즉 "유다"로 보면 접속사 **ו**바브는 앞의 서술에 근거한 결과적 내용을 유도하는 역할("그러므로")을 하는 것으로 볼 수 있다. 따라서 12f-g는 12b-e에서 선언한 대적의 멸망에 따른 유다의

71) Spronk, *Nahum*, 72; cf. Longman, "Nahum," 798.

구원을 선언하는 것이 된다. 둘째, "유다"를 대명사어미의 선행사로 분석하면서도 접속사가 반의적 역할("그러나")을 하는 것으로 간주하여 니느웨의 운명과 유다의 운명을 대조시키는 것으로 해석할 수도 있다. 셋째, 대명사어미의 선행사를 "니느웨"로 보면 접속사 ו바브가 대적에 대한 심판선언을 열거하는 등위접속사의 역할을 하는 것으로 볼 수 있다(cf. LXX). 예를 들면, 스미스(J. M. P. Smith)는 12f-g를 니느웨를 향한 선언으로 간주하여 여호와가 니느웨를 더 이상 압제할 필요가 없이 금번에 확실히 심판하시겠다는 의미를 전달하는 것으로 해석한다.

> "and I will afflict thee so that I need not afflict thee again"; in which case the address is to Nineveh or Assyria and the meaning is that Yahweh is about to destroy Nineveh utterly, once for all.[72)]

13절은 유다에 대한 회복신탁인 것이 분명한데, 13절에서 유다를 가리키는 2인칭 여성 대명사어미가 사용되는 것을 고려할 때 12f-g에서도 2인칭 여성 대명사어미의 선행사를 동일하게 "유다"로 보는 것이 더 적절해 보인다. 그렇다면 접속사 ו바브는 첫 번째나 두 번째 구문분석에 따라 해석할 필요가 있다. 하지만 12f에 "내가 너를 괴롭게 하였다"는 표현이 없으면 첫 번째 구문해석을 따라 "대적이 멸망할 것이다(12b-e). 그러므로 내가 더 이상 너[유다]를 괴롭히지 않을 것이다"로 이해할 수 있다. 하지만 12f가 서술되고 있기 때문에 두 번째 구문해석에 따라 대적과 유다의 대조적 상황을 선언하는 것으로 보는 것이 문장들의 흐름상 자연스럽다.

12f와 12g의 구문론적 관계에 있어서, 12f는 양보의 종속절로, 12g은 주절로 해석하는 것이 일반적인 경향이다(cf. NJB, KJV, ASV, NIV, ESV). 이러한 관계는 완료형 동사 עִנִּתִךְ인니티크와 미완료형 동사 אֲעַנֵּךְ아안네크가 병렬된 것에서 추론된다. 이와는 달리 스프롱크(Spronk)는, 12f와 12g이 서로 독립된 문장으로 12f는 과거사실을 서술하는 것으로 12g는 미래사실을 서술하는 것으로 설명한다.[73)] 이

---

72) Smith, *A Critical and Exegetical Commentary*, 304.
73) Spronk, *Nahum*, 72.

와 동일하게 개역개정, 공동번역, 쉬운성경, 우리말성경이 번역하고 있는 반면에 표준새번역은 12f를 양보절로 번역하고 있다.[74] 어떤 해석을 따르던 간에, 더 이상 압제가 없게 될 것이라는 사실에는 차이가 없다.

12g에서 부정어 לֹא로가 부사 עוֹד오드("다시")와 함께 쓰이면서 동사 אֲעַנֵּךְ아안네크에 강한 부정의 의미를 부여한다: "내가 다시는 너를 괴롭히지 않을 것이다." 동사의 2인칭 대명사어미 ךְ의 선행사는 신탁의 청자인 "유다"이다(cf. 1:15).

1:13. וְעַתָּה베앝타는 등위접속사 ו바브("그리고")와 부사 עַתָּה앝타("이제")가 결합된 형태인데, 부사가 동사 앞에 서술되면서 의미가 강조된다.[75] 또한 동사 אֶשְׁבֹּר에스보르("내가 깨뜨릴 것이다")의 1인칭 주어는 12절에 언급된 화자, יְהוָה아도나이("여호와")이다. 부사 עַתָּה앝타와 미완료형 동사가 함께 서술되면서 성취의 임박성이 강조된다.[76] מֹטֵהוּ모테후("그의 멍에를")는 명사 מוֹט모트("멍에")의 연결형과 3인칭 단수 대명사어미 הוּ후("그의")가 결합된 것으로 문장 안에서 목적격 대격의 역할을 한다.[77] 대명사어미의 선행사는 12e의 3인칭, 단수동사 עָבָר아바르의 주어

---

74) "이제까지 나는 너를 너무 괴롭혔다. 이제 다시는 너희를 괴롭히지 아니하리라"(공동번역); "유다야, 내가 너를 심판했지만 다시는 너를 심판하지 않겠다"(쉬운성경); "내가 네게 어려움을 주었지만 이제 다시는 네게 어려움이 없을 것이다"(우리말); "비록 내가 너를 괴롭혔으나, 다시는 너를 더 괴롭히지 않겠다"(표준새번역).

75) Cf. WOC §39.3.4f.

76) Waltke와 O'Connor는 וְעַתָּה베앝타가 전환을 강조하는 역할을 하는 것으로 설명한다(WOC §39.3.4f). VanGemeren은 나훔이 앗술바니팔이 죽기 직전 (주전 630년)에 예언을 하였고 요시야 가 니느웨의 멸망을 경험하였다고 설명한다(반게메런, 『예언서연구』 280-81).

77) BHS는 칠십인경과 불가타 역본에 근거하여 מֹטֵהוּ모테후("그의 멍에")를 왕권을 상징하는 מַטֵּהוּ맛테후("그의 홀") 또는 מַטָּה모타("[멍에 등의] 장대")로 수정하여 읽을 것을 제안한다. 하지만 이 본문에서 "멍에"라는 단어가 본문의 의미를 보다 적절하게 전달하기 때문에 MT독법을 수정할 필요가 없다. Maier는 민 4:10, 12; 13:23에 מוֹט모트가 "막대기"라는 의미로 사용된 용례에 근거하여 "멍에"보다는 "막대기"로 번역하는 것을 선호한다(Maier, *The Book of Nahum*, 209). 더 나아가 막대기를 매질을 위한 체벌도구의 의미로 이해한다(ibid., 208). Cathcart는 예레미야 27:2에 מוֹסֵרוֹת וּמֹטוֹת모세로트 우모토트("줄[굴레]와 멍에," 개역개정)가 함께 등장하는 것을 언급하면서 MT독법을 수정할 필요가 없음을 지적한다(Cathcart, *Nahum*, 64). 하지만 모음부호를 바꾸어 מַטֵּהוּ맛테후로 읽을 경우, "홀을 깨뜨리다"라는 전형적인 저주의 언어가 사용된 것으로 볼 수 있다고 말한

("그가")와 같은 대상이다. 따라서 총체적 의미에서의 니느웨(앗시리아)나 "여호와께 악을 도모하는 자"가 선행사가 될 수 있다. מֵעָלָיִךְ 메알라이크("네게서")는 출처를 나타내는 전치사 מִן 민("...에게서"), 공간적 위치를 나타내는 전치사 עַל 알("... 위에"), 2인칭 여성 단수 대명사어미 ךְ가 결합된 부사구로 동사의 행위를 꾸며주는 역할을 한다. 대명사어미의 선행사는 앞 절에서와 같이 신탁의 청자인 "유다"이다.[78] מעל은 두 개의 전치사 מִן 민과 עַל 알이 결합된 것으로 전치사들이 가지고 있는 의미를 그대로 유지하면서 의미를 보다 명확하게 서술해 준다.[79] 즉 어깨나 목 위에 놓인 멍에를 연상케 한다. 따라서 우리말성경은 מֵעָלָיִךְ 메알라이크를 "네 목에서"로 의역을 하고 있다. 13a와 13b는 아래와 같이 구문론적 교차평행을 이루면서 의미를 강화시킨다.

מֵעָלָיִךְ　　מֹטֵהוּ　　אֶשְׁבֹּר　　וְעַתָּה　　1:13a

d [부사구] - c [목적격 대격] - b[1인칭 동사] - a[접속사/부사구]

אֲנַתֵּק　　וּמוֹסְרֹתַיִךְ　　1:13b

b' [1인칭 동사] - c' [목적격 대격]

이 교차평행에서 13a의 부사구 מֵעָלָיִךְ 메알라이크(d)는 두 문장에 모두 적용되는 이중적 역할을 한다.[80] 13b의 מוֹסְרֹתַיִךְ 모세로타이크("네 결박을")는 동사의 목적어 역할을 하는 대격인데, 13a의 מֹטֵהוּ 모테후("그의 멍에를")와 מֵעָלָיִךְ 메알라이크("네게서")를 하나의 표현으로 함축하는 듯하다. 그렇다면 "그가 네게 지운 결박"이라는 의미가 전달된다. 목적어 מוֹסְרֹתַיִךְ 모세로타이크가 주동사 אֲנַתֵּק 아낱테크 앞에 서술되면서 강조되는 면이 있다. 하지만 의미의 강조나 강화는 13a와 13b의 구문론적

다(K. Cathcart, "Treaty-curse and the Book of Nahum," *CBQ* 35 [1973]: 180). J. M. P. Smith는, מֹטֵהוּ 모테후를 "[그의] 멍에"로 간주하고 מוֹסְרֹתַיִךְ 모세로타이크는 멍에의 양쪽을 붙어주는 "[네] 장대"를 가리키는 것으로 설명한다(Smith, *A Critical and Exegetical Commentary*, 304).

78) Cf. Maier, *The Book of Nahum*, 210.

79) Waltke와 O'Connor는 두 개의 전치사가 결합하여 새로운 의미를 갖게 되는 것과 전치사들의 의미가 그대로 유지되는 것을 구분하여 전자는 "complex preposition"으로, 후자는 "compound preposition"으로 칭한다(WOC §11.3).

80) Cf. Cathcart, *Nahum*, 65.

교차평행과 의미론적 평행에 의해 보다 명확하게 주어진다. 주동사 אֲנַתֵּק아낱테크("내가 끊을 것이다")는 13a의 אֶשְׁבֹּר에스보르("내가 깨뜨릴 것이다")와 짝을 이루면서 유다를 압제자의 손길에서 구원해 낼 것이라는 여호와의 결단을 명확하게 서술해 준다. וּמוֹסְרֹתַיִךְ우모세로타이크의 접속사 ו바브는 13a와 13b를 "그리고"로 연결시키는 등위접속사이다.

4. 원문주해

1:12f-13b. 여호와가("내가") 유다("너를")를 향하여 직접적으로 구원을 선언하시는 신탁이 이어진다. 12절에서 대적과 유다의 대조가 명확하게 드러난다. 대적은 여호와의 보복의 대상으로 멸절을 피할 수 없지만 유다는 구원의 대상으로 압제와 고통에서 벗어날 수 있게 된다. 이러한 대조는 1장 7-8절의 대조적 관계에 근거한다. 즉 여호와는 그에게 피하는 자에게는 산성이 되어주시지만 그를 대항하여 악을 꾀하는 자들에게는 진노와 보복을 행하시는 전사가 되신다. 언약적 관계로 인하여 유다는 구원의 대상이 된다. 하지만 어떤 경우에도 유다가 여호와의 진노에서 예외가 되는 것은 아니다. 유다가 죄를 범하였을 때 여호와는 심판의 도구로 이방나라를 일으키셔서 유다를 괴롭게 하셨다.[81)] 앗시리아가 심판의 도구로 사용되었고 유다는 앗시리아의 억압과 압제 속에서 괴로움을 겪어야만 했다(cf. 사 10:5; 암 6:14).[82)] 하지만 이제 여호와는 그가 구원을 베푸시는 분임을 선언하며 유다로 하여금 구원에 대한 기대를 갖게 하신다.[83)] 왜냐하면 그가 더 이상 유다

---

81) Maier는 나훔서에 유다의 죄에 대한 직접적인 언급이 없음을 인정하면서도 12f-g가 여호와께 반역한 유다의 죄를 전제한 것으로 설명한다(Maier, *The Book of Nahum*, 202 n. 15).

82) "앗수르 사람은 화 있을진저 그는 내 진노의 막대기요 그 손의 몽둥이는 내 분노라"(사 10:5).

83) 이사야 선지자는 앗시리아가 심판의 도구로 사용되지만 교만으로 인해 멸망을 당하게 될 것임을 선언하였다: "도끼가 어찌 찍는 자에게 스스로 자랑하겠으며 톱이 어찌 켜는 자에게 스스로 큰 체하겠느냐 이는 막대기가 자기를 드는 자를 움직이려 하며 몽둥이가 나무 아닌 사람을 들려 함과 같음이로다 그러므로 주 만군의 여호와께서 살진 자를 파리하게 하시며 그의 영화 아래에 불이 붙는 것 같이 맹렬히 타게 하실 것이라"(사 10:15-16).

를 괴롭히지 않으시겠다고 선언하시기 때문이다. 여호와의 이러한 선언은 유다를 괴롭혔던 자들이 멸망하게 되는 원인이 된다. 즉 여호와가 그의 백성을 구원하시기로 작정하셨기 때문에 대적은 더 이상을 그들을 압제할 수 없을 뿐만 아니라 제거될 수밖에 없게 된다. 하지만 유다 공동체에 속한 모든 이들이 반드시 구원의 대상이 되는 것은 아니다. 1장 7절에 서술된 것처럼 여호와를 구하는 자만이 구원의 대상이 된다.

13절은 여호와가 유다에게 베푸실 구원의 구체적인 내용을 서술한다. 구원의 대상은 2인칭 대명사어미가 가리키는 "유다"이며, 구원을 행하시는 분은 1인칭으로 표기되고 있는 "여호와"이다. 구원의 내용은, 여호와가 괴로움의 원인인 대적을 제기하심으로 유다는 대적이 지운 멍에와 굴레에서 벗어나게 된다. 여기서 3인칭 대명사어미 "그의"로 표기되고 있는 대적은 "여호와를 대항하여 악을 꾀하고 사악한 것을 권한 자"(11절)이다. 대적은 더 이상 멍에와 굴레로 유다를 강제하거나 괴롭힐 수 없게 된다. "부술 것이다"(13a)와 "깨뜨릴 것이다"(13b)가 반복되고 "멍에"(13a)와 "굴레"(13b)가 반복되면서 구원의 확실성이 강조된다. "멍에"와 "굴레"의 제거는 여호와가 유다를 더 이상 괴롭게 하지 않게 하시겠다는 선언을 확인해 줌과 동시에 억압에서의 자유라는 개념을 전달한다.[84] 여호와가 베푸시는 자유함 속에서 유다는 구원의 은혜를 누릴 수 있게 된다. 또한 여호와는 성취의 임박성("이제")을 강조하시면서 신탁을 듣는 유다 백성들로 하여금 그의 구원을 자신들의 시대에 기대할 수 있게 한다. 나훔서의 저작시기에 대한 다양한 논의가 있지만, 역사적으로 니느웨가 주전 612년에 멸망한 것을 고려할 때 나훔의 신탁을 읽은 당시 유다 독자들은 실제로 임박한 구원선언의 성취를 경험하였을 것이다. 나훔의 신탁이 니느웨의 멸망의 전조가 드리워지기 전, 가장 막강한 권력을 행사하던 시기에 주어진 것이라면 구원에 대한 선언은 유다 백성들에게 믿음의 시험이며 심각한 도전이었을 것이다. 12-13절은 나훔의 저작시기를 결정함에 있어서 중요한 역할을 한다. 유다의 대적이 막강한 힘과 수를 과시하고 있는 것으로

84) Cf. Robertson, *The Books of Nahum*, 78; Bailey, "Nahum," 186-87; Longman, "Nahum," 799; Maier, *The Book of Nahum*, 208; Craigie, *Twelve Prophets*, 65-66. 이사야 선지자 역시 유사한 표현으로 앗시리아의 압제에서 해방될 것을 선포하였다(사 9:4; 10:27; 14:25).

서술되고 있기 때문이다. 앗시리아의 쇠퇴는 앗술바니팔의 죽음(주전 627년) 이후 본격적으로 이루어졌다. 따라서 나훔서의 저작시기를 주전 7세기 중반 전후로 보는 것이 적절하다.

고소단락에 근거한 두 번째 선언(결과)은 대적의 멸망과 함께 이루어질 유다의 구원이다. 유다를 괴롭게 하셨던 여호와가 이제 유다의 구원을 선언하시며 구원을 소망하게 하신다. 앗시리아는 여호와가 유다를 징벌하시는 심판의 도구로 사용되었지만 여호와가 허용하신 것 이상의 잔혹함과 폭력을 행함으로 그를 대항하여 악을 도모하였기에 멸망을 당하게 된다. 반면에 유다는 그 어떤 긍정적인 행위를 하였기 때문이 아니라 단지 그의 언약백성이며 그에게 피하는 것으로 구원을 경험하게 된다. 여호와가 유다를 더 이상 괴롭게 하지 않으실 것이라는 선언은 어떤 경우에도 결코 유다가 괴롭힘을 당하는 일이 없을 것이라는 절대적 선언이 아니다. 9절의 선언과 같이 여호와가 심판을 행하신 후에 앗시리아로 인한 압제가 더 이상 있지 않을 것이라는 선언이다.[85] 역사적으로 유다는 앗시리아의 멍에와 굴레에서 벗어난 후에도 고통과 압제를 겪게 된다. 하지만 이것은 여호와의 선언이 효력이 없기 때문이 아니라 유다 스스로 죄를 범하며 여호와에게 피하지 않고 그의 "산성"을 거부하였기 때문이다. 에스겔 선지자는 유다가 어떻게 여호와가 제공하시는 "산성"을 거부하였는지를 구체적으로 적시하며 유다가 바벨론 제국에 의해 당하게 되는 고통과 압제의 문제를 다룬다(cf. 겔 3장, 8-11장).

IV. "악을 꾀하는 자"의 멸절과 우상제거 (B'. 결과[III]), 14

1. 원문

1:14a וְצִוָּה עָלֶיךָ יְהוָה

1:14b לֹא־יִזָּרַע מִשִּׁמְךָ עוֹד

1:14c מִבֵּית אֱלֹהֶיךָ אַכְרִית פֶּסֶל וּמַסֵּכָה

1:14d אָשִׂים קִבְרֶךָ

1:14e כִּי קַלּוֹתָ

85) Cf. Longman, "Nahum," 798.

2. 번역(개역개정)

1:14 나 여호와가 네게 대하여 명령하였나니 네 이름이 다시는 전파되지 않을 것이라 내가 네 신들의 집에서 새긴 우상과 부은 우상을 멸절하며 네 무덤을 준비하리니 이는 네가 쓸모없게 되었음이라

3. 원문분석

1:14. וְצִוָּה 베찌바의 접속사 ו 바브는 12a의 כֹּה אָמַר יְהוָה 코 아마르 아도나이("여호와께서 이같이 말씀하시기를")와 14-15절의 선언을 연결시키는 등위접속사의 역할("그리고")을 한다. 이는 유다의 구원이 니느웨의 심판에 대한 선언과 연계되어 있음을 보여준다. 완료형 동사 צִוָּה 찌바("명령하다")의 주어는 יְהוָה 아도나이("여호와")이며 עָלֶיךָ 알레이카("네게 대하여")는 동사를 꾸며주는 부사구이다. 12a의 אָמַר 아마르("말하다")와는 달리 동사 צִוָּה 찌바가 사용되는 것은 신탁의 확실성과 성취적 측면을 강조하기 위한 것으로 보인다. 왜냐하면 단순히 선언하는 것을 넘어 명령하는 것이기 때문이다. 부사구를 유도하는 전치사 עַל 알이 동사의 행위가 누구 또는 무엇에 관한 것인지를 밝혀주는 화제를 유도하는 것으로 해석을 하여 עָלֶיךָ 알레이카를 주로 "너에 관하여"로 번역하고 있다. 12-13절에 언급되고 있는 2인칭 여성대명사 ךְ("너")의 선행사는 나훔서의 실제 독자인 "유다"이다.[86] 반면에 14절의 내용은 니느웨에 임할 심판에 관한 것이기에 부사구 עָלֶיךָ 알레이카의 2인칭 남성 대명사어미 ךָ의 선행사는 의인화된 "니느웨"로 보는 것이 일반적인 견해이다.[87] 따

86) 12-13절에서 유다를 가리키는 2인칭 여성 대명사어미(ךְ)가 동일하게 15절의 선언에도 등장하고 있다(חַגַּיִךְ 학가이크, נְדָרָיִךְ 네다라이크, בָּךְ 바크, 15절).

87) 나훔 1장 11절에서 니느웨가 2인칭 여성 단수 대명사어미(ךְ)로 표기된 반면에 14절에서는 2인칭 남성 단수 대명사어미(ךָ)로 거듭해서 표기되고 있다. 이와 같이 동일한 대상이 남성과 여성 대명사어미로 번갈아가며 표기되는 것은 구약성경에서 볼 수 있는 용례이다(cf. 암 4:12). Keil은 이 대명사어미는 앗시리아의 세력을 의인화하여 가리키는 것이라고 주장한다(Keil, *The Twelve*, 16). Christensen은 이 대명사어미를 11절의 "여호와를 대항하여 악을 꾀하는 자"와 연결시킨다(Christensen, *Nahum*, 242). de Vries는 나훔이 유다 또는 니느웨를 가리킬 때 2인칭 여성 대명사어미를 사용하고 있는 것을 지적하면서 14절의 2인칭 남성 대명사어미가 "앗시리아의 왕"을 가리키는 것으로 해석한다(de Vries,

라서 유다와 니느웨가 짝을 이루면서 구원과 심판의 신탁이 주어지는 것으로 분석한다. 하지만 2인칭 대명사어미가 남성형 단수인 것을 고려하면 선행사를 11절의 חֹשֵׁב עַל־יְהוָה רָעָה 호셰브 알 아도나이 라아("여호와를 대항하여 악을 꾀하는 자")로 보는 것이 보다 적절하다.[88] 특히 나훔서에서 대명사어미로 니느웨를 가리킬 때 주로 2인칭, 단수, 여성, 대명사어미가 사용되고 있는 점도 주목할 필요가 있다. 그렇다면 니느웨보다는 앗시리아 왕이 신탁의 대상으로 제시되고 있는 것으로 보아야 한다.

언급한 바와 같이 14b-15f는 앗시리아 왕을 암시하는 "여호와를 대항하여 악을 꾀하는 자"에 관한 여호와의 명령의 내용을 담고 있지만 니느웨가 완전히 배제되는 것은 아니다. 14b의 문장이 부정어 לֹא 로로 시작되면서 독자로 하여금 부정적 어조를 먼저 접하게 한다. 특히 12절에서와 같이 부정어 לֹא 로가 עוֹד 오드("다시")와 함께 쓰이면서 강한 부정의 의미를 전달한다. מִשִּׁמְךָ 밋쉼카는 출처를 나타내는 전치사 מִן 민("... 에게서"), 명사 שֵׁם 셈("이름")의 연결형, 2인칭 남성 단수 대명사어미 ךָ가 결합된 형태이며 구문론적으로는 동사를 꾸며주는 부사적 역할을 한다. 이 부사구의 문자적 의미는 "너의 이름에서"이다. 14b의 문장에는 독립적으로 언급된 주어가 없기 때문에 수동의 의미를 내포하고 있는 니팔형 동사 יִזָּרַע 잇자라(3인칭, 단수, 미완료형) 안에서 주어를 찾게 된다. 이 동사의 문자적 의미는 "[씨앗 등의] 그것이 뿌려질 것이다/파종될 것이다"이다. 그러므로 14b의 문자적 의미는 "그것이 네 이름에서 다시는 뿌려지지 않을 것이다"가 된다. 문자적 의미에서 주어("그것")가 가리키는 바가 분명하지 않은 것을 볼 수 있다. 또한 이 주어의 선행사가 될 만한 것에 대한 직접적인 언급이 없다. 따라서 캐스카트(Cathcart)는 מִשִּׁמְךָ 밋쉼카의 첫 번째 מ 멤을 앞에 서술된 동사 יִזָּרַע 잇자라에 붙는 전접어(enclitic מ 멤)로 간주하여 שִׁמְךָ 쉼카를 주어("네 이름이")로 해석할 것을 제안한다.[89] 또는 מִשִּׁמְךָ 밋쉼카의 전치사 מִן 민이 "일부"를 나타내는 역할(partitive מִן 민)을 하는 것으

"The Acrostic," 180; Longman, "Nahum," 795). 근접 문맥을 고려하면, Christensen이 해석하는 것처럼 2인칭 남성 대명사어미가 "여호와를 대항하여 악을 꾀하는 자"로 분석하는 것이 적절해 보인다.

88) Cf. Cathcart, *Nahum*, 65.

89) Ibid. 칠십인경은 전치사 מִן 민을 그대로 반영하여 ἐκ τοῦ ὀνόματός σου로 번역하고 있다.

로 간주하여 "네 이름의 일부가" 라고 번역하여 주어로 해석하기도 한다.[90] 하지만 후자의 해석은 니느웨를 향한 심판선언에 "전부"를 암시하는 כָּלָה칼라가 8절과 9절에 반복해서 사용되고 있다는 사실과 어울리지 않는다. 따라서 일부에 대한 언급으로 보기 어렵다(cf. 나 1:8-9). 또한 전자의 해석을 따르더라도 "네 이름이 다시는 뿌려지지 않을 것이다" 라는 표현 자체가 일반적인 것은 아니다. 이러한 어려움을 해결하고자 BHS는 יִזָּרַע잊자라를 יִזָּכֵר잊자케르("기억되다")로 수정하여 일반적인 표현으로 읽을 것을 제안한다: לֹא יִזָּכֵר עוֹד שְׁמֶךָ("네 이름이 다시는 기억되지 않을 것이다"). 하지만 이 수정독법은 고대역본이나 히브리어 필사본의 지지를 받지 못하고 있을 뿐만 아니라 어려운 독법을 우선하는 원리를 적용하면 MT독법을 유지하는 것이 적절해 보인다.[91] 14b의 문장이 문법적으로나 구문론적으로 해석의 어려움을 주고는 있지만 전체 문맥을 고려할 때 의미는 분명하다. 캐스카트(Cathcart)는, "이름"을 의미하면서도 "아들"로 번역될 수 있는 아카디아 동족어 *šumu*와 연관하여 שֵׁם솀이 문자적으로 "이름"을 의미하지만 또한 "자손"이나 "후손"을 의미할 수 있다고 주장한다.[92] 캐스카트가 주장하는 바와 같이 שֵׁם솀이 "후손"을 의미할 수 있다면 14b의 의미는 더욱 분명해 진다. 즉 니느웨 또는 니느웨의 왕이 더 이상 후손을 갖지 못하게 되어 멸망을 하게 된다는 것이다. 수동의 의미를 갖는 니팔형 동사 יִזָּרַע잊자라는 니느웨의 멸절이 자의적인 것이 아닌 하나님의 심판으로 인한 타의적인 것임을 분명하게 전달한다. 동사 זרע 자체가 "씨 등을 심다" 라는 이미지를 연상시키기 때문에 MT의 구문을 그대로 유지하면서도 14b를 "네 이름에서 나오는 씨가 다시는 심기어지지 않을 것이다" 로 의역하여 완전한 멸망에 대한 선언으로 이해할 수 있다(cf. 나 1:8, 9).[93] MT의 독법을

90) Cf. BHRG §39.14.7. 전치사 מִן민을 partitive מִן민으로 해석하는 것은 니느웨를 향한 심판선언에 "전부"를 암시하는 כָּלָה칼라가 8절과 9절에 반복해서 사용되고 있다는 사실과 어울리지 않는다.

91) 칠십인경의 번역에서는 "씨를 뿌리다"를 의미하는 동사 σπείρω에서 온 3인칭 미래 수동형 σπαρήσεται를 사용하고 있다.

92) Cathcart, *Nahum*, 65; cf. Christensen, *Nahum*, 243. Cathcart는 이사야 14:22에서 שֵׁם솀과 נִין닌("아들," "후손")이 평행을 이루고 있는 것을 여러 근거들 중의 하나로 제하고 있다.

93) 이 경우, מִשְּׁמְךָ밋쉼카의 מִן민을 출처를 나타내는 전치사로 해석하고 이 부사구가 동사의

그대로 유지할 수 있는 근거는 מִשִּׁמְךָ 밋쉼카(b)와 유사한 부사구(b')가 14c의 문장을 시작하고 있다는 것과 부분적인 구문론적 교차평행에서 찾을 수 있다.[94)]

עוֹד	מִשִּׁמְךָ	לֹא־יִזָּרַע	1:14b
c [부사] -	b [מִן 부사구] -	a [수동형 동사+부정어]	
פֶּסֶל וּמַסֵּכָה	אַכְרִית	מִבֵּית אֱלֹהֶיךָ	1:14c
d [목적어] -	a' [능동형 동사] -	b' [מִן 부사구]	

이 교차평행구문에서 두 가지 사실에 주목할 필요가 있다. 첫째, מִשִּׁמְךָ 밋쉼카("네 이름에서")와 מִבֵּית אֱלֹהֶיךָ 밉베트 엘로헤이카("네 신들의 집에서")의 평행은 니느웨 성읍과 니느웨의 신들의 집에서 비롯된 것들이 여호와의 심판으로 인해 멸망을 당하게 된다는 사실을 전달한다. 둘째, 능동의 히필 동사 אַכְרִית 아크리트("내가 멸절시킬 것이다")는 동사구 לֹא יִזָּרַע 로 잊자라와 짝을 이루면서 심겨지지 않게 하는 행위의 주체가 여호와임이 분명하게 전달한다.

14c의 부사구 מִבֵּית אֱלֹהֶיךָ 밉베트 엘로헤이카("네 신들의 집에서")는 교차평행구문을 이루기 위해 문두에 서술되는 것이기도 하지만 강조를 위한 것이기도 하다. 이러한 강조기법을 통해 여호와의 심판의 영역이 분명하게 명시되는 것을 볼 수 있다. "자르다" 또는 "잘라내다(뿌리를 뽑다)"의 의미를 갖는 동사 כרת의 히필형 אַכְרִית 아크리트가 사용되면서 제거의 의미("멸절하다")가 더욱 강조된다. 이 동사의 목적어 역할을 하면서 제거의 대상으로 서술되고 있는 פֶּסֶל וּמַסֵּכָה 페셀 우맛세카("새긴[새겨 만든] 우상과 부은 [부어 만든] 우상")는 어떤 형태의 우상이든 제거될 것이라는 의미를 총괄적으로 전달한다(cf. 신 27:15; 합 2:18).

14d의 문장은 접속사 ו 바브가 없이 바로 1인칭 칼형 동사 אָשִׂים 아심("내가 마련할 것이다[만들 것이다]")으로 시작된다. 이 동사의 목적어역할을 하는 קִבְרֶךָ 키브레카("네 무덤을")의 2인칭 남성 단수 대명사어미 ךָ의 선행사는 14a-b에 언급된 대명

주어를 제시하는 것으로 분석한다: "네 이름으로부터 나오는 것[씨])." BHS는 부사 עוֹד 오드 이후에 반행(半行)이 손실되었을 수도 있다는 추정을 하고 있다. 하지만 필사본이나 역본의 지지가 없기 때문에 이러한 추정은 불필요하다.

94) Cf. Coggins, *Israel among the Nations*, 32.

사어미의 선행사와 동일한 대상으로 볼 수 있다. 즉 의인화된 니느웨 또는 앗시리아의 왕을 암시하는 11절의 "여호와께 대항하여 악을 꾀하는 자"이다(cf. 나 3:18). MT의 אָשִׂים아심을 שׁמם("황폐하게 만들다"/"파괴하다")의 히필 미완료형 אַשִּׁים앗쉼으로 간주하여 14d를 "내가 네 무덤을 파헤칠 것이다"로 번역하기도 한다(cf. 공동번역, 쉬운성경, 표준새번역; NJB).[95] 이러한 독법은 동사의 모음부호를 바꾸고, שׂ신을 경강점을 가진 שּׁ쉰으로 바꾸면 되는 것이기에 가능할 수 있다. 하지만 MT독법과 수정독법은 한 가지 차이를 나타낸다. MT독법은 아직 심판의 대상이 죽지 않았기에 그 대상의 무덤을 마련한다는 의미를 전달하는 반면에 수정독법은 이미 심판의 대상이 무덤에 매장되었는데, 그 대상의 무덤이 파손된다는 의미를 전달한다. 앞으로 오게 될 심판에 대한 선언이기에 MT독법이 더 적절하다.

14e의 접속사 כִּי키는 14d에 서술된 선언의 근거나 이유를 제시하는 이유의 부사절을 유도한다.[96] 동사 קַלּוֹתָ칼로타(קלל)는 "네가 작다/가볍다," "네가 보잘것없다[쓸모가 없다]," 또는 "네가 비천하다"를 의미한다. 따라서 여호와가 니느웨의 무덤을 마련하는 이유는 니느웨가 보잘것없기(가볍기) 때문이라는 것이다.[97] 달리 말하면 예전과 달리 하찮게 되어버린 니느웨에게 무넘이 적질한 장소라는 의미가 된다. BHS는 14e의 MT독법과는 달리 קִיקָלוֹת키칼로트("배설물더미") 또는 קָלוֹן

---

95) Cf. Ibid., 33. Cathcart는 고대근동과 구약에서 확인되고 있는 장사되지 못하는 것의 두려움과 동일하게 무덤이 파괴되어지는 것에 대한 두려움이 있었을 것이라고 설명한다(cf. Cathcart, *Nahum,* 67). 사 5:25; 렘 9:21; 22:19; 25:33; 36:30 등은 매장되지 못하고 배설물과 같이 땅에 나뒹구는 시체를 언급하면서 심판의 참혹함을 서술한다.

96) Longman은 14e의 כִּי키가 유도하는 원인절이 14d뿐만 아니라 14b와 14c의 심판선언에도 적용되는 것으로 분석한다(Longman, "Nahum," 799). 즉 앗시리아 왕이 경멸스럽기 때문에 자손을 잇지 못하고 신들이 제거되고 죽음을 맞게 된다는 것이다. 같은 맥락에서 Maier는 קַלּוֹתָ칼로타를 "경멸하다"의 의미로 해석하여 여호와가 니느웨를 경멸하시기 때문에 자손의 멸절, 우상의 파괴, 죽음에 대한 선언이 주어졌다고 설명한다(Maier, *The Book of Nahum*, 213).

97) Meier는 니느웨가 보잘 것 없다는 사실이 심판의 근거가 되기에는 무리가 있음을 지적하면서 "가볍게 나무다"의 의미에서 발전된 "무시하다"라는 의미로 해석할 것을 제안한다: "thou art despised" (Maier, *The Book of Nahum*, 216). Maier는 동일한 단어가 이러한 의미로 삼상 2:30과 창 16:4, 5에 사용된 것을 지적한다. 하지만 무게의 측면에서 "가볍다"는 의미가 텅 비게 되어버린 니느웨를 묘사하는 2장 7-10절을 고려하면 적절한 해석이 될 수도 있다.

(קִי) (키)칼론("수치," "배설물")으로 읽을 수 있는 가능성을 제안한다.[98] 이 수정독법은 "내가 네 무덤을 배설물더미(또는 배설물)로 만들 것이다"라는 의미를 전달하게 된다. 하지만 고대역본이나 히브리어 필사본들의 지지가 없기 때문에 MT독법을 유지하는 것이 적절하다.

4. 원문주해

1:14. "여호와가 명령하셨다"가 전형적인 선언도입공식은 아니지만 나훔은 이 표현을 사용하면서 선언단락을 이어갈 뿐만 아니라 보복의 대상과 유다에 관한 선언의 성취가 확실하다는 사실을 강조한다. 왜냐하면 여호와가 단지 선언하는 것을 넘어 명령하셨기 때문이다. 멸망이 명령된 것이기에 보복의 대상은 결코 멸망을 피할 수 없다. 14절의 심판선언은 앗시리아 왕을 암시하는 보복의 대상, "여호와를 대항하여 악을 꾀하는 자"(11절)에 집중한다.[99] 한편으론 이 왕이 앗시리아인들을 대표하는 역할을 하기 때문에 앗시리아에 대한 심판선언으로 이해할 수도 있다.[100] 하지만 그가 앗시리아 제국의 전체 행보에 중추적인 역할을 한 인물이기에 왕에게 집중하는 것은 자연스럽다. 보복의 대상에게 임할 심판은 세 가지이다. 첫째, 왕조적 그리고 국가적 멸절이다(14b). 보복의 대상은 그의 이름을 이을 수 있는 후손을 갖지 못하게 되어 완전히 그리고 영원히 멸절하게 된다. 보복의 대상을 의인화된 니느웨로 간주하면 여호와의 심판으로 앗시리아 제국이 더 이상 존속하지 못하게 된다는 의미가 된다. 반면에 앗시리아의 왕을 가리키는 것

---

98) BHS는 필사자가 כִּי 키와 קִי 키를 혼돈했을 것으로 보는 듯하다. Cathcart는 Halder의 제안을 따라 קַלּוֹתָ 칼로타가 우가릿어 ללך ("쓰러지다"/"넘어지다")와 연관이 있을 것으로 간주하여 "thou hast fallen"("네가 넘어졌다")의 의미로 해석될 수 있는 가능성을 제시한다(Cathcart, *Nahum*, 67). 이 수정독법을 따를 경우, אָשִׂים 아심을 אַשִׁים 앗쉼으로 수정하는 것이 요구될 수 있다. 왜냐하면 이 수정독법은 이미 심판의 대상이 멸망을 당한 듯한 이미지를 전달하기 때문이다.

99) Maier는 앗시리아 왕이 아니라 앗시리아의 수도인 니느웨를 신탁의 대상으로 간주한다(Maier, *The Book of Nahum*, 211). 따라서 니느웨가 파괴될 뿐만 아니라 영원히 사라지게 될 것임을 선언하는 것으로 이해한다. Keil은 앗시리아의 힘을 의인화한 것으로 설명한다(Keil, *The Twelve*, 16).

100) Longman, "Nahum," 799.

을 보면 왕조의 멸망을 암시하는 것으로 볼 수 있다.[101] 앗시리아 왕조의 명성은 영원히 사라지게 될 것이다. 결국 왕조의 멸망은 국가의 멸망을 의미한다.

둘째, 종교적 멸절이다(14c). 보복의 대상이 섬기던 온갖 형태의 우상들이 그의 신들의 집에서부터 모두 제거될 것이다. 강력한 군사력으로 다른 나라들을 점령하고 약탈을 행한 앗시리아인들은 그 어떤 신도 앗시리아 왕과 자신들의 신을 막을 수 없다고 확신하고 자랑하였다. 그들에게는 여호와도 예외가 아니었다. 산헤립 왕의 통치 하에 앗시리아가 예루살렘을 침공하였을 때 랍사게가 유다 왕 히스기야와 유다 백성들에게 전한 산헤립의 말은 이러한 사실을 분명하게 보여준다.[102]

> 민족의 신들 중에 어느 한 신이 그의 땅을 앗수르 왕의 손에서 건진 자가 있느냐 하맛과 아르밧의 신들이 어디 있으며 스발와임과 헤나와 아와의 신들이 어디 있느냐 그들이 사마리아를 내 손에서 건졌느냐 민족의 모든 신들 중에 누가 그의 땅을 내 손에서 건졌기에 여호와가 예루살렘을 내 손에서 건지겠느냐 하셨느니라(왕하 18:33-35).

따라서 앗시리아를 향한 여호와의 보복과 심판은 자연스럽게 정치적, 종교적 멸절을 수반하게 된다. 여호와는 보복의 대상이 의지하던 우상들을 제거하심으로 그의 우주적 주권과 능력을 드러내신다.[103] 왜냐하면 앗시리아 왕은 자신의 권력과 권위가 앗시리아의 신들에 의해 주어진 것으로 확신하였기 때문이다. 역사적 기록에 따르면 앗시리아 제국은 다른 민족을 정복한 후 앗시리아 제국의 신들의 우월성을 드러내기 위해 그 민족의 신전을 파괴하고 우상을 탈취하였다. 하지만 이제 여호와가 행하시는 보복의 심판으로 자신들이 행하였던 일을 당하게 된다.

셋째, 보복의 대상은 결국 여호와의 심판으로 보잘것없게 되어 수치를 당하고 무덤으로 내려가게 될 것이다(14d-e; cf. 3:5-6). 보복 대상의 무덤을 마련할 것이라

---

101) Cf. Armerding, "Nahum," 468.

102) 이사야 선지자는 앗시리아의 교만한 태도를 다음과 같이 서술하고 있다: "내 손이 이미 우상을 섬기는 나라들에 미쳤나니 그들이 조각한 신상들이 예루살렘과 사마리아의 신상들보다 뛰어났느니라 내가 사마리아와 그의 우상들에게 행함 같이 예루살렘과 그의 우상들에게 행하지 못하겠느냐 하는도다"(사 10:10-11).

103) Cf. Bailey, "Nahum," 189.

는 선언은 완전한 멸망을 확언하는 것이다. 이것은 보복의 대상이 자연스러운 죽음이 아닌 여호와가 작정하신 죽음을 맞이하게 된다는 것을 의미한다. 즉, 여호와가 보복의 심판을 행하시게 되면 결코 죽음을 면하지 못하게 된다. 여호와는 무덤을 언급하며 보복 대상의 죽음을 확언한 후 무덤을 마련하는 이유를 언급하신다. 앗시리아는 보복을 행하시는 여호와 앞에서 하찮고 가벼운 존재에 불과하기 때문이라는 것이다. 보복의 대상이 여호와의 심판으로 예전과는 달리 하찮게 되었기 때문에 그에게 가장 적합한 장소는 무덤 외에는 없다. 결과적으로 앗시리아인들은 그들의 자부심이었던 왕조와 신들이 파괴됨으로 자신들이 보잘것없는 하찮은 존재에 불과하다는 사실을 확인하게 될 것이다.

고소단락(9-11절)에 근거한 세 번째 선언(결과)은 "여호와를 대항하여 악을 꾀하는 자"에게 임하게 될 정치적, 종교적 측면을 모두 포함하는 완전한 멸망이다. 심판선언의 이러한 내용을 고려할 때, 여호와를 대항하여 도모한 악의 내용이 정치적, 종교적인 면을 모두 포함하고 있는 것을 알 수 있다. 결국 여호와는 유다 백성들이 대적의 손에 압제를 당하는 것과 자신의 명예가 실추되는 것을 더 이상 허용하지 않으시고 대적의 총체적인 멸망과 멸절을 선언하신다. 14절의 선언이 앗시리아 왕에게 집중하는 것은 지도자의 중요성을 간접적으로 시사하는 면이 있다.

V. 유다의 구원 (C'. 결과[IV]), 15

1. 원문

[1:14a-e וְצִוָּה עָלֶיךָ יְהוָה ...]
1:15a הִנֵּה עַל־הֶהָרִים רַגְלֵי מְבַשֵּׂר
1:15b מַשְׁמִיעַ שָׁלוֹם
1:15c חָגִּי יְהוּדָה חַגַּיִךְ
1:15d שַׁלְּמִי נְדָרָיִךְ
1:15e כִּי לֹא יוֹסִיף עוֹד לַעֲבוֹר־בָּךְ בְּלִיַּעַל
1:15f כֻּלֹּה נִכְרָת

2. 번역(개역개정)

1:15 볼지어다 아름다운 소식을 알리고 화평을 전하는 자의 발이 산 위에 있도다 유다야 네 절기를 지키고 네 서원을 갚을지어다 악인이 진멸되었으니 그가 다시는 네 가운데로 통행하지 아니하리로다 하시니라

3. 원문분석

1:15. 감탄사 הִנֵּה 힌네("보라," "볼지어다")는 청자나 독자의 주의를 환기시킬 뿐만 아니라 이어지는 서술에 주목하게 한다. 또한 이 감탄사는 심판에서 회복으로의 전환을 유도할 때 사용되기도 한다.[104] 뿐만 아니라 이어서 서술되는 사건의 임박성을 나타내기도 한다.[105] 위치를 나타내는 전치사 עַל 알("위에")이 유도하는 부사구 עַל־הֶהָרִים 알 헤하림("[그] 산[들] 위에")은 명사절의 술어역할을 한다. 명사절에서 술어를 문두에 놓는 것은 강조를 위한 것이다. 명사절의 주어역할을 하는 분사구 רַגְלֵי מְבַשֵּׂר 라글레 메밧세르에 대한 구문분석은 주로 두 가지로 제시되고 있다. 첫째, 분사구 מְבַשֵּׂר 메밧세르를 실명사로 간주하는 것이나(cf. 우리말성경, TNK, KJV, ASV, NIV). 이 경우, 실명사 מְבַשֵּׂר 메밧세르("[좋은] 소식을 전하는 자[使者]")는 소유를 나타내는 속격의 역할(possessive genitive)을 하는 것으로 누구의 발인지를 보여준다.[106] 즉 "소식을 전하는 자의 발[들]"이라는 의미이다. 둘째, 분사구 מְבַשֵּׂר 메밧세르가 술어적 속격(attributive genitive)의 역할하여 רַגְלֵי 라글레를 꾸며주는 것으로 간주하는 것이다. 이 경우, רַגְלֵי מְבַשֵּׂר 라글레 메밧세르의 의미는 "소식을 전하는 발들"이 된다(cf. 공동).[107] 산위에 있는 "발"에 주목하라는 것은 신속성을 강조하는 것이다. "곧 화평의 소식이 임하게 된다"는 의미를 전달한다.[108]

---

104) Cf. Longman, "Nahum," 800.

105) Cf. Christensen, Nahum, 259.

106) Cathcart는 동사 בשר 자체가 "좋은 소식을 전하다"라는 의미를 내포하지 않는다는 것을 지석한다(cf. Cathcart, *Nahum*, 68). Longman은 좋은 소식을 전한다로 번역하는 것이 문제가 되는 것은 아니지만 좋은 소식이라고 번역을 하면 의도된 긴장감이 파괴된다고 설명한다(Longman, "Nahum," 800).

107) "*희소식을 전하는 발길*이 산을 넘고 넘어 달려온다. 광복의 소식을 안고 온다"(공동번역).

108) Cf. Robertson, *Nahum*, 81.

이어지는 분사구 מַשְׁמִיעַ שָׁלוֹם마스미아 샬롬에 대해서도 두 가지 구문해석이 가능하다.[109] 첫째, 앞의 분사 מְבַשֵּׂר메밧세르와 병치되면서 동격의 관계를 갖는 것으로 보면, מְבַשֵּׂר메밧세르가 מַשְׁמִיעַ שָׁלוֹם마스미아 샬롬에 의해 보다 구체적으로 서술되는 것으로 분석할 수 있다(cf. 표준새번역).[110] 즉 "소식을 전하는 자, 즉 화평을 선포하는 자의 발들"로 번역할 수 있다. "듣다"를 의미하는 동사 שׁמע가 히필형을 취할 때는 "듣게 하다," 즉 "선포하다"라는 의미를 갖기 때문에 히필형 분사 מַשְׁמִיעַ마스미아를 실명사, "선포하는 자"로 해석할 수 있다. 명사 שָׁלוֹם샬롬("화평")은 분사의 목적어 역할을 하면서 선포되는 내용을 구체적으로 서술해 준다. 둘째, 분사 מַשְׁמִיעַ마스미아가 실명사의 역할을 하는 מְבַשֵּׂר메밧세르를 꾸며주는 관계절(relative clause)을 유도하는 것으로 분석하거나 독립적인 문장으로 분석할 수 있다. 전자의 경우, "화평을 선포하는 사자(使者)의 발들"로 번역이 되고 후자의 경우, "소식을 전하는 자의 발들. 그가 화평을 선포한다"로 번역이 된다. 우리말성경이 후자의 번역을 반영하고 있다: "보아라. 저기 산 위에 좋은 소식을 가져오는 사람의 발걸음을. 그가 평안을 선포하는구나!"(cf. 공동번역). 크리스텐센(Christensen)은 이 표현에 전령이 전쟁터의 소식을 전하기 위해 집으로 달려오는 모습이 담겨있다고 설명한다.[111] רַגְלֵי מְבַשֵּׂר라그레 메밧세르와 מַשְׁמִיעַ שָׁלוֹם마스미아 샬롬의 구문분석에 있어서 위에 언급한 분석들 중 어떤 분석을 선택하던 간에 의미의 큰 차이는 없다. שָׁלוֹם샬롬("화평")이라는 단어를 읽기 전까지는 과연 어떤 내용의 소식을 가지고 산을 넘어오는 지 알 수 없다. שָׁלוֹם샬롬은 "화평"의 의미뿐만 아니라 "조화," "완전함," "완벽함" 등을 의미하기도 한다. 따라서 본 단락에서 שָׁלוֹם샬롬은 우선적으로 압제자의 억압과 폭력에서 벗어나서 누리게 되는 의미에서의 "화평"에만 제한되지 않고 삶 전반의 긍정적인 면을 모두 포함할 수 있다.[112]

---

109) BHS는 שָׁלוֹם샬롬 다음에 3절을 삽입하는 것에 대해 언급을 하는데, 이것은 근거가 없는 제안이다.

110) "*보아라, 좋은 소식을 전하는 사람, 평화를 알리는 사람이* 산을 넘어서 달려온다"(표준새번역).

111) Christensen, *Nahum*, 259; cf. Longman, "Nahum," 800.

112) Cf. Bailey, "Nahum," 192; Robertson, *Nahum*, 81.

15a-b와 15c는 근거와 결과의 논리적 흐름을 갖는다. 즉 15a-b는 15c-d의 명령이 주어지는 근거가 된다. חגג("절기 등을 지키다")의 2인칭 여성 단수 명령형 חָגִּי 학기는 명령문을 유도한다. 명령의 대상은 호격으로 서술되고 있는 יְהוּדָה 예후다("유다야")이다. חַגַּיִךְ 학가이크는 חַג 하그의 복수 연결형 명사("절기들")와 2인칭 단수 여성 대명사어미 ךְ("너의")가 결합된 형태로 명령형 동사 חָגִּי 학기("지켜라")의 목적어역할을 한다. 동사와 동일한 어근의 동족목적어가 사용되면서 의미가 강조된다. חַג 하그와 함께 서술되는 절기는 무교병절기(חַג הַמַּצּוֹת 하그 함마쪼트), 맥추절(חַג הַקָּצִיר 하그 학카찌르), 수장절(חַג הָאָסִף 하그 하아시프), 칠칠절(חַג שָׁבֻעֹת 하그 샤부오트), 유월절(חַג הַפֶּסַח; 하그 핲파사흐), 초막절(חַג הַסֻּכֹּת 하그 핫숙코트)(출 23;14-17; 34:22-25; 레 23:33-36; 민 29:12-40; 신 16:9-17) 등이 있다. "절기를 지키라"는 명령은 이 절기들 중 특정의 절기에 제한되지 않는다. 이 명령을 주전 612년의 신년절기와 특별히 관련성이 있다고 설명하기도 하는데, 선언의 예언적 속성을 견지할 때 이것은 부적절한 해석이다.

15d는 등위접속사 וּ 바브를 사용하지 않고 피엘 명령형 שַׁלְּמִי 샬레미("[서원 등을] 완성하라/갚으라")를 병치시키면서 명령을 이어간다. נְדָרָיִךְ 네다라이크는 נֶדֶר 네데르의 복수 연결형 명사("서원들")와 2인칭 단수 여성 대명사어미 ךְ("너의")가 결합된 형태로 명령형 동사 שַׁלְּמִי 샬레미의 목적어역할을 한다. 따라서 15c와 15d는 구문론적 평행을 이루게 되며 호격의 יְהוּדָה 예후다("유다야")는 이 두 명령문에 모두 적용된다. "서원을 갚는다"는 것은 언약적 헌신을 이행하는 것을 의미한다. חַגַּיִךְ 학가이크("네 절기[들]")와 נְדָרָיִךְ 네다라이크("네 서원[들]")의 2인칭 대명사어미 ךְ("네")의 선행사는 호격으로 표기되고 있는 "유다"이다.

15e의 접속사 כִּי 키는 원인을 나타내는 부사절을 유도하고 있으며 이 부사절은 15f까지 이어진다. 따라서 15e와 15f는 15c-d의 명령이 가능한 근거를 서술한다. 그러므로 15c-d의 명령이 주어지는 근거가 두 가지로 제시된다: (1) 화평의 소식; (2) 벨리알의 제거. 15e 문장의 문법적 주동사는 יוֹסִיף 요시프("더하다," "계속하다")이다. 동사 יסף와 함께 쓰이는 전치사 לְ 레가 유도하는 부정사구는 주동사의 의미를 보충하는 역할을 하면서 부정사가 반영하고 있는 행위나 상황이 지속적으로 일어나거나 또는 되풀이되는 것을 가리키는 숙어를 만든다(cf. 창 4:2; 8:10; 호 9:15; 암 7:8).[113] 15e의 경우, לַעֲבוֹר־בָּךְ 라아보르 바크("네 가운데로 지나가는 것")가

되풀이 되는 것을 가리키는데, 부정어 לֹא로와 부사 עוֹד오드("다시")가 함께 서술되면서 이 문장은 강한 부정의 의미를 갖게 된다. 즉 "다시는 네 가운데로 지나가지 않을 것"이라는 의미를 전달한다. בָּךְ바크("네 가운데로")는 위치를 나타내는 전치사 בְּ베와 "유다"를 가리키는 2인칭 여성 대명사어미 ךְ가 결합된 부사구로 부정사 עֲבוֹר아보르("지나가다")를 꾸며주는 역할을 한다.[114] 주동사 יוֹסִיף요시프의 주어는 문장의 맨 끝에 등장하는 בְלִיַּעַל벨리야알이다. 따라서 15e는 "בְלִיַּעַל벨리야알이 다시는 네 가운데로 지나가지 않을 것이다"는 의미가 되며 בְלִיַּעַל벨리야알은 부정사 עֲבוֹר아보르의 의미상의 주어가 되기도 한다.[115] 주어 בְלִיַּעַל벨리야알이 문장 마지막에 등장하는 것은 대적이 만든 צָרָה짜라("재난")가 다시 일어나지 않을 것이라고 선언하고 있는 1장 9절(9c)과 유사하다.

צָרָה	פַּעֲמָיִם	לֹא־תָקוּם	1:9c
b[주어]		a[부정어+동사]	
בְלִיַּעַל	עוֹד לַעֲבוֹר־בָּךְ	כִּי לֹא יוֹסִיף	1:15e
b' [주어]		a'[부정어+동사]	

בְלִיַּעַל벨리야알은 "악"을 의미하는데, 니느웨 왕을 암시하는 יֹעֵץ בְּלִיָּעַל요에쯔 벨리야알("사악한 것을 권하는 자," 11절)과 연관하여 고려할 때, 15e에서 이 단어가 사악한 것을 권하는 앗시리아 왕의 별명이나 악을 의인화한 표현, 즉 "사악한 자"("사악의 화신")라는 의미를 갖는 것으로 볼 수 있다.[116] 이러한 추론이 맞는다면,

---

113) Cf. L. Koehler and W. Baumgartner, *The Hebrew and Aramaic Lexicon of the Old Testament*, vol 1 (Leiden: Brill, 2001), 418 (이후로는 HALOT로 표기).

114) BHS는 בָּךְ바크를 בֶּן־벤(["벨리알의] 아들")으로 읽을 것을 제안한다. 필사자의 오기를 충분히 고려해 볼 수 있지만 고대역본과 히브리어 필사본들이 MT독법을 지지하고 있으므로 수정할 필요가 없다.

115) Roberts는 בְלִיַּעַל벨리야알을 주어로 간주한다(Roberts, *Nahum*, 48). Christensen은 구체적인 설명이 없이 이 견해를 거부하면서도, 본인의 번역에서는 בְלִיַּעַל벨리야알을 주어로 번역하고 있다: "For never again will Belial invade you" (Christensen, *Nahum*, 261).

116) Cf. 악트마이어, 『나훔-말라기』. 48. Maier는 בְלִיַּעַל벨리야알이 한 개인을 가리키는 것이 아니라 악의 전형, 즉 니느웨를 의인화한 것으로 설명한다(Maier, *The Book of Nahum*,

בְּלִיַּעַל 벨리야알을 본래의 의미로 번역하기보다는 원어를 음역으로 그대로 표기하는 것이 적절해 보인다(cf. NJB).[117] 위에 언급된 구문론적 요소들을 고려하여 15e를 번역하면 "왜냐하면 벨리알이 다시는 네 가운데로 지나가지 않을 것이기 때문이다"가 된다.

15f의 문장은 접속사 ו 바브가 없지만 이 부사절을 이어간다. כֻּלֹּה 쿨로("그의 모든 것")는 명사 כֹּל 콜("모든 것"; 또는 부사, "완전히")의 연결형과 3인칭 남성 단수 대명사어미 ה가 결합된 형태로 주어역할을 하는데, 동사 נִכְרָת 니크라트("[그것이] 제거되다") 앞에 놓이면서 강조된다.[118] 3인칭 대명사어미 ה의 선행사는 בְּלִיַּעַל 벨리야알이다. 15f의 문자적 의미는 "그의 모든 것이 제거될 것이다"이다. 이와는 달리 כֹּל 콜을 부사("완전히")로 간주하여 "그가 완전히 제거될 것이다"로 번역하기도 한다(cf. 공동번역, 쉬운성경, 우리말성경, 표준새번역, NJB, TNK, KJV, NIV). 아래에 언급하는 14절과의 평행관계를 고려할 때, כֹּל 콜을 명사로 분석하는 것이 적절해 보인다. 나훔은 수동의 의미를 갖는 니팔형 동사를 사용하여 בְּלִיַּעַל 벨리야알의 멸망이 여호와에 의한 것임을 시사한다. 문장의 흐름을 고려할 때, 15f는 15e가 선언하는 바의 근거가 된다. 즉 15e-f를 "그의 모든 것이 제거될 것이기에(15e), 벨리알이 네 가운데로 지나가는 것이 다시는 일어나지 않을 것이다(15f)"로 번역하여 이러한 관계를 반영할 수 있다(cf. 개역개정, 쉬운성경, 표준새번역). 또는 15f가 15e 다음에 이어지는 결론적 독립문장으로 번역할 수도 있다: "악한 사람들이 다시는 너를 휩쓸고 지나가지 않을 것이기 때문이다. 그는 완전히 없어져 버렸다"(우리말성경; cf. NJB, TNK, KJV, NIV).[119]

두 가지 사실이 14b-c와 15e-f가 의미론적 평행을 이루면서 서로 의미를 보충

---

218).

117) Cf. Christensen, *Nahum*, 261.

118) BHS는 칠십인경의 번역, συντετέλεσται("끝내다")에 근거하여 כֻּלֹּה 쿨로를 동사 כָּלָה 칼라로 읽을 것을 제안한다. 하지만 동사 נִכְרָת 니크라트 앞에 동사 כָּלָה 칼라가 등장하는 것이 자연스럽지 않을 뿐만 아니라 히브리어 필사본들의 지지가 없기 때문에 MT독법을 유지할 수 있다.

119) "악한 사람들이 다시는 너를 휩쓸고 지나가지 않을 것이기 때문이다. 그는 완전히 없어져 버렸다"(우리말성경); "for Belial will never pass through you again; he has been utterly destroyed"(NJB).

하고 있음을 보여준다. 첫째, 14b의 부정어 לֹא로, 부사 עוֹד오드와 14c의 동사 כרת가 15e-f에 다시 등장한다. 둘째, 14b와 14c가 접속사 ו바브가 없이 연결되는 것처럼 15e와 15f가 연결되고 있다.

1:14b	לֹא־יִזָּרַע מִשִּׁמְךָ עוֹד
1:14c	[ו바브의 부재] מִבֵּית אֱלֹהֶיךָ אַכְרִית פֶּסֶל וּמַסֵּכָה
1:15e	כִּי לֹא יוֹסִיף עוֹד לַעֲבוֹר־בָּךְ בְּלִיַּעַל
1:15f	[ו바브의 부재] כֻּלֹּה נִכְרָת

이 평행구문에서 14b에서 주어역할을 하는 מִשִּׁמְךָ 밋쉼카("네 이름")가 15e의 핵심적인 주어 בְּלִיַּעַל 벨리야알과 짝을 이루는 것 그리고 14c의 목적어 פֶּסֶל וּמַסֵּכָה 페셀 우맛세카("새긴 우상과 부은 우상")이 15f의 수동형 동사의 주어 כֻּלֹּה 쿨로("그의 모든 것")와 짝을 이루는 것에 주목하게 된다. 이 평행구조는, 유다에 악을 행하던 자들이 모두 멸절하여 더 이상 존재하지 못할 뿐만 아니라 우상을 포함한 그의 모든 것이 제거될 것이라는 선언을 명확하게 전달하는 효과를 갖는다. 결과적으로 כֻּלֹּה 쿨로("그의 모든 것")는 니느웨의 정치적, 종교적인 모든 것을 다 포함한다.

4. 원문주해

1:15.앞 절(14절)과 본 절(15절)에는 두 가지 변화가 있다. 첫째, 신탁의 대상이 보복의 대상("앗시리아 왕")에서 "유다"로 전환된다. 둘째, 신탁대상의 변화에 따라 자연스럽게 선언의 내용이 심판에서 구원으로 바뀐다. 감탄사 "볼지어다"(הִנֵּה 힌네)는 독자로 하여금 이러한 변화와 유다를 향한 구원선언에 주목하게 한다. 달리 말하면 보복의 대상이 멸망할 것이라는 사실도 중요하지만 보다 중요한 것은 여호와가 유다를 구원하신다는 사실이다. 여호와는 화평을 전하는 자의 발이 산 위에 있음을 주목하라고 말씀하시면서 그가 이루실 구원을 기대하게 하신다.[120)]

---

120) 이사야 선지자 역시 유사한 표현들을 사용하여 유다 백성들이 억압(바벨론에 의한 억압)

여호와가 행하시는 무시무시한 전쟁의 상황에서 "화평"을 논한다는 것이 부적절해 보이지만 언약백성들에게는 지극히 자연스러운 것이다. 왜냐하면 대적의 멸망이 곧 언약백성의 구원과 직결되어있기 때문이다. 특히 구원의 대상인 "유다"가 나훔서에서 처음으로 명시되고 있는 점에 주목할 필요가 있다. 여호와는 유다를 향해 절기를 지키고 서원을 갚으라고 명령하신다. 이 명령은 "벨리알"("악인")의 모든 것이 파괴되었기에 "벨리알"이 다시는 유다 가운데로 지나가지 못할 것이라는 선언으로 이어진다. 이러한 각 문장의 의미와 흐름을 고려할 때, 15a-f를 다음과 같은 교차평행구조로 분석할 수 있다.

a. 명령의 근거 ("화평의 소식"): 15a-b
    b. 명령("절기를 지키고 서원을 갚으라"): 15c-d
a' 명령의 근거 ("벨리알과 그의 모든 것이 제거됨"): 15e-f

이 평행구조에서 중간에 위치한 명령("절기를 지키고 서원을 갚으라")이 강조된다. 또한 이 평행구조에 따르면 15a-b에서 언급하고 있는 "화평의 소식"의 구체적인 내용은 "'벨리알'과 그의 모든 것의 제거"이다. 이 평행구조는 중요한 메시지를 반영하고 있다. 절기를 지키고 서원을 갚는 것은 화평의 소식을 듣기 위해, 즉 구원을 얻기 위해서가 아니라 이미 여호와가 구원을 결정하시고 "화평의 소식"을 전하셨기 때문이다. 달리 말하면 멍에와 굴레에서 벗어나기 위해 절기를 지키고 서원을 갚는 것이 아니라 이미 여호와가 멍에와 굴레를 제거하실 것을 선언하셨기 때문에 그가 베푸시는 자유와 함께 그의 백성들은 그를 예배하고("절기를

에서 해방되어 화평을 누리게 될 것을 선언한다: "좋은 소식을 전하며 평화를 공포하며 복된 좋은 소식을 가져오며 구원을 공포하며 시온을 향하여 이르기를 네 하나님이 통치하신다 하는 자의 산을 넘는 발이 어찌 그리 아름다운가"(사 52:7; cf. 사 40:9). 표현의 유사성과 관련하여 제2 이사야(40-55장)의 견해를 견지할 경우, 나훔의 선언을 제2이사야의 저자가 인용하여 사용한 것으로 설명한다(cf. Spronk, *Nahum*, 80). 하지만 전체 이사야서의 이사야 저작권을 견지할 경우, 이사야의 선언을 나훔이 사용하는 것이 된다. 사도 바울은 동일한 표현으로 복음을 전하는 자들을 묘사하고 있다(롬 10:15). Coggins는 신탁형식의 유사성은 선지자들이 일정한 형식을 따르고 있는 것이지 의존성을 보여주는 것이 아니라고 지적한다(Coggins, *Israel among the Naitons*, 8).

지키고") 그에게 언약적 헌신을 다하는 것("서원을 갚으라")이 요구된다. 대적의 멸망으로 인해 유다는 언약 백성이 드려야할 예배와 헌신의 삶을 회복할 수 있게 된다.[121] 이것은 언약 백성의 특권일 뿐만 아니라 의무이다.[122] 그러므로 여호와는 예배와 헌신을 허락하실 뿐만 아니라 명령하신다.

이러한 메시지를 전달함에 있어서 동일한 어근 שלם에서 파생된 단어들이 사용되고 있는 점이 흥미롭다. 대적은 자신의 물리적 능력에 근거하여 "완벽하다"(שְׁלֵמִים 셸레밈, 12b)고 자신하지만 그의 "완벽함"(שְׁלֵמִים셸레밈)은 잠정적이고 무익한 것이다. 진정한 "화평"(שָׁלוֹם샬롬, 15a)은 여호와가 허락하실 때 누릴 수 있다. 따라서 여호와가 허락하시는 진정한 화평을 얻은 자들은 "서원을 갚아야" 한다(שַׁלְּמִי샬레미, 15d). 대적이 과신하고 자랑하던 שלם은 제거되는 반면에 대적의 압제 하에 고통을 당하던 유다는 שלם을 얻게 된다.

15절의 선언을 유다의 역사적 정황에 적용하면, "벨리알"("악의 화신")은 앗시리아 왕을 가리킨다(cf. 1:11; 3:18). 앗시리아 왕은 제거되어 다시는 유다 "가운데로" 지나가지 못하게 될 것이다.[123] 이것은 그가 유다 백성들의 삶에 어떠한 부정적인 영향도 미칠 수 없게 된다는 것을 의미한다. 결과적으로 유다는 더 이상 앗시리아 왕으로 인한 "재난"(צָרָה짜라, 9c)을 겪지 않게 될 것이다.[124] 이 선언은 실제적으로 주전 612년에 니느웨의 멸망과 함께 성취된다. 니느웨가 멸망한 후에도 유다가 다시 압제 하에 있게 되지만 앗시리아 제국이 아닌 바벨론과 페르시아 제국에 의한 것이다. 유다가 다시 이방나라의 압제 하에 고통을 당하게 되는 것은

---

121) Armerding은 나훔서의 저작시기를 7세기 중반으로 간주하여 예배의 회복이 약 주전 631년 이후에 요시야 왕의 종교개혁을 통해 성취된 것으로 설명한다(Armerding, "Nahum," 469).

122) Cf. Longman, "Nahum," 800.

123) 15절의 선언이 주어졌음에도 불구하고 유다는 앗시리아가 멸망한 후 바벨론의 압제 하에 놓이게 된다. 따라서 15절의 성취적 측면에 문제가 있다고 본 해석자들은 15절의 선언을 종말론적으로 이해한다(cf. 악트마이어, 『나훔-말라기』 48). 나훔서의 신탁이 역사적, 종말론적 성취의 측면을 모두 담고 있는 것으로 해석하는 것이 적절하다(cf. 반게메렌, 『예언서연구』 285). 왜냐하면 나훔은 여호와의 심판을 일반적으로 선언할 뿐만 아니라 앗시리아에 적용하고 있기 때문이다.

124) Fohrer는 벨리알의 제거가 앗시리아의 왕, 앗술바니팔의 죽음을 가리키는 것으로 해석한다(Fohrer, *Introduction*, 448).

여호와의 무능력 때문이 아니라 유다가 여호와를 거부하는 죄를 범하였기 때문이다(cf. 렘 5:31; 18:12; 겔 2:3-5; 3:5-7; 8:1-11:25). 나훔이 언급하고 있는 "앗시리아 왕"은 앗술바니팔(주전 668-827년)을 가리킬 가능성이 높다. 그렇다면 나훔서의 저작연대는 앗술바니팔의 죽음 이전 앗시리아가 강력한 군사력을 발휘하였던 시기로 볼 수 있다.

고소단락에 근거한 네 번째 선언(결과)은 여호와가 압제와 억압의 원인인 "벨리알"을 제거하심으로 유다에게 "화평"을 허락하셨기 때문에 언약 백성들은 그를 예배하고 그에게 언약적 헌신을 다하라는 명령이다. 여호와가 과연 대적의 손에서 자신들을 보호하시고 구원하실 수 있는지에 대해 의심하는 유다 백성들에게 여호와는 다음의 사실로 그의 구원을 확증시켜주신다. 첫째, 구원의 성취가 임박하였다. 유다의 구원을 선언하는 13a와 15a에서 각각 성취의 임박성을 암시하는 עַתָּה 알타("이제")와 הִנֵּה 힌네("볼지어다")가 선언을 유도하고 있다. 뿐만 아니라 화평의 소식을 전하는 자의 발이 산위에 있다는 선언은 달려오는 모습을 연상시키면서 성취의 임박성을 기대하게 한다. 둘째, 여호와가 멸망과 구원을 선언하셨을 뿐만 아니라 명령하셨다(ct. 14a). 셋째, 유다가 겪는 고통의 핵심적인 요인인 "사악의 화신"("벨리알")과 그에게 속한 모든 것이 제거될 것이다. 넷째, 대적의 멸망과 유다의 구원에 대한 선언이 서로 연결되어 두 번씩 반복되면서 강조되고 있다: 대적의 멸망(12a-e) – 유다의 구원(12f-13b) – 대적의 멸망(14b-e) – 유다의 구원(15a-f). 특히 15e-f는 유다의 구원의 근거로 벨리알의 제거를 분명하게 제시하고 있다.

VI. 단락의 절정과 핵심주제

나훔서의 첫 번째 신탁(1:9-15)의 특징은 고소단락과 선언단락에 심판의 대상과 구원의 대상에 대한 서술이 혼용되고 있는 것이다. 즉 구원신탁과 심판신탁이 서로 엮어서 서술된다. 양식비평적 접근은 구원신탁과 심판신탁이 혼용될 수 없고 명확히 구분되어야 한다고 주장한다. 하지만 선지자들은 여호와의 신탁을 전할 때 효과적인 전달과 이해를 위해 일반적인 형식을 따르지만 그 형식에 제한되지 않고 자유롭게 활용한다. 따라서 구약 선지자들의 글에서 신탁형식이 자유롭게 활용되고 때론 심판과 구원의 주제가 하나의 신탁에 함께 등장하는 것을 볼 수 있다.

구원신탁과 심판신탁을 구분하는 기준은 형식이 아니라 선언단락의 내용이다. 고소단락에서 문제점을 지적하더라도 선언단락에 구원 또는 회복을 선언하면 "그럼에도 불구하고"의 구원신탁이 된다. 이 경우, 구원을 선포하시는 이유는 여호와의 속성, 사랑, 은혜, 언약, 신실하심 등에서 찾을 수 있다. 나훔서의 첫 번째 신탁(1:9-15)은 대적을 향한 심판신탁과 유다를 향한 구원신탁이 혼용되어 있다. 대적의 경우, 여호와를 대항하여 악을 꾀하고 사악한 것을 권한 것이 심판의 원인으로 제시되고 있는 반면 유다는 여호와의 능력을 의심함에도 불구하고 그의 구원을 기대할 수 있다. 특히 대적의 멸망과 유다의 구원은 상호적으로 원인과 결과, 결과와 원인의 관계를 갖는다. 즉 대적이 멸망한 결과로 유다가 구원을 얻게 되는 면이 있으며 유다의 구원이 결정되었기 때문에 대적이 멸망하게 되는 관계를 갖는다. 그러므로 하나의 신탁에 심판선언과 구원선언이 혼용되는 것이 문제가 되지 않는다.

첫 번째 신탁의 의미론적 무게는 일단 다음의 세 가지 이유에 근거하여 고소단락보다는 선언단락에서 찾을 수 있다. 첫째, 문제점을 지적하거나 상황을 서술하는 고소단락과 이에 따른 결과를 선포하는 선언단락으로 구성된 신탁(oracle)은 일반적으로 선언단락에서 의미론적 무게를 갖는다. 둘째, 고소단락에서는 주로 심판의 원인이 되는 문제점이나 상황이 서술되는데, 첫 번째 신탁의 고소단락(9-11절)에 "그가 온전히 멸하시리니 재난이 다시 일어나지 아니하리라"(9절)는 선언이 주어지면서 고소단락에서 이미 선언의 내용을 확인하고 본격적인 선언단락을 예상하게 한다.[125] 셋째, 고소단락은 나훔 선지자의 말로 서술되고 있지만 선언단락(12-15절)은 선언도입형식과 함께 여호와의 선언을 직접 인용하고 있다.[126] 따라서 독자는 "여호와께서 이같이 말씀하시기를"이라는 표현과 함께 선언단락에 집중하게 된다. 넷째, 분량에 있어서 더 많은 지면이 고소단락(9-11절)보다는 선언단락(12-15절)에 할애되고 있다. 분량 자체가 결정적인 요인은 아니지만 일반적으로

125) 앞에서 언급한 바와 같이, 고소단락에 선언의 내용을 서술하는 것은 나훔서의 서술적 특징 중의 하나이다(cf. 나 1:9-11; 2:1-2; 3:1-4).

126) 물론 여호와의 대언자로서 선지자들이 자신의 말로 신탁을 전하더라도 신적 권위가 감소되는 것은 아니다. 하지만 신탁 안에 선언공식 등을 사용하면서 여호와의 선언을 직접 인용하는 것은 선언의 엄중성에 주목하게 하는 효과가 있다.

더 많은 분량은 적은 분량보다 의미론적 무게를 갖는 경향이 있다. 이상의 사실에 근거하여 선언단락이 고소단락보다 의미론적으로 현저하게 드러나는 면이 있는데, 문제는 선언단락이 대적의 멸망과 유다의 구원에 대한 선언을 서술하고 있기 때문에 더 강조되는 선언이 과연 어느 선언인지 아니면 두 선언 모두 강조되고 있는지를 확인하는 것이다.

선언단락에 언급된 대적의 멸망선언과 유다의 구원선언 중에 후자가 보다 의미론적 무게를 갖는다. 그 이유는 다음과 같다. 첫째, 유다의 구원을 본격적으로 서술하는 선언들, 즉 13절과 15절이 각각 주의를 집중하게 하고 임박성을 강조하는 עַתָּה알타("이제")와 הִנֵּה힌네("볼지어다")로 시작된다. 선언단락을 읽어가는 독자들은 13절의 "이제"와 15절의 "볼지어다"를 읽으면서 이어지는 유다의 구원에 대한 선언에 집중하게 된다. 달리 말하면 이 표현들은 극적인 전환을 이루면서 관심을 유도한다. 둘째, 강조를 위한 서술기법의 빈도가 유다의 구원을 선언하는 서술에 더 많이 사용되고 있다. 대적의 멸망에 대한 선언에는, 구문론적 평행(12c-d), וְכֵן베켄의 반복(12c-d), 절대적 부정의 עוֹד오드...לֹא로(14b), 강조를 위한 전치(前置, fronting)(14c) 등의 상조용법들이 사용되고 있다. 반면에 유다의 구원에 대한 선언에는, 절대적 부정의 עוֹד오드...לֹא로(12g, 15e), עַתָּה알타(13a), 구문론적/의미론적 교차평행(13a-b), הִנֵּה힌네(15a), 강조를 위한 전치(15a), 구문론적 평행(15c-d) 등의 강조용법들이 사용되고 있다. 특히 15절에 강조용법이 집중된 것을 볼 수 있다. 셋째, 3인칭 서술보다는 2인칭 서술이 독자의 관심을 유도한다. 왜냐하면 2인칭 서술이 본래의 독자들을 향한 직접적인 표현이기 때문이다. 이러한 관점에서 볼 때, 심판의 대상인 니느웨, 앗시리아 왕, 또는 앗시리아인들을 명시적으로 가리키는 동사와 대명사어미는 총 9회 등장한다. 3인칭이 사용된 경우가 4회이고 2인칭이 사용된 경우가 5회이다.[127] 여기에 3인칭으로 표기되고 있는 "벨리알"(בְּלִיַּעַל벨리아알, 15e)을 포함하면 총 10회 중 5회가 3인칭이다. 구원의 대상인 유다

127) 니느웨(앗시리아 왕 또는 앗시리아인들)를 가리키는 3인칭 동사(복수; 단수)와 대명사어미(단수): נָגֹזּוּ, וְעָבָר(12절), מֹטֵהוּ(13절), כֻּלֹּה(15절)[+בְּלִיַּעַל(15절)]; 2인칭 동사(단수)와 대명사어미(단수): עָלֶיךָ, מִשִּׁמְךָ, מִבֵּית אֱלֹהֶיךָ, קִבְרֶךָ, קַלּוֹתָ(14절). 유다를 가리키는 2인칭 동사와 대명사어미(단수): וְעִנִּתִךְ, אֲעַנֵּךְ(12절), מֵעָלָיִךְ, וּמוֹסְרֹתַיִךְ(13절), חָגִּי, חַגַּיִךְ, שַׁלְּמִי, נְדָרָיִךְ, לַעֲבוֹר־בָּךְ(15절)[+יְהוּדָה(15절)].

를 명시적으로 가리키는 동사와 대명사어미 역시 총 9회 등장한다. 그러나 앞의 경우와는 달리 모두 2인칭 단수형이 사용되고 있다. 유다를 가리킬 때는 한번도 3인칭을 사용하지 않는다. "유다" (יְהוּדָה 예후다)라는 표현이 15c에 사용되고 있지만 이것도 역시 호격, "유다야" 이다. 따라서 인칭의 사용에 있어서 선언단락은 보복의 대상보다는 구원의 대상인 유다에 집중하게 한다. 넷째, 심판의 대상은 암시적 표현을 사용하는 반면에 구원의 대상은 명시적으로 그 이름을 "유다" (15절)라고 명확하게 표기한다. 앗시리아 왕(또는 니느웨)을 가리키는 직접적인 표현인 "벨리알" 이 사용되지만 그러나 여전히 암시적이다. 고유명사로 심판의 대상을 언급하지 않는다. 따라서 명시적으로 표기된 유다에 관한 선언이 보다 의미론적 무게를 갖게 된다. 결론적으로 선언단락에서 대적을 향한 여호와의 심판선언도 중요한 위치를 차지하지만 이 보다는 유다를 향한 여호와의 구원선언이 중심적인 위치를 차지하고 있는 것을 볼 수 있다.

유다에 임할 구원을 선언하는 것이 강조되는데, [여호와의 말씀, 12a], 선언단락이 심판선언(12b-e), 구원선언(12f-13b), [여호와의 명령, 14a], 심판선언(14b-e), 구원선언(15a-f)의 순서로 심판선언과 구원선언이 번갈아가면서 반복되고 있다.128) 이 흐름에서 앞의 심판선언과 구원선언의 짝보다는 뒤의 짝이 더 의미론적 무게를 갖게 된다. 왜냐하면 각 선언(12-13절과 14-15절)을 열어주는 도입형식이 12절에서는 "여호와께서 이같이 말씀하시기를" 이라고 서술하지만 14절에서는 "여호와가 네게 대하여 명령하였나니" 로 서술한다. 즉 여호와의 "선언" 에서 여호와의 "명령" 으로 전환되면서 12-13절보다는 14-15절이 무게를 갖게 된다. 그러므로 14-15절이 첫 번째 단락의 절정이며 이 단락에서 유다를 향한 여호와의 구원선언이 핵심적인 메시지가 된다.

14-15절에서 한 가지 주목하게 되는 사실은 14e의 כִּי 키가 유도하는 원인절과 15e의 yKi키가 유도하는 원인절에 따른 대조적인 결과이다. 전자의 경우, 앗시리아 왕이 보잘것없게 되었기에(14e), 그가 영원히 멸망할 것이라는 선언(14b-d)이 주어진다. 반면에 후자의 경우, 벨리알이 제거되었기에(15e-f), 유다가 예배와 언약적 헌신을 회복할 수 있다는 선언(15a-d)이 주어진다. 따라서 대적의 멸망은 곧 유다의 구원에 대한 확실한 근거가 된다.

결론적으로, 첫 번째 신탁을 선포하면서 나훔은 이방나라의 압제 속에서 여호와의 능력을 의심하는 유다 백성들에게 그의 구원의 능력을 신뢰하고 그의 백성으로서의 진정한 모습인 예배와 언약적 헌신을 다할 것을 권한다. 이러한 것이 가능한 것임을 보여주기 위해 나훔은 유다 백성들에게 대적의 멸망을 확언하며 그 근거를 제시한다.

VII. 나훔서 안에서의 첫 번째 신탁

시 단락(1:2-8)이 여호와의 성품을 선포하는데 집중했다면 첫 번째 신탁(1:9-15)은 그의 성품에 근거한 여호와의 행위에 집중한다. 즉, 첫 번째 신탁은 시 단락의 구체적인 적용이다. 달리 말하면 나훔은, 대적을 멸하시고 그에게 피하는 자를 보호하시는 여호와의 일반적인 속성을 시로 제시한 후 이 속성이 대적과 그의 백성에게 구체적으로 어떻게 적용되는지 또한 대적을 심판하시는 이유가 무엇인지를 서술한다. 뿐만 아니라 나훔은 시에서 여호와의 속성, 보복의 대상 및 구원의 대상을 3인칭으로 서술하는 반면에 첫 번째 신탁에서는 대상들을 2인칭으로 표기하면서 심판의 대상과 그의 독자들에게 보다 직접적인 선언을 제시한다. 그러나 한 가지 특이한 사항은 첫 번째 신탁에서 구원의 대상이 "유다"로 분명하게 명시된 반면에 대적의 정체는 1장 1절의 표제를 제외하고는 아직 명시되고 있지 않는 것이다. 이것은 다음의 중요한 사실을 전달한다. 첫째, 첫 번째 신탁에서 유다의 대적을 향한 보복과 멸망을 선언하는 것이 중요하지만 이 선언의 궁극적인 원인과 목적은 하나님의 백성, 유다를 위한 것임을 반영하는 것이다. 아울러 대적을 멸하시는 것이 하나님의 속성이기도 하지만 그의 심판의 행동은 그의 백성을 위한 것임을 보여준다. 둘째, 유다를 압제하는 그 대상이 누구이던지 간에 하나님에 의해 제거될 것이기에 어떤 상황에서도 전적으로 하나님의 구원과 보호를 기대하게 한다. 셋째, 이러한 기대가 현실이 되기 위해서 나훔이 1장 7절에서 언급한 사실에 귀를 기울이게 한다. 즉 하나님을 전적으로 신뢰하고 그를 자신의 피난처로 삼는 것을 보다 신중히 고려하게 한다. 두 번째 신탁과 세 번째 신탁에서 나훔은 보복의 대상을 니느웨로 명시하면서 유다의 기대가 그 당시에 유다가 경험할 수 있는 현실이 될 수 있음을 확언해 준다.

나훔서 1장 2-8절의 시와 첫 번째 신탁이 갖는 주제적, 언어적, 의미론적 연관성 속에서 첫 번째 신탁을 읽을 때 다음과 같은 해석적 의도를 발견할 수 있다. 첫째, 9-11절은 앞의 시에서 언급한 "대적"의 속성을 나훔 선지자의 말을 통하여 보다 자세히 설명한다. 나훔은 시에서 "자기[여호와]를 거스르는 자"를 "자기[그의] 대적"이라고 규정하고 이 대적이 보복의 대상이 되는 근본적인 원인을 여호와를 대항하여 악을 꾀한 것뿐만 아니라 사악한 것을 권한 것으로 제시한다(11절). 12-15절은 대적의 결과를 서술하는데, 그 결과를 한마디로 표현하면 "멸절"이다. 1장 8절은 완전한 멸망을 언급하는데, 완전한 멸망은 정치적, 종교적 측면을 망라하는 총체적 멸망이라는 것을 14절이 분명하게 설명한다. 이러한 대적의 멸절은 언약백성의 구원을 의미한다(15절). 대적의 태도를 구체적으로 서술하는 것은 아니지만 12-13절을 고려할 때, 대적이 자신의 물리적 힘과 규모를 과신하고 있을 뿐만 아니라 그 힘으로 압제와 포악을 행한 것을 추론해 볼 수 있다. 둘째, 여호와는 그의 선하신 속성(1:7)을 대적을 멸하시고 그의 백성을 보호하시는 그의 공의를 이루심으로 드러내신다. 또한 그에게 피하는 자들에게 확실한 산성이 되어주심을 통하여 그의 선하심을 확인할 수 있게 하신다. 화평을 세우시는 여호와의 행위는 그의 선하심의 실제적인 표현이다. 셋째, 여호와가 환난의 날에 산성이 되어주심을 경험하기 위해서는 그에게 피하는 것(1:7)이 중요한데, 9-15절은 그에게 피하는 자들에게 요구되어지는 것이 무엇인지를 구체적으로 설명한다. 첫째, 그들은 여호와의 능력에 대한 의심을 버려야 한다(9절). 둘째, 여호와의 구원을 확신하고 그가 요구하시는 온전한 예배와 언약적 헌신을 다하여야 한다(15절).

첫 번째 신탁을 나훔서 안에서 읽을 때, 즉 1장 1-8절을 읽고 첫 번째 신탁을 읽을 때, 한 가지 중요한 사실을 확인할 수 있다. 바로 구원의 대상인 "유다"가 유다 공동체에 속한 모든 이들을 구분이 없이 의미하는 것이 아니라는 사실이다. 여호와의 심판의 대상인 "벨리알"(בְּלִיַּעַל 벨리야알, "악인")은 חֹשֵׁב עַל־יְהוָה רָעָה 호세브 알 아도나이 라아("여호와를 대항하여 악을 꾀하며") 또한 יֹעֵץ בְּלִיָּעַל 요에쯔 벨리야알 아도나이("사악한 것을 권하는 자")이다. 이 대상과 대조적인 대상이 "유다"인데, 이 유다는 1장 7절에 근거하면 실제적으로 חֹסֵי בוֹ 호세 보("자기[여호와]에게 피하는 자들")로 제한된다. 따라서 실제 여호와의 구원의 대상이 되기 위해서는 חֹסֵי בוֹ 호세 보이어야한다. חֹשֵׁב עַל־יְהוָה 호세브 알("여호와를 대항하여")과 חֹסֵי בוֹ 호세 보("자기[여호와]에게 피하는 자들")에 음성적 유사점이 있는 점이 흥미롭다.

첫 번째 신탁에서 유다의 구원을 강조하는 것은 자연스럽다. 왜냐하면 나훔은 앗시리아의 멸망에 대한 신탁(2장과 3장)을 집중적으로 서술하기 전에 앗시리아의 멸망이 유다의 회복을 의미한다는 것을 분명하게 밝혀주려고 하였을 것이기 때문이다. 그렇게 할 때 앗시리아에 대한 멸망을 선언하는 신탁이 유다 백성들에게 진정한 위로로 그 역할을 다할 수 있다. 그러므로 독자는 2장과 3장의 신탁을 읽으면서 여호와가 약속하시는 "화평의 소식"을 확신 속에서 기대할 수 있게 된다.

VIII. 나훔 1:9-15의 현재적 적용

첫 번째 신닥이 제시히고 있는 핵심 메시지를 적용할 때, 우선적으로 고려해야 할 적용의 대상은 소위 말하는 "교회"(언약공동체) 안에 있는 성도이다. "교회" 안에 있지만 주어진 상황의 어려움, 불합리, 불의, 억압 등을 경험하며 하나님의 공의와 능력을 의심하는 성도들에게 먼저는 책망을 전하고, 다음으로 화평에 대한 하나님의 약속으로 위로를 얻게 해야 하며. 더 나아가서는 하나님의 약속에 대한 확신 속에서 예배와 헌신을 재다짐하고 온전한 성도의 모습을 회복하게 하는 것이다. 하지만 첫 번째 신탁에서 심판의 대상과 구원의 대상이 대조를 이루고 있는 점을 고려할 때 이 신탁은 두 부류를 향한 메시지로 적용되어야 한다. 이 두 부류에 대한 실제적인 적용을 제시할 때, 심판의 대상과 구원의 대상에 대한 선언이 번갈아 서술되는 본문의 흐름을 그대로 반영할 경우에는 두 대상에 대한 하나님의 역사가 서로 상호적 관계를 가지고 있음을 인지하고 그 관계를 전달할 필요가 있다. 따라서 첫 번째 신탁(1:9-15)을 읽으면서 갖게 되는 근본적인 질문은 "나는 과연 어떤 대상에 속하였는가?"이다. 아래에서는 본문에서 제시하고 있는 두 부류의 대상에 따라 내용을 정리하여 두 대상 간의 대조적 측면을 분석적 차원에서 언급하고자 한다.

1. 대상에 따른 문제의 유형
   1) 하나님의 구원의 대상
      (1) 의심의 문제 (9a)
   2) 하나님의 보복의 대상

(1) 하나님의 뜻을 거스르는 악을 꾀함(11a)
(2) 사악한 것을 부추김(11b)
(3) 자신의 물리적 힘과 규모를 과신(cf. 12b-c)
(4) 억압과 압제를 행함(cf. 13a-b)
(5) 인간의 힘과 헛된 우상을 신뢰함(cf. 14b-c)

구원을 약속받은 신앙공동체에 속해 있지만 현실적인 어려움과 고통스러운 상황은 신자로 하여금 쉽게 하나님의 능력과 그의 돌보심에 대해 의심하게 만든다. 특히 그 상황이 오랜 기간 동안 지속될 때에는 더욱 그러하다. 하박국 선지자가 부정적인 문제가 지속되는 것을 보고 "왜 부르짖는 소리를 듣지 않으시는지" 그리고 "어찌하여 악한 일과 패역을 보게 하시는지"의 질문으로 하나님과 논쟁하는 것은 이러한 사실이 현대의 문제만은 아닌 것을 보여준다. 이러한 갈등과 고민은 결코 외면되거나 무시되어서는 안 된다. 왜냐하면 성도가 직면하는 일상의 실제적인 문제이기 때문이다. 중요한 것은 이러한 갈등에서 비롯된 의심은 하나님이 기대하시는 것이 아니라는 사실이다. 하나님은 하박국의 고민의 문제를 해결하는 열쇠로 "믿음"(합 2:4)을 제시하신다. 여기서 "믿음"은 단지 고백적인 말이 아니라 현실에서는 해결책이 전혀 보이지 않는 것처럼 보이지만 그럼에도 불구하고 하나님의 뜻대로 성실하게 살아가는 것을 포기하지 않는 삶과 결단을 의미한다(cf. 합 3:16-19). 나훔은 이러한 의심을 책망하면서 이 문제를 해결하기 위한 열쇠로 무엇을 제시하고 있는가? 나훔 역시 "믿음"을 제시한다. 나훔은 의심의 문제를 책망한 후(9a), 하나님이 온전히 멸하시고 재난을 해결하신다는 사실을 주목하게 한다. 나훔이 말하는 믿음은 이러한 사실에 근거한 믿음이다. 또한 이 믿음은 자연스럽게 예배와 헌신으로 연결된다(cf. 15절). 하박국이 말하는 믿음과 같은 맥락에서 나훔은 의심을 해결하는 열쇠로 "믿음"을 제시한다. 의심은 결국 믿음의 근간을 흔드는 것이기 때문에 이에 대한 책망을 심각하게 받아들이고 의심에서 벗어나려는 노력이 필요하다. 그러기 위해서는 하나님이 주신 말씀에 귀를 기울이고 그 말씀을 묵상할 뿐만 아니라 성취에 대한 확신을 재확인하는 것이 중요하다.

하나님의 보복의 대상이 보여주는 문제의 핵심은 "여호와를 대항하여 악을 꾀하는 것"이다. 하나님이 세우신 질서, 조화, 화평, 원리, 선을 파괴하고 거부하는 모든 행위는 하나님을 대항하여 악을 꾀하는 것이다. 예를 들면, 자신에게 주어진 권한과 지위로 노동자를 착취하고 불의하게 처우하는 것은 연약한 자를 돌보시는 하나님의 선을 거부하는 행위이다(cf. 신 15:9-11). 이러한 행위는 하나님의 진노를 유발시킨다. 왜냐하면 하나님이 세우신 상생의 질서와 화평을 파괴하는 것이기 때문이다. 보다 심각한 문제는 이러한 악을 권하고 부추기는 것이다. 이것은 의도적으로 그리고 적극적으로 하나님의 뜻을 거부하는 것을 의미한다. 때로는 이러한 행위가 합법적이고 정당한 것처럼 보이기도 한다. 예를 들면, 자유시장주의는 "심는 대로 거둔다"는 원리에 따라 정당한 것으로 보인다. 이 원리는 하나님이 허락하신 자연의 원리이며 사회적 원리이다. 합법적인 노력에 따른 결과는 정당하고 문제가 되지 않는다. 하지만 이것은 승자독식("Winner takes it all")이나 약육강식(弱肉强食)을 정당화하지는 않는다. 왜냐하면 받을 자격이 없는 자에게 베푸시는 하나님의 은혜의 원리가 있기 때문이다.[129] 정당한 취득이지만 결과적으로 그것이 타인의 행복을 박탈하거나 권리와 인격을 억압하는 것이 될 때에는 문제가 된다. 악을 부추기는 것도 문제이지만 부추김을 당하여 그 악에 빠지는 것도 문제이다. 따라서 악한 일을 분별하는 영적 분별력을 갖추는 것은 중요하다. 그 분별력은 선하신 하나님을 분명하게 이해하고 알 때 가능하다.

나훔은 보복의 대상이 여호와를 대항하여 악을 꾀하고 사악한 것을 권하는 일을 멈추지 않는 이유를 간접적으로 다음과 같이 제시한다. 첫째, 자신이 이루어놓은 또는 누리고 있는 물리적 상황에 대한 과신 때문이다. 앗시리아는 완벽해 보이는 물리적 상태와 규모를 과신한 나머지 악을 행하는 것을 멈추지 않았다. 다른 나라를 점령하고 호령하는 왕조에 대한 자부심과 확신은 지속적인 억압과 착취의 원동력이 되었다. 둘째, 승리와 성공을 보장해 주는 것처럼 보이는 것들이 우상화되면 선하신 하나님이 들어설 자리가 없기 때문이다. 앗시리아인들은 하나님이 아닌 우상들을 섬기면서 그 우상들이 자신들의 승리와 성공을 보장해 준다고 확신하였다. 따라서 그들의 파괴적인 행보는 거침이 없었고 잔인하고 잔혹하였다. 더

---

128) 15e-f에 벨리알의 멸망에 대한 선언이 서술되지만 15절 전체가 유다를 향한 구원선언으로 간주할 수 있다. 왜냐하면 15e-f는 접속사 כִּי 키가 유도하는 15a-d의 종속절이기 때문이다. 유다의 구원을 서술하고 있는 15a-d가 주절이며 15절의 핵심내용이다.

나아가 신적 보장에 대한 확신으로 자신들의 행위를 정당화하였다. 호세아 당시 북이스라엘 백성들은 그들이 누리는 경제적, 정치적 안정이 그들이 섬기는 풍요의 우상인 바알과 협약을 맺은 나라들에 의해 주어진 것이라고 생각하였다(호 2:5).130) 그러므로 우상숭배의 그릇된 행위와 여호와를 거부하는 것을 결코 멈추지 못하였다. 진정한 화평이 하나님에 의해 주어지는 것이라는 사실을 망각하고 돈과 명예, 권력과 지위를 숭상하게 되면 하나님을 대항하여 악을 도모하는 것을 결코 멈추지 못한다. 이러한 것들이 일시적으로는 안정과 화평을 주는 것 같지만 잠정적이고 헛된 것에 불과하다.

2. 대상에 따른 하나님의 선언
   1) 보복의 대상
      (1) 완전히 제거됨 (9b)
      (2) 완전히 먹힘을 당하게 됨(10절)
      (3) 그 어떤 것으로도 심판을 감당할 수 없고 멸절을 당함(12절)
   2) 구원의 대상
      (1) 재난을 다시 겪지 않음(9c)
      (2) 더 이상 괴롭힘을 당하지 않게 됨(12f-g)
      (3) 자유하게 됨: 멍에와 굴레의 제거(13절)
      (4) 화평의 소식을 듣게 됨(15a-b)
      (5) 예배와 헌신을 회복하게 됨(15c-d)
      (6) 더 이상 악의 영향 하에 있지 않게 됨(15e)

두 부류의 대상이 맞이하게 될 결말은 극명하게 대조를 이룬다. 자신을 대항하여 악을 꾀하는 보복의 대상에 대한 하나님의 태도는 단호하다. 보복의 대상은 완전히 제거되고 먹힘을 당하게 된다. 왜냐하면 그 어떤 것으로도 하나님의 작정된 심판을 감당해 낼 수 없기 때문이다. 앗시리아가 갖추고 있었던 재력과 군사력, 규모를 돌아볼 때 자신의 안정을 확신할 만하였다. 완벽해 보였고 물량적 측면에서도, 혁혁한 승전의 기록에서도 의심의 여지가 없었다. 하지만 그 어떤 물리적 힘과 규모로 무장을 하고 있었어도 하나님의 심판 앞에서는 단지 멸망될 채비를 갖춘 "마른 지푸라기"에 불과하였다. 뿐만 아니라 자신들을 지켜주고 승리를 보장해 주었던 신들도 단지 멸망의 잔해가 되어버렸다. 마찬가지로 현대인들이 누리고 있는 과학과 문명의 이기, 미래적 약속이 하나님의 편에 서지 않고 반대편에 서있게 되면 "뒤엉킨 가시덤불"과 "마른 지푸라기"에 불과하다. 그러면 인류는 결국 총체적 멸망을 피할 수 없게 된다. 결국 보잘것없게 되고 기대하였던 화평을 얻지 못하고 죽음을 맞이하게 될 것이다. 현재에는 아무런 문제가 없는 것 같지만 하나님이 정하신 심판의 때가 임하면 인간의 무지와 어리석음을 후회하게 될 것이다.

반면에 하나님은 구원의 대상에게 다음과 같은 축복을 약속하신다. 이 축복을 얻을 수 있는 전제는 그의 선하심을 신뢰하고 그에게 피하는 것이다(cf. 1:7). 단지 교회에 속해 있기 때문에 하나님의 축복을 누릴 수 있는 것이 아니다. 첫째, 고통과 억압의 원인이 제거된다. 즉 화평에 대한 약속을 얻는다. 둘째, 억압의 멍에와 굴레에서 벗어나 자유를 누리게 되고 더 이상 그 영향 아래 있지 않게 된다. 이 두 가지 축복을 논함에 있어서 한 가지 분명히 기억해야 할 사실이 있다. 바로 이 축복들은 성도가 그 어떤 재난과 고통, 어려움을 겪지 않을 것이라는 절대적 선언이 아니라는 것이다. 이 선언은 하나님이 제거하신 멍에와 굴레가 다시는 그 영향력을 발휘하여 결코 고통을 주거나 억압할 수 없다는 것을 의미한다. 그럼에도 불구하고 실제 삶의 정황에서 다시 그 고통과 억압을 겪게 되는 것은 하나님이 멍에와 굴레를 말끔히 해결하지 못하셨기 때문이 아니라 (하나님이 특별히 훈련을 위해 의도하지 않는 한) 인간의 그릇된 또는 반복된 선택과 행위로 인한 것이다. 즉 인간이 반복되는 죄로 인해 그러한 결과를 자초하기 때문이다. 이것은 유다의 역사에서 분명히 볼 수 있는 사실이다. 하나님이 유다를 앗시리아의 압제에서 자유롭게 하셨지만 자신의 선택과 죄악으로 바벨론의 멍에와 굴레를 자초하였다. 하나님은 그의 언약에 신실하시다. 하지만 인간이 신실하지 못하기 때문에 그의 변함없는 보호와 돌봄을 누리지 못한다.

셋째, 하나님께 예배하고 헌신할 수 있는 특권과 의무를 누리게 된다. 하나님이 허락하시는 자유는 방종이 아니라 예배와 헌신을 위한 자유이다. 자유롭게 자원하여 하나님을 예배하고 헌신을 다할 수 있다는 것이다. 이것은 하나님이 허락하시는 특권일 뿐만 아니라 의무이다. 하나님의 도우심을 기뻐하고 감사하는 것으로 끝나지 않는다. 그 도우심은 삶의 변화를 요구한다. 하나님의 은혜와 도우심을 경험하는 만큼 삶에 변화가 있는가? 하나님을 진정으로 찬양하고 경배하는 예배가 있는가? 하나님이 원하시는 삶을 살겠다는 결단이 삶 속에서 실제로 실천되고 있는가? 대적을 심판하시는 하나님이 그의 백성이 죄를 범할 때 동일하게 심판하실 수 있다는 것을 기억할 필요가 있다.

3. 의심의 문제를 해결하는 방법
   1) 악을 완전히 제거하시고 공의를 이루실 하나님을 신뢰하라(cf. 9b-c; 10a-c)
   2) "아직"인 상황에서도 예배와 헌신을 회복하라(cf. 15a-d)
   3) 문제의 근본적인 해결을 기대하라(cf. 15e-f)

의심의 문제를 해결하기 위해서는 무엇보다도 "환난의 날"(בְּיוֹם צָרָה 베욤 짜라)에 그에게 피하는 자에게 산성이 되어주시는 하나님을 기억하는 것이 중요하다(cf. 나 1:7). 왜냐하면 하나님이 "환난"(צָרָה 짜라)을 확실히 제거하실 것을 약속하시기 때문이다(cf. 9절). 즉 근본적인 해결책이 하나님께 있다는 것을 확신할 때 의심은 그 힘을 발휘하지 못하게 된다. 이것은 마치 어둠 속에서 빛을 찾는 것과 같다. 그 빛이 아직 멀리 있기 때문에 현재의 어둠이 물러가지 않고 있지만 그 빛에 가까이 다가가면 어둠은 자연히 사라지게 될 것이다. 둘째, 현재 모든 문제가 다 해결되었기에 때문에 예배와 헌신을 회복하는 것이 아니라, 현실은 여전히 암울하더라도 하나님이 이루실 공의를 소망하며 온전한 예배와 헌신을 신실하게 행하는 것이 중요하다(15c-d). 이는 하나님의 자녀가 되기 위해 예배를 드리고 헌신하는 것이 아니라 이미 그의 자녀로 불러 주셨기 때문에 예배를 드리고 헌신하는 것과 같다. 현재의 상황은 "아직"이지만 해결을 약속하시는 하나님으로 인해 예배와 헌신은 멈출 수 없다.

셋째, 하나님이 문제의 근본적인 원인을 제거하실 것을 기대하라(15e-f). 수많은 사려 깊은 논리와 이론, 다양한 방법으로 인간 사회의 조화, 질서, 평안을 도모하지만 이러한 것들로는 그 도모하는 바를 결코 이룰 수 없다. 왜냐하면 인간 안에 있는 악의 제거가 가장 핵심적이고 근본적인 방법이기 때문이다. 예레미야 선지자는 의도적이고 적극적으로 악을 꾀하는 것의 원인을 "악한 마음의 완악함"이라고 지적한다(렘 18:12). 예레미야가 각기 "악한 길"(מִדַּרְכּוֹ הָרָעָה 믿다르코 하라아)에서 돌이켜 길과 행위를 "아름답게 하라"(הֵיטִיבוּ 헤티부, "선하게 하라")고 명하지만(렘 18:11), 이 명령을 들은 자들은 "이는 헛되니 우리는 우리의 계획대로(מַחְשְׁבוֹתֵינוּ 마흐세보테누) 행하며 우리는 각기 악한 마음(לִבּוֹ־הָרָע 립보 하라)이 완악한 대로 행하리라"(렘 18:12)라고 답변을 한다. 이와 같이 악과 죄의 문제가 근본적으로 해결되지 않는 한 사회적 불균형, 갈등, 고통의 문제는 해결되지 않는다. 따라서 하나님은 악의 문제(בְּלִיַּעַל 벨리야알)를 근본적으로 해결하실 것을 선언하시면서 화평을 약속하신다(cf. 15e-f). 하나님이 그리스도를 통하여 허락하시는 평화가 아니면 참되고 영원한 평화가 아니다: "평안(Εἰρήνην, שָׁלוֹם 샬롬)을 너희에게 끼치노니 곧 나의 평안(εἰρήνην τὴν ἐμὴν)을 너희에게 주노라 내가 너희에게 주는 것은 세상이 주는 것과 같지 아니하니라 너희는 마음에 근심하지 말고 두려워하지 말라"(요 14:27). 나훔서의 첫 번째 신탁은 성도로 하여금 하나님이 근본적으로 악의 문제를 해결하신 후 허락하실 온전한 화평을 기대하고 소망하게 한다. 이 화평은 현재에도 경험할 수 있는 것이며 그리스도의 재림과 함께 영원히 누리게 될 것이다.

제5장

파괴하는 자와 니느웨의 멸망 (나훔 2:1-13)

첫 번째 신탁(1:9-15)에서 구원의 대상인 "유다"를 명시적으로 언급한 후, 나훔은 두 번째 신탁(2:1-13)에서 심판의 대상을 "니느웨"(2:8)로 제시하면서 니느웨에 임하게 될 여호와의 심판에 집중한다. 니느웨를 멸망시키는 전쟁 장면을 목격자의 관점에서 서술하는 것처럼 생생하게 그려주면서 독자로 하여금 니느웨의 멸망을 분명하게 형상화할 수 있게 한다. 따라서 독자는 여호와의 심판을 수행하는 "파괴하는 자"의 맹렬한 공격과 파괴력 앞에 무기력한 모습의 니느웨를 시각적으로 그려볼 수 있다.

나훔서는 신탁도입형식이나 신탁결언이 서술되지 않기 때문에 단락의 범위에 대한 다양한 견해가 있을 수 있다. 예를 들면, 돌시(Dorsey)는 2장 1-13절을 두 개의 단락, 즉 "니느웨 침공에 대한 생생한 묘사"(2:1-10, c)와 "니느웨 성의 함락에 대한 애가, 사자굴이 어디뇨"(2:11-13, d)로 구분한다.[1] 하지만 2장 13절에 여호와의 선언임을 보여주는 형식인 **נְאֻם יְהוָה צְבָאוֹת**네움 아도나이 쩨바오트("만군의 여호와의 말씀이니라")가 있기 때문에 11-13절을 전부를 애가로 보기에는 무리가 있다. 이 형식을 주목한 치즈홀름(Chisholm)은 2:1-13을 세 개의 단락으로 세분화한

---

1) Dorsey, 『구약의 문학적 구조』 481, 486.

다: (1) "인상적인 경고의 외침"(2:1-10); (2) "조롱"(2:11-12); (3) "심판선고"(2:13).[2] 악트마이어(Achtemeier)와 마이어(Maier)는 구체적인 단락구분의 근거를 제시하지는 않지만 2:1-13을 하나의 단락으로 제시한다.[3] 이들과는 달리 아처(Archer), 맥콘빌(McConville), 블락(Bullock), 반게메런(VanGemeren), 스프롱크(Spronk), 베이커(Baker), 롱맨(Longman), 찰스(Charles) 등은 2:1-2이 1장과 연결된 것으로 분석한다.[4] 학자들이 제시하는 근거들을 대략 세 가지로 정리할 수 있다. 첫째, 주제적 연결이다. 아처는 "도래하는 유다의 회복"이라는 제목과 함께 2:1-2이 1:12-15에 연결된 것으로 분석한다.[5] 둘째, 서술기법이다. 1장 9-15절에서 대적과 유다가 짝을 이루며 서술되는 것과 동일하게 2장 1-2절에도 대적의 심판과 유다("야곱")의 구원이 서술되고 있는 점이다. 베이커는 1:12-2:2을 하나의 단락으로 묶고 이 안에 앗시리아와 유다에 관한 신탁이 교체되어 서술되고 있는 점을 지적한다: A. Judah (1:12-13); B. Assyria (1:14); C. Judah (1:15); D. Assyria (2:1); E. Judah (2:2).[6] 셋째, 2장 1-2절의 기능이다. 롱맨은 2장 2절이 1장 9절에서 시작된 신탁을 마무리하는 것으로 분석한다.[7] 2장 2절 이후에 유다를 향한 구원선언이 다시 등장하지 않는 점을 지적한다. 반면에 패터슨(Patterson)과 트래버스(Travers)는 2장 1-2절이 1장 2절과 짝을 이루면서 단락의 주제를 소개하는 역할을 하는 것으로 분석하고 2장 1-2절을 2:1-3:19 단락의 도입으로 제시하면서 2:1-

---

2) 치즈홀름, 『예언서 개론』 654.

3) 악트마이어, 『나훔-말라기』 33; Maier, *The Book of Nahum*, 16; Bailey, "Nahum," 157; Bruckner, *Jonah*, 140; 존슨, "나훔," 237; 김희보, 『요나, 나훔, 오바댜 주해』 174; Hailey, *A Commentary*, 251; Roberts, *Nahum*, 37-38.

4) McConville, *Exploring*, 206; Bullock, 『구약 선지서 개론』 318-19; 반게메런, 『예언서연구』 282-83; Spronk, *Nahum*, 4; Baker, *Nahum*, 33; Longman, "Nahum," 778; Charles, "Plundering," 188-89. Robertson의 경우, 1장 15절을 앞 단락에서 떼어내어 1:15-2:13을 하나의 단락으로 제시한다(Robertson, *The Books of Nahum*, 80). 이는 MT의 장 구분을 따른 것으로 보인다. Christensen은 역시 1장 15절을 앞 단락에서 떼어내지만 15절로 시작된 단락의 범위를 2장 10절로 제한한다(Christensen, *Nahum*, 253).

5) 아처, 『구약총론』 405; cf. Bullock, 『구약 선지서 개론』 318-19; Longman, "Nahum," 778.

6) Baker, *Nahum*, 33; cf. 반게메런, 『예언서연구』 285.

7) Longman, "Nahum," 801.

2을 1:1-15과 구분하여 단락분석을 한다.[8] 이상과 같이 다양한 단락구분이 가능하지만 본서에서는 2:1-13을 하나의 의미론적 단락으로 구분하여 분석할 것이다.

본서에서 제시하는 바와 같이 2장 1-13절을 하나의 단락으로 구분하여 두 번째 신탁으로 분석할 수 있는 근거는 다음과 같다. 첫째, 1절의 "파괴하는 자"(מֵפִיץ메피쯔)에 대한 언급이다. 나훔서 1:9-11에서 유다와 대적에 대한 언급이 짝을 이루는 것과 마찬가지로 1장 12-15절에서도 대적-유다-대적-유다의 흐름이 나타난다.[9] 2장 1-2절에도 내용적으로는 대적의 심판과 유다의 구원이 서술된다. 유다를 가리키는 "야곱"이 언급되기는 하지만 첫 번째 신탁에서와는 달리 신탁의 대상으로 서술되는 것이 아니라 니느웨를 파괴하는 자가 등장하는 이유를 설명하는 문장에 언급되고 있을 뿐이다. 또한 2장 1절에 여호와의 심판을 수행하는 "파괴하는 자"가 명시되고 이 "파괴하는 자"가 3절에 서술된 3인칭 대명사어미(גִּבֹּרֵיהוּ깁보레후, "그의 용사들")의 선행사가 될 수 있는 점을 고려할 때, 2장 1-2절이 앞 단락보다는 3절과 그 이후의 본문에 연결된 것으로 간주하는 것이 적절해 보인다. 둘째, 2장 1절의 전투를 준비하라는 명령은 3-10절의 전투장면과 보다 자연스럽게 연결된다. 셋째, 유다를 가리키는 인칭의 변화이다. 1장 9-15절에서는 유다가 2인칭으로 서술되지만 2장 2절에서는 3인칭의 "야곱"으로 서술되는 점을 고려하면 2장 1-2절을 앞 단락과 분리하는 것이 적절하다. 이와 더불어 2장 1-13절이 신탁의 대상으로 니느웨에 집중하고 있는 점에 주목할 필요가 있다.[10] 넷째, 2장 1절과 13절은 수미쌍관(inclusio)을 이루면서 하나의 단락을 구성한다. 2장 1절에서 "파괴하는 자"가 파괴의 대상과 마주대하고 있는 장면은 13절의 여호와가 "너"(니느웨)를 마주대하고 있는 장면과 짝을 이루면서 단락의 시작과 끝을 보이는 것으로 간주할 수 있다. 다섯째, 13절에 선언공식(נְאֻם יְהוָה צְבָאוֹת네움 아도나이 쩨

8) Patterson and Travers, "Literary Analysis," 48-49. Armerding과 Coggins는 2:1-2을 1장과 연결시키지 않고 분리시키지만 2:1-2이 1장과 2:3-3:19 사이에서 전환적 역할을 하는 것으로 간주하여 절충적 입장을 취한다(Armerding, "Nahum," 470; Coggins, *Israel among the Nations*, 6-7).

9) Armerding은 1장 1-15절이 심판(2-11절), 판결(12-14절), 화납(15절)의 흐름으로 하나의 단락을 이루고 이와 짝을 이루어 2-3장이 심판, 판결, 화답의 흐름을 갖고 있는 것으로 분석하면서 2:1-2을 1:1-15과 구분한다(Armerding, "Nahum," 453).

10) Cf. Roberts, *Nahum*, 64.

바오트)과 함께 여호와의 선언이 서술되면서 단락이 마무리된다. 이는 여호와의 선언으로 마무리되는 첫 번째 신탁(1:9-15)과 동일한 구성이다. 이와 더불어 3장 1절은 ("화있을진저")로 새로운 신탁을 시작하고 있는 것을 고려할 때, 2장 1-13절을 하나의 단락으로 볼 수 있다.

두 번째 신탁은 기본적으로 상황을 서술하는 고소단락(1-2절)과 이에 따른 결과를 서술하는 선언단락(3-13절)의 구조를 취하고 있다. 두 번째 신탁의 내용을 간략하게 정리하면 니느웨를 멸하는 "파괴하는 자"가 올라왔기 때문에, 니느웨가 파괴적인 전투를 피할 수 없고 멸망할 수밖에 없다는 것이다. 이 흐름에 근거하여 각 단락을 보다 세부적으로 분석하면 아래의 <표-15>와 같다.

〈표 15〉 나훔 2:1-13의 구조

III. 두 번째 신탁: 2:1-13
- A'. 원인: "파괴하는 자"와 이스라엘의 영광 회복, 1-2
    - a. 원인: 1a ("파괴하는 자가 너를 치러 올라왔나니")
        - b. 선언: 1b-e (방어할 준비를 하라)
    - a'. 원인: 2 (여호와가 야곱의 영광을 회복시키실 것이기 때문)
- B''. 결과: 니느웨를 향한 파괴전쟁, 3-13
    - a. 전투장면, 3-5
        - b. 왕궁의 파괴, 6-7
            - c. 도주와 약탈, 황폐함, 8-10
                - d. 사자의 비유와 조롱, 11-12
                    - e. 여호와의 멸망선언, 13

서술적 측면에서 두 번째 신탁이 갖는 특징은, 첫째, 첫 번째 신탁에서와 같이 고소단락에서 상황에 대한 서술뿐만 아니라 선언을 담고 있는 것이다. 고소단락에서 니느웨가 심판을 받게 되는 죄를 지적하면서 고소하는 것이 아니라 여호와가 유다의 영광을 회복시키기로 선언하셨기에 파괴자가 올라왔다는 표현으로 니느웨가 멸망을 당하게 되는 정황을 서술한다. 둘째, 첫 번째 신탁과는 달리 선언단락

(3-13절)에 자신의 말로 표현되는 선지자적 신탁(prophetic speech)과 여호와의 신탁(divine speech)을 혼용하고 있는 것이다. 셋째, 나훔은 니느웨의 멸망을 선언하는 대신에 니느웨를 파괴하는 전투장면을 자신의 말로 서술한 후 니느웨의 멸망을 여호와의 신탁으로 확언하는 형식을 취한다.

I. "파괴하는 자"와 이스라엘의 영광 회복 (A'. 원인), 1-2

1. 원문

2:1a	עָלָה מֵפִיץ עַל־פָּנַיִךְ
2:1b	נָצוֹר מְצֻרָה
2:1c	צַפֵּה־דֶרֶךְ
2:1d	חַזֵּק מָתְנַיִם
2:1e	אַמֵּץ כֹּחַ .מאֹד
2:2a	כִּי שָׁב יְהוָה אֶת־גְּאוֹן יַעֲקֹב כִּגְאוֹן יִשְׂרָאֵל
2:2b	כִּי בְקָקוּם בֹּקְקִים
2:2c	וּזְמֹרֵיהֶם שִׁחֵתוּ

2. 번역(개역개정)

2:1 파괴하는 자가 너를 치러 올라왔나니 너는 산성을 지키며 길을 파수하며 네 허리를 견고히 묶고 네 힘을 크게 굳게 할지어다

2:2 여호와께서 야곱의 영광을 회복하시되 이스라엘의 영광 같게 하시나니 이는 약탈자들이 약탈하였고 또 그들의 포도나무 가지를 없이 하였음이라

3. 원문분석

2:1. 본 절의 첫 번째 문장(1a)은 히브리어 구문의 정상 어순을 따르고 있다: **עָלָה** 알라(동사)-**מֵפִיץ** 메피쯔(주어)-**עַל־פָּנַיִךְ** 알 파나이크(부사구).[11] 히필형 분사 **מֵפִיץ** 메피쯔는 실명사로 주동사 **עָלָה** 알라("올라오다")의 주어역할을 한다. 이 본문에서 동

사 עָלָה알라는 단순히 "올라오다"는 의미가 아니라 "공격하다"의 의미를 갖는다 (cf. 렘 48:18).[12] 완료형 עָלָה알라의 시제를 현재완료("올라왔다")로 번역하면 이미 공격하러 올라온 상황이 서술되면서 상황의 긴박성이 전달된다. 반면에 이 완료형이 앞으로 오게 될 일을 선포하고 있는 앞 단락의 신탁과 연결된 것으로 간주하여 현재형("올라온다") 또는 미래형("올라올 것이다")으로 해석하기도 한다.[13] 또한 완료형 עָלָה알라를 과거시제로 번역하고 מֵפִיץ메피쯔("파괴하는 자")가 산헤립 또는 유다스 마카베우스(Judas Maccabeus)를 가리키는 것으로 해석하기도 하는데, 앞으로 오게 될 일에 대해 선언하고 있는 신탁의 문맥을 과거사건을 서술하는 것으로 보기는 어렵다(cf. 3:14).[14] 앞 장과 연계하여 고려할 때, מֵפִיץ메피쯔는 여호와의 심판을 수행하는 자에 대한 표현으로 이해할 수 있다. מֵפִיץ메피쯔의 원형동사 פוץ가 "흩어버리다"를 의미하기 때문에 מֵפִיץ메피쯔의 문자적 의미는 "흩어버리는 자"이다. BHS는 문맥을 고려하여 מֵפִיץ메피쯔를 פצץ("부수다")의 히필형 분사 מַפֵּץ맢페쯔로 수정하여 읽을 것을 제안한다. BHS의 수정독법을 따르면 מֵפִיץ메피쯔를 "파괴하는 자"(개역개정)나 "침략군"(우리말; 표준새번역) 등으로 번역하게 된다. 하지만 BHS의 제안은 사본들의 지지를 받지 못하고 있을 뿐만 아니라 MT 독법이 문장의 의미를 전달하는데 문제가 되지 않기 때문에 MT독법을 그대로 유지할 수 있다. 롱맨(Longman)은 동사 פוץ가 적군을 멸한 후 군사나 백성들을 흩어버리는 행위를 가리키는 것으로 설명한다.[15] 뿐만 아니라 동일한 어근의 동사가 사용되는 것은 아니지만 나훔서 3장 18절에 "네 백성은 산들에 *흩어지나*(נָפֹשׁוּ 나포슈) 그들을 모을 사람이 없도다"라는 선언이 서술되는 것을 고려할 때, מֵפִיץ메피쯔가 "흩어버리는 자"를 의미하는 것으로 보는 것이 문제가 되지 않는다. 위치

---

11) BHS는 2절을 4절 앞에 재배열할 것을 제안하는데, 고대역본이나 히브리어 사본들의 지지를 받지 못하기 때문에 MT의 배열을 따르는 것이 적절하다.

12) Cf. Cathcart, *Nahum*, 80. 개역개정의 "너를 치러 올라왔나니"라는 번역이 담고 있는 공격적 어투는 동사 자체에 의해서가 아니라 부사구 עַל־פָּנַיִךְ알 파나이크("너를 치러")에 의해 반영된 것이다.

13) Cf. Longman, "Nahum," 801. 한글성경 중에서 개역개정과 우리말성경과 표준새번역은 현재완료시제로, 공동번역과 쉬운성경은 현재시제로 번역하고 있다.

14) Cf. Haupt, "The Book of Nahum," 17.

15) Longman, "Nahum," 801.

를 나타내는 전치사 עַל 알("... 에")이 유도하는 부사구 עַל־פָּנַיִךְ 알 파나이크는 동사의 행위가 일어나는 위치를 서술해 준다. עַל־פָּנַיִךְ 알 파나이크의 문자적 의미는 "네 얼굴에(위에)"이지만 관용적 의미는 "네 앞에"이다. 2인칭 여성 단수 대명사어미 ךְ 의 선행사는 신탁의 대상인 "니느웨"로 볼 수 있다.[16] "파괴하는 자가 네 앞에 나타났다"는 1a의 서술은 전투를 준비하라는 1b-e의 명령들이 주어지는 정황이 된다. 즉 파괴하는 자가 네 앞에 나타나서 공격을 하려고 하기 때문에 전투준비를 하라는 것이다.

절대형 부정사는 주어를 특정하지 않으면서 동사의 행위에 집중하게 하는 특성이 있으며 동사적 성격을 유지하기 때문에 목적어를 취할 수 있다. 또한 동사의 행위에 집중하게 하거나 신속하게 서술을 진행하려고 할 때 절대형 부정사가 주동사를 대신할 수 있다. 특별히 명령을 강조하기 위해 명령형을 대신해서 절대형 부정사가 사용되기도 한다(cf. 신 5:12; 출 13:3; 20:8).[17] 1b의 절대형 부정사 נָצוֹר 나쪼르("지켜라")가 마지막 경우의 용례에 해당한다. 따라서 נָצוֹר 나쪼르는 파괴하는 자가 이미 등장한 상황에서 긴박하게 전투를 준비하라는 명령의 어조를 취한다. 부정사의 목적어 역할을 하는 מְצֻרָה 메쑤라는 적의 공격을 방어하기 위한 "요새화된 성읍," "산성," 방비를 위한 "방벽" 등을 의미한다.[18]

---

16) 칠십인경의 2장 1절 번역은 MT본문의 구문과 의미에 있어서 상당한 차이가 있다. 칠십인경의 2장 1절 번역을 칠십인경의 번역경향과 본문 안에서 연구한 후, E. Ball은 칠십인경 번역자가 2장 1절의 선언을 듣는 대상을 유다로 간주하였고 히브리어 대본(Vorlage)을 유다를 향한 긍정적인 선언을 하는 것으로 재해석하였다고 주장한다: "He has gone up, breathing on your face, delivering from tribulation"(Ball의 칠십인경 나훔 2:1a 번역)(E. Ball, "Interpreting the Septuagint: Nahum 2.2 as a Case-Study," *JSOT* 75 [1997]: 66). 이 번역이 칠십인경 나훔서 안에서는 적절한 의미를 전달하지만 본래 히브리어 본문과는 차이가 있음을 인정한다. 이러한 차이를 야기한 원인으로 히브리어본문을 현실화하거나 종말론적으로 읽는 칠십인경의 성향, 칠십인경 모세오경의 영향 등의 외적인 요소들을 언급한다(ibid., 61-72). 내적인 측면에서는 칠십인경의 번역자가 선언(2:1)의 대상으로 유다를 전제하였기 때문에 히브리어 본문과 다른 번역을 하였을 것이라고 추정한다(ibid., 72-74). Ball의 주장과 같이 칠십인경의 나훔서가 의도적으로 재해석된 또는 변형된 번역을 반영하는 것이라면 칠십인경 나훔서는 MT 나훔서의 원본을 복원하거나 해석하는데 중요한 자료의 역할을 하지 못하는 것으로 간주할 수 있다.

17) Cf. GKC §113bb; WOC §35.5.1.

18) BHS는 מְצֻרָה 메쭈라의 모음부호를 바꾸고 경강점을 넣어 동사 נצר("살피다")에서 파생된

명령형의 어조를 가진 절대형 부정사에 이어 2인칭 남성, 단수 피엘 명령형 צַפֵּה 잡페("파수하라")이 서술되면서 전투준비에 대한 구체적인 명령들이 나열된다. 등위접속사 ו 바브를 사용하지 않는 것은 긴박성을 강조하기 위한 것으로 보인다. 1a에서는 신탁의 대상을 2인칭 여성 대명사어미(ךְ)로 서술하는 반면에 1b-e의 명령들은 2인칭 남성 명령형으로 서술한다. 전자의 경우, 니느웨 성읍을 염두에 둔 것으로 보이며 후자의 경우, 성읍을 지키는 군사나 니느웨 성읍의 구성원을 집합적 개념으로 가리키는 것으로 보인다. 한편 1절에 서술된 명령형 צַפֵּה 잡페, חַזֵּק 핫제크, אַמֵּץ 암메쯔를 피엘 명령형 대신, 피엘 부정사형으로 보면 모두 니느웨에 적용되는 것으로 해석하는 것이 가능하다.[19] דֶּרֶךְ 데레크("길")는 명령형 동사 צַפֵּה 잡페의 목적어역할을 한다. 이어지는 명령은 חַזֵּק מָתְנַיִם 핫제크 모트나임("네 허리를 견고히 묶으라," 1d)과 אַמֵּץ כֹּחַ מְאֹד 암메쯔 코아흐 메오드("네 힘을 크게 굳게 하라," 1e)이다. 1b와 1c의 명령은 성읍의 물리적 차원에서의 준비를 가리키는 반면에 1d와 1e의 명령은 군사들의 육체적, 심정적 차원에서의 준비를 가리킨다. חזק의 피엘형은 "강하게 하다" 또는 "견고히 하다"를 의미하는데, מָתְנַיִם 모트나임("허리")과 함께 쓰이면서 "허리에 띠를 두르다" 또는 "채비를 하다"의 의미를 갖기도 한다. 따라서 우리말성경은 문맥을 고려하여 חַזֵּק מָתְנַיִם 핫제크 모트나임을 "준비를 단단히 해 보아라"로 번역한다(cf. NJB).

1e의 부사 מְאֹד 메오드("크게")는 명령형 אַמֵּץ 암메쯔("굳게 하라")을 꾸며주는 부사이며 כֹּחַ 코아흐("힘을")는 명령형의 목적어이다. 부사와 목적어는 무엇을 어떻게 굳게 해야 하는지를 구체적으로 설명해 주는데, 이는 파괴하는 자의 공격이 그 만큼 강하기 때문이다. 또는 반어적으로 아무리 힘을 견고하게 하고 준비하더라도 감당할 수 없음을 말하는 것이기도 하다. 후자의 의미를 반영하여 "힘을 다하여 막아보려무나"(표준새번역) 또는 "네 온 힘을 다해 보아라"(우리말성경) 등으로 번역하여 조소적 색채를 더하기도 한다. 결과적으로 이 조롱은 패망의 확실성을 강조한

מַצָּרָה 맛짜라("파수꾼")로 수정하여 읽을 것을 제안하는데(cf. 공동번역, TNK), 사본들의 지지가 없다.

19) Cf. Armderding, "Nahum," 473. Sweeney는 2인칭 남성 명령형이 사용되는 것에 대해서 적군의 공격을 방비하라는 일반적인 명령을 인용하는 것이기 때문에 앞의 2인칭 여성 대명사어미가 가리키는 대상과 동일한 것으로 설명한다(Sweeney, "Concerning the Structure," 373).

다.[20)]

2:2. 접속사 כִּי 키는 "파괴하는 자"가 공격하러 올라온 이유를 설명하는 원인절을 유도하는 역할을 한다. 즉 여호와가 유다의 영광을 회복시킬 것을 선언하셨기 때문에 "파괴하는 자"가 올라온 것이다. 파괴하는 자의 공격과 이에 대한 대비를 명하는 명령문들을 언급한 후 원인절을 서술하는 것은 니느웨의 멸망이 유다의 영광을 회복시키겠다는 여호와의 선언 때문이라는 사실을 전달하기 위한 것으로 보인다.[21)] 목적어 유도 표기 אֶת 에트는 גְּאוֹן יַעֲקֹב 게온 야아코브("야곱의 영광을")가 동사 שָׁב 샤브("회복시키다")의 목적어임을 보여준다.[22)] שָׁב 샤브가 칼 분사형과 동일한 형태를 취하기 때문에 분사로 보는 것이 가능하다. 이 경우 성취의 임박성이 강조된다. 나훔은 동사 שָׁב 샤브의 주어로 יְהוָה 아도나이("여호와")를 언급하면서 야곱의 영광을 회복시키는 주체가 여호와인 것을 명확하게 서술한다. גְּאוֹן 게온은 문맥에 따라 다양한 의미로 번역될 수 있다. 긍정적인 의미에서는 "위엄," "뛰어남," "영광" 등으로 번역되기도 하지만 부정적인 의미에서는 "교만" 또는 "오만"으로 번역될 수도 있다. 중립적 의미에서 גְּאוֹן 게온이 한 나라의 수도를 가리키는 표현으로 사용되기도 한다(cf, 렘 13:9; 48:29; 호 5:5). 유다의 회복을 선언하고 있는 본 문

---

20) Cf. Bailey, "Nahum," 197.

21) BHS는 1장 15절의 이문에서 제안했던 바와 같이 2절 전체를 1장 15절의 ~Alv'샬롬(15b) 다음에 재배열할 것을 제안하지만 확실한 근거가 없다. Roberts는 2장 2절이 심판의 대상인 니느웨에 집중하고 있는 2:1-10의 흐름에 맞지 않는다는 설명과 함께 BHS의 제안을 지지한다(Roberts, *Nahum*, 64-65). 하지만 Bailey는 2장 2절이 2장의 신학적 메시지를 방해하지 않는다는 견해를 견지하면서 이 수정제안을 거부한다(Bailey, "Nahum," 199).

22) 2c의 זְמֹרֵיהֶם 제모레헴("그들의 [포도] 나무가지")에 근거하여 BHS는 גְּאוֹן יַעֲקֹב 게온 야아코브와 גְּאוֹן יִשְׂרָאֵל 게온 이스라엘의 גְּאוֹן 게온을 גֶּפֶן 게펜("포도나무")으로 수정하여 읽을 것을 제안한다(cf. Smith, *Micah-Malachi*, 80). 이 제안에 따라 NJB는 "the vine of Jacob"과 "the vine of Israel"로 번역하고 있다. 공동번역은 BHS의 제안을 부분적으로 수용하여 "야곱의 포도덩굴, 그 이스라엘의 자랑을 적들은 짓밟고 털어갔었다"로 번역한다. 2c의 זְמֹרֵיהֶם 제모레헴은 이러한 수정독법의 결정적인 근거가 되지 못할 뿐만 아니라 고대역본이나 히브리어 필사본들의 지지를 받지 못하고 있기 때문에 MT독법을 그대로 유지하면서 의미를 규정하는 것이 필요하다. 칠십인경의 번역은 MT독법을 반영하고 있다: τὴν ὕβριν Ιακωβ καθὼς ὕβριν τοῦ Ισραηλ("the pride of Jacob, as the pride of Israel").

맥을 고려할 때, גְּאוֹן 게온을 긍정적인 의미의 "영광," 또는 "자랑" 등으로 번역하는 것이 적절하다(cf. 우리말성경; 표준새번역).

כִּגְאוֹן יִשְׂרָאֵל 키게온 이스라엘의 כְּ 케를 비교를 위한 전치사로 분석하여 야곱의 영광을 "이스라엘의 영광처럼" 회복시킬 것이라는 의미로 번역을 한다(cf. 쉬운성경, NIV, ESV).[23] 이것이 일반적인 구문해석인데, 이 경우, "이스라엘의 영광"에 비교하여 야곱의 영광을 회복시킨다는 말의 의미가 모호해진다. 왜냐하면 야곱과 구분되는 이스라엘은 북이스라엘을 가리킬 가능성이 있는데, 북이스라엘은 이미 멸망된 상태이기 때문이다.[24] 따라서 כְּ 케의 구문론적 역할을 달리 분석하는 해석이 제시되어왔다. 첫째, 롱맨(Longman)은 전치사 כְּ 케가 강조를 위한 전치사의 역할을 하는 것으로 해석한다: "For the Lord is restoring the glory of Jacob, indeed the glory of Israel"("여호와가 야곱의 영광, 참으로 이스라엘의 영광을 회복시킬 것이기 때문이다").[25] 이 구문해석을 따르면 "야곱"과 "이스라엘"은 동일한 대상, 즉 유다를 가리키게 된다(cf. 개역개정). 둘째, כְּ 케가 동일한 행위를 받게 되는 대상을 표현하는 것으로 간주하여, "여호와께서 야곱의 영광을 회복하신 것처럼 이스라엘의 영광 역시 회복시키실 것이다"라는 의미로 해석하는 것이다(cf. TNK, KJV, ASV). 이러한 해석을 반영하여 표준새번역은 "주께서 야곱의 영광을 회복시키시며, 이스라엘의 영광을 회복시키실 것이다"로 번역하고 있다(cf. 우리말성경).[26] 마이어(Maier)는 전치사 כְּ 케의 용법에 있어서 동일한 구문해석을 하지만

---

23) 개역개정의 번역은 부사구 כִּגְאוֹן יִשְׂרָאֵל 키게온 이스라엘을 동사의 행위에 따른 결과로 해석하여 여호와가 야곱의 영광을 회복시켜 이스라엘의 영광과 같게 하실 것이라는 의미로 번역한 것이다.

24) van der Woude는 학자들이 갖는 2a의 해석적 어려움은 "이스라엘의 영광"이 설명어로 추가된 사실을 간과하였기 때문이라고 지적한다(van der Woude, "The Book of Nahum," 118). van der Woude에 따르면, "야곱"은 북이스라엘을 가리키는 것이며 원저자가 북이스라엘 포로들의 귀환을 의미했는데, 후대에 이 의미를 간파한 주석자가 야곱이 북이스라엘을 가리킨다는 것을 명확히 하려고 "즉, 이스라엘의 영광"이라는 설명어를 추가했다는 것이다. 하지만 나훔이 북이스라엘 포로들의 귀환을 선포한 것으로 보기에는 무리가 있다(cf. Christensen, *Nahum*, 266). 왜냐하면 1장 15절에서 회복의 대상으로 유다를 분명히 언급하고 있기 때문이다.

25) Longman, "Nahum," 794, 802; cf. Spronk, *Nahum*, 86. 전치사 כ 케의 강조를 위한 용법을 보려면, WOC §11.2.9c를 참조하라.

동사 שָׁב샤브의 원형동사를 שבב("제거하다")로 간주하여 다음과 같이 해석한다: "Because Yahweh hath cut off the pride of Jacob, As the pride of Israel."[27] 롱맨과 마이어의 구문해석을 따르면 2b의 주동사 בְּקָקוּם베카쿰("[그들을] 약탈하다")에 접미된 3인칭 복수 대명사어미(ם, "그들")와 וּזְמֹרֵיהֶם우제모레헴("그들의 포도나무 가지")의 3인칭 대명사어미(הֶם헴, "그들")의 선행사는 "야곱"과 "이스라엘"이 된다. 하지만 전치사 כְּ케를 비교를 위한 전치사로 간주하거나 강조를 위한 것으로 보면 선행사는 복수적 의미에서 "야곱의 구성원들"이 된다. 전치사 כְּ케의 용법과 해석에 관하여 첫 번째 제안이 가장 적절하다.

2b의 접속사 כִּי키는 이유절을 유도하는 것으로 여호와가 야곱의 영광을 회복시키는 이유를 설명한다. 즉 여호와가 유다로 하여금 약탈을 당하게 하셨기 때문에 이제 유다의 영광을 회복시킨다는 것이다. 이러한 의미를 반영하려면 2b의 문장을 양보절로 해석하는 것이 적절하다. 이 경우, 2a가 주절이 된다: "비록 약탈자들이 그들을 약탈하였고 그들의 포도나무 가지를 제거하였을지라도[제거하였지만], 여호와가 야곱의 영광, 참으로 이스라엘의 영광을 회복시키실 것이기 때문이다." וּזְמֹרֵיהֶם우제모레헴(2c)의 접속사 ו바브는 등위접속사("그리고")의 역할을 한다. 따라서 2c는 כִּי키가 유도하는 두 번째 문장이 된다. 2b의 주동사 בְּקָקוּם베카쿰("[그들을] 약탈하다")의 주어는 실명사의 역할을 하는 복수형 분사 בֹּקְקִים보케킴("약탈자들")이다. 주동사 בְּקָקוּ베카쿠에 접미된 3인칭 복수 대명사어미(ם, "그들")의 선행사는, כִּגְאוֹן יִשְׂרָאֵל키게온 이스라엘의 전치사 כְּ케를 어떻게 해석하던 간에 문맥을 고려할 때 집합체로서의 יַעֲקֹב야아코브를 이루는 구성원, "유다 백성"으로 볼 수 있다.[28] 동일한 어근(בקק)의 동사와 목적어가 사용되면서 "약탈"의 의미

---

26) Cf. BHRG §39.10.2. 두 개의 대상 모두에 전치사 כְּ케가 사용되고 있다면 이러한 구문해석이 가능하다. 하지만 전치사 כְּ케는 이스라엘의 영광에만 사용되고 있다.

27) Maier, *The Book of Nahum*, 227, 233. 주동사가 부정적 의미와 심판적 측면을 담고 있기에 Maier는 גָּאוֹן게온 역시 부정적 의미의 "교만"으로 해석한다. 또한 "야곱"은 남유다를, "이스라엘"은 북이스라엘을 구분하여 가리키는 것으로 설명한다(ibid., 227-28). 따라서 Maier는, 2절이 여호와가 앗시리아를 통해 북이스라엘과 남유다의 영광을 제거하신 것처럼 니느웨의 영광을 제거하실 것이라는 의미를 전달하는 것으로 본다(ibid., 228-29).

28) 우리말성경과 표준새번역은 전자의 해석을 따라 선행사를 각각 명시적으로 "이스라엘과 야곱" 그리고 "야곱과 이스라엘"로 번역하고 있다. 쉬운성경은 후자의 해석을 반영하고

가 강조된다. 2b와 2c가 주어 בֹּקְקִים 보케킴("약탈자들")을 중심으로 평행을 이루고 있기 때문에 이 주어가 2b와 2c에 모두 적용되는 이중적 역할을 하는 것으로 볼 수 있다.

כִּי בְקָקוּם בֹּקְקִים 2:2b
c [주어] - b [동사 + 목적어] - a [접속사]
וּזְמֹרֵיהֶם שִׁחֵתוּ 2:2c
b' [동사 + 목적어]

동사 שִׁחֵתוּ 쉬헤투("그들[약탈자들]이 망치다"/"파괴하다")의 목적어 역할을 하는 זְמֹרֵיהֶם 제모레헴("그들의 포도나무 가지를[가지들을]")의 3인칭 복수 대명사어미(הם, 헴)의 선행사는 בְקָקוּם 베카쿰의 대명사어미(ם)의 선행사와 동일한 대상이다. 포도나무 가지들을 파괴한다는 것은 농작물을 황폐하게 만드는 것을 의미한다. 또는 זְמֹרֵיהֶם 제모레헴을 남유다 백성들을 가리키는 비유적 표현으로 볼 수도 있다.[29] 이와는 달리, 롱맨(Longman)은 זְמֹרֵיהֶם 제모레헴의 명사가 동사 "노래하다"(זמר)에서 파생된 것일 수 있다는 점을 지적한다.[30] 그러면 זְמֹרֵיהֶם 제모레헴은 "그들의 노래들"을 의미하게 되는데, 이 경우 약탈자(앗시리아)의 약탈로 인해 기쁨이 소멸된 상황을 묘사하게 된다. 어떤 해석을 따르던, 약탈자에 의한 처참한 상황을 서술하는 것임을 알 수 있다.

4. 원문주해

2:1. 두 번째 신탁은 여호와의 심판을 수행하는 "파괴하는 자"의 등장에 대한 서술로 시작된다. 1-2절은 선언단락(3-13절)에서 선포하고 있는 심판의 원인을 지

있다: "파괴자들이 하나님의 백성을 약탈하고 그 포도나무를 망쳐 놓았지만..." Spronk는 전혀 다른 해석을 제시한다(Spronk, *Nahum*, 87-88). 그에 따르면 약탈자들은 앗시리아를 멸망시키는 바벨론의 군대를 가리키는 것이며 이 경우, 대명사어미의 선행사는 "앗시리아 백성들"이 된다. 즉 Spronk는 앗시리아의 멸망을 통해 야곱의 영광이 회복된다는 의미로 2절을 해석한다.

29) Cf. Keil, *The Twelve*, 20.

30) Longmand, "Nahum," 802.

적하는 의미에서가 아니라 심판선언이 주어지는 정황을 서술하는 의미에서 고소단락으로 간주할 수 있다.[31] 나훔은 고소단락을 자신의 말로 서술하고 있으며 이러한 서술은 선언단락의 12절까지 이어진다.[32] 고소단락을 나훔의 말로 볼 수 있는 근거는 2절에서 "여호와"가 언급되는 것이다. 니느웨를 공격하기 위해 올라온 "파괴하는 자"("흩어버리는 자")는 이중적 의미를 갖는다.[33] 첫째, "파괴하는 자"는 여호와의 심판을 행하는 나라 또는 군대를 의미한다.[34] 나훔은 이 나라의 정체를 구체적으로 밝히지 않는다. 하지만 역사적 사건을 통해서 후일에 이 "파괴하는 자"가 주전 612년에 니느웨를 멸망시킨 메대와 바벨론 제국으로 밝혀진다. 둘째, "파괴하는 자"는 보복전쟁을 수행하는 전사이신 여호와 자신을 의미할 수 있다.[35] 이는 나훔서 1장 2-8절에서 친히 전쟁을 행하시는 전사이신 여호와를 소개하고 있기 때문이다. 무엇보다도 "파괴하는 자"가 니느웨를 공격하기 위해 마주대하고 있는 장면이 13절의 여호와가 니느웨를 마주대하고 있다는 선언과 평행을 이루는 것으로 보면, "파괴하는 자"와 여호와를 함께 고려할 수 있다. 나훔은 전사이신 여호와와 그의 심판을 수행하는 나라를 구분하지 않고 서술하면서 니느웨의 멸망을 여호와의 전적인 사건으로 보게 한다.

---

31) Armerding은 2:1-2이 전환절의 역할을 하는 것으로 1:2-15에 있는 심판과 자비의 주제를 담고 있으며 전쟁을 준비하라는 1절의 명령은 2:3-10, 3:2-3, 10-13에 서술되고 있는 전쟁을 예고한다고 설명한다(Armerding, "Nahum," 468).

32) 나훔은 13절에서 선언공식("만군의 여호와의 말이다")과 함께 여호와의 선언을 직접 인용하면서 선언의 엄중성을 강조한다.

33) Cf. Christensen, *Nahum*, 262; Keil, *The Twelve*, 20.

34) Robertson은 "파괴하는 자"가 여호와를 가리킬 수도 있지만 잔인함에 있어서 앗시리아 왕들에 버금가는 잔혹한 통치자를 가리키는 것으로 설명한다(Robertson, *The Books of Nahum*, 87).

35) Cf. Maier, *The Book of Nahum*, 222; Roberts, *Nahum*, 56; Spronk, *Nahum*, 83; 악트마이어, 『나훔-말라기』 52; Coggins, *Israel among the Nations*, 35; Bruckner, *Jonah*, 166. "We must leave open the possibility, however, that the 'scatter' refers not to these nations[the Medes and the Babylonians], but to God himself, who is the Divine Warrior. Behind the battles of the nations it is he who will destroy Nineveh"(Longman, "Nahum," 801). "파괴하는 자"를 여호와로 보는 견해는 일반적으로 이 표현이 여호와와 관련하여 사용되고 있는 점에 근거하고 있다(cf. 시 68:1; 사 24:1; 렘 52:8; Roberts, *Nahum*, 64).

나훔은 "파괴하는 자가 네 앞에 올라왔다"는 서술과 함께 상황의 긴박성과 긴장감을 조성한 후 전쟁을 준비하라는 명령을 곧이어 서술한다: (1) 산성을 지키라; (2) 길을 파수하라[길을 살피라]; (3) 네 허리를 견고히 묶으라; (4) 네 힘을 크고 굳게 하라. 이 명령들은 순차적 흐름을 가지고 있다.[36] 적군의 공격을 대비하여 산성을 지키고 적군이 어느 길로 오는지 살피면서 군인들은 전투태세를 갖추고 마음을 다잡는 모습이다. 이 명령들은 "파괴하는 자"의 등장에 대한 즉각적인 반응인데, 실제로 그의 공격을 막을 준비를 하라는 경고가 아니라 어떻게 준비를 해도 아무런 소용이 없다는 의미를 담고 있는 조롱이다.[37] 요새, 길 등의 물리적 방비뿐만 아니라 허리, 힘 등의 육체적, 심정적 방비를 순차적으로 세밀하게 갖춘다고 하더라도 니느웨의 백성들과 군인들은 결코 파괴하는 자의 공격을 막아낼 수가 없다. 왜냐하면 이 전쟁은 우주적 주권과 능력을 가지신 여호와가 수행하시는 보복의 전쟁이기 때문이다(cf. 나 1:2-8). 또한 유다의 영광을 회복시키실 것이라는 여호와의 확고한 선언이 있기 때문에 유다의 영광을 훼손한 니느웨의 멸망은 필연적 결과이다(cf. 나 2:2).

"파괴하는 자"의 등장은 1장 15절에 서술된 "화평을 전하는 자"의 등장과 대조적 정황을 연출한다. 후자의 경우, 절기를 지키고 서원을 갚으라는 명령이 주어지는 반면에 전자의 경우, 전투를 준비하라는 명령이 주어진다. 이것은 보복의 대상과 구원의 대상이 맞이하는 대조적 운명을 보여준다.

2:2. 니느웨가 아무리 잘 방비를 해도 멸망을 피할 수 없는 결정적인 이유는 여호와가 지금까지는 니느웨가 그의 백성들을 약탈하고 황폐케 하는 것을 허용하셨지만 이제 그들의 영광을 회복시킬 것을 선언하셨기 때문이다. 여호와는 그를 거부하고 죄를 범한 그의 백성을 심판하시기 위해 니느웨를 약탈자로 삼으셔서 북이스라엘과 남유다를 약탈하게 하시고 황폐하게 하셨지만 "이스라엘"의 회복을 선언하심으로 약탈과 파괴를 멈추게 하신다. 치즈홀름(Chisholm)은, "니느웨의 함락은 이스라엘에게 새로운 시대가 열릴 것임을 의미한다. 그들의 영광이 회복될

36) Cf. Maier, *The Book of Nahum*, 223-24.
37) Cf. Longman, "Nahum," 801; Patterson, *Nahum*, 55.

것이기 때문이다" 라고 설명을 한다.[38] 그러나 니느웨의 멸망으로 유다의 새로운 시대가 시작되는 것이 아니라 여호와의 선언이 새로운 시대의 시작을 알려준다. 왜냐하면 원문의 구문은 여호와가 유다의 영광을 회복시키실 것이라는 선언을 이유절로 제시하고 있기 때문이다. 달리 말하면, 니느웨가 멸망하기 때문에 유다가 구원을 얻게 된다는 흐름이 아니라 여호와가 유다의 영광을 회복시킬 것을 선언하셨기 때문에 니느웨는 "파괴하는 자"를 마주대할 수밖에 없다는 것이다. 따라서 전투를 준비하라는 명령이 주어진다. 이것은 1장 15절에서 유다가 구원을 얻기 위해서가 아니라 이미 구원이 선언되었기 때문에 절기를 지키고 서원을 갚으라는 명령이 주어지는 것과 같은 맥락이다. 이것은 인간의 역사가 여호와의 절대적 주권 하에 있음을 보여준다.

앗시리아는 북이스라엘을 주전 722년에 멸망시켰고 남유다를 1세기가 넘게 압제하면서 처참한 상황에 처하게 하였다. 하지만 야곱의 영광, 즉 야곱의 위엄이 회복될 것이다. 여기서 야곱은 북이스라엘의 멸망 후 유다의 두 지파만으로 표현되는 "야곱"을 가리킬 수 있다.[39] 여호와는 이러한 야곱의 영광이 열두 지파가 다 포함되는 "이스라엘"의 영광으로 회복될 것임을 선언하신다.[40] 선지자들이 선포하는 회복은 북이스라엘과 남유다를 모두 포함하는 통일왕국의 회복을 의미한다. 예를 들면, 호세아는 북이스라엘이 언약적 관계를 회복할 것이라고 선언할 때 그 회복을 "이에 유다 자손과 이스라엘 자손이 함께 모여 한 우두머리(רֹאשׁ אֶחָד로쉬 에하드)를 세우고 그 땅에서부터 올라오리니"(호 1:11)라고 선언하고 있다.[41] 또

38) 치즈홀름, 『예언서 개론』 658. Cf. Bailey, "Nahum," 198.

39) Bailey는 "야곱"이라는 표현이 남유다만을 가리키는 것으로 해석하는 것이 나훔서의 신학적 메시지와 어울린다고 주장한다(Bailey, "Nahum," 199-200). Bailey는 주전 627년의 남유다 정황을 나훔서의 역사적 정황으로 간주한다.

40) Christensen은 "야곱"과 "이스라엘"이 열두 지파로 구성된 이스라엘 전체로서의 유다를 칭하는 경의를 표하는 명칭으로 설명한다(Christensen, *Nahum*, 266). Cf. Armerding, "Nahum," 472; Robertson, *The Books of Nahum*, 87; 김희보, 『요나, 나훔, 오바댜 주해』 227; Keil의 경우, "야곱"은 백성들이 조상들로부터 받은 계보적 이름(natural name)인 반면에 "이스라엘"은 하나님으로부터 받은 영적인 이름(spiritual name)으로 설명한다(Keil, *The Twelve*, 19).

41) "The gathering of the people of both kingdoms-Judah and Israel-under one head reflects a prophetic ideal of future unity" (T. E. McComiskey, "Hosea," in *The*

한 호세아서 3장 5절에서 “그 후에 이스라엘 자손이 돌아와서 그들의 하나님 여호와와 그들의 왕 다윗을 찾고”라는 선언을 통해 통일왕국의 이스라엘을 그려 볼 수 있게 한다. 에스겔 선지자는 “그 땅 이스라엘 모든 산에서 그들이 한 나라(גּוֹי אֶחָד고이 에하드)를 이루어 한 임금(מֶלֶךְ אֶחָד멜레크 에하드)이 모두 다스리게 하리니 그들이 다시는 두 민족이 되지 아니하며 두 나라로 나누이지 아니할지라”(겔 37:22)는 선언으로 통일왕국의 회복을 기대하게 한다. 같은 맥락에서 나훔이 언급하는 “이스라엘의 영광”을 이해할 수 있다. 따라서 니느웨의 멸망은 이스라엘의 영광이 회복된다는 사실을 확증해 준다. 하지만 유다 백성들은 지속적인 배교와 죄악으로 인하여 니느웨의 멸망 후에도 바벨론의 압제 하에 놓이게 된다. 결국 남유다는 파괴되고 바벨론포로 이후의 회복을 기대하게 된다.

II. 공격하는 전투장면 (a), 3-5

1. 원문

מָגֵן גִּבֹּרֵיהוּ מְאָדָּם	2:3a
אַנְשֵׁי־חַיִל מְתֻלָּעִים	2:3b
בְּאֵשׁ־פְּלָדוֹת הָרֶכֶב בְּיוֹם	2:3c
הֲכִינוֹ	2:3d
וְהַבְּרֹשִׁים הָרְעָלוּ	2:3e
בַּחוּצוֹת יִתְהוֹלְלוּ הָרֶכֶב	2:4a
יִשְׁתַּקְשְׁקוּן בָּרְחֹבוֹת	2:4b
מַרְאֵיהֶן כַּלַּפִּידִם	2:4c
כַּבְּרָקִים יְרוֹצֵצוּ	2:4d
יִזְכֹּר אַדִּירָיו	2:5a
יִכָּשְׁלוּ בַּהֲלְכוֹתָם	2:5b
יְמַהֲרוּ חוֹמָתָהּ	2:5c
וְהֻכַן הַסֹּכֵךְ	2:5d

Minor Prophets: An Exegetical and Expository Commentary, ed. T. McComiskey [Grand Rapids: Baker, 2000], 29).

2. 번역(개역개정)

2:3 그의 용사들의 방패는 붉고 그의 무사들의 옷도 붉으며 그 항오를 벌이는 날에 병거의 쇠가 번쩍이고 노송나무 창이 요동하는도다

2:4 그 병거는 미친 듯이 거리를 달리며 대로에서 이리저리 빨리 달리니 그 모양이 횃불 같고 빠르기가 번개 같도다

2:5 그가 그의 존귀한 자들을 생각해 내니 그들이 엎드러질 듯이 달려서 급히 성에 이르러 막을 것을 준비하도다

3. 원문분석

2:3.3a는 주어(מָגֵן גִּבֹּרֵיהוּ마겐 깁보레후, "그의 용사들의 방패") – 술어(מְאָדָּם메아담, "붉다")의 어순을 취하는 명사절로 전투에 참여하는 군사들에 대해 묘사한다. גִּבֹּרֵיהוּ깁보레후는 소유를 나타내는 속격으로 מָגֵן마겐("방패")을 꾸며준다. גִּבֹּרֵיהוּ깁보레후의 3인칭 남성 단수 대명사어미(הוּ후)의 선행사에 대한 이해에 있어서 독자는 본문을 읽어가면서 모호함을 느끼게 된다. 2절에 이어서 3a의 명사절을 읽으면 자연스럽게 선행사는 2절의 יְהוָה아도나이("여호와")이다.[42] 그렇다면 "그의 용사들"은 "여호와의 군대"를 가리키는 것이 된다. 하지만 1a의 מֵפִיץ메피쯔("파괴하는 자")가 선행사라면 "그의 용사들"을 "파괴하는 자의 용사들"로 보게 된다.[43] "파괴하는 자"의 모습에 "여호와"가 중첩되는 면이 있기 때문에 어떤 선행사를 취하던 이 경우, 3-4절의 문장들은 "파괴하는 자"와 함께 공격을 감행하는 군대의 모습을 묘사하는 것으로 이해가 된다. 하지만 독자는 5절의 "그들이 엎드러질 듯이 달려서 급히 성에 이르러 막을 것을 준비하도다"라는 표현을 읽으면서 공격을 하는 군대의 모습과는 어울리지 않는 어색한 점을 느끼게 된다. 결과적으로 독자는 3절로 다시 돌아와 "그의 용사들"의 "그"가 "파괴하는 자"(또는 "여호와")인지 아니면 방어하는 군대의 장군인지에 대해 의문을 갖게 된다. 이러한 모호성은 치열하고 혼란스러운 전투장면을 연상시키려는 나훔의 의도로 보인다. 술어역할

42) Maier는 현재의 본문배열에 따르면 "여호와"가 대명사어미의 선행사라고 주장한다 (Maier, *The Book of Nahum*, 35).

43) Cf. Armerding, "Nahum," 474.

을 하는 מְאָדָּם 메아담은 동사 אדם("붉다")의 푸알 분사형이다. 이를 고려할 때 3a는 "그의 용사들의 방패가 붉다"는 단순한 서술이 아니라 "그의 용사들의 방패는 붉게 물들어져 있다"라는 의미를 전달한다. 이것은 방패를 붉은 색으로 물들인 것을 가리키거나 살육을 당한 자의 피로 방패가 붉게 물든 것을 가리킬 수 있다.[44] 전자의 해석이 위협적인 군대의 모습을 연상시킨다면 후자의 해석은 니느웨 성읍을 공격하러 오기까지 피비린내 나는 처참한 전투가 있었음을 짐작하게 한다.

3b의 אַנְשֵׁי־חַיִל 안셰 하일은 연결형 복수명사 אַנְשֵׁי 안셰("남자들")와 형용사적 역할을 하는 속격 חַיִל 하일("힘")이 결합한 형태이다. 이 표현은 문자적으로 "힘이 있는 남자들"을 의미하는데, 전투에 대해 묘사하고 있는 문맥을 고려하면 "군인들"로 번역할 수 있다(cf. 사 5:22; 렘 48:14). 명사절의 주어 אַנְשֵׁי־חַיִל 안셰-하일을 설명하는 술어역할을 하는 푸알 분사형 מְתֻלָּעִים 메툴라임은 군인들이 "붉은 색으로 두른" 상태를 가리킨다. 즉 3b는 군인들이 홍색의 전투복을 입고 있는 장면을 연상시킨다.[45] 또는 3a의 경우와 같이 살육을 당한 자들의 피로 전투복이 붉게 물든 것을 의미할 수도 있다. 3a와 3b는 의미와 구문에 있어서 평행을 이룬다. 즉 "붉다"라는 의미가 반복되고 명사절의 술어가 동일하게 푸알 분사형이 사용되고 있다. 이러한 평행을 통해 나훔은 붉은 색을 두른 군대의 강렬하고 위협적인 모습 또는 처참한 살육을 행한 후 피로 얼룩진 군대의 모습을 인상적으로 전달한다.

מְאָדָּם	מָגֵן גִּבֹּרֵיהוּ	2:3a
b [푸알 분사 술어, "붉다"] - a [주어]		
מְתֻלָּעִים	אַנְשֵׁי־חַיִל	2:3b
b' [푸알 분사 술어, "붉다"] - a' [주어]		

44) Keil은 3a가 방패가 피로 물든 것이 아니라 방패의 색이 붉다는 견해를 견지한다(Keil, *The Twelve*, 20). Christensen은 어느 한 견해로 확정하려는 시도는 저자에 의해 의도된 모호성을 제대로 이해하지 못한 것이라고 지적한다(Christensen, *Nahum*, 270; cf. Spronk, *Nahum*, 89). Maier는 "붉다"라는 의미가 에스라서 8장 27절에서와 같이 "광을 내다"는 의미를 갖는 것으로 설명한다(Maier, *The Book of Nahum*, 236).

45) 3절에 묘사된 군대를 바벨론 군대로 보는 이유는 바벨론(갈대아)이 붉은 색과 관련이 있기 때문이다: "그가 음행을 더하였음은 붉은 색으로 벽에 그린 사람의 형상 곧 갈대아 사람의 형상을 보았음이니"(겔 23:14).

3c는 명사절로 구문론적으로는 술어역할을 하는 부사구(בְּאֵשׁ־פְּלָדוֹת베에쉬 펠라도트), 주어(הָרֶכֶב하레케브, "[그] 병거"), 부사구(בְּיוֹם베욤, "날에")의 어순을 취하고 있다. 3d의 הֲכִינוֹ하키노("그 항오를 벌이는")는 부사구 בְּיוֹם 베욤의 יוֹם 욤("날")을 꾸며주는 형용사적 속격이다.[46] 명사절의 주어역할을 하는 הָרֶכֶב 하레케브("[그] 병거")에 접두된 정관사가 특정의 병거를 가리키는 것이 아니라 그 부류의 대상을 가리키는 것으로 간주하여 "병거들"로 번역한다(cf. 쉬운성경, 우리말, 표준새번역). 부사구 בְּאֵשׁ־פְּלָדוֹת 베에쉬 펠라도트의 전치사 בְּ 베가 수반격(隨伴格, beth comitantiae)의 역할을 하는 것으로 분석하면 בְּאֵשׁ־פְּלָדוֹת הָרֶכֶב 베에쉬 펠라도트 하레케브는 문자적으로 "병거들이 쇠붙이의 불과 함께 있다"로 번역이 된다.[47] 이를 "병거들의 쇠붙이들이 (불처럼) 번쩍인다"로 의역하여 전차들의 위협적인 모습을 연상케 할 수 있다.[48] 또는 병거의 쇠바퀴들이 빠르게 돌며 번쩍이는 모습으로 해석할 수도 있다.

3d의 הֲכִינוֹ 하키노는 כּוּן("세우다"/"준비하다")의 히필 연결형 부정사 הָכִין 하킨과 3인칭 남성 단수 대명사어미 וֹ 오가 결합된 형태이다. 3인칭 대명사어미는 동사적 역할을 하는 부정사의 주어이다.[49] 위에 언급한 바와 같이 독자는 5절을 아직 읽지 않았기 때문에 공격을 하기 위해 올라온 מֵפִיץ 메피츠("파괴하는 자," 1a)를 이 대명사어미의 선행사로 이해하게 된다.[50] 부정사구 הֲכִינוֹ 하키노는 בְּיוֹם 베욤의 יוֹם 욤

---

46) Cf. WOC §35.3.3a; GKC §113e.

47) 심마쿠스(Symmachus), 시리아역본, 일부 중세 히브리어필사본에 근거하여 MT의 בְּאֵשׁ־פְּלָדוֹת 베에쉬 펠라도트 대신에 수정독법 כְּאֵשׁ־לַפִּדוֹת 케에쉬 랍피도트("횃불의 불과 같이") 이 제안되어 왔다. 이 수정독법은 필사과정에서 전치사 בְּ 베와 כְּ 케의 혼동이 있었고 철자가 뒤바뀌었을 것이라는 추정에 근거한 것이다. 이와는 달리 BHS는 우가릿어 *pld*("철/쇠")에 근거하여 כְּאֵשׁ־פְּלִדוֹת 케에쉬 필도트("쇠붙이의 불과 같이")로 읽을 것을 제안한다. BHS가 지적하는 바와 같이 MT의 פלדות는 그대로 유지되는 것이 적절해 보인다. 전치사는 어떤 것이 사용되던 간에 문장의 의미에 있어서 큰 차이는 없다. 하지만 히브리어 필사본들이 주로 MT독법을 따르고 있다는 점에서 불필요한 수정이 될 수 있다.

48) Cf. BRHG §39.6.3.

49) BHS는 בְּיוֹם הָכִין 베욤 하킨이 확실하지는 않지만 해설로 추가된 것일 수 있기에 삭제할 수도 있음을 언급한다. 하지만 이것은 고대역본과 히브리어필사본들의 지지가 없는 추정에 불과하다.

50) 대명사어미의 선행사를 הָרֶכֶב 하레케브("병거")로 간주하여 "병거가 대열을 지어"(표준새번역)로 번역하기도 하는데, 부정사 הָכִין 하킨이 능동의 의미를 갖는 히필형이기 때문에 대명사어미의 선행사를 מֵפִיץ 메피츠로 보는 것이 적절하다.

("날")을 꾸며주는 형용사적 속격의 역할을 한다. 따라서 בְּיוֹם הֲכִינוֹ 베욤 하키노는 "그가 준비하는 날에"로 번역이 된다. 이 표현은 전투를 위해 장군이 병거들을 배치하는 장면을 연상시킨다.[51] 또는 목적어가 표기되지는 않지만 "그가 전투를 확정한 날"로 번역하기도 한다. 이 경우 전투준비를 마친 상태에서 전투가 정해진 날에 전차가 내달리고 군인들이 창을 흔들며 전투를 시작하는 장면을 연상하게 한다.

וְהַבְּרֹשִׁים 베합베로쉼의 접속사 ו 바브는 등위접속사("그리고")로 3e의 문장을 앞의 서술에 연결시킨다. 주어 הַבְּרֹשִׁים 합베로쉼("[그] 노송 나무 창")을 동사 הָרְעָלוּ 호르알루("요동하다") 앞에 서술하면서 강조하려는 의도가 있는 것으로 볼 수도 있는데, 3a-d가 전투를 벌이는 군대의 모습을 중심으로 서술하고 있는 점을 고려할 때 군사들과 병기들에 집중하게 하려는 의도로 이해하는 것이 더 적절해 보인다. בְּרֹשִׁים 베로쉼은 "노송나무"를 의미하는 명사 בְּרוֹשׁ 베로쉬의 복수형인데, 군대를 묘사하고 있는 문맥을 고려하여 "노송나무[로 만든] 창들"로 번역하고 있다.[52] 호팔형 동사 הָרְעָלוּ 호르알루는 수동의 의미를 갖는데, 군사들이 창을 요란하게 흔들기 때문에 창들이 요동치는 모습을 묘사하는 것으로 보인다.[53] 이것은 전투에 참여하는 군인들의 사기를 보여준다. 또한 이를 바라보고 있는 상대에게는 위협적인 장면을 연출한다.

2:4. 위치를 나타내는 전치사 בְּ 베가 유도하는 부사구 בַּחוּצוֹת 바후쪼트("[그] 거리를[거리들에서/거리들을 가로질러]")가 동사 יִתְהוֹלְלוּ 이트홀렐루("미친 듯이 달리다")

---

51) Cf. Bailey, "Nahum," 202.

52) TNK는 בְּרֹשִׁים 베로쉼을 "the arrows of cypress"로 번역한다. BHS는 칠십인경과 시리아역본에 근거하여 MT의 וְהַבְּרֹשִׁים 베합베로쉼을 וְהַפָּרָשִׁים 베합페라쉼("그리고 기마병들")으로 수정하여 읽을 것을 제안한다. 고대역본들의 지지가 있기는 하지만 히브리어 필사본들은 MT독법을 따르고 있는 것과 공격하는 군대의 모습을 묘사하고 있는 문맥에서 MT독법이 문제가 되지 않는다.

53) BHS는 수동의 의미를 갖는 MT의 호팔형 הָרְעָלוּ 호르알루 대신에 능동의 히필형 הִרְעִלוּ 히르일루("떨다[quiver]")로 읽을 것을 제안한다. 이 독법은 고대역본이나 히브리어필사본들의 지지를 받지 못하기 때문에 MT독법을 그대로 유지하는 것이 가능하다. Christensen은 3e가 창에 독이 발린 것을 묘사하는 것으로 해석한다(Christensen, *Nahum*, 275).

앞에 놓이면서 강조된다. 또한 3e와 4a가 이 부사구를 중심으로 구문론적 교차평행을 이루면서 이 부사구는 3e와 4a에 모두 적용되는 이중적 역할을 한다. 따라서 3e와 4a는 니느웨 성을 공격하기 위해 거리에서 삼나무 창을 요란스럽게 흔드는 군인들의 모습과 그 거리를 가로지르며 미친 듯이 달리는 병거들의 위협적인 모습을 묘사한다.

וְהַבְּרֹשִׁים הָרְעָלוּ 2:3e
b [동사] - a [주어]

בַּחוּצוֹת יִתְהוֹלְלוּ הָרֶכֶב 2:4a
a' [주어] - b' [동사] - c [부사구: "거리(들)에서"]

주어 הָרֶכֶב 하레케브("[그] 병거")는 문법적으로 단수형인데, 복수형 주동사 יִתְהוֹלְלוּ 이트홀렐루를 취하는 것은 히브리어 문장에서 흔하다. 동사 יִתְהוֹלְלוּ 이트홀렐루는 상대를 공격하기 위해 병거가 난폭하게 돌진하는 모습을 묘사한다(cf. 렘 46:9). הָרֶכֶב 하레케브는 3c에서 언급한 병거들(הָרֶכֶב 하레케브)을 가리키는 것으로 동일하게 복수형("병거들")으로 번역하는 것이 적절하다.[54)]

4b 문장의 주동사 יִשְׁתַּקְשְׁקוּן 이스타크세쿤("이리저리 빨리 달리다[질주한다]")의 주어는 4a의 הָרֶכֶב 하레케브인데, 이 주어를 중심으로 4a와 4b는 구문론적, 의미론적 교차평행을 이룬다.[55)]

---

54) Ewald와 Happel의 제안과 같이 4절을 방어하는 니느웨 군대의 모습에 대한 서술로 간주하는 경우, 4a의 הָרֶכֶב 하레케브와 3c의 הָרֶכֶב 하레케브는 각각 공격하는 병거와 방어하는 병거로 구분된다(cf. Christensen, *Nahum*, 276에서 재인용). 칠십인경은 공격하는 병거와 방어하는 병거가 서로 충돌하는 장면으로 4절을 번역하고 있다: "[I]n the ways, and the chariots shall clash together, and shall be entangled in each other in the broad ways: their appearance is as lamps of fire, and as gleaming lightnings." Keil은 두 가지 가능성을 모두 언급한다(Keil, *The Twelve*, 21).

55) BHS는 הָרֶכֶב 하레케브를 삭제할 수 있음을 제안하는데, 4a와 4b의 구문론적 교차평행을 고려할 때 הָרֶכֶב 하레케브는 중요한 역할을 한다. 따라서 이러한 제안은 적절하지 않다.

הָרֶכֶב יִתְהוֹלְלוּ בַּחוּצוֹת 2:4a
c [주어] - b [동사] - a [부사구]

בָּרְחֹבוֹת יִשְׁתַּקְשְׁקוּן 2:4b
a' [부사구] - b' [동사]

주동사 יִשְׁתַּקְשְׁקוּן 이스타크세쿤을 꾸며주는 부사구 בָּרְחֹבוֹת 바르호보트("[그] 대로들에서")는 4a의 부사구 בַּחוּצוֹת 바후쪼트("거리에서")와 짝을 이루면서 병거들이 성으로 연결된 거리와 광장을 위협적으로 휘젓고 있는 모습을 연상시킨다. 복수형 רְחֹבוֹת 르호보트는 "대로"나 "광장"을 가리킨다. 나훔이 전투장면을 순차적으로 서술하고 있는 점을 고려할 때, חוּצוֹת 후쪼트와 רְחֹבוֹת 르호보트는 성 밖의 거리와 광장을 가리키는 것으로 보인다.[56] 이와는 달리 크리스텐센(Christensen)이 지적하는 바와 같이, 이 단어들에 정관사가 접두된 것에 주목하여 성읍 안의 거리와 광장으로 볼 수도 있다.[57] 단어 자체가 성 밖과 안의 거리와 광장을 구분해 주지는 않는다. 어떤 해석을 따르던 간에 분명한 것은 3e-4b가 구문론적 평행관계를 이루면서 계단식으로 연결된다는 것이다. 이것은 마치 파도와 같이 신속하고 지속적으로 거침없이 밀려드는 군대의 모습을 그려볼 수 있게 한다.

וְהַבְּרֹשִׁים הָרְעָלוּ [a] 2:3e
בַּחוּצוֹת יִתְהוֹלְלוּ 2:4a
a [이중적 역할의 부사구]

הָרֶכֶב
a' [이중적 역할의 주어]

בָּרְחֹבוֹת יִשְׁתַּקְשְׁקוּן [a'] 2:4b

4c의 כַּלַּפִּידִם 칼랖피딤은 비교를 위한 전치사 כְּ 케("…처럼"), 정관사 ה, 복수형 명사 לַפִּידִם 라피딤("횃불")이 결합된 형태로 명사절의 술어이다: "횃불 같다." 이

56) Cf. Maier, *The Book of Nahum*, 243. J. P. Smith는 니느웨 성 주변의 거리와 광장으로 해석한다(Smith, *A Critical and Exegetical Commentary*, 330).

57) Christensen, *Nahum*, 276.

술어의 주어는 מַרְאֵיהֶן마르에헨("그 모양[그것들의 모양들은]")이다. 여성 복수 대명사어미 הֶן헨("그것들")의 선행사는, 성과 수에 있어서 일치하지는 않지만 문맥을 고려할 때, 복수의 의미를 갖는 הָרֶכֶב하레케브("병거들")로 볼 수 있다.[58] 복수형 어미가 사용된 것은 병거뿐만 아니라 병거 안에 있는 모든 것을 가리키기 때문이라고 설명하기도 한다.[59] 동사 יְרוֹצֵצוּ예로쩨쭈("그것들이 빠르게 달리다")의 주어("그것들")는 הָרֶכֶב하레케브이다. 비교를 위한 전치사 כְּ케가 유도하는 부사구 כַּבְּרָקִים 캅베라킴은 병거가 돌격하는 모습을 "번개"에 비교하여 병거의 신속한 움직임을 묘사한다. 4c와 4d는 완전하지는 않지만 비교를 위한 전치사 כְּ케가 유도하는 부사구들을 중심에 두고 교차평행을 이루면서 성읍 안을 종횡 무진하는 병거들의 위협적이고 공격적인 모습을 강조한다.

	כַּלַּפִּידִם	מַרְאֵיהֶן	2:4c
	b [비교를 위한 כְּ케 부사구]	- a [주어]	
יְרוֹצֵצוּ	כַּבְּרָקִים		2:4d
a' [주어/동사]	- b' [비교를 위한 כְּ케 부사구]		

2:5. 동사 יִזְכֹּר이즈코르의 기본적인 의미는 "그가 기억하다"인데, 이 의미를 발전시켜서 "그가 호출하다" 또는 "그가 명령하다"의 의미로 번역하기도 한다.[60] 개역개정은 목적어 역할을 하는 אַדִּירָיו안디라브를 "그의 존귀한 자들"로 번역하고 있는데, 실명사의 역할을 하는 형용사 אַדִּיר아디르는 "건장한," "뛰어난," "위대한" 등을 의미하기 때문에 "정예부대" 또는 "장교들"로 번역하기도 한다.[61] 5절의 구

58) BHS는 מַרְאֵיהֶן마르에헨의 대명사어미의 선행사와 성이 일치하지 않는 점을 고려하여 남성형 복수 대명사어미 הם으로 읽을 것을 제안한다. 하지만 이와 같이 성이 일치하지 않는 것이 히브리어 용례에 흔히 나타난다. 따라서 히브리어 필사본들은 MT독법을 그대로 유지하고 있다.

59) Cf. Keil, *The Twelve*, 21.

60) "왕이 장교들을 부르나"(쉬운성경); "그가 그의 장교들을 소집한다"(우리말성경); Roberts, *Nahum*, 59. BHS는 고대역본(칠십인경과 불가타)에 근거하여 능동형 יִזְכֹּר이즈코르를 수동의 니팔 복수형 יִזָּכְרוּ잇자케루("기억되다")로 읽을 것을 제안한다. אַדִּירָיו안디라브("그의 존귀한 자들")를 목적격 대격으로 분석할 경우, 이러한 수정독법은 불필요하다.

문분석과 해석에 있어서 두 가지 견해가 제시되고 있다. 하나는 5절을 공격하는 군대를 묘사하는 것으로 보는 것이고 다른 하나는 성읍을 방어하는 군대를 묘사하는 것으로 보는 것이다.

אַדִּירָיו 안디라브의 3인칭 남성 단수 대명사어미 ו의 선행사를 1a에 언급된 מֵפִיץ 메피쯔("파괴하는 자")로 볼 수 있다. 이 경우, 단수형 동사 יִזְכֹּר 이즈코르의 주어 역시 מֵפִיץ 메피쯔가 된다. 이와 같이 분석을 하면 5절은 "파괴하는 자의 군인들"이 성읍을 공격하는 장면을 묘사하는 것이 된다. 반면에 5b 문장의 니팔형 동사 יִכָּשְׁלוּ 익카셀루("엎드러질 듯")가 위협적으로 공격하는 군대의 모습과는 어울리지 않는다는 생각에 근거하여 5절이 성읍을 방어하는 장면을 묘사하는 것으로 해석하기도 한다.[62] 5b의 구문은 주문장의 동사 יִכָּשְׁלוּ 익카셀루와 정황을 설명해 주는 부사구 בַּהֲלְכוֹתָם 바할리코탐으로 구성되어 있다. 부사구 בַּהֲלְכוֹתָם 바할리코탐은 시간을 나타내는 전치사 בְּ 베, 정관사 ה, הֲלִיכָה 할리카("걸어감"/"전진")의 복수형 명사, 주격 3인칭 남성 복수 대명사어미 ם ָ ("그들")이 결합된 형태이다. 이 부사구를 "그들이 전진할 때" 등으로 번역할 수 있다. 원문의 구문을 고려하면 비틀거리거나 넘어지는 것은 그들이 달려갈 때이다. 따라서 이러한 장면은 맹렬히 공격하는 군대의 모습과는 거리가 있다는 것이다. 부사구 בַּהֲלְכוֹתָם 바할리코탐의 대명사어미 ם ָ ("그들")의 선행사는 אַדִּירָיו 안디라브이다. 이 경우, 공격을 당하는 성읍의 왕이나 군장 등의 지도자가 אַדִּירָיו 안디라브("그의 존귀한 자들")의 3인칭 대명사어미("그")의 선행사가 된다. 쉬운성경은 이러한 해석에 근거하여 5절을 "왕이 장교들을 부른다"로 번역하고 있다. 이와 연계하여 5d의 וְהֻכַן הַסֹּכֵךְ 베후칸 핫소케크를 "방어 태세를 갖춘다"로 번역하여 성읍의 군인들이 방어를 하는 장면으로 해석한다. 영어성경 NIV는 5a-b를 "He summons his picked troops, yet they stumble on their way" ("그가 그의 엄선된 군대들을 소집하지만 그들은 가면서 넘어진다")로 번역한다. 이 번역은 공격을 방어하기 위해 정선된 군대가 출동하지만 위협적인 공격으로 인해 허둥대며 당황하고 있는 군인들의 모습을 연상케 한다. 이와 같이 해석하면

61) Cf. Patterson, *Nahum*, 68.

62) 이러한 어려움을 고려하여 BHS는 יִכָּשְׁלוּ 익카셀루를 부정어와 함께 칼형으로 수정하여 읽을 것을 제안한다. 즉 לֹא יִכְשְׁלוּ 로 이크셀루("그들이 넘어지지 않고")로 수정하는 것인데, 고대역본이나 히브리어필사본들의 지지가 없는 제안에 불과하다.

5절은 암시적으로 그 만큼 공격이 위협적이고 위력적이라는 의미를 반영하게 된다.

5b의 יִכָּשְׁלוּ 익카셸루가 "넘어지다" 또는 "비틀거리며 걷다"를 의미하기 때문에 부정적인 측면이 있기는 하지만, 이 표현을 공격하는 군대가 몸을 낮추고 신속하게 돌진하는 장면이나 넘어지면서도 진격하는 장면을 묘사하는 것으로 볼 수도 있다. 이러한 해석에 근거하여 표준새번역과 우리말성경은 각각 "거꾸러지면서도 돌격한다"와 "그들은 비틀거리면서도 진격한다"로 번역하고 있다. 마이어(Maier)의 경우, 이 동사를 통해 많은 수의 군인들에 대한 해석을 도출한다.[63] 즉 맹렬하게 돌격할 때 서로 걸려 넘어질 정도로 많은 수의 군인들이 공격에 가담하고 있다는 것이다. 마이어는 3장 3절에 동일한 동사로 사람들이 무수한 시체에 걸려 넘어지는 장면을 묘사하고 있는 것을 근거로 언급한다. 베일리(Bailey)는 공격하는 군대가 성읍 안으로 진입하려고 서둘러가기 때문에 또는 보호막이 무겁기 때문에 비틀거리는 것으로 설명한다.[64]

5c와 5d의 묘사는 앞 문장들의 해석에 따라 다른 모습을 연상시킨다. 공격하는 군대의 모습으로 보면 5c-d는 성벽으로 돌진해 가서 성벽 위의 공격으로부터 자신들을 보호하기 위해 방어불을 세우는 군대의 모습을 묘시히는 것이 된다. חוֹמָתָהּ 호마타흐("[그것의] 벽으로")는 동사 יְמַהֲרוּ 예마하루("그들이 서둘러 가다")의 행위가 미치는 위치를 서술해 주는 부사적 대격역할을 한다. 대명사어미 הּ의 선행사는 문맥에 명시적으로 서술되지 않는다. 하지만 전체 정황을 고려할 때 "공격을 당하는 성읍"을 의미상의 선행사로 볼 수 있다. 따라서 חוֹמָתָהּ 호마타흐를 "성벽으로" 번역하는 것이 적절하다.[65] 5d의 바브 완료 연계형 וְהֻכַן 베후칸("세워지다")은 5c의 행위에 이어지는 순차적 상황을 서술해 준다. הַסֹּכֵךְ 핫소케크([그] "막을 것"/

---

63) Maier, *The Book of Nahum*, 246. Armerding은 공격하는 군인들이 앗시리아 군인들의 시체에 걸려 넘어지는 장면이 묘사되고 있는 것으로 해석한다(Armerding, "Nahum," 475).

64) Bailey, "Nahum," 204; cf. Baker, *Nahum*, 34; Smith, *A Critical and Exegetical Commentary*, 317.

65) חוֹמָתָהּ 호마타의 마지막 ה 헤를 3인칭 여성 단수대명사어미로 간주하는 MT독법과는 달리, BHS는 일부 히브리어 필사본들, 시리아역본, 탈굼역 등에 근거하여 ה 헤를 방향을 나타내는 처격의 ה 헤로 읽을 것을 제안한다(חוֹמָתָה 호마타, "성벽으로"). 하지만 חוֹמָתָהּ 호마타흐를 부사적 대격으로 보면 이러한 제안은 불필요하다.

"방어막")는 수동의 의미를 갖는 호팔형 동사 הֻכַן 후칸의 주어이다. 따라서 5c-d는 "그들이 성벽에 신속하게 이르고 엄호물이 세워진다"로 번역할 수 있다. 이 경우, סֹכֵךְ 소케크는 성벽 위에서 가하는 공격을 막기 위한 "방어막"을 가리키는 것으로 볼 수 있다. 이와는 달리 방어하는 장면으로 5절을 해석하면 סֹכֵךְ 소케크는 성벽을 무너뜨리려는 군대의 공격을 막기 위한 "방어막"을 가리키게 된다.[66]

위에서 언급한 바와 같이 5절이 공격하는 군대를 묘사하는 것인지 아니면 방어하는 군대를 묘사하는 것인지 분명하지 않기 때문에 두 가지 해석이 다 가능하다. 나훔은 이와 같이 모호한 서술기법을 통해 마치 공격하는 군대와 방어하는 군대가 뒤엉켜 전투를 벌이고 있는 장면을 전달하는 효과를 의도한 것으로 보인다.

4. 원문주해

2:3. 나훔은 독자로 하여금 전투장면을 연상할 수 있도록 생생한 서술형식을 취하고 있다.[67] 3절은 전투를 벌이기 바로 직전의 긴장감을 느끼게 한다. 전투복을 입은 용사들이 방패를 들고 진격 명령을 기다리고 있는 듯하다. 그들이 입고 있는 전투복과 들고 있는 방패는 온통 붉은 색이다. 이것은 독자에게 강렬하고 위협적인 인상을 준다.[68] 니느웨 성으로 진격해 오기까지 처참한 살육을 행했기 때문에 전투복과 방패가 피로 얼룩진 것이라면 긴장감과 위협은 더욱 고조된다. 붉은 색은 니느웨가 겪게 될 피의 학살을 암시적으로 반영하는 것이며 니느웨 백성들에게는 두려움을 자아낸다.[69] "파괴하는 자"가 이러한 군대를 이끌고 니느웨 성 앞에 이미 서 있다면 황급히 방비태세를 갖추라는 명령이 주어지는 것은 당연

66) Cf. 악트마이어, 『나훔-말라기』 52.

67) 나훔의 묘사가 너무 사실적이기 때문에 주전 612년에 니느웨가 멸망하는 것을 목격한 후 기록한 것이라고 보는 견해가 있는데, 나훔서의 예언적 속성을 인정하면 니느웨의 멸망 이전에 나훔이 이상 중에 목격한 것을 기록한 것으로 보는 것이 가능하다. 나훔서 1장 1절의 חֲזוֹן 하존("이상" 또는 "묵시")이라는 표현은 이러한 가능성을 충분히 고려할 수 있게 한다.

68) Bailey는 붉은 색의 원인에 대해서는 분명하지 않지만 위협적인 인상을 전달하는 것은 분명하다고 설명한다(Bailey, "Nahum," 202).

69) Cf. Spronk, *Nahum*, 89; Maier, *The Book of Nahum*, 238.

하다. "파괴하는 자"의 명령에 따라 대열을 갖춘 병거들의 쇠붙이가 번쩍거리면서 보다 위협적인 장면을 연출한다. 뿐만 아니라 요란하게 요동치는 노송나무 창들은 사기가 충천한 군인들의 모습을 그려 볼 수 있게 한다.

이 군대가 공격을 하는 군대의 모습인지 아니면 방어를 하는 군대의 모습인지에 대한 견해는 5절의 문장을 어떻게 해석하느냐에 따라 달라질 수 있겠지만 일단 공격하는 군대의 모습을 묘사하는 것으로 이해하는 것이 적절해 보인다.[70] 왜냐하면 첫째, 1-2절과 연이어 서술되는 3절의 3인칭 대명사어미("그")의 선행사를 "파괴하는 자"(또는 "여호와")로 보는 것이 자연스럽기 때문이다. 둘째, 고소단락에서 전투를 철저히 대비할 것을 선포한 후 공격하는 군대의 위협적인 모습을 생생하게 서술하는 것이 본문의 흐름에 자연스럽기 때문이다. 하지만 모호성이 여전히 있는 것은 전투의 혼란스러운 상황을 느끼게 하려는 나훔의 의도로 보인다.

나훔은 니느웨의 멸망을 선언으로 선포하기 보다는 전투의 장면을 생생하게 묘사함으로 니느웨의 멸망이 반드시 이루어질 것임을 보다 효과적으로 전달한다. 즉 니느웨의 멸망이 앞으로 오게 될 일이지만 나훔은 독자들을 미리 그 사건 속으로 인도하고 있다. 무엇보다도 여호와가 야곱의 영광을 회복시키실 것을 선언하셨기에 니느웨의 멸망은 확정적이다.

---

70) Bruckner는 3절과 5절하반절이 공격군(바벨론의 군대)을 묘사하고 4절과 5절상반절이 니느웨를 방어하는 군대를 묘사하는 것으로 분석한다(Bruckner, *Jonah*, 167). 반면에 Maier는 3절과 4절이 공격하는 군대를 묘사하는 것으로 해석한다(Maier, *The Book of Nahum*, 235; cf. Patterson, *Nahum*, 61-62; Bailey, "Nahum," 201-4; Coggins, *Israel among the Nations*, 37-38). 악트마이어는 니느웨를 파괴한 바벨론의 군대가 붉은 전투복을 입었고 앗시리아 군인들은 청색 전투복을 입었던 것을 지적하면서 3절에 묘사된 군대가 공격군의 모습인 것으로 설명한다(악트마이어, 『나훔-말라기』 52). Smith는 3-5절이 공격군의 모습을 묘사하는 것으로 본다(Smith, *Micah-Malachi*, 83). Armerding의 경우, 3-4절은 공격군의 모습인 반면에 5a-b은 방어군의 모습을 묘사하는 것으로 설명한다(Armerding, "Nahum," 475). 5a의 3인칭이 앗시리아 왕을 가리키는 것으로 분석한다. Robertson은 5절 전체가 니느웨 기민이 방어하는 장면을 묘사하는 것으로 해석한다: "Up to this point, the description has concentrated on the approaching adveray. But now an image of the panicked Ninevites is provided in a quick flash. The king of the city (he who remembers his noble ones) calls for his brave defenders, charging them to confront the foe" (Robertson, *The Books of Nahum*, 89).

2:4. 본 절은 공격을 대기하던 군대가 공격명령과 함께 병거들을 앞세우고 니느웨를 향해 진격하는 상황을 연출한다. 니느웨의 성벽 위에서 거리를 살피던 군인의 눈에 가장 먼저 들어오는 장면은 성 밖의 거리를 미친 듯 내달리고 광장을 번개같이 이리저리 돌진하고 있는 병거들이다.[71)] 이 병거들의 모습은 횃불과 같이 파괴적일 뿐만 아니라 번개같이 신속하게 돌진하고 있기 때문에 가히 위협적이고 니느웨의 백성들과 군인들에게 두려움을 주기에 충분하다. 이제 니느웨 성읍만 남겨두고 마지막 전투가 위협적으로 진행되고 있는 장면을 서술하고 있는 것으로 보인다. 마치 풍전등화와 같은 상황이다.

이와는 달리 롱맨(Longman)은 4절이 성읍 안의 장면을 묘사하는 것으로 해석한다.[72)] 이 해석을 따르면 4절은 병거들이 이미 성읍 안으로 들어가서 거리와 광장에서 이리저리 미친 듯 내달리며 온 성읍을 휘젓고 있는 장면을 묘사하는 것이다.[73)] 크리스텐센(Christensen)은 "거리"와 "광장"을 의미하는 히브리어 단어에 정관사가 있는 것에 근거하여 성읍 안에 있는 거리와 광장을 가리키는 것으로 해석한다.[74)] 그렇다면 4절은 자연스럽게 성읍 안의 장면에 대한 묘사가 된다. 전투의 위협이 니느웨 백성들에게 보다 실제적으로 다가선 상황이다. 하지만 단어의 의미를 살피고 구문을 분석하는 것으로 4절이 성 밖의 장면을 묘사하는 것인지 아니면 성 안의 장면을 묘사하는 것인지 확정적으로 결정할 수 없다. 나훔은 독자로 하여금 이러한 혼란스러움을 갖게 하여 전투상황의 혼란스러움을 생생하게 느낄 수 있도록 의도한 것으로 보인다. 또한 스프롱크(Spronk)가 지적하는 바와 같이, 마치 병거가 달리며 내는 소리를 반영하는 듯한 원문 동사들의 음성적 효과는 이러한 혼란을 더욱 가중시킨다: יִתְהוֹלְלוּ 이트홀렐루, יִשְׁתַּקְשְׁקוּן 이스타크세쿤, יְרוֹצֵצוּ 예로쩨쭈.[75)]

---

71) Cf. Patterson, *Nahum*, 66; Bailey, "Nahum," 203; Robertson, *Nahum*, 89; Taylor, "The Book of Nahum," 963; Smith, *A Critical and Exegetical Commentary*, 325-26. Armerding은 성벽을 공격하는 장면이 5절에 서술되고 있기 때문에 4절이 성읍 밖의 모습을 묘사하는 것으로 해석한다(Armerding, "Nahum," 475).

72) Longman, "Nahum," 805.

73) Bruckner의 경우, 4절이 성읍 안의 장면을 묘사하는 면에서는 동일한 관점을 유지하지만 니느웨의 병거들과 군인들에 대한 묘사로 설명한다(Bruckner, *Jonah*, 167).

74) Christensen, *Nahum*, 276.

75) Spronk, *Nahum*, 91.

2:5. 본 절의 해석은 혼란스럽다. 첫째, 존귀한 자를 생각해 내는 "그가" 공격하는 군대를 지휘하는 "파괴하는 자"인지, 방어하는 니느웨 군대의 군장 또는 앗시리아 왕인지, 아니면 여호와인지 분명하지 않기 때문이다. 둘째, "존귀한 자"가 직접적으로 가리키는 대상도 모호하다. 셋째, 성에 이르러 막을 것을 준비하는 "그들"이 공격하는 군대인지 아니면 방어하는 군대인지도 모호하다. 넷째, 성에 이르러 세우는 "막을 것" 역시 무엇을 가리키는 것인지 분명하지 않다. 이러한 혼란스러움은 생과 사의 갈림길에 공격과 방어가 뒤섞인 전투의 혼란스러움과 긴장감을 그대로 전달한다. 이것은 독자를 혼란스러운 전투 속으로 인도하여 니느웨의 멸망이 확실하다는 사실을 실감하게 하려는 나훔의 의도로 보인다.

5절을 공격하는 군대에 대한 묘사로 보면, 존귀한 자를 생각해 내는 "그"는 1절의 "파괴하는 자" 또는 2절의 "여호와"가 된다.[76] 그가 생각해 내는 "존귀한 자"는 성벽을 뚫거나 무너뜨리는 공격을 능숙하게 감행할 수 있는 "엄선된 군인들" 또는 "장교들"을 가리킨다. 따라서 이들이 성벽으로 달려가는 "그들"이다. 엄선된 군인들이 성벽으로 몸을 낮추고 신속하게 달려가거나 비틀거리면서도 진격한 후 성벽 위의 공격으로부터 자신들을 보호할 빙패와 같은 엄호물이 세워진다. 이와 같이 공격하는 군대에 대한 묘사로 5절을 해석하면 4절은 자연스럽게 성 밖의 길거리와 광장을 누비고 있는 병거들에 대한 묘사가 된다. 반대로 5절을 방어하는 니느웨의 군대에 대한 묘사로 보면, 앗시리아의 왕이나 장군이 엄선된 정예군을 소집하여 성벽으로 보낸다. 이 군인들은 성벽으로 달려가면서 상황의 급박함과 두려움으로 인해 넘어지는 등 허둥대고 당황하는 모습을 보이게 된다. 성벽에 도착한 후에는 성벽을 무너뜨리려는 적의 공격을 막아낼 방어물을 세우는 작업을 한다.

이러한 해석들이 모두 가능할 수 있겠지만 구문론적으로는 첫 번째 해석이 선호된다. 왜냐하면 두 번째 해석은 3인칭 대명사어미의 선행사를 현재의 본문에서 언급하지 않는 대상, 즉 "앗시리아의 왕"이나 "장군"으로 해결해야 하는 어려움이 있기 때문이다. 따라서 1절과 2절에 명시된 "파괴하는 자" 또는 "여호와"를

76) Maier는 5절이 공격하는 군대를 묘사하는 것으로 해석한다(Maier, *The Book of Nahum*, 246). 반면에 Christensen의 경우, 3-4절은 공격하는 군대를 묘사하고 5절은 방어하는 군대를 묘사하는 것으로 해석한다(Christensen, *Nahum*, 278).

대명사어미의 선행사로 보는 것이 적절하다. 하지만 앞에서 언급한 바와 같이 나훔이 이러한 모호성을 의도한 것이라면 그 모호성을 그대로 유지하는 것도 필요하다. 이러한 모호성 속에서도 위협적이고 파괴적인 공격은 명확하게 전달된다. 어떤 해석을 따르던 간에 5절은 니느웨 자체가 공격을 받는 장면을 연출한다.

III. 왕궁의 파괴 (b), 6-7

1. 원문

2:6a	שַׁעֲרֵי הַנְּהָרוֹת נִפְתָּחוּ
2:6b	וְהַהֵיכָל נָמוֹג
2:7a	וְהֻצַּב
2:7b	גֻּלְּתָה
2:7c	הֹעֲלָתָה
2:7d	וְאַמְהֹתֶיהָ מְנַהֲגוֹת כְּקוֹל יוֹנִים
2:7e	מְתֹפְפֹת עַל־לִבְבֵהֶן

2. 번역(개역개정)

2:6 강들의 수문이 열리고 왕궁이 소멸되며

2:7 정한 대로 왕후가 벌거벗은 몸으로 끌려가니 그 모든 시녀들이 가슴을 치며 비둘기 같이 슬피 우는도다

3. 원문분석

2:6. 성읍을 공격하는 군대의 모습과 전투장면을 서술한 절들에 이어 성읍이 파괴되는 장면을 서술하는 문장들이 나열된다. 나훔은 6a와 6b에서 수동의 의미를 갖는 니팔형 동사를 주동사로 사용할 뿐만 아니라 주어를 문두에 서술하여 강조하면서 성읍의 파괴에 주목하게 한다. 특히 6a와 6b의 구문론적 평행은 이러한 의도를 분명하게 반영하고 있다: 주어 **שַׁעֲרֵי הַנְּהָרוֹת**샤아레 한네하로트("[그] 강들의

수문[들]이") – 니팔형 동사 נִפְתָּחוּ 니프타후("열리게 되다")//주어 וְהַהֵיכָל 베하헤칼("그리고 [그] 왕궁이") – 니팔형 동사 נָמוֹג 나모그("소멸된다").

2:6a	שַׁעֲרֵי הַנְּהָרוֹת		נִפְתָּחוּ
	b [니팔형 동사] - a [주어]		
2:6b	וְהַהֵיכָל		נָמוֹג
	b' [니팔형 동사] - a' [주어]		

6a와 6b가 구문론적으로는 평행관계이지만 의미론적으로는 원인과 결과의 흐름을 갖는다. 즉, 강들의 수문이 열리고 그로 인해 왕궁이 녹아내리게 된다는 것이다. 수동의 의미를 갖는 니팔형 동사 נִפְתָּחוּ 니프타후("열리게 되다")가 사용되는 것은 니느웨의 멸망이 심판의 결과로 인한 것임을 반영하는 것으로 보인다. 니느웨의 수문들이 니느웨 성을 공격하는 군대에 의해 열리게 된다. וְהַהֵיכָל 베하헤칼("[그] 왕궁")의 접속사 ו 바브는 6a의 문장과 6b의 문장을 연결하는 등위접속사("그리고")로 성읍이 파괴되는 장면에 대한 서술을 나열한다. הַנְּהָרוֹת 한네하로트와 הַהֵיכָל 하헤칼에 정관사가 접두된 것은 강과 왕궁이 "파괴하는 자"의 군대에 의해 공격을 받고 있는 성읍에 위치한 것임을 보여준다. נָמוֹג 나모그의 원형 מוג의 문자적 의미는 "녹아내리다"이다. 이것은 강물이 성읍으로 밀려들어와 왕궁의 진흙벽이 풀어져 무너져 내리는 모습을 은유적으로 표현하는 것이다.[77] 표준새번역은 강물에 의해 왕궁이 떠내려가는 장면에 대한 묘사로 נָמוֹג 나모그를 번역한다: "왕궁이 휩쓸려서 떠내려간다." "녹아내리다"라는 표현은 왕궁이 밀려드는 강물에 의해 순식간에 무너져 내리는 장면을 연상시킨다. 왕궁의 파괴는 니느웨가 더 이상 버틸 수 없는 상황에 처하게 된 것을 의미한다.

2:7. וְהֻצַּב 베훗짜브의 접속사 ו 바브는 등위접속사("그리고")의 역할을 하면서 성읍의 멸망에 대한 서술을 이어간다.[78] הֻצַּב 훗짜브와 관련하여 여러 분석과 그에 따른

77) Cf. Longman, "Nahum," 805.
78) BHS는, הֻצַּב גֻּלְּתָה הֹעֲלָתָה 훗짜브 굴레타 호알라타는 원문이 훼손된 형태일 것으로 간주

다양한 해석이 제시되고 있다.[79] 첫째, הֻצַּב 훗짜브를 "서다" 또는 "세우다"를 의미하는 נצב의 호팔 완료형 단수 동사로 분석하는 것이다. 이 경우, 이 표현은 "그리고 그것이 정해져 있다"라는 유추된 의미를 갖게 된다. "그것"이 가리키는 것은 뒤따르는 문장들이 된다. 이러한 해석을 따라 개역개정은 "정한 대로"라고 번역한다(cf. "이미 결정됐다," 우리말성경, 표준새번역, ASV, NIV).[80] 이러한 해석을 따를 때, 3인칭 여성 단수 동사 גֻּלְּתָה 굴레타("그녀가 벌거벗김을 당하다"/"끌려가다")의 주어가 누구인지에 대한 문제가 제기된다. 문법적으로는 이 동사의 주어는 "그녀"이다. 문맥을 고려하면 이 주어의 선행사를 "성읍"으로 볼 수 있다: "It is decreed that the city be exiled and carried away"(NIV).[81] 이에 대해 마이어(Maier)는 אָמָה 아마("시녀," אַמְהֹתֶיהָ 암호테하[7d])라는 표현이 성읍의 거민을 가리킨 예가 구약에 예가 없다는 점을 지적하면서 동사 גֻּלְּתָה 굴레타의 의미상의 주어를 "성읍"으로 보는 견해를 반박한다.[82] 둘째, הֻצַּב 훗짜브를 앗시리아 왕후를 가리키는 고유명사, "후잡"(Huzzab)으로 번역하거나(cf. TNK, KJV), 또는 일반명사 "왕후"로 번역한다(cf. 개역개정, 우리말성경, 표준새번역).[83] 이 경우, הֻצַּב 훗짜브는 동사

하면서 וְהֻצְּאָה גֻלְּתָה בַּעֲלָתֹה 베후쯔아 갈레타 바알라토("그리고 그의 왕후[his mistress]가 끌려나와 사로잡혀간다") 또는 הוּצְאָה בְגָלוּת הַבַּעֲלָה 후쩨아 베갈루트 합바알라("그 왕후[the mistress]가 사로잡혀 끌려나온다")등의 수정독법이 제시되어 온 것을 언급한다. MT독법의 어려움으로 인해 정확한 의미를 찾는 것이 쉽지는 않지만 MT독법을 원문이 훼손된 형태로 간주할 만한 결정적인 증거가 없기 때문에 MT독법을 그대로 유지하는 것이 적절해 보인다.

79) Maier는 הֻצַּב 훗짜브에 관한 열두 개의 분석을 소개한다(Maier, *The Book of Nahum*, 259-62). הֻצַּב 훗짜브와 관련된 다양한 분석과 논의를 보려면, Christensen, *Nahum*, 287-90을 참조하라.

80) Cf. Robertson, *The Books of Nahum*, 91; Roberts, *Nahum*, 60. 악트마이어는 "정해진 대로"라는 표현이 1장 14절의 선언을 반복해서 가리키는 것으로 설명한다(악트마이어, 『나훔-말라기』 52). 이 경우, 시녀들은 자신들의 정해진 운명을 슬퍼하는 것으로 해석이 된다.

81) NIV에 the city로 표기되는 것은 이 단어가 원문에 있는 것이 아니라 해석적 삽입이다. 악트마이어는 추방을 당하는 여인을 의인화된 니느웨 성읍으로 해석한다(악트마이어, 『나훔-말라기』 52).

82) Cf. Maier, *The Book of Nahum*, 258.

83) 개역개정, 우리말성경, 표준새번역은 첫 번째와 두 번째 해석을 모두 반영하고 있다. Maier는 הֻצַּב 훗짜브를 니느웨 또는 앗시리아 왕후를 가리키는 고유명사 "Huzzab"로 해

גֻּלְּתָה굴레타("벌거벗김을 당하다"/"끌려가다")의 주어가 된다. 따라서 וְהֻצַּב גֻּלְּתָה베훗짜브 굴레타는 "그리고 후잡(또는 왕후)이 벌거벗김을 당한다(또는 끌려간다)"로 번역이 된다. 하지만 "후잡"이라는 이름을 가진 앗시리아 여왕에 대한 기록이 문헌에 없다는 것이 문제가 된다. 따라서 "후잡"을 앗시리아나 니느웨를 가리키는 비유적 명칭으로 설명하기도 한다.

셋째, נצב의 의미가 "세우다"라는 것에 주목하여 호팔형 הֻצַּב훗짜브가 "여신상"을 의미하는 것으로 해석하는 것이다(cf. 공동번역). 이 경우, "여신상"은 니느웨 성읍의 여신 이스테르(Isthar)를 가리키게 된다.[84] 캐스카트(Cathcart)는 MT 자음독법 הצב의 צב에 י요드를 첨가하여 명사 צְבִי쩨비("화려함"/"영광")로 수정한 후, 이 명사에 정관사 ה가 접두된 것으로 보아 "the Beauty"(הַצְּבִי핫쩨비, "미녀")로 번역한다.[85] 또한 이 수정독법을 이스테르와 연결시킨다. 메소포타미아의 문헌에 성읍의 신을 추종하는 자들이 성읍이 파괴되었을 때 신이 성읍을 버린 것을 슬퍼하는 장면이 서술되는데, 롱맨(Longman)은 시녀들이 비둘기처럼 울며 가슴을 치는 장면이 이 문헌의 서술과 유사한 점에 근거하여 7a-c가 파괴된 성읍의 우상에 대한 서술로 해석한다.[86] 즉 7a-c는 점령군에 의해 니느웨의 우상이 제기되고 이로 인해 사람들이 슬피 우는 장면이라는 것이다. 이 해석은 1장 14절에서 여호와가 대적의 우상을 제거할 것이라는 선언과 연결된다. 이 수정독법은 y요드만 첨가하는 간단한 수정을 요구하지만 단지 추측에 불과할 뿐만 아니라 히브리어 필사본들의 지지를 받지 못하고 있기 때문에 MT독법을 그대로 유지하면서 의미를 찾을 필요가 있다.[87]

나훔은 수동의 의미를 갖는 푸알형 동사 גֻּלְּתָה굴레타("벌거벗김을 당하다")와 호

석한다(ibid., 257).

84) Longman, "Nahum," 806.

85) Cathcart, *Nahum*, 96-97.

86) Longman, "Nahum," 806.

87) Maier는 ִי 히렉 요드가 단어 끝에 쓰이는 경우에 י요드가 생략된 예에 근거하여 הֻצַּב훗짜브를 הַצְּבִי핫쩨비로 읽는 것에 동의한다(Maier, *The Book of Nahum*, 261). הַצְּבִי핫쩨비가 문자적으로 "the gazelle"("영양")을 의미하지만 구약에서 영양이 비유적으로 아름다운 것을 가리킬 때 사용된 점을 고려하여 이 표현이 니느웨나 왕후를 비유적으로 가리킨다고 주장한다.

팔형 동사 הֹעֲלָתָה호알라타("끌려감을 당하다")를 접속사 없이 나열하면서 멸망의 참혹한 모습에 주목하게 한다. הֹעֲלָתָה호알라타의 원형 עלה는 "올라가다"를 의미하기 때문에 수동의 의미를 갖는 호팔형 הֹעֲלָתָה호알라타의 문자적 의미는 "올리어지다"이다. 마이어(Maier)는 호팔형이 제물이 끌려오는 장면에 서술된 예(삿 6:28)에 근거하여 이 동사를 "끌려가다"라는 의미로 해석한다.[88)]

וְאַמְהֹתֶיהָ베암호테하의 접속사 ו바브가 결과적 역할 또는 설명적 역할을 하는 것으로 분석할 수 있다.[89)] 전자의 경우, וְאַמְהֹתֶיהָ베암호테하는 "그러면 [그것의] 시녀들은"으로 번역이 되고, 후자의 경우, "이때 시녀들은"으로 번역이 된다. אַמְהֹתֶיהָ암호테하의 3인칭 여성 단수 대명사어미 הָ하의 선행사는 동사 גֻּלְּתָה굴레타(7b)의 주어와 동일한 대상으로 일관성이 있게 해석해야 한다. 예를 들면, גֻּלְּתָה굴레타의 주어를 "왕후"로 번역하면 אַמְהֹתֶיהָ암호테하는 "그녀의 시녀들"로 번역을 하게 된다.

나훔은 7d의 문장에서 주어 אַמְהֹתֶיהָ암호테하("그녀의 시녀들")를 언급한 후 주동사 대신에 피엘형 복수분사 מְנַהֲגוֹת메나하고트("흐느껴 울다," "슬피 울다")를 사용하여 슬픔에 잠긴 채 지속적으로 우는 행위를 효과적으로 묘사한다.[90)] 비교를 위한 전치사 כְּ케가 유도하는 부사구 כְּקוֹל יוֹנִים케콜 요님("비둘기들의 울음소리처럼")은 분사 מְנַהֲגוֹת메나하고트의 행위를 꾸며준다.[91)] 즉 "비둘기들처럼 구슬피 운다"는 의미를 전달한다.

7e의 폴랄형 복수분사 מְתֹפְפֹת메토페포트("두드리다," "치다")는 분사 מְנַהֲגוֹת메나

88) Ibid., 262.

89) 결과적 역할이란 접속사 ו바브가 앞의 문장에 따른 결과를 서술하는 문장을 유도하는 것을 의미하며 설명적 역할이란 접속사 ו바브가 앞의 문장과 연관된 상황을 설명하는 문장을 유도하는 것을 의미한다(cf. BHRG §40.8.2).

90) Cf. WOC §37.6b. BHS는 칠십인경, 탈굼역, 불카타의 번역에 근거하여 MT의 מְנַהֲגוֹת메나하고트를 푸알형 분사 מְנֹהָגוֹת("끌려 나감")로 읽을 것을 제안한다. 사로잡혀가는 것에 대해 언급하고 있는 앞의 문장과 연관하여 볼 때 오히려 슬프게 우는 모습을 묘사하는 MT독법이 더 적절하다.

91) 탈굼역본과 불카타역본에 근거하여 BHS는 כְּקוֹל케콜 앞에 칼형 분사 הֹגוֹת호고트("[비둘기처럼] 꾸꾸꾸 울다")를 넣어 읽을 것을 제안한다. 하지만 MT독법의 의미에 문제가 없을 뿐만 아니라 히브리어필사본들의 지지가 없는 것을 고려할 때 MT독법을 그대로 유지할 수 있다.

하고트의 행위와 수반되는 정황을 묘사하는 절을 유도한다.[92] 즉 시녀들은 가슴을 두드리면서 슬피 운다. 분사형은 지속적으로 가슴을 치는 행위를 연상시킨다. עַל־לִבְבֵהֶן알 리브베헨은 전치사 עַל알, 명사 לֵבָב레바브의 연결형("가슴"), 3인칭 여성 대명사어미 הֵן헨이 결합된 형태이다. 전치사 עַל알은 두드리는 행위가 미치는 위치를 나타낸다. 대명사어미 הֵן헨의 선행사는 אַמְהֹתֶיהָ암호테하("그녀의 시녀들")이다. 구슬피 울며 가슴을 치는 행위는 참혹한 처지로 인한 깊은 좌절과 고통을 반영한다.

4. 원문주해

2:6. 나훔 선지자는 3-5절에서 전투장면을 생생하게 서술한 후 6-7절에서는 니느웨 성과 왕궁이 무너지고 슬픔에 잠긴 시녀들의 모습을 묘사한다. 니느웨 성에는 테빌투 강(the Tebiltu River)과 코셔 강(the Khosher River)이 성읍을 동서로 가로질러 위치하였고 앗시리아 왕들은 티그리스 강(the Tigris)과 산에서 유입되는 물을 조절하고 성읍 안에서 쓰기 위해 댐과 수문을 만들었다. 따라서 "[그] 강들의 수문[들]" (שַׁעֲרֵי הַנְּהָרוֹת사아레 한네하로트)은 니느웨 성을 가로지는 강들의 수문들을 가리키는 것으로 보인다. 그렇다면 6절은 니느웨 성이 물에 의해 함락되는 실제 역사적 사건에 대한 예언으로 해석할 수 있다. 마이어(Maier)는 니느웨 성을 포위하여 공격하던 군대가 이 수문들을 닫고 저수지가 다 찰 때까지 기다렸다가 수문을 열자 상당히 많은 양의 물이 일시에 유입되면서 인근의 벽들이 무너진 것으로 설명한다.[93] 하지만 크리스텐센(Christensen)의 경우, 6절이 니느웨 성의 수문들을 가리키는 것은 인정하지만 이 수문들이 열려서 니느웨의 왕궁들이 홍수에 의해 무너졌다는 견해는 반박하면서 신화에서 볼 수 있는 것과 같은 상징적 의미로 6절을 해석할 것을 주장한다.[94] 왜냐하면 니느웨가 주전 612년 8월에 무너지

92) Cf. WOC §37.6d.

93) Maier, *The Book of Nahum*, 253. Maier는 성읍의 물이 열렸다거나 홍수처럼 진격하는 군대의 모습으로 해석하는 것을 거부한다. 왜냐하면 Maier는 니느웨에 실제로 성읍 안에서 사용할 물을 저장하거나 유입하기 위한 수로와 수문이 있었던 사실에 주목하기 때문이다.

94) Christensen, *Nahum*, 285-86.

는데, 이 시기는 홍수기가 아니며 강들의 위치 또한 왕궁들을 무너뜨리기에 너무 거리가 멀다는 것이다. 그러나 역사적 기록에 따르면 주전 612년에 바벨론 군대가 니느웨 성을 공격할 때 폭우가 있었고 코서 강의 물이 수로를 타고 성으로 쇄도하면서 성벽에 2마일 가량의 구멍을 만들었다고 한다. 물이 줄어들었을 때 군대가 그 구멍으로 침입해서 니느웨를 함락했다고 기록하고 있다. 그렇다면 크리스텐센이 주장하는 것처럼 6a를 상징적 언어로만 해석하는 것은 적절하지 않다. 나훔이 예언적 관점에서 시의 형태로 6a를 서술하는 것이지만 성취적 측면에서 실제 역사적 정황이나 사건과 완전히 분리되지 않는다.

카일(Keil)은 6b가 왕궁이 파괴되는 것을 서술하는 것이 아니라 왕궁에 거하는 자들이 불안과 공포 속에 사라지는 것을 비유적으로 묘사하는 것이라고 해석한다.[95] 하지만 나훔이 니느웨 성에 대한 공격 및 강들의 수문이 열리는 것을 사실적으로 서술하고 있는 것과 연계하여 볼 때, 실제적인 왕궁의 파괴를 서술하는 것으로 해석하는 것이 적절하다.[96] 티그리스 강은 니느웨 서쪽의 방벽 역할을 하였고 동쪽을 둘러싼 수로는 적의 공격을 막는 역할을 하였다. 앗시리아의 왕들은 이 물들로 니느웨를 요새화하였고 니느웨의 생명과 부를 보호하였다. 하지만 이 물들은 여호와의 심판으로 죽음의 도구가 된다.

2:7. 본 절이 "파괴하는 자"의 위협적인 공격으로 니느웨 성이 함락된 후의 정황을 서술한다는 점은 분명하다. 하지만 원문분석에서 다룬 것처럼 הֻצַּב 훗짜브의 해석적 어려움 때문에 7절에 대한 다양한 해석이 제시되고 있다.[97] 대략 세 가지의 해석적 가능성과 의미를 고려해 볼 수 있다. 첫째, הֻצַּב 훗짜브를 동사로 간주하여 "정한 대로"라는 의미로 해석하면, 7절은 니느웨가 수치를 당하고 포로로 사

95) Keil, *The Twelve*, 24.

96) Cf. Maier, *The Book of Nahum*, 255; Patterson, *Nahum*, 63; J. D. Charles, "Plundering the Lion's Den-A Portait of Divine Fury (Nahum 2:3-11)," *GTJ* 10 (1989): 194.

97) 이에 대한 자세한 논의를 보려면 A. Pinker, "Descent of the Goddess Ishtar to the Netherworld and Nahum II 8," *VT* 55 (2005): 89-100을 참조하라. Pinker는 이 이스테르 우상을 가리키는 것으로 해석하는 것을 주장하지만 이 신상이 적군에 의해 탈취되어 간 것을 묘사하는 것이 아니라 지하세계로 내려간 것을 가리키는 것으로 7절은 니느웨가 이스테르에게 간청하는 것을 묘사하는 것이라고 말한다(ibid., 96-97).

로잡혀 가는 것과 이에 따른 절망과 슬픔이 확정되었다는 의미를 전달한다.[98] 즉, 니느웨의 멸망은 여호와의 결정이라는 의미를 전달한다. 따라서 니느웨는 멸망을 결코 피할 수가 없다. 이 해석은 여호와의 우주적 주권을 강조한다.

둘째, הֻצַּב훚짜브를 동사 גֻּלְּתָה굴레타("끌려가다")의 주어로 분석하여 일반명사 "왕후" 또는 앗시리아 왕후의 이름 "후잡"으로 해석하면, 7절은 실제 왕후가 벌거벗김을 당하고 포로로 끌려간다는 사실적 의미를 전달한다. "시녀들"에 대한 언급이 이러한 해석을 가능하게 한다. 이 해석은 왕후마저도 치욕스럽게 끌려갈 정도로 니느웨가 참혹하게 패배할 것이라는 사실을 강조한다. 성읍이 함락된 후 왕후는 벌거벗겨진 채 끌려가는 치욕스러운 상황에 처하게 되고 이를 본 시녀들은 가슴을 치며 비둘기처럼 구슬피 통곡할 할뿐이다. 왕은 자신의 아내도 보호하지 못하고 참혹하게 패배를 당하게 된다.

셋째, הֻצַּב훚짜브를 동사 גֻּלְּתָה굴레타의 주어로 분석하지만 "여신상"으로 해석하면(הַצְּבִי핫쩨비[the Beauty]로 수정하여 읽는 것을 포함하여), 7절은 니느웨가 섬기는 여신상("이스테르")이 파괴되어 노획물로 탈취되어 간다는 의미가 된다. 나훔이 1장 14절에서 왕조의 멸망과 우상의 멸절을 함께 선언하고 있기 때문에 2장 6절은 왕궁의 파괴를 서술하고 7절은 우상의 제거를 서술하는 것으로 해석할 수 있다. 자신들의 신에 대한 우월감에 사로잡혀 교만하게 행동하던 니느웨 거민은 그들이 섬기던 여신상이 파괴되어 끌려가는 것을 보고 낙담과 슬픔에 잠겨 가슴을 치게 된다. 그들의 신은 전사이신 여호와와 앞에 단지 탈취되어가는 노획물에 지나지 않는다.

위의 분석들이 각기 문제점을 가지고 있기 때문에 이 해석들 중에 하나를 확정하는 것은 쉽지 않다. 하지만 הֻצַּב훚짜브와 관련하여 어떤 분석과 해석을 따르던 간에 니느웨가 파괴된 후에 처참하고 치욕적인 상황에 처하게 된다는 사실은 분명히 전달된다. 전쟁에서의 패배는 니느웨에게 수치와 좌절과 비통함을 안겨줄 것이다. 패배한 적군을 벌거벗겨 사로잡아 갔던 니느웨(앗시리아)가 여호와의 심판으로 자신이 벌거벗겨 끌려가는 수치를 당하게 된다.

---

98) Cf. Baker, *Nahum*, 35; Robertson, *The Books of Nahum*, 91; 존슨, "나훔," 255; Hailey, *A Commentary*, 261; Keil, *The Twelve*, 24.

IV. 도주와 약탈, 황폐함 (c), 8-10

1. 원문

2:8a וְנִינְוֵה כִבְרֵכַת־מַיִם מִימֵי הִיא
2:8b וְהֵמָּה נָסִים
2:8c עִמְדוּ
2:8d עֲמֹדוּ
2:8e וְאֵין מַפְנֶה
2:9a בֹּזּוּ כֶסֶף
2:9b בֹּזּוּ זָהָב
2:9c וְאֵין קֵצֶה לַתְּכוּנָה כָּבֹד מִכֹּל כְּלִי חֶמְדָּה
2:10a בּוּקָה וּמְבוּקָה וּמְבֻלָּקָה
2:10b וְלֵב נָמֵס
2:10c וּפִק בִּרְכַּיִם
2:10d וְחַלְחָלָה .בְּכָל־מָתְנַיִם
2:10e וּפְנֵי כֻלָּם קִבְּצוּ פָארוּר

2. 번역(개역개정)

2:8 니느웨는 예로부터 물이 모인 못 같더니 이제 모두 도망하니 서라 서라 하나 돌아보는 자가 없도다
2:9 은을 노략하라 금을 노략하라 그 저축한 것이 무한하고 아름다운 기구가 풍부함이니라
2:10 니느웨가 공허하였고 황폐하였도다 주민이 낙담하여 그 무릎이 서로 부딪히며 모든 허리가 아프게 되며 모든 낯이 빛을 잃도다

3. 원문분석

2:8. "파괴하는 자" (מֵפִיץ 메피쯔)의 공격을 받게 되는 대상인 니느웨가 명시적으로 언급되고 이 성읍에 대한 설명이 주어진다. **וְנִינְוֵה** 베니네베의 등위 접속사 **ו** 바브

("그리고")는 이어지는 서술이 앞의 서술과 연결된 것임을 보여준다. 하지만 이 접속사를 특별히 번역할 필요는 없어 보인다. 8a는 주어 נִינְוֵה 니네베("니느웨")와 술어역할을 하는 두 개의 부사구로 구성된 명사절이다.

첫 번째 부사구 כִבְרֵכַת־מַיִם 키브레카트 마임("물이 모인 못 같더니")은 비교를 위한 전치사 כְּ 케("... 같은"), 연결형 명사 בְּרֵכַת 베레카트("못"), 속성을 나타내는 속격 명사 מַיִם 마임("물")이 결합된 형태로 "물로 가득 찬 연못"을 니느웨의 비교대상으로 제시한다. 속격 명사 מַיִם 마임이 주어의 역할을 하는 것으로 보아 "물이 가득 찬 연못"으로 분석하는 것도 가능하다.[99]

두 번째 부사구 מִימֵי הִיא 미메 히("예로부터")는 지속적인 시간의 시작점을 나타내는 전치사 מִן 민("이래로[since]"), 복수형 연결명사 יְמֵי 예메("날들"), 3인칭 여성 대명사 הִיא 히가 결합된 형태이다. 이 표현이 일반적인 것이 아니기 때문에 BHS는 칠십인경의 번역(τὰ ὕδατα αὐτῆς)과 불가타역본에 근거하여 מִימֵי הִיא 미메 히를 מֵימֶיהָ 메메하("그녀[니느웨]의 물")로 읽을 것을 제안한다. 이와 더불어 8b의 וְהֵמָּה 베헴마를 삭제할 수 있다고 본다. 따라서 BHS의 수정독법은 מֵימֶיהָ נָסִים 메메하 나심("그[니느웨]의 물이 도망간다")이 된다. NIV와 NJB가 이 수정독법을 따르고 있다(cf. 공동번역).[100] 롱맨(Longman)은 MT독법을 크게 수정하지 않을 뿐만 아니라 이러한 의미가 문맥에 더 잘 어울린다는 판단과 함께 이 수정독법을 선호한다.[101] 마이어(Maier)는 에스겔 2장 10절에 근거하여 הִיא 히가 "애곡"(lamtentation)을 의미하는 הִי 히("lamentation," "애곡")에 상응하는 것으로 간주하여 8a를 "And (thus) Nineveh is like a pool of water from (the) days of Lamentation"("그리고 니느웨는 애곡의 날로부터 물이 찬 못과 같았다")로 번역한다.[102] 하지만 마이어 자신도 인정하는 바와 같이 애곡을 의미하는 הִי 히("애곡")가 a알레프와 함께 등장하는 예가 없기 때문에 설득력이 약하다.[103] 히브리어 필사본들이 수정독법

99) Cf. WOK §9.5.1.

100) "Nineveh is like a pool, and its water is draining away" (NIV); "Nineveh is like a lake, whose waters are draining away" (NJB); "니느웨는 물이 빠지고 있는 웅덩이 같아" (공동번역).

101) Cf. Longman, "Nahum," 807.

102) Maier, *The Book of Nahum*, 263, 265-66.

מֵימֶיהָ נָסִים 메메하 나심을 지지하지 않을 뿐만 아니라 MT독법이 전혀 불가능한 구문이 아니기 때문에 MT독법을 그대로 유지하는 것이 적절하다. 예를 들면, 캐스카트(Cathcart)는 우가릿어 용례에 나타나는 여러 증거들을 제시하면서 대명사 הִיא 히가 소유를 나타내는 속격으로 사용될 수 있음을 주장한다.104) 캐스카트의 주장을 מִימֵי הִיא 미메 히에 적용하면 이 표현은 문자적으로 "그녀[니느웨]의 날들로부터"라는 의미를 갖는다. 이를 의역하면 "그녀가 있었던 날들로부터"가 된다. 물론 캐스카트는 הִיא 히를 수정하지는 않지만 מִימֵי 미메("날들로부터")를 מֵימֵי 메메("물들")로 수정하여 מֵימֵי הִיא 메메 히("its water"["그의 물"])로 읽을 뿐만 아니라 נָסִים 나심("도망가다")의 주어로 간주한다. 결과적으로 캐스카트는 "Its water running away"("그것의 물이 도망간다")라는 의미를 제시한다.105)

이와는 달리 הִיא 히를 주어역할을 하는 3인칭 단수 여성 대명사로 분석하여 MT독법을 수정하지 않고 해석할 수도 있다. 이는 민수기 23장 3절과 이사야 29장 1절에서 보는 바와 같이 연결형 명사가 문장을 속격의 관계로 취하는 경우가 있기 때문이다.106) 그렇다면 주어 הִיא 히만 있고 동사가 생략된 문장이 속격으로 부사구 מִימֵי 미메에 연결되는 것으로 볼 수 있다. 이 경우, מִימֵי הִיא 미메 히는 "그녀가 ...날로부터"("from the days that she")라는 의미가 된다. 여기에 동사 הָיְתָה 하예타("있었다")가 생략된 것으로 간주하면 [הָיְתָה] מִימֵי הִיא 미메 히 [하예타]가 되기 때문에 "그녀가 있었던 날들로부터"라는 의미로 해석하게 된다.107) 쉬운성경, 우리말성경, 표준새번역은 이러한 분석을 반영하여 מִימֵי הִיא 미메 히를 "예로부터"로 번역하고 있다.108) הִיא 히의 선행사는 נִינְוֵה 니네베("니느웨")이다. 따라서 부사구 מִימֵי הִיא 미메 히는 언제부터 니느웨가 물이 가득 찬 못과 같은 상태였는지를 보여준다. 그러나 מִימֵי הִיא 미메 히를 מֵימֵי הִיא 메메 히("그곳[니느웨]의 물들")로 읽는 것

103) Maier는 וּ우, יִ 이, וֹ오로 끝나는 단어에 א 알레프가 첨가되기도 한다는 GKC §23i의 설명을 근거로 제시할 뿐이다(ibid. 266).

104) Cathcart, *Nahum*, 101.

105) Ibid., 77.

106) Cf. GKC §130d. GKC는 MT의 מִימֵי הִיא 미메 히가 완전히 훼손된 형태라고 말한다.

107) Keil, *The Twelve*, 25.

108) Cathcart, *Nahum*, 100.

이 MT독법을 무리하게 수정하는 것이 아니기 때문에 전혀 이러한 수정이 전혀 불가한 것은 아니다. 이 수정독법을 따를 경우에는 מֵימֵי הִיא 메메 히가 동사 נָסִים 나심의 주어역할을 하는 것으로 보는 것이 적절하다: "니느웨가 물이 가득 찬 연못과 같지만 그 물이 도망을 간다."

8b는 주어역할을 하는 주격 대명사 הֵמָּה 헴마("그들")와 술어역할을 하는 분사 נָס 나스("도망감")의 남성 복수형 분사 נָסִים 나심("도망간다")으로 구성된 명사절이다. 주격 대명사 הֵמָּה 헴마("그들")의 선행사는 "니느웨의 백성들" 또는 "니느웨의 군인들"을 가리키는 것으로 볼 수 있다. 이 두 부류를 구분하기 보다는 성읍이 파괴된 정황을 고려하여 백성들과 군인들을 모두 가리키는 것으로 보는 것이 자연스럽다. וְהֵמָּה 베헴마의 접속사 ו 바브는 반의적 역할("그러나")을 하는 것으로 8a와 8b를 대조시킨다. 따라서 니느웨가 예로부터 "물이 가득 찬 못"과 같았지만 지금은 파괴하는 자의 공격을 받고 니느웨의 군인들(또는 백성들)이 도망을 간다는 의미가 된다. 그렇다면 "물이 가득 찬 못"은 니느웨가 수많은 군인들을 보유하며 힘을 발휘하던 모습을 은유적으로 표현하는 것이다. 결과적으로 8a와 8b는 1장 12절과 같은 맥락에서 해석이 된다: "그들이 비록 강하고 많을지라도 반드시 멸절을 당하리니 그가 없어지리라"(1:12).

8c-d에서 두 개의 명령형, עִמְדוּ 이메두("서라")와 עֲמֹדוּ 아모두("서라")가 연이어 접속사가 없이 반복되는 것은 상황의 절박성을 반영하려는 것으로 보인다. 동일한 명령형이지만 모음부호에 차이가 있는 것은 עֲמֹדוּ 아모두가 정지형태(pausal form)의 모음부호를 취하기 때문이다.[109] 8c와 8d는 직접인용문인데, 이 명령을 듣는 대상은 파괴하는 자의 공격으로 인해 니느웨 성읍과 왕궁이 파괴되는 것을 보고 목숨을 구하기 위해 도망하는 군인들 또는 백성들인 것이 분명하다. 하지만 화자는 구체적으로 명시되지 않는다. 이에 대해 두 가지 설명이 가능한데, 첫째는 니느웨를 공격하는 자들이 도망하는 자들을 향해 외치는 소리로 보는 것이다. 이 설명을 따르면 공격하는 자들의 추격과 황급히 도망하는 자들의 모습을 연상하게 된다. 둘째는 마이어(Maier)가 주장하는 바와 같이 니느웨를 방어하는 군인들(군장들) 또는 백성들 중의 누군가가 도망하는 자들을 향하여 멈추라고 말하는 것일 수

109) Cf. Maier, *The Book of Nahum*, 266.

도 있다.[110] 도망가는 자들에게 방어를 독려하지만 어느 누구도 멈추지 않는 절박하고 급박한 상황이다. 직접인용문의 화자를 명시하지 않아서 생기는 모호성은 전투의 혼란스러운 상황을 극적으로 묘사하는 나훔의 의도로 보인다.

אֵין מַפְנֶה 엔 마프네는 부재(不在)를 의미하는 부사 אֵין 엔("없다")과 히필형 단수 분사 מַפְנֶה 마프네("돌아보는 자")가 결합된 형태로 "어느 누구도 돌아보지 않는다"는 의미로 번역이 된다. וְאֵין 베엔의 접속사 ו 바브는 반의접속사("그러나")의 역할을 하는 것으로 8c-d와 8e를 대조시킨다. 즉 " '서라' 고 말하지만 돌아서는 자가 없다"는 것이다. 따라서 8절은 파괴하는 자의 공격이 위협적이고 위력적이기에 목숨을 부지하기 위해 황급히 도망가는 모습을 연상시킨다. "서라"는 명령의 화자는 "파괴하는 자"(또는 그의 군인들)로, 이 명령을 듣는 대상은 니느웨의 군인들(또는 백성들)로 분석하는 것이 정황상 적절해 보인다. 그럼에도 불구하고 나훔이 여러 정황을 의도적으로 모호하게 서술하고 있는 것을 고려하면, "서라"는 명령의 화자 역시 모호하게 남을 수 있다.

2:9. 8c-d에 두 개의 동일한 명령형이 서술된 것과 짝을 이루어 동일한 명령형 בֹּזּוּ 봊주("[너희는] 노략하라")가 9a와 9b에 연이어 서술된다. 이 명령형의 목적어는 각각 כֶסֶף 케세프("은," 9a)와 זָהָב 자합("금," 9b)이다. "은"과 "금"은 "모든 보물"을 가리키는 포괄적 의미를 갖는다. 롱맨(Longman)은 이 명령의 화자로 나훔을 지목한다.[111] 니느웨의 멸망을 선포하면서 흥분한 나훔이 상상 속에서 공격하는 군대를 향하여 "노략하라"고 외치고 있다는 것이다. 하지만 문맥 안에서는 1절에 언급된 מֵפִיץ 메피쯔("파괴하는 자") 또는 그의 군사들로 보는 것이 가능하다. 특히 8절과 9절이 니느웨와 공격군의 대조적인 정황을 서술하는 것이라면, 나훔보다는 "파괴하는 자" 또는 공격군의 누군가를 "노략하라"의 화자로 보는 것이 적절하다.

8c-e와 9a-c는 아래와 같이 동일한 구문론적 흐름을 가지고 있다. 동일한 두 개의 명령이 주어지고 부사구가 이어지는 형식이 평행을 이루고 있다.

---

110) Ibid., 264-65; cf. 악트마이어, 『나훔-말라기』 53; Bailey, "Nahum," 208; Hailey, *A Commentary*, 262.

111) Longman, "Nahum," 807; cf. Christensen, *Nahum*, 296; Bailey, "Nahum," 209..

עִמְדוּ 2:8c
a [첫 번째 명령]
עמדו 2:8d
b [두 번째 명령]
וְאֵין מַפְנֶה 2:8e
c [אֵין엔 부사구]
בֹּזּוּ כֶסֶף 2:9a
a' [첫 번째 명령]
בֹּזּוּ זָהָב 2:9b
b' [두 번째 명령]
וְאֵין קֵצֶה לַתְּכוּנָה כָּבֹד מִכֹּל כְּלִי חֶמְדָּה 2:9c
c' [אין엔 부사구]

이러한 평행은 크리스텐센(Christensen)이 지적하는 바와 같이 정복자와 희생자의 상반된 처지를 극적으로 대조시킨다.112) 이러한 대조에 주목하면 8c-d에서 "멈추라"고 명령하는 화자를 성읍을 방어하는 이들 중의 누군가로 보는 것이 가능하다. 이 경우, 니느웨의 백성(또는 군인들)이 도망가지 말고 방어하라는 명령을 듣지만 상황이 절박하기에 어느 누구도 멈추지 않는 장면을 그려보게 된다.

וְאֵין베엔의 접속사 ו바브는 בֹּזּוּ봊주("노략하라")라는 명령이 거듭 주어지는 배경적 정보를 서술하는 문장을 유도한다.113) אֵין קֵצֶה לַתְּכוּנָה엔 케쩨 랄테쿠나는 부재를 나타내는 부사 אֵין엔("없다"), "끝"을 의미하는 명사 קֵצֶה케쩨, 소유관계를 나타내는 전치사 לְ레가 유도하는 부사구 לַתְּכוּנָה랄테쿠나("[그] 저축한 것의")가 결합된 형태로 "그 저축한 것의 끝이 없다"는 의미를 전달한다. 즉 앗시리아 제국이 정복전쟁과 약탈을 통해 니느웨 성읍에 모아둔 것이 무수히 많다는 것이다. 정관사 h와 함께 쓰인 תְּכוּנָה테쿠나는 이동을 위한 장막과 대조되는 "고정된 장소"(또는 "영구적인 집"; 욥 23:3)나 "구조"(lay-out; 겔 43:11)를 의미하는데, 쾰러(Koeler)와 바움카르트너(Baumgartner)는 9절의 문장들을 고려하여 תְּכוּנָה테쿠나가 은과 금으로 채

112) Christensen, *Nahum*, 297.
113) Cf. BHRG §40.8.2.

워진 장소를 가리키는 것으로 해석한다.[114] 또한 고대역본들이 여기에서 발전된 "장식품"(칠십인경) 또는 "보화"(탈굼역)의 의미로 번역하였다고 설명한다.[115] 하지만 단어의 본래 의미와 이어지는 구문을 고려할 때 וְאֵין קֵצֶה לַתְּכוּנָה베엔 케쩨 랕테쿠나를 "그 저장소가 끝이 없고"로 번역하는 것이 적절해 보인다. 왜냐하면 이어지는 구문이 "그 저장소"(니느웨의 저장소)의 상태를 설명해 주기 때문이다.

כָּבֹד מִכֹּל כְּלִי חֶמְדָּה카보드 미콜 켈리 헴다는 "화려함"을 의미하는 명사 כָּבֹד카보드와 전치사 מִן민이 유도하는 부사구가 결합된 구문으로 לַתְּכוּנָה랕테쿠나와 동격으로 병치되면서 이 단어를 서술해 주는 역할을 한다.[116] מִכֹּל כְּלִי חֶמְדָּה믹콜 켈리 헴다는 원인을 나타내는 전치사 מִן민("...로 인하여"), 명사 כֹּל콜("전부"/"모두"), 연결형 명사 כְּלִי켈리("그릇" 또는 "사물"), 앞의 명사를 꾸며주는 형용사적 역할을 하는 속격의 명사 חֶמְדָּה헴다("귀중함")가 결합된 것으로 "온갖 귀한 물건들로 인하여"이라는 의미가 된다. 따라서 "그 저장소는 끝이 없고 온갖 보화들로 인하여 화려하다"는 의미를 전달한다.[117]

2:10. 나훔은 동일한 의미를 가질 뿐만 아니라 유사하게 발음이 되는 세 개의 동의어를 등위접속사 ו바브("그리고")와 함께 연속적으로 나열하면서 약탈을 당하고 난 후에 니느웨가 처하게 되는 처참한 상황을 간결하지만 극적이고 효과적으로 서술한다. בּוּקָה וּמְבוּקָה וּמְבֻלָּקָה부카 움부카 움불라카에는 유사한 두운이

---

114) HALOT, vol 2., 1731.

115) וְאֵין קֵצֶה לַתְּכוּנָה베엔 케쩨 랕테쿠나를 개역개정은 "그 저축한 것이 무한하고"로, 쉬운성경은 "보물이 끝도 없이 많다"로, 표준새번역은 "얼마든지 쌓여있다"로 번역하고 있다.

116) BHS는 칠십인경(βεβάρυνται; "무거워진/가득 채운")과 시리아역본에 근거하여 명사 כָּבֹד카보드를 כָּבֵד카베드로 수정하여 읽을 것을 제안한다. 하지만 명사 כָּבֹד카보드를 תְּכוּנָה테쿠나의 동격으로 볼 경우, 이러한 수정은 불필요하다. Keil은 창 31:1에서와 같이 כָּבוֹד("영광")가 불완전하게 기록된 것으로 본다(Keil, *The Twelve*, 26). Christensen은 לַתְּכוּנָה랕테쿠나의 전치사 l.레의 어조가 dboK'카보드 구문에도 이어지는 것으로 설명한다: "An there is no end to the treasure; (and) wealth from all its precious vessels" (Christensen, *Nahum*, 297).

117) Maier는 전치사 מִן민이 설명적 역할을 하는 것으로 설명하면서 MT독법을 그대로 유지할 것을 주장한다(Maier, *The Book of Nahum*, 271).

반복되면서 의미가 강화되는 음성적 효과가 있다. 뿐만 아니라 음절수가 두 음절(בּוּקָה부카)에서 세 음절(וּמְבוּקָה움부카)로, 그리고 네 음절(וּמְבֻלָּקָה움불라카)로 증가하면서 극적 효과가 더해진다.[118] 이러한 음절의 효과를 한글번역에 반영할 수 없지만 "황량하고, 황무하며, 황폐하다"로 번역하면 음성적 효과는 적절하게 나타낼 수 있다. 스프롱크(Spronk)는 이 세 단어의 반복이 나훔 1장 2절에서 נֹקֵם יְהוָה노켐 아도나이("여호와의 보복")이 세 번 반복되는 것과 짝을 이루는 것으로 설명한다.[119] 즉 여호와가 행하시는 보복의 결과는 황폐함이라는 것이다.

וְלֵב베레브의 접속사 ו바브에 관하여 두 가지 구문해석이 가능하다. 하나는 접속사 ו바브를 등위접속사("그리고")로 간주하여 약탈 후의 장면에 대한 서술을 이어가는 것으로 분석하는 것이다. 이 경우, 10a는 물리적 상황을 서술하는 반면에 10b는 심정적 상황을 서술하는 것이 된다. 다른 하나는 접속사 ו바브가 결과를 나타내는 역할("그러므로")을 하는 것으로 분석하는 것이다. 이 경우, 10b는 파괴적인 공격과 약탈로 인해 니느웨의 거민들이 겪게 되는 심정적 두려움과 고통을 서술하는 것이 된다. 10b의 문장에서 주어 לֵב레브("마음")가 주동사의 역할을 하는 분사 נָמֵס나메스("녹아내림") 앞에 놓이면서 강조된다. 완료형 대신에 분사 נָמֵס나메스를 사용하는 것은 공포에 사로잡힌 지속적인 상태를 묘사하기 위한 것으로 보인다. 분사 נָמֵס나메스가 לֵב레브("마음")를 꾸며주는 형용사적 역할을 하는 것으로 간주하여 "녹아내리는 마음"으로 번역할 수도 있다. 접속사 ו바브와 함께 פִּק בִּרְכַּיִם피크 비르카임이 앞의 동사 נָמֵס나메스 바로 다음에 서술되면서 이 동사가 니느웨 거민들의 낙담과 두려움을 효과적으로 반영한다: "녹아내리고 흔들린다." פִּק בִּרְכַּיִם피크 비르카임의 문자적 의미는 "무릎의 흔들림"인데, 두려움으로 인해 무릎이 서로 부딪히고 후들거리는 장면을 연상을 할 수 있다. 따라서 10b-c는 심정적으로, 또한 육체적으로 두려움과 공포에 사로잡힌 니느웨 백성들의 모습을 그려준다.

10d와 10e는 10b와 10c의 흐름, 즉 심정적 상태에서 육체적 상태로 이어지는 흐름을 역으로 이어 받으면서 의미를 강조한다. 나훔은 반복을 통해 의미를 강조할 뿐만 아니라 구체적인 표현으로 의미를 강화시킨다. 10d와 10e에 모두 사용되

118) Cf. Longman, "Nahum," 807; Maier, *The Book of Nahum*, 272; Christensen, *Nahum*, 298.

119) Spronk, *Nahum*, 102.

고 있는 כֹּל 콜("모든 것")이 이러한 강화를 분명하게 드러내 준다. 뿐만 아니라 10a에서 단어의 음절이 증가되면서 극적인 상황이 묘사되는 기법과 동일하게 10b-c에 비해 10d-e의 문장들이 길어지면서 두려움과 공포에 사로잡힌 극적인 장면이 연출된다.

וְלֵב נָמֵס 2:10b
[심정적 공포: "마음"]
וּפִק בִּרְכַּיִם 2:10c
[육체적 공포: "무릎"]
וְחַלְחָלָה בְּכָל־מָתְנַיִם 2:10d
[육체적 공포: "허리"]
וּפְנֵי כֻלָּם קִבְּצוּ פָארוּר 2:10e
[심정적 공포: "얼굴"]

10b가 마음이 녹아내리는 것으로 심정적 상태를 묘사하는 것과 유사하게 10e는 얼굴에 드러나는 공포로 심정적 상태를 묘사한다. 달리 말하면 마음에 쌓인 공포가 얼굴에 그대로 드러나는 것이다. 마찬가지로 10c가 무릎이 후들거리는 것으로 공포에 휩싸인 육체의 상태를 묘사한 것과 유사하게 10d는 허리가 후들거리는 것으로 육체적 상태를 묘사한다. 허리의 힘을 쓸 수 없을 만큼 극한 공포가 육체를 사로잡고 있다는 것이다. 마음에서 무릎으로, 또한 허리에서 얼굴로 이어지는 서술은 온몸에 파고드는 공포와 충격을 극적으로 묘사하는 효과가 있다.

10d와 10e의 구문이 10b와 10c의 구문과 유사한 점도 이러한 사실을 보여준다. 10b에서 주어가 문두에 놓여 강조되는 것처럼 10e의 문장도 주어 פְּנֵי כֻלָּם 페네 쿨람("[그들의] 모든 낯이")이 동사 קִבְּצוּ 킵베쭈("모이다"/"집중하다") 앞에 놓이면서 강조된다. פְּנֵי כֻלָּם 페네 쿨람의 문자적 의미는 "그들 모두의 얼굴들"이며 3인칭 대명사어미 ם의 선행사는 문맥에 명시되지 않지만 "니느웨의 거민" 또는 "군인들"로 볼 수 있다(cf. 8b-d). פָארוּר 파루르의 어원이 분명하지 않다. 캐스카트(Cathcart)는, 요엘 2장 6절에서 קִבְּצוּ פָארוּר 킵베쭈 파루르가 יָחִילוּ 야힐루("질리다")라는 표현과 평행을 이루는 것을 지적하면서 פָארוּר 파루르의 의미를 "창백함"(paleness)으로 번역한다.120) 요엘 2장 6절에서 כָּל־פָּנִים קִבְּצוּ פָארוּר 콜 파님 킵베쭈 파루르("무리

의 낯빛이 하얘졌도다," 개역개정)가 מִפָּנָיו יָחִילוּ עַמִּים 밒파나브 야힐루 암밈("그 앞에서 백성들이 질리고")과 평행을 이루기 때문에 캐스카트의 번역은 설득력이 있다. 반면에 쾰러(Koeler)와 바움카르트너(Baumgartner)는 아랍어 *fwr*("요리하다")와 연관이 있는 것으로 보아 פָּארוּר 파루르를 "붉음"으로 이해한다.[121] 이들과는 달리 롱맨(Longman)은, 칠십인경이 פָּארוּר 파루르를 "단지"를 의미하는 פָּרוּר 파루르와 연관하여 πρόσκαυμα χύτρας("단지의 검은 그을림")로 번역하고 불가타(the Vulgate)는 *nigredo ollae*("검은 단지")로 번역하고 있는 것에 근거하여 פָּארוּר 파루르가 "흙빛(검음)"을 의미한다고 주장한다.[122] 하지만 롱맨은 이 문장이 의미하는 바를 보다 쉽게 이해할 수 있도록 "창백함"(palenss)으로 번역하는 것이 적절하다고 말한다. 어떤 어원을 따르던 간에 10e에서 פָּארוּר 파루르가 부사적 대격의 역할("창백하게" 또는 "검게")을 하면서 동사 קִבְּצוּ 킵베쭈와 함께 얼굴 표정에 드러난 공포를 서술하고 있는 것은 분명하다.

나훔은 10c에 사용한 פִּק 피크("후들거림"/"흔들림")를 10d에서는 חַלְחָלָה 할할라("후들거림"/"전율")로 대체하면서 "후들거림"이 무릎뿐만 아니라 허리에도 있음을 지적한다. 즉, 동의어들을 열거히면서 의미를 강화할 뿐만 아니라 온몸으로 공포를 느끼고 있음을 효과적으로 서술한다. 특히 "모든 허리"(כָּל־מָתְנַיִם 콜 모트나임)라는 표현은 공포에 사로잡힌 모습을 보다 분명하게 연상시킨다. 왜냐하면 인체에서 힘을 쓰는 주요부분인 허리가 흔들린다는 것은 "온몸에 맥이 빠진다"는 의미를 전달하기 때문이다. 나훔은 미리 이러한 상황을 고려한 듯 1절에서 "파괴하는 자"의 공격에 대비해서 "네 허리를 견고히 하라"(חַזֵּק מָתְנַיִם 핫제크 모트나임)는 명령을 하였다. 하지만 10e가 서술하는 바와 같이 니느웨는 그의 공격을 감당하지 못하고 공포에 질린 모습을 보일 뿐이다. 10b-e의 문장들은 구약에서 사람들이 용기를 잃고 당황하거나 낙담한 상태를 묘사하는 전형적인 표현들이다(cf. 시 22:15; 사 13:7-8; 19:1; 겔 7:17; 21:12; 욜 2:6).

본 절의 시적 속성과 서술적 기법을 그대로 반영하여 번역을 하면 약탈을 당한 니느웨의 모습과 이에 대한 반응을 극적으로 전달하는 나훔의 외침을 보다 분명

120) Cathcart, *Nahum*, 105.
121) HALOT, 750.
122) Longman, "Nahum," 807-8.

하게 들을 수 있다: "황량하다! 황무하다! 황폐하다! 녹아내리는 마음! 후들거리는 무릎! 허리에 [파고드는] 전율!"[123] 이 표현들은 점진적으로 10e의 결론적 서술로 향하는 것처럼 보인다: "그들 모두의 얼굴은 하얗게 질려있다!" 10d가 명사절의 형태를 취하고 10e에 동사가 사용되고 있는 점이 이러한 점진적 서술로 해석하는 것을 가능하게 한다.

4. 원문주해

2:8. 본 절에서 처음으로 여호와의 진노의 보복을 당하는 성읍의 정체가 밝혀진다. 이 성읍은 앗시리아의 수도인 니느웨 성이다. 나훔은 니느웨를 "옛적부터 물이 가득 찬 못"에 비교한다. 여기서 물은 "많은 백성" 또는 "많은 군사"를 의미한다.[124] 성읍이 파괴되는 정황이기 때문에 거민과 군사를 모두 가리키는 것으로 보는 것도 가능하다. 니느웨는 디글랏빌레셀 1세(주전 1115-1071년) 이후 앗시리아의 주요 성읍들 중의 하나였으며 주전 8세기의 산헤립(주전 704-681년)에 의해 앗수르(Ashur)를 대신하여 앗시리아의 수도가 되었다. 이와 같이 니느웨는 옛적부터 중요한 정치적 위치와 강력한 군사력을 확보하고 있었지만 이제 "파괴하는 자"의 공격을 받고 파괴되면서 성읍의 백성들과 군사들은 다급히 도망을 가야 할 형편에 놓이게 된다. 마이어(Maier)는, 8a-b가 니느웨가 옛적부터 물이 많은 연못처럼 군인들이나 백성들이 많았던 강한 성읍을 묘사하는 것이 아니라 7절에서 홍수를 말하고 있기 때문에 이로 인해 물로 가득 찬 니느웨가 연못처럼 보이는 것을 서술하는 것으로 해석한다.[125] 또한 8b는 연못에서 물이 신속하게 빠져나가는 것처럼 니느웨의 백성들이 신속하게 도망가는 것을 묘사하는 것으로 설명한다. 같은 맥락에서 롱맨(Longman)은 물이 도망가는 니느웨의 군사들을 가리키는 것으로 해석한다.[126] 그러나 1장 12절의 선언과 וְהֵמָּה 베헴마(8b)의 접속사 ו 바브(8b)가 반의접속사("그러나")의 역할을 하는 것으로 볼 때, 8a가 강력한 군사력을 행사

123) Maier, *The Book of Nahum*, 272.
124) Baker는 "물"이 군인들을 가리키는 것으로 본다(Baker, *Nahum*, 35).
125) Maier, *The Book of Nahum*, 264.
126) Longman, "Nahum," 807.

하던 니느웨를 묘사하는 것으로 보는 것이 적절하다.[127] "파괴하는 자"("흩어버리는 자")의 공격을 받은 백성들과 군인들은 "서라"는 명령을 듣지만(이 명령이 누구의 말이던 간에), 목숨을 부지하기 위해 돌아서지 못하고 도망하여 흩어지게 되는 처참한 상황에 이르게 된다. 맹렬히 추격하는 군인들과 황급히 도망하는 자들이 뒤섞이는 아비규환의 혼란스러운 장면이 자연스럽게 연상된다. 강하고 완벽한 만큼 수에 있어서도 부족함이 없기 때문에 오만하게 행동하던 니느웨의 백성들과 군인들은 목숨을 구하기 위해 비굴하게 도망가야 하는 비참한 처지에 놓이게 된다. 1장 12절에서 선언한 바와 같이 그들은 뒤엉킨 가시에 불과하고 술에 찌든 술꾼과 다를 바가 없다.

2:9. "노략하라"는 외침은 니느웨가 황폐하게 되는 장면을 연상시킨다. 니느웨의 백성들과 군인들이 목숨을 부지하기 위해 황급히 도망가는 처지에 있는 반면에 공격자들은 성읍의 저장소에 쌓인 온갖 보물을 약탈하기에 분주한 상황이다. 정복자와 피정복자의 대조적인 모습은 니느웨의 멸망이 확정적임을 전달한다. 첫째, 멈추라는 명령을 듣지만 돌아서는 자가 없는 상황은 약탈을 해도 니느웨에 쌓아놓은 보물이 끝이 없는 상황과 대조를 이룬다. 둘째, 온갖 보물로 가득 찬 니느웨의 화려한 모습은 도망가기 바쁜 니느웨의 처량한 모습과 대조를 이룬다. "멈춰라"는 명령과 "노략하라"는 명령은 이러한 극적인 대조를 그대로 드러낸다. 앗시리아 왕들의 기록은 무수한 은과 금뿐만 아니라 청동, 의류, 말과 가축들을 전쟁의 노획물로 얻은 것을 자랑하고 있다.[128] 하지만 여호와의 보복은 약탈하던 자

127) Maier, *The Book of Nahum*, 263-64. Keil은 8a가 수많은 백성과 강력한 생명력과 부를 갖추었던 니느웨를 가리키는 것으로 해석한다: "Nineveh is compared to a pool, not merely with reference to the multitude of men who had gathered together there, but, as water is everywhere an element of life, also with reference to the wealth and prosperity which accured to this imperial city out of the streaming together of so many men and so many different peoples" (Keil, *The Twelve*, 25; Christensen, *Nahum*, 293).

128) 구체적인 기록을 보려면, Maier의 인용문들을 참조하라(Maier, *The Book of Nahum*, 268-70; cf. 김희보, 『요나, 나훔, 오바댜 주해』 251-54). Maier의 지적처럼 이 기록들이 과장된 면이 있지만 앗시리아가 무수한 노획물을 취하여 니느웨에 쌓아놓은 것은 사실이다.

가 약탈을 당하는 처지에 놓이게 한다. 잔인한 폭력과 살인으로 노획물을 모아들인 니느웨가 자신이 행한 그대로 보복을 당하는 모습이다. 나훔은 여호와의 진노가 바위를 깨뜨리는 것처럼(1:6) 자신의 강함을 자랑하던 니느웨가 산산조각이 나는 모습을 서술하면서 여호와의 보복이 발휘하는 파괴력을 생생하게 전달한다.

2:10. 여호와의 보복의 결과는 "황량하고, 황무하고, 황폐한 것" (בּוּקָה וּמְבוּקָה וּמְבֻלָּקָה 부카 움부카 움불라카)이다. 여호와의 보복전쟁과 약탈이 남긴 잔재는 황폐함 그 자체이다.[129] 니느웨가 강한 군사력으로 무장되어있었고 온갖 보물이 쌓여있는 저장고의 화려함이 끝이 없었지만 "파괴하는 자"가 행하는 여호와의 보복으로 인하여 황폐하게 된다. 니느웨가 누렸던 온갖 보화로 꾸며진 끝이 없는 화려함(9절)은 여호와의 보복이 이루진 후의 "황폐함"과 극적인 대조를 이룬다.[130] 이에 대한 반응은 극도의 공포이다. 니느웨의 백성들과 군인들은 마음이 녹아내리고 무릎이 후들거리는 심정적 두려움과 고통에 휩싸이게 된다. 백성들과 군인들의 얼굴에는 공포의 어두운 그림자가 드리워지고 그들의 육체에는 극도의 두려움이 파고들어 그 어떤 힘도 쓰지 못하게 된다. 삼키던 자가 삼킴을 당하면서 공포에 떠는 모습은 "허리를 견고히 묶고 힘을 크게 굳게 하라"(2:1)는 선지자의 명령을 무색하게 한다. 니느웨 성의 참혹한 파괴와 약탈을 목도한 백성들과 군인들은 낙담과 두려움, 공포에 하얗게 질려 있을 뿐이다(cf. 욜 2:6). 여호와가 행하시는 진노의 보복 앞에서 공포와 충격에 사로잡혀 온몸에 맥이 풀린 니느웨는 마른 지푸라기에 불과하다(cf. 1:10). 잔인함과 폭력으로 열국을 호령하던 니느웨의 위용은 사라지고 공포에 질린 초라한 니느웨의 모습은 여호와의 진노의 파괴력과 그 결과를 짐작할 수 있게 한다. 니느웨의 운명이 완전히 역전되는 중심에 니느웨의 죄과를 물으시는 여호와가 자리하고 있다.

---

129) 나보폴라셀(Nabopolasser)의 연대기는 메대와 바벨론 군대에 의한 니느웨의 파괴를 다음과 같이 기록하고 있다: "They marched [upstream] on the embankment of the Tigris. . . they made a great attack against the city. In the month Abu, . . . he inflicted [upon the] entire [population]. On that day, . . . many prisoners of the city, beyond counting, they carried away. The city [they turned] into ruin-hills" (*ANET*, 304-5) (Bailey, "Nahum," 210에서 재인용).

니느웨가 쓸모없게(가볍게, קַלּוֹתָ 칼로타) 되었기에 여호와가 무덤을 준비하신다는 1장 14절이 의미하는 바가 2장 7-10절을 통해 분명해진다. 니느웨는 많은 사람들과 무수한 노획물로 "무겁고"(כָּבֹד 카보드, 9c) 화려했지만, 여호와의 심판으로 사람들이 도망가고 노획물이 약탈을 당하면서 니느웨는 텅 비게 되어 "가볍게"(קַלּוֹתָ 칼로타) 된다. 하나님은 이와 같이 가볍게 된 니느웨에게 가장 적당한 장소로 무덤을 마련하신다고 선언하신다. 이 선언은 무수한 주검의 장소로 변한 니느웨를 묘사하는 3장 3절의 장면으로 자연스럽게 연결된다.

V. 사자의 비유와 조롱 (d), 11-12

1. 원문

2:11a	אַיֵּה מְעוֹן אֲרָיוֹת
2:11b	וּמִרְעֶה הוּא לַכְּפִרִים
2:11c	אֲשֶׁר הָלַךְ אַרְיֵה לָבִיא שָׁם
2:11d	גּוּר אַרְיֵה
2:11e	וְאֵין מַחֲרִיד
2:12a	אַרְיֵה טֹרֵף בְּדֵי גֹרוֹתָיו
2:12b	וּמְחַנֵּק לְלִבְאֹתָיו
2:12c	וַיְמַלֵּא־טֶרֶף חֹרָיו
2:12d	[ ] וּמְעֹנֹתָיו טְרֵפָה

2. 번역(개역개정)

2:11 이제 사자의 굴이 어디냐 젊은 사자가 먹을 곳이 어디냐 전에는 수사자 암사자가 그 새끼 사자와 함께 거기서 다니되 그것들을 두렵게 할 자가 없었으며

2:12 수사자가 그 새끼를 위하여 먹이를 충분히 찢고 그의 암사자들을 위하여 움켜 사냥한 것으로 그 굴을 채웠고 찢은 것으로 그 구멍을 채웠었도다

3. 원문분석

2:11. 의문사 אַיֵּה아예("어디")는 사자의 비유를 통해 파괴된 니느웨의 모습을 조롱하는 의문문을 유도한다.[131] 이 의문문이 니느웨의 파괴를 서술하는 9-10절 이후의 상황을 이어가는 것이기 때문에 개역개정은 "이제"라는 표현을 넣어서 이러한 흐름을 반영하고 있다(cf. NIV). מְעוֹן אֲרָיוֹת메온 아라요트는 연결형 명사 מְעוֹן메온("굴")과 소유를 나타내는 속격의 명사 אֲרָיוֹת아라요트("사자[들]")가 결합된 형태로 의문문의 주어역할을 한다: "사자들의 굴이 어디에 있느냐?" 특히 "파괴하는 자"의 공격으로 완전히 초토화된 니느웨를 서술하는 앞의 절들을 고려할 때 이 의문문은 "그 어디에서도 사자[들]의 굴을 찾을 수 없다"는 부정적인 답변을 유도하는 수사적 질문의 역할을 하면서 니느웨의 처참한 멸망을 강조한다. "사자들의 굴"은 니느웨를 가리키는 비유이며 "사자"는 난폭하고 잔인한 니느웨의 속성을 상징적으로 나타낸다(cf. 2:13).[132]

וּמִרְעֶה우미르에의 접속사 ו바브에 관하여 두 가지 해석이 제시되고 있다. 첫째, 접속사 ו바브가 등위접속사("그리고")의 역할을 하여 앞의 의문문에 이어 또 다른 의문문을 유도하는 것으로 해석하는 것이다(cf. 개역개정, 공동번역, 쉬운성경, 우리말, 표준새번역). 즉, 두 개의 수사적 의문문이 나열되는 것으로 분석한다.[133] 이 경우, מִרְעֶה미르에("먹을 곳"/"먹이던 곳")는 의문사 אַיֵּה아예("어디")가 유도하는 의문문의 주어 역할을 하는 것이며 3인칭 단수 인칭대명사 הוּא후는 주어를 반복하면서 주어와 술어를 연결시키는 계합대명사(coplua; 또는 중복 대명사[pleonastic pronoun])의 역할을 하게 된다.[134] 유익을 나타내는 전치사 לְ레("... 위한")가 유도하는 부사구

---

130) 악트마이어는 니느웨가 황폐하게 되는 것(10절)과 야곱의 영광이 회복되는 것(2절)이 대조를 이루는 점을 지적한다(악트마이어, 『나훔-말라기』 53). 뿐만 아니라 독자는 12절과 13절에 반영된 먹이로 채우는 것과 먹이가 제거되는 것의 대조에 주목하게 된다.

131) Cf. 악트마이어, 『나훔-말라기』 53. 문학적 암시나 비유의 일반적인 역할과 나훔서에 사용된 사자의 비유가 담고 있는 수사적 의의에 대한 자세한 논의를 보려면, G. H. Johnston, "Nahum's Rhetorical Allusions to Neo-Assyrian Lion Motif," *BS* 158 [2001]: 287-307을 참조하라.

132) Cf. Maier, *The Book of Nahum*, 277.

133) Cf. Longman, "Nahum," 810; Smith, *Micah-Malachi*, 84.

134) Cf. WOC §8.4.1b. & 16.3.3c.

לַכְּפִרִים라케피림("그 젊은 사자들을 위한")은 주어를 꾸며주는 역할을 한다. 따라서 이러한 분석들을 반영하여 11b를 "젊은 사자를 위한 초장("먹이던 곳"), 그곳이 어디에 있느냐?"로 번역하게 된다. 또는 대명사가 강조용법으로 사용된 것으로 보아 "젊은 사자를 위한 초장, 바로 그곳이 어디에 있느냐?"로 번역할 수 있다. מִרְעֶה미르에는 "초장"을 의미하는데, 짐승들이 먹잇감을 사냥하는 들판이나 가축의 먹이를 두는 곳을 가리키는 것으로 간주하여 "먹이던 곳"으로 번역하고 있다.[135]

둘째, 접속사 ו바브가 설명적 역할을 하는 것으로 해석하는 것이다.[136] 이 경우, 접속사 ו바브는 앞의 의문문에서 언급한 מְעוֹן אֲרָיוֹת메온 아라요트("사자의 굴")을 보다 구체적으로 설명하는 문장을 유도한다. 3인칭 단수 인칭대명사 הוּא후("그[것]")는 מְעוֹן אֲרָיוֹת메온 아라요트를 가리키는 것으로 주어가 되고 מִרְעֶה미르에("먹이는 곳")은 술어의 역할을 하게 된다. 부사구 לַכְּפִרִים락케피림은 술어를 꾸며주어 "[그] 젊은 사자들을 위해 먹이는 곳" 즉 "젊은 사자들을 먹이던 곳"이라는 의미를 전달한다. לַכְּפִרִים락케피림의 정관사 הַ하는 특정의 젊은 사자를 가리키는 것이 아니라 그 부류를 가리키는 역할을 한다. 이 분석을 따르면 11b는 "그곳은[사자의 굴]은 젊은 사자들을 먹이던 곳이다"라는 의미가 된다. 그렇다면 11a가 11절의 주요 문장이며 이어지는 문장들은 주문장을 설명하는 역할을 한다. 어떤 분석을 따르던 간에 11절은 니느웨가 처참하게 파괴된 후 흔적도 없이 사라지게 된 상황을 지적하는 면에서는 차이가 없다.

11c의 관계사 אֲשֶׁר아셰르는 형용사적 역할을 하는 관계절을 유도하여 11b의 מִרְעֶה미르에("먹이던 곳")를 보다 구체적으로 설명한다.[137] 특히 관계사 אֲשֶׁר아셰르는 11c의 문장 안에서 부사 שָׁם샴("거기"/"그곳")과 함께 장소를 나타내는 부사적

135) BHS는 וּמִרְעֶה우미르에 대신에 וּמְעָרָה우메아라("굴")로 수정하여 읽을 것을 제안한다. Cathcart 역시 이 수정독법이 앞 문장의 מְעוֹן메온("굴")과 평행을 이루면서 의미를 적절하게 전달한다고 설명한다(Cathcart, *Nahum*, 105). 하지만 이 수정독법은 고대역본이나 히브리어 필사본들의 지지를 받지 못하고 있다.

136) Christensen은 접속사 ו바브가 강조를 위한 것으로 설명한다(Christensen, *Nahum*, 314).

137) BHS는 אֲשֶׁר아셰르가 추가된 것으로 보는데, 문장 안에서의 문법적 기능을 고려할 때 MT독법을 유지하는 것이 적절하다.

대격의 역할을 한다. 접속사 ו바브가 사용되지는 않지만 두 단어가 병치되면서 אַרְיֵה아르예("사자")와 לָבִיא라비("암사자")가 모두 동사 הָלַךְ할라크("거닐다"/"걷다")의 주어역할을 하는 것으로 분석하거나 אַרְיֵה아르예가 동사의 주어이고 לָבִיא라비는 부사적 대격의 역할("암사자와 함께")을 하는 것으로 분석할 수 있다.[138] 이러한 분석적 가능성을 고려하면, 11b-c는 "수사자와 암사자가 거닐며 젊은 사자들을 먹이던 곳" 또는 "암사자와 함께 수사자가 거닐며 젊은 사자들을 먹이던 곳"으로 번역하게 된다.

관계사 אֲשֶׁר아셰르는 11c-d에 모두 연결된다. 개정개역은, גּוּר אַרְיֵה구르 아르예("사자의 새끼")가 11c의 문장에 부사적 대격의 역할을 하는 것으로 분석하여 "수사자 암사자가 그 새끼 사자와 함께 거기서 다니되"로 번역한다(cf. NJB). 또는 אַרְיֵה לָבִיא아르예 라비와 함께 11c의 동사 הָלַךְ할라크("거닐다")의 주어로 간주하기도 한다: "수사자와 암사자와 젖먹이 사자들이… 다녔던 곳"(우리말성경; cf. 쉬운성경, 표준새번역). NIV와 ESV는 גּוּר אַרְיֵה구르 아르예를 동사 הָלַךְ할라크와 부사 שָׁם샴이 생략된 또 다른 문장으로 해석한다: "where the lion and lioness went, and the cubs."(NIV; cf. ESV). 구문론적으로 이러한 분석들이 모두 가능한데, גּוּר אַרְיֵה구르 아르예가 וְאֵין מַחֲרִיד베엔 마하리드와 함께 독립적 문장을 이루는 것으로 간주하여 "새끼 사자가 거닐지만 두렵게 할 자가 없던"이라는 의미로 해석하는 것이 적절해 보인다. 이 해석은 파괴이전에 막강한 군사력을 갖추었던 니느웨의 위용을 보다 효과적으로 전달한다. 니느웨는 새끼 사자가 홀로 거닐어도 그 어느 누구도 해칠 수 없을 정도였다는 것이다.[139] 이 경우, וְאֵין베엔의 접속사 ו바브는 반의적 역할("그러나")을 한다. 이와는 달리 וְאֵין베엔의 접속사 ו바브는 앞의 문

---

138) BHS는 칠십인경(τοῦ εἰσελθεῖν), 시리아역본, 불가타(*ut ingrederetur*)에 근거하여 MT 독법 aybil'라비를 전치사 l.레가 유도하는 부정사구 לָבוֹא라보("to go" 또는 "to come in")로 읽을 수도 있겠지만 אַרְיֵה아르예("사자")의 이문일 가능성을 언급한다. 히브리어 필사본들이 MT독법을 따르고 있는 점과 문장 안에서 לָבִיא라비의 구문론적 기능을 설명할 수 있는 점을 고려할 때 MT독법을 유지하는 것이 문제가 되지 않는다. Spronk가 주장하는 바와 같이, 암사자와 새끼 사자에 대한 표현이 12절에 교차평행을 이루면서 사자 가족을 이루는 구성원을 서술하려는 것이라면 MT독법을 그대로 유지할 필요가 있다 (Spronk, *Nahum*, 105).

139) Cf. Maier, *The Book of Nahum*, 278.

장들이 서술하는 상황에 대한 추가적 설명을 제시하는 것으로 분석할 수도 있다: "수사자와 암사자[수사자가 암사자와 함께] 거닐고 새끼 사자[어린 사자]가 거닐어도 두렵게 할 자가 없는 곳." 히필 분사 מַחֲרִיד마하리드는 "두렵게 하는 것"("두렵게 할 자")을 의미하는 실명사로 볼 수 있는데, 부재를 나타내는 부사 אֵין엔과 함께 쓰여 "두렵게 할 자가 없다"는 의미를 전달한다.

이상과 같이 11절과 관련하여 다양한 분석적 선택들을 고려할 수 있는데, 니느웨가 파괴되기 이전의 모습과 이후의 모습을 극적으로 대조시키는 문맥을 고려할 때, 11절을 다음과 같이 의역하여 의미를 보다 적절하게 전달할 수 있다: "사자의 굴이 어디에 있느냐? 수사자가 암사자와 함께 거닐며 어린 사자가 홀로 거닐지만 두렵게 할 자가 없던 곳, 바로 그곳, 젊은 사자들을 먹이던 곳이 어디에 있느냐?" 사자의 가족을 이루는 אַרְיֵה아르예("수사자"), לָבִיא라비("암사자"), כְּפִרִים케피림("젊은 사자들"), גּוּר אַרְיֵה구르 아르예("새끼 사자")가 언급되면서 니느웨의 모든 구성원들이 총체적으로 파멸하게 된다는 사실이 전달된다.

2:12. 주어 אַרְיֵה아르예("사자")로 명사절이 시작되면서 시지의 비유가 이어진다. 칼형 분사 טֹרֵף토레프("[먹이 등을] 찢음")는 술어적 역할을 하는 것으로 부사구 בְּדֵי גֹרוֹתָיו베데 고로타브("그 새끼를 위하여 충분히")의 꾸밈을 받는다. 분사 טֹרֵף토레프를 번역할 때 니느웨가 파괴되기 전의 상황에 대한 비유적 표현으로 간주하여 주로 과거시제로 번역하고 있다. בְּדֵי גֹרוֹתָיו베데 고로타브는 방식을 나타내는 전치사 בְּ베, "충족"("충분함")을 의미하는 연결형 명사 דֵי데(דַּי다이), 유익을 나타내는 속격의 복수명사에 3인칭 단수 대명사어미 ו가 접미된 גֹרוֹתָיו고로타브("그[것]의 새끼들")가 결합된 형태이다.[140] 대명사어미 ו의 선행사는 אַרְיֵה아르예이다. 따라서

140) 11d에서는 일반적으로 짐승의 새끼(cub)를 가리키는 גּוּר구르가 사용된 반면에 12a에서는 사자의 새끼를 가리키는 גּוֹר고르의 복수형이 사용되고 있다. 12a에 여성복수형 גֹרוֹתָיו고로타브가 사용되는 것에 대해 Christensen은 운율을 고려하여 남성복수형 גֹּרָיו고라브로 읽을 것을 주장한다(Christensen, *Nahum*, 315; cf. Cathcart, *Nahum*, 107). 또한 4QpNah에 גוריו로 기록된 것을 근거로 제시한다. 하지만 11절과 12절에서 남성형(מְעוֹן, טֹרֵף)과 여성형(מְעֹנֹתָיו, טְרֵפָה)을 쓰면서 표현의 다양성과 함께 동일한 의미를 전달하고 있는 나훔의 서술적 특징을 고려할 때, 이 두 표현을 그대로 유지하는 것이 필요하다.

12a는 "사자가 자기 새끼들을 위하여 충분히 먹이를 찢었다"로 번역이 된다. 이 표현은 사자가 새끼들을 위해 충분한 먹이를 공급한 것을 묘사한다.

וּמְחַנֵּק우메한네크의 접속사 ו바브는 등위접속사의 역할을 하면서 11a의 אַרְיֵה아르예("사자")에 대한 서술을 이어간다. 피엘형 분사 מְחַנֵּק메한네크는 사자 등의 동물들이 먹이를 움켜쥐고 죽이는 것을 가리킨다. 따라서 "잡아 죽이다"라는 의미로 이해하는 것이 적절하다. לְלִבְאֹתָיו레리브오타브는 유익을 나타내는 전치사 לְ레("위하여"), 연결형 복수명사 לִבְאֹת리브오트("암사자들"), 3인칭 단수 대명사어미 ו가 결합된 부사구로 분사 מְחַנֵּק메한네크("잡아 죽임")를 꾸미면서 분사의 행위가 누구를 위한 것인지를 보여준다. 즉 "사자가 자기 암사자들을 위하여 잡아 죽였다"라는 의미가 되는데, 앞의 문장을 고려할 때 사자가 자기 새끼들뿐만 아니라 자기 암사자들을 위해서 충분한 먹이를 찢고 잡아 죽였다는 의미로 이해하게 된다.

12c의 바브-미완료 연계형 וַיְמַלֵּא바예말레("그가[그것이] 채웠다")은 앞의 문장에 따른 순차적 흐름을 보여준다.141) 앞의 명사절들을 과거시제로 번역한 것과 동일하게 이 동사 역시 과거시제로 번역하게 된다. 동사 יְמַלֵּא예말레의 주어는 12a의 אַרְיֵה아르예("사자")이다. טֶרֶף테레프("먹이를")가 마켚프(maqqeph)에 의해 동사에 연결되면서 동사의 목적어가 분명하게 제시된다. חֹרָיו호라브("그[것]의 굴에")는 부사적 대격으로 동사를 꾸며주면서 먹이를 쌓는 장소를 나타낸다. 따라서 12a-c는 "사자가 자기 새끼 사자와 암사자를 위해 동물들을 움켜잡아 죽이고 찢어서 그 먹이를 자기 굴에 가득 채웠다"는 의미를 전달한다. 이 이미지는 니느웨가 다른 나라들을 잔인하게 파괴하고 약탈과 노략으로 얻은 보화와 노획물로 니느웨의 저장소를 가득 채운 것을 가리킨다(cf. 9절). חֹרָיו호라브("그[것]의 굴")는 מְעוֹן אֲרָיוֹת메온 아라요트("사자들의 굴")와 마찬가지로 "니느웨"를 가리키는 비유적 표현이다.

12d는 וּמְעֹנֹתָיו우메오노타브("그[그것의] 구멍")의 등위접속사 ו바브를 중심으로 12c와 구문론적 교차평행을 이루면서 의미를 강조한다. 12c의 동사 יְמַלֵּא예말레는 12d의 문장에서 생략된다. 개역개정은 여성형 명사 מְעֹנָה메오나를 "구멍"으로 번

141) Christensen은 바브-미완료 연계형이 반복적인 행위를 나타내는 것으로 설명한다 (Christensen, *Nahum*, 316). 하지만 앞의 문장을 고려할 때 순차적 행위에 대한 묘사로 보는 것이 적절하다. 만약 반복적인 행위를 서술하려고 했다면 바브-미완료 연계형보다는 분사형이나 단순 미완료형이 사용되었을 것이다.

역하고 있는데, 11a에서는 남성형 מְעוֹן 메온("굴")이 사용된 것을 고려할 때 동일하게 "굴"로 번역하는 것이 적절해 보인다. 남성형과 여성형의 사용은 총체적 의미를 전달한다. 즉 "모든 굴"을 의미할 수 있다.

	חֹרָיו	טֶרֶף	וַיְמַלֵּא־	2:12c
	c [부사구] - b [목적어] - a [동사]			
טְרֵפָה	וּמְעֹנֹתָיו		[ ]	2:12d
b' [목적어] - c' [부사구]				

같은 맥락에서 남성형 טֶרֶף 테레프("먹이")와 여성형 טְרֵפָה 테레파("[찢겨진] 먹이")가 짝을 이루면서 총제적 의미를 진달히는 것에 주목할 필요가 있다. 즉 사자가 "모든 종류의 먹이"로 "모든 굴"을 채웠다는 것이다(cf. 9절). 닥치는 대로 탐욕스럽게 먹이를 잡아 죽이는 사자의 모습을 연상케 한다. 11절과 12절은 자기 암사자와 새끼들을 위해 안전한 거처와 충분한 먹이를 공급하는 사자의 비유를 통해 니느웨(앗시리아)가 백성들을 위해 요새를 제공하고 음식과 필요한 것들을 충분히 채워주었던 모습을 효과적으로 묘사한다. 또한 11절과 12절은 중요한 표현들을 교차평행으로 짝을 이루게 하여 니느웨의 파괴 이전과 이후의 모습을 극적으로 대비시키고 있다.

11a. מְעוֹן אֲרָיוֹת ("사자들의 굴" [남성])
　　11c. אַרְיֵה ("사자" [단수]), לָבִיא ("암사자" [단수])
　　　　11d. גּוּר אַרְיֵה ("사자의 새끼" [단수])
　　　　12a. אַרְיֵה ("사자" [단수]), גֹּרוֹתָיו ("그 새끼들" [복수])
　　12b. לְבִאֹתָיו ("그[사자의] 암사자들" [복수])
12d. מְעֹנֹתָיו ("그[사자의] 굴[여성])

4. 원문주해

2:11. 나훔 선지자는 니느웨를 사자의 굴에 비유하는 수사적 질문으로 여호와의 심판 후에 처참하고 초라해진 니느웨의 모습을 조롱한다. 니느웨는 힘과 용맹,

난폭함과 잔인함에 있어서 사자와 같았다. 실제 앗시리아의 왕들이 자신의 용맹과 잔인함을 사자에 비유해 표현한 기록이 고대 문헌에 나타나기도 한다. 이사야 선지자 역시 유다를 심판하는 도구로 사용되는 앗시리아를 사자에 비유하였다(cf. 이사야 5:29).

니느웨는 탐욕스럽고 파괴적인 공격성을 갖춘 통치자들이 거하며 자신들의 뒤를 이을 젊은 통치자를 먹이던 곳이었다.[142] 니느웨는 수사자와 암사자가 함께 거닐며 위용을 나타내던 곳이며 스스로 자신을 보호할 수 없는 어린 사자가 거닐어도 두렵게 할 자가 없을 만큼 강력한 힘을 발휘하였다. 하지만 여호와가 행하시는 진노의 보복으로 완전히 파괴된 니느웨를 목도한 나훔은 그러한 사자의 굴이 어디에 있느냐고 반문하며 니느웨를 조롱한다. 젊은 사자들을 먹이던 곳이 어디에 있느냐는 질문은 "네 이름이 다시는 전파되지 않을 것이라"("네 이름을 이을 자손이 없을 것이라")는 1장 14절의 선언을 상기시킨다. 니느웨는 젊은 사자를 먹이며 자신의 힘으로 영원히 존속할 것으로 확신하였다. 하지만 여호와의 진노의 대상이 된 니느웨의 모든 구성원들은 총체적 파멸을 피할 수 없고 그 결과는 흔적도 없이 사라지게 되는 것이다. 3-9절을 읽은 독자는 나훔의 질문에 그 어디에서도 니느웨를 찾을 수 없다는 답변을 줄 수밖에 없다. 결과적으로 수사적 질문은 니느웨의 멸망을 확언할 뿐만 아니라 멸망의 확실성에 대한 독자들의 동감을 유도한다.[143] 마이어(Maier)가 지적하는 바와 같이 19세기 중반에 와서야 니느웨가 있었던 자리를 확인할 정도로 니느웨는 흔적도 없이 역사에서 사라졌다.[144]

2:12. 나훔은 사자의 비유를 이어가는데, 본 절에서는 사자의 난폭하고 잔인한 속성을 서술하면서 다른 나라들을 잔혹하게 압제하고 파괴하였던 니느웨를 묘사한다. 먹이를 물어서 찢는 장면을 연상케 하는 분사 טֹרֵף 토레프와 먹이를 움켜쥐고 죽이는 장면을 연상케 하는 분사 מְחַנֵּק 메한네크는 니느웨의 잔혹성과 폭력을 극적

---

142) Spronk는 "젊은 사자"가 황족이나 황태자를 가리키는 것으로 해석한다(Spronk, *Nahum*, 105-6). 에스겔은 "젊은 사자"(כְּפִיר 케피르)라는 표현으로 유다의 왕권 후계자를 가리킨다(cf. 겔 19:3, 5, 6).

143) Cf. Bailey, "Nahum," 212.

144) Maier, *The Book of Nahum*, 278.

으로 묘사한다. 니느웨는 자기 새끼를 위해 다른 동물을 찢어 죽이는 사자와 같이 다른 나라들을 압제하고 약탈하는 것을 일삼았다. 앗시리아의 왕들은 이러한 자신들의 잔인함과 폭력을 자랑하며 다른 나라들을 겁박하였다.[145] 뿐만 아니라 나훔은 온갖 먹이로 자신의 굴을 채우는 사자의 모습을 통해 약탈과 노략으로 자신의 욕심을 채우는 탐욕스러운 니느웨를 묘사한다.[146] 니느웨(앗시리아)는 다른 나라들을 잔인하게 파괴한 후 약탈과 노략으로 얻은 온갖 노획물로 니느웨의 모든 저장소를 가득 채웠다.

앗시리아 왕들의 역대기에는 그들이 약탈한 노획물을 구체적으로 열거하는 기록들이 있다. 9절은 이 저장소들이 화려할 뿐만 아니라 끝이 없을 정도였다고 말한다. 하지만 여호와의 보복으로 인하여 황폐하게 된 니느웨의 그 어디에서도 먹이를 움켜잡고 찢어 죽이는 사자의 모습이나 온갖 먹이로 가득 찬 굴을 찾아 볼 수가 없게 된다. 나훔이 본 이상에서는 먹이를 움켜잡아 죽이고 찢은 먹이로 굴을 채우는 사자와 같은 니느웨가 전사이신 여호와에 의해 움켜잡히고 찢기는 먹이가 된다.

하지만 사자와 같은 니느웨를 실제로 경험하면서 그의 압제 하에 있었던 나훔의 독자들에게는 나훔이 서술하고 있는 니느웨의 모습은 충격적일 뿐만 아니라 결코 믿기 어려웠을 것이다. 그러므로 나훔은 그가 목도한 장면의 확실성을 확언하기 위해 여호와의 선언을 직접 인용한다. 이러한 흐름을 고려할 때, 나훔이 고소단락(1-2절)과 3-12절을 자신의 말로 서술한 후 13절에 여호와의 선언을 직접 인용하는 것은 자연스럽다. 따라서 여호와의 선언은 두 번째 신탁의 핵심 메시지를 확언하는 역할을 할 뿐만 아니라 신탁의 의미를 강조하는 역할을 한다.

145) 앗술바니팔의 연대기(*the Annals of Ashurbanipal*)에는 다음과 같은 기록이 있다: "The people of Sais, Pindidi, Sin'nu, and the other cities, as many as had joined themselves to them (and) planned evil, large and small, they laid them low with their weapons. They left not a single man among them alive. They suspended their corpses from poles, tore their skin off, and affixed it to the city walls" (Col. I, 1. 124-col. II, 1.4) (Ibid., 281에서 재인용).

146) Cf. Keil, *The Twelve*, 27.

VI. 여호와의 멸망선언 (e), 13

1. 원문

הִנְנִי אֵלַיִךְ	2:13a
נְאֻם יְהוָה צְבָאוֹת	2:13b
וְהִבְעַרְתִּי בֶעָשָׁן רִכְבָּהּ	2:13c
וּכְפִירַיִךְ תֹּאכַל חָרֶב	2:13d
וְהִכְרַתִּי מֵאֶרֶץ טַרְפֵּךְ	2:13e
וְלֹא־יִשָּׁמַע עוֹד קוֹל מַלְאָכֵכֵה	2:13f

2. 번역(개역개정)

2:13 만군의 여호와의 말씀에 내가 네 대적이 되어 네 병거들을 불살라 연기가 되게 하고 네 젊은 사자들을 칼로 멸할 것이며 내가 또 네 노략한 것을 땅에서 끊으리니 네 파견자의 목소리가 다시는 들리지 아니하리라 하셨느니라

3. 원문분석

2:13. 청자의 주의를 집중시키고 이어지는 서술에 주목하게 하는 감탄사 **הִנֵּה** 힌네(“보라”)로 문장이 시작되면서 니느웨의 멸망에 대한 여호와의 선언이 분명하게 전달한다. **הִנְנִי** 히네니의 1인칭 단수 대명사어미 **נִי**(“내가”)의 선행사는 화자인 **יְהוָה** 아도나이(“여호와”)이며 이어지는 명사절의 주어역할을 한다. **אֵלַיִךְ** 엘라이크는 전치사 **אֶל** 엘과 2인칭 단수 여성 대명사어미 **ךְ**가 결합된 부사구로 명사절의 술어역할을 하면서 주어의 상태를 서술해 준다. 2인칭 대명사어미의 선행사는 심판신탁의 대상인 “니느웨” 이다. 전치사 **אֶל** 엘은 주어(“나”)와 대명사어미(“너”)의 관계가 어떠한 지를 보여주는데, 심판을 선언하는 문맥인 것을 고려할 때 적대적 관계를 나타

내는 것으로 해석이 된다. 이러한 해석을 반영하여 개역개정은 "내가 네 대적이 되어"라고 번역하고 있다. 여기서 보다 더 적극적인 의미를 전달하는 "내가 너를 치겠다"로 번역하기도 한다(cf. 쉬운성경, 우리말성경, 표준새번역, TNK).

13b의 נְאֻם יְהוָה צְבָאוֹת네움 아도나이 쩨바오트("만군의 여호와의 말씀이니라")는 13절이 여호와의 말씀을 직접 전달하는 신적 신탁(divine speech)임을 분명하게 보여줄 뿐만 아니라 선언을 확언하는 역할을 한다. יְהוָה아도나이의 속성을 서술하는 속격 צְבָאוֹת쩨바오트("만군의")는 여호와가 심판을 행하실 수 있는 능력과 힘이 있음을 보여준다.[147] צְבָאוֹת쩨바오트를 형용사적 속격으로 해석하여 "전능하신 여호와"로 번역하기도 한다. צְבָאוֹת쩨바오트는 "여호와의 군대" 또는 별과 천사를 가리키는 "하늘의 무리"를 의미한다.

13c의 바브 완료 연계형 וְהִבְעַרְתִּי베히브아르티("내가 불살라버릴 것이다")는 13a의 명사절에 연결되는 것으로 13a의 선언에 따른 결과적 또는 순차적 행위를 서술한다. 전치사 בְּ베가 유도하는 부사구 בְּעָשָׁן베아샨은 동사 הִבְעַרְתִּי히브아르티를 꾸미는데, 개역개정은 이 부사구를 "연기가 되게 하고"로 번역한다(cf. 우리말성경). 쉬운성경과 표준새번역은 전치사 בְּ베를 수반격(beth comitantiae)으로 간주하여 "연기와 함께"로 번역한다. 연기와 함께 병거들이 불에 타버리는 장면을 연상할 수 있다. 이와는 달리 전치사 בְּ베가 수단을 나타내는 것으로 간주하여 "연기로"라고 번역할 수도 있다.[148] רִכְבָּהּ리크바흐는 רֶכֶב레케브("병거")의 연결형 명사와 3인칭 여성 단수 대명사어미 הּ ָ("그녀의")가 결합된 형태로 동사 הִבְעַרְתִּי히브아르티의 목

147) Cf. Bailey, "Nahum," 214-15.

148) Cf. Roberts, *Nahum*, 64.

149) BHS는 칠십인경(πλῆθός σου)과 시리아역본에 근거하여 רִכְבָּהּ리크바흐("그녀의 병거")가 본래 רֻבֵּךְ룹베크("네 무리[군중]")였을 것이라고 설명한다. 탈굼역본과 불가타역본에 근거하여 רִכְבֵּךְ리크베크("네 병거")나 רִבְצֵךְ리브쩨크("네 안식처")가 제안되기도 했지만 BHS는 1장 10절에 근거하여 סֻבְּכֵךְ시브케크("네 덤불")로 수정하여 읽을 것을 제안한다. 하지만 이 수정독법은 히브리어 필사본들의 지지를 받지 못하고 있으며 오히려 고대역본들은 단지 대명사어미를 수정하여 문맥에 일치시키려고 한 것을 볼 수 있다. 사자의 비유가 서술되고 있는 문맥에서 병거에 대한 언급이 등장하는 것이 어색하기 때문에 수정독법들이 제안되고 있는데, 3절과 4절에서 병거가 언급되고 있기 때문에 아주 어색한 것은 아니다. 특히 13절을 이 신탁의 결론적 역할을 하는 것으로 본다면 앞에 언급된 표현들이 종합적으로 등장하는 것은 자연스럽다.

적어역할을 한다.[149] 단수형 명사 רֶכֶב레케브("병거")가 집합적 의미로 앗시리아 군대에 속한 모든 병거들을 가리키는 것으로 볼 수 있다.[150] 13a에서 심판의 대상인 니느웨가 2인칭 여성 단수대명사어미로 언급된 반면에 13c에서는 3인칭 여성 단수 대명사어미가 사용되고 있는데, 일단 이 대명사어미의 선행사 역시 의미상 8a의 נִינְוֵה니네베("니느웨")인 것으로 볼 수 있다. 하지만 3인칭 대명사어미가 왜 사용되고 있는지에 대한 적절한 설명을 제시하는 것이 쉽지 않다. 캐스카트(Cathcart)는 자음에 주목하여 רכבה가 명사 רכב와 대격어미 ה가 결합된 것으로 간주하여 대명사어미를 인정하지 않는다.[151] 마이어(Maier)는 ה에서 마피크(mappiq)를 빼면 רִכְבָּה리크바가 마병대를 의미하는 "[말을] 탐"을 가리킬 수도 있다는 가능성을 제기한다(cf. 겔 27:20).[152] ה의 용법과 역할이 불분명하지만 13c의 핵심적인 의미를 이해하는 것에는 문제가 없다. 히브리 시에서 인칭과 수가 다양하게 혼용되고 있는 점을 고려하면 3인칭 대명사어미가 사용된 것이 전혀 불가능하지는 않아 보인다. 하지만 그 의도에 대한 적절한 설명이 아직 제시되지 않고 있다.[153] 한 가지 잠정적 제안을 한다면 13c의 문장이 ה(רִכְבָּהּ리크바흐)로 끝나고 13f의 문장이 ה(מַלְאָכֵכֵה말아케케)로 끝나면서 수미쌍관을 이루고 있다는 것이다.

특히 מַלְאָכֵכֵה말아케케의 ה는 2인칭 대명사어미 ךְ와 결합되면서 일반적이지 않은 어미(כֵה케)를 만든다는 점에 주목할 필요가 있다. 이 표현에서도 ה가 사용된 의도를 문법적 또는 구문론적으로 설명할 수가 없다. 13c와 13f의 ה를 어미로 취하는 단어들이 수미쌍관 역할을 한다면 13c-f의 선언을 함께 묶어주면서 선언의 의미를 강화하는 효과를 갖는 것으로 볼 수 있다.

13d는 13c의 바브 완료 연계형 시리즈를 이어가지 않고 동사 תֹּאכַל토칼("삼켜 버릴 것이다")의 목적어 역할을 하는 כְּפִירַיִךְ케피라이크("네 젊은 사자들")가 등위접속사 ו바브("그리고")와 함께 서술되면서 13c에 대한 상황적 설명을 보충한다. 즉, 13d는 여호와가 병거들을 불살라 버릴 때 함께 일어나게 될 일을 서술해 준다.

150) Cf. Christensen, *Nahum*, 318.
151) Cathcart, *Nahum*, 109.
152) Maier, *The Book of Nahum*, 288.
153) Christensen은 이 인칭의 변화를 운율과 관련된 일반적인 전환법(enallage)으로 설명한다(Christensen, *Nahum*, 320).

13d가 바브 완료 연계형 시리즈에서 벗어나는 문장이기 때문에 자연스럽게 미완료형 동사 תֹּאכַל토칼("삼켜버릴 것이다")이 등장한다. 이 동사의 주어는 חָרֶב하레브("칼")이며 כְּפִירַיִךְ케피라이크("네 젊은 사자들")는 이 동사의 행위를 받게 되는 대상, 즉 목적어이다.[154] חָרֶב하레브("칼")는 전쟁을 가리키는 은유적 표현이다. כְּפִירַיִךְ케피라이크의 2인칭 단수 여성 대명사어미 ךְ의 선행사는 "니느웨"이다. כְּפִירַיִךְ케피라이크("네 젊은 사자들")가 11절에 언급된 לַכְּפִרִים락케피림("젊은 사자들을 위해")와 연결된 것으로 간주하면, 앗시리아의 왕조를 이어갈 후계자들을 가리키는 것으로 볼 수 있다.[155]

13e의 וְהִכְרַתִּי베히크라티("내가 끊어버릴 것이다")는 바브 완료 연계형으로 13a에서 시작된 연계형 시리즈를 다시 이어가면서 심판의 순차적 행위를 서술한다. 출처를 나타내는 전치사 מִן민이 유도하는 부사구 מֵאֶרֶץ메에레쯔("땅에서[부터]")는 동사를 꾸며주는 부사구이며 טַרְפֵּךְ타르페크("네 먹이")는 목적어이다.[156] טַרְפֵּךְ타르페크는 니느웨가 노략한 것들을 가리키는 은유적 표현이다(cf. 2:12). 개역개정은 이 표현을 직접적으로 "네 노략한 것"으로 번역하고 있다. NJB 역시 이 표현을 "depredations"("약탈")으로 번역하고 있는데, 원문의 은유직 표현을 그대로 반영하는 것이 더 적절해 보인다. 왜냐하면 이 표현이 자연스럽게 12절의 טֶרֶף토레프를 연상시키기 때문이다. טַרְפֵּךְ타르페크의 대명사어미의 선행사는 앞의 문장들에서와 같이 "니느웨"이다.

13f의 וְלֹא־יִשָּׁמַע벨로 잇샤마("그것이 들리지 않을 것이다")의 접속사 ו바브는 13a에서 시작된신탁의 결론적 선언을 유도한다. 부정어 לֹא로와 부사 עוֹד오드("다시")가 함께 서술되면서 강한 부정의 의미가 전달된다. 즉 "다시는[결코] 들리지 않게 된다"는 것이다. 이 동사의 주어는 קוֹל מַלְאָכֵכֵה콜 말아케케("네 파견자의 목소리")이

154) 개역개정의 번역은 여호와를 행위의 주체로 칼을 수단으로 표현하고 있는데, 원문의 구문은 이와 다르다: "네 젊은 사자들을 칼로 멸할 것이며"(cf. 쉬운성경).

155) Bailey는 כְּפִירַיִךְ케피라이크("네 젊은 사자들")가 칼에 의해 죽임을 당하는 것에 근거하여 니느웨의 군인들을 가리키는 것으로 해석한다(Bailey, "Nahum," 216).

156) Spronk는 טַרְפֵּךְ타르페크를 12절에서와 같이 분사로 읽어 "너의 [먹이를] 찢는 것"으로 해석한다(Spronk, *Nahum*, 109; cf. Maier, *The Book of Nahum*, 286). 이 경우, 노획물이 제거된다는 선언이 아니라 니느웨의 약탈행위가 멈추게 된다는 선언이 된다.

157) Robertson은 "파견자의 소식"을 왕하 18장에 기록된 랍사게의 말에 비유하면서 니느웨

다. 파견자의 목소리는 전쟁의 승리를 알리는 전령의 소식 또는 정복한 나라의 항복이나 조공에 대한 약조 등의 소식을 의미한다.157) מַלְאָכֵכֵה 말아케케의 כֵה 케는 2인칭 대명사어미의 형태가 아니다. 따라서 BHS는 칠십인경(τὰ ἔργα σου; "네 행위"), 탈굼역본, 불가타역본 등에 근거하여 מַלְאָכֵכֵה 말아케케를 מַלְאָכַיִךְ로 수정하여 읽을 것을 제안한다. 이는 3장 1절의 הוֹי 호이("화로다")에서 ה가 중복으로 필사된 것이 MT 본문에 남아있게 된 것으로 보기 때문이다.158) 이에 대해 마이어(Maier)는, 필사자가 어미형 ךְ를 כ로 고친 후 여기에 앞의 단어에 있는 ה를 중복하여 필사하였기 때문에 결과적으로 흔하지 않은 2인칭 대명사어미 כֵה 케로 기록되었다고 추정하는 것은 설득력이 없다고 말한다.159) 오히려 마이어는 시편 139:5(כַּפֶּכָה 칼페카, 창 27:7(וַאֲבָרֶכְכָה 바아바레크카) 등에서 כה의 형태가 2인칭 대명사어미로 사용된 예를 언급하며 독특한 형태의 2인칭 대명사어미가 사용되었을 가능성을 주장한다. 마이어의 설명이 필사자의 오류를 추정하는 것보다 더 설득력이 있다. 어찌하든 2인칭 여성 대명사어미의 선행사는 심판신탁의 대상인 "니느웨"이다. 따라서 13f는 니느웨가 여호와의 심판으로 멸망을 당하게 되어 더 이상 이전처럼 속국의 항복이나 헌물을 요구하기 위해 파견된 자의 목소리가 니느웨에 들리지 않게 될 것임을 선언하는 것이다.160)

4. 원문주해

2:13.나훔은 니느웨의 멸망 장면을 생생하게 서술하고 수사적 의문문으로 멸망

가 다시는 포악하고 오만한 말을 입에 담지 못할 것이라는 의미로 설명한다(Robertson, *The Books of Nahum*, 98; Coggins, *Israel among the Nations*, 46; Bailey, "Nahum," 216; Maier, *The Book of Nahum*, 286-87; 존슨, "나훔," 257). Smith는 구체적인 근거를 제시하지 않지만 유사한 의미에서 "파견자"를 "tax collector"로 제시한다(Smith, *Micah-Malachi*, 84).

158) Cf. Cathcart, *Nahum*, 110; Longman, "Nahum," 810. BHS는 לְבִיאָיִךְ 레비아이크("너의 들어옴")를 더 가능성이 있는 수정독법으로 제안한다. 하지만 이 수정독법은 히브리어 필사본들의 지지를 받지 못하는 제안에 불과하다.

159) Maier, *The Book of Nahum*, 289. Christensen은 운율이 균형을 이루는 면에서 MT독법을 그대로 유지할 것을 주장한다(Christensen, *Nahum*, 321).

160) Cf. Maier, *The Book of Nahum*, 286. Christensen은 קוֹל מַלְאָכֵכֵה 콜 말아케케가 전쟁개시를 알리는 소리와 연관된 것으로 설명한다(Christensen, *Nahum*, 321).

의 확실성에 대한 독자들의 답변을 유도한 후, 여호와의 신탁을 직접 인용하면서 독자들에게 니느웨의 멸망을 신적 엄중성과 권위로 확언해 준다. 달리 말하면 두 번째 신탁은 니느웨의 멸망에 대한 여호와의 직접적인 선언으로 마무리된다. 이는 여호와가 니느웨의 멸망을 확정하셨다는 사실을 전달한다. "보라"는 표현으로 독자의 주의를 집중시키면서 여호와의 선언에 주목하게 한다. 여호와의 선언은 그가 니느웨("너를")를 마주대하고 있다는 것이다. 이것은 적대적 관계를 암시한다. 보복과 심판이라는 부정적 정황을 담아서 표현하면 개역개정의 번역처럼 "내가 네 대적이 되어"로 이해할 수 있다. 니느웨가 멸망할 수밖에 없는 근본적인 이유는 여호와가 니느웨를 마주대하고 있기 때문이다. 니느웨와 마주대하고 계시는 여호와는 니느웨를 파괴하실 수 있는 능력을 갖추신 "만군의 여호와" 곧 "전능하신 여호와"이시다.[161] 파괴적 심판의 능력을 갖추신 여호와가 "내가 너를 마주대하고 있다"고 선언하신 후 그의 대적이 된 니느웨가 피할 수 없는 결과를 서술한다.[162] 첫째, 니느웨의 군사력의 파괴이다.[163] 병거들이 불에 타서 연기 속으로 사라지는 것은 군사력의 파괴를 의미한다. "파괴하는 자"의 병거들은 그 위력을 발휘하지만 니느웨의 병거들은 파괴되어 사라지게 된다(cf. 2:4-5). 둘째, 앗시리아 왕조를 이어갈 후계자들의 죽음이다. 여호와가 병거들을 모두 불로 태워 연기와 함께 사라지게 하실 때, 앗시리아 왕조를 이어갈 후계자들("젊은 사자들")은 "파괴

161) צְבָאוֹת 쩨바오트는 여호와께 속한 하늘의 군대 이미지를 전달한다(cf. 삿 5:20; 왕하 6:17).

162) Bruckner는 13절에서 네 종류의 압제가 제거되는 것으로 정리한다: "In 2:13, Yahweh declares that four types of oppression will be end: no more chariots, no more lions, no more victims, no more Ninevite messengers" (Bruckner, *Jonah*, 170).

163) Cathcart는 이 선언의 배경으로 저주조약(treaty curses) 중 "무기의 파괴"(the breaking of weapons) 유형을 제시한다(Cathcart, "Treaty-curse," 182). 뿐만 아니라 "파견자의 소리가 들리지 않을 것"이라는 선언 또한 저주용어들과 일치하지는 않지만 Sefîre I:A:29과 어법이 유사한 점을 지적한다(ibid., 183).

164) Armerding은 "젊은 사자"를 니느웨의 잔혹성에 대한 상징적 표현으로 설명한다(Armerding, "Nahum," 479). 반면에 Bailey는 "젊은 사자"가 니느웨의 힘을 비유적으로 표현한 것으로 제시한다(Bailey, "Nahum," 216). 같은 맥락에서 Keil은 "젊은 사자"가 용사들을 가리키는 것으로 간주한다(Keil, *The Twelve*, 28). 하지만 11절과 연계하여 볼 때, 왕조를 이어갈 후계자로 분석하는 것이 적절해 보인다.

하는 자"가 수행하는 전쟁에서 죽임을 당하게 된다.[164] 이것은 앗시리아의 영원한 멸망을 의미한다. 2장 11절에 서술된 나훔의 수사적 질문("젊은 사자들을 먹이던 곳이 어디 있느냐?")이 여호와의 말로 재확인된다(cf. 1:14). 전쟁으로 다른 나라를 파괴하던 니느웨가 전쟁으로 파멸을 맞이하게 된다. 셋째, 니느웨가 잔인한 폭력과 살인으로 다른 나라들을 정복하고 약탈하여 탐욕스럽게 쌓아놓은 노획물이 제거된다. 은금과 온갖 귀중한 보물로 가득 찬 수많은 저장소의 화려함을 자랑하던 니느웨는 "파괴하는 자"가 그의 군인들에게 "노략하라"고 명하는 것을 듣게 될 것이다. 약탈을 하던 니느웨가 약탈을 당하는 신세에 처하게 된다. 넷째, 여호와가 니느웨를 완전히 황폐하게 하신 후, 니느웨는 더 이상 속국의 항복이나 조공약속을 받아서 돌아오는 파견자의 목소리를 듣지 못하게 된다. 파견자의 목소리를 듣지 못하게 되는 니느웨는 화평의 소식을 전하는 자의 발을 바라보는 유다와 대조를 이룬다(cf. 1:15).[165] 이러한 대조는 어느 편에 서 있느냐에 따라 결정된다. 여호와의 반대편에 서 있는 니느웨는 결코 자신들이 원하는 목소리를 기대할 수 없게 된다. 왜냐하면 전사이신 여호와가 친히 니느웨와 보복의 전쟁을 행하시기 때문이다.

VII. 단락의 절정과 핵심주제

심판신탁에서 일반적으로 고소단락보다는 선언단락이 의미론적 무게를 갖는다. 따라서 선언단락에서 두 번째 신탁의 절정을 찾게 된다. 먼저 두 번째 신탁은 니느웨에서 일어난 사건을 전투의 흐름에 따라 매우 생생하고 생동감 있게 묘사하고 있기 때문에 이 흐름에 따라 내용을 살필 필요가 있다. 1절은 "파괴하는 자"의 등장과 함께 전투개시를 선포하며 니느웨 백성들에게 전투태세를 갖출 것을 명령한다. 2절은 이 전투의 성격과 원인을 설명한다. 이 전투는 여호와의 성전(holy war)이며 여호와가 야곱의 영광을 회복하기로 결정하였기 때문에 발생하게 된다. 이와 같이 1-2절은 니느웨가 성전을 치러야 하는 정황을 설명한다.

3절은 본격적인 전투장면을 묘사하기 시작한다. 위협적인 붉은 색의 방패와 전

---

165) Cf. Christensen, *Nahum*, 322.

투복으로 무장을 하고 사기가 충천한 보병들이 진격명령을 대기하고 있는 모습을 서술한다. 4절은 공격을 대기하던 군대가 공격명령과 함께 병거들을 앞세우고 니느웨를 향해 진격하는 상황이다. 전차부대가 니느웨 성 주변을 헤집고 다니는 모습이 묘사된다. 5절은 전쟁이 치열하게 벌어지고 있는 가운데 니느웨 성 안으로 진입하기 위한 침략군의 공격을 묘사하면서 한편으로는 방어를 하기 위한 니느웨의 움직임도 함께 연상할 수 있게 한다. 전투의 혼란스러운 상황이 그대로 전달된다. 6절은 수문들이 열리면서 갑작스러운 강물의 유입으로 왕궁이 무너져 내리는 정황을 묘사한다. 결국 7절이 서술하는 바와 같이 왕후(또는 여신상)가 수치를 당하고 이를 따르는 무리들은 가슴을 치며 통곡하는 처지에 이르게 된다. 상황이 이렇게 되자 니느웨의 백성들과 군인들은 목숨을 부지하기 위해 황급히 도망가기에 정신이 없는 반면에 침략군은 니느웨의 무수한 노획물을 약탈하기에 분주하다(8-9절). 여호와의 보복이 니느웨에게 안겨준 결과는 "황폐함"과 "치욕"이다(10절). 화려함을 자랑하였던 니느웨는 황폐하게 되고 잔인함을 뽐내던 니느웨의 백성들과 군인들은 공포에 하얗게 질려 있을 뿐이다. 패망한 니느웨의 최후는 참담하여 예전의 난폭하고 잔인하고 탐욕스러웠던 니느웨의 위용이 어디에 있느냐는 조롱을 당하기에 충분하다(11-12절). 니느웨가 흔적조차 찾을 수 없는 결말을 맞이하는 이유는 여호와가 니느웨의 대적이 되셨기 때문이다(13절). 여호와가 니느웨의 멸망을 확정하셨기 때문에 니느웨는 완전히 사라지게 될 운명에서 벗어날 수 없다.

두 번째 신탁의 이러한 흐름을 고려할 때, 결국 전투장면과 니느웨의 파괴에 대한 서술은 11-12절의 수사적 질문으로 향하고 있는 것으로 보인다. 수사적 질문은 독자의 관심을 끌기에 충분하다. 나훔은 수사적 질문으로 독자들로 하여금 니느웨가 여호와의 보복으로 인하여 흔적도 없이 사라지게 될 것이라는 사실에 동의하게 한다. 수사적 질문을 읽는 독자는 신탁에 직접적으로 참여하면서 답변을 제시하게 된다. 하지만 신탁은 여기서 마무리되지 않고 여호와의 선언을 직접 인용하면서 마무리된다. 왜냐하면 나훔의 입장에서 볼 때 독자들의 동의를 이끌어 내는 것도 중요하지만 니느웨의 잔혹한 압제 하에 있던 독자들이 갖는 불신을 해결하는 것이 보다 중요한 일이기 때문이다. 나훔은 의심하는 독자들에게 "보라"는 감탄사와 함께 그들의 주의를 이어지는 선언에 집중하게 한다: "여호와가 니느웨의 대적이다."[166] 니느웨를 향한 심판을 선언하는 여호와의 신탁이 직접 인용되면서 선언의 엄중성과 권위가 분명히 전달된다. 여호와의 선언은 신적 선언이라는 속성과 두 번째 신탁 안의 위치에 있어서 의미론적 무게를 갖기에 충분하다. 특히 두 번째 신탁이 담고 있는 주요 모티브와 단어들(רִכְבָּהּ리크바흐, כְּפִירַיִךְ케피라이크, טַרְפֵּךְ타르페크)이 집결하고 있는 점 또한 13절의 중요성을 보여준다.[167]

결론적으로 두 번째 신탁의 절정과 핵심 주제는 11-12절의 수사적 질문과 13절의 여호와의 신탁에 있다.[168] 따라서 두 번째 신탁의 핵심 메시지는 여호와의 대적이 된 니느웨는 그의 보복으로 흔적도 없이 사라지게 된다는 것이다. 나훔은 여호와의 신탁으로 이러한 사실을 확언하고 강조하면서 두 번째 신탁을 마무리한다.

VIII. 나훔서 안에서의 두 번째 신탁

두 번째 신탁은 도입시(1:2-8)와 첫 번째 신탁(1:9-15)이 제시하는 핵심주제를 여호와의 대적인 니느웨에 실제적으로 적용한다. 도입시(1:2-8)는 대적을 멸하시는 전사이신 여호와와 그에게 피하는 자에게 산성이 되어 주시는 선하신 여호와를 노래한다. 첫 번째 신탁(1:9-15)은 여호와가 그의 백성 유다를 위해 대적을 멸하신다는 사실을 선언한다. 두 번째 신탁(2:1-13)은 이 선언의 실제적 적용 대상을 니느웨로 제시한다. 여호와를 거스르는 대적(1:2, 8)은 여호와를 대항하여 악을 꾀하고 사악한 것을 권하는 "벨리알"(1:9, 15)이다. 나훔은 이 벨리알의 속성을 갖춘 실제적 예로 니느웨를 제시한다(2:8). 1세기가 넘게 남유다를 잔혹하게 압제하던 니느웨는 여호와의 대적이다. 왜냐하면 니느웨가 유다를 압제함으로 여호와를 대적하면서 그에게 악을 꾀하였기 때문이다. 따라서 나훔은 두 번째 신탁에서 그의

---

166) Cf. Christensen, *Nahum*, 317.

167) Cf. Armerding, "Nahum," 479; Cathcart는 불변화사 הִנְנִי히네니가 2-13절의 절정을 유도한다고 설명한다(Cathcart, *Nahum*, 109).

168) "The climax of the narrative of Nineveh's destruction is the metaphor of the loin's den in 2:11-13. Nineveh, whose insignia was a lion, is compared ironically to a lion's den. This den, however, is no longer a refuge for its cubs, no longer the lair of the powerful predator. God will attack the very home of the Ninevite plunderers, repaying in kind their earlier cruelty to their victims" (Patterson and Travers, "The Unity of Nahum," 53).

백성을 위해 싸우시는 전사이신 여호와의 모습을 니느웨를 파괴하는 전쟁을 통해 생생하게 전달한다. 불로 바위를 부서뜨리고 범람하는 홍수로 대적을 멸하시는 여호와의 진노가 니느웨에 쏟아진다(cf. 1:6, 8). "파괴하는 자"가 니느웨 앞에 올라온다(2:1). 대적이 완벽하고 그 수가 많을지라도 멸절을 피할 수 없다는 선언(1:12)이 니느웨에 그대로 적용이 된다. "파괴하는 자"의 공격과 밀려드는 강물에 니느웨의 왕궁이 파괴되고 백성들과 군인들은 온몸에 맥이 풀려 힘도 쓰지 못하고 도망가기에 분주하다(2:3-9). "네 무덤을 준비하리니 이는 네가 쓸모없게 되었음이라"는 선언(1:14)은 니느웨가 여호와의 보복으로 약탈을 당하고 황폐하게 되었기 때문에 흔적도 없이 사라지게 된다는 것을 의미한다(2:9-12). 여호와의 보복 전후의 니느웨는 여호와의 진노가 임하기 전후의 바산과 갈멜과 레바논과 같다(cf. 1:4). 바산과 갈멜과 레바논이 여호와의 심판이 임하기 전에는 풍요와 생명력의 상징이지만 그의 진노가 임한 후에는 황폐하고 메마른 지역으로 바뀌게 된다. 여호와의 보복으로 완전히 파괴되어 흔적도 없이 사라진 니느웨는 더 이상 여호와의 백성들 가운데로 통행하지 못하게 된다(cf. 1:15). 나훔서 1장 10절(אֻכְּלוּ 욱켈루), 14절(אַכְרִית 이그리드), 15절(נִכְרָת 니크라트)에서 파멸을 선언하면서 사용되었던 주요 단어가 13절(תֹאכַל 토칼, הִכְרַתִּי 히크라티)에 다시 반복되면서 여호와의 보복을 감당해야 하는 벨리알의 운명이 니느웨의 운명과 동일시되는 것을 볼 수 있다. 이는 여호와의 대적과 벨리알이 나훔의 역사적 정황에서는 구체적으로 니느웨인 것을 보여준다.[169]

나훔은 이러한 구체적인 예언을 듣고도 여전히 자신의 힘을 과신하고 있는 니느웨를 향하여 세 번째 신탁을 준비한다. 따라서 세 번째 신탁은 니느웨가 심판을 받게 되는 원인을 간략하게 서술한 후(3:1-4), 여호와의 심판선언에 집중한다(3:5-19). 이 신탁의 대상은 니느웨이지만 신탁을 읽는 독자는 유다 백성들이다.[170] 따라서 이 신탁은 니느웨의 압제 하에 있는 유다 백성들에게 소망과 위로가 된다.

---

169) Cf. 악트마이어, 『나훔-말라기』 53. 악트마이어는 1장 12-15절과 2장 13절에 담긴 어휘적 연결성에 근거하여 나훔서의 구조적 일관성을 강조한다.

170) Cf. Bailey, "Nahum," 195.

IX. 나훔 2:1-13의 현재적 적용

두 번째 신탁을 통해 강조해야 하는 것은 죄로 인해 주어지는 심판의 실제성이다. 심판의 결과는 황폐함이다. 죄는 하나님과의 관계를 단절시키고 영원한 죽음에 이르게 한다. 심판에 대한 두려움은 하나님의 용서의 필요성을 인식하게 하는 중요한 요소이다. 이는 거룩하신 하나님 앞에서 자신이 심판을 피할 수 없는 죄인임을 깨달을 때 하나님의 용서와 자비를 구하고 그에게 나아오기 때문이다. 죄와 심판은 현대인들이 외면하고 싶은 주제이지만 구원의 과정에서 반드시 직면해야 할 필연적 주제이다. 죄와 그 결과를 심각하게 고민해야만 그리스도를 통한 속죄와 구원의 은혜에 진정으로 감사할 수 있다. 따라서 나훔은 그 어떤 선지자보다도 생생한 언어로 심판의 실제성을 명확하게 선포한다. 그러므로 두 번째 신탁(2:1-13)을 적용함에 있어서 세 가지 주제가 다루어져야 한다. 첫째, 하나님의 편에 서 있지 않는 자들을 향한 하나님의 심판의 실제성이다. 둘째, 심판의 실제성에 대한 올바른 반응이다. 셋째, 악인의 번영과 형통 속에서 살아가고 있는 성도의 태도이다. 두 번째와 세 번째 주제는 신탁에서 직접적으로 언급되지 않는다. 하지만 나훔이 심판의 실제성을 선포할 때 신탁을 듣는 유다 백성들에게서 기대하였을 반응이다. 따라서 이 주제들도 함께 다루는 것이 요구된다. 먼저 첫 번째 주제를 두 번째 신탁의 구조와 흐름에 따라 전달한 후 이에 따른 올바른 반응으로 두 번째와 세 번째 주제를 언급하는 것이 필요하다.

1. 심판의 실제성

1) "파괴하는 자"의 등장(1a)
2) 방비의 무력함(1b-2절)
3) 위협적이고 파괴적인 전투(3-7절)
4) 뒤바뀌는 입장(8-12절)
   (1) 도주와 약탈(8-9절)
   (2) 황폐함과 공포의 전율(10절)
   (3) 흔적도 없이 사라짐(11-12절)
5) 심판에 대한 여호와의 확언(13절)

심판의 실제성을 선포함에 있어서 나훔은 심판의 대상을 분명하게 규정한다. "내가 네 대적이 되어"라는 선언을 듣는 자가 심판의 대상이다(cf. 13절). 나훔은 니느웨가 바로 이 대적임을 선언한다. 니느웨는 인간의 잔혹함과 탐욕의 상징이다. 자신의 힘을 의지하여 잔혹하게 타인을 억압하고 탐욕을 채우는 자가 바로 심판의 대상이다(cf. 12절). 권력과 지위를 이용하여 사회적 약자의 경제권과 생존권을 박탈하는 것은 하나님의 대적이 되는 행위이다. 불의와 불법으로 부를 치부하는 것 또한 하나님의 대적이 되는 행위이다. 파괴와 착취는 창조질서에도 맞지 않는다. 하나님이 세상을 창조하실 때 인간에게 주신 다스리는 의무는 보살핌과 책임성을 동반하는 행동을 의미한다.[171] 하나님의 대적에 대한 심판선언은 허언이 아니라 실제이다. 다음의 사실들은 심판의 실제성을 확언해 준다. 첫째, "파괴하는 자"의 등장이다(1a). 하나님을 대적하는 행위는 결코 지속되지 못한다. 왜냐하면 하나님이 친히 "파괴하는 자"가 되시거나, 자연적 또는 인간적 방편, 사회적 상황 등을 "파괴하는 자"로 세우셔서 대적을 마주대하게 하시기 때문이다. 대적은 결코 자신 앞에 있는 "파괴하는 자"를 피할 수 없게 된다.

둘째, 방비의 무력함이다(1b-2절). 자신을 마주대하고 있는 "파괴하는 자"의 공격을 막기 위해 자신이 가지고 있는 모든 자원, 즉 경제적 능력, 사회적 지위와 권력, 자신감 등을 동원하여 방비를 갖추어도 감당할 수 없을 정도로 심판은 파괴적이고 결정적이다. 무엇보다도 하나님이 대적으로 인해 고통을 받는 그의 백성들의 회복을 위해 심판을 결정하신 것이기에 더욱 그러하다.

셋째, 위협적이고 파괴적인 전투이다(3-7절). 파괴하는 자의 공격이 아직 현실이 되지 않았을지라도 이미 그의 공격과 전투는 위협적이고 파괴적인 장면으로 확정되어있다. 심판은 단지 시적 표현이 아니라 아직 경험하지 않은 현실이라는 사실을 기억할 필요가 있다. 아직 느끼지 못하고 경험하지 못할 뿐이다. 위협적인 공격이 점진적으로 자신을 향해 다가오는 것을 경험하는 순간은 이미 결과를 피할 수 없는 상황이다. 자신의 생명을 보호하고 안전을 보장해 줄 것으로 확신하고

171) Hamilton은 창세기 1장 16절에서 "다스리다"라는 동사가 해와 달에도 똑같이 적용되고 있음을 지적하면서 이 동사의 개념은 "무차별적인 행동이나 조종하는 행동을 가리키지 않음이 분명하다"고 설명한다(빅터 해밀톤, 『오경개론』 [고양: 크리스챤다이제스트, 2007], 32).

의지하던 것들이 파멸의 도구가 되는 것을 확인하게 되면서 자신의 어리석음을 보게 될 것이다.

넷째, 뒤바뀌는 입장은 심판의 실제성을 실감하게 한다(8-12절). 쫓던 자가 쫓김을 당하고, 약탈하던 자가 약탈을 당하게 된다(8-9절). "멈춰라," "노략하라"는 말을 더 크게, 더 많이 하는 만큼 대적은 자신이 경험하게 될 심판의 실제성을 확인하게 된다. 왜냐하면 그가 그 소리를 듣게 되는 입장에 반드시 처하게 될 것이기 때문이다. 현재에는 포악과 탐욕으로 "화려함"을 모으고 있다고 자부하지만 실제로는 심판의 "혹독함"을 모으는 것이다. 황폐하게 하던 자가 황폐하게 되고 공포의 대상이었던 자가 뼛속까지 파고드는 공포의 전율로 인해 온 몸에 맥이 풀리게 된다(10절). 다른 이들을 황폐하게 함으로 얻은 풍요로움은 일시적이며 허상에 불과하다. 왜냐하면 그 풍요로움이 황폐함으로 마무리될 것이기 때문이다. 심판의 최종적인 결론은 흔적도 없이 사라지게 되는 것이다(11-12절). 포악과 탐욕으로 얻는 것들을 즐기던 악의 자리는 그 어디에서도 찾을 수 없게 된다. 온전하지 못한 방편을 통해 이루어놓은 화려함, 풍요, 안정과 행복이 일시적인 것임에도 불구하고 영원한 것처럼 보이는 것은 착시현상과 착각에 불과하다. 하나님이 행하시는 보복의 심판은 희망을 가질 만한 그 어떤 것도 남기지 않는 완전한 파괴이다. 혹시 남는 것이 있다면 두려움과 절망뿐이다.

다섯째, 심판에 대한 하나님의 확언이다(13절). 선지자가 인용하는 신적 신탁은 성취의 엄중성과 확실성에 대한 보증이다. 대적을 친히 멸하시는 전사이신 여호와의 모습은 결코 심판을 가볍게 볼 수 없게 한다. 왜냐하면 만군의 여호와로서 그에게 충분한 능력과 권위가 있기 때문이다. 하나님의 선언은 분명하고 확실하기 때문에 시적 언어로만 끝나지 않는다. 민수기 23장 19절에 언급된 바와 같이 하나님은 결코 실언치 않으신다: "하나님은 사람이 아니시니 거짓말을 하지 않으시고 인생이 아니시니 후회가 없으시도다 어찌 그 말씀하신 바를 행하지 않으시며 하신 말씀을 실행하지 않으시랴"(민 23:19; cf. 겔 24:14).

2. 심판에 대한 두려움과 서 있는 위치의 확인

하나님의 편에 서 있지 않는 자들을 향한 심판의 실제성을 심각하게 고려하는 이들에게서 두 가지 반응을 기대할 수 있다. 첫째, 심판에 대한 두려움이다. 심판의 실제성은 두려움을 자아내기에 충분하다. 나훔이 그려주고 있는 전투의 장면 한 가운데 서 있는 상상을 하면 쉽게 온 몸에 파고드는 두려움을 느낄 수 있을 것이다. 이 두려움은 자연스럽게 두 번째 반응으로 이어진다. 즉, 자기 자신이 어느 편에 서 있는지를 확인하는 것이다. 단지 교회나 신앙 공동체에 속해 있다는 사실만으로 이 두려움에서 해방되는 것은 아니다. 왜냐하면 "내가 너의 대적이 되어" 라는 하나님의 선언이 소위 말하는 "하나님의 자리"인 예루살렘에 거하던 유다 백성들에게도 적용이 되었기 때문이다. 그들이 예루살렘에 거하면서도 실제 삶의 내용에서 하나님을 대항하여 악을 도모하였을 때 하나님은 그들에게도 동일한 선언을 하셨다: הִנְנִי אֵלַיִךְ 히네니 엘라이크(cf. 겔 21:3; 34:10). 따라서 실제로 하나님의 편에 서는 방법은 나훔 선지자가 제시하는 바와 같이 하나님이 환난의 날에 산성이 되심을 신뢰하고 그에게 피하는 것이다(cf. 나 1:7). 그러면 나를 마주대하고 계시는 전사이신 여호와가 아니라 나를 위해 싸우시는 전사이신 여호와를 보게 될 것이다. 같은 맥락에서 바울 사도는 "하나님이 우리를 위하시면 누가 우리를 대적하리요" 라고 선포한다(롬 8:31). 그러므로 "내가 너의 대적이 되어" 라는 선언이 아니라 "내가 너와 함께 하리라"(אִתְּךָ אֲנִי 잍테카 아니, 렘 30:11; cf. 출 3:12; 수 1:5; 사 7:14)는 선언을 듣는 것이 인생의 가장 큰 축복이다.

하나님 편에 서는가 아니면 하나님을 마주대하는가는 생명과 죽음을 결정하는 중요한 문제이다.[172] 성도의 삶이 이에 대한 심각한 고민으로 시작된다. 하지만 결국 성도의 온전한 삶을 유지하는 것은 심판에 대한 두려움이 아니라 하나님의 구원에 대한 감사이며 하나님 사랑이 되어야 한다. 하나님 편에 서 있는 것에 대한 보다 적극적인 표현을 시편 91편 14-16절에서 볼 수 있다.

> 하나님이 이르시되 그가 나를 사랑한즉(חָשַׁק 하샤크) 내가 그를 건지리라 그가 내 이름을 안즉 내가 그를 높이리라 그가 내게 간구하리니 내가 그에게 응답하리라 그들이 환난 당할 때에 내가 그와 함께 하여 그를 건지고 영화롭게 하리라 내가

---

172) 이 문제의 중요성에 대해 악트마이어는 "민족들과 우리 개인들은 하나님의 목전에 어떻게 서 있는가 여부에 따라 우리의 죽음과 삶이 궁극적으로 결정된다" 고 지적한다(악트마이어, 『나훔-말라기』 54).

그를 장수하게 함으로 그를 만족하게 하며 나의 구원을 그에게 보이리라 하시도다(시 91:14-16).

이 본문에서 "사랑한즉"(חָשַׁק 하샤크)은 사랑하고 갈망함으로 "붙어있는 것"(clinging to)을 의미한다. 또한 이 붙어있음은 그의 이름("내 이름")을 아는 것과 그에게 간구하는 것으로 드러난다.

3. 악인의 번영과 형통, 성도의 태도

나훔 당시 유다 백성들은 200년이 넘게 강력한 군사력에 기반을 둔 앗시리아가 포악과 탐욕으로 번영을 누리는 것을 목도하였다. 이러한 악인의 형통을 바라보면서 유다 백성들은 좌절과 절망을 경험하였을 것이다. 하나님께 신실하였던 이들은 "하나님은 과연 신뢰할 만한 분이신가?" 또는 "그는 참으로 공의로운 분이신가?"라는 의구심을 가졌을 것이다(cf. 렘 12:1-2). 그러면서도 한편으로는 상황에 적응이 되면서 악인의 번영과 형통을 인정하고 더 나아가 부러워하였을 것이다. 이는 유다 백성들도 앗시리아인들과 동일한 포악과 악행을 동료 백성들에게 행하면서 자신들의 풍요를 추구하였던 것을 통해 충분히 짐작해 볼 수 있다. 예레미야 선지자는 이러한 문제를 지적하며 심판을 선포하였다.

현대의 성도들도 동일한 문제 가운데 있다. 힘과 지위, 부를 소유한 자들이 불법으로 번영과 형통을 누리는 것을 목도하고 있다. 이것은 실존적이고 현실적인 문제이다. 과연 이러한 상황에서 성도에게 요구되어지는 태도는 무엇인가? 첫째, 악에 대한 철저한 하나님의 심판을 확신하고 믿음을 지키는 것이 중요하다. 이것은 악에 대한 외면을 의미하지 않는다. 성도는 보다 적극적으로 악의 문제를 해결하고 부조리하고 불의한 상황을 개선하는 일에 모든 가능한 방법으로 관여하여야만 한다. 하지만 해결이나 개선이 지연될 때, 좌절하거나 포기하기 보다는 악의 제거하시는 하나님의 심판에 대한 확신으로 용기를 잃지 않아야 한다.[173] 브르크너(Bruckner)는 용기를 잃지 않는 방법으로 두 가지를 제시한다.[174] 하나는 하나

173) Robertson, *The Books of Nahum*, 86.
174) Bruckner, *Jonah*, 171-72.

님이 이루신 과거의 구원을 기억하는 것이고 다른 하나는 악인에 대한 분노를 억누르지 말고 하나님 앞에서 표현하는 것이다. 후자의 경우, 하나님이 대적을 보복하시는 것을 간구하며 분노를 표출한 시편의 저주시들을 읽으며 하나님의 개입을 간구하는 것을 의미한다. 둘째, 악인의 형통에 적응이 되는 것을 조심해야 한다. 더 나아가 그것을 추구하거나 부러워하는 것은 금물이다. 잠언 24장 1절은 이에 대해 분명한 태도를 전달하고 있다: "너는 악인의 형통함을 부러워하지 말며 그와 함께 있으려고 하지도 말지어다" (cf. 시 73:1-3; 37:1-3). 보다 적극적인 태도는 시편 37편 3절의 말씀처럼 "여호와를 의뢰하고 선을 행하는 것" 그리고 "땅에 머무는 동안 그의 성실을 먹을 거리로 삼는 것" 이다.

추가적으로 나훔이 니느웨의 멸망을 서술한 후 하나님의 신탁을 인용하고 있는 것과 관련하여 한 가지 교훈을 고려할 수 있다. 설교자는 자신의 설교를 하나님의 말씀으로 확언해 주어야 하며 설교를 듣는 성도는 선포되어지는 메시지가 사실인지를 하나님의 말씀으로 확인해야 한다(cf. 행 17:10-15).

제6장

니느웨의 범죄와 멸절 (나훔 3:1-19)

세 번째 신탁(3:1-19)은 니느웨의 멸망의 확실성에 대한 선언을 이어간다. 두 번째 신탁에서와 같이 여호와의 대적으로 규정된 니느웨의 멸망은 확정적이다. 왜냐하면 여호와가 니느웨를 향한 보복의 심판을 선언하셨고 나훔은 이상 중에 니느웨의 파괴를 목도하였기 때문이다. 나훔은 세 번째 신탁(3:1-19)에서 니느웨의 멸망 원인을 명시한 후 니느웨의 멸망이 확정적인 것임을 논증하고 앗시리아 왕의 몰락을 선언한다. 강포와 노략질을 일삼으며 주변 나라들을 억압하던 앗시리아 왕국은 니느웨의 멸망과 왕조의 몰락으로 인해 수치를 당하고 어느 누구에게도 위로를 받지 못하는 쓸쓸한 최후를 맞이하게 된다. 니느웨의 멸망을 들은 이들은 손뼉을 치며 기뻐한다. 막강한 군사력을 자랑하던 니느웨 당시의 사람들에게 니느웨의 멸망은 상상할 수 없는 것이었지만 나훔은 니느웨의 파괴를 생생하게 서술하고 멸망의 확실성을 논증함으로 니느웨의 멸망에 대한 기대를 갖게 한다. 결국 세 번째 신탁은 대적을 보복하시는 여호와의 속성을 확언하는 역할을 할 뿐만 아니라 여호와를 통한 회복의 소망을 갖게 한다.

서술적 관점에서 볼 때, 세 번째 신탁은 시이다.[1] 반면에 내용적으로는 니느웨

---

1) Patterson과 Travers는 3장을 서사(narrative)로 간주한다(Patterson and Travers, "Literary Analysis," 50). 하지만 BHS는 3장을 시 형식으로 편집하고 있다. 나훔서 전체

가 멸망하게 되는 원인을 지적한 후 멸망을 선언하고 있는 심판신탁이다. 이는 신탁의 예언적 속성을 의미한다. 따라서 세 번째 신탁은 시문의 속성과 신탁의 속성을 모두 고려하면서 분석해야 한다. 달리 말하면, 세 번째 신탁이 시의 과장이나 비유적 속성을 반영하고 있다는 사실뿐만 아니라 역사적 실제성도 담고 있다는 사실을 모두 고려해야 한다. 니느웨의 멸망은 신적 선언이다. 이 선언은 역사적 사건으로 증명이 되었다. 하지만 나훔이 니느웨의 멸망을 선언할 때 시 형식을 취하는 것은 보다 효과적인 전달을 위한 것이다. 신탁의 예언적 속성뿐만 아니라 노아몬이 멸망한 역사적 사건에 근거하여 니느웨의 멸망을 논증하는 것 역시 세 번째 신탁의 역사적 실제성을 반영한다.

나훔서의 다른 본문에서와 같이 세 번째 신탁(3:1-19)의 범위에 관한 다양한 의견이 제시되고 있다. 알멀딩(Armerding)은 2:1-3:19을 하나의 단락으로 간주하고 이 단락 안에 전환절의 역할을 하는 1-2절을 제외하고 세 개의 세부단락이 있는 것으로 분석한다: (1) 2:3-3:7; (2) 3:8-11; (3) 3:12-19.[2] 세부단락의 범위에 있어서 차이가 있지만 슈미트(Schmidt) 역시 2:3-3:19(2:4-3:19, MT)을 하나의 단락으로 묶고 이 안에 세 개의 세부단락을 제시한다: (1) 2:3-13(2:4-14, MT); (2) 3:1-7; (3) 3:8-19.[3] 스위니(Sweeney)의 경우, 신탁의 대상이 동일한 점과 니느웨를 가리키는 2인칭 여성대명사어미에 근거하여 2:1-3:19(2:2-3:19, MT)을 하나의 단락으로 묶고 있다.[4] 나훔서 2장과 3장을 하나의 단락으로 구분하는 분석들은 나훔서가 주로 이중구조를 취하는 것으로 간주한다. 니느웨의 멸망에 집중하는 면에서는 2:1-13과 3:1-19을 하나의 단락으로 묶을 수도 있지만 신탁의 형식과 분석적 편의를 위해서는 3:1-19을 하나의 의미론적 단락으로 구분하는 것이 적절하다.

나훔서 3:1-19을 하나의 의미론적 단락으로 구분할 수 있는 근거는 다음과 같다. 첫째, 앞 장에서 논의한 바와 같이 2장 13절은 2장 1절에서 시작된 신탁을 마무리하고 있다. 따라서 3장 1절은 자연스럽게 새로운 신탁의 시작으로 볼 수 있다. 3장 18-19절은 앗시리아 왕의 멸망을 선언하면서 세 번째 신탁의 핵심 주제

를 시로 간주하는 것이 일반적인 경향이다.

2) Armerding, "Nahum," 468.

3) Schmidt, *Old Testament*, 231.

4) Sweeney, "Concerning the Structure," 373.

인 니느웨의 멸망선언을 마무리한다. 달리 말하면 니느웨의 멸망이 왕조의 멸망에 대한 선언으로 확언이 된 후 마무리된다. 둘째, 일반적으로 화선언(הוֹי 호이)은 새로운 단락을 열어주는 역할을 한다(cf. 사 5:1; 암 5:18; 6:1). 따라서 3장 1절이 새로운 단락을 시작하는 것으로 간주할 수 있다.[5] 알멀딩(Armerding)은 화선언(הוֹי 호이)의 이러한 역할을 인정하지만 3장 1절이 2:11-13에 주제적으로 보다 밀접하게 연결되기 때문에 2:3에서 시작된 단락(2:3-3:1)을 마무리하는 판결의 역할을 하는 것으로 분석한다.[6] 그러나 나훔서 전체가 니느웨를 향한 심판에 집중하고 있는 것을 고려할 때 주제적 연관성이 나타나는 것은 일반적인 현상이다. 그러므로 주제적 연관성보다는 화선언의 구문론적 역할에 주목하여 단락을 구분하는 것이 적절해 보인다. 셋째, 두 번째 신탁(2:1-13)의 구성적 흐름이 세 번째 신탁(3:1-19)에도 나타난다. 두 번째 신탁(2:1-13)의 고소단락이 원인-선언-원인의 흐름을 취하는 것과 동일하게 세 번째 신탁에서 고소단락의 역할을 하는 3장 1-4절이 원인-선언-원인의 흐름을 따르고 있다. 뿐만 아니라 고소단락의 선언이 선언단락에서 보다 구체적으로 서술되는 두 번째 신탁의 경우와 같이 세 번째 신탁에서도 고소단락의 선언이 선언단락에서 구체적으로 시술된다. 결과적으로 2:1-13이 하나의 단락으로 구분이 된다면 3:1-19도 하나의 단락으로 간주하는 것이 타당하다. 두 번째 신탁의 선언단락에는 선지자적 신탁(prophetic speech), 즉 나훔 선지자의 말로 서술된 선언과 신적 신탁(divine speech; 여호와의 신탁인용)이 혼용되고 있는 반면에 세 번째 신탁의 선언단락은 모두 신적 신탁으로 서술된다. 이는 니느웨를 향한 심판을 선언하는 나훔서의 마지막 단락에서 심판선언의 엄중성을 보다 강조하여 전달하기 위한 것으로 보인다. 넷째, 3장 1절의 "탈취가 떠나지 아니하는도다"라는 표현은 19절의 "그들이 항상 네게 행패를 당하였음이 아니더냐"는 질문과 짝을 이루면서 1-19절을 하나의 단락으로 묶어준다.[7]

세 번째 신탁은 크게 심판의 원인을 지적하고 있는 고소단락(3:1-4, A'')과 이에 따른 선언단락(3:5-19, B'')으로 구분된다. 즉 심판신탁이 일반적으로 취하고 있는 원인과 결과의 흐름을 볼 수 있다. 세 번째 신탁을 신탁구조와 내용의 흐름에 따

5) Cf. Bailey, "Nahum," 218.
6) Armerding, "Nahum," 479.
7) Cf. Bruckner, *Jonah*, 182-83.

라 세부적으로 <표 16>과 같이 구분할 수 있다.

〈표 16〉 나훔 3:1-19의 구조

IV. 세 번째 신탁: 3:1-19
- A". 원인: 니느웨의 구체적인 범죄, 1-4
  - a. 원인: 1 ("피의 성": 가득한 거짓, 포악, 탈취)
    - b. 선언: 2-3 (파괴적인 전쟁과 무수한 시체)
  - a'. 원인: 4 ("마술에 능숙한 미모의 음녀의 음행)
- B'''. 결과: 니느웨의 멸망과 수치, 5-19
  - a. 대적에게 임하는 수치, 5-7
    - b. 멸망의 증거, 8-10
      - c. 무기력한 니느웨, 11-13
        - d. 감당할 수 없는 심판, 14-17
          - e. 앗시리아 왕의 몰락과 해방의 기쁨, 18-19

나훔서의 신탁이 보이고 있는 한 가지 특이한 점은 <표 16>에서 보는 바와 같이 고소단락이 원인-선언-원인으로 구성되어있다는 것이다.[8] 고소단락의 선언(2-3절)이 5-19절의 선언단락에서 보다 구체적으로 서술되면서 강화된다. 전체적으로 볼 때는 나훔서의 신탁은 원인을 지적하는 것보다는 심판을 선언하는 것에 집중하고 있다는 사실을 알 수 있다. 선언단락(5-19절)은 신탁의 대상에 따라 니느웨를 향한 심판선언(5-17절)과 앗시리아 왕을 향한 심판선언(18-19절)로 구분된다. 전자에서는 니느웨를 가리키는 2인칭 여성대명사어미가 사용되는 반면에 후자에서는 앗시리아 왕을 가리키는 2인칭 남성대명사어미가 사용되고 있는 것에 근거하여 이러한 구분이 가능하다.

---

8) 이러한 현상은 첫 번째와 두 번째 신탁의 고소단락에도 나타나는 나훔서의 특징이다. 본서의 4장과 5장의 도입부를 참조하라.

I. 니느웨의 구체적인 범죄 (A". 원인), 1-4

1. 원문

הוֹי עִיר דָּמִים 3:1a
כֻּלָּהּ כַּחַשׁ 3:1b
פֶּרֶק מְלֵאָה 3:1c
לֹא יָמִישׁ טָרֶף 3:1d
קוֹל שׁוֹט 3:2a
וְקוֹל רַעַשׁ אוֹפָן 3:2b
וְסוּס דֹּהֵר 3:2c
וּמֶרְכָּבָה מְרַקֵּדָה 3:2d
פָּרָשׁ מַעֲלֶה 3:3a
וְלַהַב חֶרֶב 3:3b
וּבְרַק חֲנִית 3:3c
וְרֹב חָלָל 3:3d
וְכֹבֶד פָּגֶר 3:3e
וְאֵין קֵצֶה לַגְּוִיָּה 3:3f
יִכָּשְׁלוּ בִּגְוִיָּתָם 3:3g
מֵרֹב זְנוּנֵי זוֹנָה טוֹבַת חֵן בַּעֲלַת כְּשָׁפִים 3:4a
הַמֹּכֶרֶת גּוֹיִם בִּזְנוּנֶיהָ 3:4b
[ ] וּמִשְׁפָּחוֹת בִּכְשָׁפֶיהָ 3:4c

2. 번역(개역개정)

3:1 화 있을진저 피의 성이여 그 안에는 거짓이 가득하고 포악이 가득하며 탈취가 떠나지 아니하는도다

3:2 휙휙 하는 채찍 소리, 윙윙 하는 병거 바퀴 소리, 뛰는 말, 달리는 병거

3:3 충돌하는 기병, 번쩍이는 칼, 번개 같은 창, 죽임을 당한 자의 떼, 주검의 큰 무더기, 무수한 시체여 사람이 그 시체에 걸려 넘어지니

3:4 이는 마술에 능숙한 미모의 음녀가 많은 음행을 함이라 그가 그의 음행으로 여러 나라를 미혹하고 그의 마술로 여러 족속을 미혹하느니라

3. 원문분석

3:1.감탄사 הוֹי호이("화 있을진저")는 이어지는 신탁이 화신탁(woe oracle)인 것을 보여준다. "화"에 대한 선언은 화신탁의 전형적인 도입이다(cf 암 5:18; 6:1). עִיר דָּמִים이르 다밈("피[들]의 성)을 호격으로 보면, "화로다. 피의 성이여!"로 번역이 되는 반면에 대상을 나타내는 부사적 대격으로 보면, "피의 성에 화가 미칠 것이다"로 번역이 된다. 어떤 구문해석을 따르던 간에 분명한 것은 화가 미치는 대상이 עִיר דָּמִים이르 다밈("피[들]의 성")으로 표기되고 있다는 사실이다. דָּמִים다밈("피")은 עִיר이르("성")의 속성을 서술해 주는 속격이다. דָּם담("피")의 복수형 דָּמִים다밈은 살해를 당하거나 상해를 입어 흘리게 되는 피 또는 핏자국을 가리킨다(cf. 민 35:33; 신 19:10; 21:8).[9] 따라서 עִיר דָּמִים이르 다밈을 "피로 물든 성" 또는 "피 흘림의 성"으로 번역하게 되는데, 이는 무고하거나 사회적으로 약한 자들의 피를 흘린 성의 과오를 지적하는 것이다(cf. 겔 22:2; 24:6).

1b-d에서 나훔은 접속사를 사용하지 않을 뿐만 아니라 간략한 표현들을 나열하면서 "피의 성"이 가지고 있는 핵심적인 문제를 직시하게 한다. כֻּלָּהּ쿨라흐는 כֹּל콜("모든 것")의 연결형 명사와 3인칭 여성 단수 대명사어미 ָהּ ("그녀[그것]의")가 결합된 것으로 명사절의 주어이며, 명사 כַּחַשׁ카하쉬("거짓"/"속임")는 주어를 서술해 주는 술어이다.[10] 대명사어미 ָהּ 의 선행사는 앞에 언급된 עִיר이르("성읍")이다. 따라서 כֻּלָּהּ כַּחַשׁ쿨라흐 카하쉬는 "그 성읍의 모든 것이 거짓이다"를 의미하는데, "온통 거짓뿐이다"로 번역하여 문장이 의미하는 바를 보다 적절하게

---

9) Cf. GKC §124n.

10) Christensen은 כַּחַשׁ카하쉬와 פֶּרֶק페레크가 접속사 ו바브가 없이 연결된 것(연사; asyndeton)으로 두 단어 모두 형용사 מְלֵאָה멜레아에 연결된 대격으로 본다(Christensen, *Nahum*, 334). 따라서 1b-c를 "all of it with deceit (and) pillage filled" (그것[성]이 온통 거짓과 약탈로 가득 차있다")로 번역한다. 이 분석에 따르면, כֻּלָּהּ쿨라흐가 주어이고 כַּחַשׁ פֶּרֶק מְלֵאָה카하쉬 페레크 멜레아는 술어가 된다. 하지만 1절에서 나훔이 접속사의 사용을 자제하고 불완전 구문의 표현들을 신속하고 간결하게 나열하면서 성읍의 부정적인 속성을 서술하는 것으로 보는 것이 적절하다(cf. Maier, *The Book of Nahum*, 292).

반영할 수 있다.

פֶּרֶק 페레크의 의미는 분명하지 않다. 오바댜 1장 14절에서는 이 단어가 "네거리"(crossroad)를 의미하는 것으로 보이지만 이 본문에서는 이 의미로 이해하기 어렵다. 칠십인경은 이 단어를 ἀδικίας("불의")로 번역하고 있다. 특히 이 단어가 "찢다"를 의미하는 동사 פרק에서 파생된 것으로 보면 "포악"(개역개정), "약탈"(우리말성경, 공동번역) 등으로 번역하는 것이 적절해 보인다. פֶּרֶק 페레크("포악")는 남성 명사 절대형이고 מְלֵאָה 멜레아는 여성형 형용사 절대형이기 때문에 일반적인 구문과 어순은 아니지만 פֶּרֶק מְלֵאָה 페레크 멜레아가 "포악의 가득함"이란 의미를 전달하는 것으로 볼 수 있다(cf. 사 22:2). 달리 말하면 "피의 성"이 "포악으로 가득 차있다"는 것이다.

동사 יָמִישׁ 야미쉬의 주어는 טָרֶף 타레프이다.[11] טָרֶף 타레프는 "먹이"를 의미하는데, 동사 טרף("찢다")와 연관하여 볼 때, "찢겨진 먹이"를 가리킨다. 여기에서 의미를 발전시켜 개역개정은 "탈취"로, 쉬운성경은 "살육"으로, 우리말성경과 표준새번역은 "노략질"로 번역하고 있다. 동사 יָמִישׁ 야미쉬의 원형 מושׁ는 "끊다" 또는 "끊어지다"를 의미하는데, 부정어 לֹא 로가 함께 서술되면서 1d는 "먹이가 끊이지 않는다" 또는 "먹이가 없어지지 않는다"는 의미를 전달한다. פֶּרֶק 페레크("포악")와 טָרֶף 타레프("먹이")가 교차평행을 이루고 있다는 캐스카트(Cathcart)의 설명을 고려할 때, טָרֶף 타레프를 "노략질" 등으로 이해하는 것이 가능하다.[12] 같은 맥락에서 מְלֵאָה 멜레아("가득함")와 לֹא יָמִישׁ 로 야미쉬("끊이지 않는다")가 평행을 이룬다면 후자는 부족함이 없다는 것을 의미하게 된다. 표준새번역은 טָרֶף 타레프를 주어가 아닌 직접목적어로 간주하고 "피의 성"을 동사 יָמִישׁ 야미쉬의 주어로 보아 "노략질을 그치지 않는 도성"으로 번역한다(cf. 공동번역). 하지만 동사 יָמִישׁ 야미쉬가 남성 3인칭형이기 때문에 여성형 עִיר 이르("성")를 이 동사의 주어로 보기는 어렵다. 오히려 남성형 명사인 טָרֶף 타레프를 동사의 주어로 보는 것이 자연스럽다. 결과적으로 사자의 비유를 통해 니느웨의 파괴된 모습을 조롱하는 2장 11-12절에서와 같이 1d는 비유적 표현과 구문을 그대로 반영하여 번역하는 것이 적절하다: "[찢겨진] 먹

11) Cf. Longman, "Nahum," 812; Maier, *The Book of Nahum*, 294.
12) Cathcart, *Nahum*, 126.

이가 끊이지 않는다." טָרֶף타레프는 2장 12절과 13절을 연상시킨다.

3:2. 나훔은 완전한 문장이 아닌 간략한 표현들을 나열하지만 음성적 표현과 시각적이고 영상적인 표현을 통해 효과적으로 독자로 하여금 전쟁장면을 연상하게 한다. 각 표현이 담고 있는 소리와 영상을 상상하며 읽을 때 나훔이 전하려고 하는 의미를 파악할 수 있다.

קוֹל שׁוֹט콜 쇼트("휙휙하는 채찍 소리")는 연결형 명사 קוֹל콜("소리")과 이 명사의 속성을 나타내는 속격의 שׁוֹט쇼트가 결합된 구문이다. שׁוֹט쇼트는 "채찍"을 의미하는데, קוֹל콜과 함께 쓰이면서 기마병이 말에 채찍을 휘두르며 맹렬히 달리는 모습과 소리를 연상하게 한다.

וְקוֹל베콜의 접속사 ו바브는 등위접속사("그리고")의 역할을 하면서 음성적 표현을 이어간다.[13] וְקוֹל רַעַשׁ אוֹפָן베콜 라아쉬 오판("윙윙 하는 병거 바퀴 소리")는 연결형 명사 קוֹל콜("소리")과 두 개의 속격 절대형 명사(רַעַשׁ אוֹפָן라아쉬 오판)가 나열되는 구문이다. 히브리어에서는 명사를 병치하여 한정적 관계(attributive)를 나타내기 때문에 רַעַשׁ라아쉬("덜커덕거림")와 אוֹפָן오판("[병거 등의] 바퀴")의 병치는 "덜커덕 거리는 바퀴"라는 의미를 전달한다.[14] 따라서 וְקוֹל רַעַשׁ אוֹפָן베콜 라아쉬 오판은 병거가 신속히 달릴 때 바퀴가 돌아가면서 내는 요란한 소리를 묘사하는 것으로 볼 수 있다.

2c와 2d의 접속사 ו바브는 등위접속사로 전투장면에 대한 표현들을 이어간다. 분사 דֹּהֵר도헤르("[말의] 질주")가 명사 סוּס수스("말")를 꾸며주는 형용사적 역할을

---

13) J. Smith는 קוֹל콜의 반복이 중복필사의 오류에 의한 것으로 간주하여 하나를 삭제할 것을 제안한다(Smith, *A Critical and Exegetical Commentary*, 355). 하지만 나훔서에서 같은 표현이 반복되는 것을 흔히 볼 수 있기 때문에 이 제안은 적절하지 않다. 특히 Maier는 이 단어의 반복이 전투의 소란한 소리를 강조하여 전투장면을 생생하게 전달하고 있다고 설명한다(Maier, *The Book of Nahum*, 296). 더 나아가 קוֹל콜을 감탄사처럼 번역하여 극적인 효과를 더할 수 있음을 제안한다: "Listen! A whip!... Listen! A rumble of wheels!" (ibid.).

14) Cf. WOC §12.3c. Maier는 רַעַשׁ라아쉬가 지진과 관련된 단어임을 지적하면서 수많은 병거들이 내달리면서 땅이 흔들리는 장면을 연상할 수 있다고 말한다(Maier, *The Book of Nahum*, 296).

하기 때문에 סוּס דֹּהֵר수스 도헤르는 "질주하는 말"로 번역이 된다. 마찬가지로 피엘형 분사 מְרַקֵּדָה메랍케다("덜컹거리며 달림")가 명사 מֶרְכָּבָה메르카바("병거"/"전차")를 꾸며주는 형용사적 역할을 하기 때문에 מֶרְכָּבָה מְרַקֵּדָה메르카바 메랍케다는 "덜컹거리며 달리는 병거"를 의미한다.15) 이와는 달리 2c와 2d에서 명사가 주어역할을 하고 분사가 술어의 역할을 하는 것으로 간주하여 표준새번역과 같이 "말이 달려온다. 병거가 굴러온다"로 번역하기도 한다(cf. 공동번역, 쉬운성경). 간결하게 전쟁 장면을 묘사하고 있는 것을 고려할 때 전자의 구문분석이 적절해 보인다. 하지만 어떤 구문해석을 따르던 간에 주목하게 되는 것은 기병에 대한 음성적 표현(2a)이 기병에 대한 영상적 표현(2c)과 짝을 이룬다는 것이다. 마찬가지로 병거에 대한 음성적 표현(2b)은 병거에 대한 영상적 표현(2d)과 짝을 이룬다. 나훔은 이러한 음성적, 영상적 표현을 사용하여 공격해 오는 기병과 병거의 장면을 극적으로 묘사한다. 이러한 평행관계를 고려할 때, רַעַשׁ אוֹפָן라아쉬 오판("덜커덕 거리는 바퀴")이 병거의 바퀴를 가리키는 것을 알 수 있다.16)

קוֹל שׁוֹט 3:2a
a [기마병: 음성적]
וְקוֹל רַעַשׁ אוֹפָן 3:2b
b [병거: 음성적]
וְסוּס דֹּהֵר 3:2c
a' [기마병: 영상적]
וּמֶרְכָּבָה מְרַקֵּדָה 3:2d
b' [병거: 영상적]

---

15) Cathcart는 מֶרְכָּבָה מְרַקֵּדָה메르카바 메랍케다가 갖는 음성적 효과에 주목한다(Cathcart, *Nahum*, 126). 이러한 효과를 반영하여 한글번역으로 표현하면 "전진하는 전차"가 적절해 보인다. Longman은 קוֹל שׁוֹט콜 쇼트의 음성적 효과(A오)를 지적한다(Longman, "Nahum," 813). 분사 מְרַקֵּדָה메랍케다의 원형 동사 dqr는 "춤을 추다"라는 의미를 갖기도 한다. 따라서 מֶרְכָּבָה מְרַקֵּדָה메르카바 메랍케다를 "뛰노는 병거들"("bouncing chariots")로 번역하기도 한다(cf. ibid.).

16) Longman과 Maier는 채찍소리를 병거를 모는 군인과 연결시키는데, 2절의 청각적, 시각적 평행을 고려하면 채찍소리를 기마병과 연결시키는 것이 적절하다(cf. Longman, "Nahum," 813; Maier, *The Book of Nahum*, 295).

3:3. 히필 분사형 מַעֲלֶה마알레의 원형은 עלה("올라가다")인데, 이 동사는 "파괴하는 자가 올라오는 것"(עָלָה מֵפִיץ알라 메피쯔)을 묘사할 때 사용된 것과 같이 단순히 "올라오다"는 의미를 전달하는 것이 아니라 "파괴하다"라는 의미를 갖는다. 이 분사가 명사 פָּרָשׁ파라쉬("기마병")을 꾸며주는 형용사적 역할을 하는 것으로 보면 3a는 "공격하는 기마병"이라는 불완전구문으로 번역이 된다(cf. 개역개정; 우리말).[17] 반면에 이 분사를 술어적 역할을 하는 것으로 보면, 3a는 명사절이 되어 "기마병이 공격을 한다"는 의미를 전달한다(cf. 표준새번역; 쉬운성경). פָּרָשׁ파라쉬가 "기마병"이 아닌 "말"을 의미할 수도 있다.[18] 짧고 간결한 표현들로 공격하는 군대의 모습에 집중하게 하는 저자의 성향을 고려할 때 전자의 구문분석이 선호된다. 중요한 것은 2절과 3절에서 분사들의 구문론적 역할을 일관성이 있게 번역하는 것이다. 3절에 서술된 접속사 ו바브는 모두 각 표현들을 열거하는 등위접속사("그리고")의 역할을 한다.

לַהַב חֶרֶב라하브 헤레브는 연결형 명사 לַהַב라하브("불꽃")와 소유를 나타내는 속격의 명사 חֶרֶב헤레브("칼")가 결합된 형태로 "칼의 불꽃" 또는 "칼의 번쩍임" 등으로 번역할 수 있다. בְּרַק חֲנִית베라크 하니트 역시 동일한 구문형태로 "창의 섬광"을 가리킨다. בְּרַק베라크는 문자적으로 "번개"를 의미하는데, 앞의 לַהַב라하브와 짝을 이루면서 성읍의 거민들과 군인들을 향하여 살육의 칼날과 창이 맹렬히 휘둘러지는 장면을 연상케 한다. 이에 자연스럽게 이어지는 장면이 바로 3d-g이다. 명사 חָלָל할랄은 칼 같은 것에 찔려 죽임을 당한 것을 가리킨다. 따라서 "살육을 당한 자"로 번역할 수 있다. 이 표현과 짝을 이루는 פֶּגֶר파게르는 "죽은 시체"를 의미한다. 따라서 3d-e의 표현은 공격을 묘사하는 3b-c와 짝을 이루면서 간결하지

---

17) BHS는 3a의 MT독법이 불완전구문으로 보이기 때문에 일부 표현이 삭제된 것으로 본다. 하지만 고대역본이나 히브리어 필사본들이 MT독법을 따르고 있다. 또한 간결한 표현으로 전쟁의 장면을 서술하고 있는 나훔의 서술기법을 고려할 때 MT독법을 그대로 유지하는 것이 적절하다.

18) Maier는 이 단어를 히필형 분사 מַעֲלֶה마알레("공격하는")가 꾸며주고 있는 점에 근거하여 "기마병"으로 해석해야만 한다고 주장한다(ibid., 299, 300), 하지만 Longman은 이 문맥에서 그 의미를 단정할 수 없다고 말한다(Longman, "Nahum," 813). 히필형 분사가 사용된 점을 고려하여 3a가 기마병이 말로 하여금 앞발을 들고 서게 하는 장면으로 이해하기도 한다.

만 파괴적인 전투의 결과를 효과적으로 서술한다.

וְלַהַב חֶרֶב 3:3b
a ["그리고 칼의 불꽃"]
וּבְרַק חֲנִית 3:3c
a' ["그리고 창의 섬광"]
וְרֹב חָלָל 3:3d
b ["그리고 살육당한 자의 무수함"]
וְכֹבֶד פָּגֶר 3:3e
b' ["그리고 시체의 무더기"]

3b-e의 표현들은 모두 연결형 명사와 속격의 명사가 결합된 형태를 취하고 있다. 속격이 연결형의 성격을 나타내는 설명적 역할(the epexegetical genitive)을 하는 것이 일반적이지만 반대로 연결형이 속격의 성격을 설명해 줄 수도 있다.[19] 후자의 구문해석을 따르면, לַהַב חֶרֶב 라하브 헤레브는 "번쩍이는 칼"로, בְּרַק חֲנִית 베라크 하니트는 "번뜩이는 창"으로, רֹב חָלָל 로브 할랄은 "무더기를 이룬 살육당한 자[들]"로, כֹבֶד פָּגֶר 코베드 파게르는 "무수한 시체[들]"로 번역할 수 있다.[20] 3d-e는 간결한 표현들을 나열하면서 칼이나 창에 찔려 죽임을 당한 자들의 숫자가 엄청나고 이들이 시체 무더기를 이루는 것을 묘사한다.

3f의 구문은 2장 9c의 구문과 유사하다: וְאֵין קֵצֶה לַתְּכוּנָה 베엔 케쩨 랕테쿠나("그 저장소가 끝이 없고"). 부재를 나타내는 부사구 אֵין 엔("없다"), "끝"을 의미하는 명사 קֵצֶה 케쩨, 소유의 관계를 나타내는 전치사 לְ 레가 유도하는 부사구 לַגְּוִיָּה 락게비야("[그] 시체의")가 결합된 형태로 "그 시체의 끝이 없다"는 의미를 전달한다. 따라서 3f는 약탈한 온갖 보화로 가득 찬 저장소가 끝이 없었던 니느웨가 이제 여호와의 심판으로 시체들로 가득 찬 성읍으로 바뀌게 될 것임을 선언하는 것이다. 3g는 그 가득 찬 정도를 서술해 준다. 즉 יִכָּשְׁלוּ בִּגְוִיָּתָם 이카셸루 비그비야탐("그

19) Cf. WOC §9.5.3c.
20) 한글번역들은 이 두 구문적 해석을 혼용하여 번역하고 있다. 예를 들면, 개역개정은 3b-e를 "번쩍이는 칼, 번개 같은 창, 죽임을 당한 자의 떼, 주검의 큰 무더기"로 번역한다.

들이 그[들의] 시체에 걸려 넘어지니")이다.[21] גְוִיָּתָם 게비야탐("그들의 시체")의 대명사 어미 ם ָ 의 선행사가 될 수 있는 대상이 명시적으로 언급되고 있지 않을 뿐만 아니라 이어지는 단어(brome)의 첫 번째 철자인 מ의 중복필사(dittography)일 가능성이 있기 때문에 BHS는 대명사어미를 빼고 정관사와 함께 복수형 명사로 바꾸어 בַּגְּוִיֹּת 박게비오트("그 시체들에")로 수정하여 읽을 것을 제안한다. 하지만 대명사 어미의 선행사를 집합적 의미의 חָלָל 할랄("살육당한 자," 3d)로 간주하면 MT독법을 그대로 유지하는 것이 문제가 되지 않는다. 특히 고대역본이나 히브리어 필사본들은 BHS의 수정독법을 따르지 않는다. 3d-g에서 "파괴하는 자"의 공격해 의해 니느웨가 겪게 되는 처참한 상황이 극적으로 묘사되고 있는데, 주검과 시체에 관련된 단어들(חָלָל 할랄, פֶּגֶר 파게르, גְּוִיָּה 게비야)이 나열되고 반복되면서 니느웨의 완전한 멸망이 강조된다.

3:4. מֵרֹב זְנוּנֵי זוֹנָה 메로브 제누네 조나는 원인을 나타내는 전치사 מִן 민(". . . 때문에"), 연결형 명사 רֹב 로브("무수함"), 연결형 명사 זְנוּנֵי 제누네("음행"), 속격의 절대형 명사 זוֹנָה 조나("음녀의")가 결합된 부사구인데, 문두에 놓이면서 강조된다. 연결형 명사 רֹב 로브가 זְנוּנֵי 제누네의 성격을 꾸며주는 것으로 보아 מֵרֹב זְנוּנֵי 메로브 제누네를 "무수한 음행으로 말미암아"로 번역하게 된다.[22] 여기에 속격의 זוֹנָה 조나("음녀")가 연결되면서 의미가 보다 명확해진다. זְנוּנֵי 제누네와 זוֹנָה 조나의 어근인 동사 זנה는 간통 등의 불법적인 성행위를 가리킨다. 따라서 זוֹנָה 조나는 단순히 직업적인 의미에서의 창녀를 가리키는 것이 아니라 본질적인 성향 자체가 음탕한 것을 추구하는 여인을 가리키는 단어이다. 따라서 "음부"나 "음녀"로 번역하는 것이

---

21) BHS는, 케티브(Ketib)는 칼 미완료형 יִכְשְׁלוּ 이크셸루("그들이 넘어진다")이지만 아람어 역본과 소수의 중세 필사본이 케레(Qere), 즉 바브 완료 연계형 וְכָשְׁלוּ 베카셸루("그들이 넘어질 것이다")로 기록하고 있음을 지적한다. MT본문의 독법인 יִכָּשְׁלוּ 이카셸루는 니팔, 3인칭, 복수, 미완료형이다. 어떤 독법을 따르던지 간에 의미의 변화는 없지만 MT독법을 따르는 것이 적절해 보인다.

22) br가 복수형으로 숫자를 가리키는 "많음"을 의미할 경우에는 주로 명사 앞에서 형용사의 역할을 한다(cf. WOC §14.3.1b). רֹב זְנוּנֵי 로브 제누네의 경우, 단수형 명사로 זְנוּנֵי 제누네의 속성을 나타내는 역할("음행의 무수함")을 하지만 의미상 형용사적 역할을 하는 것으로 보아 "수많은 음행"으로 번역하고 있다.

적절하다. זוֹנָה 조나를 주격속격 또는 소유를 나타내는 속격으로 분석할 수 있다. 전자의 경우, 무수한 음행을 행하는 주체가 זוֹנָה 조나("음녀")라는 것이다.

이러한 구문분석을 반영하여 "음부가 무수한 음행을 범하였기 때문에"로 번역하기도 한다(cf. 개역개정). 후자의 경우, 무수한 음행이 זוֹנָה 조나("음녀")의 것임을 분명하게 명시하는 것이 된다: "음녀의 무수한 음행." 어떤 경우이든, 음녀의 핵심적인 속성은 무수한 음행과 관련이 있다는 것이다. 4절은 주어와 동사가 완전히 갖추어지지 않은 불완전구문인데, 원인을 나타내는 부사구가 문두에 놓이면서 이유에 집중하게 한다. 즉, 니느웨가 파괴적인 전투에 의해 멸망을 당하게 되는 이유에 집중하게 하는데, 그 이유는 바로 מֵרֹב זְנוּנֵי זוֹנָה 메로브 제누네 조나("음녀의 무수한 음행 때문")이다. טוֹבַת חֵן 토바트 헨("미모의")은 연결형 형용사 טוֹבַת 토바트("좋은"/"뛰어난")와 속격의 חֵן 헨("은혜"/"매력")이 결합된 형태로 주로 "미모"(개역개정), "한껏 멋을 부렸고"(쉬운성경) 등으로 번역하고 있다.

일반적으로 명사 뒤에 형용사가 위치하는데, 형용사가 수식하는 명사 앞에 서술되는 것은 강조를 위한 것이다.[23] 따라서 טוֹבַת חֵן 토바트 헨은 "뛰어난 매력"이라는 의미를 갖는다. 특히 이 표현은 זוֹנָה 조나의 동격을 이루면서 "음녀"의 추가적인 속성을 설명해 준다. בַּעֲלַת כְּשָׁפִים 바알라트 케샤핌 역시 동격으로 זוֹנָה 조나("음녀")를 꾸민다. 연결형 명사 בַּעֲלַת 바알라트는 "여주인"(a mistress)이나 여신 "바알라"를 의미하는데, 여기서는 전자의 의미이다. בַּעַל חֵמָה 바알 헤마("진노의 주관자[달인]," 나 1:2)의 경우에서와 같이 בַּעֲלַת 바알라트는 어떤 일에 능숙한 능력을 가진 "달인"을 가리킬 수 있다. "마술"을 의미하는 속격의 복수명사 כְּשָׁפִים 케샤핌은 בַּעֲלַת 바알라트("여주인[여자 달인]")가 능숙하게 다루는 바가 무엇인지를 서술하는 역할을 한다. 따라서 בַּעֲלַת כְּשָׁפִים 바알라트 케샤핌는 "마술의 여주인," 즉 "마술(마법)을 능숙하게 마음대로 행하는 여인"을 가리킨다. 두 개의 동격과 함께 4a를 번역하면, "뛰어나게 매력적이고 마술을 능숙하게 다루는 여인, 즉 음녀의 수많은 음행으로 인한 것이다"가 된다.[24]

---

23) Cf. GKC §132b.

24) 다음의 영문 번역들은 이러한 동격의 관계를 반영하고 있다: "because of the countless whorings of the harlot, the graceful beauty, the cunning witch. . ."(NJB); "All because of the many harlotries of the harlot, The charming one, the mistress of

4c의 הַמֹּכֶרֶת함모케레트는 정관사 ה("그")와 칼형 여성 단수 분사 מֹכֶרֶת모케레트("팔다"/"매매")가 결합된 분사구로 여성형 단수 명사 זוֹנָה조나("음녀")를 꾸며주는 형용사절을 유도한다. 일반적으로 מֹכֶרֶת모케레트를 동사 מכר("팔다")의 칼, 여성, 단수분사로 간주하여 "팔다"로 번역하는데, 이 동사의 의미가 문맥에서 불분명하기에 수정독법이 제시되고 있다.25) 캐스카트(Cathcart)는 MT독법에 따라 מֹכֶרֶת모케레트를 מכר("팔다")의 단수분사로 간주하고 בִּזְנוּנֶיהָ비즈누네하와 בִּכְשָׁפֶיהָ비크샤페하의 전치사 בְּ베를 부분을 나타내는 전치사(partitive ב)로 분석하여 "그녀의 음행[의 일부]를 열국에, 그리고 그녀의 마술[의 일부]를 민족들에게 팔아버린"으로 번역한다.26) 하지만 MT독법의 자음 המכרת에 "알다" 또는 "인지하다"를 의미하는 동사 נכר의 호팔 여성 분사가 있는 것으로 보는 다후드(Dahood)의 견해에 따라 MT독법의 모음을 수정하여 *hammukkert*(הַמֻּכֶּרֶת)로 읽는다.27) 즉 "민족들에 의해 알려진"(who is known by the nations)으로 번역할 것을 제안한다. BHS는 MT의 הַמֹּכֶרֶת함모케레트 대신에 자음의 순서를 바꾸어 הַכֹּמֶרֶת학코메레트("유혹하다")로 읽을 것을 제안한다. 개역개정("미혹하고"), 쉬운성경("꾀었고"), 표준새번역("홀리고")은 이 제안에 따라 번역을 하고 있다.28) 핑커(A. Pinker)는, "팔다"라는 의미를 갖는 MT독법의 הַמֹּכֶרֶת함모케레트가 문맥에 맞지 않기 때문에 본래의 독법에서 מ멤과 נ눈에 대한 필사자의 혼돈이 있었을 것으로 추정하고 הנכרת("she that aquires")로 수정하여 읽을 것을 제안한다.29) 이 제안에 따르면, 4c는 니느웨가 자신의 음행과 마술로 다른 나라들을 얻었다는 의미가 된다. 하지만 이러한 제안들

---

sorceries. . ."(NAS).

이와는 달리 Longman은 מֵרֹב메로브의 전치사 מִן민이 טוֹבַת חֵן בַּעֲלַת כְּשָׁפִים토바트 헨 바알라트 케샤핌에도 적용되는 이중적 역할을 하는 것으로 간주하여 4a를 "Because of the numerous harlotries of the harlot: [because of] the pleasing charm of the sorceress"로 번역한다(Longman, "Nahum," 814, 815).

25) 이와 관련된 다양한 논의를 보려면, Christensen, *Nahum*, 339-43을 참조하라.

26) "Who sells nations her harlotries, and clans her sorceries" (Cathcart, *Nahum*, 129).

27) Ibid., 129-30. Cathcart는 4b를 다음과 같이 번역하고 있다: "Who is known by the nations by her harlotries. . ."(그녀의 음행들로 인해 민족들이 알고 있는")(ibid., 115).

28) NIV는 "enslaved"로, ESV는 "betrays"로 번역하고 있다.

29) A. Pinker, "The Hard 'Sell' in Nah 3:4b," *JHS* 4, article 7 [2004]: http://www.jhsonline.org/Articles/article_37.pdf. Cf. Christensen, *Nahum*, 339.

과는 달리 롱맨(Longman)은, מכר("팔다")를 앗시리아가 다른 나라들의 운명을 "취급하였다"(to deal in)라는 의미로 이해하면 4c는 앗시리아가 자신의 목적을 위해 다른 나라들을 이용한 것을 가리키는 것이 되기 때문에 MT독법을 그대로 유지할 수 있다고 주장한다.[30] 롱맨이 지적하는 바와 같이 1절에서 거짓이 가득한 니느웨의 문제와 연결시킬 때 4c는 니느웨가 자신의 쾌락과 안락을 위해 음행과 마술로 나라들을 속여 마음대로 취급한 행위를 가리키는 것으로 볼 수 있다. 또는 "팔다"라는 의미를 유지하면서 파는 행위를 앗시리아가 정복된 백성들을 본토에서 다른 나라로 이주시키거나 노예로 판 행위 또는 그들을 물건과 같이 취급한 행위를 가리키는 은유적 표현으로 이해하기도 한다.[31] "음행"이라는 단어가 구약성경에서 갖는 비유적 의미를 고려하면, 나훔이 "음행"이라는 단어를 통해 니느웨의 우상숭배 문제를 지적하는 것으로 보인다. 그렇다면 "팔다"라는 의미 역시 같은 맥락에서 해석하는 것이 필요하다. 이에 대한 구체적인 해석은 해당 원문주해에서 제시할 것이다.

분사가 동사적 성격을 갖고 있기 때문에 הַמֹּכֶרֶת 함모케레트는 목적어 גּוֹיִם 고임("나라들")과 부사구 בִּזְנוּנֶיהָ 비즈누네하("그녀의 음행으로")를 취하고 있다. בִּזְנוּנֶיהָ 비즈누네하는 방편을 나타내는 전치사 בְּ 베("… 으로"), 연결형 복수명사 זְנוּנֵי 제누네("음행"), 3인칭 여성 단수 대명사어미 הָ 하("그녀의")가 결합된 형태인데, 음녀가 나라들을 파는 방편을 서술해 준다. 즉, 음녀가 자신의 음행으로 나라들을 팔아왔다는 것이다. בִּכְשָׁפֶיהָ 비크샤페하("그녀의 마술로") 역시 방편을 나타내는 전치사 בְּ 베("… 으로"), 연결형 복수명사 כְשָׁפֵי 케샤페("마술"), 3인칭 여성 단수대명사어미 h'하("그녀의")가 결합된 부사구로 분사 מֹכֶרֶת 모레케트("팔다")를 꾸며준다. "마술"(כֶּשֶׁף 케세프)은 점을 치는 것을 포함하여 주문 또는 부적이나 특별한 의식으로 자연의 능력을 조작하여 상황과 사람 또는 영적 존재에 영향을 미치려고 하는 행위를 가리킨다.[32] 모세의 율법은 마술적 행위를 엄격히 금한다(cf. 레 19:26-31; 신 18:9-14). 뿐만 아니라 구약의 선지자들은 마술적 행위를 행하는 자들을 정죄한다(cf. 겔 13:18, 20; 렘 27:9-10). 3인칭 여성 대명사어미("그녀")의 선행사는 "니느웨"이다. 4c는

---

30) Longman, "Nahum," 815.

31) Cf. Christensen, *Nahum*, 341; Maier, *The Book of Nahum*, 304.

32) M. J. A. Horsnell, "כשף," *NIDOTTE* 4:735-38.

등위접속사 ו바브(“그리고”)와 함께 4b와 구문론적 평행을 이루면서 의미를 보완하고 강조된다. 즉, 음녀가 나라들과 민족들을 자신의 음행과 마술로 팔아버렸다는 것이다. 캐스카트(Cathcart)가 지적하는 바와 같이 מִשְׁפָּחוֹת미스파호트가 גּוֹיִם고임(“나라들”) 안에 있는 세부 “부족들”을 가리키는 것이라면 총체적 의미가 보다 강화된다.[33)]

3:4a מֵרֹב זְנוּנֵי זוֹנָה טוֹבַת חֵן בַּעֲלַת כְּשָׁפִים
[“음행”] [“마술”]

3:4b הַמֹּכֶרֶת גּוֹיִם בִּזְנוּנֶיהָ (“음행”)
a [분사구] - b [목적어] - c [부사구]

3:4c [ ] וּמִשְׁפָּחוֹת בִּכְשָׁפֶיהָ (“마술”)
b' [목적어] - c' [부사구]

4절의 거의 모든 표현들은 זוֹנָה조나(“음녀”)에 대한 설명이다. 즉, 나훔은 니느웨가 음녀와 같이 자신의 뛰어난 매력과 마술로 음행을 일삼았을 뿐만 아니라 그것들로 나라들과 민족들에게 부정적인 영향을 미친 것을 심판의 원인으로 제시한다.

4. 원문주해

3:1. 나훔은 1-4절에서 자신의 말로 세 번째 신탁의 고소단락을 서술한다. 즉, 나훔은 니느웨가 멸망하게 되는 원인을 여호와의 신탁을 인용하지 않고 자신의 말로 고소하고 있다는 것이다. 물론 1-4절이 나훔의 말인지 아니면 여호와의 말을 인용하고 있는 것인지에 대한 결정적인 증거는 없다. 달리 말하면 두 가지 해석이 다 가능할 수 있다는 것이다. 하지만 나훔이 여호와의 말을 인용할 때 “만군의 여호와의 말”(כֹּה אָמַר יְהוָה코 아마르 아도나이 또는 נְאֻם יְהוָה צְבָאוֹת네움 아도나이 쩨바오트)이라는 표현을 사용하고 있는 것을 볼 때(cf. 1:12, 14; 2;13; 3:5), 1-4절을 나훔의 말로 간주하는 것이 더 적절해 보인다. 나훔은 니느웨를 “피의 성”으로 규정하

33) Cathcart, *Nahum*, 130.

고 "화," 즉 재앙을 선언한다. 일반적으로 장례행렬의 조객들은 "화로다" (הוֹי 호이) 라고 외치며 죽은 자에 대한 그들의 슬픔을 표현한다.[34] 하지만 나훔이 니느웨를 향하여 הוֹי 호이라고 외치는 것은 애도를 표현하는 것이 아니라 이미 니느웨가 죽은 것으로 간주하고 화신탁을 선언하는 것이다.[35] 이 선언은 니느웨의 멸망의 확실성을 확언하는 역할을 한다.

"피의 성" 이란 약자들의 무고한 피를 흘린 성이라는 의미이다.[36] 다른 말로 표현하면, "잔악한 성(murderous city)" 또는 "학살의 성(city of bloodshed)" 이라는 의미이다. 이것은 니느웨의 속성을 규정하는 가장 적절한 표현이다. 왜냐하면 니느웨(앗시리아)의 왕들은 다른 민족을 잔혹하게 학살한 정복전쟁을 기록하며 자신들의 포악함과 살육을 자랑하였기 때문이다.[37] 나훔은 니느웨를 "피의 성" 으로 규정한 후, 이와 같이 규정하는 세 가지 핵심적인 이유를 지적한다. 첫째, 니느웨에 거짓이 가득한 것이다. 원문의 문자적 표현은 "그[니느웨]의 모든 것이 거짓이다" 이다. 즉 니느웨가 온통 거짓으로 가득 차 있기 때문에 "화있을진저" (yAh호이) 라는 선언을 듣게 된다. 니느웨의 거짓과 관련하여 롱맨(Longman)은 시리아 에브

---

34) "사람들이 모든 광장에서 울겠고 모든 거리에서 슬프도다(Ah호) 슬프도다(Ah호) 하겠으며 농부를 불러다가 애곡하게 하며 울음꾼을 불러다가 울게 할 것이며" (암 5:16; cf. 왕상 13:30; 렘 22:18).

35) Cf. Longman, "Nahum," 812; Christensen, *Nahum*, 334; Bailey, "Nahum," 219.

36) 에스겔 선지자는 예루살렘을 "피 흘린 성읍" (עִיר הַדָּמִים 이르 한다밈)이라고 부르는데(겔 22:2; cf. 겔 24:6, 9; 미 3:9-10), 이스라엘의 모든 고관이 각기 권세대로 피를 흘린 것(겔 22:6)과 이간을 붙이는 것(겔 22:9), 뇌물을 받고 변돈과 이자를 받는 것(겔 22:12) 등의 문제들을 지적한다.

37) 앗시리아 왕들이 피정복민들에게 행한 자신들의 잔혹함을 남긴 글에 대한 자세한 내용을 보려면, Maier, *The Book of Nahum*, 291-92을 참조하라. 그 중에서 일부를 인용하면 다음과 같다: "Great number of them in the land of Kirhi I slew....260 of their fighting men I cut down with the sword. I cut off their heads, and I formed them into pillars...Būbu son of Bubā ...I flayed in the city of Arbela and I spread his skin upon the city wall... [ ]... 600 of their [the people in the city of Hulai] warriors I put to the sword; 3,000 captives I burned with fire; I did not leave a single one among them alive to serve as a hostage...[ ]...Many captives from among them I burned with fire. From some I cut off their hands and their fingers, and from others I cut off their noses, their ears, and their fingers (?), of many I put out the eyes" (ibid., 291).

라임 전쟁 당시 디글랏빌레셀 3세(Tiglath-pileser III)가 유다왕 아하스를 돕겠다고 말하였지만 속이고 압제한 것과 같은 외교적 정책을 가리키는 것으로 설명한다(cf. 왕하 16장; 대하 28:20).[38] 같은 맥락에서 마이어(Maier)는 앗시리아의 군대가 주변 나라들을 공격하면서 안전과 풍요를 보장하는 것처럼 항복을 유도하지만 일단 정복을 하면 잔인한 살육으로 두려움을 주어 어떤 반역도 도모하지 못하게 한 것을 니느웨의 거짓으로 설명한다.[39] 뿐만 아니라 니느웨가 헛된 우상을 섬긴 것을 가장 심각한 거짓으로 지적한다. 둘째, 니느웨에 포악이 가득한 것이다. "포악"이란 원문의 표현(פֶּרֶק 페레크)이 "찢다"라는 의미의 동사(פרק)에서 파생된 것으로 보면, 니느웨가 파괴와 살육을 행한 것이 화선언의 원인이라는 것이다. 셋째, 니느웨에서 찢겨진 먹이가 떠나지 않은 것이다. "먹이"(טָרֶף 타레프)라는 단어는 니느웨를 포악한 사자에 비유하는 2장 11-12절을 연상시킨다. 니느웨는 포악한 사자와 같이 주변 나라들을 잡아서 찢고 탈취한 물건으로 저장소를 가득 채웠다. 2장 10절은 온갖 노획물로 가득 찬 저장소가 끝이 없다고 말한다. 나훔은 이러한 니느웨의 모습을 재앙신탁의 원인으로 고소한다. 이와 같이 니느웨에 가득 찬 거짓, 포악, 찢겨진 먹이를 볼 때 니느웨를 "피의 성"으로 규정하는 것은 타당하며 여호와의 재앙을 선언하는 것은 당연하다. 그러므로 여호와의 심판으로 니느웨의 모든 죄악은 단절되고 먹이를 찢던 니느웨가 이제 찢김을 당하게 된다.

3:2-3. 니느웨에 화가 미치게 되는 이유를 서술한 후, 나훔은 곧바로 그가 본 재앙의 내용을 음성적, 시각적 표현을 사용해서 인상적으로 전달한다. 나훔이 고소단락에 심판의 정황 또는 이유와 함께 심판선언을 서술하고 이 선언을 선언단락에서 구체화하는 것은 나훔서의 특징이다. 나훔이 고소단락에서 선언하는 재앙의 내용은 파괴적인 전쟁으로 니느웨가 살육을 당하는 것이다.[40] 나훔은 마치 전

38) Longman, "Nahum," 812.

39) Maier, *The Book of Nahum*, 292-93; cf. Christensen, *Nahum*, 335; Bailey, "Nahum," 221.

40) 악트마이어는 2-3절이 공격군에 의한 공격을 묘사하는 것이 아니라 앗시리아 군대가 이방 성읍들을 정복했던 예를 제시하면서 니느웨의 문제를 지적하는 것으로 해석한다(악트마이어,『나훔-말라기』55; cf. Bruckner, *Jonah*, 183; Smith, *Micah-Malachi*, 86). 하지만 2장 3-5절이 공격군의 모습을 묘사하는 것과 나훔서의 신탁이 고소단락에 선언을 담고 있

투가 눈앞에서 벌어지고 있는 것처럼 생생하게 서술한다. 독자는 말을 황급히 모는 기마병의 채찍소리를 듣게 된다. 뿐만 아니라 신속히 내달리는 병거의 요란한 바퀴 소리를 듣는다. 돌진하는 기마병과 병거의 모습을 보기 전에 소리로 적군의 공격이 감지되면서 긴장감이 고조된다. 들려오는 소리의 실체가 곧바로 확인이 된다. 질주하는 말과 덜컹거리며 돌진하는 병거가 눈에 선명하게 새기어진다. 전투의 긴박함과 긴장을 그대로 느낄 수 있다. 공격하는 기마병, 칼과 창의 번쩍임과 신속함은 니느웨 성읍의 거민들과 군인들이 마주하게 될 살육의 위협을 충분히 짐작할 수 있게 한다. 죽음의 검은 그림자가 점점 다가오는 듯한 전율이 청각적으로 그리고 시각적으로 전달된다. 2장 10절이 서술하고 있는 것처럼 공포에 질린 모습을 충분히 연상할 수 있다: "마음이 녹아내리고 무릎이 후들거리며, 온 허리에 고통이 있으며 모든 이의 얼굴이 검게 변한다"(2:10, 사역). 니느웨의 거민들과 군인들이 느낀 공포의 실체가 곧바로 확인되는데, 바로 "무수한 주검과 시체 무더기"이다. 그 시체들이 끝없이 땅에 쌓여있어서 죽음의 칼날을 피해 도망가는 이들이 걸려 넘어질 정도이다.[41] 결국 탈취한 물건을 쌓아둔 저장소가 끝이 없고 화려한 니느웨가 여호와의 심판으로 시체가 끝없이 쌓여있는 무덤, 즉 죽음의 장소로 변하게 된다(cf. 2:9). 나훔은 간결하지만 전투의 참혹한 현장을 극적으로 묘사한다. 독자는 전쟁터 한복판에 서 있는 듯한 느낌을 갖게 된다. 2장 1-5절이 막강한 군사력을 앞세우고 위협적으로 니느웨 앞에 서 있던 파괴하는 자의 군대가 니느웨 성으로 돌격하여 성벽을 무너뜨리고 성읍 안으로 들어가기까지의 전투장면을 묘사한다면 본 절은 이 군대가 니느웨 성읍 안에서 무차별적으로 살육을 행하는 장면을 묘사한다.

니느웨가 시체로 가득하게 되는 것은 피흘림, 거짓, 포악, 찢겨진 먹이로 가득했던 것의 당연한 결과이다. 온갖 악이 니느웨에 가득했던 것만큼 여호와는 죽음으로 니느웨를 가득 채우신다. 불의로 누린 니느웨의 끝없는 화려함이 끝없는 시체로 대체된다. 달리 말하면 나훔은 탈취하여 온 "먹이"로 가득 찬 성읍이 이제 여호와의 "먹이"가 되는 장면을 극적으로 묘사하면서 심판의 참혹함을 전달한다.

는 특징을 고려하면 니느웨가 공격을 당하는 모습으로 해석하는 것이 적절하다.

41) Cf. Maier, *The Book of Nahum*, 298.

여호와가 행하시는 심판의 결과는 죽음, 즉 완전한 멸망이다. 나훔은 주검과 관련된 단어들을 다양하게 사용하면서 이러한 사실을 강조한다.

3:4. 나훔은 니느웨에 미치게 될 화를 극적으로 전달한 후, 니느웨가 멸망을 당할 수밖에 없는 이유를 다시 언급하면서 고소단락을 마무리한다. 나훔은 니느웨를 본래 성향이 음탕한 "음녀"(זוֹנָה조나)에 비유한다. 이 음녀는 뛰어난 미모를 갖추고 있기에 매혹적이고 마술을 능숙하게 다룰 줄 안다. 나훔은 이 음녀가 자신의 미모와 능력으로 무수한 음행을 행한 것을 재앙의 원인으로 지적한다. 베일리(Bailey)는 앗시리아가 주변 나라들로 하여금 보호와 물질적 부요를 기대하게 하지만 앗시리아의 약속은 결국 파멸로 인도한 행위를 음행으로 해석한다.[42] 이에 해당하는 가장 적절한 예로 아하스 왕의 사건을 제시한다(cf. 사 7:1-8:8). 마이어(Maier)는 음행을 앗시리아가 창녀와 같이 자신의 군사력을 가지고 다른 나라들을 미혹한 후, 속이고 파괴한 행위로 해석한다.[43]

하지만 이와는 달리 "음행"을 니느웨의 우상숭배와 관련이 있는 것으로 해석하는 것이 적절해 보인다. 이 해석은 5-7절의 의미와도 자연스럽게 연결된다. "음녀"(זוֹנָה조나)는 "간음하다" 또는 "매춘하다"를 의미하는 동사 זנה에서 파생된 명사이다. 모세의 율법은 음행을 엄격히 금하고 있으며 음행을 행한 자를 죽음의 형벌로 다스리라고 명하고 있다(cf. 레 21:9; 신 22:21).[44] 이 동사와 이 동사에서 파생된 단어가 구약 135회 등장하는데, 삼분의 이가 비유적 의미로 사용되고 있다. 이스라엘과 관련하여 이 단어가 비유적으로 사용될 때에는 이방우상을 섬김으로 언약적 관계를 파기한 배교행위(cf. 렘 3:1-3; 겔 16:15-23; 호 1:2,; 2:2, 13) 또는 여호와를 의지하지 않고 이방나라를 의존하는 정치적 행위(cf. 겔 16:23-34)를 가리킨다. 니느웨가 여호와와 언약적 관계에 있는 것은 아니지만 "음녀"와 "음행"이라는 단어들을 사용하는 것은 비유적인 의미에서 니느웨의 우상숭배를 지적하는 것으로 볼 수 있다. 니느웨는 전쟁과 성(性)의 여신 이스테르(Isthar)를 숭배하는 신

---

42) Bailey, "Nahum," 223; cf. Armerding, "Nahum," 481.
43) Maier, *The Book of Nahum*, 302; Keil, *The Twelve*, 30.
44) Gary H. Hall, "זנה," *NIDOTTE* 1:1122-25.

전(Kidmuru)이 위치한 도시였다.[45] 또한 1장 14절은 니느웨와 관련하여 "신들의 집," "새긴 우상," "부은 우상"을 언급하고 있다. 제스트로우(M. Jastrow, Jr.)는 앗시리아 왕들의 기록에 언급된 신들의 이름이 스물아홉 개가 되며 이중 열아홉 개의 신들이 실제적인 영향력을 가진 신들로 숭배되었다고 말한다.[46] 특히 앗시리아 왕들은 침략전쟁을 통해 영토를 확장하면서 앗수르 성읍의 신인 앗수르(Ashur)를 최고의 신으로 숭배하였고 왕들의 공식적인 거주지는 앗수르 신의 주요 숭배지가 되었다. 앗시리아 왕들은 앗수르 신을 상징하는 깃발(standard)을 앞세우고 전쟁을 하였으며 그들의 전쟁을 앗수르의 전쟁으로 간주하였다. 따라서 앗시리아의 승리는 앗수르 신의 승리를 의미하는 것으로 확신하였으며 정복된 나라들의 조공은 앗시리아 왕에 의해 앗수르 신에게 헌납되었다.[47] 결과적으로 정복을 당한 민족들은 앗수르 신의 백성이 되었다. 앗시리아의 왕들은 "왕"이라는 호칭보다는 "앗수르 신의 제사장"이라는 호칭을 선호할 정도로 앗수르 신에 대한 충성심을 가졌다. 쿠연지크(Kuyunjik)에서 발견된 비문에 앗술바니팔은 앗수르와 이스테르의 신탁에 의거하여 자신이 이집트의 수도 테베를 정복했다고 기록하고 있다.[48] 이러한 정황을 고려할 때, 니느웨를 "음녀"(זוֹנָה 조나)에 비유하는 것은 적절하다. 따라서 "음행"(זְנוּנֵי 제누네)은 니느웨의 우상숭배 성향을 가리키는 것이며 "자신의 음행과 마술로 여러 나라들을 팔아넘겼다"는 것은 여러 나라들을 정복하고 얻은 노획물과 조공을 앗수르 신에게 헌사하면서 그들을 앗수르 신의 백성으로 만든 것을 가리키는 것으로 볼 수 있다.[49] 따라서 "음행"은 우상숭배를 가리키고

---

45) Christesen은 이스타르가 메소보타미아 문헌에 "창부"로 언급된 것을 지적한다 (Christensen, *Nahum*, 348).

46) Morris Jastrow, Jr., *The Religion of Babylonia and Assyria* (Boston: Ginn & Company, 1893), 189.

47) Ibid., 199-200.

48) Cf. Smith, *Micah-Malachi*, 64.

49) 유다 왕 아하스가 앗시리아의 우상숭배 행위를 예루살렘 성전에서 행한 것을 기록하고 있다(왕하 16:10-16). 열왕기서의 저자는 아하스가 앗시리아의 강요에 의해 이러한 행위를 한 것으로 기록하지 않지만 앗시리아의 종교적 행위에 영향을 받았음을 보여준다. 잇술바니팔(Asshurbanipal)은 앗시리아의 신들을 모욕한 엘람고관들의 가죽을 벗긴 후 앗시리아의 온 땅이 볼 수 있도록 끌고 다녔다고 기록하고 있다(cf. Spronk, *Nahum*, 124; Christensen, *Nahum*, 345).

"마술"은 전쟁의 신들을 상징하는 군기를 앞세우고 전쟁을 하면서 군기를 부적과 같이 사용한 행위를 의미하는 것으로 보는 것이 가능하다. 실제로 부적, 점성술, 귀신, 예언 등을 이용한 다양한 형태의 주술적 행위가 앗시리아에 만연해 있었다는 역사적 증거들이 고고학적 발굴들을 통해 제시되었다.[50)]

결과적으로 니느웨를 향한 재앙의 원인이 두 가지 측면에서 지적되고 있는 것을 볼 수 있다. 하나는 정치적 측면이고 다른 하나는 종교적 측면이다. 니느웨는 정치적인 측면에서 주변 나라들을 침략하여 잔혹한 살육과 탈취를 행하여 자신의 탐욕을 채웠다. 종교적 측면에서는 앗수르 신을 앞세워 침략전쟁을 하면서 주변 나라들에게 니느웨의 우상을 숭배할 것을 강요하였고 그들을 앗수르 신의 백성들로 만들었다. 그러므로 자신의 탐욕을 채우기 위해 기본적인 인간성과 윤리도 저버리고 난폭하고 잔악한 행위를 일삼았던 니느웨는 여호와의 재앙을 피할 수 없게 된다. 더욱이 자신이 섬기는 신들의 위대함을 자랑하며 정복한 백성들을 그 신들의 백성으로 삼고 숭배하게 하였던 니느웨는 여호와의 대적으로 간주되기에 충분하다. 따라서 나훔은 이러한 니느웨를 향하여 여호와의 보복과 심판을 엄중히 선언하게 된다(5-19절).

II. 대적에게 임하는 수치 (a), 5-7

1. 원문

3:5a הִנְנִי אֵלַיִךְ
3:5b נְאֻם יְהוָה צְבָאוֹת
3:5c וְגִלֵּיתִי שׁוּלַיִךְ עַל־פָּנָיִךְ
3:5d וְהַרְאֵיתִי גוֹיִם מַעְרֵךְ
וּמַמְלָכוֹת קְלוֹנֵךְ
3:6a וְהִשְׁלַכְתִּי עָלַיִךְ שִׁקֻּצִים
3:6b וְנִבַּלְתִּיךְ
3:6c וְשַׂמְתִּיךְ כְּרֹאִי

50) Cf. Jastrow, *The Religion*, 235-94, 328-407.

וְהָיָה	3:7a
כָל־רֹאַיִךְ יִדּוֹד מִמֵּךְ	3:7b
וְאָמַר	3:7c
שָׁדְּדָה נִינְוֵה	3:7d
מִי יָנוּד לָהּ	3:7e
מֵאַיִן אֲבַקֵּשׁ מְנַחֲמִים לָךְ	3:7f

2. 번역(개역개정)

3:5 보라 내가 네게 말하노니 만군의 여호와의 말씀에 네 치마를 걷어 올려 네 얼굴에 이르게 하고 네 벌거벗은 것을 나라들에게 보이며 네 부끄러운 곳을 뭇 민족에게 보일 것이요

3:6 내가 또 가증하고 더러운 것들을 네 위에 던져 능욕하여 너를 구경거리가 되게 하리니

3:7 그 때에 너를 보는 자가 다 네게서 도망하여 이르기를 니느웨가 황폐하였도다 누가 그것을 위하여 애곡하며 내가 어디서 너를 위로할 자를 구하리요 하리라

3. 원문분석

3:5.5a와 5b의 구문은 2장 13절과 동일한 구문이다.[51] **נְאֻם יְהוָה צְבָאוֹת**네움 아도나이 쩨바오트("만군의 여호와의 말씀이다")는 심판신탁의 선언단락을 열어줄 뿐만 아니라 선언되는 신탁의 엄중성을 강조해 주면서 선언의 내용에 집중하게 한다.[52] **הִנְנִי אֵלַיִךְ**히네니 엘라이크("보라, 내가 너를 대적하리니")는 심판선언의 근거가 되며

51) 구문에 대한 자세한 분석은 2장 13절의 원문분석을 참조하라.

52) BHS는 운율의 문제에 근거하여 **צְבָאוֹת**쩨바오트를 생략해야만 한다고 제안한다. 하지만 2장 13절에서도 이 단어가 서술되고 있으며 심판을 선언하시는 여호와를 언급할 때 수로 등장하는 표현이다(cf. 사 29:6; 렘 51:33, 58). 또한 고대역본들과 히브리어 필사본들이 MT독법을 따르고 있기 때문에 운율의 문제는 이 표현을 생략해야 할 결정적인 근거가 되지 못한다.

이 선언을 시작으로 여호와가 니느웨에게 순차적으로 행하시게 될 일들을 서술하는 바브 완료 연계형 시리즈가 이어진다.[53] 바브 완료 연계형의 동사들은 모두 יְהוָה아도나이("여호와")를 주어로 하는 1인칭형이며 앞으로 일어날 사건에 대한 서술이기에 미래시제로 번역하게 된다. 심판선언은 여호와를 1인칭으로 표기하는 신적 신탁(divine speech) 형식을 취하면서 신탁의 엄중성이 가중된다. 심판선언에 언급되는 2인칭 대명사어미 ךְ("너")의 선행사는 심판의 대상인 "니느웨"이다.[54]

바브 완료 연계형 וְגִלֵּיתִי베길레티("내가 걷어 올릴 것이다")의 목적어 역할을 하는 שׁוּלַיִךְ슐라이크("네 치마")는 명사 שׁוּל슐("치마")의 복수 연결형과 2인칭 여성 대명사어미 ךְ("너의")가 결합된 형태이다. 동사 גִּלֵּיתִי길레티의 원형 גלה는 "드러내다"라는 의미를 갖는다. 따라서 5c의 문자적 의미는 "내가 네 치마를 드러낼 것이다"가 된다. 하지만 실제 드러나게 되는 것은 치마가 아니라 치마에 가려졌던 것이다.[55] עַל־פָּנָיִךְ알 파나이크("네 얼굴 위로")는 위치나 방향을 나타내는 전치사 עַל알("… 위로"/"너머로"), 명사 פָּנֶה파네("얼굴")의 복수 연결형, 2인칭 대명사어미 ךְ("너의")가 결합된 부사구로 동사 גלה의 행위가 미치는 방향을 서술해 준다. 치마가 얼굴 위로 올라가는 것은 온 몸이 드러나게 되는 것을 의미한다. 따라서 5c는 음녀가 완전히 벌거벗김을 당하는 모습을 연상시킨다.

5d의 바브 완료 연계형 וְהַרְאֵיתִי베하르에티("내가 보일 것이다[보게 할 것이다]")가

---

53) 개역개정은 2장 13절과 3장 5절의 동일한 문장(הִנְנִי אֵלַיִךְ נְאֻם יְהוָה צְבָאוֹת히네니 엘라이크 네움 아도나이 쩨바오트)을 각각 "만군의 여호와의 말씀에 내가 네 대적이 되어"와 "보라 내가 네게 말하노니 만군의 여호와의 말씀에"로 번역하고 있는데, 동일하게 "여호와의 말씀이다. '보라 내가 너를 대적하노니(또는 내가 너를 마주대하고 있노니)'"로 번역하는 것이 적절하다(cf. 우리말성경).

54) 여호와의 신탁을 5-7절에 제한하는데, 니느웨를 가리키는 2인칭 여성대명사가 사용되고 있는 면에서 여호와의 신탁을 5-17절까지 확장할 수 있으며 18-19절에서는 여호와가 앗시리아 왕을 호격으로 부르고 그를 가리키는 2인칭 대명사어미를 사용하고 있는 점에서 18-19절 역시 여호와의 신탁으로 간주할 수 있다.

55) 이러한 의미를 반영하여 불가타는 שׁוּלַיִךְ슐라이크를 *pudenda tua*("네 외음부")로 번역하고 있다. Longman은 שׁוּלַיִךְ슐라이크가 "외음부"에 대한 완곡어법일 수 있기에 이 의미로 목적어가 되면 문법적인 어려움이 있는 것으로 설명하기도 한다(Longman, "Nahum," 816). 반면에 Maier는 동사 גלה가 "덮개 등을 벗기다"를 의미하는 고어적 표현으로 문법적 또는 의미상의 어려움이 없다고 말한다(Maier, *The Book of Nahum*, 308).

유도하는 문장은 5c의 행위에 따른 순차적인 결과를 서술한다.[56] 즉, 드러나게 하여 보이는 것을 의미한다. 동사 הַרְאֵיתִי하르에티는 이중 대격, 즉 여격의 גוֹיִם고임("나라들에게")와 직접목적어 역할을 하는 מַעְרֵךְ마에레크("네 벌거벗은 것을")를 취한다. מַעַר마아르("벌거벗은 것")는 성기를 가리키는 완곡한 표현이다.[57] וּמַמְלָכוֹת우맘라코트의 등위접속사 ו바브는 동사 הַרְאֵיתִי하르에티에 연결되는 동일한 형식의 이중대격, 여격의 מַמְלָכוֹת맘라코트("뭇 민족[들]에게")와 목적격의 קְלוֹנֵךְ켈로네크("네 부끄러운 곳을")를 유도하면서 동의적 평행구문을 이룬다. 이러한 구문은 통합적 의미를 전달한다. 즉 의미상으로는 "내가 모든 나라들과 민족들에게 네 온갖 수치를 보일 것이다"로 이해할 수 있다. 이것은 음녀가 받게 되는 전형적인 형벌의 형태이다(cf. 렘 13:26; 겔 16:35-39; 23:26, 29; 호 2:9-10). קָלוֹן칼론은 자부심이나 영예로움과 정반대의 상황을 의미하는 면에서 "부끄러움" 또는 "수치"를 가리킨다(cf. 시 83:17; 잠 3:35; 호 4:7; 합 2:16). 즉, "영광" 또는 "영화로움"을 의미하는 כָּבוֹד카보드의 반대개념이다. 따라서 קָלוֹן칼론은 자부심과 가치가 완전히 제거된 상태를 의미한다. וּמַמְלָכוֹת우맘라코트의 접속사 ו바브가 설명적 역할(epexegetical ו바브)을 하는 것으로 보면 "나라들에게 네 벌거벗음, 즉 민족들에게 네 수치를 보일 것이다"라는 의미가 된다. קָלוֹן칼론은 비유적으로 벌거벗음을 가리키기도 한다. 어떤 구문해석을 따르던 간에 의미가 강화되는 것을 볼 수 있다. 음행과 마술로 나라들과 족속들을 팔아넘긴 니느웨(4b)가 그들에게 수치를 보이게 될 것이라는 5d의 선언은 여호와의 심판으로 인한 니느웨의 비참한 상황을 충분히 짐작할 수 있게 한다.

3:6. וְהִשְׁלַכְתִּי베히스라크티("내가 던질 것이다")는 바브 완료 연계형 시리즈를 이어가면서 순차적으로 일어나게 될 일을 서술한다. 달리 말하면 부끄러운 곳을 보이게 한 후, 더러운 것을 던지는 행위가 이어지는 것으로 볼 수 있다. 부사구 עָלַיִךְ알라이크("네 위에")는 위치를 나타내는 전치사 עַל알과 2인칭 여성 대명사어미 ךְ가 결합된 형태로 동사의 행위가 미치는 위치를 서술해 준다. 동사 הִשְׁלַכְתִּי히스라크티의 목적어 역할을 하는 복수형 명사 שִׁקֻּצִים쉭쿠찜은 혐오감을 줄 정도의 "가

56) הַרְאֵיתִי하르에티는 히필형인데, GKC의 설명에 따르면 첫 자음의 모음이 (ַ)히렉이 아니고 (ַ)파타흐인 것은 본래 첫 음절에 (ַ)파타흐가 있었기 때문이다(GKC §53p).

57) Cf. Christensen, *Nahum*, 344; Bailey, "Nahum," 226.

증스러운 것들" 또는 "더러운 것들"을 의미한다.[58] 특히 복수형일 경우에는 "가증스러운 우상들"을 가리키는데(cf. 신 29:16; 호 9:10), 마이어(Maier)는 후자의 의미가 암시될 필요가 없다고 설명한다.[59] 하지만 후자의 의미가 완전히 배제되지 않는다. 왜냐하면 니느웨가 섬기던 우상들이 아무런 쓸모가 없는 것들처럼 던져짐을 받게 되면서 그 자체가 니느웨에 모욕적인 행위가 될 수 있기 때문이다. 4절에 언급된 "음행"이 우상숭배와 관련된 것이라면 오히려 후자의 의미가 더 적절하다.

바브-완료 연계형 וְנִבַּלְתִּיךְ베닙발티크("내가 너를 능욕할 것이다")는 앞의 문장과 연관하여 볼 때 중언법의 표현으로 간주할 수 있다. 즉 더러운 것을 던져서 망신을 당하게 만들겠다는 것이다. 동사에 접미된 대명사어미 ךְ("너를")는 목적격으로 동사의 행위를 받는 대상을 가리킨다. נִבַּלְתִּי닙발티의 원형동사 נבל은 본래 "어리석다"라는 의미를 갖는데, 여기에서 "바보 취급을 하다"라는 의미로, 더 나아가 "경멸하다"라는 의미로 발전된다.[60]

6c의 바브-완료 연계형 וְשַׂמְתִּיךְ베삼티크("내가 너를 [...으로] 만들 것이다")는 6a-b의 행위에 따른 결과를 서술한다. 즉 더러운 것을 던져 망신을 당하게 하여 결국 구경거리로 만들겠다는 의미를 전달한다. 동사에 접미된 대명사어미 ךְ("너를")는 앞의 경우와 같이 목적격의 역할을 한다. כְּרֹאִי 케로이는 전치사 כְּ 케와 명사 רֹאִי로이("구경거리")가 결합된 부사구로 동사를 꾸며주는 역할을 한다. 마이어(Maier)가 제안하는 바와 같이, כְּ 케는 비교를 위한 전치사("...처럼")의 역할을 하는 것이 아니라 불필요하지만 첨가되어 술어나 보어를 유도하면서 의미를 강조하는 역할(*Kaph veritatis*)을 하는 것으로 해석하는 것이 적절해 보인다.[61] 따라서 6c는 "내가 너로 구경거리가 되게 할 것이다" 또는 "내가 너를 구경거리로 만들 것이다"로 번역이 된다.

3:7. 바브-완료 연계형 וְהָיָה베하야("그것이 있게 될 것이다")는 5c-6c에 서술된 행

---

58) Christensen은 שִׁקֻּצִים쉭쿠찜이 히브리어에서 "배설물"을 의미할 수도 있음을 지적한다(Christensen, *Nahum*, 344).

59) Maier, *The Book of Nahum*, 311.

60) Cf. Longman, "Nahum," 817.

61) Maier, *The Book of Nahum*, 311; cf. GKC §118x.

위에 따른 결과를 서술하는 문장들을 유도한다(cf. 겔 37:27; 슥 14:21).[62] 주어 "그것"이 가리키는 바는 이어지는 문장들의 내용이다. 따라서 "[결과적으로] 다음의 일이 있게 될 것이다"로 번역하여 이러한 흐름을 반영할 수 있다. כָּל־רֹאַיִךְ콜 로아이크("너를 보는 자가 다")는 연결형 명사 כָּל콜("모두"), 동사 ראה의 연결형 복수 분사 רֹאֵי로에("보는 자들"), 목적격의 2인칭 단수 여성대명사어미 ךְ("너를")가 결합된 형태로 동사 יִדּוֹד이도드("도망하다")의 주어역할을 한다. 분사 רֹאֵי로에("봄[seeing]")은 6c의 명사 רֹאִי로이("구경거리")가 현실화되는 것을 보여준다. 위치를 나타내는 전치사 מִן민("... 에서")이 유도하는 부사구 מִמֵּךְ밈메크("네게서")는 동사의 행위를 꾸며주는 역할을 한다.

7c의 바브-완료 연계형 וְאָמַר베아마르("[그가] 이르기를")는 7b의 미완료형 동사 יִדּוֹד이도드를 이어가면서 이 동사의 행위에 따른 순차적이거나 동시적 모습을 서술한다.[63] 즉 도망가면서 말하는 것이다. 따라서 동사 אָמַר아마르("말하다")의 주어는 כָּל־רֹאַיִךְ콜 로아이크("너를 보는 자가 다")이다.

7d-f는 니느웨를 피하여 도망가는 자가 하는 말의 내용을 직접인용문의 형식으로 서술한다. 7d는 수동의 의미를 갖는 푸알 완료동사 שָׁדְּדָה숟데다("황폐하게 되었다")와 주어 נִינְוֵה니네베("니느웨")로 구성된 평서문의 형식을 취하면서 여호와의 심판으로 황폐하게 된 니느웨의 상황에 대해 말한다.[64] 이어지는 문장(7e)은 동사 יָנוּד야누드("애곡하다")의 주어역할을 하는 의문사 מִי미("누가")가 유도하는 의문문이다. לָהּ라("그녀를 위하여")는 유익을 나타내는 전치사 לְ레("... 위하여")와 3인칭 여성 단수 대명사어미 הּ("그녀")가 결합된 부사구로 동사의 행위가 누구를 위한 것인지를 밝혀준다. 이 의문문은 실제 누가 애곡할지를 묻는 것이 아니라 어느 누구도 니느웨를 위해 애곡하지 않을 것을 강조하는 수사적 의문문이다.

부사 אַיִן아인에 출처를 나타내는 전치사 מִן민("... 에서")이 접두되면서 מֵאַיִן메아

---

62) Cf. BHRG §44.4/1; GKC §112y.

63) BHS는 וְאָמַר베아마르가 추가된 것일 수도 있다는 의문을 제기한다. 하지만 고대역본과 히브리어필사본들이 이 표현을 유지하고 있는 점을 고려할 때 MT독법을 수정할 필요가 없다. Christensen은 BHS의 제안을 따를 정당한 이유가 없다고 말한다(Christensen, *Nahum*, 345).

64) שָׁדְּדָה숟데다는 푸알 완료형 שֻׁדְּדָה숟데다의 이형(異形)이다.

인("어디에서")은 의문사와 같이 의문문을 유도한다. 복수형 분사 מְנַחֲמִים메나하밈("위로할 자[들])은 1인칭 동사 אֲבַקֵּשׁ아빡케쉬("내가 찾을 것이다")의 목적어역할을 한다.65) 코긴스(Coggins)가 주장하는 바와 같이, מְנַחֲמִים메나하밈이 돈을 받고 애곡을 하는 전문적인 울음꾼을 의미하는 것이라면 니느웨의 신세는 더 처량해진다.66) 왜냐하면 돈을 받고 애곡할 사람조차 찾지 못할 정도로 동정을 받지 못하기 때문이다. 미완료형은 주어가 동사의 행위를 행할 수 있는 가능성을 나타낼 수 있다.67) 따라서 동사 אֲבַקֵּשׁ아빡케쉬는 מֵאַיִן메아인과 함께 "내가 어디에서 찾을 수 있겠는가?"로 번역될 수 있다. 부사구 לָךְ라크의 전치사 לְ레의 구문론적 역할에 대해 두 가지 분석이 가능하다. 첫째, 전치사 לְ레가 목적어를 유도하는 역할을 하는 것으로 보면, 이 부사구는 동사의 목적어역할을 하는 분사 מְנַחֲמִים메나하밈("위로할 자[들])을 수식하는 것이 된다. 달리 말하면 전치사 לְ레는 2인칭 대명사어미 ךְ를 분사의 목적어로 제시한다(cf. 개역개정; 쉬운성경; 우리말; 표준새번역). 즉 מְנַחֲמִים לָךְ메나하밈 라크는 "너를 위로할 자[들]"로 번역이 된다. 분사 מְנַחֲמִים메나하밈이 동사적 성격을 가지고 있기 때문에 부사구 לָךְ라크를 취할 수 있다. 둘째, לְ레를 유익을 나타내는 전치사로 보면, 부사구 לָךְ라크는 "너를 위하여"로 번역이 되면서 주동사 אֲבַקֵּשׁ아빡케쉬를 수식하게 된다(cf. ASV; ESV; RSV). 구문론적 분석의 차이는 있지만 7f의 의미에 큰 변화가 있는 것은 아니다. 문제는 7e의 부사구 לָהּ라흐("그것을 위하여")에 있는 3인칭 여성 대명사어미(ה)와 7f의 부사구 לָךְ라크("너를 위하여")에 있는 2인칭 여성 대명사어미(ךְ)의 선행사가 "니느웨"로 동일하지만 각각 다른 인칭을 사용하고 있다는 것이다. 따라서 BHS는 칠십인경의 번역에 근거하여 לָךְ라크를 לָהּ라흐로 수정하여 읽을 것을 제안한다. 이것은 7e의 부사구와 동일하게 수정하는 것이다. 하지만 히브리어 필사본들이 MT독법을 따르고 있을 뿐만 아니라 선지서의 신탁에서 인칭의 변화는 흔히 있는 현상이기에 MT독

65) 나훔 1장 1절에 니느웨(נִינְוֵה)와 나훔(נַחוּם)이 함께 언급된 것처럼 7절에 니느웨(נִינְוֵה)와 מְנַחֲמִים메나하밈이라는 단어가 함께 등장하고 있는 것에 대한 Christensen의 지적은 흥미롭다(Christensen, *Nahum*, 346). Christensen은 선지자의 이름에 대한 의도적인 언어유희가 있다고 본다. 즉 선지자의 신탁은 앗시리아의 압제를 받고 있는 민족들에게 그의 이름이 암시하는 바와 같이 위로가 된다고 설명한다.

66) Coggins, *Israel among the Nations*, 51.

67) 미완료형의 서법(mood) 용례에 대해서는 WOC §31.4; BHRG §19.5를 참조하라.

법을 유지할 수 있다.[68] 더 나아가 1인칭 동사 אֲבַקֵּשׁ 아박케쉬와 함께 לָךְ 라크가 사용되고 있는 점에 주목할 필요가 있다. 황폐하게 된 니느웨를 바라보던 화자("내가")가 니느웨를 "너"로 부르며 자신의 심정을 담아 처참한 니느웨을 향해 말하고 있는 장면을 연상해 볼 수 있다. 7f는 7e에 대한 확언이다. 결코 니느웨를 위해 애곡하거나 위로할 자를 찾을 수 없다는 것이다. 하지만 이와는 달리 7f의 화자를 여호와로 간주하면 인칭의 문제는 간단히 해결이 된다.[69] 즉, 7d-e가 니느웨를 보고 도망가는 자들이 하는 말의 내용이고 7f는 여호와가 하는 말로 보는 것이다.[70] 7f의 동사가 1인칭형인 것과 2인칭 대명사어미가 사용된 것을 고려하면 MT독법을 그대로 유지하면서 화자를 여호와로 보는 것이 가능하다. 이 경우, 7a-e는 니느웨의 멸망에 대한 주변 민족들의 반응이며 7f는 여호와가 그들의 반응을 확언하는 것이 된다. 즉 니느웨의 멸망을 목격한 이들이 말하는 것처럼 니느웨를 위로할 자를 그 어디에서도 찾을 수 없다는 것이다. 7f의 화자를 단정적으로 결정하는 것은 어렵다. 시적 서술형식을 고려하면, 나훔이 7f에 두 화자가 의도적으로 중복되게 하여 파괴된 니느웨에 대한 주변 민족들과 여호와의 동일한 입장을 전달하려고 하였을 수도 있다. 공격하는 군대인지 아니면 방어하는 군대인지를 모호하게 서술하면서 전투의 혼란스러운 장면을 연출하는 기법(2:3-5)과 같은 맥락에서 이해할 수 있다.

4. 원문주해

3:5-6. 나훔은 고소단락에서 자신의 말로 니느웨가 심판을 받을 수밖에 없는 이유를 지적한 후, 여호와의 신탁을 직접 인용하면서 니느웨에 임하게 될 심판을

---

68) Cf. Cathcart, *Nahum*, 132; Maier, *The Book of Nahum*, 314; Christensen, *Nahum*, 346.

69) Cf. Robertson, *The Books of Nahum*, 111. Maier는 7f의 화자를 선지자 나훔으로 간주하고, 마지막 문장은 나훔이 니느웨의 멸망을 명시하는 만연한 증오를 강조하기 위해 자신의 감정을 서술하고 있는 것으로 설명한다(Maier, *The Book of Nahum*, 312). 그러나 5-7절에 1인칭 동사들이 모두 여호와를 화자로 하고 있기 때문에 갑자기 나훔이 1인칭 동사의 주어로 등장하는 것은 자연스럽지 않다.

70) Cf. Bailey, "Nahum," 225, 228; Bruckner, *Jonah*, 185.

엄중히 선언한다. 여호와는 "보라"는 표현과 함께 그가 잔악한 행위와 우상숭배를 범한 니느웨를 마주대하고 계심(הִנְנִי אֵלַיִךְ 히네니 엘라이크)을 선언하신다. "내가 너를"이라는 1인칭과 2인칭으로 표현하는 것은 선언의 엄중성과 심각성을 반영한다. "내가 너를 마주대하고 있다"는 표현은 여호와가 심판을 확정하셨음을 나타내는 전형적인 선언이다. 달리 말하면, 여호와는 니느웨가 행한 범죄를 결코 간과하지 않으신다는 것이다. 그러므로 니느웨는 진노하심으로 보복을 행하시는 여호와를 피할 수가 없다. 심판의 능력을 가지신 "만군의 여호와"가 니느웨에게 행하실 심판의 내용은 다음과 같다. 첫째, 니느웨의 수치가 열방 앞에 공개적으로 드러날 것이다. 여호와는 비유적 표현으로 니느웨의 수치가 열방 중에 드러나게 될 것임을 선언하신다. 4절의 비유적 표현과 연관하여 뛰어난 아름다움을 자랑하던 "음녀"가 벌거벗겨지고 수치를 당하는 모습을 연상할 수 있다. 니느웨는 탈취하여 온 온갖 보화로 자신을 화려하게 꾸미고 있지만 치마가 얼굴까지 걷어 올리어지고 주변 나라들 앞에서 그의 벌거벗음과 수치가 적나라하게 드러나게 될 것이다. 이것은 아담과 하와가 선악과를 따먹은 후에 자신들의 벌거벗음을 발견하고 수치를 느낀 것을 연상시킨다(cf. 창 2:25; 3: 3:7).[71] 여호와는 그들의 벌거벗은 몸을 가죽옷을 입혀 가려주셨다(cf. 창 3:21). 이러한 맥락에서 보면 니느웨의 치마를 걷어내고 벌거벗음과 부끄러운 곳을 드러내신다는 것은 죄의 결과를 그대로 드러내신다는 것을 의미한다. 보다 구체적으로는 "니느웨가 온갖 보물로 가득 찬 저장소가 끝이 없기에 화려하다(כָּבֹד 카보드)"고 말한 2장 9절을 고려할 때, 벌거벗김(מַעַר 마아르)과 수치(קָלוֹן 칼론)를 보이게 될 것이라는 표현은 니느웨가 모든 것을 잃고 비루하게 될 것임을 선언하는 것이다. 이것은 "니느웨가 가볍게 되었다(또는 쓸모없게 되었다, כִּי קַלּוֹתָ 키 칼로타)"는 1장 14절의 표현과도 연결이 된다. 달리 말하면 여호와의 심판은 니느웨가 온갖 보화로 꾸민 화려함(כָּבֹד מִכֹּל כְּלִי חֶמְדָּה 카보드 믹콜 켈리 헴다, 2:9)을 "시체의 화려함"(כֹּבֶד פָּגֶר 코베드 파게르, 3:3)으로 대체시키실 것이다. 그러므로 여호와의 심판은 포악과 잔혹함으로 주변 나라들을 황폐하게 하고 주검으로 뒤덮었던 니느웨를 그가 행한 대로 보복하시는 것이다. 보복을 당한 니느웨의 모습이 주변 나라들 앞에 적나라하게 드러나는 것은 자신의 화려함을 자

71) Cf. Coggins, *Israel among the Nations*, 50.

랑하며 오만하게 행동하던 니느웨에게 더욱 수치스러운 일이 될 것이다. 여호와의 대적의 결말은 죄가 드러나는 것이고 수치를 당하는 것이다.

둘째, 니느웨는 경멸을 당하고 구경거리가 될 것이다. 앗시리아 왕들은 앗수르 신을 최고의 신으로 자랑하였고 지대한 자부심을 가지고 있었다. 그들의 승리가 앗수르 신이 허락한 것으로 확신하였으며, 더욱이 앗수르 신을 섬기는 자가 되는 것을 자랑스럽게 생각하였다. 하지만 니느웨가 자랑하며 섬기는 우상들은 단지 가증스럽고 더러운 것, 즉 오물에 불과하다.[72] 가증스럽고 더러운 것을 니느웨에 던져 능욕하신다는 것은 1장 14절에서 선언하신 바대로 온갖 형태의 우상들을 니느웨의 신전에서 제거하심으로 니느웨가 자랑하던 우상들의 무기력함과 거짓됨을 드러내신다는 것을 의미한다. 그렇게 하심으로 여호와는 니느웨를 "바보"로 취급하시고 구경거리가 되게 하실 것이다.[73] 결과적으로 니느웨의 자랑은 여호와 앞에서 단지 모욕을 당하는 어리석음과 구경거리에 지나지 않는다. 이것은 헛된 우상을 자랑하며 우상숭배를 강요하던 니느웨가 피할 수 없는 당연한 결과이다. 뛰어난 아름다움으로 화려한 모습을 한 니느웨가 여호와의 심판으로 벌거벗겨지고 오물을 뒤집어쓴 추한 음녀의 모습으로 바뀌게 된다. 이러한 모습은 주변 나라들에게 하나의 경고가 될 것이다.[74]

3:7. 본 절은 5-6절에 언급된 일에 뒤따르는 결과적 상황을 서술한다. 즉, 여호와는 수치와 경멸을 당하고 구경거리가 된 니느웨를 본 이들의 반응에 대해 언급하신다. 6절의 선언이 실체화되는 장면이다.[75] 여호와의 심판으로 파괴된 니느웨를 보는 이들은 예외 없이 공포를 느끼고 뒷걸음질할 수밖에 없다. 이는 니느웨의 파괴가 그만큼 참혹하다는 것을 의미한다. 따라서 여호와의 심판이 임한 니느웨를 목도한 자들의 결론은 분명하다. 첫째, "니느웨가 폐허가 되었다"는 것이다.

---

72) Longman이 지적하는 바와 같이, שִׁקֻּצִים쉭쿠찜이 우상에만 제한되지 않고 하나님이 간주하시는 온갖 더러운 것을 모두 가리킬 수 있다(Longman, "Nahum," 816; cf. Bailey, "Nahum," 227).

73) Cf. Robertson, *The Books of Nahum*, 109; Bailey, "Nahum," 227.

74) Cf. Maier, *The Book of Nahum*, 310.

75) Coggins은 이러한 연결성을 6절의 רֹאִי로이("구경거리")와 7절의 רֹאַיִ로에("보는 자들")의 유사성에서 찾는다(Coggins, *Israel among the Nations*, 50).

즉 니느웨가 망했다는 것이다. 둘째, 어느 누구도 니느웨의 멸망을 애도하지 않는다는 것이다. 니느웨의 포악에 시달렸던 민족들에게 니느웨의 멸망은 애도할 일이 아니라 기뻐할 일이다(cf. 나 3:19). 그 만큼 니느웨로 인한 고통과 공포가 극심하였기 때문이다. 여호와 역시 니느웨를 위로할 자를 어디에서 찾을 수 있겠느냐는 수사적 질문으로 니느웨의 멸망을 목도한 자들의 결론에 동의하신다. 이 수사적 질문의 답변은 강한 부정이다. 따라서 이 질문은 어느 누구도 니느웨의 멸망을 불쌍히 여기지 않을 것이라는 선언과 같다. 이것은 여호와가 마주대하여 행하시는 심판을 받은 자의 충격적인 결말이다. 니느웨를 위해 애곡하거나 위로해 주는 이가 없다는 것은 니느웨가 처참하고 가련한 신세에 처하게 될 것임을 의미한다. 결과적으로 자비와 긍휼을 베풀지 않고 포악으로 자신의 이기적인 탐욕을 채웠던 니느웨의 죄과를 그대로 되갚아주시는 만군의 여호와의 공의를 보게 된다. 초라한 모습의 니느웨는 동경의 대상에서 조롱의 대상으로 전락하게 된다.

III. 멸망의 증거 (b), 8-10

1. 원문

3:8a הֲתֵיטְבִי מִנֹּא אָמוֹן
3:8b הַיֹּשְׁבָה בַּיְאֹרִים מַיִם סָבִיב לָהּ
3:8c אֲשֶׁר־חֵיל יָם מִיָּם חוֹמָתָהּ
3:9a כּוּשׁ עָצְמָה
3:9b וּמִצְרַיִם
3:9c וְאֵין קֵצֶה
3:9d פּוּט וְלוּבִים הָיוּ בְּעֶזְרָתֵךְ
3:10a גַּם־הִיא לַגֹּלָה
3:10b הָלְכָה בַשֶּׁבִי
3:10c גַּם עֹלָלֶיהָ יְרֻטְּשׁוּ בְּרֹאשׁ כָּל־חוּצוֹת
3:10d וְעַל־נִכְבַּדֶּיהָ יַדּוּ גוֹרָל
3:10e וְכָל־גְּדוֹלֶיהָ רֻתְּקוּ בַזִּקִּים

2. 번역(개역개정)

3:8 네가 어찌 노아몬보다 낫겠느냐 그는 강들 사이에 있으므로 물이 둘렸으니 바다가 성루가 되었고 바다가 방어벽이 되었으며

3:9 구스와 애굽은 그의 힘이 강하여 끝이 없었고 붓과 루빔이 그를 돕는 자가 되었으나

3:10 그가 포로가 되어 사로잡혀 갔고 그의 어린 아이들은 길 모퉁이 모퉁이에 메어침을 당하여 부서졌으며 그의 존귀한 자들은 제비 뽑혀 나뉘었고 그의 모든 권세자들은 사슬에 결박되었나니

3. 원문분석

3:8. הֲתֵיטְבִי 하테테비의 의문사 הֲ 하는 8a의 문장을 의문문으로 만든다. הֲתֵיטְבִי 하테테비의 원형동사 יטב("좋다"/"be good")인데, 모음표기는 칼형(תִּיטְבִי 티테비)과 히필형(תֵּיטִבִי 테티비)가 혼합된 형태를 취하고 있다.[76] 크리스텐센(Christensen)은 이것이 듣기 좋은 유조를 만들려고 한 것으로 설명한다.[77] 부사구 מִנֹּא אָמוֹן 민노 아몬의 전치사 מִן 민("..보다")은 비교급을 유도하면서 신탁의 대상인 니느웨를 애굽의 수도인 נֹא אָמוֹן 노 아몬("노아몬")에 견주어 상태의 정도를 비교한다. 따라서 8a는 "네가 노아몬보다 더 나으냐?"로 번역이 된다. 이 질문은 윤리적 차원에서 더 좋은가(선한가)를 묻는 것이 아니다. 마이어(Maier)는 이 질문이 지정학적으로 더 나은 위치에 있는지를 묻는 것으로 해석하는데, 단지 지정학적인 위치만을 의미하는 것으로 제한되지 않는다.[78] 왜냐하면 9절에서 군사적 측면도 언급하고 있기 때문이다. 따라서 이 질문은 대적의 공격을 방어하는 총체적인 면에서 니느웨가 노아몬보다 나은지를 묻는 것이다. 하지만 실제적으로는 니느웨가 노아몬보다 더 낫지 않다는 것을 지적하는 수사적 의문문이다. 쉬운성경은 이러한 어조를 반영하여 "니느웨야, 너는 테베보다 나은 것이 없다"로 번역한다. נֹא אָמוֹן 노 아몬은 문자

76) Cf. Longman, "Nahum," 819; Maier, *The Book of Nahum*, 319.

77) Christensen, *Nahum*, 354. Christensen은 이 질문이 니느웨의 운명이 멸망을 당한 테베의 운명보다 더 나지 않다는 답변을 의도한 것으로 본다.

78) Maier, *The Book of Nahum*, 317.

적으로 "아몬의 성읍"을 의미하는데, 주로 아몬 신과 연관이 있는 "테베"를 가리키는 것으로 본다.79) 테베는 상부 이집트의 네 번째 왕조의 수도였으며 현재 카이로에서 남쪽으로 약 530km 떨어진 지역의 나일강 동편에 위치하였다. 18대와 19대 왕조 때 가장 번영하였고 주전 1570년경에 힉소스 왕조가 제거된 후 영구적인 수도가 되었다. 테베는 주전 663년에 앗시리아 왕 앗술바니팔에 의해 파괴되었다.

8b의 הַיֹּשְׁבָה 하요셰바는 정관사 הַ 하와 여성 단수분사 יֹשְׁבָה 요셰바("거하다"/"자리하고 있다")가 결합된 형태로 נֹא אָמוֹן 노 아몬을 꾸며주는 형용사절을 유도한다. 한글번역에서는 주로 이 형용사절을 평서문처럼 번역하고 있다.80) 분사 יֹשְׁבָה 요셰바는 동사적 성격을 가지고 있기 때문에 위치를 나타내는 전치사 בְּ 베("...에")가 유도하는 부사구를 취하여 노아몬이 어디에 위치하고 있는지를 서술한다. 부사구 בַּיְאֹרִים 바예오림는 전치사 בְּ 베, 정관사 הַ 하, 복수형 명사 יְאֹרִים 예오림이 결합된 형태인데, 복수형 명사 יְאֹרִים 예오림은 문자적으로 "강들"을 의미한다. יְאֹרִים 예오림을 "나일강"으로 번역하기도 한다(cf. 출 7:19; 왕하 19:24). 일반적으로 이 표현이 나일 강의 물을 끌어들이는 테베의 수로 시스템을 가리키는 것으로 본다.81)

명사절 מַיִם סָבִיב לָהּ 마임 사비브 라흐("물이 둘렀으니")는 동격구문의 역할을 하면서 앞에 서술된 הַיֹּשְׁבָה בַּיְאֹרִים 하요셰바 바예오림("강들 사이에 있는")을 보다 구체적으로 설명한다.82) 이 두 표현의 논리적 연결은 노아몬이 강들 사이, 즉 나일 강가에 자리하고 있기에 물로 둘러싸여 있다는 것이다. מַיִם סָבִיב לָהּ 마임 사비브 라는 절대형 명사 מַיִם 마임("물들"), 부사의 역할을 하는 절대형 סָבִיב 사비브("사방으로"), 위치를 나타내는 전치사 לְ 레가 유도하는 부사구 לָהּ 라흐의 구문형식을 취한다. לָהּ

79) 표준새번역과 쉬운성경은 נֹא אָמוֹן 노 아몬을 "테베"로 번역하고 있다(cf. ESV; NIV).

80) 우리말성경은 형용사절을 그대로 반영하여 번역하고 있다: "나일 강가에 위치하고 강물에 둘러싸여 있으며 큰 물이 그 요새가 되고 큰 물이 그 성벽이 된 노아몬보다 네가 더 나은 것이 무엇이냐?"

81) Cf. Christensen, *Nahum*, 355.

82) Cf. GKC §156a. BHS는 הַיֹּשְׁבָה בַּיְאֹרִים 하요셰바 바예오림이 추가된 설명구일 가능성을 제기한다. 하지만 고대역본과 히브리어필사본들이 이 독법을 유지하고 있는 점에 주목할 필요가 있다. Maier는 선지자가 노아몬의 뛰어난 지정학적 위치를 제시하려고 하기 때문에 반드시 유지되어야만 한다고 주장한다(Maier, *The Book of Nahum*, 320).

라흐의 3인칭 대명사어미(ה)의 선행사는 "니느웨"이다. 절대형 명사 מַיִם 마임은 이 구문에서 주어역할을 하고 부사와 부사구가 술어역할을 한다. 따라서 "물들이 네 주위에 둘러있다"는 표현으로 노아몬에 대한 추가적 설명을 서술한다.

8c의 אֲשֶׁר 아셰르와 관련하여 두 가지 구문론적 분석이 가능하다. 하나는 אֲשֶׁר 아셰르가 소유격의 관계사(of which)로 노아몬을 꾸며주는 형용사절을 유도하는 보는 것이다.[83] 이 구문해석을 반영하여 8b-c를 번역하면 "바다가 그의 성루이고 바다에서 그의 방어벽을 취한 그[노아몬]의 주위에 물들이 둘러있다"가 된다. 다른 하나는 אֲשֶׁר 아셰르가 결과를 서술하는 절을 유도하는 관계사의 역할을 하는 것으로 보는 것이다.[84] 이 경우, 노아몬이 나일 강가에 위치하여 물들로 둘러싸여 있기 때문에(8b), *결과적으로* 바다가 노아몬의 성루와 방어벽이 된다는 것이다. 어떤 구문분석을 따르던, חֵיל יָם 헬 얌과 מִיָּם חוֹמָתָהּ 미얌 호마타는 관계사 אֲשֶׁר 아셰르에 연결된다. 이 두 표현은 접속사가 없이 부분적인 교차평행을 이루어 병치되면서 노아몬에 대해 서술한다. חֵיל יָם 헬 얌은 연결형 חֵיל 헬("성루")과 절대형 יָם 얌("바다"/"큰 물")이 결합된 형태인데, 절대형 יָם 얌이 주격의 역할을 한다.[85] 즉 "바다가 성루이다"의 의미를 전달한다.[86] 여러 역본들이 חֵיל 헬에 3인칭 여성 대명사어미를 추가하여 번역하고 있는 것에 근거하여 BHS는 חֵיל 헬("성루")을 חֵילָהּ 헬라("그것[노아몬]의 성루")로 수정하여 읽을 것을 제안한다. 하지만 히브리어 사본들이 MT독법을 반영하고 있는 점을 고려할 때 MT독법을 따르는 것이 적절해 보인다. 또한 대명사어미의 부재가 의미에 영향을 주지는 않는다. 위에서 언급한 바와 같이, 노아몬을 수식하고 있는 אֲשֶׁר 아셰르를 소유격 관계대명사로 간주하면 성

83) Cf. Christensen, *Nahum*, 356. Christensen은 8b-c를 다음과 같이 번역한다: "Water is round about her, whose rampart is the sea, having from the sea her wall" (ibid., 355).

84) Cf. Bailey, "Nahum," 229; Maier, *The Book of Nahum*, 320. Maier의 번역은 다음과 같다: "So that a sea {was} a rampart; Her wall {was} from the sea" (ibid., 314).

85) BHS는 יָם 얌이 Wadi Murabba'at 필사본에 표기되지 않는 것을 지적한다. 하지만 고대역본들과 히브리어필사본들에 서술된 것과 문맥의 의미에 벗어나지 않은 점을 고려할 때 MT독법을 유지할 수 있다.

86) Coggins는 노아몬이 실제 바다에서 멀리 떨어져있기 때문에 8절에 대한 문자적 해석을 지양할 것을 주장한다(Coggins, *Israel among the Nations*, 52). 하지만 물이 범람한 나일을 바다로 표현한 기록들이 있기 때문에 반드시 יָם 얌이 실제 바다를 가리킬 필요는 없다.

루는 노아몬의 성루를 가리키는 것이 분명해 진다.[87)] MT독법을 그대로 따르면, 부사구 מִיָּם미얌("바다로")의 전치사 מִן민은 어떤 것이 만들어진 재료를 나타내는 역할을 하면서 חוֹמָתָהּ호마타흐("[그것의] 방어벽")가 바다로 만들어진 것임을 보여준다(cf. TNK; KJV; Keil).[88)] 즉 "바다가 그것[노아몬]의 방어벽이 된다"는 의미를 전달한다. 이와는 달리 BHS는 칠십인경 등의 고대역본들에 근거하여 מִיָּם 미얌("바다로")을 מַיִם마임("물들")으로 수정하여 있을 것을 제안한다(cf. Longman; Cathcart). 이 제안은 모음만을 수정하고 이미 מַיִם마임이 8b에 언급되었기에 타당성이 없는 것은 아니다. 하지만 히브리어필사본들은 MT독법을 따르고 있다. 또한 강들의 물을 "바다"(יָם얌; "큰 물")로 표현하는 것에 대해 카일(Keil)은 나일이 여전히 베두인 사이에서는 "바다"(*bahr*)로 불리고 있고 강이 범람할 때는 실제 바다처럼 보인다고 설명한다.[89)] 이러한 점들을 고려할 때, MT독법 מִיָּם미얌을 유지하는 것은 문제가 되지 않는다. חוֹמָתָהּ호마타흐의 3인칭 여성 대명사어미 הּ의 선행사는 "노아몬"이다. 캐스카트(Cathcart)는, חֵיל헬은 "바깥 성벽"(outer-wall)을 가리키고 חוֹמָה호마는 바깥 성벽에 의해 보호를 받고 있는 안쪽의 방어벽을 가리키는 것으로 구분한다.[90)] 8b-c는 바다와 같은 강물이 노아몬의 주요 방어수단이었음을 보여준다. 즉, 노아몬이 요새와 같은 지정학적 위치에 자리하고 있었던 것을 의미한다.[91)]

3:9. 9a는 주어 כּוּשׁ쿠쉬("구스")와 술어 עָצְמָה오쯔마("그의 힘")로 구성된 명사절이다. כּוּשׁ쿠쉬는 고대 에디오피아(누비아; 현재의 수단)를 가리킨다.[92)] עָצְמָה오쯔

87) Cathcart는 חוֹמָתָהּ호마타흐의 대명사어미가 이중적 역할을 하는 것으로 간주하여 MT독법 lyxe헬을 그대로 유지할 것을 주장한다(Cathcart, *Nahum*, 134).

88) 이와는 달리 전치사 מִן민이 부분을 나타내는 것으로 간주하여 "바다의 일부가 그것의 방어벽이다"로 번역할 수도 있다. 따라서 MT독법이 구문론적으로 문제가 되는 것은 아니다.

89) Keil, *The Twelve*, 33; Christensen, *Nahum*, 355.

90) Cathcart, *Nahum*, 134; Armerding, "Nahum," 484.

91) 노아몬의 지정학적 위치에 대한 나훔의 묘사가 역사적 사실과 다르다는 주장들에 대한 Maier의 반박을 보려면, Maier, *The Book of Nahum*, 314-18을 참조하라.

92) Cf. Christensen, *Nahum*, 357.

마는 명사 עֹצֶם 오쩸("힘")의 연결형에 3인칭 여성 대명사어미 ה가 결합된 형태인데, 대명사어미의 선행사는 "노아몬"이다.[93] 문맥을 고려할 때 이 명사절의 시제는 과거형으로 해석하는 것이 적절하다. 따라서 9a는 "구스는 그[노아몬]의 힘이었다"로 번역이 된다.

וּמִצְרַיִם 우미쯔라임의 ו 바브는 등위접속사("그리고") 또는 추가적 역할을 하는 접속사("게다가")로 간주할 수 있는데, 어떤 분석을 따르던 간에 구스에 이어 מִצְרַיִם 미쯔라임("애굽")이 노아몬의 힘이었다는 사실을 언급하는 것이다. 명사절(9a)의 술어 עָצְמָה 오쯔마("그의 힘이었다")가 생략되고 주어 מִצְרַיִם 미쯔라임만 서술되면서 간략하지만 효과적으로 과거에 애굽이 노아몬의 힘이었음을 서술한다. 이러한 흐름을 반영하여 9a와 9b를 번역하면 "에디오피아는 그[그 성]의 힘이었으며 이집트 또한 그러하였다"가 된다. 마이어(Maier)는, 이집트 남부("구스") 뿐만 아니라 구스의 영향력 아래에 있었던 이집트 북부("이집트") 모두 노아몬의 군사적 배경이었음을 서술하는 것으로 설명한다.[94]

9c의 וְאֵין קֵצֶה 베엔 케쩨("끝이 없었고")는 2장 10절에서 니느웨가 노략으로 얻은 무수한 재물을 묘사할 때, 그리고 3장 3절에서 "파괴하는 자"의 공격으로 인하여 쓰러진 무수한 시체들을 묘사할 때 사용된 바가 있다. 부재를 나타내는 부사 אֵין 엔("없다")과 "끝"을 의미하는 명사 קֵצֶה 케쩨가 결합된 구문으로 앞의 문장에 언급된 에디오피아와 이집트가 노아몬에 끝이 없는 힘, 즉 막강한 정치적, 군사적 후원군이었음을 서술한다. וְאֵין 베엔의 접속사 ו 바브는 설명적 문장을 유도하는 역할을 한다. 이 표현이 9a-b와 9d 사이에 위치하면서 양자에 적용되는 이중적 역할을 하는 것으로 볼 수 있다.

---

93) 개역개정의 번역은 이 명사절의 구문을 정확하게 반영하지 못하고 있다. BHS는 고대역본에 근거하여 עָצְמָה 오쯔마흐로 읽을 것을 제안한다. עֶזְרָתֵךְ 에즈라테크("너의 도움") 역시 3인칭어미("그의 도움")로 수정하여 읽을 것을 제안하며 일관성을 유지하고자 한다. 하지만 GKC §91e는 3인칭 여성대명사어미가 약자음 앞에서 마피크(Mappiq)가 없이 사용되는 예로 본 절을 언급하고 있다.

94) Maier, *The Book of Nahum*, 321. 이러한 설명에 근거하여 Maier는 "이집트"가 불필요한 설명어이기에 삭제해야 한다는 J. M. P. Smith의 주장을 반박한다.

("구스와 애굽"/"그의 힘")	כּוּשׁ עָצְמָה וּמִצְרַיִם	3:9a-b
("끝이 없다")	וְאֵין קֵצֶה	3:9c
("붓과 루빔"/"돕는 자")	פּוּט וְלוּבִים הָיוּ בְּעֶזְרָתֵךְ	3:9d

9d의 문장은 주어역할을 하는 פּוּט וְלוּבִים푸트 베루빔("붓과 루빔")이 주동사 הָיוּ하유("...이었다"/"...있었다") 앞에 위치하고 있는데, 강조적 용법을 위한 것이라기보다는 앞의 문장에 이어 이름들을 나열하는 면에서 먼저 언급되고 있는 것으로 보인다. פּוּט푸트("붓")에 대해서는 고대의 푼트(Punt; 아프리카 동부의 소말리아지역) 또는 이집트의 서부에 있는 현재 리비아의 일부 지역으로 보는 견해가 제시되고 있다.[95] לוּבִים루빔("루빔")은 이집트의 서부에 위치한 "리비아인들"을 가리킨다. 마이어(Maier)는 붓을 고대 푼트로 보아 9c-d가 노아몬이 동서남북, 즉 전 방위적인 군사적 후원군을 갖추고 있었음을 서술하는 것으로 설명한다.[96] פּוּט푸트와 לוּבִים루빔이 모두 리비아인들을 가리키는 표현들인 점을 고려하여 크리스텐센(Christensen)은 וְלוּבִים베루빔의 접속사 ו바브를 설명적 역할을 하는 것으로 해석한다: "Put, that is the Libyans" ("붓, 곧 리비아인들").[97] "붓"과 "루빔"이 9a-b에서 두 개의 지역, 즉, "구스"와 "애굽"이 언급되는 것과 짝을 이루는 것으로 보면 각각 다른 지역을 가리키는 것으로 간주하는 것이 적절하다.[98]

בְּעֶזְרָתֵךְ베에즈라테크("그를 돕는 자")는 위치를 나타내는 전치사 בְּ베("...안에," "...중에"), 여성 명사 עֶזְרָה에즈라("도움")의 연결형, 2인칭 여성 단수 대명사어미 ךְ("너의")가 결합된 부사구로 주동사 הָיוּ하유를 꾸며준다. עֶזְרָה에즈라가 집합명사로 사용될 경우, "돕는 자들"이라는 의미를 갖는다. 따라서 9d는 "붓과 르빔이 너의 돕는 자들(또는 연합군) 중에 있었다"는 의미를 전달한다. 크리스텐센(Christensen)이 제시하는 바와 같이 전치사 בְּ베가 정체를 나타내는 역할을 하는 것으로 해석하여 "붓과 르빔이 너의 돕는 자들이었다"로 해석하기도 한다.[99]

95) Cf. Longman, "Nahum," 819.

96) Maier, *The Book of Nahum*, 322.

97) Christensen, *Nahum*, 356, 357; Armerding, "Nahum," 484.

98) Cf. Bailey, "Nahum," 232.

99) Cf. Christensen, *Nahum*, 357. 한글번역들은 주로 이 구문해석을 따르고 있다. Maier는

עָצְמָה 오쯔마("그의 힘," 9a)에서는 3인칭 대명사어미가 사용되고 있는 반면에 עֶזְרָתֵךְ 에즈라테크("너의 도움")에서는 2인칭 대명사어미가 등장한다. 이에 대해 BHS는 칠십인경과 시리아역본에 근거하여 עֶזְרָתָהּ 에즈라타흐("그의 도움")으로 수정하여 읽을 것을 제안한다. 고대역본들과는 달리 히브리어사본들은 MT독법을 유지하고 있다. 문제가 되는 것은 2인칭 대명사어미 독법을 유지할 경우, 선행사는 "노아몬"이 아닌 신탁의 대상인 "앗시리아"가 된다는 것이다. 따라서 전체 문맥을 고려하여 수정독법이 일반적으로 수용되고 있다. 즉 붓과 르빔이 노아몬의 연합군이었음을 서술하는 것으로 이해한다. 이러한 일반적 해석과는 달리 크리스텐센(Christensen)은 MT독법을 그대로 유지할 것을 주장한다. 그의 설명에 따르면, עֶזְרָתֵךְ 에즈라테크("너[앗시리아]의 도움")는 대체법(enallage)으로 앗시리아가 정복전쟁을 하면서 그 지역에서 군사적 원조를 얻는 역사적 정황을 반영하고 있다는 것이다.[100] 이러한 해석을 반영하여 9-10절을 간략히 설명하면, 구스와 애굽이 노아몬의 든든한 후원군이었지만 붓과 루빔이 앗시리아의 연합군이 되었고 노아몬의 주민들은 포로로 사로잡혀가게 되었다는 것이다. 마이어(Maier)의 경우, 2인칭 대명사어미의 선행사를 "노아몬"으로 유지하면서 MT독법을 선호하는데, 인칭의 변화가 강조를 위한 것으로 설명한다.[101]

3:10. 본 절의 첫 번째 문장을 유도하는 גַּם 감은 반의접속사("그러나")의 역할을

בְּ 베를 위치를 나타내는 전치사로 번역하면서도 정체를 나타내는 용법의 בְּ 베(the Beth essentiae)로 간주할 수 있음을 지적한다(Maier, *The Book of Nahum*, 323).

100) Christensen, *Nahum*, 357; "Like Ethiopia to the south, Libya to the west was often in conflict with Egypt in the Third Intermediate Period (ca. 1100-650 BCE) in Egyptian history, such that the strength of this political alliance was apparently tenuous at best. In fact, it is possible to interpret the pronoun "your" in this context to indicate that Assyria made use of this fickle relationship among former allies to achieve her own ends in the conquest of Egypt under Ashurbanipal" (ibid., 357-58).

101) Maier, *The Book of Nahum*, 323. Maier는 그의 주장에 대한 구체적인 설명이나 유사한 예를 제시하지 않고 단지 다음과 같이 서술하고 있다: "All these mighty people in Upper and Lower Egypt, East and West Egypt, Nahum declares, suddenly addressing No-Amon, 'were among thy help,' that is the impregnable capital could count them as allies ready to come to its aid" (ibid., 322).

하는 것으로 앞 절의 내용과 10절의 내용을 대조시킨다.[102] 즉, 노아몬이 뛰어난 지형조건(8절)과 막강한 군사적 배경(9절)을 가지고 있었지만 멸망을 당하게 되었다는 것이다. 10a에 동사가 서술되지 않기에 구문론적 분석의 어려움이 있는데, 롱맨(Longman)이 제안하는 바와 같이 10b의 주동사 הָלְכָה할레카(c)가 선회축(pivot)처럼 10a에도 적용되는 것으로 볼 수 있다.[103]

3:10a-b גַּם־הִיא לַגֹּלָה הָלְכָה בַּשֶּׁבִי

b' [부사구] - c [동사] - b [부사구] - a [주어]

10a의 문장에서 주어역할을 하는 3인칭 여성대명사 הִיא히(그녀)의 선행사는 "노아몬"이다. 이어서 서술되고 있는 לַגֹּלָה락골라는 결과를 나타내는 전치사 לְ레, 정관사 הַ하, 여성명사 גֹּלָה골라("추방," "포로")가 결합된 부사구이며 앗시리아에 의해 노아몬이 포로가 된 상태를 서술해 준다.[104] 전치사 לְ레가 강조를 위한 것으로 분석할 수도 있다. 접속사가 서술되지 않고 10a의 명사절에 이어 병치된 평서문(10b)은 앞의 문장을 설명하는 기능을 한다. 따라서 평서문의 주동사 הָלְכָה할레카("[그녀가] 갔다")의 주어 역시 "노아몬"이다. 방편을 나타내는 전치사 בְּ베("…으로"), 정관사 הַ하, 단수명사 שְׁבִי세비("포로," "감금")가 결합된 부사구 בַּשֶּׁבִי밧세비는 노아몬이 감금된 채로, 즉 포로상태로 간 것을 서술한다. 의미론적으로 유사한 문장들이 병치되면서 의미가 강화된다.

10a의 גַּם감과는 달리 10c의 גַּם감은 추가적 정보를 전달하는 역할을 한다: "게다가 노아몬의 어린 아이들은…" 주어인 עֹלָלֶיהָ올랄레하("그[녀]의 어린 아이들")가 주동사 יְרֻטְּשׁוּ예룻테슈("메어침을 당하여 부서졌다")앞에 놓이면서 강조될 뿐만 아니라 독자로 하여금 이 대상에 주목하게 한다. 동사 רטשׁ는 사람이나 물건이 벽이

---

102) Cf. Longman, "Nahum," 820; Spronk, *Nahum*, 131.

103) Longman, "Nahum," 820. Maier의 경우, Longman의 구문적 해석의 가능성을 거부하지는 않지만 동사 הֶיְתָה헤예타가 생략된 것으로 보아 숙어 לְ . . . היה("…이 되다")를 고려하여 "She is for exile"로 번역한다(Maier, *The Book of Nahum*, 327).

104) Cathcart는 MT독법의 לַגֹּלָה락골라보다는 בַּגֹּלָה박골라가 일반적인 형태의 부사구이지만 10b의 부사구 בַּשֶּׁבִי밧세비와 균형을 이루면서도 문체적 효과를 위해 בַּגֹּלָה박골라의 이형인 לַגֹּלָה락골라를 사용한 것으로 설명한다(Cathcart, *Nahum*, 136).

나 바위 등의 단단한 것에 던져져서 산산조각이 나는 것을 의미한다(cf. 사 13:16; 호 10:14; 13:16). 시리아역과 불가타역에 근거하여 BHS는 미완료형 대신에 완료형 רֻטְּשׁוּ룰테슈로 읽을 것을 제안한다. 또는 과거사건을 서술하고 있는 문맥을 고려하여 완료형을 제안하기도 하는데, 과거사건에 미완료형이 사용될 수 있기 때문에 MT독법을 유지할 수 있다.[105] 이 경우, 미완료형은 전투를 벌이는 동안 지속적으로 일어난 사건을 묘사하는 효과를 갖는다.[106] 위치를 나타내는 전치사 בְּ베가 유도하는 부사구 בְּרֹאשׁ כָּל־חוּצוֹת베로쉬 콜 후쪼트는 동사의 행위가 벌어진 장소를 나타낸다. רֹאשׁ로쉬는 신체의 "머리"나 산 등의 "꼭대기"를 의미하므로 "모퉁이"라는 번역보다는 "어귀"라는 번역이 더 적절해 보인다: "모든 길 어귀에서" 또는 "길 어귀 어귀에서." 10c, 10d, 10e는 동사를 중심으로 구문론적 교차평행을 반복하면서 대적의 공격을 당하는 대상에 집중하게 할 뿐만 아니라 처참한 상황을 강조한다.[107]

3:10c גַּם עֹלָלֶיהָ יְרֻטְּשׁוּ בְּרֹאשׁ כָּל־חוּצוֹת
c [부사구] - b [동사] - a [주어: 대상(*어린 아이들*)]

3:10d וְעַל־נִכְבַּדֶּיהָ יַדּוּ גוֹרָל
a' [주어] - b' [동사] - c' [부사구: 대상(*존귀한 자들*)]

3:10e וְכָל־גְּדוֹלֶיהָ רֻתְּקוּ בַזִּקִּים
c'' [부사구] - b'' [동사] - a'' [주어: 대상(*권세자들*)]

---

105) Christensen은 10b의 완료형(הָלְכָה할레카)과 10e의 완료형(רֻתְּקוּ룰테쿠) 사이에서 미완료형(יְרֻטְּשׁוּ예룰테슈, יַדּוּ얃두; 10c-d)이 사용되는 것은 10b와 10d의 사건이 벌어지는 동일한 시간에 10c-d의 사건이 발생한 것을 나타내기 위한 것으로 설명한다(Christensen, *Nahum*, 359).

106) Cf. GKC §107b.

107) 앗술바니팔은 노아몬과의 전쟁을 다음과 같이 기록하고 있다: "That city (Thebes) in its entirety, my hands conquered {with} the help of Ashur (and) Ishtar ... {Sil}ver, gold, precious stones, the goods of his {Tanut-Amen's} palace, all there was, brightly colo{red} (and) linen garments, great horses, {the people} men and women, two all obelisks fashioned of glittering electrum, whose wei{ght} was 2500 talents ... {I re}moved from the{ir} positions and to{ok} off to Assyria. Booty, heavy (and) {countless, I carried away} fr{om The}bes" (*Annals*, col. II, 28-37 (Edition B) in A. C. Piepkorn, *Historical Prism Inscriptions of Ashurbanipal,*

10d와 10e의 접속사 ו바브는 등위접속사("그리고")로 문장들을 연결시킬 뿐만 아니라 나열하는 역할을 한다. 부사구 עַל־נִכְבַּדֶּיהָ알 니크받데이하의 접속사 עַל알("... 에 대하여")은 גּוֹרָל고랄("제비")이 던져지는 대상을 유도한다.108) נִכְבַּדֵּי니크받데이는 "영광 중에 나타나다" 또는 "존귀하게 여김을 받다"를 의미하는 니팔형 נכבד에서 파생된 연결형 분사이기 때문에 "존귀함을 받는 자들"로 번역할 수 있다: "존귀한 자들"(개역개정), "귀족들"(쉬운성경, 우리말, 표준새번역), "유지들"(공동).

칼형 복수동사 יַדּוּ얏두("그들이 [제비 등을] 던졌다[뽑았다]")의 주어가 복수형("그들")이므로 단수형 명사인 גּוֹרָל고랄("제비")과 수에 있어서 일치하지 않는다. 따라서 문자적으로 "그들이 귀족들에 대해 제비를 뽑았다"고 번역할 수 있는데(cf. ASV, KJV), 히브리어에서는 집합적 의미를 갖는 단수형 명사가 복수형 동사의 주어로 사용되는 경우가 있기에 גּוֹרָל고랄을 주어로 보는 것에는 문제가 없다.109) 이러한 형태의 구문은 주로 수동의 의미를 전달한다.110) 즉 귀족들에 대해 제비가 던져졌다는 것이다. 이 문장이 내포하는 의미는 앗시리아 군인들이 제비를 던져 귀족들과 그들의 소유를 취하여 갔다는 것이다. עֹלָלֶיהָ올랄레이하("그녀의 어린 아이들"), נִכְבַּדֶּיהָ니크받데이하("그녀의 존귀한 자들"), כָּל־גְּדוֹלֶיהָ콜 게돌레이하("그녀의 모든 권세자들")에 사용된 3인칭 여성대명사어미 הָ하("그녀")의 선행사는 "노아몬"이다. בַזִּקִּים밧찍킴("사슬에")은 방편을 나타내는 전치사 בְּ베, 정관사 הַ하, 복수형 명사 זִקִּים찍킴("사슬")이 결합된 부사구로 수동의 의미를 갖는 푸알형 동사 רֻתְּקוּ룻테쿠("묶이다")의 행위를 꾸며주는 역할을 한다. 문두에 놓인 כָּל־גְּדוֹלֶיהָ콜 게돌레이하("그[노아몬]의 모든 권세자들")의 복수 연결형 형용사 גְּדוֹלֵי게돌레이는 실명사로 동사의 주어역할을 한다. 이 형용사는 "큰" 또는 "힘이 있는" 등의 의미를 갖기 때문에 "권세자들," "귀인들," "지도자들" 등으로 번역이 된다. 이들이 힘과 권세를 누리는 사회적 지위를 가지고 있었지만 사슬에 묶인 채 끌려가는 처참한 신세에 처하였다. 10c-e는 10a-b가 서술하고 있는 포로로 사로잡혀가는 정황에 대한 세부적인 설명이다.

1933 [Maier, *The Book of Nahum*, 325에서 재인용]),

108) BHS는 칠십인경에 근거하여 -כָּל콜("모든")을 추가할 것을 제안한다. 하지만 히브리어 필사본들이 이러한 수정독법을 지지하지 않는다.

109) Cf. GKC §145b.

110) Cf. GKC §144g, 146c.

4. 원문주해

3:8-9. 여호와는 니느웨의 멸망을 선언하신 후 니느웨의 멸망이 확실하다는 증거를 제시하신다. 바로 애굽의 수도였던 노아몬(테베)의 멸망이다. 여호와는, 니느웨의 멸망을 선포하는 나훔의 선언을 듣지만 과연 그렇게 될 것인지에 대해 의심하는 이들에게 노아몬의 멸망에 주목하게 하신다. 노아몬은 나일 강가에 자리하고 있었고 물로 둘러싸여 있었기 때문에 이 물들은 노아몬의 가장 효과적인 성루와 방어벽의 역할을 하였다. 달리 말하면, 노아몬은 지정학적으로 난공불락의 요새와 같은 환경을 갖추고 있었다. 뿐만 아니라 주변의 동맹국들은 노아몬의 든든한 군사적 후원군이었다. 노아몬이 스스로 대적의 공격을 감당할 수 없을 때 외부로부터 군사적 도움을 충분히 얻을 수 있었다. 구스(누비아)와 애굽이 노아몬의 막강한 군사적 배경이었고 붓과 루빔 역시 노아몬을 도울 수 있는 정치적 동맹국들 중에 있었다. 노아몬을 중심으로 북부의 구스, 남부의 애굽, 동부의 루빔, 서부의 리비아가 위치하였고 그들의 군사적 원조는 끝이 없을 정도로 충분하였다. 이와 같이 노아몬은 지정학적 위치와 군사적 규모에 있어서 자신을 방어할 수 있는 것처럼 보였다. 하지만 노아몬은 주전 663년에 앗시리아 왕 앗술바니팔에 의해 파괴되고 멸망하였다. 노아몬이 함락될 때 벌어졌던 참혹한 장면이 10절에 묘사되고 있다.

니느웨가 티그리스강 옆에 위치하였고 강들이 효율적인 방어벽의 역할을 했던 점에 있어서 노아몬과 유사하다. 뿐만 아니라 1장 12절이 묘사하는 바와 같이 적의 공격을 감당하기에 완벽할 정도의 수많은 군사들(שְׁלֵמִים 셀레밈; רַבִּים 랍빔)을 보유하고 있었던 면에서도 노아몬은 좋은 비교의 대상이 된다. 하지만 보다 세밀하게 살피면, 니느웨의 자연적, 인위적 방어체제는 노아몬의 것보다 나은 것이 전혀 없기 때문에 니느웨의 멸망은 확실할 수밖에 없다고 마이어(Maier)는 지적한다.[111] 따라서 여호와는, 결코 함락되지 않을 것 같았던 노아몬이 참혹하게 파괴되었다면 과연 니느웨가 그의 심판을 감당할 수 있을 만큼 더 나은지 물으시며 니느웨를 조롱하시는 것이다. 이것은 사자의 비유로 니느웨를 조롱하고 있는 2장 11절과 같은 맥락의 어조이다. 8절의 수사적 질문은, 상상할 수 없었던 노아몬의

---

111) Maier, *The Book of Nahum*, 318.

멸망이 현실이 되었다면 니느웨의 멸망이 불가능하지 않다는 것에 대한 독자들의 동의를 유도하면서 멸망의 확실성을 확언하는 것이다. 노아몬의 멸망은 자신은 안전하다고 확신하는 니느웨에게 위협과 도전이 된다. 앗술바니팔의 연대기에 노아몬의 멸망이 기록되어 있기 때문에 노아몬의 멸망은 누구보다도 앗시리아인들에게 분명한 사실이다.

3:10. 여호와는 수사적 질문으로 니느웨의 멸망에 대한 동의를 유도하신 후, 노아몬이 함락될 때 벌여졌던 참혹한 장면을 서술하신다. 이것은 니느웨가 파괴되면서 겪게 될 심판의 참혹함을 연상하게 한다. 노아몬은 지정학적 위치와 군사력에 있어서 결코 파괴되지 않을 것 같았다(8-9절). 그러나 앗시리아의 침략으로 인해 노아몬의 거민들은 포로가 되어 사로잡혀갔다. 심지어 힘이 없는 어린 아이들이 길 어귀 어귀에서 메어침을 당하여 잔인하게 죽임을 당하였다. 그렇다면 다른 연령의 사람들에게 어떤 일이 벌어졌을지는 충분히 상상해 볼 수 있다. 정치적, 사회적 지위를 누리던, 소위 말하는 "존귀한 자들"은 제비 뽑힘을 당하여 노획물로 분배되는 가련하고 처량한 신체에 처하였다. 또한 힘과 권력을 자랑하던 권세자들은 사슬에 묶인 채 끌려가는 모욕과 수치를 당하였다. 이러한 모습은 니느웨성이 벌거벗김을 당하여 끌려가는 장면을 묘사하고 있는 2장 7절과 중첩이 되면서 독자들은 니느웨가 겪게 될 멸망의 참혹함을 실제로 그려볼 수 있다. 처참하게 파괴되는 노아몬의 모습 속에 니느웨의 모습이 선명하게 드리워져 있는 것을 볼 수 있다.[112)]

여호와는 단순한 비유가 아니라 역사적 사건을 언급하시면서 독자로 하여금 니느웨가 맞이하게 될 멸망의 실체에 보다 가까이 다가서게 하신다.[113)] 결론적으로 말하면 아몬 우상의 성읍인 테베가 멸망한 것처럼 이스테르 우상의 성읍인 니느웨가 멸망하게 된다는 것이다. 여호와가 보복의 심판을 행하시면 포악하고 우상을 숭배하는 니느웨는 결코 멸망을 피할 수 없다.

---

112) Cf. Bailey, "Nahum," 234; Baker, *Nahum*, 38.
113) Cf. Longman, "Nahum," 819.

IV. 무기력한 니느웨 (c), 11-13

1. 원문

גַּם־אַתְּ תִּשְׁכְּרִי 3:11a
תְּהִי נַעֲלָמָה 3:11b
גַּם־אַתְּ תְּבַקְשִׁי מָעוֹז מֵאוֹיֵב 3:11c
כָּל־מִבְצָרַיִךְ תְּאֵנִים עִם־בִּכּוּרִים 3:12a
אִם־יִנּוֹעוּ 3:12b
וְנָפְלוּ עַל־פִּי אוֹכֵל 3:12c
הִנֵּה עַמֵּךְ נָשִׁים בְּקִרְבֵּךְ 3:13a
לְאֹיְבַיִךְ פָּתוֹחַ נִפְתְּחוּ שַׁעֲרֵי אַרְצֵךְ 3:13b
אָכְלָה אֵשׁ בְּרִיחָיִךְ 3:13c

2. 번역(개역개정)

3:11 너도 술에 취하여 숨으리라 너도 원수들 때문에 피난처를 찾으리라
3:12 네 모든 산성은 무화과나무의 처음 익은 열매가 흔들기만 하면 먹는 자의 입에 떨어짐과 같으리라
3:13 네 가운데 장정들은 여인 같고 네 땅의 성문들은 네 원수 앞에 넓게 열리고 빗장들은 불에 타도다

3. 원문분석

3:11. 앞 절과 본 절에 불변화 접속사 גַּם감이 네 번 반복되고 있다(10a, 10c, 11a, 11c). 11a과 11c의 גַּם감은 노아몬이 멸망을 당한 것과 같이 앗시리아도 멸망을 당하게 될 것이라는 사실을 추가할 뿐만 아니라 강조하는 역할을 한다. 즉 גַּם־אַתְּ감 앝트는 "너 역시"라는 의미를 전달할 뿐만 아니라 גַּם감은 노아몬의 사건과 이어지는 선언을 연결시킨다. 2인칭 단수 주격대명사 אַתְּ앝트("너")의 선행사는 신탁의 대상인 "니느웨"(앗시리아)이다. 구문론적 측면에서 볼 때, 신탁의 대상이 세 가지 면에서 강조되고 주목을 받게 된다. 첫째, 강조를 위한 접속사 גַּם감이 사

용되고 있다. 둘째, 칼형 동사 תִּשְׁכְּרִי 티스케리("너는 술에 취할 것이다")의 주어인 2 인칭 단수 주격대명사가 적시될 뿐만 아니라 동사 앞에 위치하고 있다. 이를 반영하여 번역하면 גַּם־אַתְּ 감 앝트는 "너 자신 역시"가 된다. 셋째, גַּם־אַתְּ 감 앝트("너 역시")가 11절 안에서 두 번 반복되고 있다. 이것은 니느웨의 운명이 멸망을 당한 노아몬과 다르지 않을 것이라는 선언에 집중하게 한다. 이와 같이 여호와가 심판의 대상에 집중하시는 것은 마치 여호와가 니느웨를 주시하고 계시는 듯한 인상을 갖게 한다. 미완료형 תִּשְׁכְּרִי 티스케리는 앞으로 니느웨가 겪게 될 일을 선언하는 것이기 때문에 미래시제로 번역하게 된다.[114] 술에 취할 것이라는 표현은 대적의 공격에 당황하여 제대로 힘을 쓰지 못하는 니느웨의 상태를 은유적으로 서술하는 것이다.

11b의 문장이 접속사가 없이 11a와 병치되고 있지만, 의미상 11a의 상태에 따른 결과를 서술한다. נַעֲלָמָה 나알라마는 원형동사 עלם("숨다")의 니팔형 분사이다. 기본적으로 수동의 의미를 갖는 분사는 사람이나 물건이 외부적 행위에 의해 야기된 상태에 처하게 되는 것을 나타낸다.[115] 수동형 분사가 사역 동사 תְּהִי 테히(jussive)와 함께 쓰이면서 분사가 적시하는 상태가 미래적 사건임을 알 수 있다. 이 경우, 분사는 구문론적으로 동사의 의미를 보충하는 역할을 한다. 분사 נַעֲלָמָה 나알라마에 대해서 다양한 해석이 제시되고 있다.[116] 첫째, 일반적으로 원형동사의 의미를 그대로 반영하여 해석하는 것이다. 개역개정("숨으리라")과 우리말 성경("숨을 곳을 찾아야 할 것이다")이 이 구문해석을 따르고 있다(cf. NJB, ASV, KJV, NIV). 둘째, 롱맨이 제시하는 바와 같이, 니팔형이 재귀적 의미를 취하는 것으로

---

114) BHS는 칼형 תִּשְׁכְּרִי 티스케리("네가 술에 취할 것이다") 대신에 수동의 의미를 갖는 니팔형 תִּשָּׁכְרִי 팃샤케리("네가 부서지게 될 것이다") 독법이 제시되고 있음을 지적하는데, 이 수정독법은 고대역본이나 히브리어필사본들의 지지를 받지 못하는 제안이다.

115) Cf. GKC §116a.

116) 아람어역본은 נַעֲלָמָה 나알라마를 *msl ʽm*("멸시를 당하는")로 번역하고 נֶעֱלָפָה 네엘라파("기절한")로 읽는 수정독법이 제시되고 있는 반면에, BHS는 נִלְעָמָה 닐아마(passum data, "파괴된")로 읽을 것을 제안한다. 하지만 이 수정독법은 히브리어 필사본들의 지지를 받지 못할 뿐만 아니라 MT독법의 의미가 문맥에 벗어나지 않기 때문에 MT독법을 그대로 유지할 수 있다.

보아 "의식을 잃게 되다"로 해석하는 것이다.[117] 이 경우, 11a와 11b는 "네가 술에 취하게 되어 의식을 잃게 될 것이다"라는 의미가 된다. 공동번역("네가 곤드레 만드레 몸도 못 가누며"), 쉬운성경("너 역시 술 취한 사람처럼 비틀거릴 것이다"), 표준새번역("너 또한 술에 취해서 갈팡질팡하고") 등이 이 구문해석을 따르고 있다(cf. RSV). 셋째, 칠십인경은 이 분사를 ὑπερεωραμένη로 번역하여 "네가 멸시를 당하게 될 것이다"라는 의미로 해석한다. 이 번역은 문자적이라기보다는 해석적이다. 분사의 원형동사가 내포하고 있는 의미를 따르더라도 11b가 문맥에서 전달하려고 하는 의도는 분명하다. 이 경우, 11a-b는 대적의 공격으로 인하여 당황하여 몸을 숨기기에 급급한 니느웨의 모습을 묘사하는 것이 된다. 자연스럽게 11a-b는 1장 10절의 선언을 연상시킨다: "가시덤불 같이 엉크러졌고 술을 마신 것 같이 취한 그들은 마른 지푸라기 같이 모두 탈 것이거늘."

11c의 동사 תְּבַקְשִׁי 테바크쉬("네가 찾을 것이다")를 꾸며주고 있는 מֵאוֹיֵב 메오예브는 전치사 מִן 민과 실명사 역할을 하는 분사 אוֹיֵב 오예브("대적")가 결합된 부사구인데, 전치사 מִן 민에 대하여 두 가지 구문론적 해석이 가능하다. 하나는 מִן 민을 공간적 이탈을 나타내는 접속사로 해석하는 것이며 다른 하나는 מִן 민을 원인을 나타내는 접속사로 해석하는 것이다. 전자의 경우, מֵאוֹיֵב 메오예브의 기본적인 의미는 "대적으로부터"인데, "대적을 피하여"라는 의미를 갖는다(cf. 공동, 쉬운성경, 우리말, 표준새번역). 후자의 경우, מֵאוֹיֵב 메오예브는 "대적으로 인하여"로 번역이 된다(cf. 개역개정, KJV). 어떤 구문해석을 따르던 간에 핵심적인 의미에는 차이가 없다. 동사 תְּבַקְשִׁי 테바크쉬의 목적어 역할을 하는 מָעוֹז 마오쯔("피난처")는 1장 7절에서 여호와가 선하시기에 환난 날에 "산성"이 되심을 선언할 때 사용된 단어이다: טוֹב יְהוָה לְמָעוֹז בְּיוֹם צָרָה 토브 아도나이 레마오즈 베욤 짜라(1:7). 그러나 본 단락의 문맥을 고려할 때, 11c의 מָעוֹז 마오즈는 "피난처"로 번역하는 것이 적절해 보인다.[118] 다른 나라들이 앗시리아의 공격을 받을 때 피할 곳을 찾아 헤맨 것처럼 니느웨 역시 대적으로 인해(또는 대적을 피하여) 숨을 곳을 찾아 헤매게 될 것이다.

---

117) Longman, "Nahum," 822. Longman은 11a와 11b가 원인과 결과의 논리적 관계를 갖는 것으로 보아, 니느웨가 술에 취하여 정신을 잃게 된다는 의미를 전달하는 것으로 설명한다: "You too will get drunk; you will pass out" (ibid., 821, 822).

118) Cf. Ibid., 822.

3:12. 본 절의 첫 번째 문장은 주어부 כָּל־מִבְצָרַיִךְ콜 미브짜라이크("네 모든 산성")와 술부 תְּאֵנִים עִם־בִּכּוּרִים테에님 임 빅쿠림("처음 익은 열매가 달린 나무들")가 결합된 명사절이다. מִבְצָרַיִךְ미브짜라이크는 "니느웨"를 가리키는 2인칭 여성 단수 대명사어미 ךְ("네")에 의해 한정된 속격인데, 이와 같이 명사 כָּל콜이 한정된 속격의 수식을 받을 경우 "전체"를 의미하게 된다: "네 산성들의 전부[모두]."[119] מִבְצָר 미브짜르는 "요새화된 성읍"을 의미한다.[120] תְּאֵנִים테에님은 "무화과나무"를 가리킨다. 술부를 시작하는 תְּאֵנִים테에님에 비교를 위한 전치사 כְּ케 등이 사용되지 않지만 주어가 나무들에 비유되고 있음을 알 수 있다. עִם־בִּכּוּרִים임 빅쿠림의 전치사 עִם임은 수반("…와 함께")을 나타낸다.[121] 따라서 이 표현은 "처음 익은 열매가 달린"으로 번역이 된다. 명사절의 시제는 미래이다. 따라서 12a는 "네 모든 산성이 처음 익은 열매가 달린 나무들과 같을 것이다(또는 나무들에 불과할 것이다)"로 번역이 된다. 주어인 כָּל־מִבְצָרַיִךְ콜 미브짜라이크("네 모든 산성")가 직접적으로는 תְּאֵנִים테에님("무화과나무들")에 연결되지만, 이어지는 12b-c를 고려할 때 실제적인 비교대상은 "처음 익은 열매"이다. 이사야 28장 4절은 동일한 이미지를 사용하면서 임박한 사마리아의 멸망을 예고하고 있다: "그 기름진 골짜기 꼭대기에 있는 그의 영화가 쇠잔해 가는 꽃이 여름 전에 *처음 익은 무화과*와 같으리니 보는 자가 그것을 보고 얼른 따서 먹으리로다."

접속사 אִם임에 대하여 두 가지 구문론적 분석이 가능하다. 첫째, אִם임이 가능한 상황을 가정하는 조건문을 유도하는 것으로 해석하는 것이다(cf. TNK, ASV,

---

119) Cf. GKC §127b.

120) Spronk는 מִבְצָרַיִךְ미브짜라이크가 니느웨의 성문을 가리키는 것으로 해석한다(Spronk, *Nahum*, 133). 하지만 앞 절과 연계하여 볼 때, 앗시리아에 있는 모든 요새화된 성읍들을 가리키는 것으로 보는 것이 적절하다.

121) BHS는 עִם임 대신에 עָרַיִךְ아라이크("네 성읍들") 또는 עַמֵּךְ암메크("네 군대")로 읽을 수 있는 가능성을 제안한다. 즉, 12a에 두 개의 명사절이 나열되는 것으로 읽을 수도 있다는 것이다. 이 제안은 두 번째 문장에서 니느웨의 성읍 또는 군대가 열매에 비교되는 것으로 해석할 수 있다는 것인데, 고대역본이나 히브리어필사본들의 지지를 받지 못하고 있다. Cathcart 역시 עַם암("백성")으로 읽을 것을 제안하는데, 이 경우 "백성"이 "네 모든 요새"와 어울리지 않는 문제가 있다(Cathcart, *Nahum*, 121; cf. Maier, *The Book of Nahum*, 334). 또한 13절에서 עַמֵּךְ암메크가 언급되고 있는 점도 고려할 필요가 있다.

KJV).[122] 따라서 אִם־יִנּוֹעוּ임 인노우는 "그것들이 흔들리면"이라는 의미가 된다. 니팔 복수동사 יִנּוֹעוּ인노우의 주어("그것들")는 앞에 서술된 בִּכּוּרִים빅쿠림("처음 익은 열매들")이다. 둘째, אִם임이 시간을 나타내는 부사절을 유도하는 것으로 해석하는 것이다(cf. NJB, NIV). 이 경우, אִם־יִנּוֹעוּ임 인노우는 "그것들이 흔들릴 때"로 번역이 된다. אִם임에 대하여 어떤 구문론적 분석을 따르던지 간에 분명한 것은 12c의 וְנָפְלוּ베나펠루("그것들이 떨어질 것이다")는 바브 완료 연계형으로 12b에 따른 결과적 상황을 서술하는 귀결절을 유도한다는 것이다. 위치를 나타내는 전치사 עַל알이 유도하는 부사구 עַל־פִּי אוֹכֵל알 피 오켈("먹는 자의 입으로")은 열매들이 떨어지는 위치를 서술한다. "먹는 자"는 공격하는 대적에 대한 은유적 표현이다.

3:13. הִנֵּה힌네("보라")는 독자의 주위를 환기시키면서 이어지는 선언에 주목하게 한다. 13a는 주어와 술어로 구성된 명사절이다. עַמֵּךְ암메크가 주어이며 술어의 핵심은 נָשִׁים나쉼("여인들")이다. עַמֵּךְ암메크는 명사 עַם암과 2인칭 여성 대명사어미 ךְ("너")가 결합된 형태인데, 대명사어미의 선행사는 "니느웨"이다. 기본적으로 עַם암은 "백성"을 의미하는데, 문맥을 고려하여 "군대" 또는 "군인들"로 번역하기도 한다(cf. 공동, 쉬운성경, 우리말, 표준새번역, TNK, NIV). נָשִׁים나쉼은 12a의 명사절의 경우와 동일하게 비교를 위한 전치사가 사용되지 않지만 비교의 대상으로 분석하는 것이 적절하다.[123] 즉 עַמֵּךְ נָשִׁים암메크 나쉼은 "네 군인들은 여인들과 같을 것이다"라는 의미이다. 문제는 위치를 나타내는 전치사 B.베가 유도하는 부사구 בְּקִרְבֵּךְ베키르베크("너의 가운데 있는")가 주어를 수식하는지 아니면 술어를 수식하는지를 결정해야 하는 것이다. TNK와 ASV는 전자를 따른다: "the troops within you"(TNK; "네 안에 있는 [그] 군대들"); "thy people in the midst of

---

122) Cf. GKC §159q. 대부분의 한글성경들은 이 구문해석을 따르고 있다.

123) BHS는 נָשִׁים나쉼을 נָשִׁים나심(נָסִים나심, "도망자들") 또는 칠십인경(ὡς γυναῖκες), 시리아역본, 아람어역본에 근거하여 비교를 위한 전치사 כְּ케를 표기하여 כְּנָשִׁים케나쉼("여인들과 같이")으로 수정하여 읽을 것을 제안한다. 대적의 공격에 무기력한 군인들이 여인들에 비교되고 있는 점을 고려하면 BHS가 제안하는 첫 번째 수정독법은 불필요하다(cf. 사 19:16; 렘 50:37). 또한 비교를 위한 전치사가 없어도 명사 자체가 문장에서 비교의 의미를 전달할 수 있기 때문에 두 번째 수정독법 역시 불필요하다. 무엇보다도 히브리어필사본들의 경우, 전치사 כְּ케를 적시하지 않고 있다.

thee"(ASV; "네 가운데 있는 네 백성"). 개역개정과 우리말 성경 역시 이 구문분석을 따르고 있다: "네 가운데 장정들"(개역개정); "네 한가운데 있는 군대"(우리말). 반면에 후자의 분석을 따르면 13a의 명사절은 네 군인들은 너의 중에 있는 여인들과 같다는 의미가 된다. 12a의 명사절에서 부사구 עִם־בִּכּוּרִים임 비쿠림("처음 익은 열매가 달린")이 바로 앞에 서술된 תְּאֵנִים테에님("무화과나무들")과 연결되는 것을 고려할 때, בְּקִרְבֵּךְ베키르베크 역시 바로 앞에 서술된 נָשִׁים나쉼과 연결된 것으로 분석하는 것이 적절해 보인다: "처음 익은 열매가 달린 무화과나무"(12a) // "네 가운데 있는 여인인들"(13a).

3:12a	כָּל־מִבְצָרַיִךְ	תְּאֵנִים	עִם־בִּכּוּרִים
	c [부사구] - b [비교대상] - a [주어]		
3:13a	הִנֵּה עַמֵּךְ	נָשִׁים	בְּקִרְבֵּךְ
	c' [부사구] - b' [비교대상] - a' [주어]		

부사구 לְאֹיְבַיִךְ레오예바이크가 13b의 문장을 시작하면서 강조된다.124) 이 부사구를 유도하는 전치사 לְ레와 관련하여 두 가지 구문해석이 가능하다. 첫째, 전치사 לְ레가 유익을 나타내는 것으로 보면 לְאֹיְבַיִךְ레오예바이크는 "네 원수들을 위하여"로 번역이 된다. 둘째, 전치사 לְ레가 움직임의 방향을 나타내는 것으로 보면 "네 원수들에게"로 번역이 된다. 어떤 분석을 따르던 문장의 의미에는 큰 차이가 없다. 즉, 문들이 열려있기 때문에 원수들의 침투가 가능하다는 것이다. 주동사 נִפְתְּחוּ니프테후("그것들이 열리게 될 것이다")는 니팔형인 반면에 동일한 원형의 칼 절대형 부정사 פָּתוֹחַ파토아흐가 사용된 것이 구문론적으로 일반적이지는 않지만, 부정사가 동사 앞에 위치하여 동사가 담고 있는 행위의 확실성을 강조하는 것으로 분석할 수 있다. 따라서 פָּתוֹחַ נִפְתְּחוּ파토아흐 니프테후는 주로 "활짝(또는 완전히)

124) BHS는 לְאֹיְבַיִךְ레오예바이크를 앞의 문장 마지막에 서술된 부사구 בְּקִרְבֵּךְ베키르베크와 연결시키면서 בְּקֶרֶב (כֹּל) איביך("네 모든 원수들 중에서")로 읽을 것을 제안한다. 하지만 필사자가 כֹּל콜의 כ를 어미형의 ךְ로 수정하여 필사하였을 것으로 보는 것은 자연스럽지 않다. 특히 이 수정독법은 고대역본이나 히브리어필사본들의 지지를 받지 못하고 있다. 따라서 MT독법을 유지하는 것이 적절하다.

열리게 될 것이다"로 번역이 된다. שַׁעֲרֵי אַרְצֵךְ 샤아레 아르쩨크("네 땅의 문들")는, "문들"을 의미하는 연결형 복수명사 שַׁעֲרֵי 샤아레, 소유를 나타내는 속격의 연결형 명사 אַרְצֵ 아르쩨("땅"), "니느웨"를 가리키는 2인칭 여성 대명사어미 ךְ("네")가 결합된 것으로 주동사 נִפְתְּחוּ 니프테후의 주어역할을 한다.[125] "네 땅의 문들"은 앗시리아 제국의 국경에 있는 주요 요새들을 가리키는 것으로 보인다.[126] 따라서 13b는 국경의 요새들이 파괴되면서 앗시리아 전체가 적군에게 무방비한 상태에 놓인 것을 의미한다.

13c는 동사(אָכְלָה 아켈라, "먹어치울 것이다/삼켜버릴 것이다"), 주어(אֵשׁ 에쉬, "불"), 목적어(בְּרִיחָיִךְ 베리하이크, "네 빗장들")의 일반적인 어순을 따르고 있다.[127] 이 문장은 국경에 있는 요새들의 성문을 굳게 걸어 잠근 빗장들이 불에 타버리는 장면을 연상시킨다. 하지만 성문이 이미 열려있는데 불이 빗장을 태우는 장면이 이어서 서술되는 것이 어색한 점이 있기 때문에 스미스(J. M. P. Smith)는 13c가 13b 앞에 서술되어야 한다고 주장한다.[128] 반면에 크리스텐센(Christensen)은 13c를 13b의 원인절로 해석한다: "(for) fire has devoured your gate-bars"("이는 불이 네 성문의 빗장을 삼켜버렸기 때문이다.")[129] 원인을 나타내는 접속사가 사용되지는 않지만 13b와 13c 사이에 이러한 논리적 흐름이 있는 것으로 보는 것이 가능하다. 그렇다면 굳이 13b와 13c의 순서를 바꿀 필요는 없다. 본문의 순서와 논리적 관계를 반영하면, 13b-c는 국경에 있는 요새들이 적군에 의해 점령을 당한 것은 그

---

125) Christensen은 이 동사의 주어를 "여인들"로 간주하여 לְאֹיְבַיִךְ פָּתוֹחַ נִפְתְּחוּ 레오예바이크 파토아흐 니프테후("원수들에게 그들[여인들]이 넓게 열려있다")가 여인들이 상대 군인들의 강간에 무방비하게 놓여있는 것을 묘사하는 것으로 해석한다(Christensen, *Nahum*, 365).

126) Cf. Smith, *A Critical and Exegetical Commentary*, 347; Maier, *The Book of Nahum*, 338; Cathcart, *Nahum*, 141; Bailey, "Nahum," 236.

127) 레닌그라드 사본은 בְּרִיחָיִךְ 베리하이크 독법을 취하고 있는 반면에 Kennicott 제 2판은 올라간 쉐바(raised shewa)를 넣어 בְּרִיחָיְךְ 베리하이크로 표기한다. BHS는 13c가 추가된 설명어이거나 반절 정도가 사라진 형태일 수 있다는 의문을 제기한다. 하지만 이것은 다른 역본과 필사본들의 지지를 받지 못하는 단순한 의문제기에 불과하다.

128) Smith, *A Critical and Exegetical Commentary*, 347.

129) Christensen, *Nahum*, 366. Maier 역시 유사한 맥락에서 13c의 논리적 역할을 설명한다(Maier, *The Book of Nahum*, 338).

요새들의 빗장이 모두 불에 파괴되었기 때문이라는 의미를 전달한다. “불”은 니느웨를 공격하기 위해 진격해 오는 “적군”을 가리키고 “빗장”은 각 산성의 “빗장”이나 “산성”을 가리키는 것을 볼 수 있다.[130] 13b와 13c가 미래적 사건을 묘사하면서도 완료형 동사들(נִפְתְּחוּ 니프테후, אָכְלָה 아켈라)을 사용하는 것은 예언적 완료의 형태이다. 즉, 화자의 마음에는 이미 성취된 것처럼 선언하고 있는 것이다. 예언적 완료는 성취의 확실성을 강조한다. 이와는 달리 현재시제로 해석할 경우, 니느웨의 멸망이 마치 눈앞에서 벌어지는 것처럼 서술되는 효과를 갖는다.

4. 원문주해

3:11. 노아몬의 멸망은 니느웨의 멸망에 대한 분명한 증거가 된다. 왜냐하면 니느웨 역시 그렇게 될 것이라는 사실이 강조되고 있기 때문이다. 여호와는 “너 역시”(גַּם־אַתְּ 감 알트)라는 표현을 반복하면서 이러한 사실을 분명하게 전달한다. 니느웨는 노아몬의 운명을 피할 수 없게 된다. 하지만 노아몬을 묘사하던 표현이 아니라 1장 10절의 장면(“술을 마신 것같이 취한 그들”)을 연상케 하는 표현을 사용한다. 술에 취한 모습은 정상적인 감각을 잃고 공격에 무방비한 상태에 놓인 니느웨의 모습을 비유적으로 묘사한다. 그 결과는 적의 공격에 당황하여 냉정한 판단을 할 수 없을 뿐만 아니라 힘을 제대로 발휘하지 못하고 숨기에 급급하게 되는 것이다. 또한 술에 취한 모습은 여호와의 “진노의 잔”을 마신 니느웨를 연상시킨다(cf. 사 51:17, 22; 렘 25:15, 17, 27-28; 애 4:21; 겔 23:31-34; 합 2:16).[131] 여호와의 진노의 잔을 마신 니느웨는 그의 심판을 수행하는 대적에 맞서 전혀 대항하지 못하고 대적을 피해 숨을 곳, 즉 피난처를 찾기에 분주하게 될 뿐이다. 분명한 것은 적군의 공격 앞에 무기력하게 된 니느웨가 “피난처”(מָעוֹז 마오즈)를 찾지만 그 어느 곳에서도 대적을 피할 수 있는 “피난처”를 찾을 수 없다는 것이다. 왜냐하면 12절에 선언된 바와 같이, 니느웨의 모든 요새들이 잘 익은 무화과열매처럼 적군에 의해 쉽게 점령을 당하게 될 것이기 때문이다. “산성”(מָעוֹז 마오즈)이신 여호와께로

130) Cf. Ibid., 336.
131) Cf. Christensen, *Nahum*, 369-71; 악트마이어, 『나훔-말라기』 60.

피하지 않는 한 니느웨가 스스로 피난처를 찾는 것은 결코 성공하지 못할 것이다 (cf. 1:7). 여호와의 심판은 주변 나라 백성들로 하여금 무기력하게 숨을 곳만을 찾게 하였던 니느웨를 동일한 신세에 처하게 한다. "멈추라"는 말을 듣지만 돌아보지도 못하고 도망가기에 급급한 모습을 묘사한 2장 8절이 본 절과 함께 연상이 된다. 니느웨는 주변 나라들을 파괴하고 늑탈하면서 승리를 자랑하였는데, 결국 그 자랑이 니느웨가 겪게 될 모습이 되는 역설을 보게 된다.[132] "네가 노아몬보다 낫느냐?"는 질문에 니느웨 자신은 낫다고 말하지만 여호와는 "너 역시" 그렇게 될 수밖에 없다고 선언하신다.

3:12. 니느웨의 무기력함은 니느웨의 자랑이었던 견고한 산성들이 처음 익은 열매가 달린 무화과나무에 비교되면서 더욱 분명하게 전달된다. 흔들기만 하면 익은 열매가 먹으려는 자의 입으로 떨어지는 것처럼 니느웨의 산성들은 손쉽게 점령을 당하게 된다는 것이다.[133] 결국 니느웨가 적군의 칼날을 피해 몸을 숨길만한 피난처는 앗시리아의 어디에도 없게 된다. 무화과나무의 비유는 1장 10절의 지푸리기의 비유와 동일한 의미를 전달한다. 견고한 성읍들을 자랑하며 강력한 군사력에 의지하여 포악을 일삼으며 오만하게 행동하던 니느웨는 여호와의 심판 앞에서 어떤 힘도 발휘하지 못하고 먹힘을 당하기만을 기다리는 무기력한 존재일 뿐이다. 니느웨의 위용은 허상에 불과하고 니느웨의 자랑은 허언에 지나지 않는다. 왜냐하면 단지 흔들기만 하면 니느웨의 요새들은 삼키려는 자의 입으로 쉽게 떨어질 것이기 때문이다. 니느웨의 요새들 중에서 그 어느 것도 여호와가 행하시는 심판의 전쟁을 감당해 낼 수 없다. 여호와의 진노의 잔을 마신 니느웨는 자신을 방어할 수 있는 모든 것을 잃고 멸망을 당하는 초라한 신세에 처하게 된다.

3:13. 무기력하게 멸망을 당하는 니느웨를 향한 조롱이 이어진다. 여호와는 강

---

132) Cf. Robertson, *The Books of Nahum*, 120.

133) Longman은 무화과나무의 비유가 니느웨의 신속하고 손쉬운 멸망을 의미하는 것으로 해석한다(Longman, "Nahum," 822; cf. Maier, *The Book of Nahum*, 332; Christensen, *Nahum*, 363). 하지만 그가 지적하는 바와 같이 바벨론의 공격으로 니느웨가 멸망하기까지 거의 14년(주전 626-612년)이 걸렸다. 이 비유는 신속성이 아니라 무기력하게 점령을 당하는 모습에 더 무게를 두고 있는 것으로 보는 것이 적절하다.

인함과 잔인함으로 무장된 니느웨의 군사들이 그들 안에 보호를 받아야 하는 여인들과 다를 바가 없다는 사실에 주목하게 하신다.[134)] 파괴하는 자의 공격을 받고 마음이 녹아내리고 무릎이 후들거리는 장면을 묘사한 2장 10절은 니느웨의 군인들이 여인들과 같다는 말을 충분히 이해할 수 있게 한다. 공포의 전율에 사로잡혀 얼굴이 검게 변한 니느웨의 군인들은 적군 앞에 힘없는 여인들에 불과하다. 이것은 치욕적이고 모욕적인 니느웨의 모습이다. 뿐만 아니라 앗시리아의 온 땅은 적군에게 성문이 활짝 열린 성읍처럼 무방비 상태에 놓이게 된다. 왜냐하면 이미 적군이 니느웨의 국경 요새들을 다 점령하여 각 산성의 문을 통제하고 있기 때문이다. 따라서 적군은 손쉽게 앗시리아 땅으로 진격하여 온 땅을 장악할 수 있게 된다. 앗시리아가 국경에서부터 적군에 의해 점령을 당하는 모습이다. 2장 4절에 서술된 것처럼 병거들이 니느웨 성 밖의 광장과 거리를 미치듯 내달리며 휘젓고 다니는 장면을 연상할 수 있다. 국경의 요새들이 하나하나 파괴되면서 적군이 니느웨를 향해 다가오는 장면은, 치마가 벗겨져서 벌거벗김을 당하고 부끄러운 곳을 내보이는 치욕적인 모습을 묘사하는 5절을 떠올리게 한다. 결국 니느웨의 실상은, 미모와 마술을 믿고 오만하게 행동하다가 모욕과 수치를 당하는 가련한 음녀에 지나지 않는다.

V. 감당할 수 없는 심판 (d), 14-17

1. 원문

3:14a מֵי מָצוֹר שַׁאֲבִי־לָךְ
3:14b חַזְּקִי מִבְצָרָיִךְ
3:14c בֹּאִי בַטִּיט
3:14d וְרִמְסִי בַחֹמֶר
3:14e הַחֲזִיקִי מַלְבֵּן

---

134) Maier는 עַם암이 군인들을 포함하는 백성들을 의미하는 것으로 해석한다(Maier, *The Book of Nahum*, 335). 하지만 적군의 공격 앞에 무기력한 니느웨를 묘사하고 있는 정황을 고려할 때, ~[;암이 군인들을 의미하는 것으로 해석하는 것이 더 적절해 보인다.

3:15a שָׁם תֹּאכְלֵךְ אֵשׁ
3:15b תַּכְרִיתֵךְ חֶרֶב
3:15c תֹּאכְלֵךְ כַּיָּלֶק
3:15d הִתְכַּבֵּד כַּיֶּלֶק
3:15e הִתְכַּבְּדִי כָּאַרְבֶּה
3:16a הִרְבֵּית רֹכְלַיִךְ מִכּוֹכְבֵי הַשָּׁמָיִם
3:16b יֶלֶק פָּשַׁט
3:16c וַיָּעֹף
3:17a מִנְּזָרַיִךְ כָּאַרְבֶּה
3:17b וְטַפְסְרַיִךְ כְּגוֹב גֹּבָי
3:17c הַחוֹנִים בַּגְּדֵרוֹת .ביוֹם קָרָה
3:17d שֶׁמֶשׁ זָרְחָה
3:17e וְנוֹדַד
3:17f וְלֹא־נוֹדַע מְקוֹמוֹ
3:17g אַיָּם

2. 번역(개역개정)

3:14 너는 물을 길어 에워싸일 것을 대비하며 너의 산성들을 견고하게 하며 진흙에 들어가서 흙을 밟아 벽돌 가마를 수리하라

3:15 거기서 불이 너를 삼키며 칼이 너를 베기를 느치가 먹는 것 같이 하리라 네가 느치 같이 스스로 많게 할지어다 네가 메뚜기 같이 스스로 많게 할지어다

3:16 네가 네 상인을 하늘의 별보다 많게 하였으니 느치가 날개를 펴서 날아감과 같고

3:17 네 방백은 메뚜기 같고 너의 장수들은 큰 메뚜기 떼가 추운 날에는 울타리에 깃들였다가 해가 뜨면 날아감과 같으니 그 있는 곳을 알 수 없도다

3. 원문분석

3:14. 본 절에는 다섯 개의 명령형 문장이 서술되면서 대적의 공격에 방비 태세를 갖추라는 명령을 전달한다. 명령을 듣는 대상이 신탁의 대상인 니느웨이므로 명령형 동사는 모두 2인칭 여성형을 취하고 있다. 첫 번째 명령문(14a)의 경우, 목적어 **מֵי מָצוֹר** 메 마쪼르가 명령형 **שַׁאֲבִי** 사아비("길어라") 앞에 놓이면서 강조된다. 따라서 독자는 **מֵי מָצוֹר** 메 마쪼르라는 표현을 먼저 읽으면서 포위공격의 위기감을 느끼게 된다. **לָךְ** 라크는 심성적 여격(ethical dative)으로 명령을 행하는 주어의 중요성을 강조하는 역할을 한다.[135] 주로 이 표현을 번역하지 않는데, 굳이 번역한다면 "너는 손수 길어라" 또는 "네가 직접 길어라"가 될 수 있다. **מֵי מָצוֹר** 메 마쪼르는 복수명사 **מַיִם** 마임("물")의 연결형과 "포위공격"을 의미하는 명사 **מָצוֹר** 마쪼르가 결합된 형태이다. 이 두 단어는 피수식어(Nomen regens)와 수식어(Nomen rectum)의 관계를 갖는데, 속격의 수식어(מָצוֹר 마쪼르)가 연결형의 피수식어(מֵי 메)를 보다 구체적으로 규정하는 역할을 한다.[136] 즉, 수식어 **מָצוֹר** 마쪼르는 피수식어 **מֵי** 메가 무엇을 위한 것인지를 서술하는 속격의 성격을 취하면서 "물"이 "포위공격"을 대비하기 위한 것임을 보여준다.[137] 따라서 14a는 "포위를 대비하여 너는 손수 물을 길어두라"는 의미를 전달한다. 달리 말하면, 포위공격을 당하게 될 때 성읍 안에서 버티려면 필요한 물을 미리 예비하라는 것이다.

두 번째 명령문(14b)은 명령형 동사 **חַזְּקִי** 핫제키("견고하게 하라")에 이어 목적어 **מִבְצָרָיִךְ** 미브짜라이크("너의 산성들")가 서술되는 일반적인 어순을 따른다. **חַזְּקִי** 핫제키가 건물 등과 관련하여 사용될 때에는 "수리하라"는 의미를 갖기도 한다(cf. 왕하 12:6). **מִבְצָרָיִךְ** 미브짜라이크는 12a에서 무화과나무 열매에 비유된 바가 있다. 니느웨 자신은 산성들이 적의 공격을 막아내기에 충분하다고 생각하지만 결국 흔들면 떨어지는 무화과나무 열매에 불과하기에 견고하게 하라는 것이다. 이는 긍정적인 측면에서의 권고적 명령이 아니라 어떻게 대비를 하던지 간에 대적의 공격을 막아낼 수 없다는 조소적 명령이다. 조소적 어조는 14절에 서술된 명령형에 모두

135) Cf. GKC §119s.
136) Cf. GKC §89, 127.
137) Cf. GKC §128q.

적용된다. 14a와 14b는 부사구 לָךְ 라크("손수"/"스스로")를 중심으로 구문론적 교차 평행을 이루면서 의미를 강조할 뿐만 아니라 강화한다. 이는 "어떻게든 막아보려면 막아보라"는 조소이다.

לָךְ־	שַׁאֲבִי	מֵי מָצוֹר	3:14a
	b [명령형 동사] - a [목적어]		
	מִבְצָרָיִךְ	חַזְּקִי	3:14b
	a' [목적어] -	b' [명령형 동사]	

세 번째 명령문(14c)은 명령형 동사 בֹּאִי 보이("가라")에 이어서 부사구 בַטִּיט 받티트("[그] 진흙으로")가 서술되는 이순을 취한다.[138] 부사구 בַטִּיט 받티트는 위치를 나타내는 전치사 בְּ 베, 정관사 הַ 하, 토기장이가 사용하는 "진흙" 또는 "진흙수렁"을 의미하는 명사 טִיט 티트가 결합된 형태이다. טִיט 티트는 기본적으로 "진흙"을 의미하는데, 정관사는 특정의 진흙을 가리키는 것이 아니라 부류를 나타내는 역할을 한다. 전치사 בְּ 베는 움직임을 나타내는 동사를 수식할 때 "안으로"라는 의미를 갖는다. 따라서 세 번째 명령은 "진흙 안으로 들어가라"는 것이다.

네 번째 명령을 시작하는 וְרִמְסִי 베림시의 접속사 ו 바브는 앞의 명령에 따른 순차적인 행위에 대한 명령을 유도한다(cf. 사 41:25). 즉 "들어가서 밟으라"는 중언법(hendiadys)을 만든다. בַחֹמֶר 바호메르는 목적어를 유도하는 전치사 בְּ 베, 정관사 הַ 하, 명사 חֹמֶר 호메르("진흙")로 구성된 부사구로 명령형 동사의 목적어 역할을 한다. 따라서 네 번째 명령은 "진흙을 짓이기라"는 것이다. 세 번째와 네 번째 명령을 함께 해석하면, "진흙구덩이로 들어가 [벽돌을 만드는데 사용할] 점토를 밟아라"가 된다.

다섯 번째 명령문(14e)는 명령형 동사 הַחֲזִיקִי 하하지키("수리하라")에 이어 목적

---

138) BHS는 בֹּאִי 보이("[들어]가라") 대신에 בּוּסִי 부시("짓밟아라")로 수정하는 제안이 있어왔음을 언급한다. 이 수정제안은 히브리어필사본들의 지지를 받지 못할 뿐만 아니라 Longman이 지적하는 바와 같이 사 41:25에 יָבֹא 야보("그가 이르러")와 יִרְמָס 이르마스("밟음")가 함께 사용된 예가 있기 때문에 MT독법을 그대로 유지하는 것이 적절하다(Longmand, "Nahum," 823; cf. Christensen, *Nahum*, 380).

어 מַלְבֵּן 말벤("가마")이 서술되는 어순을 취한다.[139] מַלְבֵּן 말벤은 "벽돌을 만드는 틀" 또는 "벽돌로 만든 테라스"(cf. 렘 43:9)를 가리킨다. 크리스텐센(Christensen)의 제안과 같이 본 문맥에서는 מַלְבֵּן 말벤을 "벽돌 틀"로 해석하는 것이 적절해 보인다.[140] 두 번째 명령문(14b)에서는 חזק의 피엘 명령형이 사용된 반면에 14e에서는 히필 명령형이 사용되고 있다. 히필형의 경우, "수리하다"라는 의미보다는 "붙잡다" 또는 "붙들다"라는 의미가 더 적절하다(cf. 사 41:13). 로벗슨(Robertson)은 "벽돌 틀을 붙들라"는 마지막 명령이 장시간 행한 작업으로 인해 지친 상태에 있기 때문에 제대로 벽돌을 만들려면 "벽돌 틀을 제대로 잘 붙잡고 있어야 한다"는 의미로 해석하는데, 14절의 정황에 적절한 해석으로 보인다.[141]

3:15. 장소를 가리키는 부사 שָׁם 샴("거기")이 문두에 놓이면서 강조된다. 이 부사가 장소를 가리키는 것으로 볼 때 대상이 모호하기 때문에 캐스카트(Cathcart)는 שָׁם 샴을 엘 아마르나어(El Amarna)의 *šumma*와 동일한 의미인 것으로 보아 "behold"("보라")로 해석하면서 모호함을 해결한다.[142] 이와는 달리 마이어(Maier)는 שָׁם 샴이 시간을 가리키는 경우가 드물기는 하지만 본 문맥에서는 이러한 해석이 더 적절하다고 주장한다.[143] 따라서 그는 שָׁם 샴을 "then" ("그때")로 번역한다. 하지만 이 부사는 니느웨 성읍 주민들이 들어간 "진흙구덩이" 또는 그들이 견고하게 하는 "산성"을 가리킬 수 있다.[144] 후자의 경우가 더 타당해 보인다. 이러한 해석을 따를 경우, 15절은 니느웨 성읍의 백성들이 산성을 다시 견고하게 세우고 방비를 하더라도 그곳에서 결국 멸망을 당하게 된다는 선언이 된다. 동사 תֹּאכְלֵךְ 토켈레크에 접미된 2인칭 대명사어미(ךְ)의 선행사는 "니느웨"이며 목적격이다. 이 동사의 주어는 뒤에 서술된 אֵשׁ 에쉬("불")이다. "불이 너를 삼킬 것이다"라는 표현

---

139) BHS는 מַלְבֵּן 말벤 이후에 반절(hemistich)이 사라지고 이 반절 중에 שָׁם 샴("거기")만이 남아서 15절에 표기된 것으로 설명한다. 하지만 이 설명은 히브리어필사본들의 지지를 받지 못하고 있다.

140) Ibid.

141) Robertson, *The Books of Nahum*, 124.

142) Cathcart, *Nahum*, 143.

143) Maier, *The Book of Nahum*, 344.

144) Cf. Christensen, *Nahum*, 380; Robertson, *The Books of Nahum*, 124.

은 전쟁으로 인해 성읍이 파괴되고 폐허가 되는 장면을 연상시킨다.

15b와 15c의 주동사들(תַּכְרִיתֵךְ 타크리테크, תֹּאכְלֵךְ 토켈레크)에 접미된 2인칭 대명사어미 역시 목적어의 역할을 한다. 특히 동일한 주어(חֶרֶב 헤레브, "칼")가 사용되고 있으므로 15b와 15c를 연계하여 "칼이 너를 베어 메뚜기 떼처럼 삼켜버릴 것이다"로 번역할 수 있다.[145] חֶרֶב 헤레브("칼")는 "전쟁"을 가리키는 은유적 표현이다. כַּיָּלֶק 카얄레크("메뚜기 떼처럼")는 비교를 위한 전치사 כְּ 케("…처럼"), 정관사 הַ 하, "메뚜기 떼"를 의미하는 명사 יֶלֶק 옐레크가 결합된 형태인데, 명사 יֶלֶק 옐레크가 주격역할을 하는 것으로 분석할 수 있다. 이 경우, 비교하는 대상은 "메뚜기 떼"가 아니라 "메뚜기 떼가 먹어치우는 행위"가 된다. 따라서 이 표현은 전쟁으로 인해 니느웨가 파괴되는 것을 메뚜기 떼가 곡물을 먹어치우는 것에 비유하는 것이다.

15d와 15e는 앞의 세 문장과 구분된다. 앞의 세 문장은 미완료형을 주동사로 취하고 있는 평서문인 반면에 15d-e의 문장들은 명령형 동사를 취하는 명령문이다. 뿐만 아니라 15a-c는 15b를 중심으로 구문론적 교차평행을 이루면서 이 문장들의 응집력을 보여주고 의미를 강화시킨다.[146]

אֵשׁ　　　תֹּאכְלֵךְ　　　שָׁם　　　3:15a　[אכל]
c [주어] - b [동사+목적격 대명사어미] - a [부사]
חֶרֶב　　　תַּכְרִיתֵךְ　　　3:15b
c' [주어] - b' [동사+목적격 대명사어미]
כַּיָּלֶק　　　תֹּאכְלֵךְ　　　3:15c　[אכל]
a' [부사구] - b'' [동사+목적격 대명사어미]

위에 제시된 바와 같은 구문론적 교차평행 관계를 고려하면, 15a-c는 "거기에서 불과 칼이 메뚜기 떼처럼(메뚜기 떼들이 하는 것처럼) 너를 삼켜버리고 너를 소

145) Longman은 15c의 תֹּאכְלֵךְ 토켈레크가 단수형이지만 이 동사의 주어에 אֵשׁ 에쉬("불")와 חֶרֶב 헤레브("칼")가 모두 포함된다고 설명한다(Longman, "Nahum," 823).

146) BHS는 15c를 삭제될 수 있다고 말하는데, 고대역본이나 히브리어필사본들의 지지가 없을 뿐만 아니라 15a-c에 나타난 교차평행구조를 고려하면 MT독법을 그대로 유지하는 것이 적절하다.

멸시킬 것이다"라는 의미가 된다. 동사 אכל("먹어치우다")가 반복되면서 강조되는 것을 볼 수 있다. 이것은 완전한 멸망을 선언하는 것이다.

15d의 명령형 문장이 접속사 없이 바로 명령형 동사로 시작하지만 15a-c와 15d-e는 원인과 결과의 논리적 관계를 갖는다. 전쟁으로 인해 니느웨가 파괴될 것이기 때문에 이에 대처하기 위한 명령이 주어지는 것이다. 이 흐름은 11-13절과 14절에 나타난 흐름과 동일하다. 이 흐름을 표기하면 다음과 같다.

a. 원인: 11a-13c. 파괴에 대한 선언: 전쟁장면(אֵשׁ 에쉬, אָכְלָה 아켈라)
  b. 결과: 14a-e 대적의 공격을 막아내기 위해 방비하라는 명령(조소)
a'. 원인: 15a-c. 파괴에 대한 선언: 전쟁장면(אֵשׁ 에쉬, חֶרֶב 헤레브, תֹּאכְלֵךְ 토켈레크)
  b'. 결과: 15d-e. 대적의 공격에서 살아남기 위해 숫자를 늘리라는 명령(조소)

15d의 명령문은, 15c에서 대적이 메뚜기 떼처럼(כַּיָּלֶק 카얄레크, 15c) 공격할 것이라고 말한 것에 짝을 이루는 대처를 명령하는 것이다. 즉 메뚜기 떼처럼(כַּיֶּלֶק 카옐레크, 15d) 수를 늘리라는 것이다.[147] 동일한 표현이 15c와 15d에 반복되면서 그 연관성이 명시적으로 전달된다. 하지만 15c의 כַּיָּלֶק 카얄레크는 메뚜기 떼가 먹어치우는 행위를 가리키는 반면에 15d의 כַּיֶּלֶק 카옐레크는 메뚜기 떼의 숫자를 가리키는 면에서 차이가 있다. 따라서 כַּיֶּלֶק 카옐레를 "메뚜기 떼만큼"으로 번역하는 것이 적절하다. 동일한 이해가 15e의 כָּאַרְבֶּה 카아르베에도 적용된다: "느치 떼만큼."

15e는 구문론적으로나 의미론적으로나 15d를 반복하면서 의미를 강화시킨다. 특히 2인칭 히트파엘 남성 명령형(הִתְכַּבֵּד 히트캅베드, "수를 늘려라"/"많게 하라")과 여성 명령형(הִתְכַּבְּדִי 히트캅베디, "수를 늘려라")이 함께 쓰이면서 총체적 의미를 갖게 된다.[148] כַּיֶּלֶק 카옐레크("메뚜기 떼만큼")와 כָּאַרְבֶּה 카아르베("느치 떼만큼")가 짝을

---

147) Maier의 경우, 15d-e의 명령문을 GKC §110a에 근거하여 양보절로 해석할 것을 주장한다: "{though} thou multiply thyself as the young locust And increase thyself as the locust" (Maier, *The Book of Nahum*, 342, 347). 하지만 Maier는 유사한 흐름을 가지고 있는 14절의 명령문은 양보절로 분석하지 않는다.

148) BHS는 남성형 הִתְכַּבֵּד 히트캅베드를 앞의 표현과 같이 여성형 הִתְכַּבְּדִי 히트캅베디로 수정할 것을 제안한다. 하지만 총체적 의미를 전달하기 위해 동일한 대상임에도 불구하고

이루면서 수적인 면이 강조된다. 이 표현들에 사용된 정관사 הַ하는 특정한 메뚜기 떼나 느치 떼를 가리키는 것이 아니라 부류를 표기하는 것이다. 히브리어에는 메뚜기의 성장과정에 따라 다양한 단어들이 사용되고 있다. 하지만 이에 따른 일관된 번역이 제시되지 못하고 있다. 따라서 יֶלֶק옐레크와 אַרְבֶּה아르베는 각각 "메뚜기" 또는 "느치"로 번갈아 번역할 수 있는데, 최소한 15c와 15d에서는 동일한 단어(יֶלֶק옐레크)가 반복되고 있기 때문에 동일하게 번역하는 것이 필요하다. 이 단어가 16절에 다시 서술되는데, 여기서도 동일한 번역을 유지할 필요가 있다. 15d-e는 숫자를 늘리라는 명령을 강조하지만 실제로는 아무리 수를 늘려도 완전히 소멸되는 것을 결코 피하지 못할 것이라는 반어적 어감을 전달한다.

3:16. 본 절의 첫 번째 문장(16a)은 동사 הִרְבֵּית히르베트("네가 많게 하였다"), 직접목적어 רֹכְלַיִךְ로크라이크("네 상인들을"), 비교급의 부사구 מִכּוֹכְבֵי הַשָּׁמָיִם밉코케베 핫사마임("하늘의 별들보다")의 어순을 취하고 있다.[149] 본 문맥에서 히필 완료형 동사 הִרְבֵּית히르베트는 과거에서 현재까지의 행위를 서술하는 현재완료시제 또는 과

남성과 여성이 함께 사용되는 점을 고려하면 이것은 불필요한 제안이다(cf. 암 4:12, לְךָ 레카 & לָךְ라크). Keil은 남성형 명령은 니느웨 거민을 위한 것이고 여성형 명령은 니느웨 성읍을 위한 것으로 해석한다(Keil, *The Twelve*, 38). 반면에 Spronk는 הִתְכַּבְּדִי히트캅베디의 י요드를 강조를 위한 것으로 설명한다(Spronk, *Nahum*, 137; cf. Christensen, *Nahum*, 382). Pinker는 כַּיֶּלֶק הִתְכַּבֵּד카얄레크 히트캅베드의 오기를 바로잡기 위해 כַּיֶּלֶק הִתְכַּבְּדִי카옐레 히트캅베디로 수정하여 본문의 여백에 기록하였는데, 후대에 필사자가 실수로 본문에 삽입한 것으로 설명할 뿐만 아니라 הִתְכַּבֵּד히트캅베드를 메뚜기가 먹이를 삼켜서 "무겁게 되다"의 의미로 해석한다(A. Pinker, "One the Meaning of htkbd in Nahum III 15," *VT* [2003]: 558-61). 나훔이 문학적, 시적 기교에 뛰어난 점을 고려할 때 총체적 의미를 전달하기 위해 나훔에 의해 의도된 것으로 보는 것이 전혀 불가능한 것은 아니다. Robertson은 남성형과 여성형의 혼용이 최대한의 가능성과 모든 측면을 포함하는 총체적 의미를 전달하는 것으로 해석한다(Robertson, *The Books of Nahum*, 125).

149) BHS는 MT의 히필 완료형 הִרְבֵּית히르베트 대신에 2인칭 여성 히필 명령형 הַרְבִּי하르비 또는 접속사가 접두된 히필 완료형 וְהִרְבֵּית베히르베트로 수정하여 읽을 것을 제안한다. 하지만 이 수정독법은 히브리어필사본들의 지지를 받지 못하고 있다. Cathcart는 הִרְבֵּית히르베트를 탄원형으로 해석하면 명령형으로 수정할 필요가 없다고 설명한다(Cathcart, *Nahum*, 145).

거시제로 번역할 수 있다.[150] 직접목적어 רֹכְלַיִךְ 로크라이크("네 상인들")는 רכל의 칼형 남성 복수 연결형과 "니느웨"를 가리키는 2인칭 대명사어미(ךְ)가 결합된 형태이다. רכל의 분사형은 실명사로 물건을 매매하고 교환하는 "상인"을 의미한다. מִכּוֹכְבֵי הַשָּׁמָיִם 밐코케베 핫샤마임의 전치사 מִן 민은 비교급을 유도하는 역할을 한다.

16b는 비교문장을 유도하는 접속사가 없이 서술되고 있지만, 문맥상 16a와 대조적인 상황을 비교하여 묘사하고 있는 것을 알 수 있다.[151] 즉, 상인들의 수를 늘린 것(16a)과 메뚜기 떼의 날아감(16b)이 대조를 이루면서 비교된다. 동사 פָּשַׁט 파샤트("날개를 펴서"["허물을 벗고]") 앞에 주어 יֶלֶק 옐레크("느치"/"메뚜기")가 위치하면서 주목을 받게 된다. 이는 니느웨가 보유하고 있던 수많은 상인들을 무수한 메뚜기 떼와 연관을 지어 그 수의 많음을 상기시키는 듯하다. פָּשַׁט 파샤트는 대적 등의 대상을 향해 급습하는 것 또는 유충이 허물을 벗거나 고치에서 나오는 것을 가리킨다. 전자의 의미에 근거하여 פָּשַׁט 파샤트를 "땅을 황폐하게 하다"로 번역하기도 한다(cf. 쉬운성경, 표준새번역, NIV). 후자의 의미가 문맥에 더 적절해 보인다.[152] 크리스텐센(Christensen)은 유충이 고치에서 나오는 것보다는 메뚜기가 허물을 벗는 것으로 이해하는 것을 선호한다.[153] 동사 עוּף("날아가다")가 이어지는 것을 고려할 때 크리스텐센의 견해가 적절해 보인다. 16c의 바브-미완료 연계형 וַיָּעֹף 바야오프("[그런 후] 그것이 날아가다")는 16b에 따른 순차적 행위를 묘사한다. 즉 "메뚜기 떼가 허물을 벗은 후 날아간다"는 의미를 전달한다. 16b-c는 수많은 상인들의 사라짐을 메뚜기 떼의 사라짐에 비유하면서 그들이 니느웨의 멸망을 막아내는데 어떤 도움도 되지 못한다는 의미를 전달한다.

3:17. 17c의 형용사절을 제외하면 본 절의 처음 두 문장은 주어와 비교를 위한 전치사 כְּ 케가 유도하는 술어로 구성된 구문론적 평행구조를 갖고 있다. 두 문

---

150) Coggins는 앞 절과 연계하여 הִרְבֵּית 히르베트를 양보절의 의미를 갖는 명령형으로 해석할 것을 주장한다(Coggins, *Israel among the Nations*, 56).

151) BHS는 16b-c가 후대에 삽입된 것으로 간주한다. 같은 맥락에서 NJB는 16b-c를 번역하지 않는다. Spronk 역시 유사한 주장을 한다(Spronk, *Nahum*, 139). 하지만 고대역본과 히브리어 필사본들이 이 문장들을 포함하고 있다는 사실에 주목할 필요가 있다.

152) Cf. Longman, "Nahum," 825; Maier, *The Book of Nahum*, 350.

153) Christensen, *Nahum*, 383.

장의 주어들 역시 명사와 2인칭 여성 대명사어미가 접미된 동일한 구문을 취하고 있다. 대명사어미의 선행사는 "니느웨"이다.

כָּאַרְבֶּה　　　　מִנְּזָרַיִךְ　　　　3:17a
b [술어; 전치사 כְּ 케] - a [주어; 명사+대명사어미 %]
כְּגוֹב גֹּבָי　　　　וְטַפְסְרַיִךְ　　　　3:17b
b' [술어; 전치사 כְּ 케] - a' [주어; 명사+대명사어미 %]

이 평행구조를 따르면 17a와 17b는 모두 명사절이 된다. 이와는 달리 15절, 16절, 17절을 모두 고려하면 다음과 같은 평행구조분석도 가능하다. 이 설명을 위해 다소 문자적이지만 이 절들의 사역을 먼저 제시한다.

15a　그곳에서 불이 너를 삼킬 것이며
15b　　칼이 너를 베어
15c　　　메뚜기 떼처럼 너를 먹어 치울 것이다.
15d　[그러므로] 너는 손수 메뚜기 떼만큼 수를 늘리고
15e　　　　느치 떼만큼 수를 늘려라.
16a　[왜냐하면] 네가 하늘의 별들보다 네 상인들을 많게 하였지만
16b　　　　　메뚜기 떼가 허물을 벗고
16c　　　　　　날아가 버리는 것과 같을 것이다.
17a　　　　네가 느치 떼만큼 네 방백들을 많게 하였지만 [그와 같을 것이다]
17b　　　　네 장수들은 [17c-f] 무수한 메뚜기 떼에 불과하다.
17c　　　　　추운 날 울타리에 자리를 잡고 있다가
17d　　　　　　해가 떠오르면
17e　　　　　　　도망가서
17f　　　　　　　　그의 자리[도망간 자리]를 알 수 없는
17g　그들이 어디에 있느냐?

כַּיֶּ֫לֶק הִתְכַּבֵּד 3:15d

[비교: "메뚜기 떼만큼"]-[명령: "수를 늘려라"]

כָּֽאַרְבֶּה הִתְכַּבְּדִי 3:15e

[비교: "느치 떼만큼"]-[명령: "수를 늘려라"]

מִכּוֹכְבֵי הַשָּׁמָיִם הִרְבֵּית רֹכְלַיִךְ 3:16a

A ["하늘의 별들보다"]-["네 상인들을 많게 하였다"]

פָּשַׁט וַיָּעֹף יֶלֶק 3:16b-c

B ["사라졌다"] - ["메뚜기 떼(처럼)"]

כָּֽאַרְבֶּה מִנְּזָרַיִךְ [הִרְבֵּית] 3:17a

A' ["느치 떼만큼"]-["네 방백들(을 많게 하였다)"]

이러한 흐름과 평행에서 15d의 "메뚜기 떼"(כַּיֶּ֫לֶק)/15e의 "느치 떼"(כָּֽאַרְבֶּה)가 16b-c의 "메뚜기 떼"(יֶלֶק)/17a의 "느치 떼"(כָּֽאַרְבֶּה)와 교차평행을 이루면서 연결되는 것을 볼 수 있다. 이 평행구조를 고려하면 17a의 문장은 מִנְּזָרַיִךְ 민네자라이크("네 방백들")를 주어로 하는 명사절이 아니라 16a의 동사 הִרְבֵּית 히르베트("네가 많게 하였다")가 생략된 상태에서 מִנְּזָרַיִךְ 민네자라이크("네 방백들")가 목적어의 역할을 하는 것으로 보는 것이 가능하다. 그렇다면 17a는, "니느웨가 하늘의 별들보다 상인들을 많게 하였다"는 16a와 짝을 이루어 "니느웨가 느치 떼만큼 방백들을 많게 하였다"는 의미를 갖게 된다. 이 표현들 중간에 "메뚜기 떼가 허물을 벗고 날아갔다"는 16b-c가 위치하게 된다(A-B-A'). 이러한 점들을 고려하여 15d-17a을 설명하면 다음과 같다: "메뚜기 떼만큼 그리고 느치 떼만큼 수를 늘려라. 왜냐하면 네가 하늘의 별보다 네 상인들을 많게 하였고 네 방백들을 많게 하였지만 메뚜기 떼가 허물을 벗고 날아가 버린 것처럼 모두 사라지게 될 것이기 때문이다." 이러한 해석이 타당하다면 17a는 17b보다는 16a와의 평행적 관계를 우선적으로 고려해야 한다. 15d-17a의 내용이 전달된 후, 17b-f는 니느웨의 장수들이 해가 뜨면 도망가서 흔적을 찾을 수 없는 메뚜기 떼에 비유되면서 사라짐의 주제가 이어진다. 그런 후 이제까지 언급된 상인들, 방백들, 장수들이 모두 어디에 있는지를 묻는 의문문 אַיָּם 아얌("그들이 어디에 있느냐?"[17g])로 사라짐의 주제를 마무리한다. 이러한 분석을 따르면 17f의 구문론적, 해석적 어려움을 해결할 수 있다(아래에서 제시된 구문론적 논의들을 보다 구체적으로 설명할 것이다). 뿐만 아니라 15d-e의 명령들의 조소적 어조가 더욱 분명해 진다.

15-17절의 구문론적 평행들은 표층 구조의 응집력을 형성하여 논리적 연결성을 보여준다. 17g의 질문("그들이 어디에 있느냐?")은 15a-c의 선언("그곳에서 불이 너를 삼키며 칼이 너를 베어 메뚜기 떼처럼 너를 먹어치울 것이다")의 결과를 제시한다. 즉, 니느웨가 아무리 수가 많고 강력해 보이더라도 여호와의 심판으로 인해 흔적도 없이 사라지게 되고 그 어디에서도 그 흔적을 찾을 수 없게 된다는 것이다.

17a의 מִנְּזָרַיִךְ 민네자라이크의 מִנְּזָר 민네자르는 구약성경에서 본 절에만 한 번 사용된 단어이다. 그 의미가 분명하지 않지만 대략 두 가지 견해가 제시되고 있다. 하나는 전투에 참여하는 "수비대"(garrison)이고, 다른 하나는 왕을 돕는 "방백"(prince, "조신"[朝臣])이다.[154] 공동번역, 쉬운성경, 표준새번역, NJB, NIV가 전자의 견해를 따르고 있는 반면에 개역개정, ASV, ESV, KJV는 후자의 견해를 따라 번역하고 있다. 이 단어와 짝을 이루고 있는 17b의 טִפְסָר 티프사르가 군대의 "장수"를 의미하는 것으로 해석하고 מִנְּזָר 민네자르를 "수비대"로 해석하면 17절은 군대 전체가 대적의 공격으로 인해 파멸되는 장면을 연상케 한다. 반면에 "방백"으로 해석하면, 17절은 니느웨의 정치적, 군사적 관료들이 모두 제거되는 장면을 연상케 한다. 이와는 반대로 17b의 טִפְסָר 티프사르가 "관료"를 의미하는 것으로 해석하더라도 "수비대" 또는 "방백"의 조합에 따라 동일한 장면을 연상할 수 있다.

---

154) Longman은, מִנְּזָר 민네짜르를 아카디아어 *massaru* ("guard")에 근거하여 번역하는 것을 거부하고 아카디아어 *manzāzu* ("courtier")에 근거하여 "조신"으로 번역할 것을 주장한다(Longman, "Nahum," 825). 라틴어역본인 불가타는 מִנְּזָרַיִךְ 민네짜라이크를 "custodes tui" (your guardians)로 번역하고 있다. Coggins는 앗시리아어에서 차용된 외래어로 "수비대"(guard)로 해석하는 것을 선호한다(Coggins, *Israel among the Nations,* 57). R. P. Gordon은 탈굼역에 rz"N>mi민네짜르가 메뚜기의 흉부와 비교되는 비늘모양의 갑옷을 가리키는 것으로 번역된 것을 지적한다(R. P. Gordon, "Loricate Locusts in the Targum to Nahum III 17 and Revelation IX 9," *VT* 33 [1983]: 338-39). Christensen은 מִנְּזָרַיִךְ 민네짜라이크와 טַפְסְרַיִךְ 타프세라이크를 각각 "your magicians" ("너의 수술가들")와 "your astrologers" ("너의 점성가들")로 번역하면서도 이 번역이 확정적이지 않다는 것을 인정한다(Christensen, *Nahum,* 384). 이는 이 단어들의 의미를 규정하기가 쉽지 않다는 것을 보여준다. 하지만 어떤 번역을 따르던 간에, 니느웨의 완전한 멸망을 선언하는 것은 분명하다.

마이어(Maier)는 앗시리아어 *tupšarru*("tablet writer," "scribe")에 근거하여 טַפְסְרַיִךְ 타프세라이크를 "the scribes"("기록관")으로 번역하는데, 이 직위는 단순히 필사만 하는 것이 아니라 앗시리아 군대와 관련하여 훨씬 더 많은 권력을 누렸을 것으로 본다.[155] 같은 맥락에서 Cathcart는 טִפְסָר 티프사르가 징집된 군인들의 이름과 앗시리아 왕들의 군사적 활동을 기록하는 자를 가리키는 것으로 설명한다.[156] 어떤 해석을 따르던 간에 니느웨의 멸망을 막을 수 있는 이들의 무력함을 표현하는 것은 분명하게 전달된다.

17a는 니느웨의 방백들 또는 수비대(מִנְּזָרַיִךְ 민네자라이크)가 "메뚜기 떼와 같다"(כָּאַרְבֶּה 카아르베)고 말한다. 15절에서는 메뚜기 떼가 공격하는 대적에 비유된 반면에 17a에서는 동일한 비유가 니느웨의 방백들 또는 수비대에 적용되고 있다. 전자의 경우, 메뚜기 떼의 파괴적 행위에 집중한다. 반면에 후자의 경우, 숫자의 많음을 적시하기 위해 메뚜기 떼에 비교되는 점도 있지만 17c-e를 고려하면 메뚜기 떼가 흔적도 없이 사라져버리는 속성을 염두에 둔 것으로 보인다.

17b의 문장을 시작하는 주어 וְטַפְסְרַיִךְ 베타프세라이크("그리고 너의 장수들")에 접두된 접속사 ו 바브는 두 개의 문장을 연결시키는 등위접속사이다. 17b는 니느웨의 장수들 또는 관료들이 "큰 메뚜기 떼와 같다"(כְּגוֹב גֹּבָי 케고브 고바이)고 말한다. גוֹב 고브라는 단어만으로도 메뚜기 떼를 가리킬 수 있는데, גֹּבָי 고바이("메뚜기 떼")가 함께 쓰이면서 숫자의 많음이 강조된다.[157] 이를 반영하여 개역개정은 "큰 메뚜기 떼"로 번역한다.

17c의 הַחוֹנִים 하호님은 정관사 הַ 하와 "진을 치다" 또는 "자리를 잡다"를 의미하는 동사 חנה의 칼 복수형 분사가 결합된 형태인데, 정관사는 바로 앞에 언급된 גוֹב גֹּבָי 고브 고바이("큰 메뚜기 떼")의 속성을 서술하는 형용사절을 유도하는 역할을 한다. 이 형용사절은 주동사 역할을 하는 분사 הַחוֹנִים 하호님("깃들이다"), 장소를

155) Maier, *The Book of Nahum*, 354-55.

156) Cathcart, *Nahum*, 147.

157) Cf. Maier, *The Book of Nahum*, 355. BHS는 כְּגוֹב גֹּבָי 케고브 고바이에 중복필사의 오류(dittography)가 있는 것으로 간주하여 כְּגֹבָי 케고바이로 읽을 것을 제안한다. 하지만 이 제안은 히브리어 필사본들의 지지를 받지 못하고 있다. 특히 불가타역의 "locustae locustarum"은 MT독법을 그대로 반영하고 있다. 히브리어에서는 같은 단어가 반복되면서 최상급을 나타내기도 한다(cf. Cf. GKC §133l).

나타내는 전치사 בְּ 베가 유도하는 부사구 בַּגְּדֵרוֹת 박게데로트("울타리에"), 시간을 나타내는 전치사 בְּ 베가 유도하는 부사구 בְּיוֹם קָרָה 베욤 카라("추운 날에")로 구성되어 있다.

17d의 문장에서 주어 שֶׁמֶשׁ 세메쉬("해"/"태양")가 동사 זָרְחָה 자레하("떠오르다") 앞에 위치하면서 강조된다. 즉, 상황을 주도하는 주체에 집중하게 한다. 달리 말하면 이 강조용법은 떠오르는 태양에 집중하게 하는데, 이는 니느웨에 들이닥치는 적군에 집중하게 하는 것과 연계하여 이해하게 된다(cf. 2:1).[158] 특히 17e에 "도망가다"를 의미하는 동사 נוֹדַד 노다드가 사용된 점에 주목할 필요가 있다. 17d의 문장은 접속사가 없이 서술되고 있지만 내용상 앞의 형용사절(17c)과 연관된 부가적 설명을 더한다.

17e의 바브-완료 연계형 וְנוֹדַד 베노다드("도망가다")는 17e의 문장을 17d와 연결시키는데, 17d를 시간을 나타내는 부사절로 보면 17e는 이 때 벌어지는 상황을 서술하는 것이 된다. 즉 "해가 뜰 때 메뚜기 떼가 도망간다"는 의미를 갖는다. 이와는 달리 17d가 조건절을 유도하는 것으로 보면 17e는 귀결절이 된다. 즉 "해가 뜨면 메뚜기 떼가 도망간다"는 의미로 해석이 된다. 단수형 동사 נוֹדַד 노다드("[그것이] 날아간다")의 주어는 집합적 의미로 쓰인 גּוֹב גֹּבָי 고브 고바이("메뚜기 떼")이다.[159]

17f는 결론적 내용을 서술한다. 부정어 לֹא 로와 함께 쓰인 동사 נוֹדַע 노다("알게 되다")의 주어는 מְקוֹמוֹ 메코모("그의 자리")이다. 따라서 לֹא־נוֹדַע מְקוֹמוֹ 로 노다 메코모는 "그의 자리는 알 수 없게 된다"는 의미를 전달한다. מְקוֹמוֹ 메코모에 적시된 3인칭 단수 대명사어미 וֹ("그")의 선행사는 집합적 의미의 גּוֹב גֹּבָי 고브 고바이("메뚜기 떼")이다.

---

158) Coggins는 시편 19:5-6 등을 예로 들면서 해가 떠오른 것이 여호와가 그의 능력으로 임하시는 것을 암시하는 것으로 해석한다(Coggins, *Israel among the Nations*, 57).

159) BHS는 주동사와 주어가 수에 있어서 일치하지 않는 점을 고려하여 MT독법의 וְנוֹדַד וְלֹא 베노다드 베로를 ונודדוּ לֹא로 수정하여 읽을 것을 제안한다. 하지만 운율을 고려하여 (ו)ונודדו가 추가되었을 수도 있음을 언급한다. BHS의 제안은 히브리어필사본들의 지지를 받지 못하고 있다. 뿐만 아니라 주어가 집합적 의미로 쓰인 경우 단수형 동사를 취할 수 있기 때문에 MT독법이 가능하다.

אַיָּם아얌(17g)의 형태 및 17e 문장과의 구문론적 관계에 어려움이 있기에 다양한 분석과 해석이 제시되고 있다. 첫째, 의문사 אֵי에("어디")와 주격역할을 하는 남성 복수형 대명사어미 ם("그들")이 결합된 형태로 분석하는 것이다. 이 경우 대명사어미의 선행사를 규정하는 어려움이 있다. 일반적으로 17f-g를 개역개정과 같이 번역하고 있는데("그 있는 곳을 알 수 없도다"), 이 번역은 אַיָּם아얌이 아닌 단수형대명사어미가 접미된 אַיּוֹ아요가 문법적, 구문론적 측면에서 요구된다. 따라서 복수형대명사어미 ם이 사용된 것이 문법적, 구문론적으로 문제가 된다. 둘째, 마이어(Maier)는 אַיָּם아얌을 앞의 문장과 구분된 독립된 의문문으로 분석하여 구문론적 어려움을 해결하려고 한다: "And their place is not known. Where are they?" ("그리고 그들의 자리는 알 수가 없다. 그들이 어디에 있느냐?").[160] 셋째, 필사에 오류가 있었던 것으로 간주하여 BHS가 제안하는 바와 같이, אַיָּם아얌 대신에 אֵיכָה에이카("어찌하여," "어디")로 수정하고 18절에 연결하여 읽거나 아니면 אוֹי מָה נָּמוּ오이 마 나무("화로다! 어찌하여 자느냐?") 등의 수정독법을 제안한다. 넷째, אַיָּם아얌을 17절에서 분리하여 18절의 문장을 시작하는 표현으로 분석한다. 롱맨(Longman)은, אַיָּם아얌이 의문사 אֵי 에와 강조를 위한 전접어 ם(the enclitic particle ם)이 결합된 형태로 분석하면서 MT독법의 אַיָּם아얌을 그대로 유지하고자 한다.[161] 하지만 MT본문의 절구분과는 달리 אַיָּם아얌이 18절을 시작하는 첫 번째 단어로 분석한다.[162] 따라서 17절과 18절을 "... When the sun comes up, they flee, and no one knows where! [v, 17] Where are your shepherds sleeping, O King of Assyria! ... [18절]"("해가 뜰 때 그것들은 도망가고 아무도 어디에 있는지 모른다. 앗시리아 왕아, 너의 목자들이 어디서 자고 있느냐?")로 번역한다. 다섯째, MT독법을 그대로 유지하면서 אַיָּם아얌의 אֵי에가 의문사인 점에 주목하여, אַיָּם아얌을 앞의 문장에 종속된 것으로 보기보다는 "그들이 어디에 있느냐?"라고 묻는 독립된 의문문으로 보는 것이다.[163] 문제는 복수형대명사어미 ם이 사용되면서 가리

---

160) Maier, *The Book of Nahum*, 352, 356.

161) Longman, "Nahum," 826.

162) Ibid., 824, 826, 827. BHS 역시 מְקוֹמוֹ메코모("그의 자리")에서 문장이 마무리되는 것으로 간주하는데, מְקוֹמוֹ메코모를 מְקוֹמָם("그들의 자리")으로 수정하여 읽을 것을 제안한다. 하지만 대명사어미가 집합적 명사를 가리키는 경우 단수도 가능하다.

163) Cf. Christensen, *Nahum*, 386; Maier, *The Book of Nahum*, 356; cf. GKC §100o.

키는 대상이 분명하지 않다는 것이다. 하지만 위에서 제시한 15-17절의 평행구조들을 고려할 때 복수형 대명사어미의 선행사를 "상인들," "방백들," "장수들"을 모두 가리키는 것으로 볼 수 있다.[164] 그렇다면 결론적으로 제시된 분석들 중에서 다섯 번째 구문이 해석이 적절해 보인다. 17g의 의문문 אַיָּם 아얌은 부정적 답변을 유도하는 수사적 기능을 한다. 따라서 메뚜기 떼가 날아가고 나면 그 어디에서도 그 흔적을 찾을 수 없다는 점을 상기시키면서 하나님의 심판이 니느웨의 상인들과 군인들, 및 관료들을 모두 흔적도 없이 제거하실 것임을 분명하게 확언해준다. 이 경우, 17f의 מְקוֹמוֹ 메코모("그의 자리")는 메뚜기 떼가 있었던 자리를 가리키는 것이 아니라 날아가는 자리를 가리킨다.[165] 즉, 17f는 메뚜기 떼가 어디로 갔는지 알 수 없다는 의미를 전달한다. 이어서 "그들이 어디에 있느냐?"라고 묻는 17g의 수사적 질문(אַיָּם 아얌)은 흔적도 없이 사라지게 되는 니느웨의 완전한 멸망을 강조하는 기능을 한다.[166] 니느웨는 외부적으로 적군의 공격을 받는 어려움뿐만 아니라 내적으로도 스스로 붕괴되는 상황에 직면하게 된다.[167] 이러한 내적 붕괴가 앗시리아 왕의 몰락에 직접적인 영향을 주고 있음을 18절에서 볼 수 있다.

4. 원문주해

3:14. 국경에서부터 거침없이 진격해 오는 공격군의 행보가 드디어 니느웨에까지 이르게 된 것을 볼 수 있다. 히브리어 원문은 "포위공격을 대비한 물"(מֵי מָצוֹר 메 마쪼르)이라는 표현을 먼저 서술하면서 포위공격으로 인해 곧 니느웨

164) 굳이 17g를 16-17절 전체에 연관된 것으로 보지 않고 17b-f에만 연결된 것으로 간주하더라도 복수형 대명사어미 ם("그들")이 단수형의 גּוֹב 고브("메뚜기 떼")를 가리키는 것으로 볼 수 있다. 왜냐하면 히브리어에서는 동일한 대상을 가리키면서도 단수와 복수가 번갈아 사용되는 경우가 있기 때문이다. 또한 גּוֹב 고브("메뚜기 떼")가 집합적 의미의 단수형이기 때문에 수의 차이가 결정적인 문제가 되는 것은 아니다. 특히 גּוֹב גֹּבָי 고브 고바이에 단수형 גּוֹב 고브와 복수형 גֹּבָי 고바이가 함께 서술되는 것과 동일하게 מְקוֹמוֹ 메코모("그의 자리")에 단수형 대명사어미 וֹ 오가 사용되고 אַיָּם 아얌에 복수형 대명사어미 ם("그들")이 사용되고 있는 점을 주목할 필요가 있다.

165) Cf. Christensen, *Nahum*, 386-87.

166) Cf. Keil, *The Twelve*, 41.

167) Cf. Armerding, "Nahum," 488.

에 닥치게 될 위기와 파괴에 대한 긴장감과 긴박감을 조성한다. 적군의 공격을 대비하는 것에 관한 다섯 개의 명령형이 간결하게 나열되면서 긴장감과 긴박성이 고조된다. 첫 번째 명령은 공격군이 니느웨를 포위하게 되면 거민과 군인들이 성읍 안에 갇히게 되기 때문에 생존을 위한 물을 손수 길어두라는 것이다. 두 번째 명령은 공격군이 성벽을 파괴하고 침입하는 것을 대비하여 니느웨의 방어벽을 견고하게 하라는 것이다. 세 번째 명령은 방어벽을 견고하게 하기 위해서는 벽돌을 더 쌓아놓아야 하기 때문에 벽돌을 만드는데 사용하는 진흙 안으로 들어가라는 것이다. 네 번째 명령은 점토를 밟으라는 것이다. 이 명령은 세 번째 명령과 연계된 것으로 진흙(또는 진흙구덩이) 안으로 들어가서 점토를 밟으라는 명령이다. 다섯 번째 명령은 벽돌을 만드는 틀을 붙잡으라는 것이다. 결론적으로 이 명령들은 공격을 준비하라는 명령이 아니라 성읍을 방어할 대비를 하라는 명령이다. 달리 말하면 "파괴하는 자"의 군대에 의해 둘러싸인 니느웨가 서둘러서 해야 할 일은 공격이 아니라 방어이다. 그 만큼 니느웨가 긴박한 위기상황에 몰려있다는 것이다. 2장 3-5절과 3장 3절상반절이 묘사하고 있는 적군의 규모와 파괴적인 공격을 고려하면 이 위기상황을 충분히 이해할 수 있다. 니느웨를 적군의 공격으로부터 방어할 태세를 갖추라는 명령은 2장 1절의 경우와 같이 방어를 격려하고 권고하는 것이 아니라 어떻게 방어를 하던지 간에 적군의 공격을 막아낼 수 없다는 조롱이다. 이 명령들은 파괴를 목적으로 하는 여호와의 심판을 그 어떤 방법으로도 감당해 낼 수 없다는 사실을 선언하는 것과 같다.

3:15. 여호와는 요새와 같은 지정학적 위치에 있고 강력한 군사력을 갖추고 있기 때문에 안전하다고 확신하는 니느웨, 바로 "그곳"(שָׁם삼)이 파멸과 살육의 자리가 될 것임을 선언하신다.[168] 이 선언은 적군의 공격을 방비하라는 앞 절의 명령이 조롱임을 더욱 분명하게 한다. 여호와는 비유적 표현으로 니느웨가 겪게 될 살육과 파괴를 극적으로 묘사한다. 첫째, 불이 니느웨를 삼켜버리는 것이다. 이것은 전쟁으로 인한 파괴를 의미한다. 전쟁의 불이 니느웨를 휩쓸고 지나가면 아무것도 남지 않게 될 것이다. 화려한 니느웨가 폐허가 되는 장면을 연상해 볼 수

168) Cf. Longman, "Nahum," 823.

있다(cf. 1:10). 요엘 선지자는 불의 파괴적인 결과를 다음과 같이 묘사하여 그 참혹함을 시각적으로 연상할 수 있게 한다: "불이 그들의 앞을 사르며 불꽃이 그들의 뒤를 태우니 그들의 예전의 땅은 에덴 동산 같았으나 그들의 나중의 땅은 황폐한 들 같으니 그것을 피한 자가 없도다"(욜 2:3). 둘째, 칼이 메뚜기 떼가 곡물과 식물을 완전히 먹어치우는 것처럼 니느웨를 베고 삼켜버릴 것이다. 전쟁의 칼이 니느웨의 거민들과 군인들 완전히 도륙하고 삼켜버릴 것이다. 그 결과는 3절하반절이 묘사하는 바와 같이 니느웨가 무수한 시체의 무덤으로 변하는 것이다: "죽임을 당한 자의 떼, 주검의 큰 무더기, 무수한 시체여 사람이 그 시체에 걸려 넘어지니." "파괴하는 자"의 공격은 "씨를 말리는" 살육과 파괴이다.

여호와는 니느웨에게 이 멸절을 피하려면 메뚜기 떼와 느치 떼만큼 수를 늘리라고 명하신다. 비교를 위한 부사구 "메뚜기 떼만큼"(כַּיֶּלֶק 카옐레크)과 "느치 떼만큼"(כָּאַרְבֶּה 카아르베)이 서로 짝을 이루고 있고 "늘리라"는 명령의 남성형(הִתְכַּבֵּד 히트캅베드)과 여성형(הִתְכַּבְּדִי 히트캅베디)이 함께 사용되는 것은 마치 "무슨 수를 써서라도 숫자를 늘릴 수 있을 만큼 늘리라"고 명령하는 듯하다. 하지만 이 명령은 과연 멸절을 피할 수 있는지 수를 늘릴 수 있으며 늘려보라는 조롱이다. 왜냐하면 니느웨가 아무리 수를 늘려도 결국 멸절을 피할 수 없기 때문이다. 이 명령은 메뚜기 떼처럼 공격하는 적군의 수에 맞추어 수를 늘리고 오히려 "느치 떼"를 추가하는 것처럼 더 숫자를 늘려도 결코 멸절을 피할 수 없다는 선언과 같다. 이러한 사실을 직접 선언하기 보다는 조롱하는 어조의 명령으로 서술하는 것은 니느웨를 더욱 비참하게 만든다.

3:16-17. 수를 늘리라는 명령으로 니느웨를 조롱하신 후 여호와는 니느웨가 수를 늘려야 하는 이유를 설명하신다. 왜냐하면 니느웨가 이미 확보한 하늘의 별들보다 많은 상인들과 느치 떼만큼 무수한 방백들이 메뚜기 떼가 허물을 벗고 날아가 버리는 것처럼 모두 사라질 것이기 때문이다. 앗시리아 왕과 군대의 보호 속에서 니느웨를 근간으로 경제적 부요를 누리고 경제적 자원을 제공하던 상인들과 정치적 영향력을 발휘하며 앗시리아 왕을 돕던 방백들이 모두 사라지게 되면서 니느웨의 미래나 회복은 더 이상 기대할 수 없게 된다. 그들의 수가 하늘의 별들보다 많고 느치 떼만큼 많지만 여호와의 심판이 임하면 허물을 벗자마자 날아가

버리는 메뚜기 떼처럼 기회만 되면 자신들의 목숨을 부지하기 위해 달아나버릴 것이다(cf. 2:8). "파괴하는 자"의 군대 앞에서 니느웨를 더욱 당황스럽게 만드는 것은 장수들의 모습이다. 왜냐하면 적군을 대항하여 싸워야 할 장수들이, 추운 날 울타리 위에 자리를 잡고 있다가 해가 떠오르면 어디로 도망을 갔는지 알 수 없는 메뚜기 떼에 불과하기 때문이다. 장수들은 니느웨에 주둔하고 있으면서 방비를 한다고 하지만 실제 적군이 진격하여 공격을 개시하면 모두 도망을 가서 어디로 갔는지 알 수 없게 될 것이다.

방비를 완벽하게 갖춘 요새와 같은 니느웨 한 복판에서 불과 칼이 메뚜기 떼와 같이 성읍을 파괴하고 거민과 군인들, 정치적, 군사적 지도자들을 모두 삼켜버리면 그 어디에서도 니느웨의 흔적은 찾을 수 없게 된다. 이것은 여호와의 진노가 불처럼 쏟아지고 그로 인하여 바위들이 부서진다는 1장 6절의 선언이 실현되는 구체적인 장면이다(cf. 2:13). 17절의 "그들이 어디에 있느냐?"는 수사적 질문은 2장 11절의 수사적 질문을 상기시킨다: "이제 사자의 굴이 어디냐 젊은 사자가 먹을 곳이 어디냐 전에는 수사자 암사자가 그 새끼 사자와 함께 거기서 다니되 그것을 두렵게 할 자가 없었으며." 여호와의 심판의 결과는 멸절이다. 여호와를 대항하여 악을 꾀하고 사특한 것을 권하면서 자신의 방법으로 도모한 경제적, 정치적, 군사적 안전장치가 아무리 많고 견고하다 할지라도 여호와의 심판 앞에서는 단지 허상에 지나지 않는다.

니느웨는 번영과 안전의 장소가 아니라 실제로는 파괴와 멸절의 장소이다. 왜냐하면 먹이를 잔혹하게 찢고 찢겨진 먹이로 저장고를 가득 채우던 탐욕스럽고 오만한 니느웨가 파괴하는 자의 군대에 의해 찢기고 흔적도 없이 사라지게 될 것이기 때문이다. 무수한 경제적 부와 정치적, 군사적 자원도 여호와의 심판에서 니느웨를 구할 수 없다. 메뚜기 떼처럼 주변 나라들을 먹어치우던 니느웨가 메뚜기 떼처럼 사라지면 어떤 흔적도 찾지 못할 것이다. 2장 10절의 선언과 같이 심판의 결과는 황폐함 그 자체이다: "황량하고, 황무하고, 황폐하다"(בּוּקָה וּמְבוּקָה וּמְבֻלָּקָה 부카 움부카 움불라카). 여호와는 비유적 표현을 통해 그의 심판으로 인한 니느웨의 완전한 파괴와 멸절을 분명하게 그려볼 수 있게 하실 뿐만 아니라 마지막에는 수사적 질문으로 독자들의 동의를 유도하면서 니느웨가 완전히 사라지게 될 것임을 확언하신다.

VI. 앗시리아 왕의 몰락과 해방의 기쁨 (e), 18-19

1. 원문

3:18a נָמוּ רֹעֶיךָ מֶלֶךְ אַשּׁוּר
3:18b יִשְׁכְּנוּ אַדִּירֶיךָ
3:18c נָפֹשׁוּ עַמְּךָ עַל־הֶהָרִים
3:18d וְאֵין מְקַבֵּץ
3:19a אֵין־כֵּהָה לְשִׁבְרֶךָ
3:19b נַחְלָה מַכָּתֶךָ
3:19c כֹּל שֹׁמְעֵי שִׁמְעֲךָ תָּקְעוּ כַף עָלֶיךָ
3:19d כִּי עַל־מִי לֹא־עָבְרָה רָעָתְךָ תָּמִיד

2. 번역(개역개정)

3:18 앗수르 왕이여 네 목자가 자고 네 귀족은 누워 쉬며 네 백성은 산들에 흩어지나 그들을 모을 사람이 없도다
3:19 네 상처는 고칠 수 없고 네 부상은 중하도다 네 소식을 듣는 자가 다 너를 보고 손뼉을 치나니 이는 그들이 항상 네게 행패를 당하였음이 아니더냐 하시니라

3. 원문분석

3:18.18a의 문장은 주동사 נָמוּ나무("자고 있다/졸고 있다"), 주어 רֹעֶיךָ로에카("네 목자[들]가"), 호격 מֶלֶךְ אַשּׁוּר멜레크 앗슈르("앗수르 왕이여")가 나열되는 일반적인 어순을 취한다. רֹעֶיךָ로에카의 2인칭 대명사어미 ךָ카의 선행사는 호격으로 언급된 "앗수르 왕" 이다.[169] רֹעֶה로에("목자")는 앗시리아 왕의 수하에 있는 지도자들이나

---

169) 시리아역에 근거하여 רֹעֶיךָ로에카와 אַדִּירֶיךָ악디레이카의 대명사어미를 여성형 יִךְ_ 아이크로 수정하는 제안이 있어왔음을 BHS가 언급하고 있는데, 이것은 "앗시리아 왕"(남성형)이 아닌 "니느웨"(여성형)를 대명사어미의 선행사로 염두에 둔 수정이다. 더 나아가

관료들을 가리키는 비유적 표현이다. 크리스텐센(Christensen)은 동사 נָמוּ나무가 죽음의 잠을 의미하는 것으로 설명한다.170)

18b의 문장 역시 주동사 יִשְׁכְּנוּ이스케누("누워 쉬다")에 이어서 주어 אַדִּירֶיךָ악디레이카("네 귀족[들]은")를 서술하는 일반적 어순을 따른다. אַדִּיר악디르는 "강력한" 또는 "화려한" 등을 의미하는 형용사인데 실명사의 역할을 한다. 형용사의 의미에 근거하여 "귀족," "관료," "용사" 등으로 번역한다. 사회적 지위와 권력을 가진 기득권층을 가리키는 것으로 보인다. 동사 יִשְׁכְּנוּ이스케누의 원형 שׁכן은 "거주하다" 또는 "정착하다"를 의미한다. 이 문자적 의미가 문맥상 맞지 않는 점을 고려하여 BHS는 יִשְׁכְּנוּ이스케누를 יָשְׁנוּ야스누("그들이 자다": 원형, ישׁן)로 수정하여 읽을 것을 제안한다. 하지만 히브리어 필사본들의 지지가 없다. 마이어(Maier)는 שׁכן이 시 19:9; 94:17 등에서 죽음의 잠 속에서 육체가 휴식을 취하는 것을 묘사하는 점을 언급하면서, יִשְׁכְּנוּ이스케누를 죽음을 염두에 둔 "휴식을 취하다"로 번역한다: "...Thy mighty ones rest {in death}"(cf. 공동번역, 표준새번역).171) 이것은 נָמוּ나무가 죽음의 잠을 의미하는 것으로 해석하는 것과 같은 맥락이다. 캐스카트(Cathcart) 역시 사 26:19과 시 94:17의 경우를 언급하면서 שׁכן이 죽음 안에서 쉰다는 개념을 전달할 수 있음을 주장한다. 뿐만 아니라 문맥을 고려할 때, MT독법의 יִשְׁכְּנוּ이스케누에서 이러한 어조를 감지할 수 있다.

18c-d는 의미상 18a-b에 따른 결과로 보인다. 즉 앗시리아 왕의 신하들이 그 기능을 하지 못하기 때문에 백성들이 겪는 어려움을 서술한다. 주동사 נָפֹשׁוּ나포슈의 주어는 עַמְּךָ암메카("네 백성")이며, 위치를 나타내는 전치사 עַל알이 유도하는

BHS가 호격의 מֶלֶךְ אַשּׁוּר멜레크 앗슈르가 추가된 것일 수 있다는 의문을 제기하는 것과도 연계되어 있다. 하지만 "앗시리아 왕"을 후대삽입으로 볼 정당한 근거가 없기 때문에 현재의 MT독법에는 문제가 없고 앗시리아 왕을 암시하는 1장 11절을 고려하면 오히려 더 적절하다.

170) Christensen, *Nahum*, 387; cf. Maier, *The Book of Nahum*, 358; Keil, *The Twelve*, 41; Bailey, "Nahum," 241.

171) Maier, *The Book of Nahum*, 357, 360; Keil, *The Twelve*, 41; Coggins, *Israel among the Nations*, 58. Robertson은 동사 שׁכן이 무덤이라는 표현과 함께 쓰이지 않는 경우에는 죽음을 가리키는 것이 아니라 그들의 게으름과 무관심 등을 지적하는 것으로 해석한다(Robertson, *The Books of Nahum*, 127).

부사구 עַל־הֶהָרִים 알 헤하림("산들 위에")은 동사의 행위가 벌어지는 장소를 서술해 준다. 문제는 니팔형 동사 נָפֹשׁוּ 나포슈에 관한 다양한 견해이다. 이 동사의 원형을 어떤 것으로 보느냐에 따라 해석적 차이가 나타난다. 전통적으로는 נָפֹשׁוּ 나포슈의 원형을 פּוּשׁ("흩다")로 보아 "그들이 흩어졌다"로 번역한다. 한글번역본들과 대부분의 영어번역본들이 이 견해에 따라 번역하고 있다. 하지만 이 원형의 용례가 정확하지 않기 때문에 BHS는 נָפֹשׁוּ 나포슈보다는 일반적으로 사용되는 נָפֹצוּ 나포쯔로 수정하여 "[그들이] 흩어졌다"로 해석할 것을 제안하기도 한다. 수정독법의 동사 נָפֹצוּ 나포쯔의 원형은 "흩다"를 의미하는 פּוּץ이다. 18d의 מְקַבֵּץ 메캅베쯔("모으는 자")에 대한 언급은 이 수정독법을 지지하는 듯 보인다. 하지만 이 수정독법은 히브리어필사본들의 지지를 받지 못하는 문제점이 있다. 이러한 문제점으로 인해 롱맨(Longman)과 캐스카트(Cathcart)는 MT독법을 그대로 유지하지만 이 동사의 원형을 명사 נֶפֶשׁ 네페쉬("숨")와 관련된 נפשׁ로 해석한다.[172] 캐스카트는 MT독법의 자음을 유지하지만 모음을 변경하여 피엘형의 נִפְּשׁוּ 닙페슈("숨을 거두다")로 읽을 것을 제안한다.[173] 하지만 롱맨은 נִפְּשׁוּ 닙페슈를 피엘형이 아닌 니팔형("숨을 고르다")으로 보는 것이 문맥에 더 적절하다는 주장을 한다.[174] 롱맨의 번역은 대적을 피해 산으로 도망친 자들이 숨을 고르고 있는 장면을 연상시킨다. 이것은 "흩어졌다"는 전통적인 해석의 장면과 큰 차이가 없다. 이러한 점을 고려할 때, MT독법을 유지하는 롱맨과 캐스카트의 제안을 고려해 볼만 한다. 하지만 2장 1절에서 מֵפִיץ 메피쯔("흩어버리는 자")가 니느웨를 공격하는 자로 묘사된 점을 고려하면 전통적인 해석이 적절해 보인다.

עַם 암은 18a-b에 언급된 지도자층과 기득권층과 대조를 이루는 일반 백성을 가리키는것으로 보인다.[175] עַם 암을 "군대"로 번역하기도 하는데(cf. 공동번역, Longman), 이 경우 18b의 אַדִּיר 악디르를 "용사"로 번역하여 흐름을 맞추는 것이 필요하

172) Longman, "Nahum," 828; Cathcart, *Nahum*, 149.

173) Ibid.

174) Longman, "Nahum," 828.

175) BHS는 18a와 18b에서 남성 대명사어미를 여성형 어미로 수정할 것을 제안한 것처럼 עַמְּךָ 암메카의 어미 역시 여성형으로 수정할 것을 제안한다. 이는 18a의 호격을 후대삽입으로 간주할 뿐만 아니라 대명사어미의 선행사를 "니느웨"로 보기 때문인 것으로 보인다. 하지만 BHS가 제시한 수정독법은 히브리어필사본들의 지지를 받지 못하고 있다.

다.[176] 하지만 עַם암이 이 의미로만 제안될 필요는 없다.[177] 일반적으로 서술하는 대상이 나열될 때는 주로 문두에 위치하면서 강조되는데(cf. 암 7:17), 18절에서는 동사가 먼저 서술되는 일반적인 어순을 따르는 것은 동사가 묘사하는 바에 주목하게 하는 것으로 보인다. 특히 18a-c를 동사를 중심으로 볼 때, 완료 동사(נָמוּ나무, 18a) – 미완료 동사(יִשְׁכְּנוּ이스케누, 18b) – 완료 동사(נָפֹשׁוּ나포슈, 18c)의 교차평행을 이룬다. 18b의 미완료 동사에 특별한 의미를 부여하기 보다는 교차평행을 통해 이 문장들 간의 응집력을 보이기 위한 시적 서술로 간주하는 것이 적절해 보인다. 스프롱크(Spronk)는 18절과 관련하여 흥미로운 점을 지적한다.[178] 18a, b, c, d를 시작하는 각 철자가 "니느웨"(נינו)를 표기하고 있다는 것이다: 18a(נָמוּ의 נ), 18b(יִשְׁכְּנוּ의 י), 18c (נָפֹשׁוּ의 נ), 18d(וְאֵין의 ו). 이것이 저자에 의해 의도된 것이라면 18b에서 미완료형 동사 יִשְׁכְּנוּ이스케누가 등장하는 것이 문제가 되지 않는다. 따라서 이 동사를 완료형으로 수정하는 것은 저자의 의도에서 벗어나는 것이다.

18d의 וְאֵין מְקַבֵּץ베엔 메캅베쯔는 추가적 설명을 유도하는 접속사 ו바브(epexegetical ו), 부재를 나타내는 부사 אַיִן엔("없다"), "모으다"를 의미하는 동사 קבץ의 피엘 분사 מְקַבֵּץ메캅베쯔("모으는 자")가 결합된 구문으로 접속사 ו바브에 의해 18c의 문장에 연계된다. 모아지는 대상이 18d에 적시되지 않지만 18c를 고려할 때, 흩어진 백성인 것을 알 수 있다. 따라서 18c와 연계하여 18d를 해석하면, "백성들이 산들 위에 흩어져 있지만 이들을 모을 자가 없다"가 된다. 결국 18d의 선언은 니느웨의 멸망을 확언하는 기능을 한다.

3:19. 본 절의 첫 번째 문장(19a)은 앞 절의 마지막 문장에서 언급된 אַיִן엔("없다")으로 시작하면서 부정문을 유도한다. אַיִן엔의 반복을 통해 니느웨의 운명에 대한 부정적 이미지가 강화된다. 유불리(有不利)를 나타내는 전치사 לְ레가 유도하는 부사구 לְשִׁבְרֵךְ레쉬브레카는 "너의 상처를 위한"이라는 의미이다. שֶׁבֶר셰베르는

---

176) Longman은 군사적 정황에서 עַם암이 언급된 것에 근거하여 "백성"보다는 "군대"로 번역하는 것을 선호한다(Longman, "Nahum," 828). 하지만 본 문맥에서 עַם암이 군대만을 가리키는 것으로 제한할 필요는 없다.

177) Cf. Christensen, *Nahum*, 390.

178) Spronk, *Nahum*, 141-43.

"부수다" 또는 "파괴하다"의 의미를 갖는 동사 שׁבר에서 파생된 명사로 육체와 관련하여서는 "골절," "타박상," 또는 "부상" 등을 가리킨다.[179] BHS는 18절에서와 같이 19절에서도 2인칭 남성 대명사어미(ךָ)를 모두 "니느웨"를 선행사로 취하는 2인칭 여성 대명사어미(ךְ)로 수정할 것을 제안한다. 하지만 이것은 불필요한 제안이다. 왜냐하면 남성 대명사어미의 선행사가 될 수 있는 מֶלֶךְ אַשּׁוּר 멜레크 앗슈르("앗시리아 왕")가 18절에 호격으로 언급이 되었기 때문이다. כֵּהָה케하는 "[갈증 등을] 풀다"라는 의미를 갖는 명사로 추정하고 있는데, 문맥을 고려할 때 자연스럽지 않을 뿐만 아니라 칠십인경이 ἴασις("치료")로 번역하고 있기 때문에 일반적으로 "치료"를 의미하는 גֵּהָה게하를 잘못한 필사한 것으로 본다(cf. 잠 17:22). כ카프와 ג김멜이 쉽게 혼돈될 수 있기에 가능한 가정이지만 히브리어필사본들은 MT독법을 유지하고 있다. 이에 대해 마이어(Maier)는 כ카프와 ג김멜이 혼용되면서 같은 의미의 단어로 쓰이고 있는 예에 근거하여 כֵּהָה케하가 גֵּהָה게하처럼 "치료"를 의미할 수 있다고 주장한다.[180] 이어지는 문장(19b)을 고려할 때 כֵּהָה케하를 "치료"로 이해하는 것은 적절해 보인다.

19b는 술어 נַחְלָה나헬라("중하도다")에 이어 주어 מַכָּתֶךָ막카테카("네 부상")가 서술되는 명사절이다. מַכָּה막카는 "쳐부수다"의 의미를 갖는 동사 נכה에서 파생된 명사로 שֶׁבֶר셰베르의 경우와 같이 인체에 가해진 행위로 인한 "부상" 등을 의미한다. נַחְלָה나헬라는 "병에 들다," "피곤하게 되다," 또는 "고통을 느끼다"를 의미하는 동사 נחל의 니팔 여성 절대형 분사로 부상이나 병 등이 심각하거나 치료하기 힘든 상태를 가리킨다(cf. 렘 10:9).[181] 따라서 한글번역본들은 이 표현을 "중하다," "치명적이다," "아물 길이 없다" 등으로 번역한다. 19b는 19a의 선언에 대한 근거를 제시한다.[182] 즉 "네 부상이 치명적이기 때문에 네 상처는 치료할 길이 없다"는 것이다.

19c는 주어구 כֹּל שֹׁמְעֵי שִׁמְעֲךָ콜 숌에 쉼아크("네 소식을 듣는 자가 다"), 동사 תָּקְעוּ

179) Christensen은 레 21:19; 24:20에 근거하여 שֶׁבֶר셰베르를 "골절"과 연관된 부상으로 설명한다(Christensen, *Nahum*, 391).

180) Maier, *The Book of Nahum*, 363.

181) Cf. Christensen, *Nahum*, 391; Maier, *The Book of Nahum*, 361.

182) Cf. Longman, "Nahum," 829.

타케우("치다"), 목적어 כַּף카프("손뼉을"), 전치사 עַל알이 유도하는 부사구 עָלֶיךָ알레카("너를 보고")의 어순을 취한다. כֹּל콜은 복수형 명사와 함께 연결되면서 총체적 의미("모두," "전부")를 갖는다. שֹׁמְעֵי숌는 연결형 분사로 "듣는 자들"을 의미하며 שִׁמְעֲךָ쉼아카("네 소식")를 목적어로 취한다. שִׁמְעֲךָ쉼아카의 2인칭 대명사어미 ךָ카의 선행사는 "앗시리아 왕"이며 목적격 속격으로 "너에 관한 소식"이라는 의미를 전달한다. 따라서 שִׁמְעֲךָ쉼아카는 앗시리아 왕에 관한 소식이며 구체적으로는 그의 멸망에 관한 소식을 가리킨다. 완료형 동사 תָּקְעוּ타케우의 원형 תקע는 "[무기 등으로 사람을] 치다 또는 찌르다"를 의미하는데, כַּף카프("손")를 목적어로 취하면서 자연스럽게 "손뼉을 치다"라는 의미를 갖게 된다. 이 완료형은 신탁선언에 사용되는 예언적 완료형이며 앞으로 오게 될 일에 대한 화자의 확신을 반영한다. כַּף카프("손")에 이어 서술되는 부사구 עָלֶיךָ알레카의 전치사 עַל알은 이유를 나타내거나 관심의 대상을 유도하는 것으로 분석할 수 있다. 전자의 경우 "너로 인하여"로 번역을 하게 되며, 이 표현은 "니느웨의 멸망으로 인하여"라는 의미를 내포한다. 후자의 경우 "너에 대하여" 또는 "너를 향하여"로 번역한다.

19d의 접속사 כִּי키는 손뼉을 치는 이유를 설명하는 원인절을 유도하는데, עַל־מִי알 미가 이어지면서 19d는 이유를 묻는 의문문이 된다. 이 의문문은 앗시리아 왕의 멸망소식을 듣고 손뼉을 치는 이유에 대한 독자들의 동의를 유도하는 수사적 질문이다.[183] עַל־מִי알 미("누구에게")의 전치사 עַל알은 동사의 행위가 미치는 대상을 유도한다. 부정어 לֹא로와 함께 쓰인 동사 עָבְרָה아베라("통과하다," "지나가다")의 주어는 רָעָתְךָ라아트카("네 행패")이다. רָעָה라아는 "악," "재앙," "범죄" 등을 의미하는 명사인데, 여기서는 앗시리아 왕이 다른 나라들에 행한 포악한 행위를 가리킨다. רָעָתְךָ라아트카의 2인칭 대명사어미 ךָ카가 주격 속격의 역할을 하는 것으로 보면 רָעָתְךָ라아트카는 "네가 행한 행패"라는 의미가 된다. 부사 תָּמִיד타미드("항상")가 רָעָתְךָ라아트카를 수식하는 것으로 간주하여 רָעָתְךָ תָּמִיד라아트카 타미드를 "네가 지속적으로 행한 행패"로 번역하기도 한다(cf. 쉬운성경["계속된 너의 잔인함"], 우리말["끊임없는 너의 악행"], 표준새번역["너의 계속되는 학대"]). 이와는 달리

183) 공동번역은 수사적 의문문이 담고 있는 감정적 어조를 그대로 담아 번역한다: "…내내 너의 행패를 당하던 사람들이 네가 망했다는 소문을 듣고, 모두 손뼉을 치며 고소해하리라"(3:19).

부사 תָּמִיד타미드가 동사구 לֹא־עָבְרָה로-아베라를 수식하는 것으로 보면, "누구에게나 너의 행패가 미치지 않은 적이 있느냐?"로 번역할 수 있다(cf. ASV, KJV, NAS). 위에 언급한 분석을 고려하여 19d를 번역하면, "이는 너의 지속적인 행패가 미치지 않은 이가 없기 때문이 아니냐?" 또는 "이는 어느 누구에게도 너의 행패가 미치지 않은 적이 없기 때문이 아니냐?"가 된다. 이 수사적 질문은 앗시리아 왕의 행패를 겪지 않는 자가 없다는 것에 동의하게 한다. 결과적으로 앗시리아 왕의 멸망소식을 듣는 이가 모두 박수를 치며 기뻐하는 것은 당연하다는 것이다.

4. 원문주해

3:18-19. 여호와의 심판선언은 니느웨에서 앗시리아 왕에게로 전환된다. 1장 2-8절에서 자신을 거스르는 대적에게 보복을 행하시는 여호와의 일반적인 속성이 선언된 후, 니느웨에서 나온 "여호와께 악을 꾀하고 사악한 것을 권하는 한 사람"을 언급하는 것으로 심판신탁이 본격적으로 시작된다(1:11). 본 절은 이 시작과 짝을 이루면서 니느웨를 향한 심판신탁 전체를 마무리하는 역할을 한다. 따라서 "여호와께 악을 꾀하는 한 사람"(1:11)의 정체가 앗시리아 왕인 것을 알 수 있다. 구체적으로 이름을 언급하지 않고 "앗시리아 왕"으로 표현하는 것은 특정의 왕만을 염두에 둔 것이 아니라 앗시리아의 포악하고 사악한 역사 속에 등장한 모든 왕들을 심판의 대상으로 규정하려는 것으로 보인다.[184] 왜냐하면 그들이 여호와의 질투를 자극하여 진노와 보복을 유발시켰기 때문이다. 여호와는 "앗시리아 왕"을 부르시며 적군의 공격이 있을 때 그를 도와주어야 할 정치적 사회적 지도자들이 아무런 도움을 줄 수 없다는 것과 그 결과로 그의 백성들이 산들 위로 흩어졌고 그들을 모을 자가 없다는 비극적인 상황을 직접 알려주신다. 앗시리아 왕의 주위에 있는 관료들과 귀족들이 잠을 자고 누워서 쉬고 있다는 표현은 그들의 무력함을 의미한다. 심지어는 그들의 죽음을 의미할 수도 있다. 어떤 의미이던 간에 분명한 것은 앗시리아 왕이 어느 누구에게도 도움을 받지 못하는 상황에 있다는 것

184) Cf. Robertson, *The Books of Nahum*, 129; Hailey, *A Commentary*, 269.
185) Cf. Watts, *The Books of Joel*, 120.

이다. 백성들은 지도자들을 잃고 적군의 칼날을 피해 산으로 흩어져 있는데, 그들을 모을 자가 없다. 여호와의 보복은, 자신의 정치적 관료들과 권력자들을 자랑하고 자신의 무수한 백성들을 뽐내던 앗시리아 왕의 곁에 어느 누구도 남겨 두지 않을 것이다. 앗시리아 왕은 사람들의 버림을 받게 된다. 뿐만 아니라 그가 스스로 흩어진 백성들을 모을 수도 없다. 이와 같이 앗시리아 왕의 부상(상처)은 여호와의 보복과 심판을 수행하는 "파괴하는 자"(מֵפִיץ 메피쯔, "흩어버리는 자")에 의한 것이기에 치명적이고 치료가 불가능하다(cf. 2:1). 앗시리아 왕의 모습은 전투에서 치명적인 부상을 입고 병상에 누워 죽을 날 만을 기다리는 가련하고 초라한 패잔병의 모습을 연상시킨다. 죽음에 이르게 하는 상처와 부상을 수없이 입히던 앗시리아 왕이 이제 상처와 부상을 입고 죽음을 기다리고 있다. 이것은 앗시리아 왕의 완전한 몰락을 의미하는 것이며 결국은 앗시리아 제국의 멸망을 선언하는 것이다. 앗시리아 왕의 모습이 가련하고 불쌍하지만 그의 몰락에 대한 소식을 듣는 이들은 손뼉을 치며 기뻐한다. 왜냐하면 그의 지속적인 압제와 포악에 고통을 당하지 않은 자가 없기 때문이다. 따라서 니느웨를 위해 슬퍼하거나 위로할 자가 없다고 서술하고 있는 3장 7절을 충분히 이해할 수 있다. 앗시리아 제국의 멸망은 압제의 고통을 당하던 이들에게 해방의 기쁜 소식이다. 앗시리아의 멸망으로 인해 손뼉을 치며 해방의 기쁨을 만끽하는 이들 중에 유다도 포함된다. 주변 나라들이 앗시리아의 압제에서 벗어나 해방의 기쁨을 누리는 것은 여호와가 베푸시는 보편적인 은혜이다. 하지만 유다에게는 여호와의 언약적 은혜이다. 그러나 이 은혜를 누리는 자들은 단지 유다 공동체에 속한 이들이 아니라 여호와의 선하심을 믿고 그에게 피하는 자들이다(cf. 1:7). 여호와는 그에게 피하는 자들의 산성이 되어주신다.

모든 주변 나라들에게 자신의 지속적인 악을 행하였던(עָבְרָה 아베라) 앗시리아 왕의 몰락은 "사악의 화신(בְלִיַּעַל 벨리야알)이 더 이상 네 가운데로 지나지(לַעֲבוֹר 라아보르) 못할 것이라"는 선언(1:15)의 성취이다. 이것은 "악을 행하던 자"(עָבְרָה רָעָתֵךְ 아베라 라아트카)를 "범람하는 물"(שֶׁטֶף עֹבֵר 셰테프 오베르, 1:8)로 되갚아 멸하시는 여호와의 보복이다. 이 보복은 모든 이들이 동의하는 것이며 정당한 것이다. 여호와는 앗시리아 제국이 행한 악의 근본적인 원인인 앗시리아 왕("사악의 화신," בְלִיַּעַל 벨리야알)을 제거하심으로 악의 문제를 해결하시고 그의 공의를 세우신다.[185] 앗시리아 왕의 몰락은 여호와의 공의에 대한 증거이다.[186] 여호와를 대항하여 악을 꾀하는 자는 그의 대적이며 결코 멸절을 피할 수 없게 된다. 대적은 그가 행한 그대로 되갚음을 받게 된다.[187] 그러므로 나훔서를 읽는 독자가 놓치지 말아야 할 핵심은 니느웨의 멸망이 아니라 악을 제거하심으로 공의를 세우시는 여호와의 속성이다.[188]

VII. 단락의 절정과 핵심주제

세 번째 신탁의 의미론적 무게는 선언단락(5-19절)에 있다. 다음의 사실들은 이러한 분석을 가능하게 한다. 첫째, 일반적으로 고소단락은 주로 심판의 원인에 집중하는데, 세 번째 신탁은 고소단락에서 니느웨가 범한 죄의 결과로 임하게 되는 심판, 즉 전쟁과 그 결과인 죽음을 극석으로 묘사하면서 독자의 시선을 사로잡는다(2-3절). 따라서 독자는 고소단락에서 심판의 원인뿐만 아니라 심판에도 집중하게 된다. 이 심판에 대한 묘사가 선언단락에서 보다 구체적으로 언급되면서 의미론적 무게를 갖게 된다. 둘째, 신탁의 대상인 니느웨가 고소단락에서는 3인칭으로 묘사되고 있는 반면에 선언단락에서는 2인칭으로 표기되고 있다. 고소단락에서 심판을 행하시는 여호와가 언급되지는 않지만 고소단락이 나훔의 말로 서술되고 있기 때문에 자연스럽게 여호와(3인칭)-니느웨(3인칭)의 관계가 설정된다. 반면에 선언단락에서는 화자인 여호와(1인칭)-니느웨(2인칭)의 관계가 설정되면서 선언단락에 보다 집중하게 된다. 셋째, 선언단락은 신적 선언공식("만군의 여호와의 말이니라," divine speech)으로 시작되면서 나훔의 말로 서술되고 있는 고소단락(선지자적 선언, prophetic speech)에 비해 의미론적 무게를 갖는다. 넷째, 고소단락은 네 절로 서술되고 있는 반면에 선언단락은 열다섯 절이 할애되고 있다. 분량 면에서 독자

186) Cf. 악트마이어, 『나훔-말라기』 63.

187) 나훔이 앗시리아 문헌에 서술된 비유들을 사용하면서 되갚으시는 여호와의 공의라는 주제를 수사학적으로 어떻게 제시하고 있는지에 대한 구체적인 논의를 보려면, G. H. Johnson, "Nahum's Rhetorical Allusions to Neo-Assyrian Conquest Metaphors," *BS* 159 (2002): 21-45를 참조하라.

188) Cf. Craigie, *Twelve Prophets*, 76; Baker, *Nahum*, 40. Coggins는 요나서의 마지막 수사적 질문이 우주적 측면을 담고 있는 것과 연계하여 19절이 여호와의 우주적 능력을 강조하는 것으로 해석한다(Coggins, *Israel among the Nations*, 59).

는 선언단락에 집중하게 된다. 그렇다면 선언단락에서 절정을 파악하고 세 번째 신탁의 핵심적인 메시지를 찾을 수 있다.

선언단락(5-19절)은 다섯 개의 소단락으로 구분이 된다: (1) 대적에게 임하는 수치(5-7절); (2) 멸망의 증거(8-10절); (3) 무기력한 니느웨(11-13절); (4) 완전히 사라지게 될 니느웨(14-17절); (5) 앗시리아 왕의 몰락과 해방의 기쁨(18-19절). 독자들의 동의를 유도하는 수사적 질문은 그 질문이 서술되는 단락의 의미에 집중하게 하는 효과를 갖는다. 이러한 면에서 보면, 세 개의 소단락이 주목하게 된다. 첫째, "내가 어디서 너를 위로할 자를 구하겠느냐?" 라는 수사적 질문으로 마무리되면서 니느웨가 여호와의 심판으로 인해 수치를 당하게 될 것임을 선언하고 있는 첫 번째 소단락(5-7절)이다. 둘째, "네가 어찌 노아몬보다 낫겠느냐?" 라고 물으며 노아몬의 멸망에 근거하여 니느웨의 멸망을 논증하는 두 번째 소단락(8-10절)이다. 셋째, 앗시리아 왕의 몰락을 보는 이들이 손뼉을 치며 기뻐하는 이유에 대한 동의를 유도하는 수사적 질문, 즉 "이는 그들이 항상 네게 행패를 당하였음이 아니더냐?" 로 마무리되는 다섯 번째 소단락(18-19절)이다. 첫 번째 소단락의 수사적 질문은 다섯 번째 소단락의 수사적 질문과 의미론적 연관성을 갖는다. 그 어디에서도 니느웨를 위로할 자를 찾을 수 없다는 사실은 모든 이가 니느웨의 행패에 고통을 당하였기 때문에 앗시리아 왕의 몰락을 기뻐할 수밖에 없다는 사실과 짝을 이루면서 분명한 메시지를 전달한다. 첫째, 앗시리아 왕의 몰락은 니느웨가 벌거벗김을 당하고 부끄러운 곳을 보이는 구체적인 사건들 중의 하나이다. 왕의 몰락은 니느웨의 완전한 멸망을 의미한다. 둘째, 앗시리아 왕의 행패를 겪지 않은 이들이 없기 때문에 모든 이들이 니느웨의 멸망을 슬퍼하기 보다는 오히려 해방의 소식에 기뻐하게 된다는 것이다. 이러한 기쁨을 확언해 주는 것이 노아몬의 멸망을 증거로 제시하면서 니느웨의 멸망을 논증하는 두 번째 소단락이다.

두 번째 소단락에는 8절의 수사적 질문뿐만 아니라 독자의 시선을 사로잡는 또 다른 문학적 기법이 있다. 바로 גַּם감의 반복이다. גַּם감은 10-11절에 네 번 반복된다(10a, 10c, 11a, 11c). 이 반복은 두 번째 소단락(8-10절)과 세 번째 소단락(11-13절)을 연결시키면서 독자로 하여금 이 두 단락에 주목하게 한다. גַּם감은 문맥 안에서 구문론적 의미를 달리하면서 핵심적인 메시지를 전달한다. 10절을 시작하는 גַּם감(10a)은 "그러나" 라는 의미의 반의접속사 역할을 한다. 반면에 10c의

גַּם감은 "게다가"의 의미가 되면서 추가적 정보를 제공하는 역할을 한다. 노아몬의 거민들이 포로로 사로잡혀가는 것에 더하여 어린 아이들까지도 비참하게 죽임을 당한 사실을 서술한다. 주격대명사와 함께 쓰인 11a와 11b의 גַּם אַתְּ 감 알트("너 역시")는 노아몬의 멸망을 니느웨에 적용한다. 즉, 노아몬이 앗시리아의 공격을 받았을 때 겪었던 것과 동일하게 니느웨가 여호와의 심판을 행하는 적군의 공격을 받고 당황하여 숨을 곳과 피난처를 찾기에 급급하게 된다는 것이다. 12-13절은 무화과나무 열매와 여인의 모습에 빗대어 손쉽게 멸망을 당하는 무기력한 니느웨의 모습을 독자들의 머릿속에 인상적으로 각인시킨다. 그런 후 14-17절은 전투를 준비하라는 조롱과 함께 니느웨의 완전한 사라짐을 심판의 결과로 서술한다. 18-19절에 서술된 앗시리아 왕의 몰락과 해방의 기쁨은 이 결과에 대한 첨언이다. 그러므로 세 번째 신딕의 질정은 노아몬의 멸방을 증거로 제시하면서 니느웨의 멸망을 논증하고 니느웨의 무기력한 멸망을 확언하는 8-13절에 있다고 말할 수 있다. 따라서 세 번째 신탁의 핵심메시지는 여호와의 대적이 된 니느웨의 멸망은 확정된 것이며 그 결과는 완전한 멸절이라는 사실을 선언하는 것이다. 또한 니느웨의 멸망은 부가적으로 주변 나라들에게 해방의 기쁨을 준다는 것이다. 독자는 고 소단락에 언급된 니느웨의 강포, 거짓, 우상숭배가 어떤 결과를 낳게 되는지 보게 된다. 더 나아가 악의 문제를 근본적으로 해결하시면서 자신의 우주적 주권과 공의를 세우시는 여호와를 기대하게 된다.

VIII. 나훔서 안에서의 세 번째 신탁

세 번째 신탁(3:1-19)은 여호와의 일반적인 속성과 원리를 노래하는 찬양시(1:2-8)를 구체적으로 니느웨에 적용하고 있는 첫 번째 신탁(1:9-15)과 두 번째 신탁(2:1-13)의 결론적인 역할을 한다. 앞 단락들의 핵심적인 주제와 내용을 기억하고 있는 독자는 세 번째 신탁에서 앞 단락들 간의 언어적, 주제적 연관성을 쉽게 파악할 수 있다. 나훔은 신탁들을 열거하면서 단순히 동일한 주제를 반복하고 강조하는 것이 아니라 주세를 섬차석으로 발전시킨다. 뿐만 아니라 점진적으로 대적의 정체를 구체화하면서 여호와의 속성과 니느웨의 멸망에 주목하게 한다. 또한 신탁들은 의미와 주제를 보충하는 상호보완적 역할을 한다.

나훔서의 주제적 발전은 다음과 같다. 첫째, 나훔서는 원리제시, 원리의 보편화, 원리의 실제적 적용이라는 흐름으로 주제를 발전시킨다. 찬양시(1:2-8)는 여호와를 거스르는 대적에게 진노의 보복을 행하시고 그에게 피하는 자에게는 산성이 되어 주신다는 원리를 제시한다. 이 원리는 나훔서를 읽는 신학적 관점이다. 첫 번째 신탁(1:9-15)은, 여호와의 보복으로 인한 대적의 멸망을 구체적으로 선언하고 구원의 대상으로 유다를 제시하면서 이 원리를 보편화한다. 하지만 구원의 대상인 유다는 "여호와에게 피하는 자"라는 1장 7절의 표현을 적용하면 제한적 의미를 갖는다. 두 번째 신탁(2:1-13)은 보편화된 원리가 니느웨에 실제로 적용되는 예를 제시한다. 따라서 니느웨가 직접 언급될 뿐만 아니라 니느웨를 묘사하는 구체적인 표현들이 서술된다. 여호와의 대적이 된 니느웨는 황폐하게 되어 흔적도 없이 사라지게 될 것임을 선언한다. 전투를 묘사하는 나훔의 생생한 표현은 마치 니느웨의 멸망이 이미 현실이 된 것 같은 생각이 들 정도이다. 세 번째 신탁(3:1-19)은 원리의 실제적 적용을 이어가면서 노아몬의 멸망을 근거로 니느웨의 멸망을 확증한다. 두 번째 신탁과 세 번째 신탁이 니느웨의 멸망에 집중하지만, 니느웨의 멸망이 유다의 구원과 연계되어 있다는 사실을 전달하고 있는 첫 번째 신탁을 고려할 때, 니느웨의 멸망을 집중적으로 선언하고 있는 것은 상대적으로 유다의 구원을 확증하는 역할을 한다. 앗시리아 왕의 몰락을 해방의 기쁨으로 연결시키는 3장 18-19절의 결론이 이러한 사실을 확언해 준다. 이러한 주제적 발전은 니느웨의 압제 하에서 여호와의 우주적 주권과 공의에 대해 회의적 태도를 가지고 좌절과 절망 가운데 있었던 이들에게는 구원의 기대를 자극하였을 것이다. 반면에 니느웨에 동조하여 악을 행하던 이들에게는 심판의 두려움을 자아내었거나 아니면 나훔의 신탁을 의도적으로 외면하게 하였을 것이다.

둘째, 나훔서는 "신적 신탁"(divine speech)과 이에 근거한 "선지자적 신탁"(prophetic speech)을 반복하면서 주제를 전개하고 발전시킨다. 대안적 구조에서 제안한 바와 같이 여호와의 속성을 찬양하는 시, 그리고 세 개의 신탁으로 구분하여 분석할 수도 있지만 "신적 신탁"(여호와의 말씀)과 "선지자적 신탁"(선지자의 말)의 흐름 속에서 주제적 발전과 전개를 살펴 볼 수 있다: 찬양시(1:2-8) – 선지자적 신탁(1:9-11) – 신적 신탁(1:12-15) – 선지자적 신탁(2:1-12) – 신적 신탁(2:13) – 선지자적 신탁(3:1-4) – 결론적인 신적 신탁(3:5-19). 이러한 흐름을 구체적으로 설명하면, 찬양시

(1:2-8)는 신적 신탁은 아니지만 여호와의 속성을 선언하는 면에서 신적 선언과 같은 의미가 있다. 나훔은 찬양시에서 제시하고 있는 여호와의 보복과 구원에 근거하여 여호와의 주권과 능력을 의심하는 유다 백성들을 책망하고 니느웨가 보복의 대상이라는 사실을 전달한다(1:9-11). 이어서 보다 구체적인 여호와의 선언이 1장 12-15절에 주어진다. 여호와는, 대적이 비록 완벽하고 막강해 보여도 여호와가 자신의 백성을 구원하시기로 작정하셨기 때문에 멸망을 피할 수 없고 그의 백성은 화평을 누리게 될 것이라고 직접 선언하신다. 이 신탁에 근거하여 나훔은 자신이 이상 중에 목격한 니느웨의 멸망 장면을 자신의 말로 생생하게 전달한다(2:1-12). "파괴하는 자"의 등장은 니느웨의 황폐함과 사라짐으로 마무리된다. 이 선지자적 신탁에 이어서 신적 신탁(2:13-15)이 이어지는데, 여호와는 그의 대적에게 멸망과 함께 파견자의 목소리가 다시는 들리지 않을 것이라고 선언하신다. 나훔은 니느웨가 이러한 선언을 듣게 되는 원인을 니느웨가 행한 거짓, 강포, 우상숭배 때문이라고 지적한다(3:1-4). 따라서 니느웨는 안정과 번영의 자리가 아니라 주검의 자리, 즉 무덤으로 묘사된다. 결론적으로 여호와는, 자신의 힘을 과신하며 오만하게 행동하는 니느웨를 조소와 함께 책망하신 후 앗시리아 왕을 제거하심으로 그의 압제 하에 있던 자들에게 해방의 기쁨을 선사하실 것을 선언하신다. 결국 "여호와를 대항하여 악을 꾀하고 사악한 것을 권하던 자"의 제거와 함께 보편적 질서를 세우시는 그의 공의에 주목하게 하신다. 궁극적으로 이러한 흐름은 독자들에게 여호와의 공의를 신뢰할 것을 독려하고 그의 구원을 기대하게 한다.

셋째, "소식" 모티브와 함께 나훔서의 주제가 전개되면서 강화되는 것을 볼 수 있다. "전사이신 여호와에 대한 노래"(1:2-9)는 구원의 대상에게는 화평의 소식을, 반면에 심판의 대상에게는 멸망의 소식을 전달한다. 첫 번째 신탁(1:9-15)은 니느웨의 멸망선언(14절)과 함께 "화평의 소식"(מַשְׁמִיעַ שָׁלוֹם 마스미아 샬롬)이 유다에 전달되는 것(15절)으로 마무리된다. 여호와가 유다의 화평을 확정하셨기 때문에 그를 대항하여 악을 꾀하는 자는 제거될 수밖에 없다. 니느웨의 멸망에 집중하고 있는 두 번째 신탁(2:1-13)은 "네 파견자의 목소리"(קוֹל מַלְאָכֵכֵה 콜 말아케케)가 더 이상 니느웨에 들리지 않을 것이라는 선언으로 마무리된다. 파견자의 목소리가 더 이상 들리지 않는 것은 니느웨의 멸망을 확언하는 역할을 한다. 세 번째 신탁(3:1-19)은 앗시리아 왕의 몰락소식(שִׁמְעֲךָ 쉼아카, "네 소식")을 듣는 자들이 손뼉을 치며 기뻐하는 장면으로 마무리된다. 니느웨는 파견자가 전하는 승전보나 조공에 대한 소식을 듣지 못하는 반면에 니느웨의 압제에 고통당하던 이들은 앗시리아 왕의 몰락소식과 함께 해방의 소식, 즉 "화평의 소식"을 듣게 된다. 달리 말하면 두 번째 신탁과 세 번째 신탁은 화평의 소식이 전하는 내용이 구체적으로 어떤 것인지를 설명해준다.

대적의 정체가 점진적으로 구체화되는데, 이 구체화의 작업이 세 번째 신탁에서 절정을 이루게 된다. 찬양시(1:2-8)는 여호와가 행하시는 보복의 대상을 "그의 대적" 또는 "그의 원수들"(1:2, 8)로 표현한다. 첫 번째 신탁(1:9-15)에서는 이 대적의 속성을 보다 구체적으로 반영하는 "여호와를 대항하여 악을 꾀하는 자"와 "사악을 권하는 자"(1:11)라는 표현으로 대적이 묘사된다. 이 대적을 한 단어로 표현하면 "벨리알," 즉 "사악의 화신"이다(1:15). "벨리알"이 실체화 된 것이 바로 니느웨이다. 두 번째 신탁(2:1-13)에서 나훔은 "벨리알"을 "약탈자들"(2:2)과 먹이를 찢는 "사자"(2:11-12)로 표현하면서 그의 속성이 구체적으로 어떻게 행동으로 옮겨졌는지를 설명한다. 세 번째 신탁(3:1-19)에서 나훔은 거짓과 약탈로 무고한 피를 흘린 니느웨를 "피의 성"(3:1)으로 규정하고 벨리알이 여호와를 대항하여 꾀한 악을 우상숭배를 의미하는 음행으로 표현한다. 니느웨는 주변 나라들을 미혹하기에 충분할 정도로 "마술에 능숙한 음녀"(3:4)이지만 "흔들기만 하면 떨어지는 열매를 맺은 무화과나무"(3:12)에 불과하다. 앞의 원문주해에서 언급한 것처럼 3장의 서술은 나훔서 1-2장의 내용을 배경으로 그 의미를 극대화하고 극적으로 전달한다. 결과적으로 세 번째 신탁은, 주변 나라들 앞에서 자신을 사자로 생각하며 아름다움 뽐내는 니느웨이지만 여호와가 보시기에는 시체가 쌓인 무덤에 지나지 않는다는 사실을 전달한다. 또한 니느웨는 해가 뜨면 어디로 날아가 버렸는지 그 흔적조차 찾을 수 없는 메뚜기 떼와 다를 바가 없다. 니느웨가 여호와를 대항하는 것 같지만 실상은 오물을 뒤집어쓰는 수치를 자초할 뿐이다.

나훔서의 신탁들은 심판의 대상, 원인, 방식, 결과에 대한 정보를 보충해 주는 상호보완적 역할을 한다. 심판의 대상은 여호와의 대적이며 여호와를 대항하여 악을 꾀하는 자이다. 이에 대한 구체적인 예가 앗시리아 왕이며 그의 악행의 기반인 니느웨이다. 심판의 원인은 여호와를 대항하는 것, 즉 악을 꾀하고 권하는 것이다. 이를 보다 구체적으로 설명하면 약탈, 거짓, 강포, 우상숭배이다. 니느웨가 자신의 우상을 앞세워 지속적으로 이러한 범죄를 저질렀기 때문에 충분히 여호와의 심판 대상이 된다.

더욱이 이러한 범죄를 여호와의 선택된 백성에게 행한 것이 그의 질투를 유발시켰기 때문에 결코 보복을 피할 수 없게 된다. 심판의 방식은 살육의 전쟁이다. 여호와가 대적에게 보복을 시행하시기 위해 "파괴하는 자"를 세우실 것이며 그가 전쟁으로 대적을 멸한다. "파괴하는 자"의 위협적인 군대가 거침없이 공격을 감행하면 니느웨는 온몸에 파고드는 공포로 인해 당황하고 낙담하게 될 것이다. 심판의 결과는 입장의 전환, 황폐함, 죽음, 멸절이다. 약탈과 살육을 행하던 자가 약탈과 살육을 당하게 된다. 끝없던 화려함이 끝없는 시체로 대체된다. 즉, 안전과 번영을 자신하던 성읍이 무덤으로 바뀌게 되고 황폐함의 상징이 된다. 나훔은 극적이고 생생한 서술로 여호와를 내항한 결과를 분명하게 독자들의 눈에 각인시킨다. 따라서 독자들은 나훔서를 읽어가면서 나훔과 함께 니느웨가 멸망하는 현장에서 여호와의 공의를 경험하고 확인하는 듯한 느낌을 갖게 된다. 세 번째 신탁은 이러한 느낌을 극대화하고 강화시키면서 나훔서를 마무리한다.

IX. 나훔 3:1-19의 현재적 적용

세 번째 신탁은 니느웨의 멸망을 선언하면서 온갖 악한 행위로 누리는 안전과 번영, 생명이 허상에 불과하다는 메시지를 전달한다. 결과적으로 하나님의 심판선언은 인간의 어리석음을 지적한다. 또한 여호와의 공의를 비웃는 자들에게는 심판의 확실성을 전달하고 의심하는 자들에게는 그의 공의를 확신하게 한다. 나훔서 3장 1-19절의 본문흐름에 따라 단락을 구분하여 다음과 같은 현재적 적용을 고려해 볼 수 있다.

1. 하나님의 대적을 자처하는 일들과 그 결과

(1) 거짓과 포악으로 무고한 피를 흘림(1절)
(2) 우상숭배와 미혹(4절)
(3) 결과: "화있을진저!"(1절, 2-3절)

전도서의 저자는, 해 아래 새로운 것이 없고 죽으면 모든 것이 끝나버리기 때문에 인간이 살아가는 삶에 의미가 없는 것처럼 생각하지만 "하나님이 모든 행위와 모든 은밀한 일을 선악 간에 심판하신다"(전 12:14)는 진리를 상기시키면서 인간의 삶이 결코 무의미하지 않다는 사실을 일깨워주고 있다. 하나님은 인간의 삶을 평가하시고 판단하신다. 그가 원하시는 것과 원치 않으시는 것을 분명하게 구분하시고, 그의 진노를 자극하는 것들을 "죄" 또는 "악"으로 규정하신다. 하나님이 그의 선한 속성에 따라 세우신 질서(order)와 조화(harmony)를 파괴하고 무질서(disorder, 요란함/혼란)와 억압(oppression, 학대함)을 야기하는 행위는 모두 죄에 속한다(cf. 암 3:9; 나 1:7). 왜냐하면 근본적으로 이러한 행위는 질서와 조화를 정하신 하나님의 주권에 도전하는 것이기 때문이다. 따라서 죄를 범하는 것은 그의 대적을 자처하는 일이다. 나훔은 1-4절에서 그의 대적을 자처하는 죄 두 가지를 구체적으로 지적한다. 첫째, 거짓과 포악으로 무고한 자의 피를 흘리는 행위이다. 나훔이 지적하는 거짓은 평안과 부요를 약속한 후 상대방이 자신의 영역 안에 들어오면 말과 태도를 바꾸어 자신의 탐욕을 채우기 위해 착취와 억압을 행하는 것을 가리킨다. 거짓은 하나님의 진실의 속성에 정면으로 배치된다. 성경은 사단을 "거짓의 아비"로 규정하고 거짓을 행하는 것은 그를 추종하는 것이기 때문에 엄격히 금하고 있다(cf. 요 8:42-47). 더욱 문제가 되는 것은 단지 속이는 것에서 멈추는 것이 아니라 자신의 탐욕을 채우기 위해 무고한 피를 흘리는 폭력과 행패를 서슴지 않는 것이다. 이렇게 시작된 거짓과 포악은 쉽게 멈추지 않을 뿐만 아니라 얻어진 먹잇감에 쉽게 만족하지 못한다. 표면적으로는 평화를 말하고 품위 있게 행동하지만 실상은 약자들을 무시하고 그들을 자신의 이익을 위한 수단으로 취급한다면 바로 이 거짓을 행하는 것이다.

둘째, 우상숭배와 미혹은 하나님의 대적이 되길 자처하는 행위이다. 앗시리아 왕들은 주변 나라들을 거짓과 포악으로 점령을 한 후 자신들의 신 앗수르가 허용한 것이라고 정당화하고 그 우상을 섬기는 일과 탐욕을 채우기에 더욱 몰두하였다. 더 나아가 자신들의 우상숭배를 부러워하게 만들어 스스로 추종하게 하였을 뿐만 아니라 강요하였다. 마찬가지로 불의한 방법으로 얻은 사회적 권력과 명예, 인기, 물질적 부요 등을 왜곡된 가치관으로 정당화할 뿐만 아니라 다른 사람들로 하여금 추종하게 하거나 강요하는 것은 현대판 우상숭배이며 미혹이다. 현대에는 형상으로 만들거나 새긴 우상을 가지고 있지는 않지만 사회적 권력, 명예, 인기,

물질적 부요, 건강 등이 우상이 되어 사람들의 마음을 미혹한다. 이러한 우상들은 마음을 사로잡기에 충분할 정도로 매력적이고 아름답다. 왜냐하면 실제로 살아가는 데 필요한 모든 육체적 요구를 채워주기 때문이다. 또한 사람들의 마음을 조작하는데 능숙하여 쉽게 마음을 사로잡는다. 이러한 우상들에게 마음을 온통 빼앗기어 하나님이 들어오실 자리를 내어드리지 않는 것이 음행이다. 달리 말하면 이러한 우상들안에서 위안을 얻고 하나님을 찾지 않는 것이 바로 음행이다. 또한 권력과 지위, 부를 이용해 다른 사람들을 조정하려는 것은 음녀의 행위이다. 개인적인 차원에서 이러한 음행과 미혹을 행하기도 하지만 공동체적 차원에서 행하기도 한다. 교회가 단지 물질적 축복을 약속하면서 복음을 팔아 사람들을 모으는 것은 음녀의 음행과 다를 바가 없다. 아담의 타락 이후 왜곡된 종교적 심성에 자신을 그대로 방치하고 하나님을 떠나 그 심성을 따르는 성향에 대한 근본적인 치료가 있지 않으면 영적 음행에서 벗어날 수 없다.

이러한 죄를 범함으로 하나님의 대적이 되길 자처할 때 "화있을진저!"라는 선언을 피할 수 없다. 이 화의 결과는 죽음이다. 사람들은 이 화가 임하고 있는 한복판에 서 있으면서도 병거바퀴가 덜컹거리는 소리와 창의 번쩍임을 듣거나 보지 못한다. 왜냐하면 현재의 화려함에 귀가 막혀있고 눈이 가려져 있기 때문이다. 하나님이 행하시는 심판은 불의로 이룬 무수한 화려함을 무수한 주검으로 바꾸실 것이다. 거짓, 포악, 탈취, 음행에 빠진 음녀 니느웨를 향하여 하나님은 "화"와 죽음이라는 결론을 내리셨다. 그렇다면 지금 나의 모습을 보시고 또한 한국교회를 보시고 하나님이 어떤 결론을 내리실지 생각해 보았는가?

2. 인간의 어리석음

(1) 감출 수 있다는 생각(5-7절)
(2) 자신은 예외라는 생각(8-10절)
(3) 맞대응할 수 있다는 생각(11-13절)
(4) 물리적 힘과 숫자로 해결할 수 있다는 생각(14-17절)
(5) 하나님의 공의를 망각하는 것(18-19절)

나훔은 선언단락(5-19절)에서 하나님의 대적에게 임하는 심판의 내용을 구체적으로 선언하고 있는데, 이것은 상대적으로 인간의 어리석음을 지적한다. 달리 말하면 심판의 내용은 사람들이 어리석음으로 인해 보지 못하는 실상들이다. 하나님의 심판이 임하게 되면 어리석음이 제거되고 사람들은 실상을 보게 될 것이다. 5절의 "내가 너를 경멸할 것이다"(נִבַּלְתִּיךְ 닙발티크)는 선언은 "내가 너를 바보로 취급할 것이다"라는 의미이다. 첫 번째 어리석음은 죄를 영원히 감출 수 있다는 생각이다(5-7절). 하나님은 결코 죄를 간과하지 않으신다. 오히려 마주대하시고 죄를 직시하신다. 뿐만 아니라 그 죄를 적나라하게 들추어내심으로 벌거벗음의 수치를 당하게 하시고 부끄러운 곳을 공개적으로 볼 수 있게 하신다. 하나님 앞에서 영원히 감출 수 있는 죄는 없다. 사람들은 입고 있는 옷이 많고 화려하기 때문에 결코 부끄러운 곳이 드러나지 않을 것이라고 생각하지만 어리석은 생각이다. 벌거벗은 몸에 오물을 칠하는 것처럼 하나님은 내적 부패가 외적으로 드러나게 하실 것이다. 결과는 어리석은 자 취급을 받게 되고 구경거리가 되는 것이다. 죄가 드러난 모습은 보는 이가 도망갈 정도로 추하다. 그러므로 일시적으로는 죄를 감추지만 결국 벗겨질 거짓과 포악의 화려한 옷이 아니라 벌거벗음을 덮어 죄를 사하시는 그리스도로 옷을 입는 것이 중요하다(cf. 롬 13:14).

두 번째 어리석음은 자신은 심판에서 예외라는 생각이다(8-10절). 하나님이 지금 현 사회와 나라들을 향해 "네가 노아몬보다, 니느웨보다 나으냐?"라고 물으시면 "네, 우리가 그들보다 훨씬 더 낫습니다"라는 답변을 서슴지 않을 것이다. 현대 사회와 국가들의 모습을 보면 하나님의 이러한 질문에 "우리는 예외입니다"라고 답하는 것처럼 보인다. 결코 망하지 않을 것이라는 확신에 사로잡혀있다. 하나님의 심판은 과거의 사건, 니느웨의 사건, 예루살렘의 사건으로만 치부하면서 심판의 위기감을 전혀 느끼려하지 않고 오히려 외면한다. 이러한 태도의 뿌리에는 "나는 달라. 나는 예외야"라는 어리석은 생각이 자리하고 있다. 니느웨는 이런 어리석은 생각에 사로잡혀 있다가 흔적도 없이 사라졌다. 이것은 역사가 증명해 주는 사실이다. 지금 하나님이 "네가 니느웨보다 나으냐?"라고 물으시면 과연 어떤 답변을 드릴 것인가? "나는 낫습니다. 그리고 예외입니다"라고 말할 때, 하나님은 "너 역시, 너 역시"라는 말을 반복하실 것이다. 이 소리를 듣게 되면 참혹한 결말을 결코 피할 수 없게 된다는 사실을 기억할 필요가 있다.

세 번째 어리석음은 하나님의 심판에 맞대응할 수 있다는 생각이다(11-13절).

하나님의 심판에서 예외라고 생각하는 이유는 자신을 무적의 존재로 판단하고 있기 때문이다. 그래서 하나님의 심판을 맞대응하여 이겨낼 수 있다고 확신한다. 하지만 하나님의 심판은 이러한 어리석음을 벗겨내시고 무적의 존재가 아니라 무기력한 존재라는 실상을 보게 하신다. 인간이 경제, 과학문명, 지식, 정부체제, 정치적 동맹 등으로 온갖 무장을 하고 위용을 뽐내지만 하나님의 심판 앞에서는 흔들기만 하면 떨어지는 잘 익은 열매와 힘없는 여인에 불과하다. 따라서 심판이 임하면 피난처를 찾아 도망가기에 분주한 실상을 보게 될 것이다. 하나님의 진노의 잔을 마시면 정신을 차리고 스스로 방어할 수 있는 존재는 없다.

네 번째 어리석음은 물리적 힘과 숫자로 해결할 수 있다는 생각이다(14-17절). 니느웨는 견고한 방어벽을 세워 성읍을 요새화하고 무수한 상인과 정치적, 군사적 지도자들을 확보하면서 자신의 번영과 성공을 확신하였다. 그러자 하나님은 니느웨에게 과연 그의 심판을 피할 수 있는지 물리적 힘과 숫자를 확보할 수 있을 만큼 해 보라고 말씀하신다. 물리적 힘과 숫자가 사람에게는 위력과 능력으로 보이지만 하나님에게는 흔적도 없이 사라지는 메뚜기 떼와 같은 허울에 불과하다. 물리적 힘을 견고하게 하고 숫자를 늘려도 하나님이 반대편에 계시는 한 결코 그의 심판을 감당할 수 없다. 하나님의 심판을 피하는 유일한 길은 산성이 되어주시는 그에게 피하는 것, 즉 그의 편에 서는 것이다.

다섯 번째 어리석음은 하나님의 공의를 망각하는 것이다. 하나님은 그의 속성상 무질서와 파괴를 질서와 조화로 바로 세우시는 분이다. 하지만 사람들은 잠정적으로 그의 공의가 실행되지 않는 것을 공의가 없는 것으로 판단하고 행동한다. 그러므로 죄와 그 결과의 심각성을 간과한다. 또한 불의로 모은 부와 평안을 만끽하면서 영원할 것이라고 착각한다. 왜냐하면 하나님의 공의를 망각하고 있기 때문이다. 하지만 하나님은 악을 근본적으로 제거하심으로 그의 공의를 세우신다. 나훔 1장 3절에서 노래하고 있는 것처럼 하나님은 노하기를 더디 하신다. 하지만 이것은 그가 불의하거나 진노하실 능력이 없기 때문이 아니다. 하나님은 능력이 크시지만 노하기를 더디 하시며 그의 진노에 있어서 신중하시다. 하나님의 공의에 주목하지 않는 인생은 죄와 악을 심각하게 생각하지 않게 되며 결국 그의 대적이 되길 자처하는 죄를 범하게 된다. 공의를 망각한 채 누리는 불의의 승리는 심판의 증거이며 전조이다. 일시적으로는 승리를 노래하지만 하나님의 공의가 실행되는 날에는 영원한 죽음을 슬퍼하게 될 것이다. 나훔은 하나님의 공의를 망각하고 불의를 행하며 스스로 만족해하는 자들에게 심판을 경고할 뿐만 아니라 악의 압제와 영향력으로 인해 고통당하는 이들에게 하나님의 공의를 신뢰하고 믿음을 붙들고 인내할 것을 촉구한다. 하나님의 공의를 망각하는 어리석은 이들은 진노의 잔을 마시게 되지만 하나님의 공의를 기억하고 그의 사하심을 구하는 자들은 보혈의 잔을 마시게 된다(cf. 고전 10:16).

구약의 선지자들이 선포하는 심판신탁을 현대에 적용하는 것은 결코 쉽지 않다. 왜냐하면 현대인들은 심판과 같은 부정적인 메시지보다는 구원의 긍정적인 메시지를 선호하기 때문이다. 하지만 이것은 결코 오늘날의 현상만은 아니다. 과거에도 선지자들이 심판신탁을 선언할 때 결코 환영을 받지 못했던 것을 볼 수 있다. 아모스와 벧엘의 제사장 아마샤가 충돌한 사건(암 7:10-17) 그리고 하나냐가 예레미야를 거부한 사건(렘 28:1-17)이 그 예이다. 그러므로 심판신탁에 집중하고 있는 세 번째 신탁(3:1-19)을 적용할 때 충돌과 거부감을 기대하는 것은 시대를 떠나 오히려 자연스럽다. 왜냐하면 근본적으로 죄의 문제를 지적받는 것이 불편하기 때문이다. 그러나 설교자는, 어떻게 하면 듣는 이들의 마음을 상하게 하지 않고 신탁을 적용할 것인가의 문제가 아니라 어떻게 하면 신탁의 핵심을 보다 정확하고 효과적으로 전달할 것인가의 문제를 실제적으로 고민하여야 한다. 왜냐하면 심판신탁은 마음의 찔림과 불편함, 심판의 두려움을 의도하고 있기 때문이다. 설교자는 듣는 이들이 원하는 메시지가 아니라 그들에게 필요한 메시지를 선포해야 한다. 따라서 설교자는 나훔과 함께 심판의 실제성과 구원의 축복을 모두 선포해야 할 사명이 있다.

"여호와는 선하시며 환난 날에 산성이시라 그는 자기에게 피하는 자들을
아시느니라 그가 범람하는 물로 그 곳을 진멸하시고 자기 대적들을
흑암으로 쫓아내시리라" (나 1:7-8).

טוב יהוה למעוז ביום צרה וידע חסי בו
ובשטף עבר כלה יעשה מקומה
ואיביו ירדף־חשך

참고문헌

김희보. 『요나, 나훔, 오바다 주해』 서울: 총신대학출판부, 1988.
반게메런, W. 『예언서연구』 김의원, 이명철 역. 서울: 엠마오, 1993.
Bullock, C. H. 『구약 선지서 개론』 류근상 역. 서울: 크리스챤 출판사, 2001.
Dorsey,D. A. 『구약의 문학적 구조: 창세기-말라기 주석』 류근상 역. 서울: 크리스챤 출판사, 2003.
아처, 글리아슨 L. 『구약총론』 김정우 역. 서울: 기독교문서선교회, 1985.
존슨, 엘리옷 E. "나훔." 『아모스, 오바댜, 요나, 미가, 나훔』 두란노 강해 주석시리즈 7. 서울: 두란노, 1991.
악트마이어, 엘리자베스. 『나훔-말라기』 현대성서주석. 서울: 한국장로교출판사, 2002.
야마우찌, 에드윈 M. 『페르시아와 성경』 박응규, 이한영, 조용성 역. 서울: CLC, 2010.
조휘. 『사자가 부르짖은 즉 누가 두려워하지 않겠느냐?: 아모스서 원전연구 및 주해』 서울: 그리심, 2011.
정운오. "하나님 나라와 경제민주화." 월드뷰 3 (2013): 30-33.
치즈홀름, 로버트. 『예언서 개론』 강성열 역. 고양: 크리스챤 다이제스트, 2006.
해리슨, 롤란드. 『구약서론 II』 류호준, 박철현, 노항규 역. 고양: 크리스챤 다이제스트, 1994.
해밀톤, 빅터. 『오경개론』 고양: 크리스챤 다이제스트, 2007.

Allegro, J. M. " Further Light on the History of the Qumran Sect," *Journal of Biblical Literature* 75 (1956): 89-95.
Allis, O. T. " Nahum, Nineveh, Elkosh." *The Evangelical Quarterly* 27 (1955): 67-80. Alter, Robert. *The Art of Biblical Poetry*. New York: Basic Books, 1985.
Armerding, C. E. " Nahum." In *The Expositor's Bible Commentary*, vol 7, 449-89. Edited by F. E. Gaebelein, Grand Rapids: Zondervan, 1985.
Bailey, W. " Nahum." In *Micah, Nahum, Habakkuk, Zephaniah,* New American Commentary 20, 137-243. Nashville: Broadman & Holman, 1999.
Baker, D. W. " Further Examples of the Waw Explicativum." *Vetus Testamentum* 30

(1980): 129-36.

________. *Nahum, Habakkuk, Zephaniah*. TOTC. Downers Grove: InterVarsity, 1988.

Ball, E. "Interpreting the Septuagint: Nahum 2.2 as a Case-Study." *Journal for the Study of the Old Testament* 75 (1997): 59-75.

Barr, James. *The Semantics of Biblical Language*. Oxford: Oxford University Press, 1961.

Becking, Bob. "Is God Good for His People?: Critical Remarks on a Recently Proposed Emendation of Nahum 1,7." *Zeitschrift für die alttenstamentliche Wissenschaft* 117 (2005): 621-23.

Berlin, A. *The Dynamics of biblical Parallelism*. Revised and expanded edition. Grand Rapids: Eerdman, 2008.

________. *Poetics and Interpretation of Biblical Narrative*. Bible and Literature Series, 9. Sheffield: Almond Press, 1983.

Berrin, Shan I. *The Pesher Nahum Scroll*. Leiden: Brill, 2004.

Bruckner, James. *Jonah, Nahum, Habakkuk, Zephaniah*. NIVAC. Grand Rapids: Zondervan, 2004.

Budge, E. A. *The History of Esarhaddon (Son of Sennacherib) King of Assyria, B.C. 681-668*. London: Tr?bner & Co., 1880.

Bullock, C. H. *Introduction to the Old Testament Prophetic Books*. Chicago: Moody Press, 1986.

Calvin, J. *Commentaries on the Twelve Minor Prophets*. Trans. John Owen. Grand Rapids: Baker, 1981.

Cathcart, Kevin. J. *Nahum in the Light of Northwest Semitic*. Rome: Biblical Institute, 1973.

________. " Treaty-curse and the Book of Nahum." *Catholic Biblical Quarterly* 35 (1973): 179-87.

________. "The Divine Warrior and the War of Yahweh in Nahum." In *Biblical Studies in Contemporary Thought*, 68-76. Edited by Miriam Ward, Burlington: Trinity College Biblical Institute, 1975.

________. "Theology of Nahum." In *New International Dictionary of Old Testament Theology and Exegesis*. Edited by W. VanGemeren, vol. 4, 962-65. Grand Rapids: Zondervan, 1997.

Charles, J. D. "Plundering the Lion's Den-A Portrait of Divine Fury (Nahum 2:3-11)." *Grace Theological Journal* 10 (1989): 183-201.

Childs, B. *Introduction to the Old Testament as Scripture*. Philadelphia: Fortress Press, 1979.

Christensen, Duane L. "The Acrostic of Nahum Reconsidered." *Zeitschrift für die alttestamentaliche Wissenschaft* 87 (1975): 17-30.

________. "The Book of Nahum: The Question of Authorship within the Canonical Process," *Journal of the Evangelical Theological Society* 31 (1988): 51-58.

________. "The Book of Nahum as a Liturgical Composition: A Prosodic Analysis." *Journal of the Evangelical Theological Society* 32 (1989): 159-69.

________. *Nahum: A New Translation with Introduction and Commentary*. Anchor Yale Bible. New Haven: Yale University Press, 2009.

Cogan, M. "Judah under Assyrian Hegemony: A Reexamination of Imperialism and Religion." *Journal of Biblical Literature* 112 (1993): 403-14.

Coggins, R. *Israel among the Nations: A Commentary on the Books of Nahum and Obadiah and Esther.* Internal Theological Commentary. Grand Rapids: Eerdman 1985.

Craigie, P. C. *Twelve Prophets*. Louisville: Westminster John Knox Press, 1985.

Dalley, S. "Recent Evidence from Assyrian Sources for Judaean History from Uzziah to Manasseh." *Journal for the Study of the Old Testament* 28 (2004): 387-401.

De Vries, Simon J. " The Acrostic of Nahum in the Jerusalem Liturgy," *Vetus Testamentum* 16 (1966): 476-81.

Dillard, R. B., and T. Longman, III., *An Introduction to the Old Testament*. Grand Rapids: Zondervan, 1994.

Eissfeldt, O. *The Old Testament: An Introduction*. Trans. P. R. Ackroyd. New York: Harper & Row, 1965.

Floyd, M. H. "The Chimerical Acrostic of Nahum 1:2-10." *Journal of Biblical Literature* 113 (1994): 421-37.

Fohrer, G. *Introduction to the Old Testament*. Trans. D. Green. London: SPCK, 1968.

Freedman, D. N. "Acrostic Poems in the Hebrew Bible: Alphabetic and Otherwise." *Catholic Biblical Quarterly* 48 (1986): 408-31.

Gibson, J. C. L. *Davidson's Introductory Hebrew Grammar~Syntax*. 4th Edition. Edinburgh: T & T Clark, 1994.

Goodspeed, G. S. *A History of the Babylonians and Assyrians*. 2nd ed. New York: Charles Scribner's Sons, 1904.

Gordon, R. P. "Loricate Locusts in the Targum to Nahum III 17 and Revelation IX 9." *Vetus Testamentum* 33 (1983): 338-39.

Graham, W. C. " The Interpretation of Nahum 1:9-2:3." *American Journal of Semitic Languages and Literature* 44 (1927-28): 37-48.

Gunkel, H. " Nahum 1." *Zeitschrift für die alttestamentaliche Wissenschaft* 13 (1898): 223-44.

Hailey, Homer. *A Commentary on the Minor Prophets*. Grand Rapids: Baker, 1972.

Hall, Gary H. "זנה." *In New International Dictionary of Old Testament Theology & Exegesis*. Edited by W. A. VanGemeren, vol 1, 1122-25. Grand Rapids: Zondervan, 1997.

Halton, C. "How Big Was Nineveh? Literal versus Figurative Interpretation of City Size." *Bulletin for Biblical Research* 18 (2008): 193-207.

Haupt, P. "The Book of Nahum." *Journal of Biblical Literature* 26 (1907): 1-53.

Hayes, J. H., ed. Old Testament Form Criticism (San Antonio: Trinity University Press, 1974.

Hoenig, S. H. " Dorosh? Halakot in the Pesher Nahum Scrolls," *Journal of Biblical Literature* 83 (1964): 119-38.

Horsnell, M. J. A. "כשׁף." In *New International Dictionary of Old Testament Theology & Exegesis*, Edited by W. A. VanGemeren, vol 4, 735-38. Grand Rapids: Zondervan, 1997.

Jastrow, M., Jr. *The Religion of Babylonia and Assyria*. Boston: Ginn & Company, 1893.

________. *The Civilization of Babylonia and Assyria: Its Remains, Language, History, Religion, Commerce, Law, Art, and Literature*. Philadelphia: J. B. Lippincott Company, 1915.

Johnston, G. H. "Nahum's Rhetorical Allusions to Neo-Assyrian Lion Motif." *Bibliotheca Sacra* 158 (2001): 287-307.

________. "Nahum's Rhetorical Allusions to Neo-Assyrian Conquest Metaphors." *Bibliotheca Sacra* 159 (2002): 21-45.

Kaiser, W. C., Jr. *Mastering the Old Testament: Micah, Nahum, Habakkuk, Zephaniah, Haggai, Zechariah*, Malachi. Dallas: Word, 1992.

________. *A History of Israel*. Nashville: Broadman & Holman, 1998.

Kautzsch, E. *Gesenius' Hebrew Grammar*. 2d. English ed. Trans. A. E. Cowley. Oxford: Clarendon, 1910.

Keil, C. F. *The Twelve Minor Prophets*. Vol 2. Trans. James Martin. Edinburgh: T. and T. Clark, 1878.

Koch, K. *The Growth of the Biblical Tradition*. Trans. S. M. Cupitt. New York: Charles Scribner's Sons, 1969.

Koehler, L. and W. Baumgartner. *The Hebrew and Aramaic Lexicon of the Old Testament*. Vol 1 & 2. Leiden: Brill, 2001.

Kugel, James. *The Idea of Biblical Poetry*. New Haven: Yale University Press, 1981. Levenson,

Jon. "Textual and Semantic Notes on Nah. I 7-8." *Vetus Testamentum* 25 (1975): 792-95.

Longman, Tremper, III. "Nahum." *In The Minor Prophets: An Exegetical and Expository Commentary*, 765-829. Edited by T. McComiskey, Grand Rapids: Baker, 1993.

Luckenbill, D. D. *Ancient Records of Assyria and Babylonia.* 2 vols. Chicago: University of Chicago Press, 1926.

Maier, W. A. *The Book of Nahum: A Commentary*. St. Louis: Concordia, 1959.

McComiskey, T. E. "Hosea." In *The Minor Prophets: An Exegetical and Expository Commentary*, 1-237. Edited by T. McComiskey, Grand Rapids: Baker, 2000.

McConville, Gordon. *Exploring the Old Testament: A Guide to the Prophets.* Downers Grove: InterVarsity Press, 2002.

Mihelic, J. L. "The Concept of God in the Book of Nahum." *Interpretation* 2 (1948): 199-207.

Naudé, J. "חזה." In *New International Dictionary of Old Testament Theology and Exegesis*. Edited by W. A. VanGemeren, vol. 2, 56-61. Grand Rapids: Zondervan, 1997.

Newsome, J. D., Jr. *The Hebrew Prophets*. Atlanta: John Knox Press, 1984.

Nichols, D. "The Ancient Near East 853-745 B.C." *Journal of the Evangelical Theological Society* 18 (1975): 243-53.

Nysse, Richard. "Keeping Company with Nahum: Reading the Oracles against the Nations as Scripture." *Word & Word* 14 (1995): 421-19.

van der Merwe, H. J., J. A. Naudé, and Jan H. Kroeze. *A Biblical Hebrew Reference Grammar*. Sheffield: Sheffield Academic Press, 1999.

Nogalski, J. *Redactional Processes in the Book of the Twelve*. BZAW 218. New York: Walter de Gruyter, 1993.

Olmstead, A. T. E. *Assyrian Historiography*. Columbia: University of Missouri, 1916.

Patterson, R. D. *Nahum, Habakkuk, and Zephaniah*. Chicago: Moody, 1991.

Patterson, R. D. and M. E. Travers. "Literary Analysis and the Unity of Nahum," *Grace Theological Journal* 9 (1988): 45-58.

________. "Nahum: Poet Laureate of the Minor Prophets." *Journal of the Evangelical Theological Society* 33 (1990): 437-444.

Perdue, L. G. *The Collapse of History*. Minneapolis: Fortress, 1994.

Petersen, David L. and Kent H. Richards, *Interpreting Hebrew Poetry*. Minneapolis; Fortress, 1992.

Pinker, A. "One the Meaning of htkbd in Nahum III 15." *Vetus Testamentum* (2003): 558-61.

________. "The Hard 'Sell' in Nah 3:4b." *The Journal of Hebrew Scriptures* 4, article 7 (2004): http://www.jhsonline.org/Articles/article_37.pdf.

________. "Descent of the Goddess Ishtar to the Netherworld and Nahum II 8." *Vetus Testamentum* 55 (2005): 89-100.

________. "Nahum 1: Acrostic and Authorship." *Jewish Bible Quarterly* 34 (2006): 97-103.

Price, R. *Secrets of the Dead Sea Scrolls*. Eugene: World of the Bible Ministry, Inc., 1996.

Putnam, F. C. *Hebrew Bible Insert: A Student's Guide to the Syntax of Biblical Hebrew*. Ridley Park: Stylus Publishing, 1996.

Ramsey, G. W. "Speech-forms in Hebrew Law and Prophetic Oracles." *Journal of Biblical Literature* 96 (1977): 45-58.

Roberts, J. J. M. *Nahum, Habakkuk, and Zephaniah*. OTL. Louisville: Westminster John Knox, 1991.

Robertson, O. P. *The Books of Nahum, Habakkuk, and Zephaniah*. Grand Rapids: Eerdmans, 1990.

Rogers, R. W. *A History of Babylonia and Assyria*, 3rd ed. vol. II. New York: Eaton & Mains, 1900.

Sandy, D. B. and R. L. Giese, eds. *Cracking Old Testament Codes*. Nashville, Tenn.: Broadman and Holman, 1995.

Schmidt, Werner H. *Old Testament Introduction*. New York: Walter de Gruyter, 1995.

Sch?kel, Luis Alonso. *A Manual of Hebrew Poetics*. Roma: Editrice Pontificio Instituto Biblico, 1988.

Silva, M. God, *Language and Scripture: Reading the Bible in the Light of General Linguistics.* Grand Rapids: Zondervan, 1990.

Smith, C. C. "Some Observations on the Assyrians and History." *Encounter* 30 (1969): 340-54.

Smith, J. M. P. *A Critical and Exegetical Commentary on the Books of Micah, Zephaniah, and Nahum*. International Critical Commentary. Edinburgh: T & T Clark, 1911

Smith, P. *The Student's Ancient History*. London: William Clowes and Sons, 1871.

Smith, R. L. *Micah-Malachi*. WBC. Waco: Word Books, 1984.

Soggin, J. A. *Introduction to the Old Testament*. 3d ed. Philadelphia: Westminster, 1980.

________. *The Prophet Amos: A Translation and Commentary*. Trans. John Bowden. London: SCM, 1987.

Spreafico, Ambrogio. "Nahum I 10 and Isaiah I 12-13: Double-duty Modifier." *Vetus Testamentum* 48 (1998): 104-10.

Spronk, Klaas. *Nahum. Historical Commentary on the Old Testament*. Kampen: Kok Pharos Publishing House, 1997.

________. "The Line-acrostic in Nahum 1: New Evidence from Ancient Greek Manuscripts and from the Literary Analysis of the Hebrew Text." In *Impact of Unit Delimitation on Exegesis*, 228-40. Edited by R. de Hoop, M. Korpel, and S. Porter, Leiden: Brill, 2009.

Sternberg, Meir. *The Poetics of Biblical Narrative: Ideological Literature and the Drama of Reading*. Bloomington: Indiana University Press, 1987.

Sweeney, M. A. "Concerning the Structure and Generic Character of the Book of Nahum," *Zeitschrift für die Alttestamentliche Wissenschaft* 104 (1992): 364-77.

Synder, G. " The Law and Covenant in Amos." *Restoration Quarterly* 25 (1982): 158-66.

Taylor, C. L., Jr. "The Book of Nahum: Introduction and Exegesis." In *The Interpreter's Bible*. Vol. 6, 951-69. Edited by G. A. Buttrick et al. Nashville: Abingdon, 1956.

Tsumura, David Toshio. "Janus Parallelism in Nah 1:8." *Journal of Biblical Literature* 102 (1983):109-11.

VanderKam, J. C. *The Dead Sea Scrolls Today*. Grand Rapids: Eerdmans, 1994.

Vermes, G. *The Dead Sea Scrolls in Englis*h: Revised and Extended Fourth Edition. London: Penguin Religion, 1995.

Waltke, B. K. and M. O'Connor. *An Introduction to Biblical Hebrew Syntax* (Winona Lake: Eisenbrauns, 1990.

Watson, Wilfred G. E. *Classical Hebrew Poetry: A Guide to Its Techniques.* Journal for the Study of the Old Testament Supplement Series, 26. Sheffield: JSOT Press, 1986.

Watts, J. D. *The Books of Joel, Obadiah, Jonah, Nahum, Habakkuk, and Zephaniah*. The Cambridge Bible Commentary. Cambridge: Cambridge University Press, 1975.

Westermann, Claus. *Basic Forms of Prophetic Speech*. Trans. H. C. White. Philadelphia: Westminster, 1966.

________. *Prophetic Oracles of Salvation in the Old Testament*. Trans. K. Crim. Louisville: John Knox, 1991.

Woude, A. S. van der "The Book of Nahum: A Letter Written In Exile." *Oudtestamentische Studiën* 20 (1977): 108-26.

Young, E. J. *My Servants the Prophets*. Grand Rapids: Eerdmans, 1952.